# VOX
## Diccionario
## de Lengua
# ESPAÑOLA

# VOX

## Diccionario
## de Lengua
# ESPAÑOLA

McGraw
Hill

New York  Chicago  San Francisco  Lisbon  London  Madrid  Mexico City
Milan  New Delhi  San Juan  Seoul  Singapore  Sydney  Toronto

Vox (y su logotipo) es marca registrada de Larousse Editorial
www.vox.es

1 2 3 4 5 6 7 8 9 10 11 12 13 14 15 16 17 18 19 20   LBM/LBM   0 9 8

ISBN 978-0-07-154983-7
MHID      0-07-154983-8

Direccíon editorial: Eladio Pascual Foronda
Coordinacíon editorial: Sofía Acebo Garcia
Con la colaboracíon de: David Aguilar España, David Morán Pérez e Irene Renau Araque

McGraw-Hill books are available at special quantity discounts to use as premiums and sales promotions or for use in corporate training programs. To contact a representative, please visit the Contact Us pages at www.mhprofessional.com.

This book is printed on acid-free paper.

# Presentación

El *Diccionario Vox de lengua española* nace con el objetivo de ser una práctica herramienta para resolver las cuestiones más generales de la lengua española. La obra que ahora ponemos a disposición del público se ha concebido y elaborado con el fin de solucionar con rapidez y eficacia las dudas léxicas y semánticas más inmediatas, tanto de los hablantes del español como de aquellas personas que lo estudian como segunda lengua.

Este nuevo diccionario *Vox* se presenta en un útil formato que lo hace ideal para tenerlo siempre a mano o llevarlo a cualquier sitio sin dificultad. Para condensar toda la información que se pretendía ofrecer en esta obra, se ha realizado una selección del vocabulario básico de la lengua española, que incluye también neologismos y palabras de uso frecuente en Latinoamérica, y se han definido todos los conceptos de manera breve, sencilla y precisa, lo que permite aclarar los problemas léxicos más esenciales en el menor tiempo posible.

Por todo ello, podemos afirmar que el *Diccionario Vox de lengua española* es una obra básica y manejable que cumple con la voluntad de cubrir las necesidades lingüísticas más elementales de los usuarios.

# Guía visual

entrada ——— **embolsar** *tr.* Guardar algo en una bolsa. ▸ *prnl.* Ganar dinero. ——— cambio de categoría

categoría gramatical ——— **gafe** *adj./m. y f.* Fam. Que trae mala suerte. ——— nivel de uso

**gala** *f.* Adorno o vestido suntuoso. — Actuación artística excepcional. — Antill. y Méx. Regalo, premio. — Hacer gala de una cosa, presumir de ella. ——— expresiones

**hisopo** *m.* Planta herbácea muy olorosa. — Chile y Colomb. Brocha de afeitar.

regionalismo ———

**inflación** *f.* Acción y efecto de inflar. — ECON. Desequilibrio económico en que suben mucho los precios. ——— tecnicismo

cambio de sentido ———

**jabón** *m.* Producto utilizado para lavar: ~ *líquido.*

ejemplo ———

# Abreviaturas y símbolos

| | | | |
|---|---|---|---|
| *adj.* | adjetivo | DEP. | deporte |
| *adv.* | adverbio | DER. | derecho |
| Amér. | América | Desp. | despectivo |
| Amér. Central | América Central | ECON. | economía |
| Amér Merid. | América Meridional | Ecuad. | Ecuador |
| ANAT. | anatomía | Esp. | España |
| Antill. | Antillas | *exclam.* | exclamativo |
| Argent. | Argentina | *f.* | sustantivo femenino |
| ARQ. | arquitectura | | |
| *art. det.* | artículo determinado | Fam. | familiar |
| *art. indet.* | artículo indeterminado | *fem.* | femenino |
| | | FILOS. | filosofía |
| ASTRON. | astronomía | FÍS. | física |
| BIOL. | biología | GEOL. | geología |
| Bol. | Bolivia | Guat. | Guatemala |
| BOT. | botánica | Hond. | Honduras |
| CINE y TV. | cine y televisión | *impers.* | verbo impersonal |
| Colomb. | Colombia | *indef.* | indefinido |
| *conj.* | conjunción | INFORM. | informática |
| C. Rica | Costa Rica | *interj.* | interjección |
| *dem.* | demostrativo | *interr.* | interrogativo |

| | | | |
|---|---|---|---|
| *intr.* | verbo intransitivo | *pos.* | posesivo |
| LING. | lingüística | *pref.* | prefijo |
| *loc.* | locución | *prep.* | preposición |
| *m.* | sustantivo masculino | P. Rico | Puerto Rico |
| | | *prnl.* | verbo pronominal |
| MAR. | marina | *pron.* | pronombre |
| *masc.* | masculino | QUÍM. | química |
| MAT. | matemáticas | R. Dom. | República Dominicana |
| MED. | medicina | | |
| Méx. | México | *rel.* | relativo |
| *m. o f.* | sustantivo de género ambiguo | R. de la Plata | Río de la Plata |
| | | Salv. | El Salvador |
| MÚS. | música | *sing.* | singular |
| *m. y f.* | sustantivo de género común; sustantivo masculino y femenino | *tr.* | verbo transitivo |
| | | Urug. | Uruguay |
| | | Venez. | Venezuela |
| | | Vulg. | vulgar |
| Nicar. | Nicaragua | ZOOL. | zoología |
| *num.* | numeral | — | Separación de acepciones |
| Pan. | Panamá | ▶ | Cambio de categoría gramatical |
| Par. | Paraguay | | |
| *pers.* | personal | ~ | Sustituye a la voz de entrada en el artículo |
| Perú | Perú | | |
| *pl.* | plural | | |

**a** *f.* Primera letra del abecedario. ▸ *prep.* Expresa idea de dirección o destino. — Introduce el complemento indirecto (y el directo cuando se trata de personas): *le di un libro a él; quiero a mi madre.*

**ábaco** *m.* Cuadro con alambres y bolas para hacer cálculos manualmente.

**abad, desa** *m. y f.* Superior de un monasterio.

**abadejo** *m.* Bacalao.

**abajo** *adv.* En o hacia un lugar inferior o más bajo.

**abalanzarse** *prnl.* Lanzarse con fuerza.

**abalorio** *m.* Cuenta agujereada para hacer adornos y collares.

**abanderado** *m.* Persona que lleva bandera en desfiles, procesiones, etc.

**abandonar** *tr.* Dejar un lugar. — Dejar sin atención. — Desistir, renunciar. ▸ *prnl.* Confiarse. — Descuidar el aseo personal.

**abanico** *m.* Instrumento para hacer aire. — Conjunto, gama: *un ~ de posibilidades.*

**abarajar** *tr.* Amér. Tomar o agarrar al vuelo. — Argent. Adivinar las intenciones de otro. — Argent., Par. y Urug. Parar los golpes de un adversario con un cuchillo.

**abaratar** *tr. y prnl.* Disminuir el precio de una cosa.

**abarca** *f.* Calzado rústico de cuero.

**abarcar** *tr.* Ceñir, rodear. — Comprender, contener.

**abarrotar** *tr.* Ocupar totalmente un espacio o lugar.

**abarrotería** *f.* Amér. Central. Comercio donde se venden abarrotes.

**abarrotes** *m. pl.* Amér. Conjunto de artículos de comercio, como conservas, especias, etc.

**abastecer** *tr. y prnl.* Proveer de víveres u otras cosas.

**abasto** *m.* Provisión de víveres.

**abatir** *tr.* Derribar. — Hacer perder el ánimo. — Bajar, tumbar.

**abdicar** *tr.* Renunciar a un trono o a otra dignidad o empleo.

**abdomen** *m.* Vientre. — ZOOL. Parte posterior del cuerpo de los artrópodos.

**abdominal** *adj.* Relativo al abdomen. ▸ *m. pl.* Serie de ejercicios para fortalecer el abdomen.

**abductor** *adj./m.* Se dice del músculo que separa un miembro del plano medio del cuerpo, especialmente el de la pierna.

**abecé** *m.* Abecedario. — Conjunto de principios básicos de una ciencia, facultad, etc.

**abecedario** *m.* Serie ordenada de las letras de un idioma.

**abedul** *m.* Árbol de hojas pequeñas y corteza blanca.

**abeja** *f.* Insecto social que produce miel y cera.

**abejaruco** *m.* Ave trepadora que se alimenta de abejas.

**abejorro** *m.* Insecto de cuerpo velloso, parecido a la abeja pero mayor.

**aberración** *f.* Desviación de lo que parece natural y lógico.

**abertura** *f.* Acción de abrir o abrirse. — Agujero, grieta.

**abeto** *m.* Árbol resinoso de hojas perennes y copa cónica.

**abicharse** *prnl.* Argent., Chile, Par. y Urug. Agusanarse una planta o una herida.

**abierto, ta** *adj.* Comunicado con el exterior: *plaza ~*. — Separado: *brazos abiertos*. — Llano, raso: *campo ~*. — Sincero, franco. — Tolerante, que acepta otras ideas. — LING. Se dice del fonema caracterizado por una abertura del canal bucal.

**abigarrado, da** *adj.* Que tiene muchos colores que están mal combinados.

**abisal** *adj.* Relativo a las profundidades oceánicas.

**abismo** *m.* Profundidad grande.

**abjurar** *tr. e intr.* Renunciar a una religión o creencia.

**ablación** *f.* Extirpación de un órgano, un tumor, etc.

**ablandar** *tr. y prnl.* Poner blanda una cosa.

**ablande** *m.* Argent. Rodaje de un automóvil.

**ablativo** *m.* LING. Caso de la declinación que expresa relaciones similares a las del complemento circunstancial.

**ablución** *f.* Acción de lavarse. — En algunas religiones, ceremonia de purificación mediante el agua.

**abnegación** *f.* Renuncia del interés propio en beneficio de los demás.

**abocar** *tr.* Verter el contenido de un recipiente en otro. ▸ *prnl.* Argent., Méx. y Urug. Dedicarse plenamente a algo.

**abochornar** *tr. y prnl.* Causar bochorno. — Avergonzar.

**abofetear** *tr.* Dar bofetadas.

**abogado, da** *m. y f.* Persona legalmente autorizada para defender a alguien en un juicio.

**abogar** *intr.* Defender en juicio. — Interceder: *abogaré por ti*.

**abolengo** *m.* Ascendencia de antepasados, especialmente si son ilustres.

**abolicionismo** *m.* Doctrina que

propugnaba la supresión de la esclavitud.

**abolir** *tr.* Derogar, dejar sin vigor un precepto o costumbre.

**abollar** *tr.* Producir una depresión con un golpe.

**abombar** *tr.* Dar forma convexa a una superficie.

**abominar** *tr.* Condenar, maldecir. — Aborrecer, detestar.

**abonar** *tr.* Fertilizar la tierra. — Pagar. ▸ *tr. y prnl.* Inscribir a alguien mediante pago para que pueda disfrutar de algún servicio.

**abono** *m.* Acción y efecto de abonar o abonarse. — Derecho que adquiere el que se abona. — Producto incorporado al suelo para incrementar su fertilidad.

**abordaje** *m.* Acción y efecto de abordar.

**abordar** *tr. e intr.* Chocar una embarcación con otra. ▸ *tr.* Atracar una embarcación en un muelle. — Acercarse a uno para tratar con él un asunto.

**aborigen** *adj.* Originario del suelo en que vive. ▸ *adj./m. y f.* Natural de un país.

**aborrecer** *tr.* Tener aversión. — Abandonar un animal a sus crías.

**aborto** *m.* Interrupción natural o provocada del embarazo.

**abotargarse** *prnl.* Fam. Atontarse. — Hincharse el cuerpo.

**abotonar** *tr. y prnl.* Cerrar o ajustar con botones.

**abra** *f.* Amér. Central y Amér. Merid. Camino abierto a través de la maleza. — Colomb. Hoja de una ventana o puerta.

**abrasar** *tr. y prnl.* Quemar, reducir a brasa. ▸ *intr.* Estar algo muy caliente.

**abrasión** *f.* Acción de desgastar o arrancar por fricción.

**abrazadera** *f.* Pieza que sirve para sujetar algo ciñéndolo.

**abrazar** *tr. y prnl.* Rodear con los brazos: ~ *al niño.* ▸ *tr.* Rodear, ceñir. — Incluir contener. — Adherirse a una creencia: ~ *el cristianismo.*

**abrelatas** *m.* Utensilio que sirve para abrir latas.

**abrevadero** *m.* Lugar donde se abreva el ganado.

**abrevar** *tr.* Dar de beber al ganado.

**abreviar** *tr. e intr.* Reducir o hacer más breve algo.

**abreviatura** *f.* Representación abreviada de una palabra en la escritura.

**abridor** *m.* Abrelatas. — Utensilio para destapar botellas.

**abrigar** *tr. y prnl.* Resguardar del frío, lluvia, etc. ▸ *tr.* Tratándose de ideas, afectos, etc., tenerlos: ~ *una esperanza.*

**abrigo** *m.* Prenda de vestir larga que se pone sobre las demás. — Lugar para resguardarse o protegerse de algo.

**abril** *m.* Cuarto mes del año.

**abrillantar** *tr.* Dar brillo.

**abrir** *tr. y prnl.* Hacer que el interior de un espacio o lugar tenga comunicación directa con el exterior. — Mover el mecanismo que regula el paso en un conducto: ~ *un grifo.* — Extender o desplegar. — Hender, rasgar, dividir. — Separar las hojas de una puerta, descorrer un cerrojo, tirar de un cajón, etc. ▸ *tr.* Romper o despegar cartas, paquetes, etc. — Iniciar una actividad. — Ir delante en una formación. ▸ *prnl.* Amér. Hacerse a un lado en un asunto, desentenderse.

**abrochadora** *f.* Argent. Grapadora.

**abrochar** *tr. y prnl.* Sujetar o cerrar con botones, broches, etc.

**abrojo** *m.* Planta de fruto espinoso, perjudicial para los sembrados.

**abrumar** *tr.* Causar molestia o apuro con excesivas alabanzas, atenciones, etc.

**abrupto, ta** *adj.* Escarpado.

**absceso** *m.* Acumulación de pus.

**abscisa** *f.* MAT. Primera de las dos coordenadas con que se fija la posición de un punto en un plano.

**absentismo** *m.* Ausencia frecuente del puesto de trabajo.

**ábside** *m.* Parte posterior, generalmente semicircular, del presbiterio de una iglesia.

**absolutismo** *m.* Sistema político en que el gobernante no tiene limitación de poderes.

**absoluto, ta** *adj.* Que no tiene restricciones, ilimitado. — Que excluye toda relación o comparación. — En absoluto, de ninguna manera.

**absolver** *tr.* Eximir de una acusación o pena. — Perdonar los pecados.

**absorber** *tr.* Atraer un cuerpo y retener entre sus moléculas las de otro en estado líquido o gaseoso. — Consumir, gastar. — Atraer hacia sí, cautivar.

**absorción** *f.* Acción de absorber.

**absorto, ta** *adj.* Concentrado, aislado mentalmente. — Admirado ante una cosa.

**abstemio, mia** *adj./m. y f.* Que no bebe alcohol.

**abstención** *f.* Acción y efecto de abstenerse.

**abstenerse** *prnl.* Privarse de algo. — No participar en una votación.

**abstinencia** *f.* Acción de abstenerse. — Privación de hacer algo por motivos religiosos.

**abstracto, ta** *adj.* Vago, impreciso. — Se dice del arte que no se vincula a la representación de la realidad tangible.

**abstraer** *tr.* Aislar mentalmente o considerar por separado las cualidades de un objeto. ▸ *prnl.* Concentrarse totalmente en algo.

**abstruso, sa** *adj.* Difícil de comprender.

**absurdo, da** *adj.* Contrario a la razón.

**abubilla** *f.* Ave insectívora con

un penacho eréctil de plumas en la cabeza.

**abuchear** *tr.* Manifestar ruidosamente desagrado o protesta.

**abuelo, la** *m. y f.* Padre o madre del padre o de la madre. — Persona anciana.

**abulense** *adj./m. y f.* De Ávila (España).

**abulia** *f.* Falta de voluntad.

**abultar** *tr.* Aumentar el volumen de una cosa. — Exagerar: ~ *una noticia.* ▸ *intr.* Hacer bulto.

**abundancia** *f.* Gran cantidad de una cosa.

**abundar** *intr.* Haber gran cantidad de una cosa.

**aburrir** *tr. y prnl.* Molestar, cansar. ▸ *prnl.* Sufrir un estado de ánimo producido por falta de estímulo o distracción.

**abusado, da** *adj.* Guat. y Méx. Listo, despierto.

**abusar** *intr.* Usar con exceso de una cosa. — Aprovecharse en exceso de alguien o algo. — Tener relaciones sexuales ejerciendo una coacción: ~ *de una menor.*

**abyección** *f.* Bajeza, envilecimiento.

**acá** *adv.* Denota un lugar cercano, como aquí, pero más indeterminado. — Denota el presente: *de ayer* ~.

**acabar** *tr. y prnl.* Dar fin, terminar. — Apurar, consumir.

**acacia** *f.* Árbol de flores blancas y olorosas.

**academia** *f.* Sociedad o institu-ción científica, literaria o artística. — Centro docente privado.

**acaecer** *intr.* Suceder, acontecer.

**acallar** *tr. y prnl.* Hacer callar. — Aplacar, calmar: ~ *el hambre.*

**acalorar** *tr.* Dar o causar calor.

**acampar** *intr.* Instalarse temporalmente en un lugar al aire libre.

**acanalado, da** *adj.* Que tiene figura larga o con estrías.

**acantilado** *m.* Costa rocosa cortada casi verticalmente.

**acanto** *m.* Planta de hojas largas, rizadas y espinosas.

**acaparar** *tr.* Acumular el total o la mayor parte de algo. — Absorber la atención o la actividad.

**acápite** *m.* Amér. Central y Amér. Merid. Párrafo.

**acaramelar** *tr.* Bañar con caramelo. ▸ *prnl.* Mostrarse muy cariñoso.

**acariciar** *tr.* Hacer caricias. — Desear algo con la esperanza de conseguirlo o hacerlo.

**ácaro** *adj./m.* Se dice de ciertos arácnidos muy pequeños.

**acarrear** *tr.* Transportar una carga. — Causar.

**acaso** *m.* Casualidad. ▸ *adv.* Quizá, tal vez. — Por si acaso, o si acaso, en previsión de algo.

**acatar** *tr.* Aceptar y cumplir una orden.

**acatarrarse** *prnl.* Contraer un catarro.

**acaudalado, da** *adj.* Rico, adinerado.

**acaudillar** *tr.* Ponerse al frente de un ejército, un grupo, etc.

**acceder** *intr.* Consentir en lo que otro solicita o quiere. — Tener paso o entrada a un lugar.

**accesible** *adj.* Que tiene acceso. — De fácil trato.

**accésit** *m.* En un certamen, recompensa inferior al premio.

**acceso** *m.* Acción de llegar o acercarse. — Entrada o paso. — Arrebato, ataque: ~ *de tos.*

**accesorio, ria** *adj.* Se dice de lo que no es necesario o principal. ▸ *m.* Utensilio auxiliar.

**accidente** *m.* Suceso inesperado, especialmente desgraciado. — Alteración de la uniformidad: ~ *del terreno.* — LING. Modificación en la forma de las palabras variables.

**acción** *f.* Efecto de hacer. — Actividad o movimiento. — Trama de cualquier tipo de narración, representación, etc. — Batalla, combate. — ECON. Título que representa cada una de las partes en que se divide el capital de una sociedad anónima.

**accionar** *tr.* Poner en movimiento un mecanismo.

**accionista** *m. y f.* Poseedor de acciones de una empresa.

**acebo** *m.* Árbol de hojas espinosas y fruto en drupa rojiza.

**acebuche** *m.* Olivo silvestre.

**acechar** *tr.* Observar, aguardar con cautela. — Amenazar.

**acéfalo, la** *adj.* Falto de cabeza.

**aceite** *m.* Sustancia fluida y un-tuosa, de origen mineral, animal o vegetal.

**aceituna** *f.* Fruto del olivo.

**acelerador** *m.* Mecanismo que regula la entrada de la mezcla gaseosa en el motor de un vehículo para variar su velocidad.

**acelerar** *tr.* Aumentar la velocidad. ▸ *tr. y prnl.* Dar celeridad.

**acelga** *f.* Planta hortense de hojas grandes y comestibles.

**acémila** *f.* Mulo de carga.

**acento** *m.* Intensificación de la voz en una sílaba de una palabra. — Signo gráfico con que se indica esta elevación. — Pronunciación particular.

**acentuar** *tr.* Dar o poner acento a las palabras. — Poner de relieve algo.

**acepción** *f.* Significado en que se toma una palabra o expresión.

**aceptar** *tr.* Recibir voluntariamente lo que se le da u ofrece. — Aprobar, dar por bueno.

**acequia** *f.* Canal para conducir agua para regar.

**acera** *f.* Parte lateral de la calle reservada a los peatones.

**acerbo, ba** *adj.* Áspero al gusto. — Cruel, riguroso.

**acerca** Palabra que se usa en la expresión **acerca de**, que indica el asunto de que se trata.

**acercar** *tr. y prnl.* Poner cerca o menor distancia.

**acero** *m.* Aleación de hierro con una pequeña proporción de carbono.

**acérrimo, ma** *adj.* Muy fuerte, decidido o tenaz: *creyente* ~.

**acertar** *tr. e intr.* Dar en el punto previsto o propuesto. — Tener acierto. — Dar con la solución o el resultado de algo.

**acertijo** *m.* Enigma para entretenerse en acertarlo.

**acervo** *m.* Conjunto de valores morales o culturales.

**acético, ca** *adj.* Se dice del ácido que da al vinagre su sabor característico.

**acetileno** *m.* Hidrocarburo gaseoso, empleado para el alumbrado, la soldadura, etc.

**acetona** *f.* Líquido incoloro, volátil e inflamable.

**achacar** *tr.* Atribuir, imputar.

**achaparrado, da** *adj.* De forma o figura baja o gruesa: *árbol* ~.

**achaque** *m.* Molestia habitual.

**achatar** *tr. y prnl.* Poner chato.

**achicar** *tr. y prnl.* Disminuir el tamaño. — Fam. Humillar, acobardar. ▸ *tr.* Sacar el agua de un lugar.

**achicharrar** *tr. y prnl.* Freír o asar en exceso. — Abrasar.

**achicoria** *f.* Planta herbácea con cuya raíz se puede preparar un sucedáneo del café.

**achiote** *m.* Amér. Central, Bol. y Méx. Árbol de pequeño tamaño de cuyo fruto se extraen unas semillas empleadas para hacer un tinte de color rojo vivo.

**achira** *f.* Amér. Merid. Planta herbácea cuya raíz se utiliza en medicina tradicional.

**achuchar** *tr.* Azuzar. — Fam. Aplastar, estrujar. ▸ *prnl.* Argent., Par. y Urug. Tener escalofríos.

**achunchar** *tr.* Bol., Chile, Ecuad. y Perú. Avergonzar o atemorizar a alguien.

**achura** *f.* Amér. Merid. Intestino o víscera de un animal.

**aciago, ga** *adj.* Desgraciado, de mal agüero.

**acicalar** *tr. y prnl.* Adornar.

**acicate** *m.* Estímulo. — Espuela con una sola punta de hierro.

**acicular** *adj.* Que tiene forma de aguja.

**ácido, da** *adj.* Agrio. — Áspero, desabrido. ▸ *m.* Droga alucinógena. — QUÍM. Compuesto hidrogenado que actúa sobre las bases y sobre numerosos metales formando sales.

**acierto** *m.* Acción y efecto de acertar. — Destreza, habilidad.

**ácimo** *adj.* Ázimo.

**aclamar** *tr.* Dar voces la multitud en honor de una persona.

**aclarar** *tr. y prnl.* Hacer menos oscuro o menos espeso. — Poner en claro, explicar. ▸ *tr.* Enjuagar con agua lo que estaba enjabonado. ▸ *intr. y prnl.* Amanecer. — Serenarse el tiempo.

**aclimatar** *tr. y prnl.* Acostumbrar a un ser orgánico a un clima o ambiente.

**acné** *f.* Enfermedad cutánea caracterizada por la aparición de espinillas.

**acobardar** *tr. y prnl.* Amedrentar, causar miedo.

**acogedor, ra** *adj.* Hospitalario, cómodo.

**acoger** *tr.* Admitir una persona a otra en su casa o compañía. ▸ *tr. y prnl.* Proteger, amparar.

**acolchar** *tr.* Poner lana, algodón, espuma, etc., entre dos telas e hilvanarlas.

**acólito** *m.* Monaguillo. — Persona que acompaña y sirve a otra.

**acomedirse** *prnl.* Amér. Prestarse espontáneamente a hacer un servicio.

**acometer** *tr.* Embestir, arremeter. — Emprender, intentar.

**acomodado, da** *adj.* Que tiene una buena posición económica.

**acomodar** *tr.* Ajustar una cosa con otra. ▸ *tr. y prnl.* Poner en sitio conveniente o cómodo.

**acompañamiento** *m.* Acción y efecto de acompañar. — Persona o grupo que acompaña. — MÚS. Parte instrumental o vocal, que da soporte a una principal.

**acompañar** *tr. y prnl.* Estar o ir en compañía de otro. ▸ *tr.* Juntar, añadir. — Tocar música de acompañamiento.

**acompasar** *tr.* Adaptar una cosa a otra.

**acomplejar** *tr. y prnl.* Causar a una persona un complejo o inhibición.

**acondicionar** *tr.* Dar cierta condición o calidad. — Disponer una cosa a un determinado fin. — Climatizar un espacio cerrado.

**acongojar** *tr. y prnl.* Afligir.

**aconsejar** *tr.* Dar consejo.

**acontecer** *intr.* Suceder, producirse un hecho.

**acontecimiento** *m.* Suceso importante.

**acopiar** *tr.* Juntar, reunir en gran cantidad.

**acoplado** *m.* Amér. Merid. Remolque, vehículo remolcado.

**acoplar** *tr.* Unir o encajar dos piezas de modo que ajusten. — Amér. Merid. Unir un vehículo a otro para que lo remolque. ▸ *prnl.* Argent., Perú y Urug. Unirse una persona a otras para acompañarlas.

**acoquinar** *tr. y prnl.* Acobardar.

**acorazado** *m.* Buque de guerra blindado.

**acordar** *tr.* Resolver algo varias personas de común acuerdo. ▸ *prnl.* Recordar.

**acorde** *adj.* Conforme con alguien o algo. ▸ *m.* MÚS. Superposición de notas que guardan las reglas de la armonía.

**acordeón** *m.* Instrumento musical de viento, con fuelle y teclado. — Méx. Papel que se lleva oculto para copiar de él en los exámenes.

**acordonar** *tr.* Ceñir con un cordón. — Rodear un sitio con un cordón de personas.

**acorralar** *tr.* Tener rodeada a una persona o animal para que no se escape. — Dejar confundido y sin respuesta.

**acortar** *tr.* Disminuir la longitud, duración o cantidad de algo.

**acosar** *tr.* Perseguir sin descanso. — Importunar, molestar.

**acostar** *tr. y prnl.* Tender a una persona para que descanse, especialmente en la cama. ▸ *prnl.* Tener relaciones sexuales.

**acostumbrar** *tr. y prnl.* Hacer adquirir una costumbre. ▸ *intr.* Tener costumbre. — Suceder algo con frecuencia.

**acotación** *f.* Nota o señal al margen de un escrito. — Indicación en un texto teatral o en un guion sobre su representación.

**acotamiento** *m.* Méx. Arcén.

**acotar** *tr.* Reservar el uso de un terreno con cotos. — Fijar, limitar. — Poner cotas en un plano.

**acracia** *f.* Doctrina que defiende la supresión del estado y de toda autoridad.

**acre** *adj.* Áspero y picante al gusto y al olfato. — Desabrido. ▸ *m.* Medida inglesa de superficie equivalente a 4 046 m².

**acrecentar** *tr. y prnl.* Aumentar.

**acreditar** *tr. y prnl.* Hacer digno de crédito. ▸ *tr.* Dar seguridad de que una persona o cosa es lo que representa o parece.

**acreedor, ra** *adj./m. y f.* Que tiene derecho a pedir el cumplimiento de una deuda.

**acribillar** *tr.* Llenar de agujeros o heridas.

**acrílico, ca** *adj.* Se dice de la pintura soluble en agua.

**acritud** *f.* Calidad de acre. — Aspereza en el carácter.

**acrobacia** *f.* Ejercicio del acró-

bata. — Maniobra de destreza realizada durante un vuelo.

**acróbata** *m. y f.* Persona que realiza ejercicios gimnásticos de gran dificultad.

**acromático, ca** *adj.* FÍS. Que deja pasar la luz blanca sin descomponerla.

**acrónimo** *m.* Voz formada por las iniciales o siglas de otras palabras, como ovni (Objeto Volante No Identificado).

**acrópolis** *f.* Lugar más alto y fortificado de las ciudades griegas antiguas.

**acróstico, ca** *adj./m.* Se dice de la composición poética en la que las letras iniciales, medias o finales de los versos forman, leídas verticalmente, un vocablo o frase.

**acta** *f.* Relación escrita de lo tratado o acordado en una reunión. — Certificado en que consta un hecho.

**actinio** *m.* Elemento químico radioactivo.

**actitud** *f.* Postura del cuerpo humano de la que se deduce algo. — Disposición de ánimo.

**activar** *tr. y prnl.* Estimular. — Hacer funcionar un mecanismo.

**actividad** *f.* Facultad de obrar. — Conjunto de tareas propias de una persona o entidad: ~ *literaria.*

**activo, va** *adj.* Que obra. — Diligente, eficaz. — LING. Se dice de la voz verbal que expresa que el sujeto realiza la acción representada por el verbo. ▸ *m.* Conjunto de bienes.

**acto** *m.* Hecho o acción. — Hecho público o solemne. — Cada una de las partes en que se dividen las obras teatrales. — **Acto seguido,** a continuación.

**actor, triz** *m. y f.* Persona que representa un personaje en una obra teatral, cinematográfica, televisiva o radiofónica.

**actual** *adj.* Que ocurre o existe en el momento presente. — Que está de moda.

**actualidad** *f.* Tiempo presente.

**actualizar** *tr.* Convertir una cosa pasada en actual.

**actuar** *intr.* Proceder de un modo determinado. — Ejercer una persona o cosa actos propios de su naturaleza u oficio. — Representar un papel en obras de teatro, cine, etc.

**acuarela** *f.* Pintura sobre papel con colores diluidos en agua. — Color para realizar este tipo de pinturas.

**acuario** *m.* Depósito de agua donde se cuidan o exhiben plantas y animales acuáticos. ▸ *m. y f./adj.* Persona nacida bajo el signo zodiacal de Acuario.

**acuático, ca** *adj.* Que vive en el agua. — Relativo al agua.

**acuchillar** *tr. y prnl.* Herir o matar con cuchillo.

**acuciar** *tr.* Estimular, dar prisa.

**acudir** *intr.* Ir a un sitio. — Ir en ayuda de alguien.

**acueducto** *m.* Canal para transportar agua.

**acuerdo** *m.* Unión, armonía. — Resolución tomada en común por varias personas. — Argent. Pleno de ministros convocado por el presidente. — Colomb. y Méx. Reunión de una autoridad gubernativa con sus colaboradores para tomar una decisión.

**acuífero, ra** *adj./m.* Que contiene agua.

**acullá** *adv.* En parte alejada del que habla: *acá y ~.*

**acumulador** *m.* Aparato que almacena y suministra energía.

**acumular** *tr. y prnl.* Juntar y amontonar.

**acunar** *tr.* Mecer al niño en la cuna o en brazos.

**acuñar** *tr.* Imprimir con cuño una pieza de metal. — Fabricar moneda. — Fam. Fijar, consolidar: *~ una expresión.*

**acuoso, sa** *adj.* Abundante en agua. — De agua o parecido a ella.

**acupuntura** *f.* Método terapéutico que consiste en clavar agujas en determinados puntos del cuerpo.

**acurrucarse** *prnl.* Encoger el cuerpo, generalmente por sentir miedo o frío.

**acusado, da** *adj.* Destacado, evidente. ▸ *m. y f.* Persona a quien se acusa de algo.

**acusar** *tr. y prnl.* Imputar a alguien un delito o culpa. — Delatar, denunciar. ▸ *tr.* Reflejar, manifestar: *~ cansancio*.

**acusativo** *m.* LING. Caso de la declinación que expresa la función de complemento directo.

**acústica** *f.* Parte de la física que trata de los sonidos.

**acutángulo** *adj.* MAT. Se dice del triángulo que tiene los tres ángulos agudos.

**adagio** *m.* Sentencia breve, generalmente moral. — MÚS. Tiempo musical lento.

**adalid** *m.* Caudillo militar.

**adaptar** *tr. y prnl.* Acomodar, acoplar una cosa a otra.

**adarme** *m.* Porción mínima de algo.

**adecentar** *tr. y prnl.* Poner decente.

**adecuado, da** *adj.* Conveniente, idóneo.

**adecuar** *tr. y prnl.* Acomodar, apropiar una cosa a otra.

**adefesio** *m.* Persona o cosa muy fea o extravagante.

**adelantar** *tr. y prnl.* Mover o llevar hacia adelante. — Pasar delante de una persona o cosa. ▸ *tr.* Anticipar. ▸ *intr.* Progresar.

**adelante** *adv.* Más allá: *mirar ~*. — Denota tiempo futuro.

**adelanto** *m.* Anticipo. — Progreso.

**adelfa** *f.* Arbusto venenoso, de flores rosadas, blancas o amarillas.

**adelgazar** *tr. y prnl.* Reducir una persona su peso. ▸ *intr.* Reducir el grosor o volumen de algo.

**ademán** *m.* Gesto con que se manifiesta un estado de ánimo. ▸ *pl.* Modales.

**además** *adv.* Indica que se añade algo a lo ya conocido: *es lista y ~ guapa*.

**adentrarse** *prnl.* Ir hacia la parte más interna u oculta de un lugar o asunto.

**adentro** *adv.* A o en el interior. ▸ *m. pl.* Pensamientos y sentimientos de una persona.

**adepto, ta** *adj./m. y f.* Miembro de una secta o asociación. — Partidario de una persona o idea.

**aderezar** *tr.* Condimentar o sazonar los alimentos. ▸ *tr. y prnl.* Embellecer, arreglar.

**adeudar** *tr.* Deber, tener deudas.

**adherir** *tr., intr. y prnl.* Pegar, unir. ▸ *prnl.* Estar de acuerdo con una idea o grupo.

**adhesión** *f.* Acción y efecto de adherirse.

**adhesivo, va** *adj.* Capaz de adherirse. ▸ *adj./m.* Se dice del papel y plástico que se puede pegar fácilmente a una superficie.

**adicción** *f.* Hábito que crea en el organismo el consumo de drogas, alcohol, etc. — Afición desmesurada a algo.

**adición** *f.* Acción y efecto de añadir. — MAT. Operación de sumar.

**adicto, ta** *adj./m. y f.* Partidario. — Que tiene adicción a algo.

**adiestrar** *tr. y prnl.* Enseñar, instruir.

**adinerado, da** *adj.* Rico, que tiene mucho dinero.

**¡adiós!** *interj.* Expresión de despedida.

**adiposo, sa** *adj.* Que tiene grasa o su naturaleza.

**aditamento** *m.* Complemento.

**aditivo** m. Sustancia que se añade a otras para mejorar sus cualidades.

**adivinanza** *f.* Acertijo.

**adivinar** *tr.* Predecir el futuro o descubrir lo desconocido por medios no naturales o por conjeturas. — Acertar.

**adjetivar** *tr.* Aplicar adjetivos. — LING. Convertir en adjetivo una palabra o expresión.

**adjetivo, va** *adj.* Que se refiere a una cualidad o accidente. ▶ *m.* LING. Palabra que califica o determina al sustantivo.

**adjudicar** *tr.* Declarar que una cosa pertenece a alguien. ▶ *prnl.* Apropiarse de una cosa de forma indebida. — Conseguir un premio o triunfo.

**adjuntar** *tr.* Unir una cosa a otra.

**adjunto, ta** *adj.* Unido con o a otra cosa: *copia ~ al original.*

**administración** *f.* Acción y efecto de administrar. — Lugar donde se administra o conjunto de medios para administrar.

**administrar** *tr.* Gobernar. — Racionar una cosa para que resulte suficiente. — Suministrar una medicina.

**administrativo, va** *adj.* Relativo a la administración. ▶ *adj./m. y f.* Se dice del empleado de oficina.

**admiración** *f.* Acción de admirar o admirarse. — Signo ortográfico que se coloca al principio (¡) y final (!) de una palabra o cláusula exclamativa.

**admirar** *tr.* Tener en gran estima a una persona o cosa que de algún modo sobresale en su línea. ▶ *tr. y prnl.* Ver o contemplar con sorpresa y placer.

**admitir** *tr.* Dar entrada, acoger. — Aceptar como cierto algo. — Permitir, tolerar.

**admonición** *f.* Advertencia que se le da a alguien para que no haga cierta cosa.

**ADN** *m.* Abrev. de ácido desoxirribonucleico, constituyente esencial de los cromosomas del núcleo celular.

**adobar** *tr.* Poner en adobo. — Curtir pieles.

**adobe** *m.* Masa de barro y paja moldeada en forma de ladrillo y secada al aire.

**adobo** *m.* Acción y efecto de adobar. — Salsa para sazonar y conservar carnes y pescados.

**adocenarse** *prnl.* Hacerse vulgar.

**adoctrinar** *tr.* Enseñar principios o doctrinas.

**adolecer** *intr.* Tener algún defecto o carencia: *~ de soberbia.*

**adolescencia** *f.* Período de la vida entre la pubertad y la edad adulta.

**adonde** *adv. rel.* Al lugar que: *va ~ quiere.*

**adónde** *adv. interr.* A qué lugar: *¿~ vas?*

**adondequiera** *adv.* A cualquier lugar. — Dondequiera.

**adoptar** *tr.* Recibir legalmente como hijo al que no lo es naturalmente. — Tomar algo como propio. — Tomar una resolución o acuerdo.

**adoquín** *m.* Piedra en forma de prisma empleada para pavimentar.

**adorar** *tr.* Rendir culto a un dios o a un ser. — Amar en extremo.

**adormecer** *tr.* Causar sueño. ▸ *prnl.* Empezar a dormirse.

**adormidera** *f.* Planta de cuyo fruto se extrae el opio.

**adormilarse** *prnl.* Quedarse medio dormido.

**adornar** *tr. y prnl.* Embellecer con adornos.

**adorno** *m.* Cosa que sirve para embellecer.

**adosar** *tr.* Arrimar una cosa a otra por uno de sus lados.

**adquirir** *tr.* Llegar a tener, conseguir: *~ fama.* — Comprar.

**adrede** *adv.* Con deliberada intención: *lo hizo ~.*

**adrenalina** *f.* Hormona que acelera el ritmo cardíaco y estimula el sistema nervioso central.

**adscribir** *tr.* Asignar, atribuir. — Destinar una persona a un servicio.

**adsorber** *tr.* Retener líquidos o gases la superficie de un cuerpo.

**aduana** *f.* Oficina que cobra los derechos por las mercancías que pasan la frontera.

**aducir** *tr.* Presentar pruebas o argumentos para demostrar algo.

**aductor** *adj./m.* Se dice del músculo que acerca un miembro al plano medio del cuerpo.

**adueñarse** *prnl.* Apoderarse de una cosa.

**adular** *tr.* Halagar a uno exageradamente con un fin determinado.

**adulterar** *tr. y prnl.* Alterar la pureza de una cosa mezclándola con algo ajeno.

**adulterio** *m.* Relación sexual de una persona casada fuera del matrimonio.

**adulto, ta** *adj./m. y f.* Que ha llegado al término de la adolescencia.

**adusto, ta** *adj.* Seco, yermo. — Huraño, desabrido en el trato.

**advenedizo, za** *adj./m. y f.* Extranjero, forastero. — Que tiene un origen humilde y pretende figurar entre gente de mayor posición social.

**advenimiento** *m.* Venida o llegada, en especial si es esperada y solemne. — Ascenso al trono de un rey o papa.

**adventicio, cia** *adj.* Que ocurre de manera accidental.

**adverbio** *m.* Palabra invariable de la oración que modifica al verbo, al adjetivo, a otro adverbio o a una oración completa.

**adversario, ria** *m. y f.* Rival, competidor.

**adversativo, va** *adj.* LING. Que denota oposición o contrariedad: *conjunción* ~.

**adverso, sa** *adj.* Contrario.

**advertencia** *f.* Acción y efecto de advertir.

**advertir** *tr.* Percibir algo. ▶ *intr.* Llamar la atención sobre algo.

**adviento** *m.* Período de cuatro semanas anteriores a la Navidad.

**adyacente** *adj.* Colocado junto a otra cosa, próximo.

**aéreo, a** *adj.* Relativo al aire. — Que está o se realiza en el aire: *acrobacia aérea.*

**aerobio, bia** *adj./m.* BIOL. Se dice del ser vivo cuya existencia depende del oxígeno.

**aerodinámica** *f.* Parte de la mecánica que estudia el movimiento de los gases.

**aerodinámico, ca** *adj.* Que tiene la forma adecuada para reducir al mínimo la resistencia del aire.

**aeródromo** *m.* Terreno preparado para el despegue y aterrizaje de aviones.

**aerolínea** *f.* Compañía de transporte aéreo.

**aeromodelismo** *m.* Técnica de la construcción de maquetas de aviones.

**aeromozo, za** *m. y f.* Amér. Merid. y Méx. Azafato.

**aeronáutica** *f.* Ciencia y tecnología de la navegación aérea.

**aeronave** *f.* Vehículo capaz de navegar por el aire o el espacio.

**aeroplano** *m.* Avión.

**aeropuerto** *m.* Conjunto de instalaciones destinadas al despegue y aterrizaje regular de aviones.

**aerosol** *m.* Envase especial para almacenar un líquido a presión y poder lanzarlos en pequeñas partículas.

**aerostática** *f.* Parte de la física que estudia el equilibrio de los gases.

**aeróstato** o **aerostato** *m.* Aeronave que navega utilizando un gas más ligero que el aire.

**afable** *adj.* Amable, cordial.

**afamado, da** *adj.* Ilustre, famoso.

**afán** *m.* Trabajo excesivo y penoso. — Deseo intenso.

**afanar** *tr.* Robar. ▶ *intr. y prnl.* Entregarse al trabajo con apremio.

**afasia** *f.* Pérdida del habla a causa de lesiones cerebrales.

**afear** *tr. y prnl.* Hacer o poner feo. ▶ *tr.* Reprochar.

**afección** *f.* Enfermedad. — Afición, inclinación.

**afectar** *tr.* Atañer. — Perjudicar. — Poner un cuidado excesivo en las palabras, movimientos, etc.: ~ *la voz.* — Impresionar.

**afectividad** *f.* Conjunto de sentimientos relativos al afecto.

**afecto** *m.* Simpatía, cariño.

**afeitar** *tr. y prnl.* Cortar el pelo de la cara u otra parte del cuerpo a ras de piel.

**afelio** *m.* ASTRON. Punto más alejado del Sol en la órbita de un planeta.

**afeminado, da** *adj.* Que tiene ademanes o características propios de una mujer.

**aferente** *adj.* Se dice del vaso sanguíneo o nervio que entra en un órgano.

**aféresis** *f.* LING. Supresión de algún sonido al principio de una palabra, como en ora por ahora.

**aferrar** *tr. y prnl.* Agarrar con fuerza. ▸ *prnl.* Obstinarse en una idea u opinión.

**afianzar** *tr. y prnl.* Asegurar con puntales, clavos, etc. — Consolidar.

**afiche** *m.* Amér. Merid. Cartel.

**afición** *f.* Amor hacia alguien o algo. — Conjunto de personas aficionadas a una actividad.

**aficionado, da** *adj./m. y f.* Que cultiva algún arte, profesión o deporte sin tenerlo por oficio. — Que tiene afición por algo.

**aficionar** *tr.* Inducir a que alguien se aficione por algo.

**afijo** *m.* LING. Elemento que se coloca al principio, en medio o al final de las palabras para modificar su sentido o función.

**afilar** *tr.* Sacar filo o punta a un instrumento.

**afiliar** *tr. y prnl.* Incluir a una persona como miembro de una sociedad, partido, etc.

**afín** *adj.* Que tiene afinidad con otra persona o cosa.

**afinar** *tr. y prnl.* Hacer fino. —

Perfeccionar. ▸ *tr.* MÚS. Poner en el tono justo un instrumento musical. ▸ *intr.* Cantar o tocar entonando.

**afincarse** *prnl.* Fijar la residencia en un lugar: ~ *en la ciudad.*

**afinidad** *f.* Analogía o semejanza de una cosa con otra. — Coincidencia de gustos u opiniones.

**afirmar** *tr. y prnl.* Dar firmeza a una cosa. ▸ *tr.* Dar por cierta una cosa: ~ *una teoría.* — Decir que sí.

**aflicción** *f.* Pena.

**afligir** *tr. y prnl.* Causar dolor, sufrimiento, tristeza.

**aflojar** *tr. y prnl.* Disminuir la presión o tirantez. ▸ *intr.* Fam. Flaquear en un esfuerzo.

**aflorar** *intr.* Manifestarse algo oculto: ~ *los sentimientos.*

**afluente** *m.* Corriente de agua que desemboca en otra.

**afluir** *intr.* Acudir en gran cantidad. — Verter un río o arroyo sus aguas en las de otro o en las de un lago o mar.

**afonía** *f.* Pérdida total o parcial de la voz.

**aforismo** *m.* Sentencia breve y doctrinal.

**aforo** *m.* Número de localidades de un recinto deportivo o de espectáculos.

**afortunado, da** *adj./m. y f.* Que tiene buena suerte. ▸ *adj.* Feliz. — Acertado u oportuno.

**afrancesar** *tr. y prnl.* Dar carácter francés.

**afrenta** *f.* Dicho o hecho que atenta contra el honor o la dignidad.

**africado, da** *adj.* LING. Se dice del sonido consonántico oclusivo al principio de su emisión y fricativo al final, como el de ch.

**africano, na** *adj./m. y f.* De África.

**afrodisiaco, ca** o **afrodisíaco, ca** *adj./m.* Que excita el apetito sexual.

**afrontar** *tr.* Hacer frente a un enemigo, peligro o dificultad.

**afuera** *adv.* Hacia o en la parte exterior.

**afueras** *f. pl.* Alrededores de una población.

**agachada** *f.* Argent. Evasiva desleal o cobarde. — Chile. Inclinación, adulación. — Urug. Artimaña.

**agachar** *tr. y prnl.* Inclinar o bajar alguna parte del cuerpo.

**agalla** *f.* Branquia de los peces. ▸ *pl.* Valor: *tener agallas.*

**ágape** *m.* Banquete.

**agarrado, da** *adj.* Fam. Mezquino, avaro.

**agarrar** *tr. y prnl.* Tomar fuertemente: *agarrarse a una cuerda.* — Contraer una enfermedad.

**agarrón** *m.* Acción de agarrar. — Amér. Riña, altercado.

**agarrotarse** *prnl.* Ponerse rígido un miembro del cuerpo.

**agasajar** *tr.* Tratar a alguien con atención y afecto. — Halagar.

**ágata** *f.* Cuarzo duro y traslúcido, con franjas de colores.

**agave** *m.* o *f.* Pita, planta.

**agazaparse** *prnl.* Agacharse con intención de ocultarse.

**agencia** *f.* Empresa comercial que se ocupa de diferentes asuntos.

**agenciar** *tr. y prnl.* Conseguir con diligencia o maña.

**agenda** *f.* Cuaderno donde se apunta lo que conviene recordar. — Programa de actividades o trabajos.

**agente** *adj./m.* Que obra o tiene virtud de obrar. — LING. Se dice de la palabra o sintagma que designa la persona, animal o cosa que realiza la acción expresada por el verbo. ▸ *m. y f.* Persona que obra por cuenta de un organismo o gobierno. — Persona que gestiona los intereses de alguien a quien representa. — Miembro de la policía.

**ágil** *adj.* Ligero, que se mueve con rapidez y facilidad.

**agitar** *tr. y prnl.* Mover con frecuencia y violentamente. — Fam. Inquietar, promover disturbios: ~ *a las masas.*

**aglomerar** *tr. y prnl.* Reunir, amontonar.

**aglutinar** *tr. y prnl.* Pegar, unir. — Reunir, aunar.

**agnosticismo** *m.* Doctrina que declara lo absoluto como inaccesible para el entendimiento humano.

**agobiar** *tr. y prnl.* Causar fatiga, preocupación o abatimiento.

**agolparse** *prnl.* Juntarse de golpe.

**agonía** *f.* Momento de la vida que precede a la muerte. — Sufrimiento extremado.

**ágora** *f.* Plaza pública en las antiguas ciudades griegas.

**agorero, ra** *adj./m. y f.* Que adivina o predice males.

**agostar** *tr. y prnl.* Secar el calor la vegetación.

**agosto** *m.* Octavo mes del año.

**agotar** *tr. y prnl.* Extraer todo el líquido. — Fam. Gastar del todo. — Cansar, extenuar.

**agraciar** *tr.* Dar gracia y belleza. — Conceder una gracia o un premio.

**agradar** *intr.* Complacer, gustar.

**agradecer** *tr.* Mostrar gratitud.

**agrado** *m.* Amabilidad, simpatía. — Gusto o satisfacción.

**agrandar** *tr. y prnl.* Hacer más grande.

**agrario, ria** *adj.* Relativo a la agricultura.

**agravar** *tr. y prnl.* Hacer más grave o peligroso.

**agravio** *m.* Ofensa al honor o dignidad. — Perjuicio.

**agredir** *tr.* Atacar a uno para hacerle daño.

**agregar** *tr. y prnl.* Añadir personas o cosas a otras. ▶ *tr.* Añadir algo a lo ya dicho o escrito.

**agresión** *f.* Acción y efecto de agredir.

**agreste** *adj.* Relativo al campo con vegetación silvestre. — Salvaje, silvestre. — Tosco.

**agriar** *tr. y prnl.* Poner agrio. — Exasperar los ánimos.

**agricultura** *f.* Cultivo de la tierra.

**agridulce** *adj.* Que tiene mezcla de agrio y de dulce.

**agrietar** *tr. y prnl.* Producir una grieta.

**agrimensura** *f.* Técnica de medir las tierras.

**agrio, gria** *adj.* Que tiene un sabor ácido, como el del limón o el vinagre. — Desabrido. ▶ *m. pl.* Cítricos.

**agro** *m.* Campo de cultivo.

**agronomía** *f.* Ciencia de la agricultura.

**agropecuario, ria** *adj.* Relativo a la agricultura y la ganadería.

**agrupar** *tr. y prnl.* Reunir en grupo.

**agua** *f.* Líquido incoloro, inodoro e insípido, compuesto de oxígeno e hidrógeno. ▶ *pl.* Serie de destellos que presentan algunas telas, piedras, etc. — **Agua viva** (Argent. y Urug.), medusa. — **Romper aguas**, romperse la bolsa que envuelve al feto y derramarse el líquido amniótico.

**aguacate** *m.* Fruto comestible de corteza verde y pulpa espesa, dado por un árbol del mismo nombre.

**aguacero** *m.* Lluvia abundante, repentina y breve.

**aguachento, ta** *adj.* Amér. Central y Amér. Merid. Se dice de lo que pierde sustancia por estar impregnado de agua.

**aguacil** *m.* Alguacil, oficial. — Argent. y Urug. Libélula.

**aguada** *f.* Pintura con color disuelto en agua con goma, miel, etc. — Amér. Merid. Abrevadero.

**aguafiestas** *m. y f.* Persona que estropea una diversión.

**aguantar** *tr.* Sostener. — Tolerar algo molesto o desagradable. ▸ *prnl.* Contenerse, reprimirse.

**aguar** *tr. y prnl.* Añadir agua al vino u otra bebida. — Estropear una diversión.

**aguará** *m.* R. de la Plata. Animal parecido al zorro, de largas patas y pelaje en forma de crin.

**aguardar** *tr.* Esperar.

**aguardiente** *m.* Bebida alcohólica que se obtiene por destilación de vino, frutas, etc.

**aguaribay** *m.* Amér. Central y Amér. Merid. Árbol de tronco torcido y corteza rugosa, cuyo fruto es una baya de color rojizo.

**aguarrás** *m.* Esencia de trementina usada como disolvente.

**agudizar** *tr.* Hacer más agudo. ▸ *prnl.* Agravarse, empeorar.

**agudo, da** *adj.* Que tiene filo o punta, afilada. — Sutil, perspicaz. — Gracioso. — Se dice del sonido de tono alto. — MAT. Se dice del ángulo de menos de 90°. ▸ *adj./f.* LING. Se dice de la palabra que tiene su acento en la última sílaba, como ratón y matiz.

**agüero** *m.* Presagio, señal.

**aguerrido, da** *adj.* Valiente.

**aguijón** *m.* Órgano puntiagudo con que pican algunos insectos.

**águila** *f.* Ave rapaz diurna de gran tamaño.

**aguileño, ña** *adj.* Se dice del rostro largo y afilado y de la nariz curva y delgada.

**aguinaldo** *m.* Regalo o dinero que se da en Navidad.

**aguja** *f.* Barrita puntiaguda con un ojo por donde se pasa el hilo con que se cose. — Pequeña varilla de metal utilizada para diversos usos: ~ *de reloj.* — Raíl móvil que sirve para realizar los cambios de vía.

**agujero** *m.* Abertura redondeada. — **Agujero negro** (ASTRON.), cuerpo cuyo campo de gravitación impide que salga ninguna radiación de él.

**agujeta** *f.* Méx. Cordón para atarse los zapatos. ▸ *pl.* Dolor muscular a consecuencia de un ejercicio físico intenso.

**agustino, na** *adj./m. y f.* De la orden de san Agustín.

**agutí** *m.* Roedor de color amarillento y cola corta, propio de América Central y Meridional.

**aguzar** *tr.* Sacar punta. — Forzar el entendimiento o los sentidos: ~ *la vista.*

**ahí** *adv.* En o a ese lugar. — En ese momento. — En lo relacionado con ese asunto.

**ahijado, da** *m. y f.* Cualquier persona respecto a sus padrinos.

**ahijar** *tr.* Adoptar al hijo ajeno.

**ahínco** *m.* Esfuerzo, empeño grande.

**ahíto, ta** *adj.* Saciado de comida. — Cansado o fastidiado.

**ahogar** *tr. y prnl.* Matar o morir por asfixia. — Extinguir un fuego. ▸ *tr., intr. y prnl.* Oprimir. ▸ *prnl.* Sofocarse.

**ahondar** *tr.* Hacer más hondo. ▸ *tr. e intr.* Estudiar un asunto a fondo. ▸ *tr., intr. y prnl.* Penetrar.

**ahora** *adv.* En el momento presente. ▸ *conj.* Indica alternancia u oposición entre dos oraciones. — Ahora bien, pero, sin embargo. — Por ahora, por el momento.

**ahorcar** *tr. y prnl.* Matar a alguien colgándolo por el cuello.

**ahorrar** *tr. y prnl.* Reservar dinero separándolo del gasto ordinario. — Evitar algo inconveniente.

**ahuecar** *tr.* Poner hueco. — Ahuecar el ala (Fam.), irse, marcharse.

**ahumar** *tr.* Exponer al humo. ▸ *tr. y prnl.* Llenar de humo.

**ahuyentar** *tr.* Hacer huir. — Desechar lo que molesta, asusta, etc.

**aimara** o **aimará** *adj./m.* De un pueblo amerindio que habita en Perú y Bolivia. ▸ *m./adj.* Lengua que habla este pueblo.

**airar** *tr. y prnl.* Hacer sentir ira.

**airbag** m. Bolsa de seguridad que, en un vehículo, se infla automáticamente en caso de colisión. (Es marca registrada.)

**aire** *m.* Gas que forma la atmósfera. — Viento. — Aspecto, apariencia: *tener ~ de salud.* — Garbo. — MÚS. Melodía, can-

ción. — Cambiar de aires, cambiar de lugar de residencia. — Darse aires (Fam.), presumir. — En el aire, pendiente de decisión. — Realizando una emisión.

**airear** *tr. y prnl.* Ventilar. ▸ *tr.* Divulgar una noticia.

**airoso, sa** *adj.* Que tiene garbo. — Que realiza algo con éxito.

**aislar** *tr. y prnl.* Dejar una persona o cosa sola y separada de otras.

**¡ajá!** *interj.* Fam. Denota aprobación.

**ajar** *tr. y prnl.* Deteriorar, deslucir.

**ajedrez** *m.* Juego que se practica en un tablero de 64 casillas con 32 piezas.

**ajenjo** *m.* Planta amarga y aromática. — Licor aromatizado con esta planta.

**ajeno, na** *adj.* Que es de otro. — Extraño.

**ajetreo** *m.* Trabajo o actividad muy intensos.

**ají** *m.* Amér. Merid. y Antill. Pimiento pequeño y picante.

**ajo** *m.* Planta hortense cuyo bulbo se utiliza como condimento. — Bulbo de esta planta. — En el ajo (Fam.), al tanto de un asunto tratado reservadamente.

**ajonjolí** *m.* Planta herbácea de semillas oleaginosas comestibles.

**ajuar** *m.* Ropa y enseres de una casa. — Conjunto de muebles, ropas y enseres que aporta la mujer al matrimonio.

**ajustadores** *m. pl.* Cuba. Prenda interior femenina para el busto.

**ajustar** *tr., intr. y prnl.* Juntar una cosa con otra de modo que se adapte totalmenta a ella. ► *tr.* Conformar, acomodar una cosa a otra. — Concertar el precio de algo. — Comprobar una cuenta y liquidarla.

**ajusticiar** *tr.* Aplicar a un reo la pena de muerte.

**al** Contracción de la prep. *a* y el artículo *el.*

**ala** *f.* Miembro de las aves y algunos insectos que les sirve para volar. — Parte de un cuerpo que se extiende hacia los lados. — Grupo con una tendencia apartada de la general dentro de un partido, organización, etc. ► *pl.* Osadía, libertad: *tener alas; dar alas.*

**alabar** *tr. y prnl.* Elogiar, reconocer o dar muestras de admiración.

**alabarda** *f.* Arma de hierro puntiagudo por un lado y cortante por el otro.

**alabastro** *m.* Piedra blanca, traslúcida y compacta.

**alacena** *f.* Hueco hecho en la pared, con puertas y estantes.

**alacrán** *m.* Escorpión.

**alado, da** *adj.* Que tiene alas. — Ligero, veloz.

**alambique** *m.* Aparato para destilar.

**alambrada** f. Cerco de alambres.

**alambre** *m.* Hilo de metal.

**álamo** *m.* Árbol de gran tamaño, de madera blanca y ligera.

**alano, na** *adj./m. y f.* De un pueblo bárbaro que invadió la Galia y la península Ibérica en el s. V.

**alar** *m.* Colomb. Acera.

**alarde** *m.* Ostentación que se hace de una cosa.

**alargar** *tr. y prnl.* Dar más longitud o duración a algo. ► *tr.* Estirar, extender. — Alcanzar algo y darlo a otro que está apartado.

**alarido** *m.* Grito fuerte.

**alarma** *f.* Señal con que se avisa de la existencia de un peligro o anormalidad. — Inquietud, temor. — Dispositivo que avisa.

**alazán, na** *adj./m. y f.* Se dice del caballo de pelo color canela.

**alba** *f.* Amanecer. — Primera luz del día. — Vestidura talar sagrada de tela blanca.

**albacea** *m. y f.* Persona a la que el testador confía la ejecución de su testamento.

**albahaca** *f.* Planta aromática de flores blancas.

**albanés, sa** *adj./m. y f.* De Albania. ► *m./adj.* Lengua hablada en Albania.

**albañil** *m.* Persona que se dedica a la realización de obras de construcción.

**albarán** *m.* Documento que acredita la recepción de una mercancía.

**albarda** *f.* Aparejo de las caballerías de carga que se pone sobre el lomo.

**albardón** *m.* Argent., Par. y Urug. Loma o elevación situada en terrenos bajos que, cuando suben las aguas, se convierte en islote.

**albaricoque** *m.* Fruto del albaricoquero.

**albaricoquero** *m.* Árbol de flores blancas cuyo fruto es el albaricoque.

**albatros** *m.* Ave palmípeda marina de gran tamaño.

**albedrío** *m.* Potestad de decidir y obrar por voluntad propia.

**alberca** *f.* Depósito artificial de agua. — Méx. Piscina.

**albérchigo** *m.* Variedad de melocotón, de carne blanca y jugosa.

**albergar** *tr.* Proporcionar albergue. — Tener cierto sentimiento, idea o intención. — Contener algo.

**albergue** *m.* Lugar o edificio donde uno puede alojarse.

**albino, na** *adj./m. y f.* Que padece una carencia de pigmento en la piel, ojos y pelo.

**albo, ba** *adj.* Blanco.

**albóndiga** *f.* Bola de carne o pescado picado, frita y guisada.

**albor** *m.* Luz del alba. — Comienzo u origen.

**alborear** *impers.* Amanecer.

**albornoz** *m.* Bata de tejido de toalla que se usa después del baño.

**alborotar** *tr. y prnl.* Inquietar, alterar. — Amotinar. ▸ *intr.* Causar alboroto.

**alboroto** *m.* Griterío o estrépito. — Desorden, motín.

**alborozo** *m.* Regocijo o júbilo extraordinarios.

**albricias** *f. pl.* Felicitación o alegría por una buena noticia.

**albufera** *f.* Extensión de agua salada separada del mar por un cordón litoral.

**álbum** *m.* Libro en blanco cuyas hojas se llenan con firmas, fotografías, etc. — Disco musical de larga duración.

**albumen** *m.* Reserva nutritiva del embrión de diversas semillas.

**albúmina** *f.* Sustancia orgánica viscosa, contenida en la clara de huevo, la leche, etc.

**albuminoide** *m.* Sustancia orgánica que constituye la parte fundamental de las células de los seres vivos.

**alcachofa** *f.* Hortaliza cuya voluminosa inflorescencia es comestible antes de abrirse.

**alcahuete, ta** *m. y f.* Persona que encubre o facilita las relaciones de dos amantes.

**alcaide** *m.* Director de una prisión.

**alcalde, desa** *m. y f.* Presidente del ayuntamiento.

**álcali** *m.* QUÍM. Hidróxido de un metal alcalino.

**alcalino, na** *adj.* QUÍM. Que contiene álcali o tiene alguna de sus propiedades.

**alcaloide** *m.* QUÍM. Sustancia orgánica similar a los álcalis por sus propiedades, como la morfina.

**alcance** *m.* Distancia a que llega una cosa. — Capacidad o talento: *persona de pocos alcances.* — Trascendencia.

**alcancía** *f.* Recipiente con una ranura donde se guarda dinero.

**alcanfor** *m.* Sustancia blanca, volátil y de olor fuerte, usada para preservar la ropa.

**alcantarilla** *f.* Conducto subterráneo destinado a recoger las aguas de lluvia y residuales.

**alcanzar** *tr.* Llegar hasta una persona o cosa que va delante. — Dar o acercar algo a alguien. — Lograr, conseguir. ▸ *tr. e intr.* Llegar a un lugar, tocar algo. ▸ *intr.* Bastar.

**alcaparra** *f.* Arbusto espinoso de flores blancas y fruto en baya. — Yema de la flor de este arbusto usada como condimento.

**alcatraz** *m.* Ave palmípeda marina de gran tamaño.

**alcaudón** *m.* Ave de presa, de pico largo y curvado.

**alcayata** *f.* Escarpia.

**alcazaba** *f.* Recinto fortificado dentro de una población amurallada.

**alcázar** *m.* Fortaleza. — Casa o palacio real.

**alce** *m.* Mamífero rumiante parecido al ciervo.

**alcoba** *f.* Dormitorio.

**alcohol** *m.* Líquido incoloro, de olor fuerte, que arde fácilmente.

— Bebida que contiene alcohol. — QUÍM. Compuesto químico procedente de la oxidación de un hidrocarburo.

**alcoholemia** *f.* Presencia de alcohol en la sangre.

**alcohólico, ca** *adj.* Que contiene alcohol. ▸ *adj./m. y f.* Que padece alcoholismo.

**alcoholismo** *m.* Enfermedad crónica causada por el abuso de bebidas alcohólicas.

**alcornoque** *m.* Árbol de cuya corteza se obtiene el corcho.

**alcurnia** *f.* Ascendencia, linaje.

**aldaba** *f.* Pieza metálica para llamar a las puertas. — Barra que asegura el cierre de una puerta.

**aldea** *f.* Pueblo pequeño sin jurisdicción propia.

**aldehído** *m.* QUÍM. Compuesto químico obtenido por la oxidación de un alcohol.

**aleación** *f.* Sustancia de características metálicas obtenida por la incorporación de uno o varios elementos a un metal.

**aleatorio, ria** *adj.* Que depende de la suerte o del azar.

**aleccionar** *tr. y prnl.* Instruir, enseñar.

**aledaño, ña** *adj.* Limítrofe. ▸ *m. pl.* Inmediaciones de un lugar.

**alegar** *tr.* Presentar algo como excusa, disculpa o como fundamento de una petición.

**alegato** *m.* Razonamiento o prueba que se alega. — Amér. Disputa, altercado.

**alegoría** *f.* Ficción en virtud de

la cual una cosa representa o simboliza otra distinta: *la paloma es una ~ de la paz.*

**alegrar** *tr.* Causar alegría. ▸ *prnl.* Sentir alegría.

**alegre** *adj.* Que siente, manifiesta o causa alegría. — Vivo, con mucha luz. — Fam. Bebido.

**alegría** *f.* Sentimiento de placer originado generalmente por una viva satisfacción.

**alegro** o **allegro** *m.* MÚS. Tiempo moderadamente vivo.

**alejandrino, na** *adj./m. y f.* De Alejandría. ▸ *adj./m.* Se dice del verso de catorce sílabas.

**alejar** *tr. y prnl.* Poner lejos o más lejos.

**alelado, da** *adj.* Lelo, tonto.

**aleluya** *m. o f.* Aclamación litúrgica judía y cristiana.

**alemán, na** *adj./m. y f.* De Alemania. ▸ *m./adj.* Lengua germánica hablada en Alemania, Austria y parte de Suiza.

**alentar** *tr. y prnl.* Animar, infundir aliento. ▸ *intr.* Respirar.

**alerce** *m.* Árbol de gran altura, cuyo fruto es una piña menor que la del pino.

**alergia** *f.* Respuesta inmunológica a determinadas sustancias que produce ciertos fenómenos fisiológicos.

**alero** *m.* Parte del tejado que sobresale de la pared.

**alerón** *m.* Pieza articulada de las alas de un avión, que permite variar la inclinación del aparato.

**alerta** *adj.* Atento, vigilante. ▸ *m. o f.* Voz o señal que previene de algún peligro. — Situación de vigilancia. ▸ *adv.* Con vigilancia y atención.

**aleta** *f.* Miembro o apéndice aplanado que permite nadar a numerosos animales acuáticos.

**aletargar** *tr.* Causar letargo. ▸ *prnl.* Padecer letargo.

**aletear** *intr.* Mover un ave las alas, sin echar a volar.

**alevín** *m.* Cría de pez destinada a la repoblación de estanques y ríos. ▸ *m. y f.* Joven principiante.

**alevosía** *f.* DER. Cautela para asegurar la ejecución de un delito.

**alfa** *f.* Letra del alfabeto griego.

**alfabetizar** *tr.* Poner en orden alfabético. — Enseñar a leer y escribir.

**alfabeto** *m.* Abecedario. — Conjunto de signos empleados en un sistema de comunicación: *~ morse.*

**alfalfa** *f.* Planta herbácea cultivada para forraje.

**alfarería** *f.* Arte de fabricar vasijas de barro.

**alféizar** *m.* Pieza horizontal de la pared en la base de una puerta o ventana.

**alférez** *m.* Oficial del ejército español con grado inmediatamente inferior al de teniente.

**alfil** *m.* Pieza del ajedrez que se mueve en diagonal.

**alfiler** *m.* Aguja metálica fina. — Joya que se prende en la ropa como adorno.

**alfombra** *f.* Pieza de tejido grueso con que se cubre el piso.

**alforja** *f.* Tira de tela resistente con dos bolsas en los extremos, que se cuelga sobre el hombro o al lomo de las caballerías.

**alga** *f.* Vegetal clorofílico sin raíces ni vasos que vive en el agua o en ambientes húmedos.

**algarabía** *f.* Griterío confuso. — Lengua o escritura ininteligible.

**algarada** *f.* Alboroto, desorden.

**algarroba** *f.* Fruto del algarrobo.

**algarrobo** *m.* Árbol leguminoso.

**algazara** *f.* Ruido de voces, generalmente alegres.

**álgebra** *f.* MAT. Ciencia del cálculo con magnitudes representadas por letras afectadas de los signos + o —.

**álgido, da** *adj.* Muy frío. — Culminante, decisivo.

**algo** *pron.* Expresa el concepto general de cosa en contraposición a nada: *tramar ~.* — Cantidad indeterminada: *queda ~ de dinero.* ► *adv.* Un poco.

**algodón** *m.* Planta cuyas semillas están envueltas en una borra blanca. — Hilo o tela que se fabrica con esta borra.

**algoritmo** *m.* MAT. Proceso de cálculo que permite llegar a un resultado final.

**alguacil** *m.* Oficial inferior de justicia. — Argent. y Urug. Aguacil.

**alguien** *pron.* Alguna persona indeterminada. — Persona concreta conocida por el hablante pero cuya identidad no se determina.

**algún** *adj.* Apóc. de alguno.

**alguno, na** *adj./pron.* Se aplica a personas, animales o cosas indeterminadas. — Cantidad que es indeterminada. — Pospuesto al sustantivo, tiene valor negativo: *no sufrir cambio ~.*

**alhaja** *f.* Joya.

**alhajero, ra** *m. y f.* Amér. Joyero, cofre.

**alhelí** *m.* Planta de jardín de flores aromáticas.

**alhóndiga** *f.* Casa pública destinada a la compra y venta de cereales.

**aliado, da** *adj./m. y f.* Se dice de la persona o país que forma parte de una alianza.

**alianza** *f.* Acuerdo que se hace entre personas, naciones, etc. — Parentesco por casamiento. — Anillo de boda.

**aliarse** *prnl.* Unirse, coligarse.

**alias** *m.* Apodo. ► *adv.* Por otro nombre.

**alicaído, da** *adj.* Caído de alas. — Débil. — Triste y desanimado.

**alicatar** *tr.* Recubrir de azulejos una pared.

**alicate** *m.* Tenaza de acero de puntas fuertes.

**aliciente** *m.* Estímulo que proporciona algo.

**alícuota** *adj.* MAT. Que está contenido un número entero de veces en un todo: *tres es una parte ~ de doce.*

**alienar** *tr. y prnl.* Volver loco.

**alienígena** *adj./m. y f.* Extranjero. — Extraterrestre.

**aliento** *m.* Respiración. — Aire que se expulsa al respirar. — Vigor del ánimo, esfuerzo.

**aligátor** o **aligator** *m.* Caimán.

**aligerar** *tr. y prnl.* Hacer ligero o menos pesado. ▶ *tr. e intr.* Acelerar: *~ el paso.*

**alijo** *m.* Conjunto de mercancías de contrabando: *~ de droga.*

**alimaña** *f.* Animal que se alimenta del ganado y de la caza menor.

**alimentar** *tr. y prnl.* Dar alimento. ▶ *tr.* Sustentar. ▶ *intr.* Sevir de alimento.

**alimento** *m.* Sustancia que proporciona al organismo la energía necesaria para mantenerse con vida. — Cosa que mantiene una idea o un sentimiento.

**alimón** Palabra que se usa en la expresión al alimón, que significa 'conjuntamente, en colaboración'.

**alinear** *tr. y prnl.* Situar en línea recta. ▶ *tr.* Incluir a un jugador en un equipo deportivo.

**aliñar** *tr.* Condimentar, aderezar. — Chile. Colocar en su posición los huesos dislocados.

**alioli** *m.* Salsa de ajo y aceite.

**!alirón!** *interj.* Denota júbilo por el triunfo del vencedor en una competición deportiva.

**alisar** *tr. y prnl.* Poner liso. — Peinar ligeramente el cabello.

**alisio** *m./adj.* Viento cálido y constante que sopla entre los trópicos.

**alistar** *tr. y prnl.* Apuntar en una lista. ▶ *prnl.* Inscribirse en el ejército.

**aliteración** *f.* Repetición de uno o varios sonidos en una misma palabra o frase.

**aliviar** *tr.* Aligerar, hacer menos pesado. ▶ *tr. e intr.* Disminuir un mal físico o moral.

**aljamía** *f.* Lengua castellana transcrita en caracteres árabes.

**aljibe** *m.* Cisterna. — Amér. Merid. Pozo de agua.

**allá** *adv.* En aquel lugar. — En un tiempo pasado. — El más allá, el mundo después de la muerte.

**allanar** *tr. y prnl.* Poner llano. ▶ *tr.* Vencer una dificultad. — Entrar a la fuerza en casa ajena.

**allegado, da** *adj.* Cercano. ▶ *adj./m. y f.* Pariente o amigo.

**allegar** *tr.* Recoger, juntar. — Arrimar una cosa a otra.

**allende** *adv.* Más allá de: *estar ~ el mar.*

**allí** *adv.* En aquel lugar. — A aquel lugar. — Entonces: *a partir de ~, la película mejora.*

**alma** *f.* Parte inmaterial del ser humano, capaz de sentir y pensar, y que, en algunas religiones, se separa del cuerpo tras la muerte. — Parte moral y emocional del ser humano.

— Persona, individuo. — Persona o cosa que da vida, aliento y fuerza. — Hueco interior de algunos objetos.

**almacén** *m.* Lugar donde se guardan mercancías. — Amér. Merid. Tienda de comestibles.

**almacenar** *tr.* Guardar en un almacén. — Reunir muchas cosas.

**almanaque** *m.* Calendario en el que se recogen todos los días del año, semanas, meses, etc.

**almazara** *f.* Molino de aceite.

**almeja** *f.* Molusco bivalvo comestible.

**almena** *f.* Prisma de piedra que corona los muros de una fortaleza.

**almendra** *f.* Fruto y semilla comestible del almendro. — Semilla de cualquier fruto en drupa.

**almendro** *m.* Árbol de flores blancas o rosadas, cuyo fruto es la almendra.

**almíbar** *m.* Líquido que resulta de disolver azúcar en agua y espesarlo a fuego lento.

**almidón** *m.* Sustancia extraída de los cereales, que tiene usos alimenticios e industriales.

**almidonar** *tr.* Impregnar de almidón la ropa blanca.

**alminar** *m.* Torre de una mezquita.

**almirante** *m.* Militar que desempeña el cargo superior de la armada.

**almirez** *m.* Mortero de metal, pequeño y portátil.

**almizcle** *m.* Sustancia grasa de olor muy fuerte utilizada en perfumería.

**almogávar** *m.* Soldado medieval de la Corona de Aragón, que hacía incursiones en campo enemigo.

**almohada** *f.* Cojín sobre el que se reclina la cabeza en la cama.

**almohade** *adj./m. y f.* De una dinastía que dominó la zona musulmana de la península Ibérica durante los siglos XII y XIII.

**almohadilla** *f.* Cojín pequeño que se coloca sobre un asiento duro.

**almohadón** *m.* Cojín grande utilizado para sentarse, recostarse o apoyar los pies en él.

**almoneda** *f.* Subasta pública de bienes muebles.

**almorávide** *adj./m. y f.* De una dinastía que dominó la zona musulmana de la península Ibérica durante el s. XI.

**almorrana** *f.* Hemorroide.

**almorzar** *intr.* Tomar el almuerzo.

**almuecín** o **almuédano** *m.* Musulmán que desde el alminar convoca a los fieles a la oración.

**almuerzo** *m.* Comida del mediodía. — Esp. y Méx. Comida ligera que se toma a media mañana.

**alocución** *f.* Discurso breve de un superior a sus subordinados.

**áloe** o **aloe** *m.* Planta tropical de

hojas carnosas de las cuales se extraen un jugo resinoso y una fibra muy resistente a la humedad. — Jugo de esta planta, usado en medicina.

**aloja** *f.* Argent., Bol. y Chile. Bebida refrescante hecha generalmente con semillas de algarroba blanca, machacadas y fermentadas.

**alojado, da** *m. y f.* Chile y Ecuad. Huésped.

**alojar** *tr. y prnl.* Hospedar. — Colocar una cosa dentro de otra.

**alondra** *f.* Pájaro insectívoro de dorso pardo y vientre blanco.

**alopecia** *f.* Ausencia o caída del cabello.

**alotropía** *f.* QUÍM. Diferencia que en sus propiedades físicas y químicas presenta a veces un mismo cuerpo simple.

**alpaca** *f.* Mamífero rumiante suramericano parecido a la llama. — Pelo de este animal y tejido hecho con él. — Aleación de níquel, cinc y cobre.

**alpargata** *f.* Calzado de tela con suela de esparto trenzado, cáñamo o goma.

**alpinismo** *m.* Deporte consistente en la ascensión a las altas montañas.

**alpino, na** *adj.* Relativo a los Alpes o a las altas montañas.

**alpiste** *m.* Planta gramínea cuyas semillas sirven de alimento a los pájaros.

**alquería** *f.* Casa de campo con tierras de labranza.

**alquilar** *tr.* Dar o tomar una cosa para su uso temporal por un precio convenido.

**alquiler** *m.* Acción de alquilar. — Precio por el que se alquila una cosa.

**alquimia** *f.* Antigua ciencia que buscaba la panacea universal e intentaba convertir los metales en oro.

**alquitrán** *m.* Sustancia oscura y viscosa que se obtiene de la destilación de la hulla, la madera o el petróleo.

**alrededor** *adv.* Rodeando totalmente una persona o cosa. — Cerca, sobre poco más o menos: ~ *de un año.* ▸ *m. pl.* Periferia, zona que rodea un lugar.

**alta** *f.* Ingreso de una persona en un cuerpo, profesión, etc. — Orden que se da a un paciente para que vuelva a su vida normal.

**altanería** *f.* Orgullo, soberbia.

**altar** *m.* Monumento religioso donde se celebran sacrificios. — Mesa desde la que el sacerdote celebra la misa.

**altavoz** *m.* Aparato que reproduce en voz alta los sonidos.

**alterar** *tr. y prnl.* Cambiar la esencia, forma o cualidades de una cosa. — Perturbar, inquietar.

**altercado** *m.* Disputa violenta.

**alternador** *m.* Generador de corriente eléctrica alterna.

**alternar** *tr., intr. y prnl.* Hacer cosas diversas por turno y sucesivamente. ▸ *intr.* Tener trato las personas entre sí.

**alternativa** *f.* Opción entre dos o varias cosas. — Acto por el cual un torero eleva a su misma categoría a un novillero.

**alternativo, va** *adj.* Que se dice, hace o sucede alternándose. — Se dice de la opción o solución que puede elegirse entre otras. — Que se opone a lo convencional o establecido.

**alterno, na** *adj.* Alternativo. — FÍS. Se dice de la corriente eléctrica que cambia periódicamente de sentido.

**alteza** *f.* Elevación moral. — Tratamiento dado a los príncipes.

**altibajos** *m. pl.* Desigualdad de un terreno. — Fam. Conjunto de cambios bruscos.

**altillo** *m.* Construcción en alto en el interior de una habitación.

**altiplano** m. Meseta de gran extensión y altitud.

**altisonante** *adj.* Que se caracteriza por emplear palabras y construcciones demasiado cultas y rebuscadas.

**altitud** *f.* Distancia vertical entre un punto y otro tomado como referencia.

**altivo, va** *adj.* Orgulloso, arrogante.

**alto, ta** *adj.* Levantado, elevado sobre la tierra. — De estatura mayor de lo normal. — De superior categoría, calidad o condición. — Fuerte, agudo: *voz ~.* ▸ *m.* Altura. — Sitio elevado en el campo. — Detención o parada. — Amér. Central y Amér. Merid.

Montón. ▸ *pl.* Argent., Chile y Perú. Piso o conjunto de pisos altos de una casa. ▸ *adv.* En lugar o parte superior. — Con voz fuerte: *hablar ~.* ▸ *interj.* Voz que se usa para que otro suspenda lo que está haciendo. — **Pasar por alto,** ignorar algo, omitir.

**altoparlante** *m.* Amér. Central y Amér. Merid. Altavoz.

**altorrelieve** *m.* Relieve cuyas figuras son muy abultadas.

**altozano** *m.* Monte de poca altura en terreno llano.

**altruismo** *m.* Cuidado desinteresado en procurar el bien ajeno.

**altura** *f.* Elevación que tiene un cuerpo sobre la superficie de la tierra. — Cima. — Dimensión de los cuerpos perpendicular a su base. — Mérito, valor. — Altitud. ▸ *pl.* Cielo, paraíso.

**alubia** *f.* Judía.

**alucinación** *f.* Percepción ilusoria en la que el sujeto tiene conciencia plena de una realidad inexistente.

**alucinar** *tr. e intr.* Producir alucinación. ▸ *intr.* Gustar mucho.

**alucinógeno, na** *adj./m.* Se dice de la sustancia natural o artificial que produce alucinaciones.

**alud** *m.* Gran masa de nieve que se desprende de los montes. — Lo que se desborda y precipita con ímpetu: *un ~ de gente.*

**aludir** *intr.* Hacer referencia.

**alumbrado** *m.* Conjunto de luces que iluminan un lugar.

**alumbrar** *tr. e intr.* Iluminar, dar luz. — Parir, dar a luz.

**aluminio** *m.* Metal ligero, maleable y dúctil.

**alumno, na** *m. y f.* Persona matriculada en un centro docente. — Persona que recibe conocimientos o educación de otra.

**alusión** *f.* Acción de aludir.

**aluvión** *m.* Avenida fuerte de agua. — Gran cantidad de personas o cosas que aparecen repentinamente.

**alveolar** *adj.* Relativo a los alveolos. — LING. Se dice del fonema articulado a la altura de los alveolos, y de la letra que lo representa.

**alveolo** o **alvéolo** *m.* Celdilla de un panal. — Cavidad de la boca en que se aloja un diente. — Cavidad abierta en el tejido del lóbulo pulmonar.

**alza** *f.* Subida, aumento.

**alzado, da** *adj.* Amér. Se dice del animal en celo. — Amér. Merid. Se dice del animal doméstico que se vuelve bravío. ▶ *adj./m. y f.* Amér. Engreído e insolente.

**alzamiento** *m.* Acción y efecto de alzar o alzarse. — Sublevación militar.

**alzar** *tr. y prnl.* Mover de abajo hacia arriba, levantar. — Rebelar, sublevar. — Aumentar, subir. ▶ *tr.* Construir, edificar.

**alzheimer** *m.* Enfermedad mental con degeneración de las células nerviosas del cerebro y disminución de la masa cerebral.

**ama** *f.* Cabeza o señora de la casa o familia. — Criada principal.

**amable** *adj.* Atento, cordial.

**amaestrar** *tr.* Enseñar, adiestrar.

**amagar** *tr. e intr.* Dejar ver la intención de ejecutar próximamente algo. ▶ *intr.* Estar una cosa próxima a sobrevenir.

**amainar** *intr.* Aflojar, perder su fuerza un fenómeno atmosférico.

**amalgama** *f.* Aleación de mercurio con otro metal. — Mezcla.

**amamantar** *tr.* Dar de mamar.

**amancebamiento** *m.* Convivencia y vida de pareja de dos personas que no están casadas.

**amanecer** *impers.* Aparecer la luz del sol al comienzo del día.

**amanecer** *m.* Tiempo en que amanece.

**amanerado, da** *adj.* Rebuscado: *lenguaje* ~. — Afeminado.

**amanita** *f.* Hongo de diversos colores, con un anillo bajo el sombrero, que puede ser comestible o venenoso.

**amansar** *tr. y prnl.* Hacer manso. — Sosegar, apaciguar.

**amante** *adj./m. y f.* Que ama. ▶ *m. y f.* Persona que tiene relaciones sexuales con otra fuera del matrimonio.

**amañar** *tr.* Arreglar, urdir algo con maña. ▶ *prnl.* Darse maña.

**amapola** *f.* Planta herbácea de flores rojas.

**amar** *tr.* Sentir amor por una persona o cosa. — Desear.

**amarar** *intr.* Posarse en la superficie del agua una aeronave.

**amargar** *intr. y prnl.* Tener alguna cosa sabor desagradable. ▸ *tr.* Dar sabor amargo. — Causar disgusto.

**amargo, ga** *adj.* Que sabor áspero, fuerte y algo desagradable. — Que causa o denota aflicción.

**amarillo, lla** *adj./m.* Se dice del color comprendido entre el verde y el anaranjado en el espectro solar, como el del oro o el limón maduro. ▸ *adj.* De color amarillo.

**amarra** *f.* MAR. Cabo para asegurar la embarcación fondeada en un muelle.

**amarrado, da** *adj.* Antill. y Chile. Se dice de la persona de acciones y movimientos lentos. — Cuba y Méx. Mezquino, tacaño.

**amarrar** *tr.* Atar, asegurar con cuerdas, cadenas, etc. ▸ Asegurar.

**amasandería** *f.* Chile, Colomb. y Venez. Panadería.

**amasar** *tr.* Hacer masa. — Reunir, juntar: ~ *una fortuna.*

**amasiato** *m.* C. Rica, Méx. y Perú. Amancebamiento.

**amasijo** *m.* Mezcla desordenada.

**amateur** *adj./m. y f.* Aficionado a la práctica no profesional de cierta actividad.

**amatista** *f.* Cuarzo cristalizado muy apreciado en joyería.

**amazona** *f.* Mujer guerrera de algunas mitologías. — Mujer que monta a caballo.

**ambages** *m. pl.* Rodeos de palabras: *dímelo sin ~.*

**ámbar** *m.* Resina fósil amarillenta. ▸ *adj./m.* Se dice del color amarillo anaranjado.

**ambición** *f.* Pasión por conseguir poder, riqueza o fama.

**ambidiestro, tra** o **ambidextro, tra** *adj./m. y f.* Que emplea con igual soltura sus dos manos.

**ambiente** *m.* Conjunto de circunstancias sociales, culturales, etc., que rodean a una persona o cosa. — Atmósfera o aire de un lugar. — Argent., Chile y Urug. Habitación de una casa.

**ambiguo, gua** *adj.* Que puede admitir distintas interpretaciones. — Género ambiguo (LING.), género atribuido a los sustantivos que admiten la concordancia en masculino o en femenino.

**ámbito** *m.* Espacio entre límites determinados. — Ambiente.

**ambivalencia** *f.* Condición que presenta dos aspectos o sentidos contradictorios.

**ambo** *m.* Argent., Chile y Urug. Conjunto de chaleco y pantalón cortados de la misma tela.

**ambos, bas** *adj./pron.* El uno y el otro, los dos.

**ambrosía** *f.* Alimento de los dioses.

**ambulancia** *f.* Vehículo destinado al transporte de heridos o enfermos.

**ambulante** *adj.* Que va de un

lugar a otro sin tener asiento fijo.

**ambulatorio** *m.* Dispensario.

**ameba** *f.* Ser unicelular que vive en el agua.

**amedrentar** *tr. y prnl.* Infundir miedo.

**amelcochar** *tr. y prnl.* Amér. Dar a un dulce el punto espeso de la melcocha. ▸ *prnl.* Méx. Fam. Ablandarse.

**amén** *m.* Voz con que terminan algunas oraciones.

**amenazar** *tr.* Dar a entender que se quiere hacer algún mal a otro. ▸ *tr. e intr.* Existir indicios de la proximidad de algún peligro.

**ameno, na** *adj.* Grato, placentero. — Divertido.

**americana** *f.* Chaqueta de vestir con solapas, abierta por delante y con botones.

**americanismo** *m.* Calidad, condición o carácter de americano. — Palabra o giro propio del español hablado en América.

**americano, na** *adj./m. y f.* De América. — De Estados Unidos.

**amerindio, dia** *adj./m. y f.* De los indios de América.

**ameritar** *intr.* Amér. Central y Méx. Merecer.

**amerizar** *intr.* Posarse en el agua una aeronave.

**ametralladora** *f.* Arma de fuego que dispara ráfagas de balas.

**amianto** *m.* Mineral fibroso resistente al fuego y al calor.

**amiba** *f.* Ameba.

**amígdala** *f.* Cada uno de los dos órganos situados a ambos lados de la entrada de la faringe.

**amigo, ga** *adj./m. y f.* Que tiene amistad con otra u otras personas.

**amilanar** *tr.* Causar miedo. ▸ *prnl.* Abatirse, acobardarse.

**aminoácido** *m.* QUÍM. Sustancia orgánica que constituye la base de las proteínas.

**aminorar** *tr.* Disminuir: ~ *la marcha*.

**amistad** *f.* Afecto personal, desinteresado y recíproco. — Amigo. ▸ *pl.* Conjunto de personas que son amigas.

**amnesia** *f.* Disminución o pérdida de la memoria.

**amniótico, ca** *adj.* Se dice del líquido que envuelve al feto.

**amnistía** *f.* Perdón concedido por el poder público.

**amo** *m.* Poseedor de alguna cosa.

**amodorrar** *tr. y prnl.* Causar modorra o caer en ella.

**amolado, da** *adj.* Méx. Modesto. — Méx. Enfermo.

**amolar** *tr.* Afilar un arma o instrumento con la muela.

**amoldar** *tr. y prnl.* Ajustar una cosa a un molde. ▸ *prnl.* Ajustarse a normas, pautas, etc.

**amonestar** *tr.* Reprender severamente.

**amoníaco** o **amoniaco** *m.* Gas de olor muy penetrante, formado por nitrógeno e hidrógeno combinados.

**amontonar** *tr. y prnl.* Poner en montón.

**amor** *m.* Sentimiento que atrae una persona hacia otra. — Persona amada. — Amor platónico, el que idealiza a una persona amada sin establecer con ella una relación real.

**amoral** *adj./m. y f.* Desprovisto de valores morales.

**amordazar** *tr.* Poner mordaza. — Impedir hablar a alguien.

**amorfo, fa** *adj.* Sin forma regular o bien determinada.

**amortajar** *tr.* Poner la mortaja a un difunto.

**amortiguador** *m.* Dispositivo para disminuir la violencia de una sacudida, la intensidad de un sonido o la vibración de una máquina.

**amortizar** *tr.* Sacar mucho provecho a algo. — ECON. Reconstituir el capital empleado en la adquisición de una cosa.

**amotinar** *tr. y prnl.* Alzar en motín a un grupo de personas.

**amparar** *tr.* Proteger. ▸ *prnl.* Valerse de la protección de alguien o algo.

**amperímetro** *m.* Instrumento para medir la intensidad de una corriente eléctrica.

**amperio** *m.* Unidad de intensidad de la corriente eléctrica en el Sistema Internacional.

**ampliar** *tr.* Hacer más extenso o grande.

**amplificador** *m.* Aparato que permite aumentar la intensidad de una magnitud física, sonido, etc.

**amplio, plia** *adj.* Extenso, espacioso. — Abierto, comprensivo.

**amplitud** *f.* Extensión. — Capacidad de comprensión.

**ampolla** *f.* Bolsa de líquido que se forma en la epidermis. — Recipiente de vidrio que contiene un medicamento.

**ampolleta** *f.* Chile. Bombilla eléctrica.

**ampuloso, sa** *adj.* Hinchado y redundante: *lenguaje ~.*

**amputar** *tr.* Separar del cuerpo un miembro o parte de él.

**amueblar** *tr.* Poner muebles en algún lugar.

**amuleto** *m.* Objeto al que se atribuye alguna virtud sobrenatural.

**amurallar** *tr.* Cercar con muro o muralla.

**anabolismo** *m.* BIOL. Conjunto de síntesis moleculares que conducen a la asimilación.

**anabolizante** *m.* Sustancia que favorece la síntesis de las proteínas y atenúa su desintegración.

**anaconda** *f.* Serpiente no venenosa de gran tamaño.

**anacoreta** *m. y f.* Persona que vive sola en lugar apartado.

**anacreóntico, ca** *adj./f.* Se dice de la composición poética que canta los placeres del amor, del vino y otros similares.

**anacronismo** *m.* Error que resulta de situar a una persona o cosa en un período que no se corresponde con el que le es propio.

**ánade** *m. o f.* Pato.

**anaerobio** *adj./m.* BIOL. Se dice del microorganismo que no necesita el oxígeno del aire para vivir.

**anáfora** *f.* Repetición de una misma palabra al iniciar frases o versos.

**anagrama** *m.* Palabra formada con las letras de otra palabra cambiadas de orden. — Dibujo, formado por letras, que distingue a una empresa.

**anal** *adj.* Relativo al ano.

**anales** *m. pl.* Obra que refiere lo sucedido por años.

**analfabeto, ta** *adj./m. y f.* Que no sabe leer ni escribir.

**analgésico** *m.* Sustancia que disminuye o suprime el dolor.

**análisis** *m.* Descomposición de una sustancia en sus componentes: *~ de sangre.* — Estudio sobre las distintas partes de un todo: *~ de una obra.* — MAT. Arte de resolver problemas de álgebra.

**analítica** *f.* Conjunto de exámenes practicados para obtener un diagnóstico.

**analítico, ca** *adj.* Relativo al análisis.

**analogía** *f.* Relación de semejanza entre cosas distintas.

**ananás** o **ananá** *m.* Argent. y Urug. Piña tropical.

**anaquel** *m.* Estante de un armario o librería.

**anaranjado, da** *adj./m.* Se dice del color parecido al de la naranja. ▸ *adj.* De color anaranjado.

**anarquía** *f.* Falta de gobierno en un estado.

**anarquismo** *m.* Ideología que desecha toda autoridad y preconiza la libertad absoluta del individuo.

**anatomía** *f.* Estudio de la estructura y forma del organismo de los seres vivos. — Disposición y tamaño de las partes externas de un ser orgánico.

**anca** *f.* Mitad lateral de la parte posterior de un animal.

**ancestral** *adj.* Relativo a los antepasados remotos. — Que es muy antiguo.

**ancho, cha** *adj.* Holgado, amplio. ▸ *m.* Anchura: *dos metros de ~.*

**anchoa** o **anchova** *f.* Boquerón curado en salmuera.

**anchura** *f.* Extensión, amplitud.

**anciano, na** *adj./m. y f.* Se dice de la persona de muchos años.

**ancla** *f.* Instrumento que, sujeto a una cadena, inmoviliza las embarcaciones en el mar.

**áncora** *f.* Ancla.

**andalucismo** *m.* Palabra o expresión propios del español hablado en Andalucía.

**andaluz, za** *adj./m. y f.* De Andalucía (España).

**andamio** *m.* Armazón colocado en la parte alta de un edificio.

**andanada** *f.* Localidad cubierta y con gradas en la parte más alta de las plazas de toros.

— Descarga simultánea de una línea de batería de una nave.

**andante** *m.* MÚS. Movimiento moderadamente lento. — MÚS. Composición interpretada con este movimiento.

**andanza** *f.* Suceso, aventura: *contar las andanzas.*

**andar** *tr. e intr.* Ir de un lugar a otro dando pasos. ▶ *intr.* Trasladarse de un lugar a otro. — Funcionar un mecanismo: *este reloj no anda.* — Tener cierto estado de ánimo o salud.

**andar** *m.* Modo de andar de las personas: *tiene andares amanerados.*

**andén** *m.* En las estaciones de tren, acera que se extiende a lo largo de las vías. — Amér. Central y Colomb. Acera. — Amér. Merid. Bancal en las laderas de un monte para los cultivos.

**andino, na** *adj./m. y f.* De los Andes.

**andorrano, na** *adj./m. y f.* De Andorra.

**andrajo** *m.* Jirón de tela muy usada.

**androceo** *m.* Conjunto de órganos masculinos de la flor.

**andrógino, na** *adj.* Se dice de la persona que presenta caracteres de ambos sexos.

**androide** *m.* Autómata de figura humana.

**andurrial** *m.* Paraje extraviado o fuera de camino.

**anécdota** *f.* Relato breve de algún suceso curioso.

**anegar** *tr. y prnl.* Inundar.

**anejo, ja** *adj./m.* Anexo o unido a otra cosa.

**anélido, da** *adj./m.* Relativo a un tipo de gusanos anillados, sin patas, como la lombriz.

**anemia** *f.* Disminución del número de glóbulos rojos en la sangre.

**anemómetro** *m.* Instrumento que indica la velocidad del viento.

**anémona** o **anemona** *f.* Planta herbácea de flores grandes.

**anestesia** *f.* Privación total o parcial de la sensibilidad del cuerpo. — Sustancia química para provocar temporalmente esta privación.

**anexar** o **anexionar** *tr. y prnl.* Unir una cosa a otra con dependencia de ella.

**anexo, xa** *adj./m.* Unido a otra cosa con dependencia de ella.

**anfetamina** *f.* Droga estimulante del sistema nervioso central.

**anfibio, bia** *adj./m. y f.* Se dice del animal que puede vivir dentro y fuera del agua, como la rana.

**anfiteatro** *m.* Construcción de planta elíptica, con gradas alrededor. — En cines, teatros, etc., conjunto de asientos instalados sobre gradas.

**anfitrión, na** *m. y f.* Persona que tiene invitados.

**ánfora** *f.* Vasija alta y de cuello estrecho, usada en la antigüedad por griegos y romanos.

**ángel** *m.* En algunas religiones, espíritu celeste creado por Dios para su ministerio. — Persona muy bondadosa.

**ángelus** *m.* Oración cristiana que comienza con esta palabra.

**angina** *f.* Amígdala. — Inflamación de las amígdalas. — Angina de pecho, afección del corazón que se manifiesta por crisis dolorosas.

**angiospermo, ma** *adj./f.* BOT. Relativo a las plantas fanerógamas cuyas semillas están encerradas en un fruto.

**anglicanismo** *m.* Doctrina de la iglesia oficial de Inglaterra.

**anglicismo** *m.* Palabra o expresión propios de la lengua inglesa.

**anglosajón, na** *adj./m. y f.* De los pueblos germánicos que invadieron Inglaterra. — Relativo a los pueblos de lengua y civilización inglesa. ▸ *m./adj.* Lengua germánica de la cual procede el inglés.

**angora** *f.* Fibra textil animal. — Raza de gatos y conejos de pelo abundante.

**angosto, ta** *adj.* Estrecho.

**anguila** *f.* Pez de agua dulce, de cuerpo delgado y alargado.

**angula** *f.* Cría de la anguila.

**ángulo** *m.* Porción de plano comprendida entre dos semirrectas con el mismo origen. — Esquina.

**angurria** *f.* Amér. Hambre incontrolada. — Amér. Egoísmo, avaricia.

**angustia** *f.* Estado de desasosiego y de inquietud profunda.

**anhelar** *tr.* Desear una cosa intensamente.

**anhídrido** *m.* QUÍM. Antigua denominación de los óxidos no metálicos.

**anhidro, dra** *adj.* QUÍM. Que no contiene agua: *sal* ~.

**anidar** *intr.* Hacer nido un ave.

**anilina** *f.* Sustancia química usada para elaborar colorantes.

**anilla** *f.* Anillo para colgar o sujetar objetos. — Aro que se coloca en la pata de un ave. ▸ *pl.* Aparato de gimnasia formado por dos aros metálicos que penden de cuerdas.

**anillo** *m.* Aro de metal que se lleva en un dedo de la mano. — Anilla para las aves. — ASTRON. Elemento circular que rodea ciertos planetas. — ZOOL. Segmento del cuerpo de un artrópodo.

**ánima** *f.* Alma de una persona, especialmente la que pena en el purgatorio.

**animación** *f.* Acción y efecto de animar. — Ambiente alegre. — CINE Y TV. Técnica para diseñar los movimientos de los dibujos animados.

**animado, da** *adj.* Que tiene alma. — Divertido. — Dotado de movimiento: *dibujos animados.*

**animadversión** *f.* Antipatía, odio, enemistad.

**animal** *m.* Ser vivo dotado de movimiento y sensibilidad.

— Ser animado privado de razón, en oposición al ser humano. ▸ *adj.* Relativo a lo sensitivo. ▸ *adj./m. y f.* Grosero o muy ignorante.

**animar** *tr. y prnl.* Dar ánimo o vigor. — Mover, estimular. — Comunicar alegría, etc.: ~ *la fiesta.*

**anímico, ca** *adj.* Relativo al ánimo: *estado* ~.

**ánimo** *m.* Estado emocional del ser humano. — Valor, energía.

**animosidad** *f.* Enemistad, antipatía. — Valor, esfuerzo.

**anión** *m.* Ion cargado negativamente.

**aniquilar** *tr. y prnl.* Destruir por completo.

**anís** *m.* Planta aromática. — Aguardiente hecho con la semilla de esta planta.

**aniversario** *m.* Día en que se cumplen años de algún suceso.

**ano** *m.* Orificio externo del recto.

**anoche** *adv.* En la noche de ayer.

**anochecer** *impers.* Llegar la noche.

**anochecer** *m.* Tiempo durante el cual anochece.

**anodino, na** *adj.* Insustancial, insignificante.

**ánodo** *m.* Electrodo de carga positiva.

**anofeles** *adj./m.* Se dice de un género de mosquitos cuyas hembras transmiten el paludismo.

**anómalo, la** *adj.* Extraño, irregular.

**anonadar** *tr. y prnl.* Desconcertar a alguien. — Maravillar.

**anónimo, ma** *adj./m. y f.* Se dice de la obra o escrito de la que no se conoce el nombre de su autor. — Se dice del autor del que no se conoce el nombre. ▸ *m.* Escrito no firmado en que se dice algo ofensivo o amenazador contra alguien.

**anorak** *m.* Chaqueta corta impermeable, generalmente con capucha.

**anorexia** *f.* Enfermedad nerviosa que se manifiesta por la pérdida del apetito.

**anormal** *adj.* Que no es normal.

**anotar** *tr.* Tomar nota por escrito. — DEP. Conseguir uno o más tantos.

**anquilosarse** *prnl.* Producirse una disminución de los movimientos de una articulación. — Disminuir algo en su progreso natural.

**ánsar** *m.* Ganso.

**ansia** *f.* Intranquilidad e inquietud intensas. — Anhelo, deseo vivo.

**ansiar** *tr.* Desear con ansia algo.

**ansiedad** *f.* Estado de inquietud del ánimo.

**antagónico, ca** *adj.* Opuesto, contrario: *posturas antagónicas.*

**antagonista** *adj./m. y f.* Se dice de la persona o cosa contraria a otra.

**antaño** *adv.* En un pasado lejano.

**antártico, ca** *adj.* Relativo al polo sur y a las regiones que lo rodean.

**ante** *m.* Alce. — Piel de algunos animales, adobada y curtida. ▸ *prep.* En presencia de, delante de. — En comparación, respecto de: *opinar ~ un asunto.*

**anteanoche** *adv.* En la noche de anteayer.

**anteayer** *adv.* En el día inmediatamente anterior a ayer.

**antebrazo** *m.* Parte del brazo entre el codo y la muñeca.

**antecedente** *m.* Circunstancia anterior que influye en hechos posteriores. — LING. Nombre o pronombre que precede al pronombre relativo y con el que guarda relación.

**anteceder** *tr.* Suceder antes: *la causa antecede al efecto.*

**antecesor, ra** *m.* Antepasado. ▸ *m. y f.* Persona que precedió a otra en un empleo o cargo.

**antedicho, cha** *adj.* Dicho con anterioridad.

**antelación** *f.* Anticipación de una cosa respecto a otra.

**antemano** Palabra que se usa en la expresión de antemano, que significa 'anticipadamente'.

**antena** *f.* Dispositivo que permite emitir y recibir ondas radioeléctricas. — ZOOL. Apéndice alargado situado en la cabeza de los artrópodos.

**anteojo** *m.* Instrumento óptico con el que se obtienen imágenes aumentadas de objetos le-janos. ▸ *pl.* Prismáticos. — Antiguas gafas sin patillas. — Amér. Gafas.

**antepasado** *m.* Ascendiente.

**antepenúltimo, ma** *adj./s.* Que ocupa el lugar inmediatamente anterior al penúltimo.

**anteponer** *tr. y prnl.* Poner delante. — Dar más importancia.

**antera** *f.* Parte del estambre de las flores que contiene el polen.

**anteridio** *m.* BOT. Célula esencial de los anterozoides.

**anterior** *adj.* Que precede en lugar o tiempo. — Que está situado en la parte de delante de una cosa vista frontalmente. — LING. Se dice de una vocal palatal.

**anterozoide** *m.* BOT. Gameto masculino de algunos vegetales.

**antes** *adv.* En tiempo anterior: *te lo dije ~.* — Más cerca en el espacio. — Denota preferencia: *prefiere callar ~ que mentir.* ▸ *conj.* Por el contrario.

**antesala** *f.* Pieza que precede a una sala principal.

**antiaéreo, a** *adj./m.* Relativo a la defensa contra los ataques aéreos.

**antibiótico** *m.* Sustancia capaz de destruir bacterias.

**anticiclón** *m.* Centro de altas presiones atmosféricas.

**anticipar** *tr.* Hacer que ocurra una cosa antes del tiempo señalado. — Pagar algo antes de una fecha señalada. ▸ *prnl.* Ocurrir una cosa antes del tiempo señalado.

**anticlerical** *adj./m. y f.* Opuesto a la influencia del clero en los asuntos públicos.

**anticonceptivo, va** *adj./m.* Que impide la fecundación de la mujer: *píldora* ~.

**anticongelante** *adj./m.* Se dice del producto que se añade al agua del radiador de un motor para impedir que se hiele.

**anticuado, da** *adj.* Que no está de moda o no se usa ya.

**anticuario, ria** *m. y f.* Persona que comercia con objetos antiguos.

**anticucho** *m.* Bol., Chile y Perú. Pedazo pequeño de carne asada o frita que se ensarta en un palillo de madera o de metal.

**anticuerpo** *m.* Proteína generada por el organismo tras la introducción de un antígeno.

**antídoto** *m.* Sustancia que actúa en contra de un tóxico determinado.

**antifaz** *m.* Velo o máscara con que se cubre la cara y los ojos.

**antígeno** *m.* Sustancia que se introduce en el organismo y puede provocar la formación de anticuerpos.

**antiguano, na** *adj./m. y f.* De Antigua.

**antigüedad** *f.* Período de la historia correspondiente a las civilizaciones más antiguas. ▸ *pl.* Conjunto de monumentos u objetos antiguos.

**antiguo, gua** *adj.* Que existe desde hace mucho tiempo o existió en tiempo remoto.

**antillano, na** *adj./m. y f.* De las Antillas.

**antílope** *m.* Nombre dado a diversos rumiantes salvajes con cornamenta, como la gacela.

**antimonio** *m.* Cuerpo simple, de color blancoazulado.

**antinatural** *adj.* No natural.

**antipatía** *f.* Sentimiento que inclina a rechazar algo o a alguien.

**antipirético, ca** *adj./m.* Que reduce la fiebre.

**antípoda** *adj./m. o f.* Se dice del lugar de la Tierra situado diametralmente opuesto a otro. ▸ *adj./m. y f.* Se dice del habitante que está en un punto de la Tierra diametralmente opuesto a otro.

**antisemitismo** *m.* Actitud de hostilidad hacia los judíos.

**antiséptico, ca** *adj./m.* Que previene contra la infección.

**antítesis** *f.* Oposición entre dos palabras de ideas contrarias.

**antivirus** *adj./m.* Que evita o combate los virus.

**antojarse** *prnl.* Hacerse una cosa objeto de deseo o capricho. — Considerarse probable una cosa.

**antojo** *m.* Deseo caprichoso y pasajero de algo.

**antología** *f.* Colección de fragmentos literarios o musicales.

**antónimo, ma** *adj./m.* LING. Se dice de la palabra de significado opuesto a otra.

**antonomasia** *f.* Sustitución de un nombre común por un

nombre propio, o viceversa, como el Libertador por Simón Bolívar. — **Por antonomasia,** por excelencia: *la pasta es el plato italiano por* ~.

**antorcha** *f.* Trozo de madera con material inflamable en un extremo.

**antracita** *f.* Carbón fósil.

**antro** *m.* Caverna, gruta. — Fam. Lugar sórdido y de mala fama.

**antropocentrismo** *m.* Doctrina que sitúa al hombre en el centro del universo.

**antropófago, ga** *adj./m. y f.* Se dice del ser humano que come carne humana.

**antropología** *f.* Ciencia que estudia el ser humano partiendo de la relación entre su base biológica y su evolución histórica.

**antropomorfo, fa** *adj./m. y f.* Se dice del primate con caracteres similares a un homínido, como el gorila. ▶ *adj.* De figura humana.

**anual** *adj.* Que sucede cada año. — Que dura un año.

**anuario** *m.* Publicación anual.

**anudar** *tr. y prnl.* Hacer nudos.

**anuencia** *f.* Consentimiento, permiso.

**anular** *tr.* Dar algo por nulo. — Suspender algo programado. — Desautorizar a alguien.

**anular** *adj.* Relativo al anillo. — De figura de anillo: *eclipse* ~. ▶ *adj./m.* Se dice del cuarto dedo de la mano, respecto del pulgar.

**anunciar** *tr.* Dar noticia de una cosa. — Pronosticar. ▶ *tr. y prnl.* Poner un anuncio comercial.

**anuncio** *m.* Acción y efecto de anunciar. — Conjunto de palabras o signos con que se anuncia comercialmente algo. — Pronóstico.

**anverso** *m.* Lado principal de una moneda o medalla.

**anzuelo** *m.* Arpón pequeño de metal en que se coloca el cebo para pescar.

**añadir** *tr.* Agregar una cosa a otra. — Replicar, responder.

**añejo, ja** *adj.* Que es muy viejo: *vino* ~.

**añicos** *m. pl.* Conjunto de pedazos de una cosa al romperse.

**añil** *adj./m.* Se dice del color comprendido entre el azul y el violeta en el espectro solar. ▶ *adj.* De color añil.

**año** *m.* Tiempo convencional igual al período de revolución de la Tierra alrededor del Sol. — Período de doce meses a contar desde el 1 de enero hasta el 31 de diciembre, ambos inclusive. — **Año luz** (ASTRON.), unidad de longitud equivalente a la distancia recorrida por la luz en el vacío durante un año.

**añoranza** *f.* Soledad, melancolía por ausencia o pérdida.

**añorar** *tr. e intr.* Sentir añoranza.

**aorta** *f.* Arteria principal del sistema circulatorio animal.

**apabullar** *tr. y prnl.* Fam. Abrumar, dejar confuso.

**apacentar** *tr.* Dar pasto al ganado. ► *prnl.* Pacer el ganado.

**apache** *adj./m. y f.* De un pueblo amerindio que se extendía por la zona de los actuales Nuevo México y Arizona.

**apacible** *adj.* Agradable y sereno.

**apaciguar** *tr. y prnl.* Establecer la paz, aquietar.

**apadrinar** *tr.* Patrocinar, proteger.

**apagado, da** *adj.* De genio sosegado. — Poco vivo: *color* ~.

**apagar** *tr. y prnl.* Extinguir el fuego. — Disminuir: ~ *la sed.* — Desconectar un aparato de su fuente de energía.

**apagón** *m.* Interrupción súbita de la energía eléctrica.

**apaisado, da** *adj.* Que es más ancho que alto: *cuadro* ~.

**apalabrar** *tr.* Concertar de palabra una cosa: ~ *una cita.*

**apalancar** *tr.* Mover con una palanca. ► *prnl.* Fam. Acomodarse en un lugar.

**apalear** *tr.* Golpear con un palo u otro objeto.

**apañar** *tr.* Apoderarse de algo ilícitamente. — Remendar lo que está roto. — Argent., Bol., Nicar., Perú y Urug. Encubrir, ocultar a alguien. ► *prnl.* Fam. Darse maña para hacer algo.

**aparador** *m.* Mueble que contiene la vajilla y el servicio de mesa. — Escaparate.

**aparato** *m.* Instrumento que se usa en la realización de un trabajo. — Máquina. — Conjunto de órganos que realizan la misma función: ~ *respiratorio.*

**aparatoso, sa** *adj.* Exagerado, espectacular: *caída* ~.

**aparcamiento** *m.* Acción y efecto de aparcar. — Lugar donde aparcan los vehículos.

**aparcar** *tr.* Situar en un lugar un vehículo. — Posponer algo.

**aparcería** *f.* Convenio por el cual una persona se obliga a ceder a otra el disfrute de ciertos bienes, a cambio de obtener una parte de los beneficios.

**aparear** *tr. y prnl.* Unir dos cosas de manera que formen un par. — Unir sexualmente dos animales para reproducirse.

**aparecer** *intr. y prnl.* Dejarse ver. — Hallarse algo que se había perdido.

**aparecido** *m.* Espectro de un difunto.

**aparejador, ra** *m. y f.* Técnico que ayuda a un arquitecto.

**aparejar** *tr.* Poner el aparejo a caballerías o embarcaciones. ► *tr. y prnl.* Preparar, disponer.

**aparejo** *m.* Conjunto de instrumentos de una profesión, oficio o arte. — Elemento necesario para montar o cargar caballerías. — Arboladura, velamen y jarcias de una embarcación.

**aparentar** *tr.* Dar a entender lo que no es o no hay. — Tener aspecto de determinada cosa.

**aparente** *adj.* Que parece y no es. — Que se muestra a la vista.

**aparición** *f.* Acción y efecto de aparecer. — Aparecido.

**apariencia** *f.* Aspecto exterior. — Cosa que parece y no es.

**apartadero** *m.* Vía muerta donde se apartan los vagones.

**apartado, da** *adj.* Distante, lejano. ► *m.* Parte de un escrito dedicado a una materia concreta. — Apartado de correos, sección de una oficina de correos donde se recoge la correspondencia particular.

**apartamento** *m.* Vivienda pequeña situada en un edificio.

**apartar** *tr. y prnl.* Separar, alejar. — Quitar algo de un lugar.

**aparte** *adv.* En otro lugar. — A distancia, desde lejos. — Separadamente, con distinción. — Con omisión de: ~ *de lo dicho.* ► *m.* En la escena teatral, lo que dice un personaje hablando para sí.

**apasionar** *tr. y prnl.* Excitar una pasión. ► *prnl.* Aficionarse en exceso.

**apatía** *f.* Desinterés, abulia.

**apátrida** *adj./m. y f.* Se dice de la persona que no tiene patria.

**apeadero** *m.* Punto de parada sin estación de una línea de tren o autobús.

**apear** *tr. y prnl.* Bajar de un vehículo o de una caballería. — Eliminar a una persona o equipo de una competición deportiva.

**apedrear** *tr.* Tirar piedras a algo. ► *impers.* Caer pedrisco.

**apego** *m.* Cariño o afición hacia alguien o algo.

**apelar** *intr.* Recurrir al tribunal superior contra una sentencia. ► *intr. y prnl.* Recurrir a una persona o cosa: ~ *a su bondad.*

**apelativo** *m.* Sobrenombre.

**apellido** *m.* Nombre de familia con que se distinguen las personas.

**apenar** *tr. y prnl.* Causar o sentir pena. ► *prnl.* Méx. Avergonzarse.

**apenas** *adv.* Con dificultad, muy poco. ► *conj.* Denota la inmediata sucesión de dos acciones.

**apéndice** *m.* Cosa adjunta a otra, de la cual es prolongación. — ANAT. Prolongación delgada y hueca del intestino ciego.

**apendicitis** *f.* Inflamación del apéndice intestinal.

**apercibir** *tr.* Amonestar, advertir. ► *tr. y prnl.* Percibir, notar.

**aperitivo** *m.* Bebida o alimento que se toma antes de la comida principal.

**apero** *m.* Instrumento de labranza. ► *m. pl.* Amér. Merid. y P. Rico. Conjunto de arreos de montar más lujosos que los comunes.

**apertura** *f.* Acción de abrir. — Inauguración. — Aceptación de ideas o actitudes avanzadas.

**apesadumbrar** *tr. y prnl.* Causar o sentir pesadumbre.

**apestar** *tr. e intr.* Arrojar mal olor. ► *tr. y prnl.* Causar la peste.

**apétalo, la** *adj.* BOT. Que carece de pétalos.

**apetecer** *tr.* Desear alguna cosa. ► *intr.* Gustar, agradar.

**apetito** *m.* Tendencia a satisfacer una necesidad, especialmente la de comer.

**apiadarse** *prnl.* Sentir piedad.

**ápice** *m.* Extremo superior de una cosa. — Parte muy pequeña.

**apicultura** *f.* Arte de criar abejas.

**apilar** *tr.* Poner una sobre otra varias cosas.

**apiñar** *tr. y prnl.* Juntar o agrupar estrechamente.

**apio** *m.* Planta hortense de raíz y tallo comestibles.

**apisonadora** *f.* Máquina usada para allanar superficies.

**aplacar** *tr. y prnl.* Mitigar.

**aplanar** *tr.* Poner llano. ► *prnl.* Perder el vigor, desalentarse.

**aplastar** *tr. y prnl.* Disminuir el grueso de una cosa. — Vencer.

**aplaudir** *tr.* Dar palmadas en señal de aprobación o entusiasmo.

**aplauso** *m.* Acción de aplaudir. — Alabanza, elogio.

**aplazar** *tr.* Retrasar la ejecución de algo. — Amér. Suspender a alguien en un examen.

**aplicación** *f.* Acción y efecto de aplicar o aplicarse. — Adorno de materia distinta a la que se superpone. — Programa informático que realiza una función determinada. — MAT. Operación por la que se hace corresponder a todo elemento de un conjunto un solo elemento de otro conjunto.

**aplicar** *tr.* Poner una cosa sobre otra. — Hacer uso de una cosa para conseguir un fin. ► *prnl.* Ejecutar algo con esmero.

**aplique** *m.* Lámpara que se fija en la pared.

**aplomo** *m.* Serenidad.

**apocalipsis** *m.* Fin del mundo. — Fin catastrófico o violento.

**apocar** *tr. y prnl.* Intimidar, cohibir.

**apócope** *f.* Supresión de uno o más sonidos al final de una palabra.

**apócrifo, fa** *adj.* Se dice del texto atribuido indebidamente: *evangelio ~.*

**apoderado, da** *adj./m. y f.* Que tiene poderes de otro para actuar en su nombre.

**apoderar** *tr.* Otorgar poderes. ► *prnl.* Hacerse dueño de una cosa.

**apodo** *m.* Sobrenombre que se da a una persona.

**ápodo, da** *adj.* ZOOL. Falto de extremidades.

**apogeo** *m.* Grado superior que puede alcanzar alguna cosa. — ASTRON. Distancia máxima entre la Tierra y un astro.

**apolillar** *tr.* Roer la polilla la ropa u otra cosa.

**apolíneo, a** *adj.* Relativo al dios griego Apolo. — Apuesto.

**apolítico, ca** *adj.* Ajeno a la política.

**apología** *f.* Discurso en alabanza o defensa de alguien o algo.

**apoltronarse** *prnl.* Sentarse con comodidad. — Acomodarse en una situación o cargo.

**apoplejía** *f.* Cuadro clínico consecutivo a la hemorragia cerebral.

**apoquinar** *tr.* Fam. Pagar lo que corresponde.

**aporrear** *tr. y prnl.* Golpear.

**aportar** *tr.* Dar, contribuir.

**aposentar** *tr. y prnl.* Alojar, dar aposento.

**aposento** *m.* Cuarto o pieza de una casa.

**aposición** *f.* LING. Construcción que consiste en determinar un sustantivo por medio de otro sustantivo yuxtapuesto.

**apósito** *m.* MED. Material terapéutico que se aplica sobre una herida.

**aposta** *adv.* Adrede, a propósito.

**apostar** *tr.* Pactar entre sí los que tienen alguna disputa o hacen algún pronóstico para que el que gane se lleve la recompensa establecida. — Arriesgar una cantidad de dinero en algo.

**apostilla** *f.* Nota que interpreta, aclara o completa un texto.

**apóstol** *m.* Denominación dada a los doce discípulos de Jesucristo.

**apostolado** *m.* Misión de los apóstoles y tiempo que dura.

**apóstrofe** *m. o f.* Interpelación brusca. — Figura de estilo consistente en dirigirse a personas o cosas personificadas.

**apóstrofo** *m.* Signo gráfico (') que indica la elisión de una vocal.

**apotegma** *m.* Sentencia o dicho breve.

**apotema** *f.* MAT. Perpendicular trazada desde el centro de un polígono regular a uno de sus lados.

**apoteosis** *f.* Alabanza de alguien o algo. — Final brillante.

**apoyar** *tr.* Hacer que una cosa descanse sobre otra. — Ayudar.

**apoyo** *m.* Lo que sirve para sostener. — Fundamento.

**apozarse** *prnl.* Chile y Colomb. Rebalsarse un líquido.

**apreciación** *f.* Juicio, valoración. — Aumento del valor de una moneda.

**apreciar** *tr.* Sentir afecto. — Reconocer el mérito o la importancia de alguien o algo. — Percibir las características de algo. ► *tr. y prnl.* Aumentar el valor de una moneda.

**aprecio** *m.* Acción y efecto de apreciar. — Afecto.

**aprehender** *tr.* Prender a una persona o un alijo de contrabando. — Aprender.

**apremiar** *tr.* Dar prisa.

**apremio** *m.* Acción y efecto de apremiar. — Procedimiento judicial o administrativo para conseguir un fin.

**aprender** *tr.* Adquirir el conocimiento de algo. — Memorizar.

**aprendiz, za** *m. y f.* Persona que aprende un arte u oficio. — Persona que está en el primer grado del escalafón laboral.

**aprendizaje** *m.* Acción y efecto de aprender y tiempo que se emplea en ello.

**aprensión** *f.* Recelo. — Temor hacia las enfermedades.

**apresar** *tr.* Hacer prisionera a una persona. — Sujetar a alguien o algo impidiendo sus movimientos.

**aprestar** *tr. y prnl.* Dar consistencia a los tejidos.

**apresurar** *tr. y prnl.* Dar prisa.

**apretar** *tr.* Estrechar con fuerza. — Quedar muy ajustada una prenda de vestir. ▸ *intr.* Obrar con gran esfuerzo o intensidad.

**apretujar** *tr.* Apretar mucho. ▸ *prnl.* Oprimirse varias personas en un recinto reducido.

**aprieto** *m.* Apuro, conflicto.

**aprisa** *adv.* Con rapidez.

**aprisco** *m.* Lugar donde se recoge el ganado.

**aprisionar** *tr.* Meter en prisión. — Atar, sujetar.

**aprobar** *tr.* Dar por bueno algo. — Asentir a una opinión, ruego, etc. ▸ *tr. e intr.* Alcanzar en un examen la calificación de apto.

**apropiado, da** *adj.* Adecuado para algo.

**apropiarse** *prnl.* Hacerse dueño de una cosa.

**aprovechado, da** *adj./m. y f.* Que trata de sacar provecho de todo.

**aprovechar** *tr.* Emplear útilmente una cosa. ▸ *prnl.* Sacar utilidad de alguien o algo, con astucia o abuso.

**aprovisionar** *tr.* Abastecer.

**aproximar** *tr. y prnl.* Acercar, arrimar.

**áptero, ra** *adj.* Sin alas.

**aptitud** *f.* Capacidad para ejercer un trabajo.

**apto, ta** *adj.* Que tiene aptitud. — Adecuado para algún fin. ▸ *m.* En los exámenes, calificación que da suficiente preparación.

**apuesta** *f.* Acción y efecto de apostar. — Cosa que se apuesta.

**apuesto, ta** *adj.* Gallardo, elegante.

**apunarse** *prnl.* Amér. Merid. Indisponerse por la falta de oxígeno que hay en las grandes alturas.

**apuntado, da** *adj.* Que termina en punta.

**apuntador, ra** *m. y f.* Persona que recuerda a los actores de teatro lo que deben decir cuando les falla la memoria.

**apuntalar** *tr. y prnl.* Poner puntales. — Sostener, afianzar.

**apuntar** *tr. y prnl.* Inscribir en una lista. ▸ *tr.* Señalar hacia algún lugar. — Tomar nota por escrito. — Dirigir un arma hacia algo o alguien. ▸ *intr.* Empezar a manifestarse alguna cosa.

**apunte** *m.* Acción y efecto de apuntar. — Nota que se toma por escrito. ▸ *pl.* Extracto de las explicaciones de un profesor.

**apuntillar** *tr.* Rematar al toro con la puntilla.

**apuñalar** *tr.* Herir con un cuchillo o puñal.

**apurar** *tr.* Acabar, agotar. ▸ *tr.* y *prnl.* Dar vergüenza. — Dar prisa.

**apuro** *m.* Escasez muy grande. — Asunto de difícil solución. —Vergüenza.

**aquejar** *tr.* Afectar una enfermedad, vicio o defecto.

**aquel, lla** *adj. dem./pron. dem.* Designa lo que está lejos de la persona que habla y de la persona con quien se habla.

**aquelarre** *m.* Reunión nocturna de brujos.

**aquello** *pron. dem. neutro.* Aquella cosa.

**aquenio** *m.* Fruto seco con una sola semilla.

**aqueo, a** *adj./m.* y *f.* De un pueblo de la antigua Grecia.

**aquí** *adv.* En este lugar. — A este lugar. — Ahora, en este momento.

**aquiescencia** *f.* Consentimiento, conformidad.

**aquietar** *tr.* y *prnl.* Apaciguar, sosegar.

**aquilatar** *tr.* Medir los quilates de un objeto precioso.

**ara** *f.* Altar.

**árabe** *adj./m.* y *f.* De Arabia. — Relativo a los pueblos islámicos. ▸ *m./adj.* Lengua semítica hablada en distintos países de Asia y África.

**arabesco** *m.* Decoración característica de la arquitectura árabe.

**arabismo** *m.* Palabra o expresión árabe incorporado a otra lengua.

**arácnido, da** *adj./m.* Se dice del artrópodo sin antenas, con cuatro pares de patas y cefalotórax.

**arado** *m.* Instrumento para arar.

**aragonés, sa** *adj./m.* y *f.* De Aragón (España). ▸ *m./adj.* Variedad del español hablada en Aragón.

**arahuaco, ca** *adj./m.* y *f.* De un pueblo amerindio que vivía en el Alto Paraguay. ▸ *m./adj.* Lengua de este pueblo.

**arameo, a** *adj./m.* y *f.* De un antiguo pueblo nómada semita. ▸ *m./adj.* Lengua semítica.

**arancel** *m.* Tarifa oficial de los derechos de aduanas.

**arándano** *m.* Arbusto de flores blancas y fruto comestible. — Fruto de este arbusto.

**arandela** *f.* Pieza plana y redonda, con un agujero en el centro.

**araña** *f.* Arácnido con cuatro pares de patas articuladas, que segrega un hilo sedoso.

**arañar** *tr.* Rayar una superficie lisa. — Rasgar la piel con las uñas.

**arar** *tr.* Abrir surcos en la tierra con el arado.

**arasá** *m.* Argent., Par. y Urug. Árbol de copa ancha y madera flexible. — Argent., Par. y Urug. Fruto de este árbol.

**araucano, na** *adj./m.* y *f.* De un pueblo amerindio que habita en Chile y Argentina. ▸ *m./adj.* Lengua precolombina.

**arbitrar** *tr. e intr.* DEP. Ejercer de árbitro. — Actuar como mediador en un conflicto.

**arbitrariedad** *f.* Acto regido por la voluntad o el capricho.

**arbitrario, ria** *adj.* Que procede con arbritariedad. — Que depende del arbitrio.

**arbitrio** *m.* Facultad de decidir. — Voluntad gobernada por el capricho. ▸ *pl.* Conjunto de impuestos para gastos públicos.

**árbitro** *m.* Persona que hace que se cumplan las reglas en un encuentro deportivo. — Persona elegida para solucionar un conflicto.

**árbol** *m.* Planta leñosa cuyo tronco, fijado al suelo por raíces, se ramifica a partir de determinada altura. — Gráfico en que se representan las relaciones de dependencia que tienen los elementos de un conjunto. — Árbol genealógico, tabla que indica la filiación de los miembros de una familia.

**arboladura** *f.* MAR. Conjunto de mástiles y vergas de una embarcación.

**arboleda** *f.* Sitio poblado de árboles.

**arbóreo, a** *adj.* Relativo al árbol o parecido a él.

**arbotante** *m.* ARQ. Arco exterior que descarga el empuje de las bóvedas sobre un contrafuerte separado del muro.

**arbusto** *m.* Planta leñosa de poca altura y tallo ramificado desde la base.

**arca** *f.* Caja grande de madera, con tapa plana.

**arcabuz** *m.* Antigua arma de fuego.

**arcada** *f.* Serie de arcos construidos. — Contracción del estómago que precede al vómito.

**arcaico, ca** *adj.* Del principio de una civilización. — Anticuado.

**arcaísmo** *m.* Voz o frase que no está en uso.

**arcángel** *m.* Ángel de un orden superior.

**arcano, na** *adj.* Secreto, recóndito. ▸ *m.* Cosa oculta y difícil de conocer: *los arcanos del alma humana.*

**arce** *m.* Árbol de gran altura y madera muy dura.

**arcén** *m.* Espacio entre la cuneta y la calzada de una carretera.

**archidiócesis** *f.* Diócesis arzobispal.

**archiduque, quesa** *m. y f.* Título de los príncipes y princesas de la casa de Austria.

**archipiélago** *m.* Conjunto de islas cercanas entre sí.

**archivo** *m.* Local o mueble en que se guardan documentos. — Conjunto de estos documentos. — Conjunto de información organizado y grabado como una unidad en un soporte informático.

**arcilla** *f.* Sustancia mineral de grano fino que, mezclada con agua, se puede moldear.

**arcipreste** *m.* Dignidad en el cabildo catedral. — Título otorgado a algunos párrocos.

**arco** *m.* Porción de curva com-

prendida entre dos puntos.
— Arma para lanzar flechas.
— ARQ. Construcción curvilínea que cubre el vano de un muro o la luz entre dos pilares. — MÚS. Varilla con la que se hace vibrar las cuerdas de un instrumento. — Arco iris, banda de colores con forma de arco que aparece en el cielo cuando los rayos del sol atraviesan las gotas de lluvia.

**arder** *intr.* Estar encendido o quemándose algo. — Estar muy caliente. — Estar muy agitado por una pasión o estado de ánimo: ~ *en deseo de saber.*

**ardid** *m.* Habilidad para el logro de algún fin.

**ardiente** *adj.* Que arde o causa ardor. — Apasionado.

**ardilla** *f.* Mamífero roedor de cola larga y tupida.

**ardor** *m.* Calor muy intenso. — Enardecimiento de las pasiones.

**arduo, dua** *adj.* Muy difícil.

**área** *f.* Parte de una extensión. — Medida de una superficie. — Unidad de superficie equivalente a 100 m². — Conjunto de materias o conocimientos de una disciplina. — DEP. Zona del terreno de juego situada junto a la portería.

**arena** *f.* Conjunto de partículas disgregadas de las rocas. — Lugar del combate o lucha. — Ruedo de las plazas de toros.

**arenal** *m.* Extensión grande de terreno arenoso.

**arenga** *f.* Discurso solemne y enardecedor.

**arenisca** *f.* Roca sedimentaria formada por granos de arena compactados.

**arenque** *m.* Pez semejante a la sardina, apreciado por su carne: ~ *ahumado.*

**areola** o **aréola** *f.* ANAT. Círculo pigmentado que rodea el pezón. — MED. Círculo rojizo que rodea un punto inflamatorio.

**arepa** *f.* Amér. Central y Amér. Merid. Pan de maíz, amasado con huevos y manteca.

**arequipa** *f.* Colomb. y Perú. Postre de leche.

**argamasa** *f.* Mezcla de cal, arena y agua.

**argelino, na** *adj./m. y f.* De Argel o de Argelia.

**argentífero, ra** *adj.* Que contiene plata.

**argentino, na** *adj.* De plata.
▶ *adj./m. y f.* De Argentina.
▶ *m./adj.* Variedad del español hablada en Argentina.

**argolla** *f.* Aro grueso que sirve de amarre o asidero.

**argón** *m.* Elemento químico gaseoso que se halla en el aire.

**argot** *m.* Lenguaje específico de un grupo social o profesional.

**argucia** *f.* Argumento falso presentado con agudeza.

**argüir** *tr.* Sacar en claro, deducir.
▶ *tr. e intr.* Dar razones a favor o en contra de algo.

**argumento** *m.* Sucesión de hechos de una obra. — Razonamiento empleado para apoyar o negar una afirmación.

**aria** *f.* MÚS. Composición escrita para una sola voz.

**árido, da** *adj.* Seco, estéril. ▸ *m. pl.* Legumbres.

**aries** *m. y f./adj.* Persona nacida bajo el signo zodiacal de Aries.

**ariete** *m.* En fútbol, delantero centro.

**ario, ria** *adj./m. y f.* De un pueblo primitivo que habitó el centro de Asia. — De una supuesta raza de estirpe nórdica que los nazis consideraban superior.

**arisco, ca** *adj.* Áspero, intratable.

**arista** *f.* MAT. Línea de intersección de dos planos que se cortan.

**aristocracia** *f.* Nobleza. — Gobierno ejercido por la nobleza.

**aritmética** *f.* Parte de las matemáticas que estudia los números.

**arlequín** *m.* Bufón de la antigua comedia italiana.

**arma** *f.* Instrumento o medio para atacar o defenderse. — Medio para conseguir algo.

**armada** *f.* Conjunto de fuerzas navales de un estado.

**armadillo** *m.* Mamífero con el cuerpo cubierto por placas córneas.

**armador, ra** *m. y f.* Persona que arma una embarcación.

**armadura** *f.* Armazón. — Conjunto de defensas metálicas que protegían el cuerpo.

**armamento** *m.* Conjunto de armas.

**armar** *tr. y prnl.* Proporcionar armas. — Fam. Causar, provocar: ~ *jaleo.* ▸ *tr.* Montar las piezas que forman un objeto. — MAR. Equipar una embarcación. ▸ *prnl.* Disponer el ánimo para lograr o soportar algo.

**armario** *m.* Mueble con puertas y estantes para guardar cosas.

**armatoste** *m.* Cosa grande, tosca y pesada.

**armazón** *m. o f.* Conjunto de piezas sobre las que se arma algo.

**armero** *m.* Persona que fabrica, vende o custodia armas.

**armiño** *m.* Mamífero parecido a la comadreja, de piel apreciada.

**armisticio** *m.* Acuerdo de suspensión de las hostilidades.

**armonía** *f.* Arte de formar los acordes musicales. — Proporción y concordancia de unas cosas con otras.

**armónica** *f.* Instrumento musical de viento, con lengüetas que vibran al soplar y al aspirar.

**armónico, ca** *adj.* Relativo a la armonía: *composición* ~.

**armonizar** *tr.* Poner en armonía. — MÚS. Escribir los acordes de una melodía. ▸ *intr.* Estar en armonía.

**ARN** *m.* Abrev. de ácido ribonucleico, agente fundamental en la síntesis de las proteínas.

**arnés** *m.* Armadura de un guerrero. ▸ *pl.* Guarnición de las caballerías.

**árnica** *f.* Planta medicinal de flores y raíces muy olorosas.

— Tinte preparado con las flores de esta planta.

**aro** *m.* Pieza en forma de circunferencia. — Argent. y Chile. Pendiente.

**aroma** *m.* Perfume, olor agradable.

**arpa** *f.* Instrumento musical de cuerda de forma triangular.

**arpegio** *m.* MÚS. Ejecución sucesiva de las notas de un acorde.

**arpía** *f.* Ave de la mitología griega, con cabeza de mujer. — Fam. Mujer perversa.

**arpillera** *f.* Tejido de estopa muy basta.

**arpón** *m.* Instrumento alargado con punta de hierro, usado para la pesca.

**arquear** *tr. y prnl.* Dar forma de arco. ▸ *tr.* Medir la capacidad de una embarcación.

**arqueolítico, ca** *adj.* Relativo a la edad de piedra.

**arqueología** *f.* Ciencia que estudia las antiguas civilizaciones a través de sus restos.

**arquetipo** *m.* Modelo ideal.

**arquitectura** *f.* Arte de proyectar y construir edificios y otras construcciones. — Conjunto de edificios de una misma época, estilo, etc.

**arquitrabe** *m.* ARQ. Parte inferior de un entablamento.

**arquivolta** *f.* ARQ. Cara vertical de una arcada.

**arrabal** *m.* Barrio situado en las afueras de una población.

**arraigar** *intr.* Echar raíces una planta. — Hacerse firme y duradero un sentimiento o una costumbre. ▸ *prnl.* Establecerse en un lugar.

**arramblar** *tr. y prnl.* Dejar un río o torrente cubierto de arena el suelo por donde pasa. ▸ *tr.* Llevarse con abuso o violencia.

**arrancar** *tr.* Sacar con violencia una cosa del lugar a que está adherida o sujeta. ▸ *tr. e intr.* Iniciar el funcionamiento de una máquina, un vehículo, etc. ▸ *intr.* Tener origen, provenir.

**arranque** *m.* Acción y efecto de arrancar. — Ímpetu de un sentimiento o una acción: *un ~ de celos.*

**arras** *f. pl.* Lo que se da como prenda en un contrato. — Donación que el novio hace a la novia por razón del matrimonio.

**arrasar** *tr.* Allanar una superficie. — Destruir totalmente.

**arrastrado, da** *adj.* Pobre, miserable: *llevar una vida ~.*

**arrastrar** *tr.* Mover a una persona o cosa por el suelo, tirando de ella. ▸ *intr.* Pender hasta el suelo: *el traje le arrastra por detrás.* ▸ *prnl.* Avanzar con el cuerpo pegado al suelo. — Humillarse indignamente.

**arrastre** *m.* Acción y efecto de arrastrar.

**arrayán** *m.* Mirto.

**¡arre!** *interj.* Se usa para arrear a las bestias.

**arrear** *tr.* Estimular a las bestias

para que anden. — Fam. Dar, asestar: ~ *un puntapié.* ▸ *intr.* Apresurar.

**arrebatar** *tr.* Quitar con violencia o rapidez. ▸ *tr. y prnl.* Conmover.

**arrebato** *m.* Furor, ímpetu de un sentimiento. — Éxtasis.

**arrebujar** *tr.* Arrugar con desaliño. ▸ *tr. y prnl.* Cubrir y envolver bien con ropa.

**arrechucho** *m.* Fam. Arrebato, arranque. — Fam. Indisposición repentina y pasajera.

**arreciar** *intr.* Dar o cobrar fuerza o intensidad.

**arrecife** *m.* Grupo de rocas justo por encima o por debajo del nivel del agua en el mar.

**arreglar** *tr. y prnl.* Poner algo en la forma necesaria, o con aspecto agradable. — Reparar lo estropeado. — Solucionar una situación difícil.

**arreglo** *m.* Acción y efecto de arreglar o arreglarse. — Acuerdo o trato. — Transformación de una obra musical.

**arrellanarse** *prnl.* Sentarse con comodidad, extendiendo y recostando el cuerpo.

**arremangar** *tr. y prnl.* Remangar.

**arremeter** *intr.* Acometer con violencia: ~ *contra alguien.*

**arremolinarse** *prnl.* Amontonarse con desorden. — Formar remolinos un líquido o gas.

**arrendamiento** *m.* Acción y efecto de arrendar.

**arrendar** *tr.* Ceder o adquirir el uso temporal de una cosa por un precio determinado.

**arreos** *m. pl.* Conjunto de guarniciones de las caballerías.

**arrepentirse** *prnl.* Pesarle a uno haber hecho o no alguna cosa. — Desdecirse, volverse atrás.

**arrestar** *tr.* Poner preso, detener.

**arresto** *m.* Reclusión por un tiempo breve del presunto culpable. ▸ *pl.* Arrojo, energía para emprender algo: *tener muchos arrestos.*

**arriar** *tr.* Bajar una vela o bandera que estaba izada.

**arriba** *adv.* En un lugar superior o más alto.

**arribar** *intr.* Llegar una nave a puerto.

**arribista** *m. y f.* Persona que quiere progresar por medios rápidos y sin escrúpulos.

**arriendo** *m.* Arrendamiento.

**arriero** *m.* Persona que se dedica al transporte con bestias de carga.

**arriesgar** *tr. y prnl.* Poner en peligro.

**arrimar** *tr. y prnl.* Acercar, poner en contacto.

**arrinconar** *tr.* Retirar una cosa del uso. — Acosar, acorralar.

**arritmia** *f.* Falta de ritmo regular.

**arroba** *f.* Unidad de peso equivalente a 11,502 kg.

**arrobar** *tr. y prnl.* Embelesar, cautivar.

**arrodillarse** *prnl.* Ponerse de rodillas.

**arrogante** *adj.* Orgulloso, soberbio. — Gallardo, elegante.

**arrogarse** *prnl.* Apropiarse indebidamente de un poder o facultad.

**arrojar** *tr. y prnl.* Lanzar, tirar. ▸ *tr.* Tratándose de cuentas, dar como resultado.

**arrojo** *m.* Osadía, valor.

**arrollar** *tr.* Envolver en forma de rollo. — Pasar una cosa con violencia por encima de algo o alguien. — Derrotar, vencer.

**arropar** *tr. y prnl.* Abrigar con ropa.

**arrostrar** *tr.* Afrontar, resistir.

**arroyo** *m.* Corriente de agua de escaso caudal.

**arroz** *m.* Planta gramínea cultivada en terrenos muy húmedos. — Grano comestible de esta planta.

**arruga** *f.* Pliegue que se hace en la piel, en la ropa, etc.

**arrugar** *tr. y prnl.* Hacer arrugas. ▸ *prnl.* Acobardarse.

**arruinar** *tr. y prnl.* Causar ruina. — Destruir, hacer daño.

**arrullar** *tr.* Atraer con su canto el palomo a la hembra, o al revés. — Adormecer al niño cantándole suavemente.

**arrume** *m.* Colomb. y Venez. Montón.

**arsenal** *m.* Astillero. — Almacén de armas.

**arsénico** *m.* Elemento químico con componentes tóxicos.

**arte** *m. o f.* Actividad creativa del ser humano para la que se recurre a facultades sensoriales, estéticas e intelectuales. — Conjunto de obras artísticas de un país o una época: *el ~ romano.* — Conjunto de reglas que rigen en una profesión: *~ culinario.* — Habilidad. — Utensilio para pescar. — **Bellas artes**, las que se valen del color, la forma, el lenguaje, el sonido y el movimiento para expresar algo. — **Séptimo arte**, cinematografía.

**artefacto** *m.* Máquina, aparato. — Carga explosiva.

**artejo** *m.* Nudillo de los dedos. — ZOOL. Pieza articulada que forma los apéndices de los artrópodos.

**arteria** *f.* Vaso que conduce la sangre del corazón a los órganos. — Vía de comunicación importante.

**arteriosclerosis** *f.* Enfermedad que consiste en el endurecimiento progresivo de las paredes de las arterias.

**artero, ra** *adj.* Astuto, malintencionado.

**artesa** *f.* Recipiente para amasar pan y otros usos.

**artesanía** *f.* Trabajo que se hace manualmente. — Obra de artesano.

**artesano, na** *adj.* Relativo a la artesanía. ▸ *m. y f.* Persona que ejerce un oficio manual.

**ártico, ca** *adj.* Relativo al polo

norte y a las regiones que lo rodean.

**articulación** *f.* Acción y efecto de articular. — Punto de unión entre las partes de un mecanismo. — LING. Posición y movimientos de los órganos de la voz para la pronunciación de un sonido.

**articular** *tr.* Producir los sonidos de una lengua. — Unir las partes de un todo en forma funcional.

**artículo** *m.* Escrito publicado en un periódico o revista. — Mercancía, producto. — Disposición numerada de un tratado, ley, etc. — LING. Partícula gramatical que se antepone a los sustantivos e indica su género y número.

**artífice** *m. y f.* Persona que ejerce un arte manual. — Autor.

**artificial** *adj.* Hecho por el ser humano. — No natural.

**artificiero** *m.* Especialista en la manipulación de explosivos.

**artificio** *m.* Arte, habilidad. — Artefacto, carga.

**artillería** *f.* Arte de construir armas de guerra. — Cuerpo militar que usa estas armas. — Conjunto de armas.

**artilugio** *m.* Mecanismo complejo.

**artimaña** *f.* Fam. Astucia, disimulo para engañar a alguien.

**artista** *m. y f.* Persona que ejercita alguna de las bellas artes. — Persona que trabaja en el mundo del espectáculo.

**artritis** *f.* Inflamación de una articulación.

**artrópodo** *adj./m.* Se dice del invertebrado de cuerpo dividido en anillos articulados, como la araña.

**artrosis** *f.* Afección degenerativa de las articulaciones.

**arveja** *f.* Argent., Chile, Colomb. y Urug. Planta leguminosa de fruto en vaina. — Argent., Chile, Colomb. y Urug. Fruto de esta planta, guisante.

**arzobispo** *m.* Prelado de una provincia eclesiástica.

**as** *m.* Naipe o cara del dado que representa el número uno. — Persona que sobresale en algo.

**asa** *f.* Parte de un objeto que sirve para asirlo.

**asado** m. Carne asada.

**asalariado, da** *adj./m. y f.* Que percibe un salario.

**asaltar** *tr.* Acometer por sorpresa, especialmente para robar. — Acudir repentinamente a la mente una cosa.

**asalto** *m.* Acción y efecto de asaltar. — Parte de un combate de boxeo.

**asamblea** *f.* Reunión de personas convocadas para algún fin.

**asar** *tr.* Preparar un alimento por la acción directa del fuego. ▶ *prnl.* Sentir mucho calor.

**asaz** *adv.* Bastante, muy: ~ *inteligente.*

**ascendencia** *f.* Conjunto de ascendientes.

**ascender** *intr.* Pasar a un lugar

más alto o a una categoría superior. — Costar una cantidad de dinero.

**ascendiente** *m. y f.* Persona de quien se desciende.

**ascensión** *f.* Subida a un lugar más alto. — Acción y efecto de ascender Cristo a los cielos.

**ascenso** *m.* Acción y efecto de ascender.

**ascensor** *m.* Aparato elevador para subir y bajar personas.

**asceta** *m. y f.* Persona que practica una vida de penitencia con fines espirituales o religiosos.

**asco** *m.* Alteración del estómago, producida por repugnancia. — Impresión desagradable causada por algo que repugna.

**ascua** *f.* Pedazo de materia que arde sin llama.

**asear** *tr. y prnl.* Componer, limpiar.

**asechanza** *f.* Engaño o artificio para dañar a otro.

**asediar** *tr.* Cercar un lugar enemigo para que no tenga contacto con el exterior. — Importunar continuamente.

**asegurar** *tr.* Fijar sólidamente. — Garantizar, dejar seguro de la certeza de una cosa. ▸ *tr. y prnl.* Concertar un seguro. — Comprobar una cosa.

**asemejar** *tr. y prnl.* Hacer semejante una cosa a otra. ▸ *intr. y prnl.* Tener semejanza.

**asentado, da** *adj.* Sensato. — Estable.

**asentar** *tr.* Colocar una cosa firmemente. — Tratándose de pueblos o edificios, situar, fundar. — Anotar algo en un libro de cuentas. ▸ *prnl.* Establecerse en un lugar. — Posarse un líquido.

**asentir** *intr.* Admitir o afirmar lo que se ha propuesto: ~ *con un gesto.*

**aseo** *m.* Limpieza, pulcritud. — Baño, lugar para bañarse.

**asépalo, la** *adj.* BOT. Que carece de sépalos.

**asepsia** *f.* Ausencia de microorganismos patógenos. — Método para preservar de gérmenes el organismo.

**asequible** *adj.* Que se puede conseguir o alcanzar.

**aserción** *f.* Acción y efecto de afirmar algo.

**aserradero** *m.* Lugar donde se sierra la madera.

**aserto** *m.* Aserción.

**asesinar** *tr.* Matar premeditadamente a una persona.

**asesorar** *tr. y prnl.* Dar consejo.

**asestar** *tr.* Descargar contra alguien o algo un proyectil o un golpe.

**aseverar** *tr.* Asegurar que lo que se dice es cierto.

**asexual** *adj.* Sin participación del sexo.

**asfalto** *m.* Mezcla de hidrocarburos y minerales, negra y compacta, que se utiliza como revestimiento de calzadas.

**asfixia** *f.* Falta de oxígeno en la

sangre ocasionada por el cese de la respiración.

**así** *adv.* De esta o esa manera: *está bien ~*. — Precedido de la conj. y, introduce una consecuencia: *no explicó nada y ~ le va.*

**asiático, ca** *adj./m. y f.* De Asia.

**asidero** *m.* Parte por donde se agarra algo.

**asiduo, dua** *adj./m. y f.* Frecuente, constante: *~ colaborador.*

**asiento** *m.* Mueble o lugar para sentarse. — Anotación en un libro.

**asignación** *f.* Acción y efecto de asignar. — Sueldo.

**asignar** *tr.* Señalar lo que corresponde a una persona o cosa.

**asignatura** *f.* Materia que forma parte de un plan de estudios.

**asilo** *m.* Lugar de refugio. — Establecimiento benéfico.

**asimetría** *f.* Falta de simetría.

**asimilación** *f.* Acción y efecto de asimilar. — BIOL. Propiedad de los organismos vivos de reconstituir su propia sustancia con elementos tomados del medio.

**asimilar** *tr. y prnl.* Asemejar, comparar. ▸ *tr.* Comprender lo aprendido e incorporarlo a los conocimientos previos. — BIOL. Transformar en sustancia propia.

**asimismo** *adv.* De este o del mismo modo.

**asíndeton** *m.* Eliminación de los términos de enlace, en una frase o entre dos frases.

**asir** *tr. y prnl.* Tomar algo con la mano: *asirse a una rama.*

**asistenta** *f.* Criada de una casa que no pernocta en ella. — Asistente.

**asistente** *adj./m. y f.* Que asiste. ▸ *m. y f.* Soldado al servicio personal de un oficial. — Asistente social, persona titulada que ayuda en temas relacionados con el bienestar social.

**asistir** *tr.* Cuidar, ayudar: *~ a un enfermo.* ▸ *intr.* Estar presente.

**asma** *m.* Afección respiratoria que se manifiesta por sofocación, ahogo o tos.

**asno, na** *m y f.* Mamífero más pequeño que el caballo, que se emplea como animal de carga. ▸ *m. y f./adj.* Persona ruda.

**asociación** *f.* Acción de asociar o asociarse. — Conjunto de personas asociadas y entidad que forman.

**asociar** *tr. y prnl.* Juntar personas o cosas para que cooperen en un mismo fin. — Relacionar ideas, sentimientos, etc.

**asociativo, va** *adj.* Relativo a la asociación. — MAT. Se dice de la propiedad de la suma y del producto que afirma que la agrupación parcial de operaciones no altera el resultado.

**asolar** *tr.* Destruir, arrasar.

**asoleada** *f.* Chile, Colomb., Guat. y Méx. Insolación.

**asolear** *tr.* Tener al sol una cosa por algún tiempo.

**asomar** *intr.* Empezar a mostrarse. ▶ *tr. y prnl.* Sacar una cosa por una abertura o detrás de algo.

**asombrar** *tr. y prnl.* Causar asombro.

**asombro** *m.* Admiración, sorpresa.

**asomo** *m.* Indicio o señal.

**asonancia** *f.* Igualdad de los sonidos vocálicos de una palabra a partir de la vocal tónica.

**asonante** *adj.* Que tiene asonancia.

**aspa** *f.* Figura en forma de X. — Armazón exterior del molino de viento y cada uno de sus brazos.

**aspaviento** *m.* Demostración excesiva de un sentimiento.

**aspecto** *m.* Manera de aparecer a la vista. — LING. Categoría gramatical que en ciertas lenguas distingue en el verbo diferentes clases de acción.

**asperjar** *tr.* Esparcir un líquido en gotas menudas.

**áspero, ra** *adj.* Que es rugoso o rasposo al tacto. — Falto de afabilidad en el trato.

**aspersión** *f.* Acción de asperjar.

**áspid** *m.* Víbora venenosa.

**aspiración** *f.* Acción y efecto de aspirar.

**aspiradora** *f.* Aparato eléctrico que sirve para atraer y recoger el polvo.

**aspirante** *adj./m. y f.* Se dice de la persona que es candidata a un empleo o distinción.

**aspirar** *tr.* Atraer el aire exterior a los pulmones. — LING. Emitir

un sonido acompañándolo de un soplo perceptible. ▶ *intr.* Con la *prep.* a, pretender una cosa: *aspira a ser diputado.*

**aspirina** *f.* Medicamento derivado del ácido salicílico usado para combatir la fiebre y como analgésico. (Es marca registrada.)

**asquear** *tr. e intr.* Causar o sentir asco. — Aburrir, fastidiar.

**asqueroso, sa** *adj.* Que produce asco.

**asta** *f.* Palo de lanza, pica o bandera. — Cuerno de un animal.

**ástato** o **astato** *m.* Elemento químico artificial y radiactivo.

**astenia** *f.* Estado de agotamiento o debilidad.

**astenosfera** *f.* GEOL. Capa del interior de la Tierra sobre la cual se encuentra la litosfera.

**asterisco** *m.* Signo ortográfico en forma de estrella (*).

**asteroide** *m.* ASTRON. Cuerpo rocoso pequeño que circula entre las órbitas de Marte y Júpiter.

**astigmatismo** *m.* Defecto de la visión a causa del cual los rayos refractados no se juntan en un mismo punto.

**astil** *m.* Mango de un hacha, azada, etc. — Eje de la pluma de ave.

**astilla** *f.* Fragmento que se desprende de la madera y de los minerales al romperse.

**astillero** *m.* Lugar donde se construyen y reparan embarcaciones.

**astracán** *m.* Piel de cordero no nacido o recién nacido.

**astrágalo** *m.* Hueso del tarso articulado con la tibia y el peroné. — ARQ. Moldura de una columna entre el capitel y el fuste.

**astringente** *adj./m.* Que produce estreñimiento.

**astro** *m.* Cuerpo celeste. — Persona que destaca en una actividad muy admirada.

**astrofísica** *f.* Parte de la astronomía que estudia los astros mediante la física.

**astrolabio** *m.* Instrumento que se utilizaba para observar la posición de los astros.

**astrología** *f.* Estudio de la influencia de los astros en las personas.

**astronauta** *m. y f.* Piloto o pasajero de una astronave.

**astronáutica** *f.* Ciencia y tecnología de la navegación espacial.

**astronave** *f.* Vehículo espacial.

**astronomía** *f.* Ciencia que estudia los astros.

**astronómico, ca** *adj.* Relativo a la astronomía. — Enorme, exagerado: *cifra ~*.

**astucia** *f.* Calidad de astuto. — Ardid, artimaña.

**astur** *adj./m. y f.* De un antiguo pueblo celta del norte de la península Ibérica. — Asturiano.

**asturiano, na** *adj./m. y f.* De Asturias (España). ▸ *m.* Bable.

**astuto, ta** *adj.* Hábil para engañar o evitar el engaño.

**asueto** *m.* Descanso breve.

**asumir** *tr.* Hacerse cargo: *asumió la dirección del negocio.* — Aceptar: *~ la derrota.*

**asunceño, ña** *adj./m. y f.* De Asunción.

**asunto** *m.* Materia de que se trata. — Negocio, ocupación.

**asustar** *tr. y prnl.* Causar susto.

**atacar** *tr.* Lanzarse contra alguien o algo para causarle daño. — Perjudicar, dañar: *una plaga atacó la cosecha.* — Criticar con dureza.

**atado** *m.* Argent., Par. y Urug. Cajetilla de cigarrillos.

**atadura** *f.* Acción y efecto de atar. — Unión, vínculo.

**atajar** *tr.* Impedir el curso de una cosa. ▸ *intr.* Ir por un atajo.

**atajo** *m.* Camino más corto que otro para ir a un lugar. — Procedimiento rápido.

**atalaya** *f.* Torre alta para vigilar.

**atañer** *intr.* Concernir o pertenecer: *este asunto no me atañe.*

**ataque** *m.* Acción de atacar o acometer. — Crítica dura. — Acceso repentino de una enfermedad, sentimiento, etc.

**atar** *tr.* Sujetar con ligaduras o nudos. — Quitar movimiento.

**atarazana** *f.* Astillero.

**atardecer** *impers.* Empezar a caer la tarde.

**atardecer** *m.* Tiempo durante el cual atardece.

**atarear** *tr.* Hacer trabajar mucho a alguien. ▸ *prnl.* Entregarse mucho al trabajo.

**atascar** *tr. y prnl.* Obstruir un

conducto. ▸ *prnl.* Quedarse detenido.

**atasco** *m.* Impedimento, obstáculo. — Acumulación de vehículos en circulación.

**ataúd** *m.* Caja donde se coloca el cadáver para enterrarlo.

**ataviar** *tr. y prnl.* Vestir, adornar a alguien.

**atavío** *m.* Vestido, adorno.

**atavismo** *m.* Reaparición de caracteres de un antepasado, no manifestados en generaciones intermedias.

**ateísmo** *m.* Doctrina de los ateos.

**atemorizar** *tr. y prnl.* Causar o sentir temor.

**atemperar** *tr. y prnl.* Moderar, calmar. — Acomodar una cosa a otra.

**atenazar** *tr.* Sujetar fuertemente. — Afligir un pensamiento.

**atención** *f.* Acción de atender. — Demostración de cortesía.

**atender** *tr. e intr.* Satisfacer un deseo o mandato. — Aplicar el entendimiento a algo. — Cuidar de una persona o cosa.

**ateneo** *m.* Asociación cultural. — Local de dicha asociación.

**atenerse** *prnl.* Ajustarse, limitarse.

**ateniense** *adj./m. y f.* De Atenas.

**atentado** *m.* Acción violenta contra alguien para matarlo o contra algo para destruirlo. — Ataque u ofensa.

**atentar** *intr.* Cometer un atentado.

**atento, ta** *adj.* Que tiene fija la atención en algo. — Cortés.

**atenuar** *tr.* Disminuir una cosa.

**ateo, a** *adj./m. y f.* Que niega la existencia de Dios.

**aterciopelado, da** *adj.* Semejante al terciopelo.

**aterir** *tr. y prnl.* Enfriar excesivamente.

**aterrar** *tr. y prnl.* Causar terror.

**aterrizar** *intr.* Posarse sobre el suelo una aeronave.

**aterrorizar** *tr. y prnl.* Causar terror.

**atesorar** *tr.* Reunir y guardar dinero o cosas de valor.

**atestado** *m.* DER. Documento oficial en que algo consta como cierto.

**atestar** *tr.* Llenar una cosa al máximo. — DER. Testificar.

**atestiguar** *tr.* Declarar como testigo.

**atezar** *tr. y prnl.* Poner la piel morena.

**atiborrar** *tr.* Llenar al máximo. ▸ *tr. y prnl.* Fam. Hartar de comida.

**ático, ca** *adj./m. y f.* Del Ática o de Atenas. ▸ *m.* Último piso de un edificio.

**atildar** *tr. y prnl.* Acicalar.

**atinar** *intr.* Acertar, dar con lo que se busca.

**atingencia** *f.* Amér. Conexión, relación. — Perú. Incumbencia.

**atípico, ca** *adj.* Que se sale de la normalidad.

**atisbar** *tr.* Observar disimuladamente. — Vislumbrar.

**atisbo** *m.* Acción de atisbar. — Indicio, sospecha.

**atizar** *tr.* Remover el fuego. — Fam. Golpear.

**atlante** *m.* Estatua de hombre que sirve de columna.

**atlántico, ca** *adj.* Relativo al océano Atlántico o a los territorios situados en sus costas.

**atlas** *m.* Colección de mapas en forma de libro.

**atleta** *m. y f.* Persona que practica el atletismo u otro deporte.

**atletismo** *m.* Conjunto de deportes individuales que comprende carreras, saltos y lanzamientos.

**atmósfera** o **atmosfera** *f.* Capa gaseosa que envuelve la Tierra. — Ambiente que rodea a una persona o cosa. — Unidad de medida de presión.

**atol** o **atole** *m.* Méx. Bebida caliente de harina de maíz disuelta en agua o leche.

**atolladero** *m.* Situación difícil o comprometida.

**atolón** *m.* Isla de coral.

**atolondrado, da** *adj.* Que actúa sin serenidad y reflexión.

**atómico, ca** *adj.* Relativo al átomo. — Que emplea la energía obtenida por la fisión o fusión de núcleos atómicos.

**atomizar** *tr.* Dividir en partes muy pequeñas.

**átomo** *m.* Elemento primario de la composición química de los cuerpos. — Átomo gramo (QUÍM.), número de gramos de un elemento, que es igual a su peso atómico.

**atonal** *adj.* MÚS. Sin sujeción a una tonalidad determinada.

**atonía** *f.* Falta de ánimo o energía.

**atónito, ta** *adj.* Pasmado, estupefacto.

**átono, na** *adj.* Se dice de la palabra, sílaba o vocal que carece de acento prosódico.

**atontar** *tr. y prnl.* Aturdir. — Volver tonto.

**atorar** *tr. y prnl.* Obstruir. ▸ *prnl.* Trabarse al hablar.

**atormentar** *tr. y prnl.* Causar molestia física o moral.

**atornillar** *tr.* Introducir un tornillo. — Sujetar con tornillos.

**atorrante, ta** *m. y f.* Argent., Par. y Urug. Vagabundo, holgazán. — Argent., Par. y Urug. Persona desvergonzada.

**atosigar** *tr. y prnl.* Presionar con prisas, exigencias, etc.

**atracadero** *m.* Sitio donde atracan embarcaciones menores.

**atracar** *tr.* Asaltar para robar. ▸ *tr. e intr.* MAR. Arrimarse una embarcación a otra o a tierra. ▸ *prnl.* Comer y beber en exceso.

**atracción** *f.* Acción de atraer. — Fuerza con que se atrae. ▸ *pl.* Conjunto de espectáculos o diversiones: *parque de atracciones.*

**atraco** *m.* Acción de atracar para robar.

**atracón** *m.* Fam. Acción de atracarse.

**atractivo, va** *adj.* Que atrae. ▸ m. Cualidad que atrae de una persona o cosa.

**atraer** *tr.* Traer hacia sí. — Captar el interés de alguien.

**atragantarse** *prnl.* No poder tragar algo que está en la garganta.

**atrancar** *tr.* Asegurar la puerta o ventana con una tranca, cerrojo, etc. ‣ *tr. y prnl.* Atascar, obstruir.

**atrapar** *tr.* Prender o apresar al que huye.

**atrás** *adv.* Hacia la parte posterior: *dar un paso* ~. — Detrás: *quedarse* ~. — En tiempo pasado: *pocos días* ~.

**atrasar** *tr. y prnl.* Retrasar.

**atraso** *m.* Efecto de atrasar. — Falta de desarrollo. ‣ *pl.* Dinero que no ha sido cobrado.

**atravesado, da** *adj.* Que bizquea: *mirada* ~. — De mala intención.

**atravesar** *tr. y prnl.* Poner algo de una parte a otra. — Pasar de parte a parte. ‣ *prnl.* Ponerse una cosa entre otras.

**atreverse** *prnl.* Determinarse a algo arriesgado.

**atribuir** *tr. y prnl.* Aplicar cualidades a una persona o cosa.

**atributo** *m.* Propiedad de un ser o una cosa. — LING. Función de una palabra que califica al sujeto de una oración por medio de un verbo.

**atril** *m.* Mueble para sostener libros o papeles abiertos.

**atrincherar** *tr.* Fortificar con trincheras. ‣ *prnl.* Ponerse en trincheras a salvo del enemigo.

**atrio** *m.* Patio interior cercado de pórticos.

**atrocidad** *f.* Cualidad de atroz. — Cosa atroz.

**atrofia** *f.* Falta de desarrollo de una parte del cuerpo.

**atronar** *tr.* Perturbar con un ruido fuerte. — Causar aturdimiento.

**atropellar** *tr.* Pasar por encima con violencia. ‣ *tr. e intr.* Actuar sin miramiento o respeto.

**atroz** *adj.* Cruel, inhumano. — Muy grande. — Muy malo.

**atuendo** *m.* Atavío, vestido.

**atufar** *tr. y prnl.* Trastornar con el tufo. ‣ *intr.* Despedir mal olor.

**atún** *m.* Pez marino de gran tamaño, apreciado por su carne.

**aturdimiento** *m.* Perturbación de los sentidos causada por un golpe, una mala noticia, etc. — Falta de serenidad.

**aturdir** *tr. y prnl.* Causar aturdimiento. — Confundir, pasmar.

**aturullar** o **aturrullar** *tr. y prnl.* Confundir, turbar.

**atusar** *tr.* Arreglar o alisar el pelo con la mano o el peine.

**audaz** *adj.* Atrevido, osado.

**audición** *f.* Acción y facultad de oír. — Concierto o recital.

**audiencia** *f.* Acto de oír una autoridad a quienes solicitan algo. — Público de un medio de comunicación. — Tribunal de justicia.

**audífono** *m.* Aparato para sordos que amplifica los sonidos.

**audiovisual** *adj.* Que combina sonido e imagen.

**auditivo, va** *adj.* Que tiene virtud para oír. — Relativo al oído.

**auditor, ra** *m. y f.* Persona que revisa la contabilidad de una empresa.

**auditorio** *m.* Conjunto de oyentes. — Sala de conferencias o conciertos.

**auge** *m.* Momento de mayor intensidad, esplendor, etc.

**augurar** *tr.* Predecir, presagiar.

**augusto, ta** *adj.* Digno de respeto y veneración.

**aula** *f.* Sala de un centro de enseñanza donde se dan clases.

**aullar** *intr.* Dar aullidos.

**aullido** *m.* Grito agudo y prolongado del lobo, el perro, etc.

**aumentar** *tr., intr. y prnl.* Hacer más grande, numeroso o intenso.

**aumentativo, va** *adj.* Que aumenta. — LING. Se dice del sufijo que aumenta el significado del vocablo al que se une. ▸ *m.* LING. Palabra formada con dicho sufijo.

**aumento** *m.* Acción y efecto de aumentar. — Potencia amplificadora de una lente.

**aun** *adv.* Incluso, hasta, también: *iremos todos, aun tú.* — Aun así, a pesar de.

**aún** *adv.* Todavía: ~ *vive.*

**aunar** *tr. y prnl.* Unir cosas distintas para lograr un fin.

**aunque** *conj.* Introduce una ob-

jeción a pesar de la cual puede ser u ocurrir una cosa: ~ *estoy enfermo no faltaré.* — Pero: *no traigo nada de eso,* ~ *sí cosas similares.*

**aupar** *tr. y prnl.* Levantar o subir a una persona. — Ensalzar.

**aura** *f.* Viento suave. — Irradiación luminosa que algunas personas dicen percibir alrededor de los cuerpos.

**áureo, a** *adj.* De oro o parecido a él.

**aureola** o **auréola** *f.* Círculo luminoso que figura en la cabeza de las imágenes santas. — Fama, gloria.

**aurícula** *f.* Cavidad del corazón que recibe sangre de las venas.

**auricular** *adj.* Perteneciente o relativo al oído o a las aurículas. ▸ *m.* Parte o pieza de un aparato destinado a recibir sonidos con la que se oye al acercarla al oído.

**aurora** *f.* Luz difusa que precede a la salida del Sol.

**auscultar** *tr.* Explorar los sonidos que se producen en el cuerpo.

**ausencia** *f.* Tiempo en que alguien está ausente. — Falta de algo.

**ausentarse** *prnl.* Estar una persona ausente.

**ausente** *adj./m. y f.* Separado de alguna persona o lugar.

**auspiciar** *tr.* Favorecer.

**auspicio** *m.* Agüero. — Protección, favor.

**austero, ra** *adj.* Que se reduce a lo necesario y prescinde de lo superfluo y lo placentero.

**austral** *adj.* Perteneciente o relativo al polo o al hemisferio sur.

**australiano, na** *adj./m. y f.* De Australia.

**australopiteco** *m.* Mamífero homínido que vivió hace millones de años.

**austriaco, ca** o **austríaco, ca** *adj./m. y f.* De Austria.

**autarquía** *f.* Autosuficiencia económica de un estado.

**auténtico, ca** *adj.* Acreditado de cierto y positivo.

**autillo** *m.* Ave rapaz nocturna.

**autismo** *m.* Trastorno psicológico de la persona que se aísla en su mundo interior.

**auto** *m.* Composición dramática de carácter religioso. — Automóvil. — DER. Resolución judicial.

**autoayuda** *f.* Acción que realiza uno mismo para conseguir un determinado fin.

**autobiografía** *f.* Vida de una persona relatada por ella misma.

**autobús** *m.* Vehículo automóvil de transporte colectivo público y trayecto fijo.

**autocar** *m.* Vehículo automóvil de transporte colectivo.

**autocarril** *m.* Bol., Chile y Nicar. Coche de ferrocarril propulsado por un motor.

**autocracia** *f.* Sistema político en el que una persona dispone de poder absoluto.

**autóctono, na** *adj./m. y f.* Originario del lugar que habita.

**autodeterminación** *f.* Derecho de un pueblo a decidir por sí mismo el régimen político que le conviene.

**autodidacto, ta** *adj./m. y f.* Que se instruye por sí mismo.

**autoescuela** *f.* Escuela donde se enseña a conducir automóviles.

**autogestión** *f.* Gestión de una empresa por sus trabajadores.

**autógrafo** *m.* Firma de una persona famosa.

**autómata** *m.* Máquina que imita la figura y los movimientos de un ser animado.

**automático, ca** *adj.* Se dice del mecanismo que funciona o se regula por sí mismo. — Maquinal, no deliberado: *movimiento ~.* — Inmediato.

**automóvil** *adj.* Que se mueve por sí mismo. ▸ *m.* Vehículo terrestre provisto de un motor y cuatro ruedas, destinado al transporte de pocas personas.

**automovilismo** *m.* Conjunto de conocimientos referentes a los automóviles. — Deporte que se practica con el automóvil.

**autonomía** *f.* Estado o condición del pueblo o persona que goza de independencia. — En España, comunidad autónoma.

**autónomo, ma** *adj.* Que goza de autonomía.

**autopista** *f.* Vía para la circulación rápida de vehículos.

**autopsia** *f.* MED. Examen y disección de un cadáver.

**autor, ra** *m. y f.* Persona que es causa de alguna cosa. — Persona que inventa alguna cosa o realiza una obra artística, literaria, etc.

**autoridad** *f.* Poder. — Persona que tiene algún poder o mando.

**autoritario, ria** *adj.* Que impone su poder.

**autorizar** *tr.* Dar autoridad para hacer alguna cosa. — Permitir.

**autorretrato** *m.* Retrato que se hace uno mismo.

**autoservicio** *m.* Establecimiento donde el cliente se sirve a sí mismo.

**autostop** *m.* Modo de viajar por carretera que consiste en parar un vehículo particular y pedir viajar en él gratuitamente.

**autosuficiente** *adj.* Que se basta a sí mismo.

**autótrofo, fa** *adj./m.* BIOL. Se dice del organismo capaz de elaborar su alimento a partir de elementos minerales.

**autovía** *f.* Carretera con accesos laterales y cruces a nivel.

**auxiliar** *tr.* Dar auxilio.

**auxiliar** *adj./m. y f.* Que auxilia. ▸ *adj./m.* LING. Se dice del verbo que sirve para formar los tiempos compuestos de otros verbos o para expresar diversos matices del pensamiento. ▸ *m. y f.* Funcionario subalterno.

**auxilio** *m.* Ayuda, socorro.

**auyama** *f.* Antill., Colomb., C. Rica y Venez. Calabaza.

**aval** *m.* Firma con que se garantiza un documento de crédito.

**avalancha** *f.* Alud.

**avance** *m.* Acción y efecto de avanzar.

**avanzar** *tr.* Adelantar, mover o prolongar hacia adelante. — Cuba y R. Dom. Vomitar. — Méx. Robar. ▸ *intr.* Progresar. ▸ *intr. y prnl.* Ir hacia adelante. — Transcurrir.

**avaricia** *f.* Afán excesivo de atesorar riquezas.

**avaro, ra** *adj./m. y f.* Que tiene avaricia.

**avasallar** *tr.* Someter a obediencia.

**avatar** *m.* Cambio, vicisitud.

**ave** *f.* Vertebrado ovíparo con plumas, alas y maxilares en forma de pico.

**avecinarse** *prnl.* Acercarse, aproximarse algo.

**avecindarse** *prnl.* Establecerse en algún pueblo como vecino.

**avejentar** *tr. y prnl.* Hacer que uno parezca más viejo.

**avellana** *f.* Fruto del avellano.

**avellano** *m.* Arbusto de hojas anchas, cuyo fruto es la avellana.

**avemaría** *f.* Oración a la Virgen María.

**avena** *f.* Cereal cuyos granos se utilizan para la alimentación.

**avenida** *f.* Crecida impetuosa de un río. — Vía ancha.

**avenido, da** *adj.* Con los adverbios *bien* o *mal,* en armonía, o al contrario.

**avenir** *tr. y prnl.* Conciliar, ajustar las partes discordes.

**aventajar** *tr. y prnl.* Sacar o llevar ventaja.

**aventar** *tr.* Echar algo al viento, especialmente los granos en la era para limpiarlos. — Cuba. Exponer el azúcar al sol y al aire. — Méx. Arrojar, tirar. ► *prnl.* Colomb. y Méx. Arrojarse sobre algo o alguien. — P. Rico. Comenzar la carne a corromperse.

**aventón** *m.* Méx. Fam. Transporte en automóvil, especialmente el gratuito.

**aventura** *f.* Suceso o empresa extraordinario o peligroso. — Relación amorosa pasajera.

**aventurar** *tr. y prnl.* Arriesgar. ► *tr.* Decir una cosa atrevida o de la que se duda.

**avergonzar** *tr. y prnl.* Causar, tener o sentir vergüenza.

**avería** *f.* Daño que sufre un aparato, vehículo, etc.

**averiguar** *tr.* Indagar la verdad de una cosa.

**aversión** *f.* Odio y repugnancia.

**avestruz** *m.* Ave de gran tamaño, incapacitada para volar.

**avezar** *tr. y prnl.* Acostumbrar.

**aviación** *f.* Modalidad de locomoción que se sirve de los aviones. — Cuerpo militar que utiliza los aviones.

**aviador, ra** *m. y f.* Persona que tripula un avión.

**aviar** *tr. y prnl.* Preparar, arreglar.

**avícola** *adj.* Relativo a las aves.

**avicultura** *f.* Arte de criar aves y aprovechar sus productos.

**ávido, da** *adj.* Ansioso, codicioso: *~ de poder.*

**avieso, sa** *adj.* Perverso, malo.

**avinagrar** *tr. y prnl.* Poner agrio.

**avión** *m.* Vehículo de navegación aérea, provisto de alas y motor.

**avisar** *tr.* Dar noticia. — Advertir. — Llamar: *~ al médico.*

**aviso** *m.* Noticia. — Indicio, señal. — Advertencia, consejo. — Amér. Anuncio.

**avispa** *f.* Insecto de cuerpo amarillo con bandas negras, provisto de aguijón.

**avispado, da** *adj.* Fam. Vivo, despierto.

**avistar** *tr.* Alcanzar algo con la vista.

**avitaminosis** *f.* Falta de vitaminas necesarias en el organismo.

**avituallar** *tr.* Proveer de víveres o alimentos.

**avivar** *tr.* Dar viveza.

**avizor** Palabra que se usa en la expresión estar ojo avizor, que significa 'estar atento, vigilante'.

**avutarda** *f.* Ave zancuda de vuelo corto y pesado.

**axial** o **axil** *adj.* Relativo al eje.

**axila** *f.* Sobaco. — Punto de articulación de una parte de la planta con el tronco o una rama.

**axioma** *m.* Proposición que se admite como verdadera sin necesidad de demostración.

**axis** *m.* Segunda vértebra del cuello.

**¡ay!** *interj.* Expresa aflicción o dolor.

**ayer** *adv.* En el día que precedió inmediatamente al de hoy. — En tiempo pasado. ▸ *m.* Tiempo pasado.

**ayo, ya** *m. y f.* Persona encargada de criar o educar a un niño.

**ayote** *m.* Amér. Central. Calabaza.

**ayuda** *f.* Acción y efecto de ayudar: *agradecer su ~.* — Persona o cosa que ayuda.

**ayudar** *tr.* Prestar cooperación. — Socorrer. ▸ *prnl.* Valerse de algo.

**ayunar** *intr.* Abstenerse de comer o beber.

**ayunas** Palabra que se usa en la expresión en ayunas, que significa 'sin haber tomado alimento desde la noche anterior'.

**ayuno** *m.* Acción y efecto de ayunar.

**ayuntamiento** *m.* Corporación que gobierna un municipio. — Acto sexual.

**azabache** *m.* Variedad de lignito, de color negro brillante. ▸ *adj./m.* Se dice del color negro brillante.

**azada** *f.* Instrumento agrícola utilizado para cavar.

**azafato, ta** *m. y f.* Empleado que atiende a los pasajeros en los aviones y aeropuertos. — Empleado que atiende a los visitantes de ferias, congresos, etc.

**azafrán** *m.* Planta cuyos estigmas se emplean como condimento. ▸ *adj./m.* Se dice del color amarillo anaranjado.

**azahar** *m.* Flor blanca del naranjo, del limonero y del cidro.

**azar** *m.* Casualidad. — Al azar, sin propósito determinado.

**azarar** *tr. y prnl.* Azorar.

**azarearse** *prnl.* Chile, Guat., Hond., Nicar. y Perú. Avergonzarse.

**ázimo** o **ácimo** *adj.* Se dice del pan sin levadura.

**azogue** *m.* Mercurio.

**azolve** *m.* Méx. Basura o lodo que obstruye un conducto de agua.

**azor** *m.* Ave rapaz diurna.

**azorar** *tr. y prnl.* Turbar, confundir.

**azotaina** *f.* Fam. Paliza.

**azotar** *tr. y prnl.* Dar azotes a alguien. — Golpear repetida y violentamente una cosa: *las olas azotaban la orilla.*

**azote** *m.* Instrumento para azotar. — Golpe no muy fuerte dado con la mano abierta. — Calamidad, desgracia.

**azotea** *f.* Cubierta llana de un edificio.

**azteca** *adj./m. y f.* De un antiguo pueblo que habitaba México. ▸ *m./adj.* Lengua precolombina hablada aún hoy en México.

**azúcar** *m.* o *f.* Sustancia blanca, muy dulce, que se extrae de la remolacha o de la caña de azúcar. — QUÍM. Hidrato de carbono.

**azucena** *f.* Planta herbácea de flores grandes, blancas y olorosas.

**azufre** *m.* Elemento químico no metálico, sólido, de color amarillo.

**azul** *adj./m.* Se dice del color comprendido entre el verde y el añil en el espectro solar. ▸ *adj.* De color azul.

**azulejo, ja** *adj.* Amér. Que tira a azul. ▸ *m.* Ladrillo pequeño vidriado.

**azuzar** *tr.* Incitar a un animal para que embista. — Estimular.

**b** *f.* Segunda letra del abecedario.

**baba** *f.* Saliva que fluye por la boca.

**babero** *m.* Prenda que se pone en el pecho para no mancharse al comer.

**babia** Palabra que se usa en la expresión estar en babia, que significa 'estar distraído'.

**bable** *m.* Dialecto leonés hablado en Asturias.

**babor** *m.* MAR. Lado izquierdo de la embarcación mirando de popa a proa.

**babosa** *f.* Molusco terrestre, sin concha.

**baca** *f.* Soporte en el techo de los vehículos para llevar bultos.

**bacalao** *m.* Pez marino comestible de cuerpo alargado.

**bacanal** *f.* Orgía. ▸ *pl.* Fiestas que se celebraban en la antigua Roma en honor de Baco.

**bache** *m.* Hoyo o desnivel en una calzada o camino. — Momento difícil.

**bachiller** *m. y f.* Persona que ha obtenido el grado de enseñanza media.

**bachillerato** *m.* Grado de bachiller. — Conjunto de estudios para obtenerlo.

**bacilo** *m.* Bacteria de forma alargada.

**bacon** o **bacón** *m.* Tocino magro ahumado.

**bacteria** *f.* Microorganismo unicelular sin núcleo.

**bactericida** *adj./m.* Que destruye las bacterias.

**báculo** *m.* Palo o cayado para apoyarse en él.

**badajo** *m.* Pieza del interior de la campana que la hace sonar.

**badana** *f.* Piel curtida de oveja.

**badén** *m.* Zanja que forman las aguas de lluvia. — Cauce que se construye en una carretera para dar paso al agua.

**badil** *m.* Paleta para remover la lumbre.

**bádminton** *m.* Deporte parecido al tenis que se practica en una pista mucho menor.

**bafle** *m.* Altavoz de un equipo

de alta fidelidad o pantalla rígida sobre la que se monta el altavoz.

**bagaje** *m.* Equipaje. — Conjunto de conocimientos de que dispone una persona: ~ *cultural.*

**bagatela** *f.* Cosa poco importante.

**bagual, la** *adj./m. y f.* Amér. Merid. Indócil, salvaje. ▸ *adj./m.* Amér. Se dice del caballo o potro no domado.

**baguarí** *m.* Argent., Par. y Urug. Cigüeña de cuerpo blanco, alas negras, pico recto y patas rojas.

**bahameño, ña** *adj./m. y f.* De Bahamas.

**bahía** *f.* Entrada de mar en la costa.

**bailar** *tr. e intr.* Mover el cuerpo al compás de la música. — Moverse una cosa sin salirse de su sitio.

**baile** *m.* Acción de bailar. — Fiesta en que se baila.

**baja** *f.* Cese temporal de una persona en un determinado trabajo. — Documento en que se formula este cese. — Pérdida o falta de un individuo.

**bajada** *f.* Trayecto de descenso. — Disminución del precio, valor o intensidad de una cosa.

**bajamar** *f.* Fin del reflujo del mar.

**bajante** *m. o f.* Tubería de desagüe de un edificio.

**bajar** *intr. y prnl.* Ir desde un lugar a otro que esté más bajo. — Disminuir una cosa. — Trans-

ferir información a la memoria de un ordenador. ▸ *tr.* Poner alguna cosa en lugar más bajo. — Inclinar hacia abajo. — Disminuir la estimación, precio o valor de alguna cosa. ▸ *tr., intr. y prnl.* Apearse.

**bajativo** *m.* Amér. Merid. Licor digestivo.

**bajel** *m.* Buque, barco.

**bajeza** *f.* Acción vil. — Cualidad de bajo.

**bajío** *m.* Elevación del fondo en los mares, ríos y lagos. — Amér. Terreno bajo.

**bajo, ja** *adj.* De poca altura. — Situado a poca distancia del suelo: *planta* ~. — Inclinado hacia abajo. — Inferior: *clase* ~. — Despreciable, que tiene poco valor. — Tratándose de sonidos, grave. ▸ *m.* MÚS. Voz o instrumento que ejecuta los sonidos más graves de la escala. ▸ *pl.* Planta baja de un edificio. ▸ *adv.* Abajo. — En voz que apenas se oiga. ▸ *prep.* Debajo de. — Durante el dominio de: ~ *los romanos.*

**bajorrelieve** *m.* En escultura, relieve cuyos motivos tienen poco resalte.

**bala** *f.* Proyectil de las armas de fuego. — Fardo apretado de mercancías.

**balada** *f.* Canción de ritmo lento y suave. — Composición poética que desarrolla un tema legendario.

**baladí** *adj.* Fútil, poco importante.

**baladrón, na** *adj.* Fanfarrón.

**balalaica** o **balalaika** *f.* Instrumento musical de forma triangular con tres cuerdas.

**balance** *m.* Confrontación del activo y pasivo de una sociedad para determinar su situación económica. — Valoración.

**balancear** *tr.* y *prnl.* Mover de un lado a otro.

**balanceo** *m.* Acción y efecto de balancear o balancearse. — *Amér.* Equilibrado de las ruedas de un automóvil.

**balancín** *m.* Silla para mecerse. — Asiento colgante con toldo.

**balandro** *m.* Embarcación pequeña con cubierta y un solo palo.

**balanza** *f.* Instrumento que sirve para pesar.

**balar** *intr.* Emitir su voz una oveja o un cordero.

**balata** *f.* Chile y Méx. Parte del mecanismo de freno de algunos vehículos motorizados.

**balaustre** o **balaústre** *m.* Cada una de las columnas que forman una barandilla.

**balboa** *m.* Unidad monetaria de Panamá (junto con el dólar).

**balbucear** o **balbucir** *tr. e intr.* Hablar de manera vacilante y confusa.

**balcón** *m.* Plataforma saliente de la fachada de un edificio, con barandilla.

**balda** *f.* Anaquel de armario o alacena.

**baldar** *tr.* y *prnl.* Impedir una enfermedad o accidente el uso de un miembro. ▶ *prnl.* Fatigarse en exceso.

**balde** *m.* Cubo para sacar y transportar agua. — De balde, gratis. — En balde, en vano.

**baldío, a** *adj.* Vano, sin fundamento. ▶ *adj./m.* Se dice del terreno abandonado, sin labrar. ▶ m. Argent., Bol., Chile, Guat., Par. y Urug. Terreno urbano sin edificar, solar.

**baldosa** *f.* Ladrillo fino que sirve para recubrir suelos.

**balear** *tr.* Amér. Tirotear, disparar balas.

**balear** *adj./m. y f.* De las islas Baleares (España).

**balero** *m.* Argent., Colomb., Ecuad., Méx., P. Rico. y Urug. Juguete compuesto por un palo en cuya punta se ensarta la bola. — Argent. y Urug. Fam. Cabeza humana.

**balido** *m.* Voz de algunos animales como el ciervo, la cabra, etc.

**balística** *f.* Estudio de las trayectorias de los proyectiles.

**baliza** *f.* Señal fija o móvil que indica un peligro o delimita una vía de circulación marítima, aérea y terrestre.

**ballena** *f.* Mamífero cetáceo, el mayor de los animales conocidos.

**ballesta** *f.* Arma portátil para lanzar flechas. — Muelle en forma de arco utilizado en la suspensión de vehículos.

**ballet** *m.* Danza clásica escénica. — Música de esta danza. — Compañía que interpreta este tipo de danza.

**balneario** *m.* Establecimiento público de baños, en especial medicinales.

**balompié** *m.* Fútbol.

**balón** *m.* Pelota esférica u ovalada, hinchada de aire, usada en varios juegos. — Chile, Colomb. y Perú. Recipiente metálico utilizado para contener gas combustible.

**baloncesto** *m.* Deporte de equipo que consiste en introducir con las manos un balón en un aro sujeto a un tablero.

**balonmano** *m.* Deporte de equipo que consiste en introducir el balón, valiéndose de las manos, en la portería contraria.

**balonvolea** *m.* Voleibol.

**balsa** *f.* Depresión del terreno que se llena de agua. — Embarcación formada por una plataforma de maderos unidos.

**bálsamo** *m.* Resina aromática que segregan ciertos árboles. — Consuelo, alivio. — Medicamento de uso externo.

**báltico, ca** *adj./m. y f.* Del mar Báltico o de los territorios que lo bordean.

**baluarte** *m.* Saliente pentagonal de las fortificaciones. — Amparo, defensa.

**baluma** o **balumba** *f.* Colomb. y Ecuad. Tumulto, alboroto.

**bambalina** *f.* Lienzo pintado que cuelga del telar de un teatro.

**bambolearse** *prnl.* Moverse a un lado y otro sin cambiar de sitio.

**bambú** *m.* Planta gramínea de tallo leñoso, flexible y resistente.

**banal** *adj.* Trivial, vulgar.

**banana** *f.* Plátano, fruto y planta.

**banano** *m.* Banana.

**banasta** *f.* Cesto grande.

**banca** *f.* Asiento de madera sin respaldo. — Entidad financiera donde se realizan operaciones de préstamos, cambio, etc.

**bancada** *f.* Asiento sin respaldo de una embarcación. — Argent., Par., Perú y Urug. Conjunto de legisladores de un mismo partido.

**bancal** *m.* Terreno cultivable en una pendiente.

**bancarrota** *f.* Quiebra de una empresa o negocio.

**banco** *m.* Asiento largo y estrecho para varias personas. — Bandada de peces. — Organismo o empresa de crédito. — Establecimiento sanitario en el que se conservan órganos y líquidos humanos. — **Banco de datos**, conjunto de informaciones almacenadas en un ordenador.

**banda** *f.* Cinta ancha que cruza el pecho. — Faja, lista. — Grupo de gente armada. — Lado. — Conjunto instrumental de viento y percusión. — **Banda sonora**, parte de la película en la que se registra el sonido. — Cerrarse uno en banda (Fam.), mantenerse firme en sus propósitos.

**bandada** *f.* Grupo de aves o peces que se desplazan juntos.

**bandazo** *m.* Inclinación brusca de un barco hacia babor o estribor.

**bandeja** *f.* Pieza plana con algo de borde para servir, llevar o poner cosas. — Servir en bandeja, dar grandes facilidades para conseguir algo.

**bandera** *f.* Trozo de tela que, sujeta a un palo, sirve de insignia o señal.

**banderilla** *f.* Palo adornado que se clava al toro en la cerviz.

**banderola** *f.* Bandera pequeña y cuadrada. — Argent., Par. y Urug. Montante, bastidor.

**bandido, da** *m. y f.* Bandolero.

**bando** *m.* Edicto o mandato solemne. — Facción o partido.

**bandolero, ra** *m. y f.* Ladrón, salteador de caminos.

**bandoneón** *m.* Instrumento musical parecido al acordeón.

**bandurria** *f.* Instrumento musical de doce cuerdas, menor que la guitarra.

**banjo** *m.* Instrumento musical de cuerda, con caja de resonancia circular cubierta por una piel tensada.

**banqueta** *f.* Asiento de tres o cuatro pies y sin respaldo. — Banco pequeño para poner los pies. — Guat. y Méx. Acera.

**banquete** *m.* Comida espléndida.

**banquillo** *m.* Asiento en que se coloca el acusado ante el tribunal. — DEP. Lugar que ocupan los jugadores suplentes y el entrenador durante un partido.

**banquina** *f.* Amér. Arcén.

**bañadera** *f.* Amér. Central y Amér. Merid. Bañera. — Urug. Ómnibus viejo de alquiler.

**bañado** *m.* Amér. Central y Amér. Merid. Terreno húmedo y cenagoso.

**bañador** *m.* Traje de baño.

**bañar** *tr. y prnl.* Meter el cuerpo o parte de él en el agua u otro líquido. — Rociar o mojar con abundante agua u otro líquido. — Tocar algún paraje el agua del mar, de un río, etc. — Cubrir una cosa con una capa de otra sustancia.

**bañera** *f.* Recipiente para bañarse.

**baño** *m.* Acción y efecto de bañar o bañarse. — Habitación destinada al aseo. — Bañera. — Capa con que queda cubierta la cosa bañada. ▸ *pl.* Balneario.

**baptisterio** *m.* Pila bautismal y lugar donde se encuentra.

**baqueano, na** *adj./m. y f.* Amér. Central y Amér. Merid. Se dice de la persona conocedora de un terreno y sus caminos.

**baquelita** *f.* Resina sintética. (Procede de una marca registrada.)

**baqueta** *f.* Varilla para limpiar

las armas de fuego. — Palillo con que se toca un instrumento de percusión.

**bar** *m.* Local en que se despachan bebidas y algunas comidas. — Fís. Unidad de medida de la presión atmosférica.

**barahúnda** *f.* Ruido y confusión.

**baraja** *f.* Conjunto de naipes que sirven para varios juegos.

**barajar** *tr.* Mezclar los naipes. — Considerar un conjunto de elementos entre los que se ha de elegir.

**baranda** *f.* Barandilla.

**barandilla** *f.* Valla que sirve de protección y apoyo en balcones, escaleras, etc.

**barata** *f.* Chile y Perú. Fam. Cucaracha. — Méx. Venta de artículos a bajo precio.

**baratija** *f.* Cosa de poco valor.

**barato, ta** *adj.* De bajo precio. ▸ *adv.* Por poco precio.

**baraúnda** *f.* Barahúnda.

**barba** *f.* Parte de la cara debajo de la boca. — Pelo que crece en esta parte de la cara.

**barbacoa** *f.* Parrilla para asar al aire libre carne, pescado, etc. — Méx. Carne de cordero o de chivo, asada sobre madera verde puesta en un hoyo en la tierra.

**barbada** *f.* Bol. y Perú. Cinta para sujetar el sombrero por debajo de la barbilla.

**barbaján** *adj./m. y f.* Cuba y Méx. Tosco, grosero.

**barbaridad** *f.* Dicho o hecho necio o temerario. — Gran cantidad.

**barbarie** *f.* Falta de cultura o atraso en un pueblo. — Crueldad.

**barbarismo** *m.* Vicio del lenguaje que consiste en pronunciar o escribir mal las palabras o en emplear vocablos impropios.

**bárbaro, ra** *adj./m. y f.* Relativo a los pueblos germánicos que en el s. V abatieron el Imperio romano. — Fiero, cruel. — Temerario. — Inculto, tosco. ▸ *adv.* Fam. Estupendamente.

**barbecho** *m.* Campo que se deja sin cultivar uno o más años.

**barbero** *m.* Persona que tiene por oficio afeitar y cortar el pelo.

**barbijo** *m.* Argent. y Bol. Herida en la cara. — Argent., Bol., Par. y Urug. Barbiquejo.

**barbilampiño, ña** *adj.* Que no tiene barba o tiene poca.

**barbilla** *f.* Punta de la barba.

**barbiquejo** *m.* Amér. Cinta para sujetar el sombrero por debajo de la barba. — Perú. Pañuelo que se ata rodeando la cara.

**barbitúrico** *m.* Sustancia química que posee efectos sedantes.

**barbo** *m.* Pez teleósteo de agua dulce.

**barca** *f.* Embarcación pequeña para navegar cerca de la costa o en los ríos.

**barcaza** *f.* Barca grande para carga y descarga.

**barcelonés, sa** *adj./m. y f.* De Barcelona (España).

**barco** *m.* Embarcación grande destinada al transporte de personas o mercancías.

**barda** *f.* Argent. Ladera acantilada. — Méx. Tapia que rodea o separa un terreno o construcción de otro.

**bardo** *m.* Poeta.

**baremo** *m.* Libro de cuentas ajustadas. — Escala convencional de valores que sirve de base para evaluar o clasificar.

**baricentro** *m.* Centro de gravedad de un cuerpo. — MAT. En un triángulo, punto de intersección de las medianas.

**bario** *m.* Metal blanco amarillento, dúctil y difícil de fundir.

**barisfera** *f.* Núcleo de la Tierra formado por hierro y níquel.

**barítono** *m.* Voz media entre la de tenor y la de bajo.

**barlovento** *m.* MAR. Parte de donde viene el viento.

**barniz** *m.* Disolución de una resina en un líquido volátil que se extiende sobre pinturas o maderas para protegerlas.

**barómetro** *m.* Instrumento para medir la presión atmosférica.

**barón, nesa** *m. y f.* Título nobiliario, que en España sigue al de vizconde.

**barquilla** *f.* Cesto del globo aerostático.

**barquillo** *m.* Hoja de pasta de harina con azúcar y canela, de forma triangular o de tubo.

**barra** *f.* Pieza rígida, mucho más larga que gruesa. — Pieza de pan de forma alargada. — Mostrador de un bar. — Banco de arena en la boca de un río. — Signo gráfico que sirve para separar. — Amér. Merid. Público que asiste a la sesión de un tribunal. — Amér. Merid. Pandilla de amigos. — Amér. Merid. En un espectáculo deportivo, grupo de personas que animan a sus favoritos.

**barraca** *f.* Caseta construida con materiales ligeros. — Amér. Central y Amér. Merid. Almacén de productos destinados al tráfico. — Chile y Urug. Edificio destinado a depósito y venta de materiales de construcción.

**barracón** *m.* Construcción provisional destinada a albergar soldados, refugiados, etc.

**barranco** *m.* Despeñadero, precipicio. — Quiebra profunda que hacen en la tierra las corrientes de las aguas.

**barrena** *f.* Herramienta para taladrar.

**barrendero, ra** *m. y f.* Persona que tiene por oficio barrer.

**barrer** *tr.* Limpiar el suelo con la escoba. — Explorar o revisar un lugar o cosa. ▸ *intr.* Vencer claramente.

**barrera** *f.* Dispositivo con el que se obstaculiza el paso. — Valla de madera en las plazas de toros. — Impedimento.

**barretina** *f.* Gorro catalán.

**barriada** *f.* Barrio. — Parte de un barrio.

**barricada** *f.* Parapeto improvisado para entorpecer el paso al enemigo.

**barriga** *f.* Vientre.

**barril** *m.* Cuba de madera para transportar y conservar líquidos.

**barrilete** *m.* Argent. Cometa, juguete.

**barrillo** *m.* Pequeño grano que sale en la cara.

**barrio** *m.* Cada una de las partes en que se divide una población. — **El otro barrio** (Fam.), la muerte.

**barritar** *intr.* Emitir su voz el elefante.

**barrizal** *m.* Terreno lleno de barro.

**barro** *m.* Masa de tierra y agua. — Grano rojizo en el rostro.

**barroco, ca** *adj.* Excesivamente ornamentado. ▶ *m.* Estilo artístico desarrollado en Europa e Hispanoamérica desde finales del s. XVI a principios del XVIII.

**barrote** *m.* Barra gruesa.

**barruntar** *tr.* Presentir por algún indicio: ~ *un peligro.*

**bártulos** *m. pl.* Conjunto de enseres de uso corriente. — **Liar los bártulos** (Fam.), disponerse para un viaje o una mudanza.

**barullo** *m.* Confusión, desorden.

**basa** *f.* ARQ. Base sobre la que se apoya una columna o estatua.

**basalto** *m.* Roca volcánica básica de color negro o verdoso.

**basamento** *m.* Cuerpo formado por la basa y el pedestal de la columna.

**basar** *tr.* Asentar sobre una base. ▶ *tr. y prnl.* Fundar, apoyar.

**basca** *f.* Náusea. — Esp. Fam. Pandilla.

**báscula** *f.* Aparato para medir pesos.

**bascular** *intr.* Tener movimiento de vaivén.

**base** *f.* Fundamento o apoyo principal de una cosa. — Línea o cara de las figuras geométricas sobre la que se supone descansan. — MAT. Cantidad que ha de elevarse a una potencia dada. — QUÍM. Compuesto que combinado con los ácidos forma sales.

**básico, ca** *adj.* Fundamental: *conocimientos básicos.*

**basílica** *f.* Iglesia notable por su historia, antigüedad, etc.

**basilisco** *m.* Animal mitológico que mataba con la mirada. — Persona furiosa.

**básket** o **básquet** *m.* Baloncesto.

**bastante** *adv.* Ni mucho ni poco, suficiente: *ya tengo ~.* — Denota aumento de intensidad de lo que se expresa: *está ~ mejor.* ▶ *adj.* Que basta o es suficiente. ▶ *adj./pron.* Indica una cantidad o número elevado de personas o cosas que se considera suficiente.

**bastar** *intr. y prnl.* Ser suficiente.

**bastardo, da** *adj.* Se dice del hijo nacido fuera de matrimonio. — Que degenera de su origen o naturaleza.

**bastidor** *m.* Armazón en el que se fijan lienzos para pintar o bordar. — Decoración lateral en un teatro. — Amér. Central. Colchón de tela metálica. — Chile. Celosía.

**bastión** *m.* Baluarte.

**basto, ta** *adj.* Tosco, sin pulimento: *tela* ~. — Inculto, grosero. ▸ *m. pl.* Palo de la baraja española.

**bastón** *m.* Vara o palo que sirve para apoyarse al andar.

**basura** *f.* Inmundicia, desecho, suciedad. — Cosa despreciable.

**basural** *m.* Amér. Central y Amér. Merid. Basurero, lugar.

**basurero, ra** *m. y f.* Persona que tiene por oficio recoger la basura. ▸ *m.* Lugar donde se arroja la basura.

**bata** *f.* Prenda de vestir holgada que se usa para estar por casa, o para el trabajo profesional en clínicas, talleres, etc.

**batacazo** *m.* Golpe fuerte que se da al caer. — Argent., Chile, Par., Perú, y Urug. Suceso afortunado y sorprendente.

**batalla** *f.* Combate entre dos ejércitos o grupos armados. — Esfuerzo intenso y continuado.

**batallar** *intr.* Luchar con armas. — Disputar, debatir. — Afanarse.

**batallón** *m.* Unidad de infantería compuesta de varias compañías.

**batán** *m.* Máquina preparatoria de la hilatura del algodón.

**batata** *f.* Planta de tallo rastrero, cultivada por sus tubérculos comestibles. — Tubérculo de esta planta.

**bate** *m.* Palo con que se golpea la pelota en el béisbol.

**batea** *f.* Argent., Chile, Colomb., Cuba y Perú. Artesa para lavar.

**batel** *m.* Barco pequeño.

**batería** *f.* Aparato que almacena energía eléctrica. — Conjunto de piezas de artillería. — Conjunto de utensilios de cocina para guisar. — Instrumento de percusión formado por tambores y platillos.

**batiburrillo** *m.* Mezcla de cosas sin relación entre ellas.

**batida** *f.* Acción de batir o registrar un lugar.

**batido** *m.* Bebida que se obtiene al batir helado, leche, frutas, etc.

**batidora** *f.* Aparato de cocina para triturar o batir alimentos.

**batiente** *m.* Parte del marco en que se detienen y baten las puertas o ventanas al cerrarse. — Hoja de una puerta o ventana.

**batín** *m.* Bata corta.

**batir** *tr.* Golpear con fuerza continuamente. — Mover con fuerza y rapidez algo. — Remover una cosa para hacerla más fluida o condensarla. — Derrotar. — Registrar un lugar en busca de enemigos, caza, etc.

**batiscafo** *m.* Aparato sumergible para explorar el fondo del mar.

**batista** *f.* Tela muy fina de lino o algodón.

**batracio, cia** *adj./m.* Se dice del animal anfibio, sobre todo del sapo y la rana.

**batuta** *f.* Varilla con la que el director de una orquesta marca el compás. — **Llevar la batuta** (Fam.), dirigir algo.

**baúl** *m.* Cofre, mueble parecido al arca. — Argent. Lugar de un vehículo donde se lleva el equipaje, maletero.

**bautismo** *m.* En el cristianismo, sacramento por el cual uno se convierte en miembro de la Iglesia.

**bautizar** *tr.* Administrar el bautismo. — Poner nombre.

**baya** *f.* Fruto carnoso, sin hueso y con semillas.

**bayeta** *f.* Paño de tejido absorbente usado para fregar.

**bayo, ya** *adj./m. y f.* Se dice del caballo de color blanco amarillento.

**bayoneta** *f.* Arma blanca que se adapta al cañón del fusil.

**baza** *f.* Número de cartas que recoge el que gana la mano. — **Meter baza** (Fam.), intervenir en una conversación sin ser llamado a ello.

**bazar** *m.* Mercado público oriental. — Tienda de productos diversos.

**bazo** *m.* Víscera que poseen los vertebrados a la izquierda del estómago.

**bazofia** *f.* Comida muy mala. — Cosa despreciable.

**be** *f.* Nombre de la letra *b.*

**beatificar** *tr.* Declarar el papa digno de culto a un difunto.

**beatitud** *f.* Bienaventuranza eterna.

**beato, ta** *adj.* Bienaventurado. ▸ *adj./m. y f.* Beatificado por el papa. — Muy devoto.

**bebé** *m.* Niño pequeño que todavía no anda.

**bebedizo** *m.* Filtro, elixir del amor. — Bebida venenosa.

**beber** *tr. e intr.* Ingerir un líquido. — Aprender. ▸ *intr.* Brindar. — Consumir bebidas alcohólicas.

**bebida** *f.* Líquido que se bebe.

**bebido, da** *adj.* Casi borracho.

**beca** *f.* Ayuda económica que percibe un estudiante u otra persona para realizar un proyecto.

**becerro, rra** *m. y f.* Toro o vaca que no ha cumplido tres años.

**bechamel** *f.* Salsa blanca hecha con harina, leche y manteca.

**bedel, la** *m. y f.* Empleado subalterno de los centros oficiales de enseñanza.

**beduino, na** *adj./m. y f.* Árabe nómada del desierto.

**begonia** *f.* Planta perenne de hojas grandes y flores sin corola.

**beige** o **beis** *adj./m.* Se dice del color castaño claro o muy claro.

**béisbol** *m.* Juego entre dos equipos en el que los jugadores han de recorrer ciertas bases de un circuito, en combinación con el lanzamiento de una pelota.

**bejuco** *m.* Planta tropical de tallos largos, delgados y flexibles.

**bejuquear** *tr.* Amér. Central, Ecuad. y P. Rico. Varear, apalear.

**beldad** *f.* Belleza. — Mujer de gran belleza.

**belén** *m.* Representación del nacimiento de Jesús.

**belfo, fa** *adj./m. y f.* Se dice del que tiene el labio inferior muy grueso. ▸ *m.* Labio del caballo y otros animales.

**belga** *adj./m. y f.* De Bélgica.

**beliceño, ña** *adj./m. y f.* De Belice.

**bélico, ca** *adj.* Perteneciente o relativo a la guerra.

**beligerante** *adj./m. y f.* Que está en guerra.

**bellaco, ca** *adj./m. y f.* Malo, pícaro. — Amér. Central y Amér. Merid. Se dice de la caballería con resabios y muy difícil de gobernar.

**belladona** *f.* Planta herbácea venenosa utilizada en medicina.

**belleza** *f.* Conjunto de cualidades cuya manifestación sensible produce un deleite espiritual, un sentimiento de admiración.

**bello, lla** *adj.* Que tiene belleza. — Bueno, excelente.

**bellota** *f.* Fruto de la encina y del roble.

**bemol** *adj.* MÚS. Se dice de la nota cuya entonación es un semitono más bajo que su sonido natural.

**benceno** *m.* QUÍM. Hidrocarburo volátil e inflamable usado como disolvente.

**bencina** *f.* Mezcla de hidrocarburos empleada como disolvente y como combustible. — Chile. Gasolina.

**bendecir** *tr.* Alabar, ensalzar. — Invocar la protección divina sobre alguien o algo. — Aprobar o consentir algo una autoridad.

**bendición** *f.* Acción y efecto de bendecir. — Cosa muy buena.

**bendito, ta** *adj.* Feliz, dichoso. ▸ *adj./m. y f.* Bienaventurado.

**benefactor, ra** *adj./m. y f.* Bienhechor.

**beneficencia** *f.* Virtud de hacer bien. — Conjunto de instituciones benéficas.

**beneficiar** *tr. y prnl.* Hacer bien. ▸ *tr.* Hacer que una cosa produzca beneficio.

**beneficio** *m.* Bien que se hace o se recibe. — Utilidad, provecho. — Cantidad de dinero que se obtiene por una inversión.

**benéfico, ca** *adj.* Que hace bien.

**beneplácito** *m.* Aprobación, permiso.

**benévolo, a** *adj.* Que tiene buena voluntad o afecto.

**bengala** *f.* Fuego artificial que despide gran claridad.

**benigno, na** *adj.* Afable, benévolo. — Templado, apacible: *tiempo* ~. — Se dice de la enfermedad que no reviste gravedad.

**benjamín, na** *m. y f.* Hijo menor.

**benzoico, ca** *adj./m.* Se dice del ácido orgánico derivado del benceno.

**benzol** *m.* Benceno.

**beodo, da** *adj./m. y f.* Ebrio, borracho.

**berberecho** *m.* Molusco bivalvo comestible.

**berbiquí** *m.* Instrumento usado para taladrar.

**beréber, bereber** o **berebere** *adj./m. y f.* De un pueblo del norte de África.

**berenjena** *f.* Planta hortense de flores moradas y fruto alargado comestible de color morado. — Fruto de esta planta.

**berenjenal** *m.* Terreno plantado de berenjenas. — Enredo, lío.

**bergante** *m.* Pícaro, sinvergüenza.

**bergantín** *m.* Velero de dos palos, trinquete y vela mayor.

**berilio** *m.* Metal alcalino ligero de color blanco y sabor dulce.

**berilo** *m.* Silicato de aluminio y berilio, variedad de esmeralda.

**berlina** *f.* Coche de caballos cerrado. — Automóvil de cuatro puertas.

**berma** *f.* Chile. Franja lateral exterior de una carretera.

**bermejo, ja** *adj.* Rojo o rojizo.

**bermellón** *m.* Polvo de cinabrio de color rojo vivo. ▸ *adj.* De color rojo intenso.

**bermudiano, na** *adj./m. y f.* De Bermudas.

**berquelio** *m.* Elemento químico sólido artificial y radiactivo.

**berrear** *intr.* Dar berridos.

**berrido** *m.* Voz del becerro y otros animales. — Grito estridente.

**berrinche** *m.* Fam. Rabieta, enfado o llanto violento y corto.

**berro** *m.* Planta herbácea de hojas comestibles.

**berza** *f.* Col.

**besamel** *f.* Bechamel.

**besar** *tr. y prnl.* Tocar con los labios en señal de afecto, saludo o respeto.

**beso** *m.* Acción de besar.

**bestia** *f.* Animal cuadrúpedo. ▸ *adj./m. y f.* Fam. Rudo e ignorante.

**bestiario** *m.* Libro que trata sobre animales reales o imaginarios.

**best-seller** o **best seller** *m.* Libro que consigue un éxito editorial.

**besugo** *m.* Pez teleósteo marino de carne blanca y delicada.

**beta** *f.* Letra del alfabeto griego.

**betabel** *f.* Méx. Remolacha.

**beterava** *f.* Argent. Remolacha.

**bético, ca** *adj./m. y f.* De la antigua Bética, en el sur de la península Ibérica.

**betún** *m.* Materia mineral natural, rica en carbono e hidrógeno. — Mezcla con que se lustra el calzado.

**biberón** *m.* Utensilio para la lactancia artificial.

**biblia** *f.* Conjunto de los libros canónicos del Antiguo y Nuevo Testamento.

**bibliófilo, la** *m. y f.* Persona aficionada a los libros.

**bibliografía** *f.* Relación de libros o escritos sobre un determinado tema o autor.

**bibliorato** *m.* Argent. y Urug. Carpeta.

**biblioteca** *f.* Local donde se tienen libros ordenados para su lectura. — Conjunto de estos libros. — Mueble para libros.

**bicarbonato** *m.* Carbonato ácido, en particular sal de sodio.

**bicéfalo, la** *adj.* Que tiene dos cabezas.

**bíceps** *adj./m.* Se dice del músculo doble situado en los brazos y muslos.

**bicho** *m.* Animal pequeño desagradable o dañino. — Bestia. — Persona de mala intención. — Bicho de luz (Argent. y Urug.), luciérnaga.

**bicicleta** *f.* Vehículo ligero con dos ruedas que se mueven por medio de pedales.

**bicoca** *f.* Fam. Cosa muy ventajosa y que cuesta poco.

**bidé** *m.* Recipiente sanitario para la higiene íntima.

**bidón** *m.* Recipiente grande y cilíndrico para el transporte de líquidos.

**biela** *f.* Barra que en las máquinas sirve para transformar el movimiento de vaivén en otro de rotación, o viceversa.

**bien** *m.* Lo bueno o correcto según la moral. — Lo que es bueno o favorable. ▸ *pl.* Hacienda, riqueza. ▸ *adv.* Como es debido, de manera acertada: *portarse bien.* — Sin inconveniente o dificultad. — De buena gana, con gusto. — Mucho, muy. ▸ *conj.* Se usa repetido, como partícula distributiva: *bien por una razón, bien por otra, no lo haré.*

**bienal** *adj.* Que sucede cada dos años. — Que dura dos años.

**bienaventurado, da** *adj.* Feliz. ▸ *adj./m. y f.* Que goza de la bienaventuranza eterna.

**bienaventuranza** *f.* Vista y posesión de Dios en el cielo. — Felicidad, dicha.

**bienestar** *m.* Conjunto de cosas necesarias para vivir bien. — Tranquilidad de espíritu.

**bienhechor, ra** *adj./m. y f.* Que hace bien a otro.

**bienio** *m.* Período de dos años.

**bienvenida** *f.* Recibimiento que se da a alguien a su llegada.

**bienvenido, da** *adj.* Recibido con alegría.

**bies** *m.* Tira de tela cortada en sesgo que se coloca en los bordes de las prendas de vestir. — Al bies, en diagonal.

**bife** *m.* Argent., Chile y Urug. Bisté. — Argent., Perú y Urug. Fam. Bofetada.

**bífido, da** *adj.* Dividido en dos: *lengua ~.*

**bifocal** *adj.* Que tiene dos focos, especialmente aplicado a la lente graduada para corta y larga distancia.

**bifurcarse** *prnl.* Dividirse en dos ramales, brazos o puntas.

**bigamia** *f.* Estado del que está casado con dos personas a la vez.

**bígaro** *m.* Gasterópodo marino de concha oscura.

**bigote** *m.* Pelo que nace sobre el labio superior.

**biguá** *m.* Ave acuática de color pardonegruzco que habita en Argentina y Uruguay.

**bikini** *m.* Biquini. (Es marca registrada.)

**bilabial** *adj.* Se dice del sonido que se pronuncia con los dos labios, como el que representan b, m y p.

**bilateral** *adj.* Que atañe a ambas partes o aspectos de una cosa.

**bilbaíno, na** *adj./m. y f.* De Bilbao.

**bilet** *f.* Méx. Lápiz de labios.

**bilingüismo** *m.* Uso habitual de dos lenguas en una misma región o país, o por una misma persona.

**bilis** *f.* Líquido amarillento que segrega el hígado.

**billar** *m.* Juego que consiste en impulsar bolas de marfil con la punta de un taco en una mesa rectangular.

**billete** *m.* Tarjeta o cédula que da derecho a entrar u ocupar asiento en un local, vehículo, etc. — Dinero en formato de papel.

**billón** *m.* Un millón de millones.

**bimestre** *m.* Período de dos meses.

**binar** *tr.* Arar por segunda vez las tierras de labor.

**binario, ria** *adj.* Compuesto de dos elementos.

**bingo** *m.* Juego de azar, variedad de lotería.

**binóculo** *m.* Anteojo sin patillas con una lente para cada ojo.

**binomio** *m.* MAT. Expresión algebraica formada por la suma o la diferencia de dos términos o monomios.

**biodegradable** *adj.* Se dice del producto o sustancia que puede descomponerse por medios naturales.

**biofísica** *f.* Estudio de los fenómenos biológicos aplicando métodos propios de la física.

**biografía** *f.* Historia de la vida de una persona.

**biología** *f.* Ciencia que estudia los seres vivos.

**biombo** *m.* Mampara plegable.

**biopsia** *f.* Examen de un trozo de tejido tomado de un ser vivo.

**bioquímica** *f.* Parte de la química que estudia la composición y las reacciones químicas de los seres vivos.

**biorritmo** *m.* Todo fenómeno periódico en los reinos animal y vegetal.

**biosfera** *f.* Capa de la esfera terrestre de los 10 km de altitud hasta el fondo oceánico.

**biotipo** *m.* BIOL. Forma prototípica de cada especie de planta o animal.

**biótopo** o **biotopo** *m.* BIOL. Espacio vital cuyas condiciones ambientales son las adecuadas para que en él se desarrollen seres vivos.

**bípedo, da** *adj./m.* Se dice del animal que se sostiene sobre dos pies.

**biplano** *m.* Avión con dos alas que forman dos planos paralelos.

**biquini** *m.* Traje de baño de dos piezas. (Procede de una marca registrada.)

**birlar** *tr.* Hurtar, quitar algo valiéndose de intrigas.

**birome** *f.* Argent. y Urug. Bolígrafo.

**birrete** *m.* Gorro con borla, distintivo de catedráticos, magistrados y jueces.

**birria** *f.* Persona o cosa de poco valor, fea o ridícula.

**bis** *adv.* Que está repetido o debe repetirse. ► *m.* Pieza musical que se interpreta o repite en un concierto al pedirlo el público.

**bisabuelo, la** *m. y f.* Padre o madre del abuelo o de la abuela.

**bisagra** *f.* Conjunto de dos láminas metálicas unidas por un eje común, sobre el cual giran las puertas, tapas, etc.

**bisbisear** *tr.* Fam. Musitar.

**bisectriz** *f.* MAT. Semirrecta que parte del vértice de un ángulo y lo divide en dos partes iguales.

**bisel** *m.* Corte oblicuo en el borde de una lámina.

**bisexual** *adj./m. y f.* Que tiene caracteres sexuales de los dos sexos. — Se dice de la persona que siente atracción por los dos sexos.

**bisiesto** *adj./m.* Se dice del año de 366 días.

**bismuto** *m.* Metal gris rojizo, muy frágil y fácilmente fusible.

**bisnieto, ta** *m. y f.* Hijo o hija del nieto o de la nieta.

**bisojo, ja** *adj./m. y f.* Bizco.

**bisonte** *m.* Bóvido salvaje de gran tamaño, semejante al toro.

**bisoñé** *m.* Peluca que cubre la parte anterior de la cabeza.

**bisoño, ña** *adj./m. y f.* Novato, falto de experiencia.

**bisté** o **bistec** *m.* Trozo de carne alargado para asar o freír.

**bisturí** *m.* Instrumento cortante empleado en cirugía.

**bisutería** *f.* Joyería de imitación.

**bit** *m.* INFORM. Unidad mínima de información que se emplea para medir la capacidad de memoria de un ordenador.

**bitácora** *f.* Armario en la cubierta de un barco para la brújula.

**bitoque** *m.* Amér. Central y Amér. Merid. Cánula de la jeringa. — Chile y Colomb. Llave de agua, grifo.

**bivalvo, va** *adj.* Que tiene dos valvas.

**bizantino, na** *adj./m. y f.* De Bizancio. — Discusión bizantina, discusión baldía o sutil.

**bizarro, rra** *adj.* Valiente. — Espléndido.

**bizco, ca** *adj./m. y f.* Que padece estrabismo.

**bizcocho** *m.* Masa de harina, huevos y azúcar, cocida al horno.

**biznaga** *f.* Planta cactácea de México, carnosa, de forma cilíndrica o redonda.

**biznieto, ta** *m. y f.* Bisnieto.

**blanca** *f.* MÚS. Figura que equivale a la mitad de una redonda.

**blanco, ca** *adj./m.* Se dice del color que resulta de la combinación de todos los colores del espectro solar. ▸ *adj.* De color blanco. ▸ *adj./m. y f.* Se dice de la persona cuya raza se caracteriza por el color pálido de la piel. ▸ *m.* Hueco entre dos cosas. — Objeto sobre el que se dispara.

**blancura** *f.* Cualidad de blanco.

**blandir** *tr.* Mover un arma u otra cosa de forma amenazadora.

**blando, da** *adj.* Que cede o se deforma fácilmente. — Suave, benigno. — De carácter y trato apacibles.

**blanquear** *tr.* Poner blanco. — Dar cal o yeso diluido en agua a las paredes o techos. ▸ *intr.* Tirar a blanco.

**blanquillo** *m.* Chile y Perú. Durazno de cáscara blanca. — Guat. y Méx. Huevo.

**blasfemia** *f.* Palabra o expresión injuriosa contra Dios, la Virgen o los santos.

**blasón** *m.* Escudo de armas. — Honor, gloria.

**blástula** *f.* ZOOL. Fase de desarrollo del embrión en la que se forma una esfera hueca constituida por una sola capa de células.

**bledo** *m.* Planta comestible de tallo rastrero. — Dársele, importar, valer, etc., un bledo, considerar algo insignificante.

**blenda** *f.* Sulfuro natural de cinc.

**blenorragia** *f.* Flujo mucoso ocasionado por la inflamación de la uretra.

**blindar** *tr.* Proteger algo contra los efectos de los proyectiles, el fuego, etc. — Proteger del acceso externo.

**bloc** *m.* Cuaderno.

**bloque** *m.* Masa sólida grande. — Trozo grande de piedra sin labrar. — Edificio de viviendas.

**bloquear** *tr.* Cortar las comunicaciones. — Impedir un movimiento o proceso. ▸ *prnl.* Quedarse sin capacidad de reacción.

**blues** *m.* Estilo musical del folklore negro norteamericano.

**blusa** *f.* Prenda exterior femenina, holgada y con mangas.

**boa** *f.* Serpiente de gran tamaño, no venenosa.

**boato** *m.* Ostentación en el porte exterior.

**bobina** *f.* Carrete. — Componente de un circuito eléctrico.

**bobo, ba** *adj./m. y f.* De poca inteligencia. — Muy cándido.

**boca** *f.* Abertura inicial del tubo digestivo del ser humano y de algunos animales. — Entrada o salida. — Abertura, agujero. — Órgano de la palabra. — **A pedir de boca,** a medida del deseo.

**bocacalle** *f.* Calle secundaria que afluye a otra.

**bocadillo** *m.* Esp. Pan partido en dos mitades entre las que se pone un alimento.

**bocado** *m.* Porción de comida que cabe en la boca. — Mordedura. — Correa que atada a la quijada inferior de las caballerías sirve de freno.

**bocajarro** Palabra que se usa en la expresión a bocajarro, que puede significar 'desde muy cerca' o 'de improviso'.

**bocamanga** *f.* Parte de la manga más cercana a la muñeca.

**bocana** *f.* Paso estrecho de mar por el que se arriba a un puerto.

**bocanada** *f.* Cantidad de líquido, humo o aire que se toma o se echa de una vez por la boca.

**bocatero, ra** *adj./m. y f.* Amér. Central. Fanfarrón, presumido.

**bocazas** *m. y f.* Fam. Persona que habla más de lo debido.

**boceto** *m.* Bosquejo de una pintura. — Proyecto de una obra.

**bochinche** *m.* Jaleo, barullo.

**bochorno** *m.* Calor sofocante. — Vergüenza, rubor.

**bocina** *f.* Instrumento de metal en forma de trompeta con que se refuerza un sonido. — Dispositivo eléctrico para emitir señales acústicas. — Méx. Altavoz, amplificador.

**bocio** *m.* Aumento de la glándula tiroides.

**bocón, na** *adj.* Chile. Difamador, murmurador.

**boda** *f.* Casamiento y fiesta con que se solemniza.

**bodega** *f.* Lugar donde se guarda y cría el vino. — Tienda de vinos. — Lugar de un barco donde se guarda la carga.

**bodegón** *m.* Pintura en que se representan alimentos, vasijas, etc.

**bodrio** *m.* Guiso mal aderezado. — Cosa mal hecha o de mala calidad.

**bofe** *m.* Pulmón, en especial el de las reses muertas.

**bofetada** *f.* Golpe que se da en el carrillo con la mano abierta.

**boga** *f.* Acción de bogar. — **Estar en boga,** estar de moda.

**bogar** *intr.* Remar.

**bogavante** *m.* Crustáceo marino provisto de grandes pinzas.

**bogotano, na** *adj./m. y f.* De Bogotá.

**bohemio, mia** *adj./m. y f.* De Bohemia. — Se dice de la persona de costumbres poco convencionales. ▶ *adj./f.* Se dice de la vida de esta persona.

**bohío** *m.* Amér. Central y Amér. Merid. Cabaña de madera cubierta de cañas, ramas o paja.

## 83

**bollo**

**boicot** *m.* Acuerdo tácito o explícito para causar a una persona, entidad o país un perjuicio y obligarle a ceder en algo.

**boiler** *m.* Méx. Calentador de agua.

**boina** *f.* Gorra sin visera, de una sola pieza y redonda.

**boj** *m.* Arbusto de madera muy dura.

**bojote** *m.* Colomb., Ecuad., Hond., P. Rico, R. Dom. *y* Venez. Lío, paquete.

**bol** *m.* Taza grande y sin asas.

**bola** *f.* Cuerpo esférico. — Fam. Mentira. — Méx. Grupo de personas. — Méx. Conjunto grande de cosas. ▸ *pl.* Vulg. Testículos.

**bolada** *f.* Argent., Par. y Urug. Buena oportunidad para hacer un negocio. — Perú. Jugarreta o embuste malintencionado.

**bolchevique** *adj./m. y f.* Relativo a los miembros del partido obrero socialdemócrata ruso que apoyaron a Lenin en 1903.

**boleadoras** *f. pl.* Arma arrojadiza formada por dos o tres bolas unidas por una cuerda, que se utiliza para cazar animales.

**bolear** *tr.* Argent. y Urug. Echar las boleadoras a un animal. ▸ *tr. y prnl.* Argent. Confundir, aturullar. — Méx. Lustrar los zapatos.

**bolera** *f.* Lugar donde se practica el juego de bolos.

**bolero** *m.* Música, canción y danza popular española. — Guat. y Hond. Chistera, sombrero. — Méx. Limpiabotas.

**boleta** *f.* Amér. Papeleta. — Amér. Central y Amér. Merid. Factura, recibo.

**boletería** *f.* Amér. Central y Amér. Merid. Taquilla o despacho de billetes.

**boletín** *m.* Publicación periódica sobre una materia.

**boleto** *m.* Billete con el que se participa en una rifa o lotería. — Amér. Billete de teatro, tren, etc. — Argent. Fam. Mentira, embuste.

**boliche** *m.* Argent., Par., y Urug. Establecimiento comercial modesto dedicado al consumo y despacho de bebidas y comestibles. — Argent. Fam. Discoteca, bar.

**bólido** *m.* Meteorito. — Vehículo que alcanza gran velocidad.

**bolígrafo** *m.* Utensilio para escribir que tiene en su interior una carga de tinta y en la punta una bolita metálica.

**bolilla** *f.* Argent., Par. y Urug. Bola pequeña usada en los sorteos. — Argent., Par. y Urug. Parte del programa de una asignatura escolar.

**bolillo** *m.* Palito para hacer encajes.

**bolívar** *m.* Unidad monetaria de Venezuela.

**boliviano, na** *adj./m. y f.* De Bolivia.

**bollo** *m.* Panecillo de harina amasada con huevos, leche, etc. — Abultamiento o hueco producido por un golpe. — Argent., Chile, Hond. y Urug. Puñetazo.

— Chile. Barro para hacer tejas.
— Colomb. Empanada de maíz y carne.

**bolo** *m.* Pieza torneada con base plana para que pueda tenerse en pie. ▸ *pl.* Juego que consiste en intentar derribar un grupo de bolos lanzando una bola hacia ellos.

**bolsa** *f.* Recipiente flexible para llevar o guardar cosas. — Actividad de comprar y vender valores de comercio. — Lugar donde se desarrrolla esta actividad.

**bolsillo** *m.* Bolsa hecha en una prenda de vestir para llevar alguna cosa.

**bolso** *m.* Bolsa en la que se llevan objetos de uso personal.

**bomba** *f.* Aparato para aspirar, impeler o comprimir fluidos. — Artefacto cargado de materia explosiva. — Chile. Coche y estación de bomberos. — Colomb., Hond. y R. Dom. Pompa, burbuja de agua. — Cuba. Chistera. — Ecuad., Guat., Hond. y Perú. Fam. Borrachera.

**bombachas** *f. pl.* Amér. Central y Amér. Merid. Braga.

**bombacho** *adj./m.* Se dice de un pantalón muy ancho ceñido por la parte inferior.

**bombardear** *tr.* Atacar un objetivo con bombas, obuses, etc. — Hacer muchas preguntas a alguien.

**bombardero** *m.* Avión diseñado para bombardear.

**bombear** *tr.* Elevar agua u otro líquido o fluido por medio de una bomba.

**bombero, ra** *m. y f.* Miembro del cuerpo destinado a extinguir incendios.

**bombilla** *f.* Globo de vidrio con un filamento que al paso de la corriente eléctrica se pone incandescente e ilumina. — Amér. Merid. Caña o tubo delgado que se usa para sorber el mate.

**bombillo** *m.* Amér. Central, Antill., Colomb. y Venez. Bombilla eléctrica.

**bombín** *m.* Sombrero de copa baja y redondeada.

**bombo** *m.* Tambor grande que se toca con una maza. — Elogio exagerado. — Caja redonda y giratoria destinada a contener las bolas de un sorteo.

**bombón** *m.* Pieza pequeña de chocolate. — Fam. Persona atractiva.

**bombona** *f.* Recipiente metálico para guardar fluidos.

**bonaerense** *adj./m. y f.* De Buenos Aires.

**bonanza** *f.* Tiempo tranquilo en el mar. — Prosperidad.

**bonariense** *adj./m. y f.* Bonaerense.

**bondad** *f.* Cualidad de bueno. — Inclinación a hacer el bien.

**bonete** *m.* Gorra de cuatro puntas.

**bonetería** *f.* Amér. Mercería. — Méx. Tienda de lencería.

**bongo** o **bongó** *m.* Instrumento musical de percusión.

**borracho**

**boniato** *m.* Batata.
**bonificación** *f.* Descuento.
— Dinero extra que se cobra.
**bonito, ta** *adj.* Lindo, agraciado.
▸ *m.* Pez parecido al atún.
**bono** *m.* Vale canjeable por dinero o por algún artículo. — Título de deuda.
**bonsái** *m.* Árbol tratado con una técnica de cultivo para que no consiga adquirir su tamaño normal.
**boñiga** *f.* Excremento del ganado vacuno.
**boom** m. Éxito, popularidad o prosperidad inesperados y repentinos.
**boomerang** *m.* Bumerán.
**boquera** *f.* Inflamación superficial en las comisuras de los labios.
**boqueriento, ta** *adj.* Chile. Se dice de la persona que sufre de boquera. — Chile. Se dice de la persona indiscreta.
**boquerón** *m.* Pez comestible, más pequeño que la sardina.
**boquete** *m.* Agujero, brecha.
**boquiabierto, ta** *adj.* Que tiene la boca abierta. — Pasmado.
**boquilla** *f.* Pieza hueca de los instrumentos de viento por donde se sopla. — Tubo pequeño para fumar cigarrillos.
**borbollón** *m.* Erupción que hace el agua, de abajo arriba.
**borbotar** o **borbotear** *intr.* Manar o hervir el agua impetuosamente.
**borda** *f.* Canto superior del costado de un barco.

**bordado** *m.* Labor de adorno hecha con aguja e hilo.
**bordar** *tr.* Hacer bordados.
— Ejecutar una cosa con perfección.
**borde** *adj./m. y f.* Malintencionado. ▸ *m.* Extremo, orilla.
**bordear** *intr.* Ir por el borde.
— Pasar cerca de un lugar.
**bordillo** *m.* Borde de una acera, de un andén, etc.
**bordo** *m.* Costado de una embarcación. — A bordo, en un barco o en un avión.
**bordona** *f.* Argent., Par. y Urug. Cualquiera de las tres cuerdas de sonido más grave de la guitarra, preferentemente la sexta.
**boreal** *adj.* Septentrional.
**bórico, ca** *adj.* Se dice de un ácido oxigenado derivado del boro.
**borla** *f.* Bola de hilos o cordones sujetos por un extremo.
**borne** *m.* Pieza fija a un aparato eléctrico que permite unir o conectar conductores.
**boro** *m.* Elemento químico no metálico, de color oscuro, muy duro, que solo existe combinado.
**borona** *f.* Mijo. — Maíz. — Amér. Central, Colomb. y Venez. Migaja de pan.
**borra** *f.* Parte más basta de la lana. — Pelusa.
**borracho, cha** *adj./m. y f.* Que está bajo los efectos del alcohol. — Que se embriaga habitualmente.

**borrador** *m.* Escrito provisional que se copia después de enmendado. — Utensilio para borrar.

**borraja** *f.* Planta anual de hojas grandes y flores azules.

**borrar** *tr. y prnl.* Hacer desaparecer por cualquier medio lo dibujado, trazado o escrito.

**borrasca** *f.* Región atmosférica de bajas presiones. — Tempestad.

**borrego, ga** *adj./m. y f.* Fam. Sencillo e ignorante. ▸ *m. y f.* Cordero de uno o dos años. ▸ *m.* Cuba y Méx. Noticia engañosa y falsa.

**borrico, ca** *adj./m. y f.* Necio. ▸ *m. y f.* Asno.

**borrón** *m.* Mancha de tinta en el papel. — Acción deshonrosa.

**borroso, sa** *adj.* Confuso, impreciso.

**bosque** *m.* Extensión de terreno cubierta de árboles.

**bosquejo** *m.* Traza primera de una obra de arte. — Idea vaga.

**bostezar** *intr.* Abrir la boca con un movimiento espasmódico y hacer inspiración y espiración lenta y prolongada.

**bota** *f.* Recipiente de cuero usado para guardar vino. — Cuba para líquidos. — Calzado que cubre el pie y parte de la pierna. — Ponerse las botas, lograr un provecho extraordinario.

**botador, ra** *adj.* Amér. Central, Chile y Ecuad. Derrochador.

**botadura** *f.* Acción de botar un barco.

**botafumeiro** *m.* Incensario.

**botamanga** *f.* Amér. Merid. Bajo de un pantalón.

**botana** *f.* Cuba y Méx. Vaina de cuero que se pone a los gallos de pelea en los espolones. — Guat. y Méx. Aperitivo.

**botánica** *f.* Ciencia que estudia los vegetales.

**botar** *tr.* Echar, arrojar. — Echar al agua una embarcación. ▸ *intr.* Saltar o levantarse un cuerpo elástico al chocar contra una superficie. — Dar saltos.

**botarate** *adj./m. y f.* Fam. Que tiene poco juicio. — Amér. Central y Amér. Merid. Derrochador.

**bote** *m.* Acción de botar o saltar. — Recipiente pequeño, generalmente cilíndrico. — Barco pequeño sin cubierta, movido por remos. — Chupar del bote (Fam.), aprovecharse indebidamente de una situación.

**botella** *f.* Recipiente alto de cuello estrecho.

**botica** *f.* Establecimiento donde se preparan y venden medicinas.

**botijo** *m.* Recipiente de barro de vientre abultado, con asa, boca y un pitón para beber.

**botín** *m.* Producto de un saqueo, robo, etc. — Calzado que cubre la parte superior del pie y el tobillo.

**botiquín** *m.* Armario, maletín o caja donde se guardan medicinas.

**botón** *m.* Pieza pequeña que sirve para abrochar o adornar los vestidos. — Pieza que se pulsa en ciertos aparatos para hacerlos funcionar. — Yema de las plantas. — Capullo.

**botones** *m.* Muchacho para recados.

**boutique** *f.* Tienda de ropa de moda. — Tienda selecta.

**bóveda** *f.* Construcción de sección curva que sirve para cubrir el espacio entre dos muros o varios pilares.

**bóvido, da** *adj./m.* Se dice del mamífero rumiante que tiene cuernos óseos.

**bovino, na** *adj.* Relativo al toro, al buey o a la vaca. ▶ *adj./m.* Se dice de una subfamilia de bóvidos que comprende el buey, el búfalo, el bisonte, etc.

**box** *m.* En automovilismo y motociclismo, zona del circuito donde se instalan los servicios mecánicos de los participantes. — Amér. Boxeo.

**boxeo** *m.* Deporte en el que dos personas luchan a puñetazos.

**boya** *f.* Cuerpo flotante sujeto al fondo del mar que sirve de señal. — Corcho que se pone en el hilo de la caña de pescar para que flote.

**boyante** *adj.* Próspero.

**boyar** *intr.* Amér. Flotar.

**bozal** *m.* Pieza que se pone en el hocico a algunos animales para evitar que muerdan. — Amér. Cabestro.

**bozo** *m.* Vello fino sobre el labio superior.

**bracear** *intr.* Mover los brazos.

— Nadar volteando los brazos fuera del agua.

**bracero** *m.* Peón, jornalero.

**bráctea** *f.* Hoja que nace del pedúnculo floral.

**braga** *f.* Prenda interior femenina.

**braguero** *m.* Aparato o vendaje para contener las hernias.

**bragueta** *f.* Abertura delantera en la parte alta del pantalón.

**brahmanismo** *m.* Religión de la India cuyo dios supremo es Brahma.

**braille** *m.* Sistema de lectura y escritura en relieve para ciegos.

**bramadero** *m.* Amér. Central y Amér. Merid. Poste al cual se atan los animales para herrarlos, domesticarlos o matarlos.

**bramar** *intr.* Dar bramidos.

**bramido** *m.* Voz del toro y otros animales. — Grito fuerte.

**brandy** *m.* Licor parecido al coñac.

**branquia** *f.* Órgano respiratorio de muchos animales acuáticos.

**braquial** *adj.* ANAT. Relativo al brazo: *vena* ~.

**brasa** *f.* Trozo incandescente de cualquier materia combustible.

**brasero** *m.* Recipente de metal en la que se hace lumbre para calentarse.

**brasier** *m.* Colomb., Cuba, Méx. y Venez. Sujetador.

**brasilense** *adj./m. y f.* De Brasilia.

**brasileño, ña** *adj./m. y f.* De Brasil.

**brasiliapolita** *adj./m. y f.* Brasilense.

**bravata** *f.* Amenaza proferida con arrogancia.

**bravío, a** *adj.* Feroz, indómito.

**bravo, va** *adj.* Valiente. — Se dice del animal agresivo y violento. — Excelente. ▸ *interj.* ¡Bravo! Denota aplauso o entusiasmo.

**bravucón, na** *adj./m. y f.* Fam. Que presume de valiente.

**bravura** *f.* Fiereza de ciertos animales. — Valentía.

**braza** *f.* Medida de longitud que equivale a 1,67 *m.* — Estilo de natación en que los brazos y piernas se estiran y encogen simultáneamente.

**brazada** *f.* Movimiento de los brazos que se hace cuando se nada. — Chile, Colomb. y Venez. Braza, medida de longitud.

**brazalete** *m.* Aro de adorno que se lleva en la muñeca.

**brazo** *m.* Miembro del cuerpo que comprende desde el hombro hasta la mano. — Pata delantera del cuadrúpedo. — Cada una de las partes en que se ramifica algo. — **Dar uno su brazo a torcer**, ceder. — **Ser el brazo derecho de uno**, ser la persona de mayor confianza de otra.

**brea** *f.* Sustancia viscosa obtenida por destilación de ciertas materias.

**brebaje** *m.* Bebida de aspecto o sabor desagradables.

**brecha** *f.* Abertura en una pared o muro. — Herida. — Méx. Camino estrecho y sin asfaltar.

**brécol** *m.* Variedad de col.

**bregar** *intr.* Afanarse. — Luchar contra las dificultades. — Reñir.

**bresca** *f.* Panal de miel.

**brete** *m.* Aprieto, dificultad. — Argent., Par. y Urug. Pasadizo para conducir el ganado.

**breva** *f.* Primer fruto que anualmente da la higuera. — Cigarro puro algo aplastado. — **No caerá esa breva** (Fam.), no habrá esa suerte.

**breve** *adj.* De corta extensión o duración. — **En breve**, muy pronto.

**brevedad** *f.* Corta extensión o duración.

**breviario** *m.* Libro que contiene el rezo eclesiástico de todo el año. — Compendio.

**brezo** *m.* Arbusto con muchas ramas y madera muy dura.

**bribón, na** *adj./m. y f.* Que engaña o estafa.

**bricolaje** *m.* Trabajo manual realizado por uno mismo para el arreglo o decoración de la casa.

**brida** *f.* Freno del caballo con las riendas y todas las correas.

**bridge** *m.* Juego de naipes entre cuatro personas.

**brigada** *m. y f.* Grado militar entre el de sargento primero y el de subteniente. ▸ *f.* Unidad integrada por dos regimientos.

— Conjunto de personas reunidas para ciertos trabajos.

**brik** *m.* Envase de cartón opaco impermeabilizado con aluminio que se usa para envasar líquidos.

**brillante** *adj.* Que brilla. — Digno de admiración. ▸ *m.* Diamante tallado.

**brillantina** *f.* Cosmético usado para dar brillo al cabello.

**brillar** *intr.* Emitir o reflejar luz un cuerpo. — Sobresalir por alguna cualidad.

**brillo** *m.* Luz que refleja o emite un cuerpo.

**brinco** *m.* Salto ligero o repentino.

**brindar** *tr.* Ofrecer. ▸ *intr.* Manifestar un deseo levantando la copa al ir a beber. ▸ *prnl.* Ofrecerse a hacer algo.

**brindis** *m.* Acción de brindar al beber. — Lo que se dice al brindar.

**brío** *m.* Espíritu, resolución.

**briófito, ta** o **briofito, ta** *adj./m. y f.* BOT. Se dice de la planta criptógama sin raíces ni vasos, como el musgo.

**brisa** *f.* Viento del noreste. — Viento suave y agradable.

**brisca** *f.* Juego de naipes.

**británico, ca** *adj./m. y f.* De Gran Bretaña. — Del Reino Unido.

**brizna** *f.* Filamento o parte muy pequeña de una cosa.

**broca** *f.* Barrena.

**brocado** *m.* Paño de seda entretejido con oro o plata.

**brocal** *m.* Borde de piedra alrededor de la boca de un pozo.

**brocha** *f.* Utensilio para pintar parecido al pincel, pero más grueso.

**broche** *m.* Conjunto de dos piezas que encajan una en otra. — Joya o adorno que se lleva prendida en la ropa. — Chile. Tenaza metálica que se utiliza para mantener pliegos de papel unidos.

**broma** *f.* Acción o dicho para divertir. — Actitud poco seria para divertirse o hacer gracia.

**bromo** *m.* Elemento químico no metálico, tóxico y corrosivo.

**bromuro** *m.* Combinación del bromo con un cuerpo simple.

**bronca** *f.* Fam. Riña, disputa. — Fam. Reprimenda. — Amér. Enfado, rabia.

**bronce** *m.* Aleación de cobre y estaño.

**broncear** *tr.* Dar color de bronce. ▸ *tr. e intr.* Poner morena la piel el sol.

**bronco, ca** *adj.* De sonido desagradable. — De trato áspero.

**bronconeumonía** *f.* Inflamación de bronquios y pulmones.

**bronquio** *m.* Cada uno de los conductos en que se bifurca la tráquea.

**bronquiolo** o **bronquíolo** *m.* Cada una de las ramificaciones terminales de los bronquios.

**bronquitis** *f.* Inflamación de los bronquios.

**brotar** *intr.* Nacer la planta de la

tierra. — Salir en la planta hojas, flores, etc. — Manar.

**brote** *m.* Acción de brotar. — Bulto que aparece en una planta cuando van a salir los tallos, hojas, etc.

**broza** *f.* Conjunto de restos de las plantas. — Desecho de alguna cosa.

**bruces** Palabra que se usa en la expresión de bruces, que significa 'boca abajo'.

**brujo, ja** *adj.* Que hechiza. — Cuba, Méx. y P. Rico. Pobre, miserable. ► *adj./m. y f.* Chile. Falso. ► *m. y f.* Persona que, según la opinión popular, tiene pacto con el diablo. ► *f.* Fam. Mujer fea y vieja.

**brújula** *f.* Instrumento para orientarse en el que una aguja imantada señala siempre el norte magnético.

**brulote** *m.* Argent. y Chile. Crítica pública de carácter polémico.

**bruma** *f.* Niebla, en particular la del mar.

**bruno, na** *adj.* De color oscuro.

**bruñir** *tr.* Sacar brillo a un metal, piedra, etc.

**brusco, ca** *adj.* Poco amable o delicado. — Imprevisto, repentino.

**bruto, ta** *adj./m. y f.* Torpe, necio. — Que tiene malos modos. — Que hace un uso excesivo de la fuerza física. ► *adj.* Tosco, que no está trabajado. — Se dice del peso o cantidad sin descontar la tara, los impuestos, etc.

**bubón** *m.* Inflamación de un ganglio linfático.

**bucal** *adj.* Relativo a la boca.

**búcaro** *m.* Jarrón.

**bucear** *intr.* Nadar debajo del agua. — Explorar un asunto a fondo.

**buchaca** *f.* Colomb., Cuba y Méx. Bolsa de la tronera de la mesa de billar.

**buche** *m.* Bolsa que comunica con el esófago de las aves. — Fam. Estómago de las personas.

**bucle** *m.* Rizo de cabello.

**bucólico, ca** *adj.* Se dice de la poesía de temática pastoril o campestre.

**budín** *m.* Pudin.

**budismo** *m.* Doctrina religiosa fundada por Buda en el s. v a. C.

**buen** *adj.* Apóc. de bueno.

**buenaventura** *f.* Buena suerte. — Adivinación del futuro.

**bueno, na** *adj.* Que tiene bondad. — Útil, conveniente. — Gustoso, agradable. — Que tiene mucha calidad. — Sano. ► *adv.* Se emplea para expresar conformidad. — A, o por buenas, o por las buenas, voluntariamente. — De buenas a primeras, de repente.

**buey** *m.* Toro castrado.

**búfalo** *m.* Mamífero rumiante, de cuernos vueltos hacia atrás.

**bufanda** *f.* Prenda larga con que se rodea el cuello para abrigarlo.

**bufete** *m.* Mesa de escribir con

cajones. — Despacho de un abogado.

**bufón, na** *m. y f.* Persona que hace reír.

**buhardilla** *f.* Ventana en el tejado de una casa. — Parte más alta de la casa, bajo el tejado.

**búho** *m.* Ave rapaz nocturna de ojos grandes.

**buhonería** *f.* Conjunto de baratijas, como botones, cintas, etc.

**buitre** *m.* Ave rapaz diurna que se alimenta de carroña.

**buje** *m.* Pieza cilíndrica que reviste una pieza que gira alrededor de un eje.

**bujía** *f.* Vela de cera blanca. — Pieza del motor de explosión que produce la chispa en los cilindros.

**bula** *f.* Documento que lleva el sello pontificio.

**bulbo** *m.* Tallo subterráneo de algunos vegetales. — Parte abultada y blanda de algunos órganos. — Méx. Calabaza. —Méx. Vasija hecha de este fruto.

**bulería** *f.* Cante y baile popular andaluz.

**bulevar** *m.* Calle ancha, avenida.

**búlgaro, ra** *adj./m. y f.* De Bulgaria. ▶ *m./adj.* Lengua eslava hablada en Bulgaria.

**bulimia** *f.* Sensación anormal de hambre excesiva.

**bulla** *f.* Algarabía de voces, gritos y risas. — Reunión de mucha gente.

**bullicio** *m.* Ruido que causa mucha gente reunida. — Tumulto.

**bullir** *intr.* Hervir. — Moverse, agitarse.

**bulo** *m.* Noticia falsa que se propaga con algún fin.

**bulón** *m.* Argent. Tornillo grande de cabeza redondeada.

**bulto** *m.* Volumen de una cosa. — Cuerpo que se percibe de forma confusa. — Fardo, maleta. — Abultamiento. — A bulto, sin medir. — Escurrir el bulto (Fam.), eludir un trabajo, problema, etc.

**bumerán** *m.* Arma arrojadiza capaz de girar para volver a su punto de partida.

**bungalow** o **bungaló** *m.* Casa pequeña de una sola planta.

**búnker** *m.* Refugio subterráneo.

**buñuelo** *m.* Masa de harina, agua, etc., bien batida y frita.

**buque** *m.* Embarcación grande destinada a la navegación en alta mar.

**burbuja** *f.* Bolsa de aire u otro gas que se forma en un líquido. — Habitáculo aislado del exterior.

**burdel** *m.* Casa de prostitución.

**burdo, da** *adj.* Tosco, basto.

**burga** *f.* Manantial de agua caliente.

**burgo** *m.* Población muy pequeña que depende de otra principal.

**burgués, sa** *adj.* Relativo al burgo y a la burguesía. ▶ *adj./m. y f.* Se dice del miembro de dicha clase social.

**burguesía** *f.* Clase social constituida por personas de clase alta o media alta.

**buril** *m.* Punzón de acero para grabar.

**burka** *m. o f.* Manto que usan las mujeres afganas.

**burla** *f.* Acción o dicho con que se intenta poner en ridículo a personas o cosas. — Engaño.

**burladero** *m.* Trozo de valla en las plazas de toros para resguardo del torero.

**burlar** *tr.* Engañar. — Eludir, esquivar. ▸ *prnl.* Hacer burla.

**buró** *m.* Escritorio con pequeños compartimentos. — Méx. Mesilla de noche.

**burocracia** *f.* Conjunto de trámites administrativos para resolver algo.

**burro, rra** *adj./m. y f.* Fam. Que es rudo y de poco entendimiento. ▸ *m. y f.* Asno. ▸ *m.* Argent. Fam. Caballo de carreras. — Méx. Escalera de tijera. — Méx. Tabla de planchar. — **Burro de arranque** (Argent.), dispositivo eléctrico que sirve para poner en marcha un automóvil.

**bursátil** *adj.* Relativo a la bolsa.

**burucuyá** *m.* Argent., Par. y Urug. Planta trepadora de flores blancas y olorosas. — Flor de esta planta.

**bus** *m.* Autobús. — Circuito que conecta los componentes de un ordenador.

**buscar** *tr.* Hacer algo para hallar a alguna persona o cosa. — Argent., Chile y Méx. Provocar.

**buscavidas** *m. y f.* Fam. Persona que sabe buscar su subsistencia.

**buseta** *f.* Colomb., Ecuad. y Venez. Autobús pequeño.

**búsqueda** *f.* Acción de buscar.

**busto** *m.* Parte superior del cuerpo humano. — Pecho femenino. — Escultura o pintura de la cabeza y parte superior del tórax.

**butaca** *f.* Sillón de brazos con el respaldo inclinado hacia atrás. — Asiento y entrada de teatros y cines.

**butano** *m./adj.* QUÍM. Hidrocarburo gaseoso empleado como combustible, que se vende envasado a presión.

**butifarra** *f.* Embutido de carne de cerdo.

**buzo** *m.* Persona que bucea con un equipo especial que le permite respirar bajo el agua. — Argent., Chile, Perú y Urug. Jersey.

**buzón** *m.* Receptáculo con una abertura por donde se echa el correo. — Fam. Boca grande.

**byte** *m.* INFORM. Conjunto de 8 bits.

**c** *f.* Tercera letra del abecedario.

**cabal** *adj.* Completo, exacto. — Sensato.

**cábala** *f.* Interpretación de la Biblia por los judíos. — Conjetura, suposición.

**cabalgar** *tr. e intr.* Montar en una caballería.

**cabalgata** *f.* Desfile de personas, carruajes, etc.

**caballa** *f.* Pez marino de carne apreciada.

**caballerango** *m.* Méx. Mozo que cuida los caballos.

**caballería** *f.* Animal équido que sirve para montar en él o para transportar cosas. — Cuerpo de soldados montados a caballo.

**caballeriza** *f.* Cuadra para las caballerías.

**caballero** *m.* Miembro de una orden militar o civil. — Señor, tratamiento de cortesía.

**caballete** *m.* Armazón que forma un triángulo. — Línea en que confluyen las dos vertientes de un tejado.

**caballo** *m.* Mamífero doméstico, macho, usado como montura o animal de tiro. — En el ajedrez, pieza con forma de este mamífero. — Esp. Fam. Heroína, estupefaciente. — Caballo de vapor, unidad de potencia equivalente a unos 735 vatios.

**cabaña** *f.* Casa de campo tosca y rústica. — Argent. y Urug. Finca destinada a la cría de ganado de raza.

**cabarga** *f.* Bol. y Perú. Envoltura de cuero que, en lugar de la herradura, se pone al ganado vacuno.

**cabe** *prep.* Cerca de.

**cabeceador** *m.* Chile y Méx. Correa del caballo.

**cabecear** *intr.* Mover la cabeza. — Moverse la embarcación de proa a popa. ▶ *tr. e intr.* En fútbol, golpear el balón con la cabeza.

**cabecera** *f.* Principio o parte principal de alguna cosa. — Parte superior de la cama.

**cabecilla** *m. y f.* Líder de un grupo.

**cabellera** *f.* Conjunto de pelos de la cabeza.

**cabello** *m.* Pelo de la cabeza de una persona. — Conjunto formado por todos ellos.

**caber** *intr.* Poder contenerse una cosa dentro de otra. — Tener lugar o entrada.

**cabestrillo** *m.* Tipo de vendaje que se anuda al cuello para sostener la mano o el brazo lesionados.

**cabestro** *m.* Correa que se ata a la cabeza de las caballerías. — Buey manso que guía al ganado bravo.

**cabeza** *f.* Parte superior del cuerpo humano y anterior de muchos animales. — Res. — Capacidad para pensar. ► *m. y f.* Persona más importante de un grupo. — Cabeza de turco (Fam.), persona a la que se culpa de algo sin razón.

**cabezada** *f.* Golpe que se da con la cabeza. — Inclinación de la cabeza al saludar o al dormir. — Argent. y Cuba. Cabecera de un río. — Ecuad. y Par. Pieza de madera de la silla de montar.

**cabezal** *m.* Cabecera de la cama. — Almohada larga. — Parte de un mecanismo en la que va una pieza fundamental para su funcionamiento.

**cabezón, na** *adj./m. y f.* Fam. Terco, obstinado.

**cabezota** *adj./m. y f.* Cabezón.

**cabida** *f.* Capacidad de una cosa para contener otra.

**cabildo** *m.* Comunidad de eclesiásticos capitulares de una catedral. — Ayuntamiento.

**cabina** *f.* Pequeño departamento aislado: ~ *telefónica.*

**cabinera** *f.* Colomb. Azafata.

**cabizbajo, ja** *adj.* Preocupado, avergonzado.

**cable** *m.* Hilo metálico para la conducción de la electricidad. — Conjunto de hilos de fibra de vidrio u otro material para transportar información. — MAR. Maroma gruesa.

**cabo** *m.* Extremo de una cosa. — Porción de terreno que entra en el mar. — Grado menos elevado de la jerarquía militar. — Cuerda. — Cabo suelto, circunstancia que queda sin resolver.

**cabotaje** *m.* Navegación por las costas de un mismo país. — Argent. Transporte público aeronáutico entre puntos de un mismo país.

**cabra** *f.* Mamífero rumiante con cuernos arqueados hacia atrás.

**cabrear** *tr. y prnl.* Fam. Enfadar, poner malhumorado.

**cabrestante** *m.* Torno de eje vertical para enrollar un cable o cuerda.

**cabriola** *f.* Voltereta o salto que se ejecuta en el aire.

**cabriolé** *m.* Carruaje de caballos con capota plegable.

**cabro** *m.* Bol., Chile y Ecuad. Chico, chaval.

**cabrón, ona** *m.* Macho de la

cabra. — Vulg. Hombre que consiente el adulterio de su mujer.
▶ *m. y f.* Vulg. Persona que actúa con mala intención.
**cabuya** *f.* Amér. Cuerda.
**caca** *f.* Excremento. — Suciedad.
**cacahuate** o **cacahuete** *m.* Planta tropical de cuyas semillas comestibles se extrae aceite. — Fruto de esta planta.
**cacao** *m.* Árbol tropical. — Semilla de este árbol. — Polvo soluble comestible extraído de esta semilla.
**cacarear** *intr.* Dar voces el gallo o la gallina.
**cacatúa** *f.* Pájaro de plumaje blanco con penacho amarillo o rojo. — Persona vieja y fea o estrafalaria.
**cacereño, ña** *adj./m. y f.* De Cáceres (España).
**cacería** *f.* Partida de caza.
**cacerola** *f.* Recipiente con asas para cocinar.
**cacha** *f.* Nalga. — Pieza del mango de un arma blanca. — Culata de ciertas armas de fuego.
**cachaco, ca** *adj.* Colomb. Se dice del joven elegante, servicial y caballeroso. — Colomb., Ecuad. y Venez. Lechuguino, petimetre. ▶ *m.* Perú. Desp. Policía o soldado uniformado.
**cachalote** *m.* Mamífero parecido a la ballena, con dientes en la mandíbula inferior.
**cachar** *tr.* Amér. Central, Chile y Colomb. Dar cornadas. — Amér.

Central. Robar. — Amér. Merid. y C. Rica. Fam. Hacer bromas o burlarse de alguien. — Argent., Chile y Méx. Fam. Sorprender a alguien, descubrirle. — Argent., Nicar. y Urug. Vulg. Agarrar, asir.
**cacharpas** *f. pl.* Amér. Merid. Conjunto de trastos.
**cacharro** *m.* Recipiente para usos culinarios. — Fam. Trasto, cachivache. — DEsp. Máquina vieja que funciona mal.
**cachava** *f.* Bastón curvado en la parte superior.
**cachaza** *f.* Lentitud, sosiego. — Aguardiente de melaza.
**cachear** *tr.* Registrar a alguien para ver si lleva algo oculto. — Chile y Méx. Dar cornadas.
**cachete** *m.* Bofetada. — Carrillo abultado.
**cachetada** *f.* Amér. Bofetada.
**cachifo, fa** *m. y f.* Colomb. y Venez. Muchacho, niño.
**cachimba** *f.* Pipa para fumar.
**cachimbo** *m.* Amér. Central y Amér. Merid. Cachimba. — Perú. Estudiante de enseñanza superior que cursa el primer año. — Perú. DEsp. Guardia nacional.
**cachiporra** *f.* Palo con uno de sus extremos abultado como una bola.
**cachivache** *m.* Cacharro, trasto.
**cacho** *m.* Pedazo pequeño de alguna cosa. — Amér. Merid. Cuerno de animal. — Amér. Merid. Cubilete de los dados. — Argent., Par. y Urug. Racimo de bananas. — Chile. Artículo de comercio que

ya no se vende. — Chile y Guat. Vaso de cuerno. — Chile y Guat. Objeto inservible. — Ecuad. Chascarrillo, generalmente obsceno.

**cachondearse** *prnl.* Vulg. Burlarse.

**cachorro, rra** *m. y f.* Cría de un mamífero.

**cachucha** *f.* Chile. Bofetada. — Chile. Cometa pequeña con forma similar a un cucurucho.

**cacique** *m.* Persona que ejerce una autoridad abusiva en un lugar. — Jefe de algunas tribus amerindias.

**caco** *m.* Ladrón.

**cacofonía** *f.* Combinación o repetición de sonidos en una frase o palabra que resultan desagradables.

**cactáceo, a** *adj./f.* Relativo a una familia de plantas cuyas hojas han quedado reducidas a espinas, como el cacto.

**cacto o cactus** *m.* Planta de tallo carnoso, con espinas y rico en agua.

**cacumen** *m.* Fam. Inteligencia.

**cacuy** *m.* Ave de color pardusco, párpados ribeteados de amarillo y pico corto, que vive en Argentina.

**cada** *adj.* Tiene un sentido distributivo, individualizador y diferenciador: *dar a ~ uno lo suyo.* — Indica correlación y correspondencia: *~ cosa a su tiempo.*

**cadalso** *m.* Tablado que se erige para patíbulo.

**cadáver** *m.* Cuerpo muerto de una persona o un animal.

**cadena** *f.* Conjunto de piezas metálicas enlazadas. — Conjunto de establecimientos comerciales. — Sucesión de fenómenos. — Canal de televisión. — Equipo de alta fidelidad. — QUÍM. Conjunto de átomos unidos linealmente.

**cadencia** *f.* Repetición regular de sonidos o movimientos.

**cadera** *f.* Parte saliente a ambos lados del cuerpo formada por la pelvis.

**cadete** *m. y f.* Alumno de una academia militar.

**cadmio** *m.* Elemento químico metálico, blanco, dúctil y maleable.

**caducar** *intr.* Perder validez. — Dejar de ser apto para el consumo un alimento o una medicina.

**caducifolio, lia** *adj.* BOT. Se dice del árbol que pierde sus hojas en invierno.

**caduco, ca** *adj.* Viejo, decrépito. — Perecedero, temporal. — BOT. Se dice de la hoja u órgano vegetal que cae en una época del año.

**caer** *intr. y prnl.* Ir un cuerpo hacia abajo por su propio peso. — Perder el equilibrio. ▶ *intr.* Ser apresado mediante un engaño. — Descender o bajar mucho. — Incurrir: *~ en pecado.* — Coincidir o corresponder con determinada fecha. — Estar situado en un lugar o cerca de él. — Producir alguien una determinada impresión.

**café** *m.* Cafeto, arbusto. — Semilla del fruto de este arbusto. — Infusión hecha con estas semillas tostadas. — Establecimiento donde se sirve café u otras bebidas. — Amér. Merid. Reprimenda. — Méx. Disgusto, berrinche. ▸ *m./adj.* Color marrón oscuro.

**cafeína** *f.* Sustancia estimulante del café.

**cafeto** f. Máquina o utensilio para preparar o servir café.

**cafeto** *m.* Arbusto cuyas semillas constituyen el café.

**cafre** *adj./m. y f.* Bárbaro, cruel.

**cagar** *tr. e intr.* Evacuar el vientre. ▸ *intr.* Vulg. Estropear algo. ▸ *prnl.* Vulg. Acobardarse.

**caída** *f.* Acción y efecto de caer. — Declive de alguna cosa. — Caída libre (FÍS.), la que experimenta un cuerpo por la acción de la gravedad.

**caído, da** *adj.* Se dice de la parte del cuerpo inclinada o más baja de lo normal. ▸ *adj./m. y f.* Que ha muerto en la lucha.

**caimán** *m.* Reptil americano parecido al cocodrilo.

**caja** *f.* Recipiente con tapa para guardar cosas. — Ataúd. — Lugar de un establecimiento comercial donde se paga. — Chile. Lecho de un río. — MÚS. Parte hueca de algunos instrumentos. — Caja de cambios, mecanismo para cambiar de velocidad en un vehículo.

**cajeta** *f.* Amér. Central y Méx. Dulce hecho con leche quemada, azúcar, vainilla, canela y otros ingredientes.

**cajetilla** *f.* Paquete de tabaco.

**cajetín** *m.* Caja de distribución de una instalación eléctrica.

**cajón** *m.* Receptáculo de un mueble colocado en un hueco en el que encaja. — Caja grande sin tapa. — Amér. Tienda de comestibles. — Amér. Merid. Ataúd. — Argent. y Chile. Cañada larga por cuyo fondo corre un río o arroyo.

**cajuela** *f.* Méx. Maletero de un automóvil.

**cal** *f.* Óxido de calcio.

**cala** *f.* Trozo pequeño que se corta de una fruta. — Parte más baja en el interior de una embarcación. — Bahía pequeña.

**calabacera** *f.* Planta herbácea, una de cuyas variedades da la calabaza y otra el calabacín.

**calabacín** *m.* Calabaza pequeña comestible de carne blanca.

**calabaza** *f.* Calabacera. — Fruto comestible de la calabacera. — Fam. Cabeza. — Dar calabazas (Fam.), suspender un examen. — Rechazar a un pretendiente.

**calabobos** *m.* Lluvia fina y continua.

**calabozo** *m.* Celda en que se incomunica a un preso.

**calada** *f.* Acción y efecto de calar o calarse. — Fam. Chupada dada a un cigarrillo.

**calado, da** *adj./m.* Que tiene aberturas. ▸ *m.* Labor en una tela. — Medida vertical de la parte sumergida de una embarcación.

**calador** *m.* Amér. Tubo acanalado terminado en punzón para sacar muestras de las mercancías sin abrir.

**calafatear** *tr.* Tapar las junturas de una embarcación.

**calamar** *m.* Molusco comestible con diez tentáculos.

**calambre** *m.* Contracción involuntaria de un músculo.

**calambur** *m.* Juego de palabras.

**calamidad** *f.* Desgracia. — Persona torpe o con mala suerte.

**cálamo** *m.* Pluma para escribir.

**calandria** *f.* Ave parecida a la alondra. — Méx. Carruaje tirado por caballos en el que se realizan recorridos turísticos.

**calaña** *f.* Índole, naturaleza.

**calar** *tr. e intr.* Penetrar un líquido en un cuerpo. ▸ *tr.* Bordar con calados una tela. — Amér. Sacar con el calador una muestra en un fardo. — Colomb. Confundir, apabullar. ▸ *tr. y prnl.* Ponerse la gorra, el sombrero, etc. — Pararse el motor de un vehículo. ▸ *intr.* Alcanzar una profundidad la parte sumergida de una embarcación. ▸ *prnl.* Mojarse, empaparse.

**calato, ta** *adj.* Perú. Desnudo.

**calavera** *f.* Cabeza de un esqueleto. — Méx. Luz trasera de un automóvil. ▸ *m.* Hombre de poco juicio. — Perú. Depósito para el reparto y recepción de agua.

**calcar** *tr.* Sacar copia de un dibujo, inscripción, etc., por contacto con un papel, tela, etc. — Copiar fielmente.

**calcáreo, a** *adj.* Que tiene calcio.

**calce** *m.* Amér. Central y Méx. Pie de un documento.

**calcedonia** *f.* Variedad de cuarzo traslúcida.

**calceta** *f.* Tejido de punto que se hace a mano.

**calcetín** *m.* Media que cubre el pie y no pasa de la rodilla.

**calcinar** *tr.* Quemar, abrasar.

**calcio** *m.* Elemento químico muy blando, de color blanco brillante.

**calco** *m.* Acción y efecto de calcar. — Papel de calcar.

**calcomanía** *f.* Procedimiento que permite traspasar imágenes coloreadas a una superficie. — Imagen así obtenida. — Papel que tiene la figura.

**calculador, ra** *adj./m. y f.* Se dice de la persona que hace las cosas después de haberlas pensado con cuidado.

**calculadora** *f.* Máquina que efectúa cálculos matemáticos.

**calcular** *tr.* Hacer operaciones para determinar el valor de una cantidad. — Conjeturar, considerar.

**cálculo** *m.* Acción y efecto de calcular. — Nombre de distintas ramas de las matemáticas. — MED. Piedra que se forma en el interior de algún tejido o conducto: ~ *renal*.

**caldear** *tr. y prnl.* Calentar. — Animar, excitar.

**caldera** *f.* Generador usado para calefacción o producción de energía. — Recipiente metálico para calentar, hervir, etc. — Argent. y Chile. Pava o tetera para hacer el mate.

**calderilla** *f.* Conjunto de monedas de poco valor.

**caldero** *m.* Caldera pequeña de fondo casi semiesférico.

**calderón** *m.* MÚS. Signo que representa la suspensión del compás.

**caldo** *m.* Alimento líquido que se obtiene hirviendo en agua varios ingredientes. — Vino.

**calé** *adj./m. y f.* Gitano.

**calefacción** *f.* Conjunto de aparatos que calientan un lugar.

**calefón** *f.* Argent. y Chile. Calentador doméstico.

**caleidoscopio** *m.* Calidoscopio.

**calendario** *m.* Registro de los días, semanas y meses del año. — Sistema de división del tiempo: ~ *gregoriano*.

**calentar** *tr.* e intr. Hacer subir la temperatura. — Hacer ejercicios deportivos para preparar los músculos y entrar en calor. ▸ *tr.* Enardecer, animar. — Fam. Excitar sexualmente.

**calentura** *f.* Fiebre.

**calesa** *f.* Carruaje con la caja abierta por delante y con capota.

**calesita** *f.* Amér. Merid. Tiovivo.

**caleta** *f.* Venez. Gremio de cargadores de mercancías en los puertos de mar.

**calibre** *m.* Diámetro interior del cañón de las armas de fuego. — Tamaño, importancia. — Instrumento que mide diámetros.

**caliche** *m.* Bol., Chile y Perú. Nitrato de sosa.

**calidad** *f.* Propiedad inherente a una cosa que permite valorarla. — Manera de ser de una persona. — Condición o función: ~ *de ciudadano*.

**cálido, da** *adj.* Caliente. — Afectuoso.

**calidoscopio** *m.* Aparato óptico formado por un tubo con espejos y piezas de colores.

**caliente** *adj.* Dotado de calor. — Fam. Excitado sexualmente.

**califa** *m.* Jefe supremo del islam, sucesor de Mahoma.

**calificar** *tr.* Determinar las cualidades de una persona o cosa. — Valorar el grado de conocimientos mostrados en un examen.

**calificativo, va** *adj./m.* LING. Se dice del adjetivo que denota alguna cualidad del nombre.

**calígine** *f.* Niebla, oscuridad. — Fam. Bochorno.

**caligrafía** *f.* Arte de escribir con buena letra. — Conjunto de rasgos que caracterizan una escritura.

**caligrama** *m.* Composición poética en que se representa una idea por medio de dibujos realizados con las palabras.

**calima** o **calina** *f.* Neblina que enturbia el aire.

**cáliz** *m.* Vaso en el que se consagra el vino en la misa. — BOT. Conjunto de los sépalos de una flor.

**caliza** *f.* Roca formada de carbonato de calcio.

**calizo, za** *adj.* Que tiene calcio: *terreno ~*.

**callana** *f.* Amér. Merid. Vasija tosca para tostar maíz, trigo, etc.

**callar** *tr. y prnl.* No decir lo que se siente o se sabe. ▸ *intr. y prnl.* Guardar silencio.

**calle** *f.* Vía de una población. — Conjunto de ciudadanos: *lenguaje de la ~*. — Zona de una pista de atletismo o de natación.

**callejear** *intr.* Andar paseando por las calles.

**callejero, ra** *adj.* Relativo a la calle. — Que gusta de callejear. ▸ *m.* Lista de las calles de una ciudad.

**callejón** *m.* Calle estrecha y larga. — En una plaza de toros, espacio entre la barrera y el muro.

**callo** *m.* Dureza en un pie o una mano. ▸ *pl.* Plato hecho con pedazos guisados del estómago de algunos animales.

**calma** *f.* Estado de la atmósfera o del mar cuando no hay viento. — Cese de alguna cosa. — Tranquilidad, serenidad.

**calmar** *tr. y prnl.* Sosegar. — Aliviar alguna cosa.

**caló** *m.* Lenguaje de los gitanos españoles.

**calor** *m.* Temperatura elevada. — Sensación que produce un cuerpo caliente. — FÍS. Energía capaz de elevar la temperatura de un cuerpo.

**caloría** *f.* Unidad de cantidad de calor. — Unidad del contenido energético de los alimentos.

**calorífico, ca** *adj.* Relativo al calor. — Que produce calor.

**calostro** *m.* Primera leche de la hembra después de parir.

**calumnia** *f.* Acusación falsa.

**calva** *f.* Parte de la cabeza de la que se ha caído el pelo.

**calvario** *m.* Vía crucis. — Fam. Sufrimiento prolongado.

**calvinismo** *m.* Doctrina religiosa de Calvino.

**calvo, va** *adj./m. y f.* Que ha perdido el pelo de la cabeza.

**calzada** *f.* Parte de una vía reservada a la circulación de vehículos. — Camino empedrado y ancho.

**calzado, da** *adj.* Se dice del animal cuyas extremidades tienen color distinto al del cuerpo. ▸ m. Prenda que cubre el pie.

**calzar** *tr.* Proveer de calzado. — Impedir el movimiento de algo poniendo cuñas. — Colomb. y Ecuad. Empastar un diente o muela. ▸ *tr. y prnl.* Cubrir el pie con el calzado.

**calzón** *m.* Prenda que cubre desde la cintura hasta las rodillas. —Argent., Chile, Méx. y Perú. Braga, prenda interior femenina.

**calzonazos** *m.* Fam. Hombre débil y condescendiente.

**calzoncillo** *m.* Prenda interior masculina que se lleva debajo de los pantalones.

**cama** *f.* Mueble para dormir o descansar.

**camada** *f.* Conjunto de crías de un mamífero paridas de una vez.

**camafeo** *m.* Piedra preciosa con un relieve tallado.

**camaleón** *m.* Pequeño reptil que cambia de color para camuflarse.

**camalote** *m.* Amér. Merid., Méx. y Salv. Nombre de ciertas plantas acuáticas que crecen en las orillas de los ríos, lagunas, etc., y tienen hojas y flores flotantes.

**camanchaca** *f.* Chile y Perú. Niebla espesa y baja.

**cámara** *f.* Aparato para la captación de imágenes: ~ *fotográfica.* — Habitación o sala: ~ *nupcial.* — Organismo, junta. — Tubo anular de goma en el interior de un neumático. ▸ *m. y f.* Persona que maneja una cámara de cine o televisión.

**camarada** *m. y f.* Compañero.

**camarero, ra** *m. y f.* Persona que se dedica al servicio en hoteles o que sirve a los clientes en bares.

**camarilla** *f.* Grupo de personas que influye en las decisiones de alguien importante.

**camarín** *m.* Capilla pequeña detrás de un altar.

**camarista** *m.* Argent. Miembro de la cámara de apelaciones. — Méx. Camarero.

**camarógrafo, fa** *m. y f.* Persona que maneja una cámara de cine o televisión.

**camarón** *m.* Pequeño crustáceo de carne muy apreciada.

**camarote** *m.* Dormitorio de un barco.

**camastro** *m.* Desp. Lecho pobre e incómodo.

**cambado, da** *adj.* Amér. Patizambo.

**cambalache** *m.* Trueque de objetos de poco valor. — Argent. y Urug. Tienda de compra y venta de objetos usados.

**cambiar** *tr., intr. y prnl.* Dar, tomar o poner una cosa por otra. — Modificar, variar: ~ *las ideas.* ▸ *prnl.* Quitarse la ropa y ponerse otra. — Mudarse.

**cambio** *m.* Acción y efecto de cambiar. — Dinero en monedas pequeñas. — Mecanismo para pasar de una marcha a otra en un vehículo.

**cambista** *m. y f.* Persona dedicada a cambiar monedas.

**cámbrico, ca** *adj./m.* GEOL. Se dice del primer período del paleozoico.

**cambullón** *m.* Chile y Perú. Enredo, trampa, confabulación. — Colomb. Trueque, cambalache.

**camelar** *tr.* Fam. Cortejar a alguien. — Fam. Engañar adulando.

**camelia** *f.* Arbusto de flores blancas, rojas o rosadas. — Flor de esta planta.

**camello, lla** *m. y f.* Mamífero rumiante que posee dos gibas llenas de grasa. ► *m.* Esp. Fam. Traficante de droga.

**camerino** *m.* Habitación donde se preparan los artistas para actuar.

**camilla** *f.* Cama para transportar enfermos y heridos. — Mesa redonda con tarima para colocar el brasero.

**caminar** *tr. e intr.* Recorrer una distancia dando pasos. ► *intr.* Trasladarse andando.

**caminata** *f.* Fam. Recorrido largo a pie.

**camino** *m.* Vía más o menos ancha para ir por ella. — Método para hacer algo.

**camión** *m.* Vehículo automóvil de gran tamaño. — Méx. y Venez. Autobús.

**camisa** *f.* Prenda de vestir con cuello que se abotona por delante. — Epidermis que se desprende de las serpientes.

**camiseta** *f.* Prenda de vestir o deportiva sin cuello que cubre el torso.

**camisón** *m.* Prenda femenina usada para dormir. — Antill. y C. Rica. Blusa. — Chile, Colomb. y Venez. Vestido femenino.

**camomila** *f.* Manzanilla.

**camorra** *f.* Fam. Riña.

**camote** *m.* Amér. Batata. — Amér. En algunos lugares, enamoramiento. — Chile. Mentira, bola. — Chile. Lío, desorden, dificultad. — Ecuad. y Méx. Tonto, bobo.

**campal** *adj.* Se dice de la batalla que se efectúa en un espacio abierto.

**campamento** *m.* Instalación en terreno abierto de fuerzas militares, excursionistas, etc.

**campana** *f.* Instrumento de metal en forma de copa invertida que se hace sonar golpeándolo con un badajo.

**campanario** *m.* Torre de iglesia donde están las campanas.

**campanilla** *f.* Campana pequeña con mango. — ANAT. Pequeña masa muscular que cuelga al final del velo del paladar.

**campante** *adj.* Fam. Despreocupado: *quedarse tan ~.*

**campaña** *f.* Expedición militar. — Conjunto de actividades aplicadas a un fin: *~ electoral.*

**campear** *intr.* Sobresalir, destacar una cosa por encima de las demás.

**campechano, na** *adj./m. y f.* Fam. Cordial, llano.

**campeón, na** *adj./m. y f.* Se dice de la persona o equipo que gana en un campeonato.

**campeonato** *m.* Certamen en que se disputa un premio. — Triunfo obtenido en este certamen.

**campera** *f.* Argent., Chile y Urug. Chaqueta de abrigo, cazadora.

**campero, ra** *adj.* Relativo al

campo. — Amér. Central y Amér. Merid. Se dice del animal muy adiestrado en el paso de ríos y caminos peligrosos. — Argent., Par. y Urug. Hábil en las labores del campo.

**campesino, na** *adj./m. y f.* Se dice de la persona que vive y trabaja en el campo.

**campestre** *adj.* Relativo al campo.

**camping** *m.* Actividad que consiste en acampar al aire libre en tiendas de campaña. — Lugar preparado para esta actividad.

**campiña** *f.* Espacio de terreno dedicado al cultivo.

**campirano, na** *adj.* C. Rica. Patán, rústico. ▶ *adj./m. y f.* Méx. Relativo al campo. — Méx. Entendido en las faenas del campo.

**campo** *m.* Terreno extenso fuera de poblado. — Terreno preparado para una actividad: ~ *de fútbol.* — Espacio que abarca un asunto: *el ~ de la ciencia.* — FÍS. Espacio en que se siente una fuerza: ~ *magnético.*

**camposanto** *m.* Cementerio.

**campus** *m.* Conjunto de instalaciones universitarias.

**camuflar** *tr.* Disimular, ocultar.

**can** *m.* Perro.

**cana** *f.* Cabello blanco.

**canadiense** *adj./m. y f.* De Canadá.

**canal** *m.* Paso entre dos mares. — Banda de frecuencia de una emisora. ▶ *m. o f.* Vía artificial de agua. — Amér. Central y Amér. Merid. Centro de la corriente de un río.

**canaleta** *f.* Amér. Merid. Canalón, tubo.

**canalizar** *tr.* Abrir canales. — Regularizar el cauce de un río, arroyo, etc. — Orientar hacia un fin concreto.

**canalla** *adj./m. y f.* Fam. Ruin, despreciable.

**canalón** *m.* Tubo para desaguar el agua de lluvia desde los tejados hasta la calle.

**canana** *f.* Cinto para llevar cartuchos.

**canapé** *m.* Asiento alargado y blando. — Rebanada pequeña de pan sobre la que se extiende o coloca algún alimento.

**canario, ria** *adj./m. y f.* De las islas Canarias (España). ▶ *m.* Ave doméstica de plumaje amarillo.

**canasta** *f.* Cesto de mimbre de boca ancha. — En el baloncesto, aro con una red por el que se introduce el balón. — En el baloncesto, tanto conseguido.

**canastilla** *f.* Cesta pequeña de mimbre de uso doméstico. — Ropa que se prepara para un recién nacido.

**canasto** *m.* Canasta alta.

**cáncamo** *m.* Tornillo con una anilla.

**cancela** *f.* Verja que se pone en el umbral de algunas casas.

**cancelar** *tr.* Dejar sin validez alguna cosa. — Suspender, anular.

**cáncer** *m.* Tumor maligno. ▶ *m.*

*y f./adj.* Persona nacida bajo el signo zodiacal de Cáncer.

**cancerbero** *m.* Perro mitológico de tres cabezas que guardaba los infiernos. — Guarda severo o violento. — DEP. Portero.

**cancha** *f.* Local destinado a la práctica de deportes. — Amér. Terreno o sitio llano y desembarazado. — Amér. Merid. Parte ancha y despejada de un río.

**canchero, ra** *adj./m. y f.* Amér. Central y Amér. Merid. Que tiene una cancha de juego o cuida de ella. — Amér. Merid. Experto en determinada actividad. — Chile. Se dice de la persona que busca trabajos de poca duración y esfuerzo.

**canciller** *m. y f.* En algunos estados europeos, jefe del gobierno. — Empleado auxiliar de una embajada o consulado.

**canción** *f.* Composición musical. — Cosa repetitiva y molesta.

**cancionero** *m.* Colección de poesías o letras de canciones.

**canco** *m.* Bol. y Chile. Nalga. — Chile. Olla o vasija destinada a diversos usos domésticos. — Chile. Maceta. ▸ *pl.* Chile. Caderas femeninas anchas.

**candado** *m.* Cerradura suelta que asegura puertas, cajas, etc.

**candeal** *adj./m.* Se dice de una variedad de trigo muy blanco.

**candela** *f.* Vela para alumbrar. — Lumbre, combustible.

**candelabro** *m.* Candelero sujeto en la pared o sobre su pie.

**candelero** *m.* Utensilio para sostener una vela.

**candente** *adj.* Se dice del metal o cuerpo que está rojo o blanco por la acción del fuego. — De actualidad: *noticia ~*.

**candidato, ta** *m. y f.* Persona que aspira a un cargo.

**cándido, da** *adj./m. y f.* Ingenuo, sin malicia.

**candil** *m.* Lámpara de aceite.

**candilejas** *f. pl.* Línea de luces en el proscenio de un teatro.

**candor** *m.* Inocencia, ingenuidad.

**caneca** *f.* Colomb. Cubo de la basura. — Colomb. y Ecuad. Tambor de hojalata para transportar petróleo y otros líquidos.

**canela** *f.* Condimento de color marrón claro. — Fam. Cosa muy fina y exquisita.

**canelo** *m.* Árbol de cuya corteza se extrae la canela.

**canelón** *m.* Pasta alimenticia que se enrolla y rellena.

**canesú** *m.* Cuerpo de un vestido o una camisa sin mangas a la que se cose el resto de la prenda.

**cangalla** *f.* Argent. y Chile. Conjunto de desperdicios minerales. — Bol. Aparejo que se utiliza para que las bestias transporten carga. — Colomb. Animal o persona delgado.

**cangallar** *tr.* Bol. y Chile. Robar en las minas. — Chile. Defraudar al fisco.

**cangrejal** *m.* Argent. y Urug. Terreno pantanoso en el que abundan cangrejillos negruzcos.

**cangrejo** *m.* Crustáceo marino o de río con caparazón, cuyas patas delanteras están provistas de pinzas.

**canguro** *m.* Mamífero marsupial con las extremidades traseras muy largas. ▸ *m. y f.* Esp. Persona que cuida niños en ausencia de sus progenitores.

**caníbal** *adj./m. y f.* Antropófago.

**canica** *f.* Bola de vidrio con la que los niños juegan.

**canícula** *f.* Período en que arrecia el calor.

**cánido** *adj./m.* Relativo a una familia de mamíferos carnívoros de garras no retráctiles, como el perro.

**canijo, ja** *adj./m. y f.* Fam. Raquítico. ▸ *adj.* Méx. Malo, desalmado. — Méx. Fam. Difícil, complicado.

**canilla** *f.* Hueso largo de la pierna o del brazo. — Pequeño cilindro sobre el que se enrollan el hilo en la máquina de coser. — Argent. y Chile. Espinilla, parte anterior de la pierna. — Argent. y Urug. Grifo, dispositivo que sirve para regular el paso de un líquido. — Colomb. y Perú. Pantorrilla.

**canillera** *f.* Amér. Central. Temblor de piernas originado por el miedo. — Argent. y Chile. Almohadilla que protege la parte anterior de la pierna.

**canillita** *m.* Amér. Merid. y R. Dom.

Muchacho que vende periódicos o billetes de lotería.

**canino, na** *adj.* Relativo al perro. ▸ *adj./m.* Se dice del diente puntiagudo situado entre los incisivos y los premolares.

**canjear** *tr.* Realizar un intercambio.

**cannabis** *m.* Variedad del cáñamo (planta). — Droga obtenida de esta planta.

**cano, na** *adj.* Que tiene canas o cabellera blanca.

**canoa** *f.* Embarcación ligera impulsada a remo, vela o motor.

**canódromo** *m.* Recinto para las carreras de galgos.

**canon** *m.* Regla, precepto. — Modelo de características perfectas. — Ley establecida por la Iglesia católica. — Composición musical en la que sucesivamente van entrando voces o instrumentos. ▸ *pl.* Derecho canónico o eclesiástico.

**canónico, ca** *adj.* Conforme a los cánones.

**canónigo** *m.* Sacerdote del cabildo de una catedral.

**canonizar** *tr.* Declarar el papa santa a una persona beatificada.

**cansancio** *m.* Falta de fuerzas por fatiga. — Aburrimiento.

**cansar** *tr. y prnl.* Causar cansancio. — Enfadar, aburrir.

**cantábrico, ca** *adj./m. y f.* De Cantabria, la cordillera Cantábrica o el mar Cantábrico (España).

**cántabro, bra** *adj./m. y f.* De Cantabria (España). — De un antiguo pueblo celta asentado en esta región.

**cantar** *intr. y tr.* Emitir con la voz sonidos que siguen una melodía. — Emitir su voz las aves. — Producir sonidos ciertos insectos. — Fam. Confesar.

**cantar** *m.* Composición musical breve, nacida de la lírica popular.

**cántaro** *m.* Recipiente grande de boca y pie estrechos y vientre ancho.

**cantata** *f.* Composición musical escrita para una o varias voces.

**cantautor, ra** *m. y f.* Cantante que escribe sus composiciones.

**cante** *m.* Acción de cantar. — Canto popular andaluz.

**cantegril** *m.* Urug. Barrio marginal de chabolas.

**cantera** *f.* Terreno del que se extrae piedra. — Lugar donde se forman personas en alguna disciplina.

**cantero** *m.* Amér. Central y Amér. Merid. Espacio de jardín donde se siembra y trabaja.

**cántico** *m.* Canto religioso de acción de gracias.

**cantidad** *f.* Propiedad de lo que puede ser medido o contado. — Número de unidades, tamaño o porción de algo. — Suma de dinero. — Cifra.

**cantiga** o **cántiga** *f.* Antigua composición poética destinada al canto.

**cantilena** *f.* Composición poética breve hecha para ser cantada. — Fam. Repetición molesta e inoportuna.

**cantimplora** *f.* Recipiente para llevar agua en viajes y excursiones.

**cantina** *f.* Local público en que se venden bebidas y comida.

**cantinela** *f.* Cantilena.

**canto** *m.* Acción y efecto de cantar. — Arte y técnica de cantar. — Extremidad o borde de algo. — Piedra gastada por la erosión: ~ *rodado.*

**cantón** *m.* Esquina. — División administrativa de ciertos territorios: ~ *suizo.*

**cantor, ra** *adj./m. y f.* Se dice del ave de canto melodioso y variado. — Que canta.

**canturrear** *intr.* Fam. Cantar a media voz.

**cánula** *f.* Tubo usado en medicina que se introduce en el cuerpo. — Porción terminal de las jeringas.

**canuto** *m.* Tubo corto y no muy grueso. — Fam. Esp. Cigarrillo de marihuana o hachís.

**caña** *f.* Tallo de algunas plantas gramíneas. — Vaso cónico, alto y estrecho. — Vara larga y flexible que se emplea para pescar.

**cañada** *f.* Paso estrecho entre dos montañas. — Vía para el ganado trashumante. — Argent., Par. y Urug. Terreno bajo entre lomas, bañado por agua y con vegetación.

**cañadón** *m.* Argent., Cuba y Urug. Cauce antiguo y profundo entre dos lomas o sierras.

**cañamazo** *m.* Tela que se emplea para bordar.

**cáñamo** *m.* Planta cultivada por su tallo, que se cultiva por sus semillas y para elaborar fibra textil. — Fibra textil obtenida de esta planta.

**cañaveral** *m.* Terreno poblado de cañas.

**cañería** *f.* Conducto formado de caños por donde circula un fluido.

**cañí** *adj./m. y f.* Gitano.

**caño** *m.* Tubo por donde cae el agua. — Conducto de desagüe. — Chorro, líquido que sale de un orificio.

**cañón** *m.* Pieza hueca y larga de diversos objetos: ~ *de fusil.* — Arma de fuego no portátil. — Valle estrecho con paredes abruptas.

**caoba** *f.* Árbol cuya madera rojiza es muy apreciada en ebanistería. ▸ *m./adj.* Color similar al de esta madera.

**caolín** *m.* Arcilla blanca usada en la fabricación de porcelana.

**caos** *m.* Confusión, desorden: *reinar el* ~.

**capa** *f.* Prenda de vestir larga, sin mangas y abierta por delante. — Baño, revestimento: ~ *de caramelo.* — Plano superpuesto de una cosa: ~ *terrestre.* — Capote de torero.

**capacha** *f.* Bol. y Chile. Cárcel.

**capacho** *m.* Espuerta de mimbres, cuero o estopa.

**capacidad** *f.* Espacio de una cosa para contener otra: *sala de mucha* ~. — Aptitud, talento o disposición para algo.

**capacitar** *tr. y prnl.* Hacer a uno capaz de alguna cosa.

**capar** *tr.* Castrar.

**caparazón** *m.* Cubierta dura y sólida que protege las partes blandas de diversos animales.

**capataz** *m.* Persona que dirige y vigila a un grupo de trabajadores. — Persona que está a cargo de la labranza y administración de una hacienda.

**capaz** *adj.* Que tiene capacidad o disposición para una cosa.

**capcioso, sa** *adj.* Engañoso, que induce a error: *pregunta* ~.

**capea** *f.* Acción de capear. — Fiesta taurina con novillos o becerros en la que participan aficionados.

**capear** *tr.* Torear con la capa. — Entretener con evasivas: ~ *la situación.* — Chile y Guat. Faltar a clase.

**capellán** *m.* Sacerdote que ejerce sus funciones en una institución religiosa, seglar, etc.

**caperuza** *f.* Capucha suelta. — Pieza que cubre la extremidad de algo.

**capia** *f.* Argent., Colomb. y Perú. Maíz blanco muy dulce que se usa para preparar golosinas.

**capicúa** *adj./m. y f.* Se dice del número o palabra que se lee igual de izquierda a derecha que de derecha a izquierda.

**capilar** *adj.* Relativo al cabello: *loción* ~. ▸ *adj./m.* Se dice del vaso sanguíneo muy fino.

**capilla** *f.* Iglesia pequeña aneja a otra mayor.

**capirotazo** *m.* Golpe dado en la cabeza, con un dedo.

**capirote** *m.* Caperuza con que se cubre la cabeza de las aves de cetrería. — Gorro cónico usado por los cofrades en las procesiones.

**capital** *adj.* Principal, importante. ▸ *adj./f.* Se dice de la letra mayúscula. ▸ *m.* Conjunto de los bienes poseídos. — Dinero. ▸ *f.* Ciudad donde reside el gobierno de un estado.

**capitalismo** *m.* Sistema económico y social basado en el dinero y en la propiedad privada.

**capitalizar** *tr.* Transformar intereses en capital. — Utilizar una renta transformándola en medio de producción.

**capitán, na** *m.* Oficial de grado intermedio entre el teniente y el comandante. — Persona que tiene el mando de un barco. ▸ *m. y f.* Persona que dirige un grupo o lo representa .

**capitel** *m.* ARQ. Parte superior de una columna.

**capitolio** *m.* Edificio majestuoso y elevado. — Acrópolis.

**capitoné** *m.* Vehículo destinado al transporte de muebles.

**capitulación** *f.* Convenio en el que se estipulan las condiciones de una rendición.

**capítulo** *m.* Parte en que se divide un escrito o una serie televisiva o radiofónica. — Apartado, tema. — Reunión de religiosos de una orden.

**capo** *m.* Jefe de la mafia.

**capó** *m.* Cubierta metálica del motor de un vehículo.

**capón** *m.* Pollo castrado que se ceba para comerlo.

**caporal** *m.* Persona que manda un grupo de gente. — Persona que se encarga del ganado de labranza. — Amér. Capataz de una estancia ganadera.

**capota** *f.* Cubierta plegable de un automóvil.

**capote** *m.* Prenda parecida a la capa, pero con mangas. — Capa corta que usan los toreros para la lidia.

**capricho** *m.* Idea o propósito repentino. — Deseo, antojo.

**capricornio** *m. y f./adj.* Persona nacida bajo el signo zodiacal de Capricornio.

**cápsula** *f.* Envoltura soluble de ciertos medicamentos. — Compartimiento habitable de una nave espacial.

**captar** *tr.* Percibir, comprender. — Recibir una emisión radiofónica. ▸ *tr. y prnl.* Atraer, conseguir: ~ *su simpatía*.

**capturar** *tr.* Apresar a alguien a quien se busca.

**capucha** *f.* Prenda de vestir acabada en punta para cubrir la cabeza.

**capuchino, na** *adj./m. y f.* Se dice del religioso de una rama reformada de la orden de los franciscanos. ▸ *m./adj.* Café mezclado con leche con mucha espuma.

**capullo** *m.* Envoltura de ciertas crisálidas y de algunos insectos. — Yema floral a punto de abrirse. — Vulg. Estúpido.

**caquexia** *f.* MED. Estado de debilidad y delgadez extremas.

**caqui** *m.* Árbol de hoja caduca y fruto comestible. — Fruto de este árbol. ▸ *m./adj.* Color entre el amarillo ocre y el verde gris.

**cara** *f.* Parte anterior de la cabeza del ser humano. — Anverso de una moneda. — Expresión en el rostro. — Descaro. — MAT. Cada uno de los polígonos que limitan un poliedro. — Dar la cara, responder de los propios actos. — Echar en cara, reprochar. — Plantar cara a alguien, desafiarle.

**carabela** *f.* Antigua embarcación de vela.

**carabina** *f.* Fusil de cañón rayado.

**carabinero, ra** *m. y f.* Miembro de ciertos grupos armados.

**caracol** *m.* Molusco gasterópodo provisto de concha en espiral. — Rizo de pelo. — ANAT. Parte del oído interno.

**caracola** *f.* Caracol marino con concha en espiral de forma cónica. — Concha de este caracol.

**carácter** *m.* Conjunto de cualidades que individualizan a una persona. — Condición, naturaleza: *visita de ~ privado.* — Energía, temperamento. — Signo de escritura. — Particularidad transmisible según las leyes de la herencia.

**característica** *f.* Cualidad propia de una persona o cosa. — Argent. y Urug. Prefijo telefónico.

**característico, ca** *adj./f.* Singular, distintivo: *rasgo ~.*

**caracterizar** *tr. y prnl.* Determinar a alguien o algo por sus cualidades: *la franqueza le caracteriza.* ▸ *tr.* Representar un actor su papel. ▸ *prnl.* Maquillarse y vestirse el actor.

**caracú** *m.* Amér. Hueso con tuétano usado en guisos.

**caradura** *adj./m. y f.* Sinvergüenza.

**caramanchel** *m.* Chile. Cantina. — Colomb. Tugurio. — Ecuad. Puesto del vendedor ambulante. — Perú. Cobertizo.

**caramañola** o **caramayola** *f.* Amér. Merid. Cantimplora de soldado.

**¡caramba!** *interj.* Denota sorpresa o enfado.

**carámbano** *m.* Pedazo de hielo largo y puntiagudo.

**carambola** *f.* Lance del juego del billar. — Resultado afortunado.

**caramelo** *m.* Azúcar fundido y

tostado. — Golosina compuesta de azúcar y leche o crema.

**carancho** *m.* Argent. y Urug. Ave de presa de color pardo, que se alimenta de animales muertos, insectos, etc. — Perú. Búho.

**carantoña** *f.* Caricia u otra demostración de cariño.

**caráota** *f.* Venez. Judía, alubia.

**caraqueño, ña** *adj./m. y f.* De Caracas.

**caratula** *f.* Argent. Cubierta con que se resguardan y presentan legajos u otros documentos administrativos. — Argent. Denominación, rótulo del expediente de un caso judicial.

**carátula** *f.* Portada o cubierta de un libro, o funda de un disco, cinta, etc. — Méx. Esfera del reloj.

**caravana** *f.* Hilera de vehículos que marchan con lentitud. — Grupo de personas que viajan juntas. — Remolque acondicionado para vivienda.

**carayá** *m.* Argent., Colomb. y Par. Mono americano de cola larga y pelaje espeso.

**carbón** *m.* Combustible sólido de color negro que contiene una elevada proporción de carbono. — Carboncillo.

**carbonada** *f.* Amér. Merid. Guiso compuesto de carne, maíz, calabaza, patatas y arroz.

**carbonato** *m.* Sal derivada del ácido carbónico.

**carboncillo** *m.* Palillo de carbón usado para dibujar.

**carbónico, ca** *adj.* Relativo al carbono. — Se dice de la combinación química en la que entra el carbono.

**carbonífero, ra** *adj.* Que contiene carbón. ▸ *adj./m.* GEOL. Se dice del quinto período del paleozoico.

**carbonilla** *f.* Carbón menudo. — Ceniza del carbón.

**carbonizar** *tr.* Quemar completamente. — Transformar en carbón.

**carbono** *m.* Elemento no metálico que constituye el elemento esencial de los carbones naturales y los compuestos orgánicos.

**carbunco** o **carbunclo** *m.* Enfermedad infecciosa del ganado.

**carburador** *m.* Parte de un motor de explosión donde se prepara la mezcla de gasolina y aire.

**carburante** *adj./m.* Que contiene un hidrocarburo. ▸ *m.* Combustible utilizado en los motores de explosión.

**carburar** *tr.* Mezclar un gas con los carburantes gaseosos para hacerlos combustibles.

**carburo** *m.* Combinación del carbono con otro elemento químico.

**carca** *adj./m. y f.* Esp. Retrógrado, de ideas muy conservadoras.

**carcajada** *f.* Risa impetuosa y ruidosa.

**carcamal** *adj./m.* Fam. Viejo y achacoso.

**cárcava** *f.* Hoya que hacen las avenidas de agua. — Zanja o foso.

**cárcel** *f.* Edificio o local destinado a la reclusión de los presos.

**carcinógeno, na** *adj.* Que produce cáncer.

**carcinoma** *m.* Cáncer del tejido epitelial.

**carcoma** *f.* Insecto cuya larva excava galerías en la madera.

**carda** *f.* Acción y efecto de cardar. — Cepillo usado para cardar.

**cardar** *tr.* Peinar y limpiar las materias textiles antes de hilarlas. — Sacar el pelo con la carda a los paños. — Peinar el cabello ahuecándolo.

**cardenal** *m.* Prelado de la Iglesia católica. — Mancha morada en la piel producida por un golpe. — Ave de penacho rojo escarlata.

**cárdeno, na** *adj./m.* Morado.

**cardiaco, ca** o **cardíaco, ca** *adj.* Relativo al corazón. ▶ *adj./m. y f.* Que está enfermo del corazón.

**cardias** *m.* Orificio que comunica el estómago con el esófago.

**cardillo** *m.* Planta silvestre cuyas pencas se comen cocidas.

**cardinal** *adj.* Principal, fundamental. — Se dice de cada uno de los cuatro puntos del horizonte que permiten orientarse: *norte, sur, este y oeste.* ▶ *adj./m.* Se aplica al numeral que expresa cantidad.

**cardiograma** *m.* Gráfico que refleja los movimientos del corazón.

**cardiología** *f.* Parte de la medicina que estudia las enfermedades del corazón.

**cardiopatía** *f.* Enfermedad del corazón.

**cardo** *m.* Planta de hojas grandes y espinosas. — Fam. Persona desagradable.

**cardón** *m.* Amér. Merid. y Méx. Planta arbórea de zonas áridas, de flores grandes y fruto carnoso.

**carear** *tr.* Confrontar personas para resolver un asunto.

**carecer** *intr.* Tener carencia de algo: ~ *de lo indispensable.*

**carencia** *f.* Falta o privación de alguna cosa.

**carestía** *f.* Precio elevado de las cosas. — Escasez, pobreza.

**careta** *f.* Máscara para cubrir la cara.

**carey** *m.* Tortuga marina cuyos huevos son muy apreciados. — Materia córnea que se obtiene del caparazón de este animal.

**carga** *f.* Acción y efecto de cargar. — Cosa que se transporta. — Peso sostenido por una estructura. — Suplicio. — Repuesto de cierto material: ~ *de un bolígrafo.* — Cantidad de materia que asegura la propulsión de un proyectil o la explosión de algo. — Gravamen, tributo.

**cargado, da** *adj.* Se dice del tiempo que amenaza lluvia. — Fuerte, espeso: *café* ~.

**cargador, ra** *adj./m.* Que carga o sirve para cargar. — *m. y f.* Amér. Mozo de cordel.

**cargamento** *m.* Conjunto de mercancías para ser cargadas.

**cargar** *tr.* Poner un peso sobre una persona, un animal o un vehículo para transportarlo. — Poner demasiado de algo. — Imponer un gravamen. — Achacar algo a alguien. — Poner en un dispositivo el material que ha de consumir: ~ *una pistola*. — Acumular electricidad: ~ *una batería*. ▶ *tr. y prnl.* Incomodar, molestar. ▶ *intr.* Apoyarse una cosa sobre otra más firme. — Atacar: ~ *contra los manifestantes*. — Tener sobre sí algún peso u obligación. ▶ *intr. y prnl.* Inclinarse una cosa. ▶ *prnl.* Llegar a tener abundancia de ciertas cosas: *cargarse de deudas*. — Fam. Matar. — Fam. Romper: *cargarse un jarrón*.

**cargo** *m.* Empleo o puesto. — Gobierno, dirección. — Falta que se imputa a uno: ~ *contra el sospechoso*.

**cargoso, sa** *adj.* Argent., Chile y Urug. Se dice de la persona que molesta reiteradamente.

**cariacontecido, da** *adj.* Fam. Que muestra en el semblante aflicción o sobresalto.

**cariátide** *f.* Columna con figura de mujer.

**caribe** *adj.* Caribeño. ▶ *adj./m. y f.* Relativo a un grupo de pueblos del continente americano.

▶ *m./adj.* Lengua hablada por estos pueblos.

**caribeño, ña** *adj./m. y f.* Del Caribe.

**caricatura** *f.* Dibujo satírico o grotesco. — Méx. Cortometraje de dibujos animados.

**caricia** *f.* Demostración cariñosa que se hace rozando con la mano.

**caridad** *f.* Actitud solidaria con el sufrimiento ajeno. — Limosna.

**caries** *f.* Infección del diente que produce su destrucción.

**carillón** *m.* Conjunto de campanas acordadas. — Reloj provisto de estas campanas.

**cariño** *m.* Sentimiento y expresión de amor y afecto. — Esmero con que se hace algo.

**carioca** *adj./m. y f.* De Río de Janeiro (Brasil). ▶ *adj.* Brasileño.

**carisma** *m.* Don espiritual que concede Dios para realizar misiones cristianas. — Cualidad para atraer a los demás.

**caritativo, va** *adj.* Que implica caridad. — Que siente caridad.

**cariz** *m.* Aspecto de la atmósfera o de un asunto.

**carlinga** *f.* Parte del avión para la tripulación.

**carlismo** *m.* Movimiento político conservador español.

**carmelita** *adj./m. y f.* Se dice del religioso de la orden del Carmelo.

**carmesí** *m./adj.* Color grana muy vivo.

**carmín** *m.* Pigmento rojo que se

extrae de la cochinilla. — Barra para colorear los labios. ▸ *m./ adj.* Color rojo intenso.

**carnada** *f.* Cebo para pescar o cazar.

**carnal** *adj.* Relativo a la carne, en oposición al espíritu. — Se dice del pariente de primer grado: *tío ~.*

**carnaval** *m.* Período que precede al miércoles de ceniza y fiestas que se celebran en este período.

**carnaza** *f.* Carnada. — Cosa que se emplea como atracción.

**carne** *f.* Sustancia fibrosa del cuerpo que constituye los músculos. — Alimento animal comestible. — Parte blanda de la fruta. — Cuerpo humano, en oposición al espíritu. — **Carne de gallina,** piel humana cuando el vello se eriza.

**carné** *m.* Tarjeta de identificación: *~ de identidad.*

**carnear** *tr.* Amér. Central y Amér. Merid. Matar y descuartizar las reses para el consumo. — Chile. Vulg. Engañar o hacer burla de alguien.

**carnero, ra** *adj.* Argent., Chile, Par. y Perú. Sin voluntad ni iniciativa. ▸ *m. y f.* Argent., Chile y Par. Esquirol. ▸ *m.* Rumiante doméstico macho que se cría por su carne y su lana.

**carnet** *m.* Carné.

**carnicería** *f.* Tienda donde se vende carne. — Muerte o matanza sanguinarias.

**carnicero, ra** *adj./s.* Se dice del animal que mata para comer. ▸ *s.* Persona que vende carne.

**carnívoro, ra** *adj./m.* Se dice del mamífero que se alimenta de carne. ▸ *adj./f.* Se dice de la planta que se alimenta de insectos.

**carnoso, sa** *adj.* Que tiene la consistencia de la carne. — Se dice del órgano vegetale blando y lleno de jugo.

**caro, ra** *adj.* De precio elevado. ▸ *adv.* A un alto precio.

**carolingio, gia** *adj./m. y f.* Relativo a Carlomagno.

**carótida** *f./adj.* Cada una de las arterias que conducen la sangre del corazón a la cabeza.

**carozo** *m.* Corazón de la mazorca de maíz.

**carpa** *f.* Pez de agua dulce comestible. — Lona grande que cubre un recinto. — Amér. Central y Amér. Merid. Tienda de campaña.

**carpanta** *f.* Fam. Hambre violenta.

**carpelo** *m.* Cada una de las piezas florales cuyo conjunto forma el pistilo de las flores.

**carpeta** *f.* Par de cubiertas para guardar papeles.

**carpetazo.** Palabra que se usa en la expresión **dar carpetazo,** que significa 'suspender la tramitación de una solicitud' o 'dar por terminado un asunto'.

**carpincho** *m.* Roedor adaptado a la vida acuática, que habita en América del Sur.

**carpintero, ra** *m. y f.* Persona que trabaja la madera.

**carpo** *m.* Conjunto de los huesos de la muñeca.

**carraca** *f.* Instrumento de madera que produce un ruido desapacible. — Ave de pico curvado y plumaje de colores.

**carraspera** *f.* Aspereza en la garganta que pone ronca la voz.

**carrasposo, sa** *adj.* Colomb., Ecuad. y Venez. Áspero al tacto.

**carrera** *f.* Acción de correr cierto espacio. — Trayecto, recorrido. — Competición de velocidad. — Conjunto de estudios que capacitan para ejercer una profesión.

**carrerilla** Palabra que se usa en la expresión de carrerilla, que significa 'de memoria'.

**carreta** *f.* Carro largo, más bajo que el ordinario.

**carrete** *m.* Cilindro en el que se enrolla hilo, cintas, etc.

**carretel** *m.* Amér. Central y Amér. Merid. Carrete de hilo para coser. — Amér. Central y Amér. Merid. Carrete de la caña de pescar.

**carretera** *f.* Vía pública destinada a la circulación de vehículos.

**carretilla** *f.* Carro pequeño con una rueda que se lleva con las manos.

**carretón** *m.* Carro pequeño.

**carretonaje** *m.* Chile. Transporte en carretón. — Chile. Precio de este transporte.

**carriel** *m.* C. Rica. Bolsa de viaje con compartimentos. — Colomb., Ecuad. y Venez. Maleta pequeña de cuero.

**carril** *m.* Parte de una vía destinada al tránsito de una sola fila de vehículos. — Cada una de las dos barras de hierro paralelas por donde circulan los trenes.

**carrillo** *m.* Mejilla.

**carro** *m.* Carruaje de dos ruedas. — Amér. Central, Colomb., Méx., Perú, P. Rico y Venez. Vehículo automóvil. — Carro de combate, tanque grande de guerra.

**carrocería** *f.* Parte de un vehículo que reviste el motor y sirve para transportar pasajeros o carga.

**carromato** *m.* Carro grande con toldo.

**carroña** *f.* Carne corrompida.

**carroza** *f.* Carro lujoso cubierto, tirado por caballos. — Argent., Chile, Méx., Par. y Urug. Vehículo especial en que se transporta a los difuntos al cementerio.

**carruaje** *m.* Vehículo montado sobre ruedas.

**carrusel** *m.* Espectáculo hípico en que los jinetes ejecutan movimientos rítmicos. — Tiovivo.

**carta** *f.* Escrito dirigido a una persona. — Menú, minuta. — Mapa: ~ *de navegación.* — Conjunto de leyes constitucionales de un estado. — Naipe. — Carta blanca, facultad para obrar con libertad. — Carta de ciudadanía (Argent.), documento por el que el estado otorga la nacionalidad a un residente en el país.

**cartabón** *m.* Instrumento en forma de triángulo rectángulo escaleno, usado en dibujo lineal.

**cartaginés, sa** *adj./m. y f.* De Cartago, antigua ciudad del norte de África.

**cartearse** *prnl.* Escribirse cartas recíprocamente: ~ *con alguien.*

**cartel** *m.* Lámina de papel que sirve de anuncio o propaganda.

**cartelera** *f.* Armazón para fijar carteles. — En los periódicos, sección donde se anuncian los espectáculos.

**cartera** *f.* Utensilio de bolsillo para guardar dinero, papeles, etc. — Bolsa con asa para llevar papeles. — Conjunto de valores o pedidos de que dispone una sociedad, banco, etc. — Ministerio.

**carterista** *m. y f.* Ladrón de carteras de bolsillo.

**cartero, ra** *m. y f.* Persona que reparte el correo.

**cartesiano, na** *adj.* Relativo a la doctrina de Descartes. — Metódico, racional.

**cartílago** *m.* Tejido elástico del organismo que forma parte del esqueleto.

**cartilla** *f.* Libro para aprender las letras del alfabeto. — Cuaderno para anotar: ~ *de ahorros.*

**cartografía** *f.* Técnica de hacer cartas y mapas geográficos.

**cartomancia** o **cartomancía** *f.*

Adivinación del futuro por medio de naipes.

**cartón** *m.* Lámina gruesa hecha de pasta de papel endurecida.

**cartucho** *m.* Cilindro que contiene la carga de un arma de fuego. — Repuesto de ciertos aparatos: ~ *de impresora.*

**cartulina** *f.* Cartón delgado y terso.

**casa** *f.* Vivienda, lugar en que habita una o más personas. — Conjunto de individuos que viven juntos. — Linaje, estirpe.

**casaca** *f.* Prenda de vestir ceñida, con faldones y manga larga. — Chaqueta.

**casal** *m.* Amér. Merid. Pareja de macho y hembra: *un ~ de lechuzas.*

**casar** *intr. y prnl.* Contraer matrimonio. ▸ *tr.* Dar o unir en matrimonio: ~ *a un hijo.* — DER. Anular, derogar. ▸ *tr. e intr.* Unir una cosa con otra para que armonicen.

**cascabel** *m.* Bola de metal hueca y agujereada que lleva algo dentro para que suene al moverla. ▸ *f.* Crótalo.

**cascada** *f.* Caída de agua desde cierta altura.

**cascajo** *m.* Fragmento de un material.

**cascar** *tr. y prnl.* Romper una cosa quebradiza. ▸ *tr.* Fam. Pegar, golpear. ▸ *tr. e intr.* Vulg. Morir.

**cáscara** *f.* Corteza o cubierta exterior de algunas cosas.

**cascarrabias** *m. y f.* Fam. Persona que se irrita fácilmente.

**casco** *m.* Pieza que cubre la cabeza. — Botella vacía. — Uña de las caballerías. — Cuerpo de una embarcación o un avión.

**cascote** *m.* Fragmento de un edificio derribado.

**caserío** *m.* Conjunto de casas que no constituyen un pueblo. — Casa aislada en el campo.

**casero, ra** *adj.* Que se hace en casa: *pan* ~. — Chile y Perú. Se dice del cliente habitual de un establecimiento. ▸ *m. y f.* Persona que tiene una casa y la alquila a otra.

**caseta** *f.* Lugar pequeño para cambiarse de ropa. — Tenderete, barracón. — Méx. Cabina telefónica.

**casete** *m. o f.* Caja pequeña de plástico que contiene una cinta magnética para grabar o reproducir sonidos. ▸ *m.* Aparato grabador o reproductor de sonidos.

**casi** *adv.* Cerca de, por poco, aproximadamente: ~ *un año.*

**casilla** *f.* Cada uno de los compartimentos de un casillero. — Cada uno de los cuadros que componen el tablero de algunos juegos. — Cuba. Trampa para cazar pájaros. — Ecuad. Retrete.

**casillero** Mueble con compartimentos o casillas.

**casino** *m.* Asociación recreativa o cultural. — Establecimiento en el que hay juegos de azar.

**caso** *m.* Suceso, acontecimiento. — Oportunidad, ocasión: *llega-*

do el ~, actuaré. — Persona que enferma. — LING. Posibilidad de variación de la forma de algunas palabras según su función en la oración.

**caspa** *f.* Conjunto de pequeñas escamas que se forman en el cuero cabelludo.

**casquería** *f.* Tienda donde se venden los despojos de las reses.

**casquete** *m.* Cubierta de tela o cuero que se ajusta a la cabeza.

**casquillo** *m.* Cartucho metálico vacío: ~ *de bala.* — Parte metálica de la bombilla que permite conectarla con el circuito eléctrico.

**casquivano, na** *adj.* Fam. De poco juicio y reflexión.

**cassette** *f.* Casete.

**casta** *f.* Familia o linaje. — Grupo social muy cerrado que constituye una clase especial. — Especie, calidad.

**castaña** *f.* Fruto comestible del castaño.

**castaño, ña** *adj./m.* Se dice del color marrón oscuro. ▸ *m.* Árbol cuyo fruto es la castaña.

**castañuela** *f.* Instrumento musical compuesto de dos piezas de madera que se hacen chocar entre sí.

**castellano, na** *adj./m. y f.* De Castilla (España). ▸ *m./adj.* Dialecto del antiguo reino de Castilla. — Lengua hablada en España, Hispanoamérica y otros lugares.

**castidad** *f.* Abstinencia sexual.

**castigo** *m.* Pena impuesta al que ha cometido un delito o falta. — Tormento, daño.

**castillo** *m.* Edificio cercado de fortificaciones.

**castizo, za** *adj.* Típico de un lugar o una época: *lenguaje ~*.

**casto, ta** *adj.* Que practica la castidad.

**castor** *m.* Mamífero roedor de patas posteriores palmeadas.

**castrar** *tr.* Extirpar los órganos genitales.

**castrense** *adj.* Relativo al ejército y al estado militar.

**casualidad** *f.* Combinación de circunstancias que no se pueden prever ni evitar. — Suceso imprevisto.

**casuística** *f.* Conjunto de casos particulares en que es posible explicar una teoría, norma, etc.

**casulla** *f.* Vestido litúrgico usado durante la misa.

**catabolismo** *m.* Conjunto de reacciones bioquímicas que destruyen la materia de los seres vivos.

**cataclismo** *m.* Desaste natural de grandes proporciones.

**catacumbas** *f. pl.* Conjunto de galerías subterráneas para uso funerario de los primitivos cristianos.

**catalán, na** *adj./m. y f.* De Cataluña (España). ► *m./adj.* Lengua hablada en Cataluña y zonas de la antigua corona de Aragón.

**catalejo** *m.* Anteojo de larga vista.

**catalepsia** *f.* Alteración nerviosa repentina que suspende la sensibilidad e inmoviliza el cuerpo.

**catálisis** *f.* QUÍM. Aceleración de una reacción química.

**catalizador** *m.* QUÍM. Cuerpo que provoca una catálisis.

**catálogo** *m.* Lista ordenada de personas, cosas o sucesos.

**cataplasma** *f.* Sustancia medicinal calmante de aplicación externa.

**catapulta** *f.* Máquina antigua de guerra para lanzar piedras.

**catar** *tr.* Probar un alimento o una bebida para examinar su sabor.

**catarata** *f.* Caída de agua en el curso de un río. — Opacidad del cristalino del ojo o de sus membranas.

**catarro** *m.* Inflamación de las mucosas nasales, acompañada de un aumento de secreción.

**catarsis** *f.* Purificación emocional causada por una experiencia.

**catastro** *m.* Censo de las fincas rústicas y urbanas. — Impuesto que se paga por la posesión de una finca.

**catástrofe** *f.* Suceso desgraciado.

**catear** *tr.* Fam. Suspender un examen. — Amér. Registrar la policía una casa o a alguien. — Amér. Merid. Explorar terrenos en busca de una veta mineral.

**catecismo** *m.* Libro que explica el dogma de la religión cristiana.

**cátedra** *f.* Aula. — Cargo o plaza de catedrático. — **Sentar cátedra,** hablar domáticamente sobre algo.

**catedral** *f.* Iglesia episcopal de una diócesis.

**catedrático, ca** *m. y f.* Profesor que tiene la categoría más alta en centros oficiales de enseñanza secundaria o en la universidad.

**categoría** *f.* Cada uno de los grupos en que se pueden clasificar personas o cosas. — Nivel, calidad. — LING. Unidad de clasificación gramatical de los elementos del lenguaje.

**categórico, ca** *adj.* Que afirma o niega de una manera absoluta.

**catequizar** *tr.* Instruir en una doctrina, especialmente en la religión católica.

**caterva** *f.* Tropel.

**catéter** *m.* Sonda que se introduce en un conducto del organismo.

**cateto, ta** *m. y f.* Palurdo. ▶ *m.* MAT. Cada uno de los dos lados que forman el ángulo recto en un triángulo rectángulo.

**catión** *m.* Ion de carga positiva.

**catire, ra** *adj./m. y f.* Colomb., Cuba, Perú y Venez. Se dice de la persona rubia de ojos verdosos o amarillentos.

**cátodo** *m.* Polo negativo.

**catolicismo** *m.* Doctrina de la Iglesia católica romana.

**catón** *m.* Libro para aprender a leer.

**catorce** *adj./m.* Diez más cuatro. ▶ *adj./m. y f.* Decimocuarto.

**catre** *m.* Cama ligera para una persona.

**catrín, na** *adj./m. y f.* Guat. y Nicar. Muy rico. ▶ *m. y f.* Amér. Central y Méx. Persona elegante y presumida.

**caucasiano, na** *adj./m. y f.* Del Cáucaso.

**caucásico, ca** *adj./m. y f.* Se dice de la raza blanca o indoeuropea. ▶ *adj.* Se dice del grupo de lenguas hablado en la región del Cáucaso.

**cauce** *m.* Lecho de un río o arroyo. — Procedimiento, modo.

**caucho** *m.* Sustancia elástica que se obtiene de ciertos árboles. — Colomb. y Venez. Cubierta, banda que recubre una rueda.

**caudal** *adj.* Relativo a la cola: *aleta* ~. ▶ *m.* Hacienda, dinero. — Cantidad de agua de un curso fluvial.

**caudaloso, sa** *adj.* De mucha agua.

**caudillaje** *m.* Amér. Central y Amér. Merid. Forma de autoridad del cacique. — Argent., Chile y Perú. Conjunto o sucesión de caudillos. — Argent. y Perú. Época de su predominio histórico.

**caudillo** *m.* Jefe de guerra.

**caula** *f.* Chile, Guat. y Hond. Treta, engaño, ardid.

**causa** *f.* Fundamento u origen de algo. — Razón, motivo. — Empresa o proyecto en que se toma interés o partido:

*abrazar la ~ liberal.* — Proceso judicial.

**causal** *adj.* Relativo a la causa. ▶ *adj./f.* LING. Se dice de la oración subordinada que indica causa y de la conjunción que la introduce.

**causar** *tr.* Producir un efecto o ser motivo de ello.

**cáustico, ca** *adj./m.* Que ataca a los tejidos orgánicos. ▶ *adj./m. y f.* Mordaz, agresivo.

**cautela** *f.* Precaución, reserva.

**cauterizar** *tr.* Quemar una herida para cicatrizarla.

**cautivar** *tr.* Aprisionar al enemigo. — Atraer, seducir.

**cauto, ta** *adj.* Que actúa con cautela.

**cava** *m.* Vino blanco espumoso elaborado en España. ▶ *f.* Acción de cavar. — Bodega subterránea. ▶ *adj./f.* ANAT. Se dice de cada una de las dos venas que van a la aurícula derecha del corazón.

**cavar** *tr. e intr.* Mover la tierra con la azada. — Hacer un agujero, hoyo o zanja.

**caverna** *f.* Cavidad natural vasta y profunda.

**caviar** *m.* Huevas de esturión aderezadas.

**cavidad** *f.* Espacio hueco de un cuerpo.

**cavilar** *tr. e intr.* Reflexionar sobre algo.

**cayado** *m.* Bastón corvo por la parte superior. — Báculo de los obispos.

**cayo** *m.* Isla llana y arenosa.

**caza** *f.* Acción de cazar. — Animal que se caza. ▶ *m.* Avión de combate de gran velocidad.

**cazabe** *m.* Amér. Central, Antill., Colomb. y Venez. Torta hecha de harina de mandioca.

**cazadora** *f.* Chaqueta que llega hasta la cintura.

**cazador, ra** *adj./m. y f.* Que caza animales.

**cazar** *tr.* Perseguir animales para apresarlos o matarlos.

**cazo** *m.* Utensilio semiesférico y con mango largo.

**cazoleta** *f.* Receptáculo pequeño de algunos objetos: *~ de la pipa.*

**cazuela** *f.* Recipiente de cocina redondo con base plana, más ancho que hondo.

**CD** *m.* Disco compacto con sonidos o imágenes almacenadas que se lee mediante un rayo laser.

**CD-ROM** *m.* Disco de 12 cm de diámetro con gran capacidad para almacenar datos. 2 Aparato acoplado al ordenador que permite la lectura de este disco.

**ce** *f.* Nombre de la letra c.

**cebada** *f.* Cereal con flores en espiga. — Semilla de esta planta.

**cebar** *tr.* Dar cebo a los animales. — Poner cebo en el anzuelo. — Amér. Merid. Preparar la infusión de mate.

**cebiche** *m.* Plato de pescado o marisco crudo, troceado y preparado con un adobo de jugo de limón, cebolla picada, sal y ají.

**cebo** *m.* Comida que se da a los animales para engordarlos. — Señuelo para atraer la caza o la pesca.

**cebolla** *f.* Hortaliza de bulbo comestible. — Bulbo de esta planta.

**cebra** *f.* Mamífero équido de pleno blanquecino con rayas negras o pardas. — **Paso de cebra,** paso de peatones marcado en la calzada.

**cebú** *m.* Bóvido rumiante parecido al buey.

**ceca** *f.* Antigua casa de moneda. — Argent. Reverso de la moneda, cruz.

**cecear** *intr.* Pronunciar la *s* como *z.*

**cecina** *f.* Carne salada y seca.

**cedazo** *m.* Instrumento que sirve para cerner.

**ceder** *tr.* Dar, transferir: ~ *los bienes.* ▸ *intr.* Cesar la resistencia de algo o alguien. — Disminuir una fuerza.

**cedilla** *f.* Nombre de la letra ç. — Virgulilla que forma parte de esta letra.

**cedro** *m.* Árbol de gran altura y madera compacta y duradera.

**cedrón** *m.* Planta originaria de América, cuyas semillas se utilizan contra el veneno de las serpientes.

**cédula** *f.* Documento escrito en que se notifica algo. — **Cédula de identidad** (Argent., Chile y Urug.), tarjeta de identidad.

**cefalea** *f.* Dolor de cabeza.

**cefalópodo** *adj./m.* Se dice del molusco marino con tentáculos provistos de ventosas, como el calamar.

**cefalorraquídeo** *adj.* Relativo a la cabeza y a la médula espinal.

**cefalotórax** *m.* Región anterior del cuerpo de los arácnidos y de los crustáceos, que comprende la cabeza y el tórax.

**céfiro** *m.* Viento de poniente. — Viento suave y apacible.

**cegar** *intr.* Perder la vista. ▸ *tr.* Quitar la vista a uno: *le cegó la luz.* — Cerrar u obstruir. ▸ *prnl.* Obcecarse, ofuscarse.

**cegesimal** *adj.* Se dice del sistema de medidas que tiene como base el centímetro, el gramo y el segundo.

**ceguera** *f.* Pérdida de la visión. — Ofuscación.

**ceja** *f.* Formación pilosa que está encima del ojo. — Pieza que se aplica sobre las cuerdas de un instrumento.

**cejar** *intr.* Ceder en un empeño o discusión.

**cejijunto, ta** *adj.* De cejas pobladas y juntas.

**cejilla** *f.* Ceja de los instrumentos de cuerda.

**celada** *f.* Emboscada, trampa. — Pieza de la armadura que cubría la cabeza.

**celar** *tr.* Vigilar. ▸ *tr. y prnl.* Ocultar: ~ *algún secreto.*

**celda** *f.* Habitación de una prisión. — Aposento pequeño. — Casilla de un panal de abejas.

**celdilla** *f.* Cada uno de los alvéolos de cera de un panal. — Cavidad o seno.

**celebérrimo, ma** *adj.* Muy célebre.

**celebrar** *tr.* Llevar a cabo un acto. — Festejar un acontecimiento: ~ *un cumpleaños.* — Decir misa.

**célebre** *adj.* Que tiene fama o renombre.

**celemín** *m.* Medida para áridos equivalente a 4,625 litros.

**celentéreo** *adj./m.* Se dice del animal marino provisto de tentáculos, como la medusa.

**celeridad** *f.* Prontitud, rapidez.

**celeste** *adj.* Relativo al cielo: *cuerpo* ~. ▸ *m./adj.* Color azul claro.

**celestina** *f.* Alcahueta.

**celiaco, ca** o **celíaco, ca** *adj.* Relativo al vientre o a los intestinos: *arteria* ~.

**célibe** *adj./m. y f.* Soltero.

**celo** *m.* Cuidado y esmero al hacer algo. — Época en que aumenta el apetito sexual de algunos animales. — Cinta adhesiva transparente. ▸ *pl.* Temor de que otra persona pueda ser preferida a uno. — Envidia de alguien.

**celofán** *f.* Película transparente de celulosa. (Es marca registrada.)

**celoma** *m.* Cavidad interna de los animales superiores.

**celosía** *f.* Enrejado tupido de una ventana.

**celoso, sa** *adj.* Que tiene celos o es propenso a tenerlos. — Amér. Se dice del arma o resorte que se dispara con demasiada facilidad.

**celta** *adj./m. y f.* De un antiguo pueblo indoeuropeo establecido en el occidente de Europa. ▸ *m./adj.* Lengua hablada por este pueblo.

**celtíbero, ra** o **celtibero, ra** *adj./m. y f.* De un pueblo prerromano de la península Ibérica, de cultura celta. ▸ *m./adj.* Lengua prerromana de la península Ibérica.

**célula** *f.* Elemento constitutivo de los seres vivos. — Grupo independiente dentro de una organización.

**celulitis** *f.* Inflamación del tejido celular subcutáneo.

**celuloide** *m.* Materia plástica usada en fotografía y en cine. (Es marca registrada.)

**celulosa** *f.* Sustancia vegetal sólida de uso industrial.

**cementar** *tr.* Calentar un metal en contacto con un cemento.

**cementerio** *m.* Terreno destinado a enterrar cadáveres.

**cemento** *m.* Materia de construcción que forma con el agua una pasta capaz de solidificarse.

**cemita** *f.* Amér. Pan hecho con mezcla de salvado y harina.

**cena** *f.* Comida que se hace por la noche.

**cenáculo** *m.* Reunión habitual de personas con aficiones comunes.

**cenagal** *m.* Lugar lleno de cieno.

**cenar** *tr. e intr.* Tomar la cena.

**cencerro** *m.* Campanilla tosca que llevan las reses.

**cenefa** *f.* Dibujo de ornamentación en forma de tira o lista.

**cenicero** m. Recipiente en el que se dejan la ceniza y los restos de los cigarrillos.

**ceniciento, ta** *adj.* De color de ceniza.

**cenit** o **cénit** *m.* Momento de apogeo: *el ~ de su carrera.* — ASTRON. Punto del cielo situado en la vertical de un lugar de la Tierra.

**ceniza** *f.* Polvo mineral que queda tras una combustión completa. ▸ *pl.* Restos de un cadáver.

**cenizo, za** *adj.* Ceniciento. ▸ *adj./m.* Fam. Se dice de la persona que trae a los demás mala suerte.

**cenobio** *m.* Monasterio.

**cenote** *m.* Guat., Hond. y Méx. Manantial situado a grandes profundidades.

**cenozoico, ca** *adj./m.* GEOL. Se dice de la tercera y última era geológica.

**censo** *m.* Lista de la población o riqueza de un lugar. — DER. Sujeción de un inmueble al pago de un canon anual.

**censor, ra** *m. y f.* Funcionario que censura los escritos y obras destinados a la difusión.

**censurar** *tr.* Prohibir la difusión de parte de una obra. — Corregir, reprobar.

**centauro** *m.* Ser mitológico mitad hombre y mitad caballo.

**centavo, va** *adj./m.* Se dice de cada una de las cien partes en que se divide un todo. ▸ *m.* Centésima parte de la unidad monetaria de muchos países.

**centella** *f.* Rayo de poca intensidad. — Partícula incandescente.

**centellear** *intr.* Despedir rayos de luz.

**centena** *f.* Conjunto de cien unidades.

**centenar** *m.* Centena.

**centenario, ria** *adj.* Relativo a la centena. ▸ *adj./m. y f.* Que tiene cien años de edad. ▸ *m.* Espacio de cien años. — Día en que se cumplen una o más centenas de años de algún acontecimiento.

**centeno** *m.* Cereal cultivado como forraje. — Grano de esta planta.

**centésimo, ma** *adj.* Que corresponde en orden al número cien. ▸ *adj./m. y f.* Que cabe cien veces en un todo.

**centígrado, da** *adj.* Que tiene la escala dividida en cien grados: *termómetro ~.*

**centímetro** *m.* Centésima parte del metro.

**céntimo, ma** *adj.* Centésimo, que cabe cien veces en un todo.

▸ *m.* Centésima parte de la unidad monetaria.

**centinela** *m. y f.* Soldado que está de vigilancia en un puesto.

**centollo** *m.* Crustáceo marino comestible y de gran tamaño.

**central** *adj.* Relativo al centro o que está en él. — Principal, fundamental. ▸ *m. y f.* P. Rico. Dueño de una fábrica de azúcar. ▸ *f.* Instalación para la producción de energía. — Oficina o establecimiento del que dependen otros. — Cuba y P. Rico. Fábrica de azúcar.

**centralismo** *m.* Sistema en que la acción política y administrativa está centrada en un gobierno único.

**centrar** *tr.* Determinar el punto céntrico de una cosa. — Colocar una cosa de manera que su centro coincida con el de otra. ▸ *tr. e intr.* DEP. Lanzar la pelota desde la banda hacia la portería contraria. ▸ *prnl.* Dominar una situación y obrar con seguridad.

**céntrico, ca** *adj.* Que está en el centro.

**centrífugo, ga** *adj.* Que tiende a alejar del centro.

**centrípeto, ta** *adj.* Que tiende a aproximar al centro.

**centro** *m.* Punto situado en medio de una cosa. — Organismo dedicado a una actividad. — Persona o cosa principal que atrae la atención o el interés. — Conjunto de tendencias políticas situadas entre la derecha y la izquierda. — DEP. Acción de centrar la pelota.

**centroamericano, na** *adj./m. y f.* De América Central.

**centrocampista** *m. y f.* Jugador de fútbol u otros deportes de equipo que juega en el centro del campo.

**céntuplo, pla** *adj./m.* Se dice del producto de multiplicar por cien una cantidad.

**centuria** *f.* Siglo. — Compañía de cien hombres en la milicia romana.

**centurión** *m.* Jefe de una centuria en la milicia romana.

**cenzontle** *m.* Pájaro americano de color gris pardo que puede imitar los cantos de otras aves.

**ceñir** *tr.* Rodear o apretar una cosa a otra. ▸ *tr. y prnl.* Colocar algo de manera que ajuste o apriete. ▸ *prnl.* Amoldarse, atenerse a algo.

**ceño** *m.* Gesto de disgusto que consiste en arrugar el entrecejo.

**cepa** *f.* Parte del tronco de una planta que está unida a las raíces. — Tronco y planta de la vid.

**cepillo** *m.* Recipiente con una ranura para recoger limosnas. — Utensilio que consta de unos filamentos fijados a una placa. — Instrumento con una cuchilla para alisar la madera.

**cepo** *m.* Dispositivo que inmoviliza o aprisiona. — Trampa para cazar animales.

**cera** *f.* Sustancia elaborada por las abejas. — Cerumen.

**cerámica** *f.* Técnica y arte de fabricar objetos de barro, loza, etc. — Objeto elaborado con esta técnica.

**cerbatana** *f.* Tubo largo para lanzar, soplando, un dardo.

**cerca** *f.* Valla con que se rodea algún espacio. ▸ *adv.* Denota proximidad inmediata.

**cercado** *m.* Terreno rodeado con una cerca o seto. — Cerca, valla. — Bol. y Perú. Capital de un estado o provincia y pueblos que dependen de ella.

**cercano, na** *adj.* Próximo.

**cercar** *tr.* Rodear un sitio con una cerca. — Rodear mucha gente a una persona o cosa. — Asediar una fortaleza.

**cercenar** *tr.* Cortar las extremidades de una cosa. — Acortar.

**cerciorarse** *prnl.* Asegurarse de la certeza de algo.

**cerco** *m.* Cosa que ciñe o rodea. — Cerca, valla. — Asedio de una plaza o ciudad.

**cerda** *f.* Pelo grueso y duro de algunos animales y de un cepillo.

**cerdo, da** *m. y f.* Mamífero doméstico cuya carne se aprovecha en alimentación. ▸ *adj./m. y f.* Fam. Se dice de la persona sucia o grosera.

**cereal** *adj./m.* Se dice de la planta cuyas semillas sirven para la alimentación, como el trigo. ▸ *m.* Semilla de esta planta.

**cerebelo** *m.* Centro nervioso situado debajo del cerebro.

**cerebro** *m.* Centro nervioso situado en el cráneo de los vertebrados. — Conjunto de las facultades mentales. — Inteligencia, talento.

**ceremonia** *f.* Acto solemne que se celebra según ciertas normas. — Solemnidad, deferencia.

**cereza** *f.* Fruto comestible del cerezo.

**cerezo** *m.* Árbol frutal de flores blancas y fruto comestible. — Madera de este árbol.

**cerilla** *f.* Fósforo para encender fuego.

**cerillo** *m.* Méx. Fósforo, cerilla.

**cerner** *tr.* Separar con el cedazo lo grueso de lo fino. ▸ *tr. y prnl.* Amenazar algún mal. — Mantenerse las aves en el aire.

**cernícalo** *m.* Ave de rapiña de plumaje rojizo.

**cernir** *tr.* Cerner.

**cero** *adj.* Se emplea para designar el número de elementos de un conjunto vacío: ~ *pesetas.* ▸ *m.* Número que indica el valor nulo de una magnitud. — Nada. — FÍS. Punto de partida de la escala de graduación de un instrumento de medida.

**cerrado, da** *adj.* No abierto. — Incomprensible, oculto. — LING. Se dice de la vocal pronunciada con un estrechamiento del paso del aire.

**cerradura** *f.* Mecanismo que cierra con llave.

**cerrajero, ra** *m. y f.* Persona que hace y arregla cerraduras.

**cerrar** *tr.* Hacer que el interior de un lugar quede incomunicado con el exterior. — Concluir una cosa: ~ *un negocio.* ▸ *tr. y prnl.* Tapar una abertura. ▸ *tr., intr. y prnl.* Encajar en su marco la hoja de una puerta. ▸ *intr. y prnl.* Cicatrizar las heridas. ▸ *prnl.* Mostrarse reacio a algo.

**cerrazón** *f.* Incapacidad para comprender algo.

**cerril** *adj.* Se dice del ganado salvaje. — Fam. Obstinado, terco.

**cerro** *m.* Elevación menor que el monte.

**cerrojo** *m.* Pasador de una cerradura.

**certamen** *m.* Concurso abierto para estimular el cultivo de actividades culturales. — Reunión literaria.

**certero, ra** *adj.* Diestro en tirar. — Seguro, acertado.

**certeza** o **certidumbre** *f.* Conocimiento seguro de las cosas.

**certificar** *tr.* Afirmar una cosa. — Hacer registrar los envíos por correo.

**cerumen** *m.* Cera que segregan los oídos.

**cerveza** *f.* Bebida alcohólica hecha con cebada.

**cervical** *adj.* Relativo al cuello. ▸ *adj./f.* Se dice de cada una de las vértebras del cuello.

**cérvido** *adj./m.* Relativo a una familia de rumiantes.

**cerviz** *f.* Parte posterior del cuello.

**cesantear** *tr.* Amér. Central y Amér. Merid. Rescindir un contrato laboral.

**cesar** *intr.* Llegar algo a su fin. — Dejar de hacer una cosa. — Dejar de desempeñar un empleo o cargo.

**césar** *m.* Título de los emperadores romanos.

**cesárea** *f.* Operación quirúrgica para extraer el feto que consiste en una incisión en las paredes del abdomen y del útero.

**cese** *m.* Acción y efecto de cesar. — Diligencia que acredita que alguien cesa de su empleo o función.

**cesio** *m.* Metal alcalino parecido al potasio.

**cesión** *f.* Acción y efecto de ceder o renunciar a algo.

**césped** *m.* Hierba menuda y tupida que cubre la tierra.

**cesta** *f.* Recipiente hecho de mimbre. — En baloncesto, canasta.

**cesto** *m.* Cesta más ancha que alta. — En baloncesto, canasta.

**cesura** *f.* Pausa en el interior de un verso.

**cetáceo, a** *adj./m.* Relativo a un orden de mamíferos marinos, como la ballena.

**cetrería** *f.* Arte de criar aves para la caza. — Caza con aves de presa.

**cetrino, na** *adj./m.* Se dice del color amarillo verdoso. ▸ *adj.* De color cetrino.

**cetro** *m.* Bastón de mando. — Superioridad en algo.

**ceutí** *adj./m. y f.* De Ceuta (España).

**ch** *f.* Dígrafo que representa un sonido consonántico palatal africado y sordo. Es la cuarta letra del alfabeto español.

**chabacano, na** *adj.* Grosero, de mal gusto. ► *m.* Méx. Albaricoque.

**chabola** *f.* Esp. Vivienda en los suburbios de las ciudades.

**chacal** *m.* Mamífero carnívoro que se alimenta de carroña.

**chacarera** *f.* Baile de Argentina y Uruguay de ritmo rápido, acompañado por castañeteos y zapateo. — Música y letra de este baile.

**chacarero, ra** *m. y f.* Amér. Central y Amér. Merid. Dueño o trabajador de una chacra.

**chacha** *f.* Fam. Niñera. — Fam. Criada.

**chacho, cha** *adj./m. y f.* Amér. Central. Se dice del hermano gemelo.

**chachalaca** *f.* Amér. Central y Méx. Gallina de plumas muy largas, verdes tornasoladas en la cola. — Amér. Central. Persona locuaz.

**cháchara** *f.* Fam. Charla inútil o intrascendente.

**chacina** *f.* Cecina. — Carne de cerdo para hacer embutidos.

**chaco** *m.* Amér. Terreno bajo y llano con ríos, lagunas, etc.

**chacolí** *m.* Vino ligero y agrio elaborado en el País Vasco.

**chacra** *f.* Amér. Central y Amér. Merid. Granja. — Chile. Terreno de extensión reducida destinado al cultivo de hortalizas.

**chafar** *tr. y prnl.* Aplastar o estropear algo.

**chaflán** *m.* Cara que se obtiene cortando la arista de un cuerpo sólido. — Fachada que sustituye una esquina de un edificio.

**chagual** *m.* Argent., Chile y Perú. Planta de tronco escamoso y médula comestible.

**cháguar** *m.* Amér. Merid. Variedad de pita que se utiliza como planta textil.

**chajá** *m.* Argent., Par. y Urug. Ave zancuda de color generalmente grisáceo, que se caracteriza por su fuerte grito.

**chal** *m.* Pañuelo grande que se lleva sobre los hombros.

**chala** *f.* Amér. Merid. Hoja que envuelve la mazorca del maíz y que, una vez seca, se usa para liar cigarros.

**chalado, da** *adj.* Fam. Falto de juicio. — Fam. Muy enamorado.

**chalán, na** *m.* Colomb. y Perú. Domador de caballos. — Méx. Ayudante de albañil.

**chalé** *m.* Casa generalmente rodeada de un jardín.

**chaleco** *m.* Prenda sin mangas que se pone encima de la camisa.

**chalet** *m.* Chalé.

**chalina** *f.* Corbata de caídas largas. — Argent., Colomb. y C. Rica. Chal estrecho.

**chalupa** *f.* Embarcación pequeña con cubierta y dos palos.

**chamaco, ca** *m. y f.* Méx. Niño, muchacho.

**chamarilero, ra** *m. y f.* Esp. Persona que comercia en trastos viejos.

**chamarra** *f.* Amér. Central y Venez. Manta que puede usarse como poncho. — Méx. Abrigo corto de tela o piel.

**chamba** *f.* Fam. Suerte. — Méx. Fam. Trabajo ocasional y mal remunerado.

**chambrana** *f.* Colomb. y Venez. Bullicio, algazara.

**chamicado, da** *adj.* Chile y Perú. Taciturno. — Chile y Perú. Ligeramente borracho.

**chamico** *m.* Amér. Merid., Cuba y R. Dom. Arbusto silvestre, variedad del estramonio.

**chamiza** *f.* Hierba gramínea, silvestre y medicinal. — Leña menuda.

**chamizo** *m.* Choza cubierta de chamiza. — Leño medio quemado.

**champa** *f.* Amér. Central. Tienda de palma o cobertizo rústico. — Amér. Merid. Conjunto de raíces con tierra que forman una masa compacta.

**champán** o **champaña** *m.* Vino blanco espumoso de origen francés.

**champiñón** *m.* Hongo comestible de sombrero redondeado.

**champú** *m.* Jabón líquido para lavar el cabello.

**chamuchina** *f.* Chile, Cuba, Ecuad., Hond. y Perú. Plebe.

**chamuscar** *tr. y prnl.* Quemar algo por la parte exterior.

**chamusquina** *f.* Acción y efecto de chamuscar o chamuscarse. — Oler a chamusquina (Fam.), haber indicios de un peligro o algo malo.

**chancaca** *f.* Amér. Central, Chile y Perú. Dulce sólido hecho con melaza de caña de azúcar y cacahuete molido.

**chancar** *tr.* Amér. Central, Argent., Chile y Perú. Triturar, machacar. — Chile y Ecuad. Ejecutar una cosa mal o a medias. — Chile y Perú. Apalear, maltratar. — Chile y Perú. Apabullar. — Perú. Estudiar con ahínco.

**chance** *m. o f.* Amér. Oportunidad.

**chancho, cha** *adj./m. y f.* Amér. Central y Amér. Merid. Puerco, sucio. ► *m. y f.* Amér. Central y Amér. Merid. Cerdo, animal.

**chanchullo** *m.* Fam. Acción ilícita para obtener provecho.

**chancleta** o **chancla** *f.* Zapatilla sin talón o con el talón caído.

**chándal** *m.* Esp. Prenda deportiva compuesta de pantalón y jersey.

**chanfle** *m.* Argent., Chile y Méx. Chaflán. — Argent., Chile y Méx. Golpe oblicuo que se da a una pelota para que cambie su dirección.

**changa** *f.* Amér. Merid. Trabajo eventual. — Amér. Merid. Servicio que presta el changador y retribución que se le da. — Amér. Merid. y Cuba. Chanza, burla.

**changador** *m.* Argent., Bol. y Urug. Mozo que en las estaciones y aeropuertos se ofrece para llevar cargas.

**chango, ga** *adj./m. y f.* Chile. Torpe y fastidioso. — P. Rico, R. Dom. *y* Venez. Bromista. ▸ *m. y f.* Argent. y Bol. Niño, muchacho. ▸ *m.* Méx. Mono, en general cualquier simio.

**chanquete** *m.* Pez teleósteo marino, pequeño y comestible.

**chantaje** *m.* Amenaza de escándalo o daño contra alguno a fin de obtener de él dinero u otro provecho.

**chantar** *tr.* Argent., Chile, Ecuad. y Perú. Plantar cara a alguien.

**chanza** *f.* Burla o dicho alegre y gracioso.

**chañar** *m.* Amér. Merid. Árbol espinoso parecido al olivo. — Amér. Merid. Fruto de este árbol, dulce y comestible.

**chaño** *m.* Chile. Manta de lana usada como colchón o como prenda de abrigo.

**chapa** *f.* Hoja de metal, madera, u otra materia. — Tapón metálico.

**chaparro, rra** *adj./m. y f.* Rechoncho. — Méx. Se dice de la persona de estatura baja. ▸ *m.* Mata ramosa de encina o roble. — Planta de América Central con cuyas ramas se hacen bastones.

**chaparrón** *m.* Lluvia intensa de corta duración.

**chape** *m.* Chile y Colomb. Trenza de pelo. ▸ *pl.* Chile. Coleta.

**chapear** *tr.* Cubrir con chapa. — Amér. Central. Limpiar la tierra de malas hierbas.

**chapisca** *f.* Amér. Central. Recolección del maíz.

**chapitel** *m.* Remate de las torres en forma piramidal. — Capitel.

**chapopote** *m.* Méx. Sustancia negra obtenida del petróleo que se usa para asfaltar.

**chapotear** *intr.* Sonar el agua batida por los pies y las manos.

**chapulín** *m.* Amér. Central. Niño pequeño. — Amér. Central y Méx. Langosta, insecto.

**chapurrear** o **chapurrar** *tr. e intr.* Hablar mal un idioma.

**chapuza** *f.* Trabajo de poca monta. — Trabajo mal hecho. — Méx. Trampa, engaño.

**chapuzón** *m.* Entrada brusca en el agua.

**chaqué** *m.* Prenda de vestir masculina, parecida a la levita.

**chaqueta** *f.* Prenda exterior de vestir con mangas, que se ajusta al cuerpo y llega a las caderas.

**chaquetero, ra** *adj./m. y f.* Esp. Fam. Que cambia de opinión o de partido por conveniencia personal.

**chaquetón** *m.* Prenda más larga y de más abrigo que la chaqueta.

**charada** *f.* Acertijo que consiste en adivinar una palabra mediante la combinación de otras formadas con sus sílabas.

**charanga** *f.* Banda de música formada por instrumentos de viento.

**charca** *f.* Depósito de agua detenida en el terreno.

**charco** *m.* Charca pequeña.

**charcutería** *f.* Esp. Establecimiento donde se venden embutidos.

**charlar** *intr.* Fam. Hablar mucho y de forma intrascendente. — Fam. Conversar.

**charlatán, na** *adj./m. y f.* Que habla mucho. — Embaucador.

**charlestón** *m.* Baile de ritmo rápido.

**charol** *m.* Barniz muy lustroso y permanente. — Cuero tratado con este barniz. — Amér. Central, Bol., Colomb., Cuba, Ecuad. y Perú. Bandeja.

**charola** *f.* Méx. Bandeja. — Méx. Fam. Documento de identificación.

**charqui** o **charque** *m.* Amér. Merid. Tasajo. — Amér. Merid. Tajada de algunas frutas que ha sido secada al sol.

**charrán, na** *adj./m. y f.* Pillo, tunante.

**charro, rra** *adj./m. y f.* Aldeano de Salamanca. ▶ *m.* Méx. Jinete que viste un traje de chaqueta con bordados, pantalón ajustado, camisa blanca y sombrero cónico de ala ancha.

**chascar** *tr. e intr.* Dar chasquidos.

**chascarrillo** *m.* Fam. Anécdota ligera o frase equívoca y graciosa.

**chasco, ca** *adj.* Bol., Chile y Perú. Se dice del cabello recio y ensortijado. ▶ *m.* Burla o engaño. — Decepción, desengaño.

**chasis** *m.* Armazón que sostiene la carrocería del automóvil.

**chasque** *m.* Chasqui.

**chasquear** *tr.* Dar un chasco. — Dar chasquidos.

**chasqui** *m.* Argent., Bol., Chile, Perú y Urug. Emisario.

**chasquido** *m.* Ruido seco y repentino. — Ruido producido con la lengua al separarla súbitamente del paladar.

**chat** *m.* Comunicación en tiempo real que se realiza entre varios usuarios cuyos ordenadores están conectados a una red.

**chatarra** *f.* Conjunto de objetos de metal viejo.

**chato, ta** *adj./m. y f.* De nariz pequeña y aplastada. ▶ *adj.* Bajo y aplanado. ▶ *m.* Fam. Vaso bajo y ancho.

**chatre** *adj.* Chile y Ecuad. Elegante, acicalado.

**chaucha** *f.* Argent. Vaina de algunas semillas, como las de la algarroba. — Argent., Bol., Chile y Perú. Moneda de poco valor. — Argent. y Urug. Judía verde. — Chile, Ecuad. y Perú. Patata temprana y menuda.

**chauvinismo** *m.* Patriotismo exagerado.

**chaval, la** *adj./m. y f.* Fam. Niño o muchacho.

**chaveta** *f.* Clavo, clavija.

**chavo** *m.* Moneda de escaso valor.

**che** *f.* Nombre de la letra doble ch.

**checar** *tr.* Méx. Verificar, comprobar. — Méx. Registrar las horas de entrada y salida del trabajo.

**chécheres** *m. pl.* Colomb. y C. Rica. Cachivaches, trastos.

**checo, ca** *adj./m. y f.* De la República Checa.

**chef** m. Jefe de cocina.

**chelín** *m.* Moneda inglesa. — Unidad monetaria de Austria, sustituida por el euro en 2002.

**chepa** *f.* Fam. Joroba.

**cheque** *m.* Documento en que el librador ordena a un centro bancario el pago de una cantidad con cargo a su cuenta bancaria.

**chequeo** *m.* Reconocimiento médico general.

**chévere** *adj.* Colomb. y Venez. Excelente. — Cuba, Perú y Venez. Benévolo, indulgente. — Ecuad., Perú, P. Rico y Venez. Primoroso, gracioso, agradable.

**chicano, na** *m. y f./adj.* Persona de origen mexicano que habita en los Estados Unidos de América.

**chicha** *f.* Fam. Carne. — Bebida que resulta de la fermentación del maíz en agua azucarada. — Chile. Bebida que se obtiene de la fermentación del zumo de la uva o la manzana.

**chicharra** *f.* Cigarra. — Timbre eléctrico de sonido sordo.

**chicharrón** *m.* Residuo frito de las pellas del cerdo.

**chiche** *adj.* Amér. Merid. Pequeño, bonito. ▸ *m.* Amér. Central y Amér. Merid. Juguete. — Argent., Chile y Urug. Pequeño objeto para adorno. — Salv. Pecho de la mujer.

**chichi** *adj.* Amér. Central. Cómodo, sencillo. ▸ *f.* Méx. Nodriza. — Méx. Teta, mama, ubre.

**chichón** *m.* Bulto en la cabeza como consecuencia de un golpe.

**chicle** *m.* Goma de mascar aromatizada.

**chico, ca** *adj.* Pequeño. ▸ *m. y f./adj.* Niño, muchacho.

**chicote** *m.* Amér. Látigo.

**chiflar** *intr.* Silbar. — Fam. Gustar mucho. ▸ *prnl.* Fam. Perder la razón.

**chifle** *m.* Argent. Cantimplora. — Argent. y Urug. Recipiente de cuerno para llevar agua u otros líquidos.

**chiflón** *m.* Amér. Corriente muy sutil de aire. — Chile. Derrumbe de piedra en el interior de las minas.

**chií** o **chiita** *adj./m. y f.* De una de las dos grandes divisiones religiosas del mundo islámico.

**chijete** *m.* Argent. Fam. Chorro de líquido que sale violentamente. — Argent. Fam. Corriente de aire.

**chilaba** *f.* Túnica con capucha que usan los árabes.

**chilacayote** *m.* Méx. Variedad de calabaza cuyo fruto comestible se emplea en diversos guisos.

**chilca** *f.* Colomb. y Guat. Planta resinosa que se utiliza en veterinaria para tratar tumores.

**chile** *m.* Pimiento picante. — Amér. Central, Amér. Merid. y Méx. Ají o pimiento picante. — Guat. Mentira, cuento.

**chileno, na** *adj./m. y f.* De Chile.

**chilillo** *m.* Amér. Central y Méx. Látigo, azote.

**chillar** *intr.* Dar chillidos. — Reñir dando voces.

**chillido** *m.* Sonido inarticulado de la voz, agudo y desagradable.

**chillón, na** *adj./m. y f.* Fam. Que chilla mucho. ▶ *adj.* Se dice del color demasiado vivo o mal combinado.

**chilpe** *m.* Chile. Andrajo, jirón de ropa muy usada. — Ecuad. Cabuya, cordel. — Ecuad. Hoja seca de maíz.

**chimango** *m.* Ave de rapiña que vive en América Meridional.

**chimarse** *prnl.* Amér. Central. Lastimarse.

**chimba** *f.* Amér. Merid. Trenza de pelo. — Chile y Perú. Orilla opuesta de un río.

**chimenea** *f.* Conducto de salida de humo. — Hogar.

**chimpancé** *m.* Mono antropomorfo de cabeza grande y brazos largos.

**china** *f.* Piedra pequeña. — Amér. Merid. India o mestiza en general. — Argent. Mujer del gaucho.

**chinampa** *f.* Méx. Terreno flotante donde se cultivan verduras y flores.

**chinchar** *tr. y prnl.* Fam. Molestar, fastidiar.

**chinche** *f.* Insecto hemíptero rojo que chupa la sangre humana.

**chincheta** *f.* Clavo corto de cabeza muy ancha.

**chinchilla** *f.* Mamífero roedor de pelo gris y suave.

**chinchorro** *m.* Antill., Chile, Colomb., Méx. y Venez. Hamaca hecha de red.

**chinchudo, da** *adj./m. y f.* Argent. Fam. Malhumorado.

**chinchulín** *m.* Bol., Ecuad. y R. de la Plata. Asadura, intestino de ovino o vacuno.

**chinela** *f.* Calzado sin talón que se usa como zapatilla.

**chinga** *f.* Amér. Central y Amér. Merid. Mofeta. — C. Rica. Colilla del cigarro. — Méx. Vulg. Cosa molesta y pesada.

**chingar** *tr.* Fam. Practicar el coito. — Amér. Central. Cortarle el rabo a un animal. ▶ *tr. y prnl.* Vulg. Estropear algo. ▶ *intr.* Argent. y Urug. Colgar un vestido más de un lado que de otro. ▶ *prnl.* Méx. Vulg. Robar. — Méx. Vulg. Padecer un contratiempo.

**chingo, ga** *adj.* Amér. Central. Se dice del animal rabón. — Amér. Central. Se dice del vestido corto. — Amér. Central y Venez. Chato. — C. Rica. Desnudo. — Venez. Deseoso, ávido. ▶ *m.* Méx. Vulg. Cantidad exagerada de algo.

**chino, na** *adj./m. y f.* De China. — Amér. Merid. Se dice de la persona con rasgos indios. — Méx. Se dice del pelo rizado y de la persona que así lo tiene. — Perú. Cholo. ► *m./adj.* Lengua hablada en China.

**chip** *m.* Pieza de silicio pequeña en cuyo interior hay un circuito integrado con millones de componentes.

**chipa** o **chipá** *m.* Argent., Par. y Urug. Torta de harina de mandioca o maíz.

**chipa** *f.* Colomb. Cesto de paja para recoger frutas y legumbres. — Colomb. Rodete para cargar a la cabeza, mantener en pie una vasija redonda, etc. — Colomb. Materia enrollada.

**chipirón** *m.* Calamar pequeño.

**chipote** *m.* Guat. y Méx. Chichón.

**chipriota** *adj./m. y f.* De Chipre.

**chiquero** *m.* Pocilga. — Toril.

**chiquillo, lla** *m. y f./adj.* Chico, niño, muchacho.

**chirca** *f.* Planta americana de madera dura, flores amarillas y fruto en forma de almendra.

**chiribita** *f.* Chispa. ► *pl.* Fam. Conjunto de luces que dificultan la visión.

**chirigota** *f.* Fam. Cuchufleta.

**chirimbolo** *m.* Fam. Utensilio, vasija o cosa análoga.

**chiringuito** *m.* Quiosco de bebidas y comidas al aire libre.

**chiripa** *f.* Suerte, acierto, en especial en el juego.

**chiripá** *m.* o *f.* Amér. Merid. Prenda de vestir del gaucho que consiste en un paño pasado entre las piernas y sujeto a la cintura por la faja. — Argent. Pañal.

**chirla** *f.* Molusco bivalvo, más pequeño que la almeja.

**chirona** *f.* Esp. Fam. Cárcel.

**chiroso, sa** *adj.* Amér. Central. Andrajoso.

**chirriar** *intr.* Producir un sonido agudo y molesto ciertas cosas.

**chisgarabís** *m.* Fam. Zascandil, mequetrefe.

**chisme** *m.* Noticia sobre la que se murmura. — Fam. Trasto.

**chismorrear** *intr.* Fam. Traer y llevar chismes.

**chispa** *f.* Partícula inflamada que salta. — Viveza de ingenio. — Fenómeno luminoso debido auna descarga eléctrica. — Echar chispas (Fam.), estar furioso.

**chispear** *intr.* Echar chispas. — Relucir. ► *impers.* Lloviznar.

**chisquero** *m.* Encendedor de bolsillo.

**chistar** *intr.* Hacer ademán de hablar.

**chiste** *m.* Esp. Anécdota relatada o dibujada que provoca risa.

**chistera** *f.* Sombrero masculino de copa alta.

**chistu** *m.* Flauta típica del País Vasco.

**chiva** *f.* Amér. Perilla, barba. — Amér. Central. Manta, colcha. — Méx. Fam. Objeto cuyo nombre se desconoce o no se quiere mencionar. ► *pl.* Méx. Fam. Conjunto de objetos personales.

**chivar** *tr. y prnl.* Amér. Central y Amér. Merid. Fastidiar, molestar. ► *prnl.* Decir algo que perjudique

a otro. — Amér. Merid. y Guat. Enojarse, irritarse.

**chivato, ta** *adj./m. y f.* Que acusa o denuncia en secreto. ▸ m.
Dispositivo que advierte de una
anormalidad.

**chivo, va** *m. y f.* Cría de la cabra.

**chocante** *adj.* Que produce extrañeza. — Argent., Colomb., C. Rica,
Ecuad., Méx. y Perú. Antipático,
presuntuoso.

**chocar** *intr.* Encontrarse violentamente una cosa con otra. — Causar extrañeza algo.

**chocarrería** *f.* Chiste grosero.

**chochear** *intr.* Tener debilitadas
las facultades mentales por
efecto de la edad.

**choclo** *m.* Amér. Merid. Mazorca
tierna de maíz.

**choco, ca** *adj.* Amér. Central y Amér.
Merid. Mutilado. — Bol. De color
rojo oscuro. — Colomb. De tez
morena. — Guat. y Hond. Tuerto,
torcido.

**chocolate** *m.* Pasta hecha de
cacao y azúcar. — Esp. Fam. Hachís.

**chófer** o **chofer** *m. y f.* Conductor de automóvil.

**cholga** *f.* Argent. y Chile. Molusco
parecido al mejillón.

**cholla** *f.* Amér. Central. Pereza.

**chollar** *tr.* Amér. Central. Desollar,
pelar.

**chollo** *m.* Fam. Ganga.

**cholo, la** *adj./m. y f.* Amér. Central
y Amér. Merid. Mestizo de blanco
e india.

**chompa** o **chomba** *f.* Amér. Merid. Jersey.

**chompipe** *f.* Amér. Central. Pavo.

**chongo** *m.* Chile. Cuchillo sin filo.
— Guat. Rizo de pelo. — Méx.
Trenza, moño de pelo. ▸
*pl.* Méx. Dulce típico preparado con leche cuajada, azúcar y
canela.

**chonguear** *intr. y prnl.* Guat. y
Méx. Burlarse.

**chontal** *adj./m. y f.* Amér. Central,
Colomb. y Venez. Rústico e inculto.

**chopo** *m.* Álamo.

**choque** *m.* Acción de chocar.
— MED. Shock.

**chorizo** *m.* Embutido hecho con
carne de cerdo picada y adobada. — Argent. Embutido de carne porcina que se sirve asado.
— Argent., Par. y Urug. Carne de
lomo vacuno situada a ambos
lados del espinazo.

**chorlito** *m.* Ave zancuda de pico
recto.

**choro, ra** *adj.* Chile. Fam. Se dice de
la persona valiente y decidida.
▸ *m.* Chile. Mejillón. — Chile. Ladrón. — Chile. Vulg. Vulva.

**chorote** *m.* Colomb. Vasija de
barro.

**chorreado, da** *adj.* Amér. Sucio,
manchado.

**chorrear** *intr.* Caer un líquido a
chorro, o goteando.

**chorro** *m.* Líquido o gas que sale
o cae con fuerza y continuidad.

**chotacabras** *m. o f.* Ave insectívora de costumbres nocturnas.

**chotearse** 134

**chotearse** *prnl.* Vulg. Burlarse.
**chotis** *m.* Música y baile de parejas, típico de Madrid.
**choto, ta** *m. y f.* Cría de la cabra mientras mama. — Ternero.
**chovinismo** *m.* Chauvinismo.
**choza** *f.* Cabaña.
**chubasco** *m.* Chaparrón o aguacero con mucho viento.
**chubasquero** *m.* Impermeable.
**chúcaro, ra** *adj.* Amér. Central y Amér. Merid. Se dice del ganado equino y vacuno no desbravado, arisco o bravío.
**chuchería** *f.* Golosina.
**chucho, cha** *m. y f.* Fam. Perro. ► *m.* Amér. Fiebre intermitente. — Amér. Central y Amér. Merid. Estremecimiento, escalofrío. — Argent. y Urug. Fam. Miedo.
**chueco, ca** *adj.* Amér. Que tiene las puntas de los pies torcidas hacia dentro. — Amér. Torcido.
**chufa** *f.* Planta de tubérculos comestibles con los que se prepara horchata.
**chuleta** *f.* Costilla de ternera, carnero o cerdo, sin descarnar. — Fam. Entre estudiantes, papel que se lleva escondido para copiar en un examen.
**chulo, la** *adj./m. y f.* Que toma una actitud insolente. ► *adj.* Esp. Fam. Bonito y vistoso. ► *m. y f.* Madrileño castizo. ► *m.* Vulg. Proxeneta.
**chumbera** *f.* Planta con el tallo en forma de pala con espinas que tiene por fruto el higo chumbo.

**chungo, ga** *adj.* Fam. Malo.
**chuña** *f.* Ave zancuda corredora originaria de América del Sur.
**chuño** *m.* Amér. Merid. Fécula de patata. — Amér. Merid. Alimento que se prepara con fécula de patata y leche.
**chupa** *f.* Chaqueta o cazadora.
**chupado, da** *adj.* Fam. Muy flaco y extenuado. — Fam. Muy fácil.
**chupar** *tr.* Sacar con los labios el jugo de una cosa. — Absorber. — Humedecer una cosa con la lengua. — Amér. Beber, particularmente referido a las bebidas alcohólicas.
**chupe** *m.* Chile y Perú. Guiso hecho con patatas, carne o pescado, queso, ají, tomate, etc.
**chupete** *m.* Objeto en forma de pezón que se da a chupar a los niños pequeños.
**chupinazo** *m.* Disparo en los fuegos artificiales.
**churrete** *m.* Mancha que ensucia alguna parte visible del cuerpo.
**churrigueresco, ca** *adj.* Se dice de un estilo arquitectónico barroco, muy recargado de adornos.
**churro** *m.* Masa de harina y agua, de forma alargada, frita en aceite. — Fam. Chapuza, cosa mal hecha.
**churruscar** *tr. y prnl.* Asar o tostar demasiado una cosa.
**churumbel** *m.* Esp. Fam. Niño.
**chusco, ca** *adj./m. y f.* Gracioso. ► *m.* Pedazo de pan.

**chusma** *f.* Fam. Conjunto de gente vulgar y despreciable.

**chuspa** *f.* Amér. Merid. Morral. — Urug. Bolsa para el tabaco.

**chutar** *intr.* En el fútbol, lanzar el balón con el pie.

**chuza** *f.* Argent. y Urug. Lanza parecida al chuzo. — Chile y Méx. Lance en el juego de los bolos que consiste en derribar todos los palos de una vez.

**chuzo** *m.* Palo armado con un pincho de hierro. — Chile. Persona incompetente, torpe.

**cianhídrico, ca** *adj.* Se dice de un ácido de gran toxicidad.

**cianuro** *m.* Sal del ácido cianhídrico.

**ciática** *f.* Neuralgia del nervio ciático.

**ciático, ca** *adj.* De la cadera. ▸ *adj./m.* Se dice del nervio que recorre los músculos del muslo y de la pierna.

**cibernauta** *m. y f.* Persona que a través de Internet accede a bases de datos.

**cibernética** *f.* Ciencia que estudia los mecanismos de control en las máquinas y los seres vivos.

**cicatero, ra** *adj./m. y f.* Avaro, mezquino.

**cicatriz** *f.* Señal que queda de una herida o llaga.

**cicatrizar** *tr., intr. y prnl.* Cerrar una herida o llaga.

**cicerone** *m. y f.* Persona que enseña y explica a otras las curiosidades de un lugar.

**ciclismo** *m.* Deporte que se practica con la bicicleta.

**ciclo** *m.* Sucesión de períodos o fenómenos que se repiten en un orden determinado.

**ciclomotor** *m.* Motocicleta de pequeña cilindrada.

**ciclón** *m.* Huracán.

**cíclope** o **ciclope** *m.* Gigante mitológico con un solo ojo.

**ciclostil** o **ciclostilo** *m.* Aparato que sirve para copiar muchas veces un escrito o dibujo. (Es marca registrada.)

**cicuta** *f.* Planta umbelífera venenosa. — Veneno obtenido de esta planta.

**cidra** *f.* Fruto del cidro.

**cidro** *m.* Árbol de flores encarnadas, cuyo fruto es la cidra.

**ciego, ga** *adj./m. y f.* Privado de la vista. ▸ *adj.* Incapaz de captar algo evidente. ▸ *adj./m.* ANAT. Se dice de la parte inicial del intestino grueso.

**cielo** *m.* Espacio que rodea la Tierra. — Según algunas religiones, morada de los bienaventurados.

**ciempiés** *m.* Artrópodo terrestre cuyo cuerpo, formado por anillos, está provisto de numerosas patas.

**cien** *adj./m.* Diez veces diez. ▸ *adj./m. y f.* Centésimo. ▸ *m.* Centenar.

**ciénaga** *f.* Terreno lleno de cieno.

**ciencia** *f.* Conjunto de conocimientos sobre una materia por sus principios y causas. — Saber o conocimiento.

**cieno** *m.* Lodo que se forma en el fondo de los ríos, lagos, etc.

**científico, ca** *adj.* Relativo a la ciencia. ▶ *adj./m. y f.* Que se dedica a la investigación científica.

**ciento** *adj./m.* Diez veces diez. ▶ *adj./m. y f.* Centésimo. ▶ *m.* Centenar.

**ciernes** Palabra que se usa en la expresión en ciernes, que significa 'en los comienzos'.

**cierre** *m.* Acción y efecto de cerrar. — Lo que sirve para cerrar.

**cierto, ta** *adj.* Verdadero, seguro. — Alguno: *tengo ciertas dudas.* ▶ *adv.* Sí, con certeza.

**ciervo, va** *m. y f.* Mamífero rumiante cérvido de cuerpo esbelto.

**cierzo** *m.* Viento frío del norte.

**cifra** *f.* Cada uno de los signos con que se representan los números. — Número, cantidad. — Escritura secreta.

**cifrar** *tr.* Escribir en clave. ▶ *tr. y prnl.* Compendiar, resumir.

**cigala** *f.* Crustáceo decápodo marino parecido a la langosta.

**cigarra** *f.* Insecto de color verdoso que produce un sonido estridente y monótono.

**cigarrería** *f.* Amér. Tienda en que se vende tabaco.

**cigarrillo** *m.* Cilindro de papel especial relleno de tabaco picado.

**cigarro** *m.* Rollo de hojas de tabaco para fumar. — Cigarrillo.

**cigoto** *m.* BIOL. Célula resultante de la fecundación.

**cigüeña** *f.* Ave zancuda migratoria de gran tamaño.

**cigüeñal** *m.* Pieza del motor que transforma el movimiento rectilíneo en circular.

**cilampa** *f.* C. Rica y Salv. Llovizna.

**ciliado, da** *adj./m.* Se dice del protozoo provisto de cilios.

**cilindro** *m.* Cuerpo limitado por una superficie curva cerrada y dos planos que la cortan.

**cilio** *m.* Filamento delgado que emerge de ciertos protozoos y de otras células.

**cima** *f.* Parte más alta de una montaña, árbol, etc. — Apogeo.

**cimarrón, na** *adj./m. y f.* Se dice del animal doméstico que se hace montaraz.

**cimba** *f.* Bol. y Perú. Trenza que usan algunos indios.

**címbalo** *m.* Instrumento musical de percusión parecido a los platillos.

**cimborrio** *m.* Cuerpo cilíndrico que sirve de base a la cúpula.

**cimbrear** *tr. y prnl.* Hacer vibrar un objeto flexible.

**cimbrón** *m.* Argent., Colomb. y C. Rica. Tirón fuerte o súbito del lazo u otra cuerda. — Ecuad. Punzada, dolor.

**cimbronazo** *m.* Argent. Cimbrón, tirón fuerte. — Argent., Colomb. y

C. Rica. Estremecimiento nervioso muy fuerte.

**cimiento** *m.* Parte sobre la que se asienta un edificio. — Principio y raíz de algo.

**cimpa** *f.* Bol. y Perú. Cimba.

**cinc** *m.* Metal de color blanco azulado empleado en aleaciones.

**cincel** *m.* Herramienta usada para labrar piedras y metales.

**cincha** *f.* Faja con que se asegura la silla sobre la cabalgadura.

**cinchar** *intr.* Argent. y Urug. Trabajar con esfuerzo.

**cincho** *m.* Chile y Méx. Cincha.

**cinco** *adj./m.* Cuatro más uno. ▸ *adj./m. y f.* Quinto.

**cincuenta** *adj./m.* Cinco veces diez. ▸ *adj./m. y f.* Quincuagésimo.

**cine** *m.* Local destinado a la proyección de películas. — Cinematografía.

**cinegética** *f.* Arte de la caza.

**cinemática** *f.* Parte de la mecánica que estudia el movimiento con independencia de las fuerzas que lo producen.

**cinematografía** *f.* Arte y técnica de proyectar imágenes en movimiento por medio de la fotografía.

**cinerario, ria** *adj.* Destinado a contener cenizas de cadáveres.

**cinética** *f.* Parte de la mecánica que estudia el movimiento.

**cíngaro, ra** *adj./m. y f.* Gitano.

**cínico, ca** *adj./m. y f.* Impúdico, inmoral.

**cinta** *f.* Tira larga y estrecha de material flexible. — Caja pequeña de plástico que contiene una banda magnética en la que se puede grabar imagen o sonido.

**cintillo** *m.* Chile. Diadema. — Colomb. Collar pequeño.

**cinto** *m.* Cinturón.

**cintura** *f.* Parte del cuerpo humano entre el tórax y las caderas. — Parte de una prenda de vestir que corresponde a esa parte del cuerpo.

**cinturón** *m.* Tira de cuero o de tejido fuerte que ciñe las prendas de vestir a la cintura.

**cipe** *adj.* C. Rica, Hond. y Salv. Se dice del niño enfermizo.

**cipote** *m.* Esp. Vulg. Pene. — Hond., Nicar. y Salv. Muchacho.

**ciprés** *m.* Árbol de tronco alto y recto y copa cónica.

**circo** *m.* En la antigua Roma, lugar destinado a espectáculos públicos. — Espectáculo en que intervienen acróbatas, payasos, etc.

**circuito** *m.* Espacio limitado que recorre una cosa y que termina en el mismo punto en el que empieza. — FÍS. Sucesión de conductores eléctricos por donde pasa una corriente.

**circular** *intr.* Moverse en derredor. — Transitar. — Correr o pasar una cosa de una persona a otra: ~ *una noticia.*

**circular** *adj.* De figura de círculo. ▸ *f.* Escrito dirigido a varias personas para notificar algo.

**círculo** *m.* Superficie plana delimitada por una circunferencia. — Circunferencia. — Casino, sociedad.

**circuncisión** *m.* Operación que consiste en seccionar el prepucio.

**circundar** *tr.* Cercar, rodear.

**circunferencia** *f.* Curva plana cerrada cuyos puntos equidistan del centro.

**circunflejo, ja** *adj.* LING. Se dice del acento que se representa como un ángulo con el vértice hacia arriba.

**circunloquio** *m.* Modo de expresar algo por medio de rodeos.

**circunscribir** *tr. y prnl.* Reducir a ciertos límites. ▸ *tr.* Trazar una figura de modo que otra quede dentro de ella.

**circunspecto, ta** *adj.* Serio y reservado.

**circunstancia** *f.* Situación concreta. — Conjunto de lo que está en torno a uno.

**circunvalar** *tr.* Cercar, rodear.

**circunvolución** *f.* Vuelta o rodeo de alguna cosa.

**cirílico, ca** *adj./m.* Se dice del alfabeto usado en ruso y otras lenguas eslavas.

**cirio** *m.* Vela de cera larga y gruesa.

**cirquero, ra** *adj.* Amér. Relativo al circo. ▸ *adj./m. y f.* Argent. Fam. Extravagante, histriónico.

**cirro** *m.* Nube blanca y alta en forma de filamentos. — Tumor duro e indoloro.

**cirrosis** *f.* Enfermedad crónica del hígado.

**ciruela** *f.* Fruto del ciruelo.

**ciruelo** *m.* Árbol frutal de flor blanca que produce las ciruelas.

**cirugía** *f.* Parte de la medicina que tiene por objeto curar mediante operaciones.

**ciruja** *m. y f.* Argent. Persona que busca entre los desperdicios objetos para vender.

**cirujano, na** *m. y f.* Médico que ejerce la cirugía.

**cisco** *m.* Carbón vegetal menudo. — Fam. Bullicio.

**cisma** *m.* División en el seno de una iglesia o religión.

**cisne** *m.* Ave palmípeda de cuello largo y flexible.

**cisterciense** *adj./m. y f.* De la orden religiosa del Císter.

**cisterna** *f.* Depósito de agua. — Depósito o tanque destinado al transporte de líquidos.

**cistitis** *f.* Inflamación de la vejiga urinaria.

**cisura** *f.* Hendidura muy fina.

**cita** *f.* Asignación de día, hora y lugar para encontrarse dos o más personas. — Reproducción de lo que ha dicho o escrito una persona.

**citar** *tr.* Dar cita. — Mencionar.

**cítara** *f.* Instrumento musical antiguo parecido a la lira.

**citerior** *adj.* Que está en la parte de acá.

**citología** *f.* Parte de la biología que estudia la célula. — Análisis de un conjunto de células.

**citoplasma** *m.* Parte de la célula que contiene el núcleo.

**cítrico, ca** *adj.* Relativo al limón. ‣ *m. pl.* Conjunto de frutas agridulces o ácidas.

**ciudad** *f.* Núcleo urbano de población generalmente densa.

**ciudadano, na** *adj.* Relativo a la ciudad. ‣ *adj./m. y f.* Habitante y vecino de una ciudad. ‣ *m. y f.* Habitante de un estado con derechos políticos y sociales.

**ciudadela** *f.* Fortaleza en el interior de una ciudad.

**cívico, ca** *adj.* Relativo a la ciudad o a los ciudadanos. — Que muestra civismo.

**civil** *adj.* Ciudadano. ‣ *adj./m. y f.* Que no es militar ni eclesiástico.

**civilización** *f.* Conjunto de conocimientos, cultura y formas de vida de un pueblo.

**civilizar** *tr.* Llevar a un país o pueblo la civilización de otro más adelantado. — Educar.

**civismo** *m.* Cualidad de buen ciudadano. — Cualidad de educado.

**cizalla** *f.* Tijeras grandes para cortar metales.

**cizaña** *f.* Planta gramínea perjudicial para los sembrados. — Discordia.

**clamar** *intr.* Dar voces quejándose o pidiendo algo.

**clamor** *m.* Grito colectivo. — Grito de dolor, protesta, etc.

**clan** *m.* Grupo de personas unidas por un interés o vínculo común.

**clandestino, na** *adj.* Secreto, oculto, que contraviene la ley.

**clara** *f.* Materia blanca que rodea la yema del huevo.

**claraboya** *f.* Ventana en el techo o en la parte alta de una pared.

**clarear** *tr.* Dar claridad. ‣ *impers.* Empezar a amanecer. — Irse disipando las nubes.

**claridad** *f.* Cualidad de claro. — Efecto de la luz al iluminar un espacio.

**clarín** *m.* Instrumento musical de viento parecido a la trompeta.

**clarinete** *m.* Instrumento musical de viento compuesto por un tubo de madera con agujeros y boquilla con lengüeta.

**clarividencia** *f.* Facultad paranormal de adivinar el futuro. — Facultad de comprender con claridad.

**claro, ra** *adj.* Que recibe mucha luz. — Transparente. — Se dice del color poco subido: *azul ~*. — Poco espeso. — Fácil de comprender. ‣ *m.* Espacio que queda entre ciertas cosas. ‣ *adv.* De forma clara.

**claroscuro** *m.* Contraste de luces y sombras en un cuadro.

**clase** *f.* Cada una de las categorías en que se pueden clasificar las personas o las cosas. — Conjunto de personas de la misma condición social. — Conjunto de estudiantes que reciben un mismo grado de enseñanza. — Aula. — BIOL. Cada una de las grandes divisiones de un tipo de seres vivos.

**clasicismo** *m.* Tendencia estética basada en la imitación de los modelos de la antigüedad griega y romana. — Cualidad de clásico.

**clásico, ca** *adj./m. y f.* Relativo a la antigüedad grecolatina. — Se dice del autor u obra que se tiene como modelo digno de imitación. ▸ *adj.* Sobrio, poco llamativo y de corte tradicional.

**clasificar** *tr.* Ordenar por clases. ▸ *prnl.* Obtener determinado puesto en una competición.

**clasista** *adj./m. y f.* Partidario de las diferencias de clase.

**claudicar** *intr.* Transigir, ceder o renunciar.

**claustro** *m.* Galería en torno al patio principal de un monasterio o templo. — Reunión de profesores.

**claustrofobia** *f.* Temor a los espacios cerrados.

**cláusula** *f.* Disposición de un contrato. — Conjunto de palabras que expresan un pensamiento completo.

**clausura** *f.* Acción y efecto de clausurar. — Vida religiosa en el interior de un convento, sin salir de él.

**clausurar** *tr.* Cerrar un establecimiento o edificio. — Poner fin solemne a un acto.

**clavar** *tr.* Introducir una cosa puntiaguda en un cuerpo. — Fijar, poner: ~ *la mirada.* — Asegurar con clavos.

**clave** *f.* Información necesaria para entender bien una cosa. — Explicación de los signos para escribir en cifra. — ARQ. Piedra central con que se cierra un arco. — MÚS. Signo que se coloca al principio del pentagrama para determinar el nombre de las notas.

**clavel** *m.* Planta con flores olorosas de borde dentado. — Flor de esta planta.

**clavicémbalo** *m.* Instrumento musical de cuerdas y teclado.

**clavicordio** *m.* Instrumento musical de cuerda, precursor del piano.

**clavícula** *f.* Hueso largo que va del esternón al omóplato.

**clavija** *f.* Pieza que se encaja en un agujero para sujetar, ensamblar o conectar algo.

**clavo** *m.* Pieza metálica, larga y delgada, con cabeza y punta. — Argent. y Chile. Artículo de comercio que no se vende. — Dar en el clavo (Fam.), acertar.

**claxon** *m.* Bocina de automóvil. (Es marca registrada.)

**clemencia** *f.* Benevolencia al castigar o juzgar.

**cleptomanía** *f.* Propensión patológica al robo.

**clerecía** *f.* Conjunto de los clérigos. — Estado de clérigo.

**clérigo** *m.* Hombre que ha recibido las órdenes sagradas cristianas.

**clero** *m.* Conjunto de los clérigos.

**cliché** *m.* Imagen fotográfica negativa. — Tópico, estereotipo.

**cliente, ta** *m. y f.* Persona que utiliza los servicios de un profesional, un establecimiento o una empresa.

**clima** *m.* Conjunto de condiciones atmosféricas que caracterizan una región. — Ambiente, conjunto de circunstancias que rodean a una persona.

**climatizar** *tr.* Acondicionar la temperatura de un recinto.

**climatología** *f.* Ciencia que estudia el clima.

**clímax** *m.* Momento culminante de un proceso.

**clínica** *f.* Hospital.

**clínico, ca** *adj.* Relativo a la clínica.

**clip** *m.* Utensilio pequeño de metal para sujetar papeles.

**clisé** *m.* Cliché.

**clítoris** *m.* Órgano eréctil situado en la vulva.

**cloaca** *f.* Conducto por donde van las aguas de lluvia y las residuales. — ZOOL. Porción final del intestino de las aves y otros animales.

**clon** *m.* Reproducción exacta de un individuo a partir de una célula originaria.

**clorhídrico, ca** *adj.* QUÍM. Se dice del ácido compuesto de cloro e hidrógeno.

**cloro** *m.* Elemento gaseoso amarillo verdoso, de olor sofocante.

**clorofila** *f.* Pigmento verde de los vegetales.

**cloroformo** *m.* Líquido volátil e incoloro que se usa como anestésico.

**cloroplasto** *m.* Corpúsculo de las células vegetales que contiene la clorofila y asegura la fotosíntesis.

**cloruro** *m.* QUÍM. Combinación del cloro con un metal.

**closet** *m.* Amér. Armario empotrado.

**club** *m.* Asociación deportiva, cultural o política. — Bar donde se sirven bebidas y se pone música.

**clueco, ca** *adj./f.* Se dice del ave cuando empolla.

**cluniacense** *adj./m. y f.* De la abadía o de la congregación de Cluny, en Borgoña.

**cnidario, ria** *adj./m.* Se dice del celentéreo provisto de células que producen picores, como la medusa.

**coa** *f.* Chile. Jerga dialectal. — Méx., Pan. y Venez. Pala usada para labranza. — Venez. Siembra.

**coacción** *f.* Violencia con que se obliga a uno a hacer o decir una cosa.

**coadyuvar** *intr.* Contribuir a la consecución de algo.

**coagular** *tr. y prnl.* Cuajar, solidificar lo líquido.

**coalición** *f.* Alianza entre personas, grupos o estados.

**coartada** *f.* Prueba con que una persona demuestra que no ha estado presente en el momento y lugar de un delito.

**coartar** *tr.* Limitar o impedir la libertad de alguien.

**coautor, ra** *m. y f.* Autor en colaboración con otro u otros.

**coaxial** *adj.* Que tiene un eje común.

**coba** *f.* Fam. Halago exagerado, adulación.

**cobalto** *m.* Metal de color blanco rojizo, duro y maleable.

**cobardía** *f.* Falta de ánimo y valor.

**cobaya** *m. o f.* Pequeño mamífero roedor de cuerpo grueso y pelaje espeso. — Persona o animal sometidos a observación o experimentación.

**cobertizo** *m.* Tejado que sobresale de una pared. — Construcción rudimentaria para resguardarse.

**cobertor** *m.* Colcha.

**cobertura** *f.* Acción de cubrir. — Cosa que cubre otra. — Extensión territorial que alcanza un servicio, especialmente de telecomunicaciones. — Apoyo militar.

**cobija** *f.* Mex. y Venez. Manta. ▸ *pl.* Amér. Ropa de cama.

**cobijar** *tr. y prnl.* Dar albergue o refugio. — Amparar, proteger.

**cobra** *f.* Serpiente venenosa cuya longitud rebasa los 4 m.

**cobrar** *tr.* Recibir una cantidad como pago de algo. — Adquirir, conseguir: ~ *fama.* — Causar víctimas.

**cobre** *m.* Metal rojizo, dúctil, maleable y brillante.

**coca** *f.* Arbusto de cuyas hojas se extrae la cocaína. — Cocaína.

**cocacho** *m.* Amér. Merid. Coscorrón. — Perú. Variedad de frijol que se endurece al cocer.

**cocada** *f.* Bol., Colomb. y Perú. Especie de turrón. — Chile y Méx. Dulce de coco. — Perú. Provisión de hojas de coca.

**cocaína** *f.* Sustancia extraída de las hojas de coca, utilizada como droga.

**cóccix** *m.* Coxis.

**cocer** *tr.* Preparar un alimento sometiéndolo a la acción del agua u otro líquido que hierve. ▸ *intr.* Hervir.

**cocha** *f.* Chile, Colomb. y Ecuad. Charco, laguna.

**cochambre** *m. o f.* Fam. Suciedad, basura.

**cochayuyo** *m.* Amér. Merid. Alga marina comestible.

**coche** *m.* Automóvil. — Vagón del tren. — Carruaje para viajeros.

**cochinilla** *f.* Insecto que produce graves plagas en los cultivos.

**cochino, na** *adj./m. y f.* Se dice de la persona sucia. ▸ *m. y f.* Cerdo.

**cocho, cha** *adj.* Colomb. Que no está cocido, crudo. ▸ *m. y f.* Cochino, cerdo. ▸ *m.* Chile. Mazamorra de harina tostada.

**cocido** *m.* Guiso de carne, tocino, legumbres y hortalizas.

**cociente** *m.* MAT. Resultado de la división.

**cocina** *f.* Habitación de la casa donde se guisa. — Aparato con fuegos para cocer los alimentos. — Arte de preparar alimentos.

**cocinar** *tr. e intr.* Preparar un alimento para que se pueda comer.

**cocinería** *f.* Chile y Perú. Tienda de comidas preparadas.

**coco** *m.* Fruto del cocotero. — Cocotero. — Fam. Cabeza. — Bacteria de forma redondeada. — Fam. Personaje imaginario con el que se asusta a los niños.

**cocodrilo** *m.* Reptil anfibio de gran tamaño, de piel escamosa.

**cocotero** *m.* Palmera tropical cuyo fruto es el coco.

**cóctel** o **coctel** *m.* Bebida hecha con licores y zumos. — Reunión o fiesta en la que se sirven bebidas y canapés.

**cocuyo** *m.* Amér. Coleóptero parecido a la luciérnaga.

**codear** *intr.* Mover los codos. ▸ *prnl.* Tratarse de igual a igual con otra persona.

**codera** *f.* Adorno o refuerzo que se pone sobre la zona de los codos.

**códice** *m.* Libro manuscrito anterior a la imprenta.

**codicia** *f.* Deseo exagerado de riquezas u otras cosas.

**codificar** *tr.* Formular un mensaje según las reglas de un código.

**código** *m.* Recopilación sistemática de leyes. — Sistema de signos y reglas que permite formular y comprender un mensaje.

**codillo** *m.* En los cuadrúpedos, articulación del brazo próxima al pecho.

**codo** *m.* Parte posterior de la articulación del brazo con el antebrazo.

**codorniz** *f.* Ave migratoria parecida a la perdiz.

**coeficiente** *m.* MAT. En un monomio, factor constante que multiplica la parte algebraica variable.

**coercer** *tr.* Contener, refrenar.

**coetáneo, a** *adj./m. y f.* De la misma edad o época.

**coexistir** *intr.* Existir al mismo tiempo.

**cofia** *f.* Tocado femenino que recoge el pelo.

**cofradía** *f.* Congregación o hermandad.

**cofre** *m.* Arca o caja con tapa y cerradura. — Colomb. Joyero, cajita para guardar joyas. — Méx. Tapa que protege el motor de los automóviles.

**coger** *tr.* Asir, agarrar, tomar. — Recoger, recolectar. — Apresar. — Adquirir, contraer o padecer lo que se indica: ~ *un resfriado.* — Montar en un vehículo: ~ *un taxi.* — Alcanzar. ▸ *intr.* Amér. Vulg. Realizar el acto sexual. — Esp. Hallarse, encontrarse: *la oficina coge lejos.*

**cognoscible** *adj.* Que se puede conocer.

**cogollo** *m.* Parte interior de las hortalizas, como la lechuga.

**cogote** *m.* Parte superior y posterior del cuello.

**cogotudo, da** *adj./m. y f.* Amér. Central y Amér. Merid. Que es adinerado y orgulloso.

**cohabitar** *intr.* Vivir con otra persona.

**cohecho** *m.* Soborno a un juez o funcionario público.

**coherencia** *f.* Relación lógica de una cosa con otra. — Cohesión.

**cohesión** *f.* Unión de personas o cosas entre sí.

**cohete** *m.* Artefacto propulsado por reacción a chorro. — Artificio pirotécnico que asciende y estalla en el aire.

**cohibir** *tr.* Refrenar, reprimir.

**cohorte** *f.* División de la legión romana. — Fam. Grupo de gente.

**coima** *f.* Argent., Chile, Ecuad., Perú y Urug. Soborno.

**coincidir** *intr.* Ajustarse una cosa con otra. — Estar de acuerdo o ser iguales dos o más personas o cosas. — Ocurrir dos o más cosas al mismo tiempo.

**coipo** *m.* Argent. y Chile. Roedor de hábitos acuáticos.

**coirón** *m.* Bol. y Chile. Planta gramínea de hojas duras y punzantes que se utiliza principalmente para poner techos a las casas.

**coito** *m.* Unión sexual.

**cojear** *intr.* Andar con dificultad.

**cojín** *m.* Almohadón.

**cojinete** *m.* Elemento que sirve para guiar el eje de un mecanismo.

**cojo, ja** *adj./m. y f.* Que cojea o carece de una pierna o pata.

**cojón** *m.* Vulg. Esp. Testículo. ▸ *pl.* Vulg. Esp. Valor o atrevimiento.

**col** *f.* Planta hortense comestible de hojas anchas y radiales.

**cola** *f.* Apéndice posterior de numerosos vertebrados. — Parte posterior o final de una cosa. — Hilera de personas que esperan su turno. — Pasta adhesiva.

**colaborar** *intr.* Trabajar con otros en una misma obra. — Dar una ayuda para financiar una obra benéfica.

**colación** *f.* Comida ligera. — Cotejo. — Amér. Golosina recubierta con un baño de azúcar. — Sacar a colación, mencionar.

**colada** *f.* Lavado periódico de la ropa de casa.

**colágeno** *m.* Proteína compleja que constituye la sustancia fundamental de algunos tejidos.

**colapso** *m.* MED. Debilitación extrema y brusca de las actividades vitales.

**colar** *tr.* Filtrar un líquido. ▸ *intr.* Fam. Hacer creer algo con engaño. ▸ *prnl.* Fam. Introducirse ocultamente en un lugar.

**colateral** *adj.* Que está a uno y otro lado. — Que es consecuencia no pretendida de algo que se considera principal.

**colcha** *f.* Cobertura de cama que sirve de adorno y abrigo.

**colchón** *m.* Pieza plana que se pone sobre la cama para dormir en ella.

**colchoneta** *f.* Colchón delgado y estrecho.

**colear** *intr.* Mover un animal la cola. ► Durar un asunto o sus consecuencias. ► *tr.* Colomb. Molestar. — Méx. y Venez. Tirar de la cola de una res para derribarla.

**colección** *f.* Conjunto de cosas de una misma clase.

**colecta** *f.* Recaudación de donativos.

**colectividad** *f.* Conjunto de personas reunidas para un fin.

**colectivo, va** *adj.* Relativo a un grupo o colectividad. ► *m.* Colectividad. — Argent., Bol. y Perú. Autobús. — Chile. Taxi con recorrido fijo.

**colector, ra** *adj.* Que recoge. ► m. Conducto subterráneo en el cual vierten las alcantarillas sus aguas.

**colega** *m. y f.* Persona que tiene la misma profesión que otra. — Fam. Compañero, amigo.

**colegiarse** *prnl.* Constituirse en colegio. — Afiliarse a un colegio.

**colegiata** *f.* Iglesia que posee un cabildo de canónigos.

**colegio** *m.* Centro de enseñanza. — Corporación de personas de la misma profesión.

**colegir** *tr.* Inferir, deducir una cosa de otra.

**coleóptero, ra** *adj./m.* Relativo a un orden de insectos provistos de boca masticatoria y alas posteriores plegables.

**cólera** *m.* Enfermedad infecciosa y epidémica. ► *f.* Ira.

**colesterol** *m.* Sustancia grasa presente en las células eucariotas.

**coleta** *f.* Pelo recogido en forma de cola.

**coletilla** *f.* Adición breve a lo escrito o hablado.

**colgar** *tr.* Poner una cosa pendiente de otra sin que se apoye en la parte inferior. — Cortar una comunicación telefónica. — Fam. Ahorcar. ► *intr.* Estar una cosa pendiente o asida de otra.

**colibrí** *m.* Ave de pequeño tamaño, pico largo y plumaje brillante.

**cólico** *m.* Dolor abdominal agudo acompañado de contracciones espasmódicas.

**coliflor** *f.* Variedad de col cuyos brotes forman una masa blanca.

**coligarse** *prnl.* Unirse o asociarse para algún fin.

**coligüe** *m.* Argent. y Chile. Planta gramínea trepadora de hojas perennes y madera muy dura.

**colilla** *f.* Punta del cigarro que ya no se fuma.

**colina** *f.* Elevación de terreno menor que la de un monte.

**colindar** *intr.* Lindar entre sí.

**colirio** *m.* Medicamento para enfermedades oculares.

**coliseo** *m.* Cine o teatro de gran capacidad.

**colisión** *f.* Choque de dos cuerpos.

**colista** *adj./m. y f.* Que va último en una competición.

**collado** *m.* Colina. — Depresión que facilita el paso de una sierra.

**collage** *m.* Obra y técnica pictórica que consiste en pegar sobre el lienzo diversos materiales, especialmente papeles.

**collar** *m.* Adorno que rodea el cuello. — Correa que ciñe el pescuezo de los animales domésticos.

**colmado** *m.* Tienda de comestibles.

**colmar** *tr.* Llenar algo hasta el borde. — Satisfacer plenamente.

**colmena** *f.* Lugar o receptáculo en el que viven las abejas.

**colmillo** *m.* Diente agudo situado entre los incisivos y los molares. — Incisivo alargado de los elefantes.

**colmo** *m.* Grado máximo al que puede llegar algo que se expresa. — Parte de una sustancia que desborda el recipiente que la contiene.

**colocar** *tr. y prnl.* Poner a una persona o cosa en un lugar o posición determinados. — Proporcionar un estado o empleo. ► *prnl.* Esp. Vulg. Sentir los efectos de una droga.

**colofón** *m.* Anotación al final de un libro. — Término, remate.

**colombiano, na** *adj./m. y f.* De Colombia.

**colombino, na** *adj.* Relativo a Cristóbal Colón.

**colon** *m.* Parte del intestino grueso entre el ciego y el recto.

**colón** *m.* Unidad monetaria de El Salvador (junto con el dólar) y Costa Rica.

**colonia** *f.* Territorio ocupado y administrado por una potencia extranjera. — Conjunto de personas de un mismo origen geográfico, étnico o religioso que se establecen en un lugar. — Grupo de animales que viven juntos. — Perfume compuesto de agua, alcohol y esencias aromáticas. — Amér. Coloniaje. — Méx. Barrio urbano.

**coloniaje** *m.* Amér. Central y Amér. Merid. Período que duró la dominación española en América.

**colonizar** *tr.* Establecer colonias en un territorio.

**colono** *m.* Habitante de una colonia. — Labrador arrendatario.

**coloquial** *adj.* Se dice del lenguaje usado corrientemente en la conversación.

**coloquio** *m.* Conversación entre dos o más personas.

**color** *m.* Impresión que produce en el ojo la luz emitida por los focos luminosos o difundida por los cuerpos. — Sustancia preparada para pintar o teñir. — Colorido.

**colorado, da** *adj.* De color rojo.

**colorante** *adj./m.* Que colora o tiñe.

**colorar** o **colorear** *tr.* Dar color.

**colorete** *m.* Cosmético encarnado que se aplica sobre los pómulos.

**colorido** *m.* Disposición de los colores. — Animación, viveza.

**colorinche** *adj.* Amér. Fam. Que es de colores chillones o mal combinados.

**colosal** *adj.* De estatura propia de un coloso. — Extraordinario.

**coloso** *m.* Estatua que excede mucho del tamaño natural. — Persona o cosa muy importantes o influyentes.

**columna** *f.* Elemento arquitectónico, generalmente cilíndrico, que sirve de apoyo y sostén. — Pila de cosas colocadas unas sobre las otras. — Tropa en formación, de poco frente y mucho fondo. — Sección vertical de una página impresa separada de otra por un espacio en blanco. — Escrito que ocupa esta sección.

**columnista** *m. y f.* Colaborador de un periódico que tiene a su cargo la redacción de una columna.

**columpio** *m.* Asiento suspendido para balancearse.

**colza** *f.* Variedad de nabo de cuyas semillas se extrae aceite.

**coma** *m.* Estado caracterizado por la pérdida de la conciencia y la motricidad. ▸ *f.* Signo ortográfico (,) que indica la división de las frases o miembros más cortos de la oración. — MAT. Signo que separa los enteros de los decimales.

**comadre** *f.* Madrina de un niño respecto del padre, la madre o el padrino del mismo. — Fam. Mujer que chismorrea.

**comadreja** *f.* Mamífero carnívoro nocturno.

**comadrón, na** *m. y f.* Auxiliar médico que ayuda en los partos.

**comal** *m.* Amér. Central y Méx. Disco bajo y delgado de metal o barro sin vidriar, que se usa para asar alimentos y para tostar el café y el cacao.

**comandante** *m.* Oficial de los ejércitos de tierra y aire.

**comando** *m.* Pequeño grupo de personas armadas que realizan acciones peligrosas.

**comarca** *f.* Territorio con clara unidad geográfica, más pequeño que una región.

**comba** *f.* Inflexión que toman algunos cuerpos sólidos cuando se encorvan. — Juego de niños en que se salta con una cuerda.

**combate** *m.* Lucha, especialmente entre gente armada.

**combatir** *tr.* Contradecir, impugnar. — Atacar una enfermedad o mal. ▸ *intr.* Luchar.

**combinación** *f.* Acción y efecto de combinar. — Clave o código para hacer funcionar un mecanismo, un proceso, etc. — Esp. Prenda interior femenina de una sola pieza.

**combinar** *tr.* Unir cosas diversas de manera que formen un compuesto. — Disponer elementos para conseguir un fin.

**combustible** *adj.* Que arde con

facilidad. ▶ *m./adj.* Material cuya combustión produce energía calorífica.

**combustión** *f.* Acción y efecto de arder o quemar.

**comedia** *f.* Obra dramática. — Pieza teatral o cinematográfica de tema ligero y desenlace feliz. — Farsa o fingimiento.

**comediógrafo, fa** *m. y f.* Autor de comedias.

**comedirse** *prnl.* Moderarse, contenerse. — Amér. Ofrecerse o disponerse para alguna cosa.

**comedor, ra** *adj.* Que come mucho. ▶ *m.* Habitación donde se come.

**comendador** *m.* Caballero que tiene encomienda en alguna de las órdenes militares o de caballeros.

**comensal** *m. y f.* Persona que come con otras en una misma mesa.

**comentario** *m.* Opinión que se dice o escribe sobre alguien o algo.

**comenzar** *tr.* Empezar, dar principio a algo. ▶ *intr.* Tener principio en un tiempo o lugar.

**comer** *tr. e intr.* Masticar y tragar el alimento. — Tomar alimento. ▶ *intr.* Tomar la comida principal del día. ▶ *intr.* En ciertos juegos de tablero, hacer retirar una ficha a un jugador.

**comercial** *adj.* Relativo al comercio. ▶ *m. y f.* Persona que se ocupa de la venta de un producto.

**comerciar** *intr.* Comprar, vender y permutar con fin lucrativo.

**comercio** *m.* Acción y efecto de comerciar. — Tienda.

**comestible** *adj.* Que se puede comer. ▶ *m.* Artículo alimenticio.

**cometa** *m.* ASTRON. Astro formado por un núcleo poco denso acompañado de una larga cola luminosa. ▶ *f.* Juguete consistente en un armazón plano y ligero que se hace volar mediante una larga cuerda.

**cometer** *tr.* Incurrir en alguna culpa, error o delito.

**cometido** *m.* Comisión, encargo. — Deber, obligación.

**comezón** *f.* Picor. — Desasosiego.

**cómic** *m.* Secuencia de viñetas con desarrollo narrativo.

**comicios** *m. pl.* Elecciones.

**cómico, ca** *adj.* Relativo a la comedia. — Que hace reír. ▶ *m. y f.* Fam. Actor.

**comida** *f.* Alimento. — Acción de tomar alimentos a una hora determinada del día. — Alimento que se toma al mediodía.

**comidilla** *f.* Fam. Tema o motivo de murmuración.

**comienzo** *m.* Principio, origen.

**comillas** *f. pl.* Signo ortográfico con que se encierran las citas o expresiones inusuales o que se quieren destacar.

**comino** *m.* Planta herbácea de semillas aromáticas. — Cosa de ínfimo valor.

**comisaría** *f.* Esp. Oficina de la policía.

**comisariato** *m.* Colomb., Nicar. y Pan. Economato, almacén.

**comisario, ria** *m. y f.* Persona que ha recibido poder para llevar a cabo una gestión. — Oficial superior de policía.

**comisión** *f.* Acción de cometer. — Encargo. — Porcentaje que cobra un vendedor. — Conjunto de personas encargadas de algo.

**comiso** *m.* Cosa confiscada.

**comisura** *f.* Punto de unión de los labios, párpados, etc.

**comité** *m.* Comisión de personas delegadas para un asunto.

**comitiva** *f.* Séquito.

**como** *adv.* Denota idea de equivalencia, semejanza o igualdad. — Según, conforme: ~ *dijiste.* — En calidad de: ~ *testigo.* ▸ *conj.* Porque: ~ *tardé no le vi.* — Si, en caso que: ~ *llores me enfadaré.*

**cómo** *adv. interr.* De qué modo o manera: *no sé* ~ *empezar.* — Por qué motivo: *¿* ~ *dices esto?* ▸ *interj.* Denota enfado o extrañeza: *¡cómo! ¿no lo sabes?* ▸ *m.* Modo, manera.

**cómoda** *f.* Mueble con cajones.

**comodín** *m.* En algunos juegos de naipes, carta que puede tomar diferentes valores. — Lo que sirve para fines diversos.

**cómodo, da** *adj.* Se dice de lo que contribuye a que uno se sienta a gusto. — Oportuno, fácil.

**comoquiera** *adv.* De cualquier manera.

**compacto, ta** *adj.* De textura apretada y poco porosa. ▸ *m.* Disco que reproduce sonido por medio de un rayo láser.

**compadecer** *tr. y prnl.* Sentir compasión.

**compadre** *m.* Padrino de un niño respecto del padre, la madre, o la madrina del mismo. — Fam. Amigo, compañero.

**compadrear** *intr.* Argent., Par. y Urug. Jactarse, envanecerse.

**compaginar** *tr. y prnl.* Hacer compatibles cosas que guardan relación.

**compañerismo** *m.* Armonía entre compañeros.

**compañero, ra** *m. y f.* Persona que juega, trabaja o vive con otra.

**compañía** *f.* Efecto de acompañar. — Persona o cosa que acompaña. — Sociedad comercial. — Grupo que representa un espectáculo artístico. — Unidad al mando de un capitán.

**comparar** *tr.* Examinar dos o más cosas para descubrir sus diferencias o semejanzas.

**comparativo, va** *adj.* Que compara o sirve para comparar. ▸ *adj./f.* LING. Se dice de la oración subordinada que denota comparación. ▸ *adj./m.* LING. Se dice del adjetivo o adverbio que expresa comparación.

**comparecer** *intr.* Presentarse.

**comparsa** *m. y f.* Persona que

representa papeles de poca importancia en el teatro.

**compartir** *tr.* Distribuir en partes. — Poseer en común. — Comunicar ideas o sentimientos.

**compás** *m.* Instrumento para trazar curvas y medir distancias. — MÚS. Ritmo de una pieza musical.

**compasión** *f.* Sentimiento de lástima por la desgracia ajena.

**compatible** *adj.* Que puede ocurrir o hacerse con otra cosa.

**compatriota** *m. y f.* Persona de la misma patria que otra.

**compendio** *m.* Breve exposición de lo más esencial de una materia.

**compenetrarse** *prnl.* Identificarse en ideas y sentimientos.

**compensar** *tr.* Igualar el efecto de una cosa con el de otra. — Dar o hacer una cosa en pago del daño causado.

**competencia** *f.* Rivalidad. — Obligación o responsabilidad que conlleva un cargo. — Empresa que compite con otra por fabricar o vender el mismo producto. — Aptitud, capacidad. — Amér. Competición.

**competente** *adj.* Experto, apto.

**competer** *intr.* Pertenecer, tocar o incumbir a uno una cosa.

**competir** *intr.* Luchar dos o más personas para lograr la misma cosa.

**compilar** *tr.* Reunir en una sola obra partes o textos de otras.

**compinche** *m. y f.* Fam. Amigo, colega.

**complacer** *tr.* Acceder a los deseos de otro. ▶ *prnl.* Hallar plena satisfacción en una cosa.

**complejo, ja** *adj.* Que se compone de elementos diversos. — Difícil. — Se dice del número que consta de una parte real y otra imaginaria. ▶ *m.* Conjunto de cosas. — Sentimiento de inferioridad.

**complemento** *m.* Cosa que se añade a otra para completarla.

**completar** *tr.* Hacer completa una cosa.

**completivo, va** *adj./f.* LING. Se dice de la oración subordinada que tiene la función de complemento directo.

**completo, ta** *adj.* Entero, íntegro. — Acabado, perfecto. — Que tiene todas sus plazas ocupadas.

**complexión** *f.* Constitución física de una persona o animal.

**complicar** *tr. y prnl.* Enredar, dificultar, confundir.

**cómplice** *m. y f.* Persona que colabora en un delito.

**complot** *m.* Conspiración, confabulación.

**componedor, ra** *m. y f.* Argent., Chile y Colomb. Persona diestra en tratar dislocaciones de huesos.

**componenda** *f.* Arreglo provisional.

**componente** *adj./m.* Que compone o entra en la composición de algo. ▶ *m. y f.* Miembro de un grupo o equipo.

**componer** *tr.* Formar un todo juntando elementos diversos. — Reparar lo estropeado o roto. — Producir obras literarias o musicales. — Amér. Colocar en su lugar los huesos dislocados. ▸ *tr. y prnl.* Constituir, formar. — Adornar, acicalar.

**comportar** *tr.* Implicar. ▸ *prnl.* Portarse.

**composición** *f.* Acción y efecto de componer. — Obra científica, literaria o musical.

**compositor, ra** *m. y f.* Persona que compone música.

**compostelano, na** *adj./m. y f.* De Santiago de Compostela (España).

**compostura** *f.* Reparación de una cosa que está descompuesta. — Aseo, adorno.

**comprar** *tr.* Adquirir algo por dinero. — Sobornar.

**comprender** *tr.* Abarcar, incluir dentro de sí. — Entender.

**compresa** *f.* Lienzo fino o gasa para usos médicos.

**compresor** *m.* Aparato que sirve para comprimir un fluido.

**comprimido, da** *adj.* Reducido a menor volumen. ▸ *m.* Pastilla medicinal.

**comprimir** *tr.* Reducir por presión el volumen de algo. — INFORM. Reducir la extensión de uan serie de datos informáticos sin perder información.

**comprobar** *tr.* Verificar, confirmar una cosa mediante prueba.

**comprometer** *tr. y prnl.* Poner en manos de un tercero la determinación de algo. — Exponer a un riesgo. — Asignar o adquirir una obligación.

**compromisario, ria** *adj./m. y f.* Se dice de la persona delegada para resolver o realizar algo.

**compromiso** *m.* Promesa, obligación. — Dificultad, apuro.

**compuerta** *f.* Dispositivo que sirve para controlar el paso del agua de un canal, presa, etc.

**compuesto, ta** *adj.* Formado por varios elementos. ▸ *adj./m.* ARQ. Se dice del orden de la arquitectura griega caracterizado por un capitel formado por volutas jónicas y hojas corintias. — Se dice de la palabra que está formada por la unión de dos o más palabras. — *m.* Sustancia formada por dos o más elementos químicos.

**compulsar** *tr.* Comprobar una copia legal con el original.

**compungido, da** *adj.* Apenado, afligido.

**computador** *m.* Ordenador.

**computadora** *f.* Ordenador.

**computar** *tr.* Determinar una cantidad por el cálculo de ciertos datos.

**comulgar** *intr.* Recibir la eucaristía. — Coincidir en ideas o sentimientos con otra persona.

**común** *adj.* Compartido por varios a la vez. — Frecuente, usual. — Vulgar.

**comuna** *f.* Organización de personas que viven en comunidad.

— Amér. Central y Amér. Merid. Municipio, ayuntamiento.

**comunicación** *f.* Acción y efecto de comunicar o comunicarse. — Medio de unión entre lugares.

**comunicar** *tr.* Hacer saber una cosa a alguien. ▸ *intr. y prnl.* Transmitir y recibir información por medio de un código común a emisor y receptor. ▸ *intr.* Dar un teléfono la señal de línea ocupada. ▸ *intr. y prnl.* Establecer paso de un lugar a otro.

**comunidad** *f.* Grupo social o agrupación de personas con intereses comunes.

**comunión** *f.* Participación en lo que es común. — En el cristianismo, sacramento de la eucaristía.

**comunismo** *m.* Doctrina que propugna la abolición de la propiedad privada.

**con** *prep.* Significa el instrumento, medio o modo para hacer algo. — En compañía: *llegó ~ su padre.* — Expresa reciprocidad o comparación: *se escribe ~ ella.* — Con infinitivo, equivale a gerundio: *~ declarar se eximió del tormento.* — A pesar de: *~ lo joven que es y ya es director.*

**conato** *m.* Acción o suceso que no llega a realizarse en su totalidad.

**concatenar** o **concadenar** *tr.* Unir o enlazar unas cosas con otras.

**cóncavo, va** *adj.* Que tiene la superficie deprimida por el centro.

**concebir** *tr. e intr.* Quedar fecundada la hembra. — Formar en la mente una idea de algo.

**conceder** *tr.* Dar, otorgar.

**concejal, la** *m. y f.* Miembro de un concejo o ayuntamiento.

**concejo** *m.* Ayuntamiento. — Municipio.

**concentrar** *tr. y prnl.* Reunir en un centro o punto. — Aumentar la densidad. ▸ *prnl.* Fijar la atención.

**concéntrico, ca** *adj.* Se dice de la figura geométrica que comparte un mismo centro con otra.

**concepción** *f.* Acción y efecto de concebir.

**conceptismo** *m.* Estilo literario caracterizado por el uso de conceptos rebuscados.

**concepto** *m.* Idea abstracta y general. — Pensamiento expresado con palabras. — Opinión, juicio. — Elemento con un precio en una cuenta, factura o presupuesto.

**concernir** *intr.* Afectar, atañer.

**concertar** *tr. y prnl.* Pactar, acordar. ▸ *intr.* Convenir entre sí una cosa con otra.

**concesión** *f.* Acción y efecto de conceder.

**concesivo, va** *adj.* Que se concede o puede concederse. ▸ *adj./f.* LING. Se dice de la oración subordinada que expresa una objeción, pero no impide la realización de la principal.

**concha** *f.* Caparazón o cubierta de algunos animales. — Amér. Central y Amér. Merid. Vulg. Órgano genital de la mujer.

**conchabar** *tr.* Unir, asociar. ▸ *tr. y prnl.* Amér. Merid. y Méx. Tomar sirviente a sueldo. — Chile. Cambiar cosas de escaso valor. ▸ *prnl.* Fam. Confabularse.

**conchudo, da** *adj./m. y f.* Amér. Fam. Sinvergüenza, caradura. — Amér. Central y Amér. Merid. Vulg. Estúpido, bobo. — Méx. Indiferente, desentendido. — Méx. Perezoso.

**conciencia** *f.* Conocimiento que el ser humano tiene de sí mismo, de su existencia y de las cosa que le rodean. — Facultad de emitir juicios de valor sobre algo.

**concierto** *m.* Buen orden y disposición de las cosas. — Sesión en la que se interpretan obras musicales.

**conciliábulo** *m.* Junta para tratar algo y cuyo resultado se desea mantener en secreto.

**conciliar** *tr.* Poner de acuerdo.

**conciliar** *adj.* Relativo a los concilios.

**concilio** *m.* Asamblea regular de obispos.

**conciso, sa** *adj.* Breve y preciso en el modo de expresar los conceptos.

**conciudadano, na** *m. y f.* Ciudadano de una misma ciudad respecto de los demás.

**cónclave** o **conclave** *m.* Asamblea de cardenales.

**concluir** *tr. e intr.* Acabar. ▸ *tr.* Inferir, deducir una verdad.

**concomerse** *prnl.* Sentir comezón interior.

**concomitancia** *f.* Hecho de acompañar una cosa a otra u obrar junto con ella.

**concordar** *tr.* Poner de acuerdo lo que no lo está. ▸ *intr.* Coincidir una cosa con otra.

**concordia** *f.* Acuerdo, armonía.

**concreción** *f.* Acción y efecto de concretar. — Masa formada por acumulación de partículas.

**concretar** *tr.* Precisar, hacer concreto. — Reducir a lo esencial. ▸ *prnl.* Limitarse a tratar de una sola cosa.

**concreto, ta** *adj.* Considerado en sí mismo. — Preciso, exacto. ▸ *m.* Amér. Cemento armado.

**concubina** *f.* Mujer que convive y mantiene relaciones sexuales con un hombre que no es su marido.

**conculcar** *tr.* Quebrantar una ley.

**concuñado, da** *m. y f.* Respecto de una persona, cuñado de un hermano suyo o cónyuge de un cuñado.

**concupiscencia** *f.* Deseo excesivo de bienes y placeres terrenos.

**concurrir** *intr.* Juntarse en un mismo lugar o tiempo diferentes personas, sucesos o cosas. — Coincidir cualidades o circunstancias en una misma persona o cosa.

**concurso** *m.* Competición en la que se disputa un premio. — Oposición, procedimiento para obtener un puesto de trabajo o un contrato.

**conde, desa** *m. y f.* Título nobiliario inferior al de marqués.

**condecorar** *tr.* Enaltecer a uno con honores o distinciones.

**condena** *f.* Castigo que se impone a quien comete una falta. — Sentencia de un juez.

**condenar** *tr.* Dictar sentencia una autoridad imponiendo una pena o castigo. — Reprobar, desaprobar.

**condensar** *tr. y prnl.* Reducir el volumen de algo dándole mayor densidad.

**condescender** *intr.* Acomodarse a la voluntad o parecer de otro.

**condición** *f.* Índole, naturaleza o propiedad de las cosas. — Circunstancia para que una cosa sea u ocurra. ▸ *pl.* Estado o situación de una persona o cosa.

**condicional** *adj.* Que incluye una condición. ▸ *adj./f.* LING. Se dice de la oración subordinada que establece una condición para que se cumpla lo expresado en la principal. ▸ *m./adj.* LING. Tiempo verbal que indica una acción futura respecto de otra pasada.

**condimentar** *tr.* Añadir condimento a un alimento.

**condimento** *m.* Sustancia que se emplea para hacer más sabrosos los alimentos.

**condolerse** *prnl.* Compadecerse.

**condón** *m.* Preservativo masculino.

**condonar** *tr.* Perdonar una pena o deuda.

**cóndor** *m.* Ave rapaz de gran tamaño, de plumaje negro y blanco.

**conducir** *tr.* Llevar, transportar. — Guiar o dirigir. — Manejar un vehículo automóvil. ▸ *prnl.* Comportarse.

**conducta** *f.* Manera de conducirse.

**conductividad** *f.* FÍS. Propiedad de los cuerpos de transmitir el calor o la electricidad.

**conducto** *m.* Canal o tubo por el que circula un fluido. — Medio o vía que se sigue en algún negocio.

**conductor, ra** *adj./m. y f.* Que conduce. ▸ *adj./m.* FÍS. Se dice del cuerpo capaz de transmitir calor o electricidad.

**conectar** *tr.* Poner en contacto.

**conejo, ja** *m. y f.* Mamífero roedor de orejas largas y carne comestible.

**conexión** *f.* Acción de conectar. — Relación o enlace entre personas, ideas, etc.

**confabularse** *prnl.* Acordar una acción en contra de alguien o algo.

**confección** *f.* Acción y efecto de confeccionar, especialmente prendas de vestir.

**confeccionar** *tr.* Hacer una obra combinando sus diversos elementos.

**confederación** *f.* Alianza entre personas, grupos o estados.

**conferencia** *f.* Reunión para tratar de un asunto. — Exposición en público de una cuestión concreta.

**conferir** *tr.* Conceder a alguien dignidad, empleo o facultades. — Atribuir una cualidad no material.

**confesar** *tr.* Manifestar algo que se había mantenido oculto. ▸ *tr. y prnl.* Declarar los pecados. — Reconocer o declarar la verdad.

**confeso, sa** *adj./m. y f.* Que confiesa su delito o falta.

**confesor** *m.* Sacerdote que confiesa.

**confeti** *m.* Comjunto de papelitos de colores que se arrojan en las fiestas.

**confianza** *f.* Esperanza firme. — Seguridad que uno tiene en sí mismo.

**confiar** *tr.* Poner una persona o cosa al cuidado de alguien. ▸ *intr. y prnl.* Tener confianza, seguridad.

**confidencia** *f.* Revelación secreta.

**configurar** *tr. y prnl.* Dar o adquirir determinada forma. — IN-FORM. Establecer diferentes opciones para la ejecución de un programa o el funcionamiento de un equipo informático.

**confín** *m.* Último punto que alcanza la vista.

**confinar** *tr.* Desterrar. ▸ *intr.* Lindar. ▸ *prnl.* Recluirse.

**confirmar** *tr.* Corroborar la certeza de algo. ▸ *tr. y prnl.* Asegurar, dar mayor firmeza.

**confiscar** *tr.* Privar el estado a alguien de sus bienes.

**confitería** *f.* Establecimiento donde se hacen o venden dulces. — Amér. Merid. Cafetería.

**confitura** *f.* Dulce hecho con fruta cocida con azúcar.

**conflagración** *f.* Conflicto violento, en especial una guerra.

**conflicto** *m.* Combate, lucha. — Apuro, dificultad.

**confluir** *intr.* Juntarse en un punto varios caminos, ríos, etc. — Coincidir en un mismo sitio o momento.

**conformar** *tr.* Dar forma. ▸ *tr., intr. y prnl.* Ajustar una cosa con otra. ▸ *prnl.* Aceptar sin protesta algo malo o insuficiente.

**conforme** *adj.* Acorde con una cosa u opinión. — Resignado. ▸ *adv.* Según. — Tan pronto como, a medida que.

**confort** *m.* Bienestar.

**confortar** *tr. y prnl.* Animar, consolar. — Dar vigor.

**confraternizar** *intr.* Tratarse con amistad y compañerismo.

**confrontar** *tr.* Cotejar. — Enfrentar a dos personas para que defiendan sus afirmaciones.

**confundir** *tr. y prnl.* Mezclar personas o cosas. — Tomar erróneamente una cosa por otra. — Dejar confuso.

**confuso, sa** *adj.* Oscuro, dudoso. — Difícil de distinguir. — Turbado, perplejo.

**conga** *f.* Danza popular cubana.

**congelar** *tr. y prnl.* Transformar un líquido en sólido por efecto del frío. — Someter algo al frío para su conservación.

**congeniar** *intr.* Avenirse.

**congénito, ta** *adj.* Que se engendra juntamente con otra cosa.

**congestión** *f.* Acumulación de sangre u otro fluido en alguna parte del cuerpo. — Acumulación excesiva de personas o vehículos en un lugar.

**conglomerado** *m.* Unión de una o varias sustancias formando una masa compacta.

**congoja** *f.* Fatiga y aflicción del ánimo.

**congraciar** *tr. y prnl.* Ganar la bondad o el afecto de uno.

**congratular** *tr. y prnl.* Manifestar alegría y satisfacción a la persona a quien ha acaecido un suceso feliz.

**congregación** *f.* Reunión de personas que se rigen por los mismos estatutos o siguen ciertos fines piadosos.

**congreso** *m.* Junta para deliberar. — Asamblea legislativa.

**congrio** *m.* Pez marino comestible parecido a la anguila.

**congruencia** *f.* Ilación o conexión de ideas, palabras, etc.

**cónico, ca** *adj.* Relativo al cono. — De forma de cono.

**conífero, ra** *adj./f.* Relativo al árbol de hoja perenne y resinoso, como el pino.

**conjetura** *f.* Juicio formado por indicios.

**conjugación** *f.* LING. Flexión propia del verbo que adopta formas distintas según los accidentes de persona, número, tiempo, modo y voz.

**conjugar** *tr.* LING. Formar o enumerar la conjugación de un verbo. ▸ *tr. y prnl.* Unir, combinar.

**conjunción** *f.* ASTRON. Alineación y superposición de dos o más astros en la misma parte del cielo. — LING. Partícula invariable que une palabras u oraciones.

**conjuntiva** *f./adj.* Membrana mucosa que cubre la parte anterior del ojo.

**conjuntivitis** *f.* Inflamación de la conjuntiva.

**conjuntivo, va** *adj.* Que une. — Se dice del tejido que realiza funciones de sostén o de protección.

**conjunto, ta** *adj.* Unido, contiguo. ▸ *m.* Agrupación de varios elementos en un todo. — MAT. Grupo de elementos que tienen una característica común.

**conjurar** *tr.* Impedir o evitar que se produzca una situación peligrosa. — Practicar exorcismos. ▸ *intr. y prnl.* Conspirar.

**conjuro** *m.* Acción y efecto de conjurar. — Conjunto de palabras mágicas que se utilizan para conjurar.

**conllevar** *tr.* Soportar con paciencia. — Implicar, suponer.

**conmemorar** *tr.* Celebrar solemnemente.

**conmigo** *pron. pers. de 1.ª persona.* Forma del pronombre personal mí cuando va precedido de la preposición con.

**conminar** *tr.* Amenazar con un castigo.

**conmiseración** *f.* Compasión por la desgracia ajena.

**conmoción** *f.* Perturbación violenta del ánimo o del cuerpo.

**conmover** *tr.* Producir una emoción intensa.

**conmutador** *m.* Aparato que modifica las conexiones entre circuitos. — Amér. Centralita telefónica.

**conmutar** *tr.* Trocar, permutar.

**conmutativo, va** *adj.* MAT. Se dice de la propiedad de las operaciones en las que el orden de sus elementos no altera el resultado.

**connatural** *adj.* Propio de la naturaleza de cada ser.

**connivencia** *f.* Tolerancia de un superior con sus subordinados. — Acuerdo para realizar algo ilícito.

**connotar** *tr.* Sugerir la palabra, además de su significado propio, otro por asociación.

**cono** *m.* Cuerpo geométrico limitado por una base circular y la superficie generada por

rectas que unen la base con el vértice.

**conocer** *tr.* Averiguar por el intelecto la naturaleza y relaciones de las cosas. — Reconocer, distinguir. ▸ *tr. y prnl.* Tener trato con una persona.

**conocido, da** *adj.* Distinguido, acreditado. ▸ *m. y f.* Persona con quien se tiene trato, pero no amistad.

**conocimiento** *m.* Acción y efecto de conocer. — Inteligencia, entendimiento. — Conciencia de la propia existencia.

**conque** *conj.* Introduce una consecuencia natural de lo dicho o de lo ya sabido.

**conquense** *adj./m. y f.* De Cuenca (España).

**conquistar** *tr.* Tomar por las armas un territorio. — Ganar la voluntad o el amor de otro.

**consabido, da** *adj.* Sabido de antemano. — Habitual.

**consagrar** *tr.* Hacer sagrado. — Dedicar a Dios. — Dedicar, emplear. — Conferir a alguien fama o reputación.

**consanguinidad** *f.* Carácter de los que pertenecen a un mismo tronco de familia.

**consciencia** *f.* Conciencia.

**consciente** *adj.* Que tiene conciencia, conocimiento.

**conscripción** *f.* Argent. Servicio militar.

**consecuencia** *f.* Hecho que resulta o se sigue de otro. — Proposición que se deduce de otra.

**consecutivo, va** *adj.* Que sigue a otra cosa. ▶ *adj./f.* LING. Se aplica a la oración subordinada que expresa consecuencia de lo indicado en otra.

**conseguir** *tr.* Obtener lo que se pretende o desea.

**consejero, ra** *m. y f.* Persona que aconseja. — Miembro de un consejo.

**consejo** *m.* Opinión ofrecida a alguien sobre lo que se debe hacer. — Organismo de consulta, administración o gobierno. — Reunión celebrada por este organismo.

**consenso** *m.* Acuerdo.

**consentir** *tr. e intr.* Permitir algo, condescender. ▶ *tr.* Ser indulgente con alguien.

**conserje** *m. y f.* Persona que custodia un edificio o establecimiento público.

**conserva** *f.* Alimento preparado y envasado para que se conserve durante mucho tiempo.

**conservador, ra** *adj./m. y f.* Que conserva. — Partidario de mantener el orden social establecido.

**conservar** *tr. y prnl.* Mantener una cosa o cuidar de su permanencia. ▶ *tr.* Guardar con cuidado.

**conservatorio** *m.* Escuela oficial de música, danza, etc.

**considerable** *adj.* Digno de consideración. — Grande.

**consideración** *f.* Acción y efecto de considerar. — Respeto.

**considerar** *tr.* Pensar una cosa con atención. — Tratar con respeto. — Juzgar, estimar.

**consigna** *f.* Orden dada a un subordinado. — Lugar de una estación donde se puede depositar el equipaje.

**consignar** *tr.* Señalar en un presupuesto una cantidad para determinado fin. — Poner por escrito.

**consigo** *pron. pers. de 3.ª persona.* Forma del pronombre personal reflexivo sí cuando va precedido de la preposición con.

**consiguiente** *adj.* Que depende y se deduce de otra cosa.

**consistencia** *f.* Duración, estabilidad, solidez.

**consistir** *intr.* Estar fundada una cosa en otra. — Estar formado por lo que se indica.

**consistorio** *m.* Asamblea de cardenales. — Esp. Ayuntamiento.

**consola** *f.* Mesa de adorno arrimada a la pared. — INFORM. Terminal de ordenador que comunica con la unidad central.

**consolar** *tr. y prnl.* Aliviar la pena o aflicción de uno.

**consolidar** *tr. y prnl.* Dar firmeza o solidez.

**consomé** *m.* Caldo de carne.

**consonancia** *f.* Coincidencia de sonidos, desde la última vocal acentuada, en dos o más versos. — Relación de acuerdo o de correspondencia.

**consonante** *f.* Sonido articulado por el cierre completo o parcial de la boca seguido de una apertura. — Letra que lo representa. ▸ *adj.* Que tiene consonancia.

**consorcio** *m.* Agrupación de entidades para negocios importantes.

**consorte** *m. y f.* Cónyuge.

**conspicuo, cua** *adj.* Ilustre, sobresaliente.

**conspirar** *intr.* Obrar de acuerdo con otros contra alguien o algo.

**constancia** *f.* Firmeza y perseverancia del ánimo. — Certeza.

**constante** *adj.* Que tiene constancia. — Que no se interrumpe. — Muy frecuente y sin apenas interrupción.

**constar** *intr.* Ser cierto y exacto. — Estar formado por varios elementos.

**constatar** *tr.* Comprobar un hecho o dar constancia de él.

**constelación** *f.* ASTRON. Grupo de estrellas que presentan una figura convencional determinada.

**consternar** *tr.* Inquietar mucho y abatir el ánimo.

**constiparse** *prnl.* Acatarrarse, resfriarse.

**constitución** *f.* Acción y efecto de constituir. — Manera de estar constituido. — Ley fundamental de la organización de un estado.

**constituir** *tr.* Formar, componer. ▸ *tr. y prnl.* Fundar, establecer.

**constituyente** *adj.* Que constituye.

**constreñir** *tr.* Obligar. ▸ *tr. y prnl.* Limitar, reducir.

**construcción** *f.* Acción y efecto de construir. — Obra construida. — LING. Disposición sintáctica de las palabras y oraciones.

**construir** *tr.* Hacer una obra juntando los elementos según un plan. — Elaborar una teoría o proyecto.

**consuegro, gra** *m. y f.* Padre o madre de un cónyuge respecto del padre o madre del otro.

**consuelo** *m.* Cosa que consuela.

**consuetudinario, ria** *adj.* Que es por costumbre.

**cónsul** *m. y f.* Agente diplomático en una ciudad extranjera.

**consultar** *tr.* Pedir opinión o consejo. — Buscar datos o información en un libro, texto, etc.

**consultorio** *m.* Establecimiento donde el médico recibe a los enfermos.

**consumar** *tr.* Llevar a cabo totalmente una cosa.

**consumir** *tr.* Utilizar una cosa como fuente de energía o para satisfacer necesidades. — Comprar o usar un producto. ▸ *tr. y prnl.* Extinguir, gastar.

**consumo** *m.* Gasto de las cosas que con el uso se extinguen. — Utilización de un bien para satisfacer necesidades.

**contabilidad** *f.* Disciplina encargada de llevar las cuentas de una empresa, sociedad, etc. — Conjunto de esas cuentas.

**contabilizar** *tr.* Apuntar una cantidad en los libros de cuentas.

**contable** *adj.* Que puede ser contado. — Relativo a la contabilidad. ▸ *m. y f.* Persona que lleva una contabilidad.

**contacto** *m.* Relación entre cosas que se tocan. — Trato entre personas. — Conexión entre dos partes de un circuito eléctrico.

**contado, da** *adj.* Raro, escaso. — Al contado, con dinero en efectivo.

**contagiar** *tr.* Transmitir por contacto una enfermedad. — Transmitir una idea o sentimiento. ▸ *prnl.* Contraer por contacto una enfermedad.

**contaminar** *tr. y prnl.* Transmitir sustancias nocivas a algo.

**contante** *adj.* Se dice del dinero en efectivo.

**contar** *tr.* Determinar el número de elementos de un conjunto para saber cuántas unidades hay. — Referir, narrar. ▸ *intr.* Hacer cuentas. — Seguido de la *prep.* con, confiar.

**contemplar** *tr.* Mirar con atención. — Tener en cuenta.

**contemporáneo, a** *adj./m. y f.* Que existe al mismo tiempo. — De la época actual.

**contemporizar** *intr.* Acomodarse al gusto o dictamen ajeno.

**contencioso, sa** *adj.* DER. Que es objeto de litigio.

**contender** *intr.* Pelear, luchar. — Competir. — Discutir.

**contenedor** *m.* Recipiente grande para la basura o para transportar mercancías.

**contener** *tr. y prnl.* Llevar o tener dentro de sí. — Dominar un impulso, sentimiento, etc.

**contenido, da** *adj.* Moderado. ▸ *m.* Lo que se contiene dentro de una cosa o un espacio. — Tema o asunto tratado. — Significado del signo lingüístico.

**contento, ta** *adj.* Alegre, satisfecho. ▸ *m.* Alegría, satisfacción.

**contertulio, lia** *m. y f.* Persona que asiste a una tertulia.

**contesta** *f.* Amér. Central y Amér. Merid. Respuesta.

**contestar** *tr.* Responder a lo que se pregunta, se habla o escribe.

**contexto** *m.* Conjunto de circunstancias en que se sitúa un hecho.

**contextura** *f.* Disposición de las partes de un todo. — Contexto.

**contienda** *f.* Acción de contender.

**contigo** *pron. pers. de 2.ª persona.* Forma del pronombre personal tú cuando va precedido de la preposición con.

**contiguo, gua** *adj.* Que está junto a otra cosa.

**continente** *adj./m.* Que contiene en sí a otra cosa. ▸ *m.* Extensa superficie de tierra limitada por los océanos o por determinados accidentes geográficos.

**contingencia** *f.* Posibilidad de

que una cosa suceda o no. — Suceso posible. — Riesgo.

**contingente** *adj.* Que puede suceder o no. ▸ *m.* Parte proporcional con que cada uno contribuye para un fin. — Suceso posible.

**continuar** *tr. e intr.* Proseguir, llevar adelante lo comenzado. ▸ *intr.* Durar, permanecer. ▸ *intr. y prnl.* Seguir, extenderse.

**continuo, nua** *adj.* Sin interrupción. — Constante, frecuente.

**contonearse** *prnl.* Mover con exageración los hombros y caderas al andar.

**contorno** *m.* Conjunto de líneas que limitan una figura. — Territorio que rodea un lugar.

**contorsión** *f.* Posición forzada del cuerpo o una parte de él.

**contra** *prep.* Denota oposición o contrariedad. — Enfrente. ▸ *m. o f.* Concepto opuesto o contrario a otro: *el pro y el ~.* ▸ *f.* Dificultad, inconveniente.

**contraataque** *m.* Respuesta ofensiva a un ataque.

**contrabajo** *m.* Instrumento de la familia del violín, el mayor y más grave de ellos. — MÚS. Voz más grave que la del bajo.

**contrabando** *m.* Introducción ilegal de productos. — Mercancía introducida ilegalmente.

**contracción** *f.* Acción y efecto de contraer o contraerse. — LING. Unión de dos palabras o dos sílabas en una sola.

**contradecir** *tr. y prnl.* Decir lo contrario de lo que se ha afirmado.

**contradicción** *f.* Acción y efecto de contradecir o contradecirse.

**contraer** *tr. y prnl.* Reducir una cosa. ▸ *tr.* Adquirir una enfermedad, obligación, etc.

**contrafuerte** *m.* ARQ. Pilar adosado a un muro con el objeto de reforzarlo.

**contrahecho, cha** *adj./m. y f.* Que tiene tiene alguna deformación.

**contraindicación** *f.* Circunstancia que se opone al empleo de un medicamento.

**contralor** *m.* Chile, Colomb., Méx. y Venez. Funcionario que controla los gastos públicos.

**contraloría** *f.* Amér. Oficina de la nación encargada de revisar las cuentas del gobierno.

**contralto** *m.* MÚS. Voz media entre la de tiple y la de tenor.

**contraluz** *m. o f.* Aspecto de las cosas desde el lado opuesto a la luz.

**contramaestre** *m.* Suboficial encargado de la tripulación.

**contraofensiva** *f.* Operación militar que responde a una ofensiva del enemigo.

**contraorden** *f.* Orden con que se revoca otra anterior.

**contrapartida** *f.* Cosa con que se compensa o resarce.

**contrapelo** Palabra que se usa en la expresión a contrapelo, que significa 'contra la dirección natural del pelo'.

**contrapeso** *m.* Peso que equilibra otro.

**contraponer** *tr.* Comparar. ▶ *tr. y prnl.* Oponer.

**contraproducente** *adj.* Que tiene efectos opuestos a los que se pretende.

**contrapunto** *m.* Contraste. —MÚS. Concordancia armoniosa de voces superpuestas.

**contrariedad** *f.* Oposición. — Contratiempo.

**contrario, ria** *adj.* Opuesto. — Que daña o perjudica. ▶ *m. y f.* Enemigo, adversario.

**contrarreforma** *f.* Movimiento producido en el seno del catolicismo para oponerse a la reforma protestante.

**contrarreloj** *adj./f.* Se dice de la prueba ciclista en la que se debe recorrer una distancia en el menor tiempo posible.

**contrarrestar** *tr.* Hacer frente u oposición a algo. — Neutralizar una cosa los efectos de otra.

**contrasentido** *m.* Acción, actitud o razonamiento sin lógica.

**contraseña** *f.* Señal convenida para reconocerse o acceder a un lugar.

**contrastar** *tr.* Comprobar. ▶ *intr.* Mostrar notable diferencia dos cosas.

**contrata** *f.* Contrato para ejecutar una obra o prestar un servicio por precio determinado.

**contratar** *tr.* Acordar las condiciones para realizar un trabajo o prestar un servicio.

**contratiempo** *m.* Accidente perjudicial e inesperado.

**contratista** *m. y f.* Persona que ejecuta una obra por contrato.

**contrato** *m.* Pacto por el que dos o más personas se obligan al cumplimiento de una cosa.

**contravenir** *tr.* Actuar en contra de lo mandado.

**contrayente** *m. y f.* Persona que contrae matrimonio.

**contribuir** *tr. e intr.* Pagar un impuesto. ▶ *intr.* Cooperar con otros al logro de algún fin.

**contrición** *f.* Arrepentimiento por haber pecado.

**contrincante** *m. y f.* Rival.

**control** *m.* Comprobación, inspección. — Dirección, mando. — Dominio de las emociones o los actos.

**controversia** *f.* Discusión.

**contubernio** *m.* Amancebamiento. — Alianza censurable.

**contumaz** *adj.* Tenaz en mantener su actitud o sus ideas.

**contundente** *adj.* Que produce o puede producir daño. — Convincente.

**contusión** *f.* Lesión producida por un golpe, sin herida exterior.

**convalecencia** *f.* Estado de la persona que se recupera de una enfermedad y tiempo que dura.

**convalidar** *tr.* Confirmar, ratificar lo ya aprobado.

**convección** *f.* FÍS. Transporte de calor acompañado de transporte de materia en estado de fluido.

**convencer** *tr. y prnl.* Conseguir que alguien haga, crea o acepte cierta cosa. — Agradar.

**convención** *f.* Pacto. — Reunión de personas para tratar un asunto. — Norma o práctica admitida tácitamente.

**convencional** *adj.* Establecido por costumbre.

**conveniente** *adj.* Útil, provechoso.

**convenio** *m.* Acuerdo, pacto.

**convenir** *tr. y prnl.* Llegar a un acuerdo. ▶ *intr.* Ser de un mismo parecer. — Ser oportuno, útil.

**conventillo** *m.* Amér. Merid. Casa grande que contiene muchas viviendas reducidas.

**convento** *m.* Casa donde vive una comunidad religiosa.

**convergir** o **converger** *intr.* Coincidir en un mismo punto.

**conversar** *intr.* Hablar unas personas con otras.

**conversión** *f.* Acción y efecto de convertir.

**converso, sa** *adj./m. y f.* Que ha aceptado una doctrina religiosa o una ideología.

**convertir** *tr. y prnl.* Mudar, transformar. — Hacer cambiar a alguien su religión o ideología.

**convexo, xa** *adj.* Que tiene la superficie más prominente en el centro.

**convicción** *f.* Seguridad, certeza. ▶ *pl.* Conjunto de ideas o creencias.

**convicto, ta** *adj.* Se dice del acusado cuyo delito ha sido probado.

**convidar** *tr.* Invitar. — Incitar.

**convincente** *adj.* Que convence: *argumento* ~.

**convite** *m.* Banquete o celebración a que uno es convidado.

**convivir** *intr.* Vivir en compañía de otro u otros.

**convocar** *tr.* Llamar a varias personas para que concurran a un lugar o acto.

**convocatoria** *f.* Anuncio o escrito con que se convoca.

**convoy** *m.* Escolta. — Conjunto de vehículos escoltados.

**convulsión** *f.* Contracción involuntaria de los músculos. — Agitación social violenta.

**cónyuge** *m. y f.* Esposo o esposa.

**coñac** *m.* Aguardiente hecho a partir de vinos añejos.

**coño** *m.* Vulg. Parte externa del aparato genital femenino. ▶ *interj.* Vulg. Denota enfado o sorpresa.

**cooperar** *intr.* Trabajar juntamente con otros para un mismo fin.

**cooperativa** *f.* Asociación de consumidores, comerciantes o productores con intereses comunes.

**coordenado, da** *adj./f.* Se dice de la línea que sirve para determinar la posición de un punto.

**coordinado, da** *adj.* LING. Se dice de la oración que se une a otra sin que existan vínculos de subordinación entre ellas.

**coordinar** *tr.* Concertar medios, esfuerzos, etc., para conseguir un objetivo determinado.

**copa** *f.* Vaso con pie para beber y líquido que contiene. — Conjunto de las ramas y hojas de un árbol. — Trofeo y competición que se disputa para conseguirlo. — Parte hueca del sombrero. ▶ *pl.* Palo de la baraja española.

**copar** *tr.* Conseguir en una elección todos los puestos.

**copear** *intr.* Tomar copas.

**copia** *f.* Reproducción exacta de un escrito, obra, etc. — Imitación.

**copioso, sa** *adj.* Abundante.

**copla** *f.* Estrofa. — Canción popular española.

**copo** *m.* Pequeña masa que cae cuando nieva.

**copón** *m.* Copa en la que se guardan las hostias consagradas.

**coproducción** *f.* Producción en común.

**cópula** *f.* Unión sexual. — Atadura, unión.

**copulativo, va** *adj.* LING. Se dice del verbo con un significado mínimo cuya función es unir el sujeto con un atributo. — LING. *adj./f.* Se dice de la oración que tiene como núcleo del predicado un verbo copulativo.

**coque** *m.* Combustible sólido de gran poder calorífico.

**coquear** *intr.* Argent. y Bol. Mascar coca.

**coqueto, ta** *adj./m. y f.* Que trata de agradar con actitudes estudiadas. — Que cuida excesivamente su aspecto.

**coraje** *m.* Valor, decisión. — Rabia, ira.

**coral** *adj.* Relativo al coro. ▶ *m.* Celentéreo que vive formando colonias de estructura calcárea.

**corán** *m.* Libro sagrado de la religión musulmana.

**coraza** *f.* Armadura que protegía el pecho y la espalda. — Caparazón.

**corazón** *m.* Órgano muscular que constituye el centro del aparato circulatorio. — Sentimiento, afecto. — Parte central de algo. ▶ *adj./m.* Se dice del tercer dedo de la mano.

**corazonada** *f.* Presentimiento.

**corbata** *f.* Tira de tela que se anuda alrededor del cuello.

**corbeta** *f.* Embarcación de guerra menor que la fragata.

**corcel** *m.* Caballo ligero y de mucha alzada.

**corchea** *f.* MÚS. Nota musical equivalente a la mitad de la negra.

**corchete** *m.* Gancho de metal que se introduce en una anilla para abrochar una prenda. — Signo ortográfico, [ ], equivalente al paréntesis.

**corcho** *m.* Tejido vegetal que reviste el tallo y la raíz del alcornoque. — Tapón fabricado con este material.

**corcholata** *f.* Méx. Tapón metálico de botella, chapa.

**cordado, da** *adj./m.* Se dice del animal que presenta un cordón esquelético dorsal.

**cordel** *m.* Cuerda delgada.

**cordero, ra** *m. y f.* Cría de la oveja de menos de un año.

**cordial** *adj.* Afectuoso.

**cordillera** *f.* Cadena de montañas.

**córdoba** *m.* Unidad monetaria de Nicaragua.

**cordón** *m.* Cuerda fina y redonda. —Amér. Merid. y Cuba. Bordillo de la acera. — Colomb. Corriente de agua de un río. — ANAT. Órgano alargado y flexible parecido a una cuerda.

**cordura** *f.* Prudencia.

**corear** *tr.* Recitar o cantar varias personas a la vez.

**coreografía** *f.* Arte de componer una danza. — Conjunto de pasos y figuras de una danza.

**coriáceo, a** *adj.* Parecido al cuero.

**corintio, tia** *adj./m.* ARQ. Se dice del orden de la arquitectura griega caracterizado por un capitel adornado con hojas de acanto.

**corista** *f.* En un espectáculo musical, mujer que forma parte del coro. ▶ *m. y f.* Miembro de un coro.

**cormofito, ta** o **cormófito, ta** *adj./f.* BOT. Se dice de la planta caracterizada por la presencia de tejidos.

**cornada** *f.* Golpe o herida producida con la punta del cuerno.

**cornamenta** *f.* Conjunto de los cuernos de un animal.

**córnea** *f.* Parte anterior y transparente del globo ocular.

**corneja** *f.* Ave parecida al cuervo pero de menor tamaño.

**córneo, a** *adj.* Parecido al cuerno.

**córner** *m.* En fútbol, saque desde la esquina del campo de juego.

**corneta** *f.* Instrumento musical de viento sin llaves ni pistones.

**cornetín** *m.* Instrumento musical de viento con tres pistones.

**cornisa** *f.* Conjunto de molduras o salientes que rematan la parte superior de un edificio.

**cornúpeta** *m.* Toro de lidia.

**coro** *m.* Conjunto de personas que cantan juntas. — Pieza musical que cantan estas personas. — Parte de la iglesia destinada a este grupo. — Conjunto de actores que comentan la acción en una tragedia clásica.

**coroides** *f.* Membrana del ojo entre la retina y la esclerótica.

**corola** *f.* BOT. Conjunto de pétalos de la flor.

**corona** *f.* Cerco que ciñe la cabeza en señal de premio o dignidad. — Reino o monarquía. — Aro cubierto de flores o ramas que se ofrece a los muertos. — Aureola. — Unidad monetaria de varios países.

**coronar** *tr. y prnl.* Poner una corona a alguien. ▶ *tr.* Completar una obra.

**coronel** *m.* Jefe militar que manda un regimiento.

**coronilla** *f.* Parte superior y posterior de la cabeza humana. — **Estar hasta la coronilla** (Fam.), estar harto.

**coronta** *f.* Amér. Merid. Mazorca de maíz desgranada.

**corotos** *m. pl.* Colomb. y Venez. Trastos, cosas.

**corpiño** *m.* Prenda femenina sin mangas que se ciñe al cuerpo desde el busto hasta la cintura.

**corporación** *f.* Entidad pública.

**corporal** *adj.* Relativo al cuerpo.

**corpóreo, a** *adj.* Que tiene cuerpo.

**corpulento, ta** *adj.* De cuerpo grande.

**corpus** *m.* Recopilación de materiales sobre una misma materia, doctrina, etc.

**corpúsculo** *m.* Partícula, cuerpo muy pequeño.

**corral** *m.* Lugar cerrado y descubierto donde se guardan animales.

**correa** *f.* Tira de cuero.

**corrección** *f.* Acción y efecto de corregir. — Cortesía, educación.

**correccional** *m.* Establecimiento penitenciario.

**correctivo, va** *adj./m.* Que corrige. ▶ *m.* Castigo.

**correcto, ta** *adj.* Libre de errores o defectos. — Educado.

**corredera** *f.* Ranura o carril por la que se desliza una pieza.

**corredor, ra** *adj./m. y f.* Que corre. ▶ *m. y f.* Persona que participa en una carrera. — Intermediario financiero. ▶ *m.* Pasillo.

**corregir** *tr. y prnl.* Enmendar lo errado o defectuoso. — Examinar y valorar el profesor los ejercicios de los alumnos.

**correlación** *f.* Relación recíproca entre dos o más cosas.

**correligionario, ria** *adj./m. y f.* Que comparte la misma religión o ideología con otro.

**correntada** *f.* Amér. Merid. Corriente fuerte de un río o arroyo.

**correntoso, sa** *adj.* Amér. Central y Amér. Merid. Se dice del curso de agua de corriente muy rápida.

**correo** *m.* Servicio público de transporte y entrega de correspondencia. — Conjunto de cartas y paquetes expedidos o recibidos.

**correoso, sa** *adj.* Blando, flexible y difícil de partir.

**correr** *intr.* Mover los pies velozmente para desplazarse de un lugar a otro. — Hacer algo con rapidez. — Fluir. — Circular. ▶ *tr.* Extender o recoger las velas, cortinas, etc. — Estar expuesto a un peligro. — Recorrer. ▶ *tr. y prnl.* Mover o apartar a una persona o cosa. ▶ *prnl.* Esp. Vulg. Llegar al orgasmo.

**correría** *f.* Incursión en territorio enemigo.

**correspondencia** *f.* Acción de corresponder. — Trato recíproco entre dos personas por correo. — Conjunto de cartas que se envían o reciben.

**corresponder** *intr.* Tener relación de dependencia dos o más cosas. — Tener relación de dependencia dos o más cosas. — Pertenecer. ▸ *intr. y prnl.* Tener proporción una cosa con otra.

**corresponsal** *m. y f.* Periodista que informa desde el extranjero.

**corretear** *intr.* Ir corriendo de un lado para otro.

**correveidile** *m. y f.* Persona que lleva y trae noticias y rumores.

**corrida** *f.* Carrera. — Lidia de toros en una plaza cerrada.

**corrido, da** *adj.* Avergonzado. — Fam. Experimentado.

**corriente** *adj.* Que corre. — Ordinario, habitual. — Se dice del día, mes, etc., actual. ▸ *f.* Fluido que corre por un cauce o conducción. — Conjunto de ideas, modas, etc. — Electricidad transmitida por un conductor.

**corrillo** *m.* Corro donde se juntan algunos a discutir y hablar.

**corro** *m.* Círculo formado por personas. — Espacio más o menos circular.

**corroborar** *tr.* Confirmar una idea o teoría con nuevos argumentos o datos.

**corroer** *tr.* Desgastar lentamente una cosa. — Causar algo un malestar continuo.

**corromper** *tr. y prnl.* Echar a perder, pudrir. — Pervertir. ▸ *tr.* Sobornar.

**corrosión** *f.* Desgaste lento y paulatino.

**corrupción** *f.* Acción y efecto de corromper o corromperse.

**corruptela** *f.* Corrupción. — Abuso en contra de la ley.

**corrusco** *m.* Fam. Pedazo de pan duro.

**corsario, ria** *adj./m. y f.* Se dice del tripulante y de la embarcación que atacaban a barcos mercantes de otros países.

**corsé** *m.* Prenda interior femenina que se ajusta al cuerpo desde el pecho hasta por debajo de la cintura.

**corso, sa** *adj./m. y f.* De Córcega.

**cortada** *f.* Amér. Herida hecha con un instrumento cortante. — Argent. Calle corta sin salida. — Argent., Par. y Urug. Atajo.

**cortadera** *f.* Argent., Chile y Cuba. Planta herbácea de hojas con bordes cortantes.

**cortado, da** *adj.* Tímido, apocado. ▸ *m.* Café con algo de leche.

**cortafuego** o **cortafuegos** *m.* Vereda que se deja en los bosques para que no se propaguen los incendios.

**cortapisa** *f.* Condición que limita, estorbo.

**cortar** *tr.* Dividir una cosa o separar sus partes con un instrumento afilado. — Cruzar dos o más líneas o superficies entre sí. — Suspender, interrumpir. ▸ *tr. y prnl.* Separar los componentes de la leche, salsas, etc. ▸ *prnl.* Turbarse, no saber qué decir. — Hacerse un corte.

**corte** *m.* Acción y efecto de cortar. — Filo de un instrumento. — Fam. Turbación, vergüenza. ▸ *f.* Población donde reside el soberano. — Conjunto de las personas que componen la familia y comitiva del rey. — Tribunal de justicia en algunos países. ▸ *pl.* En España, poder legislativo.

**cortejar** *tr.* Procurar captarse el amor de una persona.

**cortejo** *m.* Acción de cortejar. — Séquito o acompañamiento.

**cortés** *adj.* Que respeta las normas sociales establecidas.

**cortesano, na** *adj.* Relativo a la corte. ▸ *m. y f.* Persona que sirve al rey en la corte.

**cortesía** *f.* Cualidad de cortés. — Demostración de respeto.

**corteza** *f.* Capa exterior del tronco y las ramas de los árboles. — Parte exterior.

**cortical** *adj.* Relativo a la corteza cerebral.

**cortijo** *m.* Hacienda y casa de labor de Andalucía.

**cortina** *f.* Pieza de tela colgante para cubrir puertas, ventanas, etc. — Masa densa de una sustancia o material que se despliega.

**cortisona** *f.* Compuesto químico usado como antiinflamatorio.

**corto, ta** *adj.* De poca longitud o extensión. — De poca duración, breve. — Escaso o defectuoso. — De poco talento. ▸ *m.* Cortometraje.

**cortocircuito** *m.* Fenómeno eléctrico con descarga que se produce al unirse accidentalmente dos conductores.

**cortometraje** *m.* Película de duración inferior a treinta y cinco minutos.

**corva** *f.* Parte de la pierna opuesta a la rodilla.

**corvo, va** *adj.* Curvo.

**corzo, za** *m. y f.* Rumiante cérvido más pequeño que el ciervo.

**cosa** *f.* Hecho, cualidad, idea u objeto, sea corporal o espiritual, real o abstracto. — Objeto inanimado. — Ocupación, quehacer.

**cosaco, ca** *adj./m. y f.* De una población del sur de Rusia.

**coscorrón** *m.* Golpe dado en la cabeza.

**cosecante** *f.* MAT. Secante del complemento de un ángulo o un arco.

**cosecha** *f.* Conjunto de frutos maduros obtenidos de la tierra. — Acción y tiempo de recogerlos.

**cosechar** *tr. e intr.* Recoger la cosecha.

**coseno** *m.* MAT. Razón entre el cateto contiguo y la hipotenusa de un triángulo rectángulo.

**coser** *tr.* Unir con hilo pedazos de tela, cuero, etc. — Producir a alguien varias heridas en el cuerpo: ~ *a balazos.* — **Ser coser y cantar** (Fam.), ser algo muy fácil.

**cosmética** *f.* Arte de preparar y aplicar cosméticos.

**cosmético, ca** *adj./m.* Se dice

del producto que embellece y limpia la piel.

**cósmico, ca** *adj.* Relativo al cosmos.

**cosmogonía** *f.* Ciencia o sistema que se ocupa del origen del universo.

**cosmografía** *f.* Astronomía descriptiva.

**cosmología** *f.* Estudio del universo y sus leyes.

**cosmonauta** *m. y f.* Astronauta.

**cosmopolita** *adj.* Común a muchos países. ► *adj./m. y f.* Se dice de la persona que ha viajado a muchos países.

**cosmos** *m.* Universo.

**coso** *m.* Plaza de toros. — Calle principal.

**cosquillas** *f. pl.* Sensación producida sobre ciertas partes del cuerpo que provoca risa involuntaria.

**costa** *f.* Tierra en contacto con el mar o cerca de él. — Coste. ► *pl.* DER. Gastos de un juicio.

**costado** *m.* Parte lateral del cuerpo humano. — Lado.

**costal** *adj.* Relativo a las costillas. ► *m.* Saco grande.

**costar** *intr.* Valer una cosa determinado precio. — Causar una cosa disgustos, molestias, etc.

**costarricense** *adj./m. y f.* De Costa Rica.

**coste** *m.* Esp. Cantidad pagada por algo.

**costear** *tr.* Navegar bordeando la costa. — Chile. Alisar los cantos de la suelas de los za-

patos. — Perú. Burlarse de uno. ► *tr. y prnl.* Pagar el coste de una cosa. ► *intr.* Méx. Resultar algo buen negocio. ► *prnl.* Argent., Chile y Urug. Tomarse la molestia de ir hasta un sitio distante o de difícil acceso.

**costilla** *f.* Hueso largo y arqueado que parte de la columna vertebral.

**costo** *m.* Coste.

**costra** *f.* Corteza exterior que se endurece o se seca sobre algo.

**costumbre** *f.* Manera de actuar establecida por hábito o adquirida por la repetición de los mismos actos.

**costumbrismo** *m.* Género literario y pictórico que concede especial atención al reflejo de las costumbres de un lugar.

**costura** *f.* Acción y efecto de coser. — Unión de dos piezas cosidas.

**cota** *f.* Número que en los planos indica la altura de un punto. — Armadura.

**cotangente** *f.* MAT. Tangente de un ángulo o arco complementario.

**cotarro** *m.* Fam. Grupo bullicioso de personas. — Fam. Actividad o negocio de una persona.

**cotejar** *tr.* Comparar.

**cotense** *m.* Bol., Chile y Méx. Tela basta de cáñamo.

**cotidiano, na** *adj.* Diario.

**cotiledón** *m.* BOT. Primera hoja en el embrión de las fanerógamas.

**cotilla** *m. y f.* Fam. Persona chismosa.

**cotillón** *m.* Baile y fiesta con que se celebra un día señalado.

**cotizar** *tr. e intr.* Pagar una cuota. — Asignar el precio de un valor en la bolsa.

**coto** *m.* Terreno acotado. — Amér. Merid. Bocio.

**cotorra** *f.* Ave parecida al papagayo pero más pequeña. — Fam. Persona muy habladora.

**covalencia** *f.* QUÍM. Unión entre dos átomos que se establece cuando comparten electrones.

**coxal** *adj.* Relativo a la cadera: *hueso ~.*

**coxis** *m.* Hueso formado por la unión de varias vértebras en la extremidad del sacro.

**coyote** *m.* Mamífero carnívoro parecido al lobo y al chacal.

**coyunda** *f.* Nicar. Látigo.

**coyuntura** *f.* Conjunto de circunstancias que constituyen una situación determinada. — Articulación de dos huesos.

**coz** *f.* Golpe dado por una caballería con las patas traseras.

**crack** *m.* Quiebra comercial. — Persona brillante en su profesión. — Droga derivada de la cocaína.

**cráneo** *m.* Cavidad ósea que contiene el encéfalo.

**crápula** *f.* Libertinaje. ▶ *m.* Hombre vicioso.

**craso, sa** *adj.* Se dice del error o ignorancia que es muy grande.

**cráter** *m.* Boca de un volcán.

— Cavidad producida por una explosión.

**crear** *tr.* Hacer algo de la nada. — Fundar, establecer. — Componer artística o intelectualmente.

**crecer** *intr.* Aumentar de tamaño o altura. — Extenderse, propagarse. ▶ *prnl.* Tomar uno mayor seguridad o atrevimiento.

**creces** Palabra que se usa en la expresión **con creces**, que significa 'ampliamente'.

**crecida** *f.* Aumento del caudal de un río u otra corriente.

**crecido, da** *adj.* Grande, numeroso.

**creciente** *adj.* Que crece.

**credencial** *f.* Documento que acredita.

**crédito** *m.* Dinero que presta un banco. — Aceptación de algo como verdadero. — Buena fama.

**credo** *m.* Oración con los fundamentos de la fe católica.

**crédulo, la** *adj./m. y f.* Que cree con excesiva facilidad.

**creencia** *f.* Firme asentimiento y conformidad con una cosa. — Religión.

**creer** *tr. y prnl.* Considerar posible o probable una cosa. ▶ *tr. e intr.* Dar por cierta una cosa. — Tener fe en una religión.

**crema** *f.* Nata que se forma en la leche. — Sustancia pastosa dulce que se emplea en pastelería. — Cosmético o medicamento de consistencia pastosa. — Sopa espesa.

**cremación** *f.* Acción de quemar cadáveres.

**cremallera** *f.* Cierre con dos hileras de dientes que se engranan.

**crematístico, ca** *adj./f.* Relativo a la economía o al dinero.

**crematorio** *m.* Lugar donde se queman los cadáveres.

**crepe** m. Torta fina hecha con leche, huevos y harina.

**crepé** *m.* Tejido parecido al crespón. — Postizo en el pelo.

**crepitar** *intr.* Dar chasquidos lo que arde.

**crepúsculo** *m.* Claridad que hay al amanecer y al anochecer. — Final, decadencia.

**crescendo** *m.* MÚS. Aumento de la intensidad de los sonidos.

**crespo, pa** *adj.* Se dice del cabello rizado.

**crespón** *m.* Tejido de seda. — Trozo de tela negra en señal de luto.

**cresta** *f.* Carnosidad en la cabeza de algunas aves. — Penacho. — Cima de una ola o una montaña.

**cretácico, ca** *adj./m.* GEOL. Se dice del último período del mezosoico.

**cretense** *adj./m. y f.* De Creta.

**cretino, na** *adj./m. y f.* Estúpido.

**creyente** *adj./m. y f.* Que cree.

**cría** *f.* Acción y efecto de criar. — Animal que se está criando.

**criadilla** *f.* Testículo de algunos animales.

**criado, da** *m. y f.* Persona empleada en el servicio doméstico.

**crianza** *f.* Acción y efecto de criar. — Época de la lactancia.

**criar** *tr.* Nutrir y cuidar a un niño hasta que pueda valerse por sí mismo. — Hacer que se reproduzcan plantas o animales. ▸ *prnl.* Crecer, desarrollarse.

**criatura** *f.* Ser que ha sido creado. — Niño de poca edad.

**criba** *f.* Instrumento usado para separar lo menudo de lo grueso. — Selección.

**crimen** *m.* Delito grave. — Acción que se considera muy mala.

**criminal** *adj.* Que constituye un crimen o relativo a él. ▸ *adj./m. y f.* Que ha cometido un crimen.

**crin** *f.* Conjunto de pelos que tienen algunos animales en la cerviz y en la cola.

**crío, a** *m. y f.* Niño de corta edad.

**criollo, lla** *adj./m. y f.* Que desciende de padres europeos y ha nacido fuera de Europa. — *adj.* Característico de la cultura de un país hispanoamericano.

**cripta** *f.* Panteón o capilla subterráneos.

**criptógamo, ma** *adj./f.* BOT. Relativo a un grupo de plantas que carecen de flores, frutos y semillas.

**criptografía** *f.* Técnica de escribir con clave secreta.

**criptón** *m.* Kriptón.

**crisálida** *f.* Ninfa de los insectos lepidópteros.

**crisantemo** *m.* Planta ornamental. — Flor de esta planta.

**crisis** *f.* Momento decisivo y grave en un asunto. — Escasez.

**crisma** *m. o f.* Mezcla de aceite y bálsamo usada en ciertas ceremonias religiosas. ▸ *f.* Fam. Cabeza humana.

**crisol** *m.* Recipiente para fundir metales.

**crispar** *tr. y prnl.* Contraer un músculo. — Irritar, exasperar.

**cristal** *m.* Vidrio transparente compuesto por sílice, óxido de plomo y potasa. — Objeto de este material. — Mineral con forma geométrica.

**cristalino, na** *adj.* De cristal o parecido a él. ▸ *m.* ANAT. Cuerpo transparente, situado detrás de la pupila.

**cristalizar** *intr. y prnl.* Tomar una sustancia forma cristalina. — Tomar forma clara y definida un asunto o idea.

**cristalografía** *f.* Parte de la geología que estudia los cristales.

**cristianismo** *m.* Religión de Cristo.

**cristiano, na** *adj.* Relativo al cristianismo. ▸ *adj./m. y f.* Que profesa el cristianismo.

**criterio** *m.* Norma de discernimiento o decisión. — Opinión.

**crítica** *f.* Conjunto de opiniones o juicios sobre una cosa, especialmente una obra artística. — Acción de criticar.

**criticar** *tr.* Juzgar y valorar una cosa. — Censurar, reprobar.

**crítico, ca** *adj.* Relativo a la crisis. — Relativo a la crítica. ▸ *m. y f.* Persona que se dedica a la crítica.

**croar** *intr.* Cantar la rana.

**croata** *adj./m. y f.* De Croacia. — *m./adj.* Lengua eslava hablada en Croacia.

**crol** *m.* DEP. Estilo de natación.

**cromático, ca** *adj.* Relativo a los colores.

**crómlech** *m.* Monumento megalítico dispuesto en círculo.

**cromo** *m.* Metal inoxidable. — Estampa, grabado.

**cromosfera** *f.* Capa media de la atmósfera solar.

**cromosoma** *m.* Elemento de la célula que contiene los genes.

**crónica** *f.* Recopilación de hechos históricos en orden cronológico. — Artículo periodístico que trata un tema de actualidad.

**crónico, ca** *adj.* Que se padece a lo largo de mucho tiempo.

**cronista** *m. y f.* Autor de una crónica.

**cronología** *f.* Ciencia que determina el orden y las fechas de los sucesos históricos. — Ordenación de sucesos según sus fechas.

**cronómetro** *m.* Reloj de alta precisión.

**croqueta** *f.* Masa alimenticia unida con bechamel, que se reboza y fríe.

**croquis** *m.* Dibujo rápido o esquemático.

**crótalo** *m.* Serpiente venenosa de América.

**cruce** *m.* Acción y efecto de cruzar o cruzarse. — Punto donde se cruzan dos o más líneas, caminos, etc. — Interferencia telefónica.

**crucería** *f.* Conjunto de nervios que refuerzan las bóvedas.

**crucero** *m.* Espacio en que se cruzan las naves central y transversal de una iglesia. — Viaje turístico en barco.

**cruceta** *m.* Unión o intersección de dos elementos que se cruzan o encuentran. — Méx. Palo con los extremos terminados en cruz.

**crucial** *adj.* Decisivo, esencial.

**crucificar** *tr.* Clavar a alguien en una cruz.

**crucifijo** *m.* Imagen de Cristo crucificado.

**crucigrama** *m.* Pasatiempo que consiste en averiguar palabras y transcribirlas en un cuadro con casillas.

**crudo, da** *adj.* Que no está cocido. — Que se muestra de forma realista, desagradable y cruel. — Fam. Muy difícil de conseguir. ▸ *adj./m.* Se dice del petróleo sin refinar. — Se dice del color beige.

**cruel** *adj.* Que se complace en hacer sufrir. — Que causa sufrimiento.

**cruento, ta** *adj.* Que causa derramamiento de sangre.

**crujir** *intr.* Hacer ruido los cuerpos al frotarse o romperse.

**crustáceo, a** *adj./m.* Se dice del artrópodo con el cuerpo cubierto por un caparazón.

**cruz** *f.* Figura formada por dos líneas que se cruzan perpendicularmente. — Reverso de una moneda.

**cruzada** *f.* Expedición militar con finalidad religiosa.

**cruzado, da** *adj.* Que está atravesado o en cruz. ▸ *adj./m.* Se dice del que iba a una cruzada.

**cruzar** *tr.* Atravesar pasando de una parte a otra. — Colocar una cosa sobre otra formando una cruz. — Intercambiar miradas, gestos o palabras. ▸ *tr. y prnl.* Juntar un macho y una hembra de distinta raza. ▸ *prnl.* Encontrarse de frente.

**cu** *f.* Nombre de la letra q.

**cuache, cha** *adj.* Guat. Se dice de lo que consta de dos partes iguales y ofrece duplicidad. ▸ *adj./m. y f.* Guat. Gemelo de parto.

**cuaderna** *f.* Cada uno de los elementos rígidos transversales del armazón de un barco. — Cuaderna vía, estrofa de cuatro versos alejandrinos y una sola rima.

**cuaderno** *m.* Conjunto de pliegos de papel en forma de libro.

**cuadra** *f.* Lugar para estancia de las caballerías. — Conjunto de caballos de un mismo dueño. — Amér. Manzana de casas. — Amér. Medida de longitud variable según los países. — Perú. Sala para recibir.

**cuadrado, da** m. Figura geométrica de cuatro lados iguales y ángulos rectos. ▸ *adj.* Que tiene la forma de esta figura. ▸ *m.* MAT. Resultado de multiplicar un factor por sí mismo.

**cuadragésimo, ma** *adj./m. y f.* Que corresponde en orden al número cuarenta.

**cuadrangular** *adj.* Que tiene cuatro ángulos.

**cuadrante** *m.* Cuarta parte de una circunferencia o círculo.

**cuadrar** *tr.* Dar a una cosa figura cuadrada. — Amér. Sentar bien o mal en una persona una cosa. — Venez. Agradar, quedar airoso. ▸ *intr.* Ajustarse una cosa con otra. ▸ *prnl.* Ponerse una persona en posición erguida. — Chile. Suscribirse con una importante cantidad de dinero.

**cuadrícula** *f.* Conjunto de cuadrados que resultan de cortarse dos series de rectas paralelas.

**cuadriga** *f.* Carro tirado por cuatro caballos.

**cuadrilátero** *m.* MAT. Polígono de cuatro lados. — En boxeo, tarima en que se desarrolla el combate.

**cuadrilla** *f.* Grupo de personas reunidas para desempeñar un trabajo.

**cuadro** *m.* Figura en forma de cuadrado. — Pintura ejecutada sobre papel o tela y colocada en un marco.

**cuadrúmano, na** o **cuadrumano, na** *adj./m.* Que tiene cuatro manos.

**cuadrúpedo, da** *adj./m.* Se dice del animal de cuatro patas.

**cuádruple** o **cuádruplo, pla** *adj./m.* Que contiene un número cuatro veces exactamente.

**cuajada** *f.* Sustancia de la leche que sirve para elaborar el queso.

**cuajar** *tr. y prnl.* Espesar un líquido para convertirlo en sólido. ▸ *intr. y prnl.* Ser aceptada o tener efecto una cosa.

**cuajar** *m.* Última cavidad del estómago de los rumiantes.

**cual** *pron. rel.* Precedido de artículo, equivale a que: *el libro del ~ te hablé.* — Se usa en oraciones comparativas: *dulce ~ la miel.* ▸ *adv. rel.* Equivale a como, de igual manera: *blancos ~ perlas.*

**cuál** *pron. interr.* Pregunta sobre las personas o cosas: *¿~ es tu nombre?* ▸ *pron. exclam.* Expresa admiración o sorpresa.

**cualidad** *f.* Rasgo o propiedad distintivos.

**cualificado, da** *adj.* Que está muy preparado para una tarea.

**cualitativo, va** *adj.* Relativo a la cualidad.

**cualquier** *adj.* Apóc. de cualquiera, que se usa antepuesto al sustantivo: *~ persona podría hacerlo.*

**cualquiera** *adj./pron.* Expresa la indistinción de una o varias personas o cosas en una serie. ▸ *m. y f.* Persona vulgar. ▸ *f.* Prostituta.

**cuán** *adv. exclam.* Apóc. de cuánto, que se usa antepuesto al adjetivo o al adverbio para encarecerlos.

**cuando** *adv. rel.* En el tiempo, en el momento en que: *llegó justo ~ te ibas.* ▸ *conj.* En caso de que, puesto que, si: *~ él lo dice será verdad.*

**cuándo** *adv. interr.* En qué tiempo: *¿~ vendrás?*

**cuantía** *f.* Cantidad.

**cuantitativo, va** *adj.* Relativo a la cantidad.

**cuanto, ta** *pron. rel.* Se usa en correlación con tanto: *~ alegría él lleva, tanta tristeza nos deja.* — Todo lo que: *anotaba ~ decía.* ▸ *adv. rel.* Se usa antepuesto a otros adverbios o con tanto: *~ más habla, menos le entiendo.* ▸ *m.* FÍS. Cantidad mínima de energía que puede ser emitida o absorbida.

**cuánto, ta** *pron. interr. y exclam.* Sirve para preguntar o encarecer la cantidad o intensidad de una cosa: *¿~ necesitas?*

**cuarcita** *f.* Roca dura compuesta de cuarzo.

**cuarenta** *adj./m.* Cuatro veces diez. ▸ *adj./m. y f.* Cuadragésimo.

**cuarentena** *f.* Conjunto de cuarenta unidades. — Período de aislamiento impuesto a personas o lugares afectados de enfermedad.

**cuaresma** *f.* Período entre el miércoles de ceniza y el domingo de Pascua.

**cuarta** *f.* Palmo, medida. — Argent. Cosa utilizada para tirar de un vehículo. — Méx. Látigo para las caballerías.

**cuartear** *tr.* Partir una cosa en trozos. ▸ *prnl.* Agrietarse.

**cuartel** *m.* Edificio donde se aloja la tropa.

**cuartería** *f.* Chile, Cuba y R. Dom. Casa de varios vecinos, por lo común en una hacienda de campo.

**cuartero, ra** *adj.* Amér. Se dice del animal que tira de un carro.

**cuarteta** *f.* Estrofa de cuatro versos octosílabos.

**cuarteto** *m.* Estrofa de cuatro versos de más de ocho sílabas. — MÚS. Conjunto de cuatro voces o de cuatro instrumentos.

**cuartilla** *f.* Cuarta parte de un pliego de papel.

**cuarto, ta** *adj./m. y f.* Que corresponde en orden al número cuatro. ▸ *adj./m.* Se dice de cada una de las cuatro partes iguales en que se divide un todo. ▸ *m.* Pieza de una casa.

**cuarzo** *m.* Mineral de color blanco y mucha dureza.

**cuásar** *m.* Quásar.

**cuate, ta** *adj./m. y f.* Guat. y Méx. Amigo. — Méx. Mellizo, gemelo.

**cuaternario, ria** *adj./m.* GEOL. Se dice del último período geológico.

**cuatrero, ra** *adj./m. y f.* Que roba ganado.

**cuatrimestre** *m.* Período formado por cuatro meses.

**cuatro** *adj./m.* Tres más uno. ▸ *adj./m. y f.* Cuarto. ▸ *m.* Méx. Trampa, celada. — P. Rico. y Venez. Guitarra de cuatro cuerdas.

**cuatrocientos, tas** *adj./m.* Cuatro veces ciento. ▸ *adj./m. y f.* Que corresponde en orden al número cuatrocientos.

**cuba** *f.* Recipiente de madera para contener líquidos.

**cubano, na** *adj./m. y f.* De Cuba.

**cubeta** *f.* Recipiente usado en los laboratorios. — Méx. Cubo, balde.

**cubicar** *tr.* Determinar el volumen o la capacidad de un cuerpo.

**cúbico, ca** *adj.* De figura de cubo geométrico. — Relativo al cubo, producto de tres factores: *raíz ~*. — Se dice de las unidades de medida de volúmenes.

**cubierta** *f.* Cosa que se pone sobre otra para cubrirla. — Banda de caucho que recubre exteriormente la cámara de la rueda de un vehículo. — Envoltura de un libro. — Nivel o piso de un barco.

**cubierto, ta** *adj.* Tapado. ▸ *m.* Instrumento para coger o cortar los alimentos del plato. — Servicio de mesa para un comensal.

**cubil** *m.* Lugar donde las fieras se recogen para dormir.

**cubilete** *m.* Vaso usado para remover los dados.

**cubismo** *m.* Movimiento artístico que se caracteriza por el empleo de formas geométricas.

**cúbito** *m.* Hueso más grueso del antebrazo.

**cubo** *m.* Recipiente más ancho por la boca que por el fondo, con asa. — Paralelepípedo rectángulo de aristas y ángulos iguales. — MAT. Tercera potencia de un número.

**cubrir** *tr. y prnl.* Tapar u ocultar una cosa con otra. — Proteger, resguardar. — Recorrer una distancia. — Rellenar un hueco o un recipiente. — Seguir un acontecimiento para informar sobre él. — Ocupar un puesto de trabajo.

**cucaña** *f.* Palo resbaladizo por el que se ha de trepar para ganar un premio.

**cucaracha** *f.* Insecto de cuerpo aplanado, corredor y nocturno.

**cuchara** *f.* Utensilio de mesa compuesto de un mango y una parte cóncava. — Amér. Central, Amér. Merid., Cuba y Méx. Llana de los albañiles.

**cucharón** *m.* Cazo con mango. — Guat. Tucán.

**cuchichear** *intr.* Hablar a alguien en voz baja o al oído.

**cuchilla** *f.* Cuchillo grande. — Hoja metálica ancha y cortante.

**cuchillo** *m.* Instrumento cortante compuesto de una hoja de metal y un mango.

**cuchitril** *m.* Pocilga. — Habitación pequeña y sucia.

**cuchufleta** *f.* Fam. Dicho de broma.

**cuclillas** Palabra que se usa en las expresiones en cuclillas o de cuclillas, que significan 'agachado con las piernas flexionadas'.

**cuclillo** *m.* Cuco, ave.

**cuco, ca** *adj.* Bonito, gracioso. ▸ *adj./m. y f.* Astuto. ▸ *m.* Ave trepadora de grito característico.

**cucuiza** *f.* Amér. Hilo obtenido de la pita.

**cucurbitáceo, a** *adj./f.* Se dice de una familia de plantas de frutos grandes, como la calabaza.

**cucurucho** *m.* Papel arrollado en forma cónica. — Cono de barquillo con helado.

**cueca** *f.* Amér. Merid. Baile popular por parejas, de ritmo vivo.

**cuello** *m.* Parte del cuerpo entre el tronco y la cabeza. — Parte más estrecha de una cosa.

**cuenca** *f.* Cavidad en que está el ojo. — Territorio cuyas aguas afluyen a un mismo cauce. — Región con un yacimiento mineral.

**cuenco** *m.* Recipiente semiesférico, ancho y sin borde.

**cuenta** *f.* Acción y efecto de contar. — Cálculo aritmético. — Nota en la que consta el precio que se debe pagar. — Explicación, justificación: *debes dar ~ de tus actos.* — Bola perforada de un collar o rosario. — Cuenta corriente, depósito bancario.

**cuentagotas** *m.* Aparato para verter un líquido gota a gota.

**cuentakilómetros** *m.* Contador que indica el número de kilómetros recorridos por un vehículo.

**cuentear** *intr.* Amér. Chismorrear. —Méx. Fam. Engañar, decir mentiras.

**cuentista** *adj./m. y f.* Chismoso. ▸ *m. y f.* Persona que narra o escribe cuentos.

**cuento** *m.* Relato breve. — Mentira, engaño, chisme.

**cuerda** *f.* Conjunto de hilos que retorcidos forman uno, grueso y flexible. — Hilo que, al vibrar, produce sonido en un instrumento musical. — MAT. Segmento que une dos puntos de una curva. — Cuerdas vocales, membranas de la laringe que producen la voz.

**cuerdo, da** *adj./m. y f.* Que está en su juicio.

**cuerear** *tr.* Amér. Azotar. — Argent. y Urug. Despellejar.

**cuerno** *m.* Apéndice óseo puntiagudo de la cabeza de algunos animales. — Objeto cuya forma es parecida a este apéndice. — Instrumento musical de viento de forma corva.

**cuero** *m.* Piel de los animales. — Pellejo curtido de un animal.

**cuerpear** *intr.* Argent. y Urug. Esquivar, evadirse.

**cuerpo** *m.* Sustancia material o cosa de extensión limitada. — Conjunto de las partes que forman el organismo de los seres vivos. — Tronco, por oposición a la cabeza y las extremidades. — Conjunto de personas de una comunidad o que ejercen la misma profesión.

**cuerudo, da** *adj.* Amér. Se dice de la caballerías lerda. — Amér. Que tiene la piel muy gruesa y dura. — Colomb. Tonto.

**cuervo** *m.* Ave con el plumaje, las patas y el pico negros.

**cuesco** *m.* Hueso de la fruta. — Fam. Pedo ruidoso. — Chile. Hombre enamorado. — Méx. Masa redonda de mineral de gran tamaño.

**cuesta** *f.* Terreno en pendiente.

**cuestación** *f.* Petición de limosnas para un fin benéfico.

**cuestión** *f.* Asunto de que se trata. — Pregunta, duda.

**cuestionario** *m.* Lista de preguntas.

**cueva** *f.* Cavidad subterránea o excavada.

**cuévano** *m.* Cesto grande y hondo, usado en la vendimia.

**cui** *m.* Amér. Merid. Cobaya.

**cuidado** *m.* Atención que se pone en hacer bien una cosa. — Acción de cuidar.

**cuidar** *tr. e intr.* Poner atención en la ejecución de una cosa. — Asistir a un enfermo. ► *prnl.* Preocuparse uno por su salud.

**cuis** *m.* Amér. Merid. Cui.

**culata** *f.* Anca. — Parte posterior de un arma de fuego portátil. — Cubierta que cierra los cilindros en un motor de explosión.

**culebra** *f.* Reptil ofidio no venenoso.

**culebrón** *m.* Programa televisivo narrativo de contenido melodramático dividido en muchos capítulos.

**culinario, ria** *adj.* Relativo a la cocina.

**culminante** *adj.* Superior, sobresaliente.

**culminar** *tr.* Dar fin. ► *intr.* Llegar una cosa a su punto más alto.

**culo** *m.* Nalga. — Ano. — Extremidad inferior o posterior de una cosa.

**culombio** *m.* FÍS. Unidad de carga eléctrica.

**culpa** *f.* Falta cometida voluntariamente. — Causa de un daño o perjuicio. — DER. Acción que causa un resultado penado por la ley.

**culpable** *adj./m. y f.* Que tiene la culpa de una cosa.

**culteranismo** *m.* Estilo literario caracterizado por el empleo de metáforas violentas, sintaxis complicada, latinismos, etc.

**cultismo** *m.* Vocablo tomado de una lengua clásica.

**cultivar** *tr.* Dar a la tierra y a las plantas lo necesario para que fructifiquen. — Desarrollar una actividad intelectual.

**cultivo** *m.* Acción y efecto de cultivar. — Tierra o planta que están cultivadas.

**culto, ta** *adj.* Dotado de cultura.

▸ *m.* Homenaje que el hombre tributa a un dios. — Admiración.

**cultura** *f.* Conjunto de conocimientos adquiridos. — Conjunto de conocimientos y manifestaciones de una sociedad.

**culturismo** m. Conjunto de ejercicios y actividades para desarrollar los músculos del cuerpo.

**cumbre** *f.* Parte más alta de una montaña. — Grado mayor de perfección. — Reunión representantes políticos o militares de varias naciones.

**cumpleaños** *m.* Aniversario del nacimiento de una persona.

**cumplido, da** *adj.* Completo. — Cortés. ▸ *m.* Atención, cortesía.

**cumplimentar** *tr.* Saludar con determinadas normas a alguien. — Ejecutar una orden o trámite.

**cumplir** *tr.* Llevar a cabo. — Llegar a tener un número determinado de años o meses. ▸ *tr. e intr.* Hacer uno aquello que debe.

**cúmulo** *m.* Montón, acumulación. — Nube densa vertical.

**cuna** *f.* Cama para bebés. — Estirpe. — Origen o principio.

**cundir** *intr.* Propagarse, extenderse. — Dar mucho de sí.

**cuneiforme** *adj.* Se dice de la escritura con signos en forma de cuña.

**cuneta** *f.* Zanja en el borde de una carretera o un camino.

**cuña** *f.* Pieza triangular para hender, ajustar, etc. — Breve espacio publicitario. — Amér. Influencia, enchufe.

**cuñado, da** *m. y f.* Hermano o hermana de un cónyuge respecto del otro.

**cuño** *m.* Troquel con que se sellan las monedas y otros objetos. — Argent., Colomb., Méx. y Pan. Cabida. — Colomb. y Pan. Plaza en un vehículo.

**cuota** *f.* Dinero que paga una persona por pertenecer a una sociedad.

**cuplé** *m.* Canción corta y ligera.

**cupo** *m.* Cuota o parte asignada. — Número de reclutas que pueden entrar en filas.

**cupón** *m.* Parte de un documento, envase, etc., fácilmente recortable, que tiene un valor asignado.

**cúprico, ca** *adj.* Relativo al cobre o que lo contiene.

**cúpula** *f.* Bóveda semiesférica en lo alto de un edificio.

**cura** *m.* Sacerdote católico. ▸ *f.* Acción y efecto de curar o curarse.

**curandero, ra** *m. y f.* Persona que ejerce la medicina alternativa sin título oficial.

**curar** *tr., intr. y prnl.* Recobrar la salud. ▸ *tr. y prnl.* Aplicar al enfermo el remedio a su enfermedad. ▸ *tr.* Preparar un alimento para su conservación. — Curtir las pieles.

**curco, ca** *adj./m. y f.* Chile, Ecuad. y Perú. Jorobado.

**curcuncho, cha** *adj./m. y f.* Amér. Merid. Jorobado.

**curdo, da** *adj./m. y f.* Kurdo.

**curia** *f.* Organismo de gobierno de las diócesis católicas. — Conjunto de personas de la administración de justicia.

**curiosear** *tr. e intr.* Procurar enterarse de cosas ajenas. ► *intr.* Mirar sin gran interés.

**curiosidad** *f.* Deseo de saber alguna cosa. — Aseo, limpieza. — Cuidado de hacer una cosa con primor.

**currículum** o **currículo** m. Relación de datos personales y aptitudes profesionales de una persona.

**cursar** *tr.* Estudiar una materia en un centro. — Tramitar un documento, un expediente, etc.

**cursi** *adj./m. y f.* Que parece fino y elegante sin serlo.

**cursillo** *m.* Curso de poca duración. — Breve serie de conferencias acerca de una materia.

**cursivo, va** *adj./f.* Se dice de la letra inclinada a la derecha.

**curso** *m.* Movimiento de agua que corre por un cauce. — Conjunto de enseñanzas expuestas en un período de tiempo, y este mismo período. — Tramitación.

**curtiembre** *m.* Amér. Central y Amér. Merid. Lugar donde se curten las pieles.

**curtir** *tr.* Preparar las pieles para varios usos. — Amér. Castigar con azotes. ► *tr. y prnl.* Tostar el cutis el sol o el aire. — Hacer adquirir experiencia y madurez.

**curva** *f.* Línea curva. — En una carretera, camino, etc., tramo que no es recto.

**curvilíneo, a** *adj.* Que tiene curvas.

**curvo, va** *adj.* Que se aparta de la dirección recta sin formar ángulos.

**cuscurro** *m.* Parte del pan más tostada.

**cúspide** *f.* Cumbre de una montaña. — Remate superior de una cosa.

**custodia** *f.* Acción y efecto de custodiar. — Receptáculo en que se expone la eucaristía. — Chile. Consigna de una estación o aeropuerto.

**custodiar** *tr.* Guardar, vigilar con cuidado.

**cusuco** *m.* Amér. Central. Armadillo.

**cususa** *f.* Amér. Central. Aguardiente de caña.

**cutama** *f.* Chile. Costal, talego. — Chile. Persona torpe.

**cutáneo, a** *adj.* Relativo a la piel o al cutis.

**cutícula** *f.* Piel delgada. — Capa más externa de la piel.

**cutis** *m.* Piel del rostro humano.

**cutre** *adj.* Esp. Pobre, barato, descuidado y de mala calidad.

**cuy** *m.* Amér. Merid. Cui.

**cuyo, ya** *pron. rel.* Forma de caracter posesivo, equivalente al pronombre que en función adjetiva: *el amigo a ~ casa me dirijo.*

**d** *f.* Quinta letra del abecedario.

**dactilar** *adj.* Digital: *huellas dactilares.*

**dactilografía** *f.* Mecanografía.

**dactiloscopia** *f.* Identificación de personas por medio de las huellas digitales.

**dadá** o **dadaísmo** *m.* Movimiento artístico que rechazaba los valores tradicionales y se apoyaba en lo irracional.

**dádiva** *f.* Don, regalo.

**dado, da** *adj.* Supuesto. ▸ *m.* Pieza cúbica usada en juegos de azar.

**daga** *f.* Arma blanca de hoja corta.

**daguerrotipo** *m.* Dispositivo que permite registrar una imagen sobre una placa de metal. — Imagen así obtenida.

**dalia** *f.* Planta de flores ornamentales. — Flor de esta planta.

**dálmata** *adj./m. y f.* De Dalmacia. — Se dice de una raza de perros de pelaje blanco con manchas negras.

**daltonismo** *m.* Anomalía en la visión de los colores.

**dama** *f.* Mujer distinguida. — En el ajedrez, reina. ▸ *pl.* Juego de tablero con 24 fichas.

**damajuana** *f.* Garrafa de vidrio con una funda de mimbre.

**damasco** *m.* Tejido de seda o de lana, con dibujos labrados.

**damasquinar** *tr.* Incrustar hilos de oro o plata sobre hierro.

**damnificado, da** *adj./m. y f.* Que ha sufrido un gran daño.

**dandi** *m.* Hombre elegante y refinado.

**danés, sa** *adj./m. y f.* De Dinamarca. ▸ *m./adj.* Lengua hablada en Dinamarca.

**dantesco, ca** *adj.* Aterrador: *visión ~.*

**danza** *f.* Sucesión de pasos ejecutados según un ritmo musical.

**daño** *m.* Perjuicio sufrido por alguien o algo. — Dolor.

**dar** *tr.* Ceder gratuitamente. — Entregar. — Otorgar: *dar permiso.* — Producir beneficio. — Causar. — Ejecutar una acción: *dar un paseo.* ▸ *intr.* Sobrevenir: *le dio una embolia.* ▸ *intr. y prnl.* Considerar: *dar por bien empleado.* ▸ *prnl.* Suceder.

**dardo** *m.* Flecha pequeña arrojadiza. — Dicho satírico.

**dársena** *f.* Parte más resguardada de un puerto.

**datar** *tr.* Poner fecha. ▸ *intr.* Existir desde una determinada época.

**dátil** *m.* Fruto de la palmera.

**dativo** *m.* LING. Caso de la declinación que expresa la función de complemento indirecto.

**dato** *m.* Hecho que sirve de base a un razonamiento. — Información concreta.

**de** *f.* Nombre de la letra *d.* ▸ *prep.* Indica la materia de que está hecha una cosa: *mesa de madera.* — Denota posesión o pertenencia. — Expresa asunto o tema: *lección de historia.* — Indica el origen: *viene de fuera.* — Denota la causa de algo: *morirse de miedo.* — Sirve para expresar el modo: *estar de pie.* — Indica destino o finalidad: *máquina de afeitar.* — Desde: *de Madrid a Valencia.*

**deambular** *intr.* Andar o pasear sin objeto determinado.

**debacle** *f.* Desastre, catástrofe.

**debajo** *adv.* En lugar, situación o categoría inferior.

**debate** *m.* Discusión, disputa.

**debatir** *tr.* Discutir sobre algo. ▸ *prnl.* Luchar.

**debe** *m.* Parte de una cuenta en la que constan las cantidades que el titular ha de pagar.

**deber** *tr.* Estar obligado: *debo trabajar.* — Tener obligación de cumplir una deuda. ▸ *prnl.* Sentirse obligado a algo. — Tener por causa: *esta situación se debe a un error.*

**deber** *m.* Obligación de obrar de algún modo. ▸ *pl.* Trabajo que los alumnos deben realizar en su casa.

**debido, da** *adj.* Justo, razonable.

**débil** *adj.* Falto de fuerza o resistencia: *luz* ~. — LING. Se dice de la sílaba no acentuada. — LING. Se dice de las vocales *i* y *u.* ▸ *adj./m. y f.* Que no tiene suficiente fuerza física o moral.

**debilitar** *tr. y prnl.* Disminuir la fuerza o poder.

**débito** *m.* Deuda.

**debut** *m.* Estreno, comienzo de una actividad.

**década** *f.* Período de diez años.

**decadencia** *f.* Proceso por el que una cosa tiende a debilitarse.

**decaedro** *m.* MAT. Sólido de diez caras.

**decaer** *intr.* Ir a menos: *su fama ha decaído.*

**decágono** *m.* MAT. Polígono de diez lados.

**decálogo** *m.* Conjunto de diez leyes, normas, etc.

**decámetro** *m.* Medida de longitud equivalente a 10 m.

**decano, na** *m. y f.* Persona que dirige un centro universitario. — Persona más antigua en una corporación.

**decantar** *tr.* Inclinar una vasija para que caiga el líquido que contiene. ▸ *prnl.* Decidirse por alguien o algo.

**decapitar** *tr.* Cortar la cabeza.

**decápodo, da** *adj./m.* Se dice de un orden de crustáceos marinos con cinco pares de patas, como el cangrejo de mar.

**decena** *f.* Conjunto de diez unidades.

**decenio** *m.* Período formado por diez años.

**decente** *adj.* Digno, que obra de acuerdo con la moral o las buenas costumbres.

**decepción** *f.* Sensación de pesar causado por un desengaño.

**deceso** *m.* Muerte.

**dechado** *m.* Ejemplo, modelo a imitar: ~ *de virtudes.*

**decibelio** o **decibel** *m.* FÍS. Unidad para definir una escala de intensidad sonora.

**decidido, da** *adj.* Resuelto, audaz.

**decidir** *tr. y prnl.* Resolver, tomar una determinación.

**décima** *f.* Décima parte de un grado del termómetro clínico. — Décima parte de un segundo. — Estrofa de ocho versos.

**decimal** *adj.* Se dice de cada una de las diez partes iguales en que se divide un todo. — MAT. Se dice del sistema métrico de base diez. — Número ~, el formado por una parte entera y otra inferior separada por una coma, como 3,14.

**decímetro** *m.* Medida de longitud equivalente a la décima parte del metro.

**décimo, ma** *adj./m. y f.* Que corresponde en orden al número diez. ▸ *adj./m.* Se dice de cada una de las diez partes iguales en que se divide un todo.

**decimonónico, ca** *adj.* Relativo al siglo XIX. — Anticuado.

**decir** *tr.* Manifestar con palabras el pensamiento.

**decir** *m.* Dicho.

**decisión** *f.* Resolución, determinación. — Firmeza de carácter.

**decisivo, va** *adj.* Determinante, concluyente: *combate* ~.

**declamar** *tr. e intr.* Hablar o recitar en voz alta.

**declarar** *tr.* Explicar lo que está oculto o no se entiende bien. — Determinar, decidir los jueces. — Dar a conocer a la Administración pública los bienes que se poseen para pagar impuestos. ▸ *tr. e intr.* Manifestar ante el juez. ▸ *prnl.* Producirse algo.

**declinación** *f.* Caída, descenso. — ASTRON. Distancia de un astro al ecuador celeste. — LING. Serie de los casos gramaticales.

**declinar** *tr.* Rehusar. — LING. Poner en los casos gramaticales las voces que tienen declinación. ▸ *intr.* Decaer, disminuir. — Inclinarse hacia abajo o hacia un lado. — Aproximarse una cosa a su fin.

**declive** *m.* Desnivel de una superficie. — Decadencia.

**decolorar** *tr. y prnl.* Quitar o rebajar el color.

**decomisar** *tr.* Confiscar un bien.

**decorado** *m.* Muebles, objetos, etc., que componen el ambiente de una escena teatral o cinematográfica.

**decorar** *tr.* Adornar, embellecer.

**decoro** *m.* Honor, respeto. — Dignidad requerida conforme a una categoría. — Pudor, recato.

**decrecer** *intr.* Disminuir.

**decrépito, ta** *adj./m. y f.* Que está en gran decadencia.

**decretar** *tr.* Ordenar por decreto.

**decreto** *m.* Decisión tomada por la autoridad competente.

**decúbito** *m.* Posición del cuerpo tendido sobre un plano horizontal.

**décuplo, pla** *adj./m.* Que contiene un número diez veces exactamente.

**decurso** *m.* Sucesión o transcurso del tiempo.

**dedal** *m.* Utensilio que protege la punta del dedo al coser.

**dedicar** *tr.* Dirigir a una persona algo como obsequio. ▸ *tr. y prnl.* Emplear, destinar. ▸ *prnl.* Tener un oficio.

**dedo** *m.* Cada una de las partes en que terminan las manos y pies del hombre.

**deducir** *tr.* Sacar consecuencias de un principio anterior. — Descontar de una cantidad.

**defecar** *tr. e intr.* Expeler los excrementos.

**defección** *f.* Acción de separarse con deslealtad de una causa.

**defectivo, va** *adj.* Imperfecto, defectuoso. — LING. Se dice del verbo que sólo se conjuga en determinados tiempos, modos o personas.

**defecto** *m.* Imperfección natural o moral.

**defender** *tr. y prnl.* Proteger. ▸ *tr.* Abogar en favor de alguien.

**defenestrar** *tr.* Destituir.

**defensa** *f.* Protección, socorro. — Abogado defensor. — DEP. Jugador encargado de proteger la portería.

**defeño, ña** *adj./m. y f.* De México D. F.

**deferencia** *f.* Muestra de respeto hacia alguien.

**deferente** *adj.* Que muestra deferencia. — ANAT. Que conduce hacia el exterior: *conducto* ~.

**deficiencia** *f.* Defecto.

**deficiente** *adj.* Insuficiente o pésimo.

**déficit** *m.* Cantidad que falta a los ingresos para equilibrarse con los gastos.

**definición** *f.* Acción y efecto de definir.

**definir** *tr.* Enunciar con exactitud el significado de una palabra o concepto. ▸ *tr. y prnl.* Expresar alguien su actitud.

**definitivo, va** *adj.* Que decide o concluye.

**deflación** *f.* ECON. Disminución del nivel general de los precios.

**deflagrar** *intr.* Arder rápidamente con llama y sin explosión.

**deflexión** *f.* FÍS. Cambio de dirección de un haz luminoso.

**deforestar** *tr.* Despojar de árboles y plantas un terreno.

**deformar** *tr. y prnl.* Alterar una cosa en su forma. — Tergiversar.

**deforme** *adj.* Que tiene forma anormal.

**defraudar** *tr.* Eludir el pago de los impuestos. — Decepcionar.

**defunción** *f.* Muerte.

**degenerar** *intr.* Perder cualidades. — Decaer, declinar.

**deglutir** *tr. e intr.* Tragar los alimentos.

**degollar** *tr.* Cortar el cuello.

**degradar** *tr.* Deponer a una persona de sus dignidades. ▸ *tr. y prnl.* Humillar. — Disminuir la intensidad del color o de la luz.

**degüello** *m.* Acción de degollar.

**degustar** *tr.* Probar una comida o bebida para valorar su sabor.

**dehesa** *f.* Tierra acotada y destinada a pastos.

**deidad** *f.* Ser o esencia divinos. — Divinidad de la mitología.

**deificar** *tr.* Hacer divino.

**deixis** o **deíxis** *f.* LING. Función de algunos elementos consistente en señalar algo presente.

**dejante** *prep.* Chile, Colomb. y Guat. Aparte de, además de.

**dejar** *tr.* Poner en un sitio. — Permitir. — Abandonar una actividad. — Seguido de un participio pasivo, explica la acción de lo que éste significa: ~ *sumido en un profundo sueño.* — Prestar. ▸ *intr.* Interrumpir una acción. ▸ *prnl.* Abandonarse.

**deje** *m.* Modo de hablar.

**dejo** *m.* Deje. — Gusto que queda de la comida.

**del** Contracción de la preposición *de* y el artículo *el.*

**delación** *f.* Acción y efecto de delatar.

**delantal** *m.* Prenda que protege la parte delantera del cuerpo para que no se manche.

**delante** *adv.* Con prioridad de lugar, en la parte anterior o en el sitio tras el cual está una persona o cosa: *déjalo ~ de su puerta.* — A la vista, en presencia: *hablar ~ de todos.*

**delantera** *f.* Parte anterior de algo.

**delantero, ra** *adj.* Que está delante. ▸ *m. y f.* DEP. Jugador que forma parte de la línea de ataque.

**delatar** *tr.* Denunciar, acusar. — Descubrir, revelar. ▸ *prnl.* Dar a conocer algo involuntariamente.

**delco** *m.* Dispositivo de encendido de los motores de explosión.

**delectación** *f.* Deleite, placer.

**delegación** *f.* Nombre dado a determinados organismos de la administración pública. — Méx. Comisaría.

**delegar** *tr.* Transferir el poder de una persona a otra.

**deleite** *m.* Placer.

**deletrear** *tr. e intr.* Decir por orden las letras de una palabra.

**deleznable** *adj.* Que se rompe fácilmente. — Despreciable.

**delfín** *m.* Cetáceo de hocico prolongado. — Heredero de la corona de Francia. — Sucesor de una persona con cargo importante.

**delgado, da** *adj.* Flaco. — De poco grosor.

**deliberado, da** *adj.* Hecho a propósito, premeditado.

**deliberar** *intr.* Reflexionar antes de tomar una decisión.

**delicadeza** *f.* Cualidad de delicado. — Cortesía, miramiento.

**delicado, da** *adj.* Frágil. — Enfermizo. — Exquisito, sabroso. — Difícil, problemático. — Escrupuloso, remilgado.

**delicia** *f.* Placer intenso. — Cosa que causa alegría o placer.

**delicuescencia** *f.* QUÍM. Propiedad que tienen ciertos cuerpos de convertirse en líquidos.

**delimitar** *tr.* Señalar los límites.

**delincuencia** *f.* Actividad de delinquir. — Conjunto de delitos.

**delineante** *m. y f.* Persona que tiene por oficio trazar planos.

**delinquir** *intr.* Cometer un delito.

**delirar** *intr.* Tener delirios. — Decir o hacer disparates.

**delirio** *m.* Trastorno psíquico en que se sufren alucinaciones.

**delito** *m.* Quebrantamiento de la ley.

**delta** *m.* Terreno triangular formado por un río en su desembocadura. ▸ *f.* Letra del alfabeto griego.

**deltoides** *m.* Músculo de la espalda, de forma triangular, que permite levantar el brazo.

**demacrar** *tr. y prnl.* Poner pálido y delgado.

**demagogia** *f.* Política en que se hacen halagos fáciles y promesas infundadas.

**demanda** *f.* Solicitud. — DER. Petición que un litigante sustenta en el juicio. — ECON. Cantidad de algo que los consumidores están dispuestos a comprar.

**demandar** *tr.* Pedir, rogar, preguntar. — DER. Formular una demanda ante los tribunales.

**demarcar** *tr.* Señalar los límites de un país o terreno.

**demás** *pron.* El resto, la parte no mencionada de un todo: *ordene que salgan los ~*.

**demasiado, da** *adj.* En mayor número de lo conveniente: *has hecho ~ estofado.* ▸ *adv.* Con exceso: *llueve ~.*

**demencia** *f.* Pérdida irreversible de las facultades mentales.

**demente** *adj./m. y f.* Loco. — Que padece demencia.

**democracia** *f.* Gobierno en que el pueblo elige a los gobernantes.

**demografía** *f.* Estudio estadístico de la población humana.

**demoler** *tr.* Deshacer, derribar.

**demonio** *m.* Diablo. — Persona muy mala, fea o astuta.

**demora** *f.* Tardanza, retraso.

**demorar** *tr.* Retardar, atrasar. ▸ *prnl.* Detenerse o entretenerse. — Tardar en hacer algo.

**demostración** *f.* Comprobación experimental de un principio. — Manifestación, muestra.

**demostrar** *tr.* Probar algo con ejemplos. — Manifestar, mostrar.

**demostrativo, va** *adj./m.* LING. Se dice de los adjetivos y pronombres que sirven para situar un objeto en relación con las personas gramaticales, como este, esa, aquello, etc.

**demudar** *tr.* Mudar, variar, alterar. ▸ *prnl.* Cambiarse repentinamente el gesto del rostro.

**denario** *m.* Antigua moneda romana de plata.

**denegar** *tr.* No conceder lo que se pide o solicita.

**dengue** *m.* Melindre.

**denigrar** *tr.* Ofender a una persona o cosa, hablar mal de ella.

**denodado, da** *adj.* Intrépido.

**denominación** *f.* Acción de denominar. — Nombre.

**denominador** *m.* MAT. Término inferior de una fracción.

**denominar** *tr. y prnl.* Dar un nombre a una persona o cosa.

**denostar** *tr.* Injuriar, ofender.

**denotar** *tr.* Indicar, significar.

**densidad** *f.* Cualidad de denso. — FÍS. Relación entre la masa y el volumen de un cuerpo.

**denso, sa** *adj.* Compacto, apretado. — Espeso. — Difícil, oscuro o confuso.

**dentadura** *f.* Conjunto de dientes de una persona o animal.

**dental** *adj.* Relativo a los dientes. — LING. Se dice del sonido que se articula con la punta de la lengua y los dientes, como el que representan *d* y *t.*

**dentellada** *f.* Herida que hacen los dientes al morder.

**dentera** *f.* Sensación desagradable en los dientes. — Fam. Envidia.

**dentición** *f.* Formación, número y disposición de los dientes.

**dentífrico** *m.* Sustancia usada para limpiar los dientes.

**dentista** *m. y f.* Médico especializado en la conservación y reparación de los dientes.

**dentro** *adv.* A o en la parte interior: ~ *de mi alma.* — Dentro de, después de un tiempo: ~ *de un momento.*

**denuedo** *m.* Valor, esfuerzo.

**denuesto** *m.* Injuria.

**denunciar** *tr.* Comunicar a la autoridad un delito. — Poner de manifiesto.

**deontología** *f.* Ciencia de las normas y deberes de cada profesión: ~ *médica.*

**deparar** *tr.* Dar, proporcionar.

**departamento** *m.* Cada una de las partes en que se divide un lugar. — Parte de una administración, ministerio o institución. — Nombre de algunas divisiones administrativas de

Hispanoamérica. — Amér. Apartamento.

**departir** *intr.* Conversar, hablar.

**depauperar** *tr. y prnl.* Empobrecer. — Debilitar el organismo.

**dependencia** *f.* Estado del que depende de alguien o de algo. — Adicción: ~ *del tabaco.* — Habitación u oficina.

**depender** *intr.* Estar subordinado a una persona o cosa.

**dependiente, ta** *m. y f.* Persona que atiende en una tienda.

**depilar** *tr. y prnl.* Quitar el pelo o el vello.

**deplorar** *tr.* Lamentar algo.

**deponer** *tr.* Apartar de sí: ~ *una actitud hostil.* — Privar a una persona de su empleo. — Guat., Hond., Méx. y Nicar. Vomitar. ▸ *intr.* Evacuar el vientre.

**deportar** *tr.* Desterrar por motivos políticos o como castigo.

**deporte** *m.* Ejercicio físico que se practica según ciertas reglas.

**deportista** *m. y f./adj.* Persona que practica algún deporte.

**deposición** *f.* Exposición o declaración. — Evacuación de vientre.

**depositar** *tr.* Poner algo bajo la custodia de alguien. — Colocar en un sitio.

**depositario, ria** *adj./m. y f.* Se dice de la persona o entidad que guarda bienes confiados por otros.

**depósito** *m.* Recipiente grande para líquidos o gases. — Lugar para guardar alguna cosa. — Cosa depositada.

**depravar** *tr. y prnl.* Viciar, corromper.

**depreciar** *tr. y prnl.* Disminuir el valor o precio de una cosa.

**depredar** *tr.* Cazar un animal a otro para subsistir. — Saquear con violencia.

**depresión** *f.* Concavidad de una superficie. — Estado de abatimiento del ánimo. — Fase de baja actividad económica.

**deprimir** *tr. y prnl.* Reducir el volumen de un cuerpo. — Abatir, quitar el ánimo.

**deprisa** *adv.* Con rapidez.

**depurar** *tr.* Quitar las impurezas.

**derby** *m.* Prueba hípica. — Prueba deportiva entre equipos vecinos.

**derecha** *f.* Conjunto de las organizaciones políticas y de las personas de ideas conservadoras.

**derecho, cha** *adj.* Se dice de las cosas y de las partes del cuerpo que están situadas en el lado opuesto al corazón. — Recto, directo. — En posición vertical. ▸ *m.* Conjunto de leyes a que están sometidos los hombres, y ciencia que las estudia. — Facultad de hacer o exigir algo. ▸ *pl.* Cantidad que se paga por algo: *derechos de autor.*

**deriva** *f.* Desvío del rumbo de una nave debido al azar.

**derivación** *f.* Camino o cable que sale de otro. — LING. Procedimiento de formación de palabras a partir de otras ya existentes.

**derivada** *f.* MAT. Magnitud que indica la variación de una función.

**derivado, da** *adj./m.* Que deriva.

**derivar** *intr. y prnl.* Proceder una cosa de otra. ▶ *intr.* LING. Proceder una palabra por derivación. — MAR. Desviarse una nave del rumbo.

**dermatología** *f.* Parte de la medicina que trata de las enfermedades de la piel.

**dermis** *f.* Capa de la piel entre la epidermis y la hipodermis.

**derogar** *tr.* Anular, abolir.

**derramar** *tr. y prnl.* Verter, esparcir.

**derrame** *m.* Acción y efecto de derramar. — MED. Existencia anormal de líquido en alguna estructura, órgano o cavidad.

**derrapar** *intr.* Patinar de lado un automóvil.

**derredor** *m.* Circuito, contorno de una cosa.

**derrengar** *tr. y prnl.* Lastimar el espinazo. — Cansar, fatigar.

**derretir** *tr. y prnl.* Disolver por medio de calor un sólido.

**derribar** *tr.* Echar abajo una construcción. — Hacer caer al suelo.

**derriscar** *tr. y prnl.* Cuba y P. Rico. Despeñar.

**derrocar** *tr.* Hacer perder a una persona su empleo, poder o dignidad por medios violentos.

**derrochar** *tr.* Malgastar el dinero o los bienes.

**derrota** *f.* Fracaso, pérdida. — Rumbo de una nave.

**derrotar** *tr.* Vencer a alguien en una competición o en la guerra.

**derrotero** *m.* Rumbo de una nave. — Camino tomado para lograr el fin propuesto.

**derrotista** *adj./m. y f.* Pesimista.

**derrubio** *m.* Desgaste que produce un curso de agua. — Depósito natural de tierra o piedra.

**derruir** *tr.* Derribar un edificio.

**derrumbar** *tr. y prnl.* Derribar una construcción. — Despeñar. — Hundir moralmente.

**desaborido, da** *adj.* Sin sabor. ▶ *adj./m. y f.* Fam. Se dice de la persona sosa.

**desabrido, da** *adj.* Soso, insípido. — Áspero en el trato.

**desabrigar** *tr. y prnl.* Quitar la ropa que abriga.

**desabrochar** *tr. y prnl.* Soltar los broches de una prenda de vestir.

**desacato** *m.* Falta de respeto. — DER. Delito que se comete insultando a una autoridad en el ejercicio de sus funciones.

**desacierto** *m.* Dicho o hecho falto de acierto.

**desaconsejar** *tr.* Disuadir.

**desacostumbrado, da** *adj.* Poco frecuente.

**desacreditar** *tr. y prnl.* Disminuir el crédito o valor.

**desactivar** *tr.* Anular el sistema detonador de un artefacto explosivo o la actividad de un proceso.

**desacuerdo** *m.* Discordia, falta de acuerdo.

**desafecto, ta** *adj.* Que no estima una cosa.

**desafiar** *tr.* Provocar a duelo, combate o discusión. — Afrontar.

**desafinar** *intr. y prnl.* MÚS. Apartarse de la debida entonación.

**desaforado, da** *adj.* Grande, desmedido.

**desafortunado, da** *adj.* Inoportuno. ▸ *adj./m. y f.* Sin fortuna.

**desafuero** *m.* Acto violento contra la ley o la razón.

**desagradar** *intr. y prnl.* No gustar, causar rechazo.

**desagradecido, da** *adj./m. y f.* Que no agradece los favores.

**desagraviar** *tr. y prnl.* Reparar el agravio hecho a alguien.

**desaguar** *tr.* Extraer el agua de un lugar. ▸ *intr.* Desembocar un río en el mar.

**desagüe** *m.* Conducto por donde desagua un líquido.

**desaguisado** *m.* Agravio, delito. — Destrozo, fechoría.

**desahogar** *tr. y prnl.* Aliviar. — Expresar libremente un sentimiento. ▸ *prnl.* Hacer confidencias una persona a otra.

**desahogo** *m.* Alivio, descanso. — Holgura, comodidad.

**desahuciar** *tr.* Considerar el médico al enfermo sin espe-

ranza de salvación. — Expulsar al inquilino. ▸ *tr. y prnl.* Desengañar.

**desairar** *tr.* Despreciar, desestimar.

**desaire** *m.* Falta de garbo. — Afrenta.

**desajustar** *tr.* Separar lo ajustado. ▸ *prnl.* Apartarse del ajuste.

**desalar** *tr.* Quitar la sal.

**desalentar** *tr. y prnl.* Quitar el ánimo.

**desaliño** *m.* Descuido en el aseo personal.

**desalmado, da** *adj./m. y f.* Cruel, malvado.

**desalojar** *tr.* Dejar vacío un sitio. — Expulsar.

**desamarrar** *tr. y prnl.* Soltar las amarras de una nave.

**desamor** *m.* Falta de amor.

**desamortizar** *tr.* Liberar bienes amortizados, por vía legal.

**desamparar** *tr.* Abandonar, dejar sin amparo.

**desandar** *tr.* Retroceder en el camino ya andado.

**desangelado, da** *adj.* Falto de ángel, soso.

**desangrar** *tr. y prnl.* Salir o perder mucha sangre.

**desanimar** *tr. y prnl.* Desalentar.

**desapacible** *adj.* Desagradable: *tiempo* ~.

**desaparecer** *intr.* Ocultarse. — Dejar de existir.

**desapego** *m.* Falta de afición o interés.

**desapercibido, da** *adj.* Que no ha sido apercibido.

**desaprensivo, va** *adj./m. y f.* Que no obra honrada o justamente.

**desaprobar** *tr.* Reprobar.

**desaprovechar** *tr.* Desperdiciar o emplear mal una cosa.

**desarbolar** *tr.* Debilitar. — MAR. Quitar o derribar la arboladura.

**desarmador** *m.* Méx. Destornillador.

**desarmar** *tr.* Separar las piezas de una cosa. — Quitar las armas.

**desarme** *m.* Acción y efecto de desarmar. — Reducción del armamento de un país.

**desarraigar** *tr. y prnl.* Arrancar de raíz un árbol o una planta. — Desterrar a uno del lugar donde vive. — Extinguir una pasión.

**desarrapado, da** *adj./ m. y f.* Desharrapado.

**desarreglar** *tr. y prnl.* Estropear o desordenar.

**desarrollar** *tr. y prnl.* Hacer que una cosa aumente o progrese. ▶ *tr.* Explicar una teoría o idea. — Acrecentar el valor o riqueza de algo. — Llevar a cabo. ▶ *prnl.* Suceder, ocurrir.

**desarrollo** *m.* Crecimiento, progreso.

**desarropar** *tr. y prnl.* Quitar o apartar la ropa.

**desarticular** *tr.* Separar las piezas de una máquina o artefacto. — Deshacer un plan, una organización.

**desasir** *tr. y prnl.* Soltar lo asido. ▶ *prnl.* Desprenderse.

**desasistir** *tr.* No prestar a alguien la ayuda que necesita.

**desasosiego** *m.* Intranquilidad.

**desastrado, da** *adj./m. y f.* Desgraciado. — Falto de aseo.

**desastre** *m.* Desgracia grande. — Hecho frustrado o perjudicial.

**desatar** *tr. y prnl.* Soltar lo que estaba atado.

**desatascar** *tr. y prnl.* Dejar libre un conducto obstruido.

**desatender** *tr.* No prestar atención o no hacer caso.

**desatento, ta** *adj./m. y f.* Que no pone atención. — Grosero, descortés.

**desatino** *m.* Falta de tino o acierto. — Locura, despropósito.

**desatornillar** *tr. y prnl.* Sacar un tornillo dándole vueltas.

**desautorizar** *tr. y prnl.* Quitar autoridad: ~ *un acto.*

**desavenencia** *f.* Falta de acuerdo o armonía.

**desayuno** *m.* Primer alimento que se toma por la mañana.

**desazón** *f.* Malestar, molestia. — Disgusto, inquietud.

**desbancar** *tr.* Quitar a alguien de un puesto y ocuparlo uno mismo.

**desbandarse** *prnl.* Huir en desorden.

**desbarajuste** *m.* Desorden o confusión.

**desbaratar** *tr.* Deshacer algo, impedir que se realice. — Malgastar los bienes.

**desbarrar** *intr.* Hablar u obrar sin lógica ni razón.

**desbastar** *tr.* Quitar las partes más bastas de una cosa.

**desbloquear** *tr.* Eliminar un obstáculo que bloquea un proceso o un movimiento.

**desbocarse** *prnl.* No obedecer la caballería a la acción del freno.

**desbordar** *tr.* Rebasar, sobrepasar. ► *intr. y prnl.* Salir de los bordes. — Manifestar vivamente un sentimiento o pasión.

**descabalgar** *intr.* Desmontar de una caballería.

**descabellado, da** *adj.* Absurdo, sin sentido.

**descabellar** *tr.* Matar al toro hiriéndole en la cerviz.

**descabezar** *tr.* Cortar la cabeza o parte superior de algo.

**descafeinado, da** *adj./m.* Se dice del café sin cafeína.

**descalabrar** *tr. y prnl.* Herir en la cabeza. ► *tr.* Causar daño.

**descalificar** *tr.* Desacreditar. — Eliminar de una competición.

**descalzar** *tr. y prnl.* Quitar el calzado.

**descaminado, da** *adj.* Equivocado, mal orientado.

**descamisado, da** *adj.* Sin camisa. ► *adj./m. y f.* Muy pobre.

**descampado** *m.* Terreno descubierto y sin malezas.

**descansar** *tr.* Aliviar la fatiga. ► *tr. e intr.* Apoyarse una cosa sobre otra. ► *intr.* Cesar en el trabajo, reposar.

**descansillo** *m.* Plataforma entre los tramos de una escalera.

**descapotable** *adj./m.* Se dice del automóvil con capota plegable.

**descarado, da** *adj./m. y f.* Que habla u obra con descaro.

**descarga** *f.* Acción y efecto de descargar. — Fenómeno que se produce cuando un cuerpo electrizado pierde su carga.

**descargar** *tr.* Quitar o aliviar la carga. — Disparar con arma de fuego, o extraer de ella la carga. — Anular una carga eléctrica. — Copiar o transferir información en la memoria de un ordenador desde la de otro. ► *tr. e intr.* Dar un golpe con violencia.

**descargo** *m.* Excusa que da alguien para satisfacer una acusación.

**descarnado, da** *adj.* Se dice de los relatos crudos o realistas.

**descarnar** *tr. y prnl.* Quitar la carne al hueso.

**descaro** *m.* Desvergüenza, atrevimiento.

**descarriar** *tr. y prnl.* Apartar a una persona o cosa de su camino. ► *prnl.* Apartarse del rebaño una o varias reses.

**descarrilar** *intr.* Salirse de los carriles un tren o tranvía.

**descartar** *tr.* Apartar, rechazar.

**descastado, da** *adj./m. y f.* Que muestra poco cariño hacia sus parientes o amigos.

**descendencia** *f.* Conjunto de descendientes.

**descender** *intr.* Bajar, pasar o poner en un lugar o estado más bajo: ~ *de categoría.* — Proceder de una persona o linaje.

**descendiente** *m. y f.* Persona que desciende de otra.

**descenso** *m.* Acción y efecto de descender.

**descentralizar** *tr.* Hacer menos dependiente del poder central.

**descentrar** *tr. y prnl.* Sacar una cosa de su centro.

**descharchar** *tr.* Amér. Central. Dejar a uno sin su empleo.

**deschavetarse** *prnl.* Chile, Colomb., Méx., Perú y Urug. Perder el juicio.

**descifrar** *tr.* Entender algo oscuro e intrincado.

**desclavar** *tr.* Quitar los clavos.

**descocado, da** *adj./m. y f.* Descarado.

**descolgar** *tr.* Bajar o quitar lo que está colgado. — Separar el auricular del teléfono.

**descollar** *intr. y prnl.* Sobresalir, destacar: ~ *en los estudios.*

**descolorido, da** *adj.* Que ha perdido su color natural.

**descomedido, da** *adj.* Excesivo. ► *adj./m. y f.* Descortés.

**descompensar** *tr. y prnl.* Hacer perder la compensación o el equilibrio: ~ *un presupuesto.*

**descomponer** *tr. y prnl.* Desordenar. — Corromper, pudrir. — Separar las partes que forman un todo: ~ *la luz.* — Argent., Méx. y Urug. Averiar, estropear.

**descompostura** *f.* Desaliño. — Descaro, insolencia.

**descomunal** *adj.* Gigantesco, fuera de lo normal.

**desconcertar** *tr. y prnl.* Alterar el orden. ► *tr.* Sorprender.

**desconchabar** *tr. y prnl.* Amér. Central, Chile y Méx. Descomponer, descoyuntar.

**desconchar** *tr. y prnl.* Quitar parte del enlucido de algo.

**desconectar** *tr. y prnl.* Interrumpir una conexión eléctrica o una comunicación.

**desconfiar** *intr.* Recelar, no fiarse: ~ *de alguien.*

**descongelar** *tr.* Devolver un producto congelado a su estado ordinario. — Liberar precios que se hallaban inmovilizados.

**descongestionar** *tr. y prnl.* Quitar la congestión.

**desconocer** *tr.* No conocer. — No reconocer.

**desconsideración** *f.* Falta de educación y respeto.

**desconsolar** *tr. y prnl.* Afligir, entristecer.

**descontado** Palabra que se usa en la expresión **por descontado,** que significa 'con toda seguridad'.

**descontar** *tr.* Rebajar cierta cantidad a algo.

**descontento, ta** *adj./m. y f.* Que está disgustado. ► *m.* Disgusto.

**descontrol** *m.* Falta de control, de orden.

**desconvocar** *tr.* Anular una convocatoria: ~ *una huelga.*

**descorazonar** *tr. y prnl.* Desanimar, desalentar.

**descorchar** *tr.* Quitar el corcho al alcornoque o a una botella.

**descorrer** *tr.* Plegar o recoger lo que estaba estirado: ~ *las cortinas.* — Dar al cerrojo el movimiento necesario para abrir.

**descortés** *adj./m. y f.* Que carece de cortesía.

**descosido** *m.* Parte que se ha abierto en la costura de una prenda.

**descoyuntar** *tr. y prnl.* Dislocar un hueso.

**descrédito** *m.* Pérdida del crédito o reputación.

**descreído, da** *adj./m. y f.* Que no tiene fe.

**descremado, da** *adj.* Sin grasa: *leche ~.*

**describir** *tr.* Representar por medio del lenguaje. — Dibujar un cuerpo una línea del movimiento que realiza.

**descripción** *f.* Acción y efecto de describir.

**descuajaringar** *tr. y prnl.* Desvencijar, desunir. ▶ *prnl.* Fam. Agotarse, cansarse. — Fam. Desternillarse de risa.

**descuajeringado, da** *adj.* Amér. Desvencijado. — Amér. Descuidado en el aseo y en el vestir.

**descuajeringar** *tr. y prnl.* Descuajaringar.

**descuartizar** *tr.* Dividir un cuerpo en trozos.

**descubierto, ta** *adj.* Que no está cubierto. ▶ *m.* Falta de fondos en una cuenta bancaria.

**descubrir** *tr.* Destapar lo cubierto. — Enterarse de algo ignorado u oculto. — Inventar. ▶ *prnl.* Quitarse de la cabeza el sombrero.

**descuento** *m.* Rebaja.

**descuidar** *tr. y prnl.* No prestar el cuidado debido. ▶ *tr. e intr.* Descargar a uno del cuidado que debía tener: *descuida, iré.*

**descuido** *m.* Falta de cuidado. — Olvido. — Desliz, tropiezo.

**desde** *prep.* Indica punto de origen o procedencia en el tiempo o en el espacio: ~ *hoy;* ~ *aquí veo la playa.* — Después de.

**desdecir** *intr.* Ser impropio de la condición de una persona. — No convenir, desentonar. ▶ *prnl.* Retractarse de lo dicho.

**desdén** *m.* Indiferencia y desapego.

**desdentado, da** *adj.* Sin dientes. ▶ *adj./m.* Se dice de un orden de mamíferos sin dientes, como el oso hormiguero.

**desdeñar** *tr.* Tratar con desdén. — Desechar.

**desdibujar** *tr. y prnl.* Hacer confusa o borrosa una imagen.

**desdicha** *f.* Desgracia, suerte adversa.

**desdoblar** *tr. y prnl.* Extender lo que estaba doblado. — Duplicar.

**desear** *tr.* Querer intensamente algo. — Sentir atracción sexual.

**desecar** *tr. y prnl.* Eliminar la humedad de un cuerpo.

**desechar** *tr.* Rechazar. — Apartar de sí algo inútil o molesto.

**desecho** *m.* Cosa que se ha desechado.

**desembarazar** *tr. y prnl.* Dejar una cosa libre de obstáculos. ▸ *prnl.* Apartar uno de sí lo que le estorba.

**desembarcar** *tr., intr. y prnl.* Descender de un barco, tren o avión.

**desembocadura** *f.* Lugar donde desemboca un río. — Sitio por donde algo desemboca.

**desembocar** *intr.* Entrar una corriente de agua en el mar. — Tener salida una calle a un lugar. — Tener algo determinado desenlace.

**desembolsar** *tr.* Pagar una cantidad de dinero.

**desembragar** *tr.* Desconectar del eje motor un mecanismo. — Pisar el pedal del embrague.

**desembuchar** *tr.* Echar las aves lo que tienen en el buche. — Fam. Decir todo lo que uno sabe.

**desempañar** *tr.* Limpiar una cosa empañada.

**desempeñar** *tr.* Recuperar lo empeñado. — Ejercer un trabajo.

**desempleo** *m.* Paro, falta de trabajo.

**desempolvar** *tr. y prnl.* Quitar el polvo. ▸ *tr.* Volver a usar algo abandonado u olvidado.

**desencadenar** *tr.* Soltar las cadenas. ▸ *tr. y prnl.* Traer como consecuencia. ▸ *prnl.* Estallar una pasión o fuerza natural.

**desencajar** *tr. y prnl.* Sacar una cosa de donde estaba encajada. ▸ *prnl.* Desfigurarse el semblante.

**desencaminar** *tr.* Apartar del camino.

**desencantar** *tr. y prnl.* Deshacer el encanto. — Desengañar.

**desenchufar** *tr.* Sacar el enchufe de un aparato del lugar en que está conectado a la corriente.

**desenfadado, da** *adj.* Divertido, espontáneo: *obra* ~.

**desenfado** *m.* Desenvoltura, desparpajo.

**desenfrenar** *tr.* Quitar el freno. ▸ *prnl.* Entregarse a vicios y pasiones.

**desenganchar** *tr. y prnl.* Soltar lo que está enganchado.

**desengañar** *tr. y prnl.* Hacer conocer a alguien el engaño en que está. — Quitar las esperanzas o ilusiones.

**desenlace** *m.* Final de un suceso o una obra.

**desenmarañar** *tr.* Desenredar.

**desenmascarar** *tr. y prnl.* Quitar la máscara. — Dar a conocer los verdaderos propósitos de una persona o acción.

**desenredar** *tr.* Deshacer lo enredado. ▸ *prnl.* Salir de un apuro.

**desenrollar** *tr.* Extender una cosa arrollada.

**desenroscar** *tr. y prnl.* Extender lo enroscado. — Sacar un tornillo de donde está enroscado.

**desentenderse** *prnl.* Fingir ignorancia. — Eludir alguna cosa.

**desenterrar** *tr.* Sacar lo enterrado. — Recordar lo olvidado.

**desentonar** *intr.* Desafinar. ▸ *intr. y prnl.* Contrastar con lo que hay alrededor.

**desentrañar** *tr.* Descifrar, llegar al fondo de algo.

**desenvainar** *tr.* Sacar de la vaina un arma.

**desenvoltura** *f.* Agilidad, soltura. — Falta de timidez.

**desenvolver** *tr. y prnl.* Extender lo envuelto. ▸ *prnl.* Actuar con soltura.

**deseo** *m.* Acción y efecto de desear. — Aquello que se desea.

**desequilibrar** *tr. y prnl.* Hacer perder el equilibrio. — Enloquecer.

**desertar** *tr., intr. y prnl.* Abandonar una obligación. — Abandonar el ejército sin autorización.

**desértico, ca** *adj.* Deshabitado. — Propio del desierto.

**desesperanzar** *tr. y prnl.* Quitar o perder la esperanza.

**desesperar** *tr., intr. y prnl.* Desesperanzar. ▸ *tr. y prnl.* Impacientar, exasperar. ▸ *prnl.* Sentir disgusto por algo.

**desestimar** *tr.* Menospreciar, valorar poco. — Denegar, rechazar.

**desfachatez** *f.* Descaro.

**desfalco** *m.* Sustracción de dinero por una persona que está a cargo de su custodia.

**desfallecer** *intr.* Debilitarse. — Desmayarse. — Perder el ánimo.

**desfase** *m.* Falta de adaptación entre personas o cosas y las circunstancias de su tiempo.

**desfavorable** *adj.* Perjudicial, adverso.

**desfigurar** *tr.* Deformar, afear. — Modificar un suceso al referirlo. ▸ *prnl.* Turbarse por una emoción, susto, etc.

**desfiladero** *m.* Paso estrecho entre montañas.

**desfilar** *intr.* Marchar en fila. — Ir saliendo la gente de un lugar. — Pasar las tropas en orden ante un superior.

**desfogar** *tr. y prnl.* Exteriorizar con ardor un estado de ánimo.

**desfondar** *tr. y prnl.* Romper el fondo. — DEP. Quitar o perder las fuerzas o la energía.

**desgajar** *tr. y prnl.* Arrancar una rama del tronco. — Separar una parte de una cosa unida.

**desgalichado, da** *adj.* Desastrado, desgarbado.

**desgana** *f.* Falta de apetito. — Falta de interés, indiferencia.

**desgañitarse** *prnl.* Fam. Gritar con gran esfuerzo.

**desgarbado, da** *adj.* Falto de garbo.

**desgarrar** *tr. y prnl.* Rasgar, romper. — Herir los sentimientos.

**desgarro** *m.* Rotura. — Arrojo, descaro.

**desgastar** *tr. y prnl.* Gastar una cosa. ▸ *prnl.* Perder fuerza.

**desglosar** *tr.* Separar una cuestión de otras.

**desgracia** *f.* Suerte adversa. — Suceso funesto.

**desgraciado, da** *adj./m. y f.* Que padece o implica desgracia. ▸ *m. y f.* Persona que inspira compasión. — Mala persona.

**desgranar** *tr. y prnl.* Sacar los granos de una cosa. ▸ *prnl.* Soltarse las piezas ensartadas.

**desgravar** *tr.* Rebajar los impuestos sobre determinados objetos.

**desguazar** *tr.* Deshacer o desmontar una estructura.

**deshabitar** *tr.* Dejar de habitar o sin habitantes un lugar.

**deshacer** *tr. y prnl.* Destruir lo que estaba hecho. — Derretir, desleír. — Desgastar, estropear. ▸ *prnl.* Desprenderse de una cosa.

**desharrapado, da** *adj./m. y f.* Lleno de harapos.

**deshecho, cha** *adj.* Abatido. — Muy cansado.

**desheredar** *tr.* Excluir a una persona de la herencia.

**deshidratar** *tr. y prnl.* Eliminar el agua de un cuerpo.

**deshielo** *m.* Fusión de la nieve y el hielo, por el calor.

**deshilar** *tr. y prnl.* Sacar hilos de una tela.

**deshilvanado, da** *adj.* Se dice del discurso sin conexión entre sus partes.

**deshojar** *tr. y prnl.* Quitar las hojas.

**deshollejar** *tr.* Quitar el hollejo.

**deshollinador, ra** *adj./m. y f.* Que tiene por oficio limpiar chimeneas. ▸ *m.* Utensilio para quitar el hollín.

**deshonesto, ta** *adj.* Falto de honestidad, inmoral.

**deshonor** *m.* Pérdida del honor, afrenta.

**deshonrar** *tr. y prnl.* Quitar la honra.

**deshora** Palabra que se usa en la expresión a deshora, que significa 'fuera de hora o tiempo'.

**deshuesar** *tr.* Quitar los huesos.

**desiderativo, va** *adj.* Que expresa deseo: *oración* ~.

**desidia** *f.* Negligencia.

**desierto, ta** *adj.* No poblado. ▸ *m.* Lugar seco de escasa vegetación.

**designar** *tr.* Denominar. — Señalar a una persona o cosa para un determinado fin.

**designio** *m.* Propósito de hacer cierta cosa.

**desigual** *adj.* Que no es igual. — No liso. — Variable.

**desigualdad** *f.* Cualidad de desigual.

**desilusión** *f.* Pérdida de las ilusiones. — Decepción, chasco.

**desinencia** *f.* LING. Terminación variable de las palabras.

**desinfectar** *tr. y prnl.* Destruir gérmenes infecciosos.

**desinflar** *tr. y prnl.* Sacar el aire de un cuerpo inflado.

**desinhibir** *tr. y prnl.* Hacer que alguien se comporte con espontaneidad.

**desintegrar** *tr. y prnl.* Separar los diversos elementos que forman un todo.

**desinterés** *m.* Falta de interés. — Generosidad, altruismo.

**desistir** *intr.* Abandonar un propósito o intento.

**deslavazado, da** *adj.* Desordenado, disperso. — Falto de firmeza.

**deslave** *m.* Amér. Derrubio.

**desleal** *adj./m. y f.* Que obra sin lealtad.

**desleír** *tr. y prnl.* Disolver un sólido por medio de un líquido.

**deslenguado, da** *adj.* Desvergonzado, mal hablado.

**desligar** *tr. y prnl.* Desatar las ligaduras. — Separar, desunir.

**deslindar** *tr.* Señalar los límites. — Aclarar, definir.

**desliz** *m.* Desacierto, equivocación. — Falta moral.

**deslizar** *intr. y prnl.* Correr los pies u otro cuerpo por encima de una superficie lisa o mojada. ► *prnl.* Escabullirse.

**deslomar** *tr. y prnl.* Lastimar los lomos. — Fam. Agotar o dar una paliza.

**deslucir** *tr. y prnl.* Quitar la buena apariencia. — Desacreditar.

**deslumbrar** *tr. y prnl.* Ofuscar la vista un exceso de luz. — Fascinar.

**desmadrarse** *prnl.* Fam. Excederse, actuar con desenfreno.

**desmán** *m.* Desorden, tropelía. — Mamífero insectívoro de la familia del topo.

**desmandarse** *prnl.* Dejar de obedecer, sublevarse.

**desmantelar** *tr.* Derribar una fortificación. — Desarticular una actividad, negocio u organización.

**desmayo** *m.* Pérdida momentánea del conocimiento.

**desmedido, da** *adj.* Falto de medida o proporción.

**desmejorar** *tr.* Deslucir. ► *intr. y prnl.* Ir perdiendo la salud.

**desmembrar** *tr.* Separar los miembros del cuerpo. ► *tr. y prnl.* Separar en partes un conjunto.

**desmemoriado, da** *adj./m. y f.* Que tiene poca memoria.

**desmentir** *tr.* Decir o demostrar que algo es falso.

**desmenuzar** *tr. y prnl.* Deshacer una cosa en partes menudas.

**desmerecer** *tr.* No merecer algo. ► *intr.* Perder una cosa su valor.

**desmesurado, da** *adj.* Excesivo.

**desmirriado, da** *adj.* Fam. Esmirriado.

**desmitificar** *tr.* Hacer que alguien o algo deje de ser un mito.

**desmontar** *tr.* Desunir las piezas de una cosa. ► *tr., intr. y prnl.* Bajar de un animal o vehículo.

**desmoralizar** *tr. y prnl.* Desanimar, desalentar.

**desmoronar** *tr. y prnl.* Deshacer y arruinar poco a poco. — Desanimar.

**desmotivar** *tr.* Desalentar, disuadir.

**desnatar** *tr.* Quitar la nata a la leche o a otro producto lácteo.

**desnaturalizar** *tr.* Alterar, adulterar.

**desnivel** *m.* Falta de nivel. — Diferencia de altura entre dos o más puntos.

**desnucar** *tr. y prnl.* Fracturar los huesos de la nuca. — Matar con un golpe en la nuca.

**desnudo, da** *adj.* Sin ropa. — Falto de lo que adorna. ▶ *m.* En las bellas artes, figura humana desprovista de ropas.

**desnutrición** *f.* Estado de debilidad por una nutrición deficiente.

**desobedecer** *tr.* No obedecer.

**desobligado, da** *adj.* Méx. Irresponsable.

**desocupar** *tr.* Dejar libre un lugar o sacar lo que hay dentro.

**desodorante** *m.* Producto que elimina el olor corporal.

**desoír** *tr.* Desatender, no prestar atención.

**desolar** *tr.* Asolar, destruir. ▶ *tr. y prnl.* Afligir, apenar.

**desollar** *tr. y prnl.* Quitar la piel o pellejo.

**desorbitar** *tr. y prnl.* Hacer que una cosa salga de su órbita habitual. ▶ *tr.* Exagerar, abultar.

**desorden** *m.* Falta de orden. — Alteración del orden público.

**desorejado, da** *adj.* Amér. Central y Colomb. Tonto. — Amér. Merid. y Pan. Que tiene mal oído para la música. — Argent., Cuba y Urug. Derrochador. — Argent. y Urug. Irresponsable, descarado.

**desorganizar** *tr. y prnl.* Destruir el orden u organización de algo.

**desorientar** *tr. y prnl.* Hacer perder la orientación. — Confundir.

**desosar** *tr.* Deshuesar.

**desovar** *intr.* Depositar sus huevos las hembras de los peces, insectos y anfibios.

**despabilar** *tr.* Espabilar.

**despachar** *tr.* Concluir algo con prontitud. — Enviar. — Despedir de un empleo. ▶ *tr. e intr.* Resolver y decidir negocios. — Atender a los compradores en un comercio.

**despacho** *m.* Habitación para trabajar. — Comunicación oficial. — Chile. Tienda pequeña de comestibles.

**despachurrar** *tr. y prnl.* Fam. Aplastar o reventar una cosa.

**despacio** *adv.* Lentamente. — Por tiempo dilatado. — Amér. Central y Amér. Merid. En voz baja.

**despampanante** *adj.* Fam. Asombroso, llamativo.

**desparpajo** *m.* Fam. Desenvoltura para decir o hacer algo. — Amér. Central. Fam. Desorden, confusión.

**desparramar** *tr. y prnl.* Esparcir lo que está junto.

**desparramo** *m.* Argent., Chile y Urug. Desbarajuste.

**despavorido, da** *adj.* Lleno de pavor.

**despecho** *m.* Indignación causada por un desengaño.

**despectivo, va** *adj.* Que desprecia o indica desprecio.

**despedazar** *tr. y prnl.* Hacer pedazos. — Causar un daño moral.

**despedir** *tr.* Lanzar, arrojar. ▸ *tr. y prnl.* Acompañar a una persona para decirle adiós. — Echar de un empleo.

**despegar** *tr. y prnl.* Separar lo pegado. ▸ *intr.* Separarse del suelo un avión.

**despeinar** *tr. y prnl.* Deshacer el peinado, desordenar el cabello.

**despejar** *tr.* Desocupar un lugar. — DEP. Alejar el balón del campo propio. — MAT. Aislar una incógnita en una ecuación. ▸ *tr. y prnl.* Aclarar lo confuso. ▸ *prnl.* Aclararse el cielo.

**despellejar** *tr. y prnl.* Desollar.

**despensa** *f.* Lugar de la casa donde se guardan los alimentos.

**despeñadero** *m.* Precipicio, declive alto y escarpado.

**despeñar** *tr. y prnl.* Arrojar o caer desde un precipicio.

**desperdiciar** *tr.* Malgastar algo o no usarlo.

**desperdicio** *m.* Acción y efecto de desperdiciar. — Residuo que no se aprovecha.

**desperdigar** *tr. y prnl.* Separar, esparcir.

**desperezarse** *prnl.* Estirar los miembros para quitarse la pereza.

**desperfecto** *m.* Leve deterioro.

**despersonalizar** *tr. y prnl.* Hacer perder los rasgos o atributos de persona.

**despertador** *m.* Reloj con timbre para despertar.

**despertar** *tr., intr. y prnl.* Interrumpir el sueño. ▸ *tr.* Estimular, provocar: ~ simpatías. ▸ *intr.* Hacerse más listo.

**despezuñarse** *prnl.* Chile, Colomb., Hond. y P. Rico. Andar muy de prisa. — Chile, Colomb., Hond. y P. Rico. Desvivirse.

**despiadado, da** *adj.* Inhumano, cruel.

**despido** *m.* Acción y efecto de despedir de un empleo.

**despierto, ta** *adj.* Espabilado, listo.

**despilfarrar** *tr.* Derrochar, malgastar.

**despintar** *tr.* Chile, Colomb. y P. Rico. Apartar la vista.

**despistar** *tr. y prnl.* Desorientar, desconcertar.

**desplante** *m.* Dicho o hecho arrogante.

**desplayado** *m.* Argent. Playa de arena que aparece con la marea baja. — Argent., Guat. y Urug. Descampado, terreno sin maleza.

**desplazar** *tr. y prnl.* Trasladar, mover. ▸ *tr.* Desalojar un cuerpo un volumen de líquido igual al de la parte sumergida.

**desplegar** *tr. y prnl.* Extender lo que está plegado. ▸ *tr.* Ejercitar una actividad o manifestar una cualidad.

**desplomarse** *prnl.* Caer una cosa con todo su peso: ~ un edificio. — Caer sin vida o sin conocimiento una persona.

**desplumar** *tr. y prnl.* Quitar las plumas a un ave.

**despoblar** *tr. y prnl.* Disminuir la población de un lugar.

**despojar** *tr.* Desposeer. — Quitar a una cosa algo que la completa, cubre, etc. ▸ *prnl.* Desvestirse.

**despojo** *m.* Acción y efecto de despojar o despojarse. ▸ *pl.* Conjunto de residuos. — Conjunto de vísceras de aves y reses. — Cadáver, restos mortales.

**desposar** *tr.* Unir el sacerdote en matrimonio a una pareja. ▸ *prnl.* Contraer matrimonio.

**desposeer** *tr.* Privar a alguien de lo que posee.

**despostar** *tr.* Amér. Merid. Descuartizar una res o ave.

**despostillar** *tr.* Amér. Deteriorar una cosa en su boca o canto.

**déspota** *m.* Persona que abusa de su poder o autoridad.

**despotismo** *m.* Autoridad absoluta. — Abuso de poder.

**despotricar** *intr. y prnl.* Criticar sin respeto: ~ *contra alguien.*

**despreciar** *tr.* Considerar a una persona o cosa indigna de aprecio o estima. — Rechazar.

**desprender** *tr. y prnl.* Desunir lo unido. — Echar de sí. ▸ *prnl.* Renunciar a una cosa. — Deducirse, inferirse.

**desprendido, da** *adj.* Generoso, desinteresado.

**despreocuparse** *prnl.* Librarse de una preocupación.

**desprestigiar** *tr. y prnl.* Quitar el prestigio, desacreditar.

**desprevenido, da** *adj.* Que no está prevenido para algo.

**despropósito** *m.* Disparate.

**desprovisto, ta** *adj.* Falto de lo necesario.

**después** *adj.* Expresa posterioridad: *un año* ~. ▸ *adv.* Indica posterioridad de tiempo: ~ *de comer.* — Denota posterioridad de orden: *es el primero,* ~ *del director.*

**despuntar** *tr. y prnl.* Quitar la punta de algo: ~ *un lápiz.* ▸ *intr.* Sobresalir. — Empezar a manifestarse algo: ~ *el día.*

**despunte** *m.* Argent. y Chile. Leña delgada.

**desquiciar** *tr. y prnl.* Desencajar una cosa. — Trastornar.

**desquitar** *tr. y prnl.* Restaurar la pérdida sufrida. ▸ *prnl.* Vengarse de algo.

**desrielar** *intr. y prnl.* Amér. Central, Bol., Chile, Perú y Venez. Descarrilar.

**desriñonar** *tr. y prnl.* Deslomar.

**destacamento** *m.* Grupo de soldados con una misión.

**destacar** *tr., intr. y prnl.* Poner de relieve. ▸ *tr. y prnl.* Separar una parte de tropa del ejército. ▸ *intr. y prnl.* Sobresalir.

**destajar** *tr.* Ecuad. y Méx. Descuartizar una res.

**destajo** *m.* Trabajo que se ajusta por un tanto convenido.

**destapar** *tr.* Quitar la tapa o tapón. ▸ *tr. y prnl.* Desarropar.

**destartalado, da** adj. Deteriorado, desarmado.

**destello** m. Ráfaga de luz intensa y breve. — Manifestación momentánea de algo: ~ de alegría.

**destemplado, da** adj. Que siente frío y malestar físico. — Que es brusco o está irritado. — Se dice del tiempo desapacible.

**destemplar** tr. Alterar el orden de una cosa. ▸ tr. y prnl. Desafinar un instrumento musical. — Quitar el temple al acero. ▸ prnl. Sentir malestar físico y frío. — Perder la moderación.

**desteñir** tr., intr. y prnl. Borrar los colores del tinte.

**desternillarse** prnl. Reírse mucho, troncharse.

**desterrar** tr. Expulsar a uno de un lugar por causas políticas. — Apartar de sí, desechar.

**destetar** tr. y prnl. Hacer que deje de mamar el niño o un animal.

**destiempo** Palabra que se usa en la expresión a destiempo, que significa 'fuera de plazo, en momento no oportuno'.

**destierro** m. Acción de desterrar. — Lugar donde reside un desterrado.

**destilar** tr. Separar una sustancia volátil de otra que no lo es. — Segregar un líquido gota a gota. — Mostrar sutilmente una característica.

**destilería** f. Fábrica donde se destilan bebidas alcohólicas.

**destinar** tr. Señalar o utilizar una cosa para un fin concreto. — Designar la ocupación de una persona.

**destinatario, ria** m. y f. Persona a quien va dirigida una cosa.

**destino** m. Fuerza imaginaria que regula los acontecimientos. — Lugar al que se dirige una persona o cosa.

**destituir** tr. Desposeer a alguien de su empleo o cargo.

**destornillador** m. Instrumento para atornillar y desatornillar.

**destornillar** tr. Desatornillar.

**destreza** f. Agilidad, habilidad.

**destronar** tr. Echar del trono a un rey.

**destrozar** tr. y prnl. Romper, hacer trozos. ▸ tr. Causar gran daño moral.

**destructor** m. Buque de guerra.

**destruir** tr. y prnl. Deshacer una cosa material o inmaterial.

**desunir** tr. y prnl. Separar lo unido.

**desuso** m. Falta de uso: caer una moda en ~.

**desvaído, da** adj. De color pálido. — Poco definido, impreciso.

**desvalido, da** adj./m. y f. Falto de ayuda y protección.

**desvalijar** tr. Robar o despojar a alguien de lo que tiene.

**desván** m. Parte más alta de la casa, debajo del tejado.

**desvanecer** tr. y prnl. Disgregar las partículas de un cuerpo hasta hacerlo desaparecer.

▸ *prnl.* Evaporarse algo. — Desmayarse.

**desvariar** *intr.* Decir locuras.

**desvelar** *tr.* Revelar: ~ *un secreto.* ▸ *tr. y prnl.* Quitar el sueño. ▸ *prnl.* Poner cuidado en lo que se desea hacer.

**desvencijar** *tr. y prnl.* Descomponer, desarmar.

**desventaja** *f.* Situación menos favorable de una persona o cosa con respecto a otra.

**desventura** *f.* Desgracia.

**desvergüenza** *f.* Insolencia. — Dicho o hecho impúdico.

**desvestir** *tr. y prnl.* Quitar la ropa.

**desviar** *tr. y prnl.* Apartar de su camino a una persona o cosa.

**desvío** *m.* Acción y efecto de desviar. — Camino que se aparta de otro. — Amér. Merid. y P. Rico. Apartadero de una línea férrea.

**desvirgar** *tr.* Quitar la virginidad a una mujer.

**desvirtuar** *tr. y prnl.* Quitar la virtud o mérito de algo.

**desvivirse** *prnl.* Mostrar gran afecto por una persona o cosa.

**detallar** *tr.* Relatar con detalle. — Vender al por menor.

**detalle** *m.* Pormenor. — Rasgo de atención, cortesía o delicadeza.

**detallista** *adj./m. y f.* Que cuida mucho de los detalles. ▸ *m. y f.* Comerciante que vende al por menor.

**detectar** *tr.* Localizar con ayuda de aparatos. — Notar, captar.

**detective** *m. y f.* Persona dedicada a la investigación privada.

**detener** *tr. y prnl.* Parar, cesar en el movimiento o en la acción. ▸ *tr.* Poner en prisión. ▸ *prnl.* Pararse a considerar una cosa.

**detentar** *tr.* Atribuirse uno lo que no le pertenece.

**detergente** *m.* Sustancia o producto que limpia.

**deteriorar** *tr. y prnl.* Estropear, dañar.

**determinación** *f.* Acción y efecto de determinar. — Decisión, resolución.

**determinado, da** *adj.* Que es uno en particular. — LING. Se dice del artículo que presenta un sustantivo ya conocido por el hablante, como el.

**determinante** *m.* LING. Término que concreta al sustantivo.

**determinar** *tr.* Fijar los términos de una cosa. — DER. Sentenciar. — LING. Precisar el sentido de una palabra. ▸ *tr. y prnl.* Tomar o hacer tomar una decisión.

**detestar** *tr.* Aborrecer, odiar.

**detonar** *intr.* Dar un estampido.

**detractar** *tr.* Difamar.

**detrás** *adv.* En la parte posterior: *esconderse ~ de la puerta.*

**detrimento** *m.* Daño, perjuicio.

**detrito** o **detritus** *m.* Materia descompuesta.

**deuda** *f.* Obligación que uno tiene de devolver dinero a otro. — Cantidad que se debe.

**deudo, da** *m. y f.* Pariente, familiar.

**devaluar** *tr.* Disminuir el valor de la moneda de un país.

**devanar** *tr.* Arrollar en ovillo.

**devaneo** *m.* Pasatiempo vano. — Amorío pasajero.

**devastar** *tr.* Destruir, arrasar.

**devengar** *tr.* Adquirir derecho a retribución: ~ *salarios.*

**devenir** *intr.* Acaecer. — Llegar a ser.

**devenir** *m.* FILOS. Movimiento por el cual las cosas se realizan o se transforman.

**devoción** *f.* Veneración y fervor religiosos. — Predilección.

**devolver** *tr.* Volver una cosa a su estado original. — Restituir. — Corresponder a algo. — Vomitar. — Dar la vuelta a quien ha hecho un pago. ► *prnl.* Amér. Regresar.

**devónico, ca** *adj./m.* GEOL. Se dice del cuarto período del paleozoico.

**devorar** *tr.* Comer con ansia y apresuradamente. — Comer los animales su presa. — Hacer algo con avidez: ~ *un libro.*

**devoto, ta** *adj./m. y f.* Que tiene devoción.

**deyección** *f.* Expulsión de los excrementos. — Excremento.

**día** *m.* Tiempo que tarda la Tierra en dar una vuelta sobre su eje. — Tiempo que dura la claridad del Sol. — Tiempo atmosférico: ~ *nublado.*

**diabetes** *f.* Enfermedad provocada por la falta de insulina.

**diablo** *m.* Ángel de los que se rebelaron contra Dios. — Persona traviesa.

**diablura** *f.* Travesura.

**diabólico, ca** *adj.* Relativo al diablo. — Fam. Malo, perverso.

**diábolo** *m.* Juguete que se baila con un cordón y dos palos.

**diaclasa** *f.* GEOL. Fisura que afecta a las rocas y que facilita la penetración del agua.

**diácono** *m.* Clérigo que ha recibido la orden inmediatamente inferior al sacerdocio.

**diacrítico, ca** *adj.* LING. Se dice del signo gráfico que da a una letra un valor especial, como el acento.

**diacronía** *f.* Estudio de los hechos sociales a través del tiempo.

**diadema** *f.* Adorno con forma de medio círculo o redonda que se pone en la cabeza.

**diáfano, na** *adj.* Que permite el paso de la luz. — Claro, limpio.

**diafragma** *m.* Músculo que separa la cavidad torácica y abdominal. — Disco regulador de luz de las cámaras fotográficas. — Anticonceptivo con forma de disco.

**diagnosis** *f.* Conocimiento de los síntomas de las distintas enfermedades.

**diagnóstico** *m.* Determinación de una enfermedad por sus síntomas.

**diagonal** *f.* Recta que une dos vértices no consecutivos de un polígono, o dos vértices de un poliedro, de diferente cara.

**diagrama** *m.* Figura que representa gráficamente una cosa.

**diagramar** *tr.* Argent. Organizar, planificar una secuencia de tareas o funciones.

**dial** *m.* Superficie en la que un indicador señala una magnitud, especialmente en un aparato de radio.

**dialéctica** *f.* Arte del diálogo y de la discusión.

**dialecto** *m.* Variedad regional de una lengua.

**diálisis** *f.* Eliminación artificial de los desechos de la sangre.

**diálogo** *m.* Conversación entre dos o más personas.

**diamante** *m.* Piedra preciosa compuesta de carbono cristalizado.

**diametralmente** *adv.* De un extremo al opuesto. — Completamente: *son cosas ~ opuestas.*

**diámetro** *m.* Recta que, pasando por el centro, une dos puntos opuestos de una circunferencia.

**diana** *f.* Punto central de un blanco de tiro. — Toque militar para despertar a la tropa.

**diapasón** *m.* MÚS. Instrumento que al vibrar da un tono.

**diapositiva** *f.* Imagen fotográfica que se proyecta en pantalla.

**diariero, ra** *m. y f.* Amér. Merid. Vendedor de diarios.

**diario, ria** *adj.* De todos los días. ▸ *m.* Libro en que se recogen su-

cesos y reflexiones. — Periódico que se publica todos los días.

**diarrea** *f.* Conjunto de deposiciones líquidas y frecuentes.

**diáspora** *f.* Conjunto de comunidades del mismo origen, establecidas en países diferentes. — Dispersión de un pueblo.

**diástole** *f.* Movimiento de dilatación del corazón.

**diatómico, ca** *adj.* QUÍM. Se dice de la molécula formada por dos átomos.

**diatónico, ca** *adj.* MÚS. Que procede por tonos y semitonos.

**diatriba** *f.* Discurso o escrito violento o injurioso.

**dibujar** *tr. y prnl.* Representar una figura por medio de líneas y sombras.

**dibujo** *m.* Arte y acción de dibujar. — Imagen dibujada.

**dicción** *f.* Manera de hablar, escribir o pronunciar.

**diccionario** *m.* Recopilación de las palabras de una lengua, de una materia, etc., colocadas alfabéticamente y seguidas de su definición o traducción a otra lengua.

**dicha** *f.* Felicidad.

**dicharachero, ra** *adj./m. y f.* Fam. Que emplea bromas y dichos.

**dicho** *m.* Palabra o conjunto de palabras con que se expresa un concepto. — Ocurrencia ingeniosa y oportuna.

**dichoso, sa** *adj.* Feliz. — Fam. Molesto: *¡~ despertador!*

**diciembre** *m.* Duodécimo mes del año.

**dicotiledóneo, a** *adj./f.* BOT. Se dice de la planta angiosperma cuyas semillas tienen dos cotiledones.

**dicotomía** *f.* División en dos partes de una cosa o asunto.

**dictado** *m.* Acción y efecto de dictar. ▸ *pl.* Conjunto de inspiraciones o preceptos de la razón o de la conciencia.

**dictador, ra** *m. y f.* Gobernante que concentra en sí todos los poderes políticos de un país.

**dictadura** *f.* Ejercicio del poder absoluto.

**dictáfono** *m.* Aparato que recoge y reproduce lo que se habla.

**dictamen** *m.* Opinión que se forma sobre una cosa.

**dictar** *tr.* Decir algo para que otro lo escriba. — Promulgar leyes, fallos, etc. — Inspirar, sugerir.

**didáctica** *f.* Ciencia que estudia los métodos de enseñanza.

**didáctico, ca** *adj.* Que tiene por objeto enseñar. — Relativo a la didáctica.

**diedro** *adj./m.* MAT. Se dice del ángulo formado por dos planos que se cortan. — Cada una de las cuatro regiones que determinan dos planos al cortarse en una recta.

**dieléctrico, ca** *adj./m.* Se dice del cuerpo que no conduce la corriente eléctrica.

**diente** *m.* Cada uno de los huesos engastados en las mandíbulas. — Cada una de las puntas de ciertas herramientas o mecanismos.

**diéresis** *f.* Pronunciación de dos vocales consecutivas, en dos sílabas. — Signo diacrítico ( ¨ ) que en español se coloca sobre la *u*.

**diésel** *m.* Motor en el que la explosión del combustible en el cilindro se produce sin necesidad de bujía.

**diestra** *f.* Mano o pierna derecha.

**diestro, tra** *adj.* Hábil, experto. ▸ *adj./m. y f.* Que usa con preferencia la mano derecha. ▸ *m.* Torero.

**dieta** *f.* Régimen en las comidas. — Retribución que se da a un empleado por trabajar fuera de su residencia.

**dietario** *m.* Libro en que se anotan las cuentas diarias.

**dietética** *f.* Ciencia que trata de la alimentación.

**diez** *adj./m.* Nueve y uno. ▸ *adj./ m. y f.* Décimo.

**diezmar** *tr.* Causar gran mortandad.

**diezmo** *m.* Impuesto que se pagaba a la Iglesia o al rey.

**difamar** *tr.* Desacreditar a alguien.

**diferencia** *f.* Cualidad por la cual una cosa se distingue de otra. — Desacuerdo, disputa. — MAT. Resultado de una resta.

**diferencial** *adj.* Relativo a la diferencia. — MAT. Se dice de la cantidad infinitamente pequeña de una variable. ▶ *m.* En un automóvil, mecanismo que permite el movimiento independiente de las dos ruedas del eje sobre el que actúa el motor.

**diferenciar** *tr.* Hacer distinción o señalar diferencias entre las cosas. ▶ *prnl.* Distinguirse, no ser igual.

**diferendo** *m.* Amér. Merid. Diferencia, desacuerdo entre instituciones o estados.

**diferente** *adj.* Que no es igual. ▶ *adv.* De modo distinto.

**diferir** *intr.* Ser diferente: *mi opinión difiere de la tuya.*

**difícil** *adj.* Que requiere esfuerzo para hacerlo o entenderlo. — Poco probable.

**dificultad** *f.* Cualidad de difícil. — Situación o cosa difícil.

**dificultar** *tr.* Poner dificultades o hacer difícil una cosa.

**difracción** *f.* Desviación de las ondas por choque con un cuerpo.

**difteria** *f.* Enfermedad infecciosa de la garganta.

**difuminar** *tr.* Extender los trazos de lápiz o carboncillo.

**difundir** *tr.* y *prnl.* Extender, esparcir. — Hacer que una noticia llegue a mucha gente.

**difunto, ta** *m.* y *f.* Persona muerta.

**difusión** *f.* Acción y efecto de difundir o difundirse.

**difuso, sa** *adj.* Ancho, dilatado: *espacio ~.* — Poco preciso.

**digerir** *tr.* Hacer la digestión.

**digestión** *f.* Transformación de los alimentos en sustancia apta para la nutrición.

**digestivo, va** *adj.* Se dice de las partes del organismo que realizan la digestión. ▶ *adj./m.* Se dice de la sustancia que facilita la digestión.

**digital** *adj.* Relativo a los dedos: *huellas digitales.* — Que se expresa por medio de números.

**dígito** *m.* Número que se expresa con una sola cifra.

**diglosia** *f.* Coexistencia de dos lenguas en la que una de ellas goza de mayor prestigio.

**dignarse** *prnl.* Consentir en hacer algo.

**dignatario, ria** *m.* y *f.* Persona que tiene un cargo o dignidad elevados.

**dignidad** *f.* Cualidad de digno. — Integridad en el comportamiento.

**digno, na** *adj.* Que merece algo. — Decente.

**digresión** *f.* Parte de un discurso que se aparta del tema.

**dilacerar** *tr.* y *prnl.* MED. Desgarrar los tejidos.

**dilación** *f.* Retraso, demora.

**dilapidar** *tr.* Despilfarrar.

**dilatación** *f.* Acción y efecto de dilatar o dilatarse.

**dilatar** *tr.* y *prnl.* Aumentar la longitud o el volumen. — Hacer que una cosa dure más tiempo.

**dilección** *f.* Amor tierno y puro.

**dilema** *m.* Duda entre dos cosas.

— Razonamiento formado por dos premisas contradictorias.

**diletante** *adj./m. y f.* Que cultiva un arte por afición.

**diligencia** *f.* Cuidado y rapidez en hacer una cosa. — Carruaje que servía para el transporte de viajeros. — Acta en la que se consignan las actuaciones judiciales. — Gestión, encargo.

**dilucidar** *tr.* Aclarar un asunto.

**diluir** *tr. y prnl.* Disolver.

**diluvial** *adj.* Se dice del terreno formado por materiales arrastrados por el agua.

**diluvio** *m.* Lluvia muy copiosa.

**diluyente** *m.* Sustancia que hace más líquida una solución.

**dimanar** *intr.* Proceder el agua de sus manantiales. — Provenir una cosa de otra.

**dimensión** *f.* Cada una de las magnitudes, como la longitud, el área, etc. — Cuarta ~, el tiempo en la teoría de la relatividad.

**dimes** Palabra que se usa en la expresión dimes y diretes, que se usa familiarmente y significa 'contestaciones, réplicas'.

**diminutivo, va** *adj.* LING. Se dice del sufijo que expresa pequeñez, poca importancia, etc., como -ito. ▸ *m.* LING. Palabra formada con dicho sufijo, como arbolito.

**diminuto, ta** *adj.* Muy pequeño.

**dimitir** *tr. e intr.* Renunciar a un cargo.

**dina** *f.* FÍS. Unidad de medida de fuerza, que equivale a $10^5$ newton.

**dinámica** *f.* Parte de la mecánica que estudia las relaciones entre las fuerzas y los movimientos causados por ellas. — Conjunto de hechos o fuerzas que actúan con un sentido o fin determinados.

**dinámico, ca** *adj.* Relativo a la dinámica. — Fam. Activo, enérgico.

**dinamita** *f.* Explosivo compuesto de nitroglicerina.

**dinamo** o **dínamo** *f.* Máquina que transforma la energía mecánica en energía eléctrica.

**dinamómetro** *m.* Instrumento para medir fuerzas.

**dinar** *m.* Unidad monetaria de algunos países árabes.

**dinastía** *f.* Serie de soberanos de una misma familia.

**dinero** *m.* Conjunto de monedas y billetes empleados para pagar. — Caudal, fortuna.

**dinosaurio** *m.* Reptil saurio prehistórico.

**dintel** *m.* Parte superior de la puerta o ventana.

**diñar** *tr.* Dar algo. — Diñarla, morir.

**diócesis** *f.* Territorio de la jurisdicción de un obispo.

**diodo** *f.* Componente electrónico con dos electrodos.

**dioico, ca** *adj.* BOT. Se dice de las plantas que tienen las flores femeninas y las masculinas en pies separados.

**dioptría** *f.* Unidad de potencia de

**dirigir**

una lente. — Unidad de medida que expresa el grado de defecto visual de un ojo.

**dios, sa** *m.* Entidad sobrenatural y poderosa objeto de culto religioso.

**dióxido** *m.* QUÍM. Óxido que contiene dos átomos de oxígeno.

**diplodoco** o **diplodocus** *m.* Dinosaurio de gran tamaño y cuello y cola muy largos.

**diploma** *m.* Documento que acredita que alguien posee un título, premio, etc.

**diplomacia** *f.* Ciencia de las relaciones internacionales. — Fam. Habilidad para tratar a las personas.

**diplomático, ca** *adj.* Relativo a la diplomacia. — Que tiene habilidad para tratar a la gente. ▶ *adj./m. y f.* Se dice de la persona que interviene en negocios de estado internacionales.

**dipneo, a** *adj./m. y f.* Se dice de los animales dotados de respiración branquial y pulmonar.

**díptero, ra** *adj.* Que tiene dos alas. ▶ *adj./m.* Relativo a un orden de insectos chupadores, como el mosquito.

**díptico** *m.* Obra de arte compuesta por dos paneles. — Folleto formado por una hoja de papel doblada por la mitad.

**diptongo** *m.* LING. Unión de dos vocales en una sola sílaba.

**diputado, da** *m. y f.* Persona elegida para formar parte de una cámara legislativa.

**dique** *m.* Muro para contener las aguas. — Cavidad en un puerto donde se limpian y reparan los buques.

**dirección** *f.* Acción y efecto de dirigir. — Sentido o rumbo de un cuerpo en movimiento. — Cargo y oficina del director. — Señas de un lugar. — Mecanismo que guía a un vehículo.

**directa** *f.* Mayor velocidad de un vehículo.

**directiva** *f.* Norma, regla. — Disposición de rango superior emanada de organismos internacionales. — Mesa o junta de gobierno.

**directivo, va** *adj./m. y f.* Que tiene facultad para dirigir.

**directo, ta** *adj.* En línea recta. — Que va de una parte a otra sin detenerse. — Sin rodeos. — **Objeto directo** (LING.), elemento que completa el significado de un verbo transitivo.

**directorio, ria** *adj.* Que sirve para dirigir. ▶ *m.* Conjunto de normas. — INFORM. Espacio de un disco que contiene ficheros.

**directriz** *f.* Norma. — MAT. Línea sobre la que se apoya constantemente otra (generatriz) para engendrar una superficie.

**dirham** *m.* Unidad monetaria de los Emiratos Árabes y de Marruecos.

**dirigible** *adj.* Que puede ser dirigido. ▶ *m.* Aeróstato provisto de un sistema de dirección.

**dirigir** *tr. y prnl.* Guiar, encaminar hacia un lugar. ▸ *tr.* Gobernar, regir. — Encaminar un pensamiento o una acción a algo o alguien. — Aconsejar, guiar.

**dirimir** *tr.* Anular: ~ *el matrimonio.* — Resolver una controversia.

**discar** *tr.* Argent. y Urug. Marcar un número de teléfono.

**discernir** *tr.* Distinguir una cosa de otra.

**disciplina** *f.* Observancia de las leyes. — Sujeción de las personas a estas leyes. — Asignatura. — Arte, facultad o ciencia.

**discípulo, la** *m. y f.* Persona que sigue a un maestro o escuela.

**disco** *m.* Cuerpo cilíndrico más ancho que alto. — Placa circular que registra y reproduce sonidos, imágenes o datos informáticos.

**díscolo, la** *adj./m. y f.* Desobediente, rebelde.

**discontinuo, nua** *adj.* Que se interrumpe.

**discordar** *intr.* Discrepar. — MÚS. No estar acordes las voces o instrumentos.

**discordia** *f.* Falta de acuerdo.

**discoteca** *f.* Colección de discos. — Local donde se baila y escucha música grabada.

**discreción** *f.* Prudencia. — Capacidad para guardar un secreto.

**discrepar** *intr.* Estar en desacuerdo.

**discreto, ta** *adj./m. y f.* Dotado de discreción. ▸ *adj.* Que no es extraordinario o no se sale de lo normal.

**discriminar** *tr.* Separar, diferenciar una cosa de otra. — Dar trato de inferioridad a una persona o colectividad.

**disculpa** *f.* Razón que se da para excusarse de una culpa.

**discurrir** *intr.* Pasar continuamente por un sitio: *el río discurre entre montañas.* — Transcurrir el tiempo. — Razonar.

**discurso** *m.* Exposición hablada en público. — Acto de discurrir o razonar. — Escrito, tratado.

**discusión** *f.* Acción y efecto de discutir. — Sin discusión, sin duda.

**discutir** *tr.* Examinar y tratar una cuestión. ▸ *tr. e intr.* Contender y alegar razones contra el parecer de otro.

**disecar** *tr.* Preparar un animal muerto para conservarlo con la apariencia de vivo. — Abrir un organismo para su estudio.

**disección** *f.* Acción y efecto de disecar.

**diseminar** *tr. y prnl.* Desparramar, esparcir.

**disensión** *f.* Desacuerdo. — Riña.

**disentería** *f.* Enfermedad del intestino que provoca una diarrea sangrante.

**disentir** *intr.* Discrepar.

**diseño** *m.* Trazado de una figura. — Descripción de alguna cosa. — Actividad creativa que tiene por fin proyectar objetos, tipografías, logotipos, etc.

211

disposición

**disertar** *intr.* Razonar sobre una materia, en público.
**disfraz** *m.* Artificio para disimular una cosa. — Traje o máscara que se utiliza en fiestas y carnavales.
**disfrutar** *tr.* Beneficiarse de las utilidades de una cosa. ▶ *intr.* Sentir placer.
**disfunción** *f.* Trastorno de la función de cierto órgano del cuerpo.
**disgregar** *tr. y prnl.* Separar lo que estaba unido.
**disgusto** *m.* Pesadumbre causada por una desgracia.
**disidente** *adj./m. y f.* Que se separa de una doctrina o partido.
**disimilitud** *f.* Diferencia.
**disimular** *tr. e intr.* Ocultar algo. — Encubrir la intención o los sentimientos.
**disipado, da** *adj./m. y f.* Entregado con exceso a los placeres.
**disipar** *tr. y prnl.* Hacer desaparecer algo volátil o inmaterial.
**dislate** *m.* Disparate.
**dislexia** *f.* Dificultad para aprender a leer y escribir.
**dislocar** *tr. y prnl.* Desencajar un hueso del cuerpo. — Alterar.
**disminuir** *tr., intr. y prnl.* Hacer menor la extensión, intensidad, importancia o número de algo.
**disociar** *tr. y prnl.* Separar dos cosas unidas.
**disolución** *f.* Acción y efecto de disolver o disolverse. — Relajación de la moral. — Mezcla homogénea de dos sustancias.

**disoluto, ta** *adj./m. y f.* Entregado a los vicios.
**disolvente** *m.* Líquido incorporado a las pinturas y barnices.
**disolver** *tr. y prnl.* Deshacer una sustancia en un líquido hasta conseguir una mezcla homogénea. — Separar lo que está unido: ~ *el matrimonio.*
**disonar** *intr.* Sonar mal. — Discrepar.
**dispar** *adj.* Desigual, diferente.
**disparada** *f.* Argent., Méx., Nicar. y Urug. Fuga, huida.
**disparar** *tr., intr. y prnl.* Lanzar un proyectil con un arma. ▶ *tr.* Lanzar con violencia una cosa. — Méx. Fam. Invitar.
**disparate** *m.* Cosa absurda.
**dispendio** *m.* Gasto excesivo.
**dispensar** *tr.* Perdonar. — Dar o repartir. ▶ *tr. y prnl.* Librar de una obligación.
**dispensario** *m.* Local en que se realiza la visita médica sin que los pacientes puedan ser hospitalizados.
**dispersar** *tr. y prnl.* Separar y alejar lo que está unido.
**displicencia** *f.* Desagrado, indiferencia. — Negligencia.
**disponer** *tr. y prnl.* Preparar de manera conveniente: ~ *los cubiertos.* ▶ *tr.* Ordenar, mandar. ▶ *intr.* Valerse de una persona o cosa: *puede* ~ *de mí.* ▶ *prnl.* Prepararse para hacer algo.
**disposición** *f.* Acción y efecto de disponer o disponerse. — Es-

tado de ánimo para hacer algo. — Orden de una autoridad.

**dispositivo** *m.* Mecanismo, aparato, máquina.

**dispuesto, ta** *adj.* Preparado para llevar a cabo cierta cosa.

**disputar** *tr. e intr.* Discutir. ▸ *tr. y prnl.* Competir.

**disquete** *m.* INFORM. Soporte magnético de información.

**disquisición** *f.* Examen riguroso de algo.

**distancia** *f.* Espacio o tiempo entre dos cosas o sucesos.

**distante** *adj.* Lejano. — Altivo.

**distar** *intr.* Estar apartadas dos cosas en el espacio o el tiempo.

**distender** *tr.* Aflojar lo que está tenso. ▸ *tr. y prnl.* MED. Causar una tensión brusca en los tejidos.

**distinción** *f.* Acción y efecto de distinguir o distinguirse. — Honor, privilegio. — Elegancia.

**distinguido, da** *adj.* Ilustre.

**distinguir** *tr.* Reconocer la diferencia entre las cosas. — Caracterizar: *la razón distingue al hombre.* — Ver. — Otorgar a alguien un privilegio. ▸ *tr. y prnl.* Hacer que una cosa se diferencie de otra por medio de alguna señal. ▸ *prnl.* Sobresalir.

**distintivo, va** *adj.* Que distingue. ▸ *m.* Insignia, señal.

**distinto, ta** *adj.* Que no es igual. — Claro, sin confusión.

**distorsión** *f.* Torsión de una parte del cuerpo. — Deformación.

**distraer** *tr. y prnl.* Entretener, divertir. — Apartar o perder la atención.

**distribuir** *tr.* Repartir una cosa entre varias personas. ▸ *tr. y prnl.* Dar a cada cosa su colocación o destino.

**distributivo, va** *adj.* Relativo a la distribución. — MAT. Se dice de la operación que, aplicada a una suma, da el mismo resultado que se obtiene sumando los resultados obtenidos efectuando esta operación sobre cada término de la suma.

**distritense** *adj./m. y f.* De México D. F.

**distrito** *m.* Subdivisión territorial de carácter político y administrativo. — **Distrito federal,** capital de algunas repúblicas federales.

**distrofia** *f.* MED. Trastorno patológico que afecta al crecimiento.

**disturbio** *m.* Alteración del orden público.

**disuadir** *tr.* Convencer a alguien a cambiar de parecer.

**disyunción** *f.* Acción y efecto de separar o desunir.

**disyuntiva** *f.* Alternativa entre dos posibilidades.

**disyuntivo, va** *adj.* Que desune o implica incompatibilidad. ▸ *adj./f.* LING. Que plantea una elección entre dos posibilidades: *oración ~.*

**dita** *f.* Amér. Central y Chile. Deuda.

**ditirambo** *m.* Alabanza entusiasta y exagerada.

**diuca** *f.* Pájaro de Argentina y Chile de color ceniciento, con una franja blanca en el vientre.

**diurético, ca** *adj./m.* Que hace orinar.

**diurno, na** *adj.* Relativo al día.

**divagar** *intr.* Apartarse del asunto de que se trata. — Pensar en varias cosas sin orden.

**divalente** *adj.* QUÍM. Que tiene valencia dos.

**diván** *m.* Especie de sofá, con o sin brazos, y sin respaldo.

**divergir** *intr.* Irse apartando dos o más líneas o superficies. — Discrepar.

**diversidad** *f.* Variedad. — Abundancia de cosas distintas.

**diversión** *f.* Acción y efecto de divertir. — Cosa que divierte.

**diverso, sa** *adj.* Variado, diferente. ▶ *pl.* Varios, muchos.

**divertir** *tr. y prnl.* Producir alegría o placer algo o alguien.

**dividendo** *m.* ECON. Parte del beneficio que corresponde a cada accionista. — MAT. En una división, número que se divide.

**dividir** *tr. y prnl.* Separar en partes. — Repartir. ▶ *tr.* MAT. Hallar cuántas veces el divisor está contenido en el dividendo.

**divieso** *m.* MED. Forúnculo.

**divinidad** *f.* Naturaleza divina. — Dios. — Persona o cosa dotada de gran hermosura.

**divino, na** *adj.* Relativo a Dios o a un dios. — Extraordinario.

**divisa** *f.* Señal exterior que distingue. — Moneda extranjera.

**divisar** *tr. y prnl.* Ver confusamente o a distancia un objeto.

**divisible** *adj.* Que se puede dividir. — MAT. Se dice de la cantidad que contiene a otra un número exacto de veces.

**división** *f.* Acción y efecto de dividir. — Parte de un cuerpo del ejército. — DEP. Agrupación de los equipos según méritos o categoría. — Categoría de clasificación de las plantas.

**divisor** *m.* MAT. Cantidad por la cual ha de dividirse otra.

**divo, va** *m. y f.* Artista o cantante de gran mérito.

**divorcio** *m.* Disolución judicial de un matrimonio. — Falta de acuerdo.

**divulgar** *tr. y prnl.* Publicar, difundir.

**DNA** *m.* ADN.

**DNI** *m.* Abrev. de Documento Nacional de Identidad, tarjeta oficial de identificación de los súbditos españoles.

**do** *m.* Primera nota de la escala musical.

**dobladillo** *m.* Costura que se hace en el borde de una tela.

**doblar** *tr.* Aumentar una cosa otro tanto. — CINE Y TV. Sustituir los diálogos de una película por su traducción en otro idioma. ▶ *tr. e intr.* Cambiar de dirección: ~ *la esquina.* ▶ *tr. y prnl.* Torcer algo que estaba derecho. ▶ *intr.* Sonar las campanas por la muerte de una persona.

**doble** *adj./m.* Duplo. ▶ *adj.* Que

se compone de dos cosas iguales. ▸ *m. pl.* En tenis, partido por parejas. ▸ *m. y f.* Persona muy parecida a otra. ▸ *adv.* Dos veces más.

**doblegar** *tr. y prnl.* Doblar una cosa encorvándola. — Someter, hacer desistir.

**doblez** *m.* Parte que se dobla o pliega de una cosa. — Señal que queda por donde se ha doblado una cosa. ▸ *m. o f.* Hipocresía.

**doblón** *m.* Antigua moneda de oro española.

**doce** *adj./m.* Diez y dos. ▸ *adj./m. y f.* Duodécimo.

**docena** *f.* Conjunto de doce unidades.

**docencia** *f.* Enseñanza.

**docente** *adj.* Que enseña. — Relativo a la enseñanza.

**dócil** *adj.* Obediente. — Que se labra con facilidad: *metal.* ~.

**docto, ta** *adj./m. y f.* Sabio.

**doctor, ra** *m. y f.* Persona que posee un doctorado. — Médico.

**doctorado** *m.* Grado más elevado conferido por una universidad, y estudios necesarios para obtenerlo.

**doctrina** *f.* Enseñanza. — Conjunto de ideas o principios.

**documental** *adj.* Que se funda en documentos. ▸ *m.* Película cinematográfica que instruye o informa.

**documento** *m.* Escrito que acredita algo. — Archivo electrónico.

**dogma** *m.* Punto fundamental de doctrina, en religión o en filosofía. — Conjunto de creencias o principios.

**dogmático, ca** *adj.* Relativo a los dogmas. ▸ *adj./m. y f.* Que expresa una opinión de manera categórica e irrefutable.

**dogmatismo** *m.* Cualidad de dogmático. — Conjunto de principios que se tienen por innegables en una religión, doctrina, etc.

**dólar** *m.* Unidad monetaria de Estados Unidos, Australia, Canadá y otros países.

**dolencia** *f.* Enfermedad.

**doler** *intr.* Sentir dolor en una parte del cuerpo. ▸ *intr. y prnl.* Causar o sentir disgusto o tristeza. ▸ *prnl.* Quejarse.

**dolmen** *m.* Monumento funerario neolítico en forma de mesa.

**dolomita** *f.* Carbonato natural doble de calcio y magnesio.

**dolor** *m.* Sensación de sufrimiento físico. — Tristeza, pesar.

**domar** *tr.* Hacer dócil a un animal. — Someter, reprimir.

**domesticar** *tr.* Hacer dócil y obediente a un animal salvaje.

**doméstico, ca** *adj.* Relativo a la casa. — Se dice del animal que se cría en compañía del hombre.

**domicilio** *m.* Casa donde uno habita o se hospeda.

**dominar** *tr.* Tener bajo dominio. — Conocer a fondo una ciencia o arte. ▸ *tr. y prnl.* Reprimir. ▸ *tr. e intr.* Predominar.

**domingo** *m.* Séptimo día de la semana.

**dominical** *adj.* Relativo al domingo. ► *m.* Suplemento que algunos periódicos editan los domingos.

**dominicano, na** *adj./m. y f.* De Dominica. — De la República Dominicana. — De Santo Domingo.

**dominico, ca** *adj./m. y f.* De la orden de santo Domingo de Guzmán.

**dominio** *m.* Poder que se tiene sobre personas o cosas. — Derecho de propiedad. — Conocimiento profundo de algo. — Campo de una ciencia, arte, etc. — Nombre mediante el cual una empresa se da a conocer en Internet.

**dominó** *m.* Juego en el que se usan 28 fichas rectangulares.

**domo** *m.* ARQ. Cúpula.

**don** *m.* Tratamiento de cortesía que se antepone al nombre de pila masculino. — Regalo. — Talento, habilidad.

**dona** *f.* Amér. Central, Méx. y P. Rico. Rosquilla de masa esponjosa, frita en aceite y cubierta con chocolate o azúcar.

**donaire** *m.* Gracia en el hablar. — Garbo.

**donar** *tr.* Dar, ceder.

**donativo** *m.* Regalo, dádiva.

**doncel, lla** *m. y f.* Joven adolescente y virgen. ► *m.* En la Edad Media, joven antes de ser armado caballero.

**doncella** *f.* Criada.

**donde** *adv. rel.* En el que, en la que, etc.: *la calle ~ nací.* — En el lugar en que. — Adonde: *podrás ir ~ tú quieras.*

**dónde** *adv. interr.* En qué lugar: *¿~ estás?*

**dondequiera** *adv.* En cualquier parte. — Dondequiera que, donde.

**donjuán** *m.* Hombre seductor.

**donostiarra** *adj./m. y f.* De San Sebastián (España).

**doña** *f.* Tratamiento de cortesía que se antepone al nombre de pila femenino.

**dopar** *tr. y prnl.* DEP. Administrar fármacos o estimulantes para potenciar el rendimiento.

**doquier** o **doquiera** *adv.* Dondequiera.

**dorada** *f.* Pez con una mancha dorada en la cabeza.

**dorado, da** *adj.* De color de oro. ► *m.* Operación de dorar metales.

**dorar** *tr.* Recubrir con una capa de oro. ► *tr. y prnl.* Tostar o asar ligeramente. ► *prnl.* Tomar color dorado: *las espigas se doran en el campo.*

**dórico, ca** *adj./m. y f.* De la Dórida. ► *adj./m.* ARQ. Se dice de un orden de la arquitectura griega caracterizado por la columna sin estrías y el capitel sin molduras. ► *m.* Dialecto de los dorios.

**dorio, ria** *adj./m. y f.* De un pueblo que invadió Grecia a partir del s. XII a. C.

**dormir** in*tr., tr. y prnl.* Estar, entrar o hacer entrar en el estado periódico de reposo y sueño. ▸ *intr.* Pernoctar. ▸ *tr.* Anestesiar. ▸ *prnl.* Quedarse un miembro sin sensibilidad.

**dormitar** *intr.* Dormir con sueño poco profundo.

**dormitorio** *m.* Habitación para dormir y muebles que la ocupan.

**dorsal** *adj.* Relativo al dorso. — LING. Se dice del sonido en cuya articulación interviene el dorso de la lengua, como el que representan *ch, ñ* y *k.* ▸ *m.* Número que llevan los deportistas en la espalda durante la competición. ▸ *f.* Línea continua de montañas terrestres o submarinas. — Espina dorsal (ANAT.), columna vertebral.

**dorso** *m.* Espalda. — Revés de una cosa.

**dos** *adj./m.* Uno y uno. ▸ *adj./m. y f.* Segundo.

**doscientos, tas** *adj./m.* Dos veces ciento. ▸ *adj./m. y f.* Que corresponde en orden al número doscientos.

**dosel** *m.* Cubierta ornamental de un trono. — Tapiz.

**dosis** *f.* Cantidad de medicamento que se toma de una vez. — Cantidad o porción de algo.

**dossier** o **dosier** *m.* Expediente, doctumento.

**dotación** *f.* Acción y efecto de dotar. — Tripulación de un buque.

**dotar** *tr.* Dar dote a la mujer. — Dar cualidades la naturaleza a una persona o cosa. — Proveer de personal o de dinero.

**dote** *f.* Conjunto de bienes que aporta la mujer al matrimonio o que entrega al convento en que ingresa. ▸ *pl.* Conjunto de cualidades que posee una persona.

**dracma** *f.* Unidad monetaria de la antigua Grecia. — Unidad monetaria de Grecia, sustituida por el euro en 2002.

**draconiano, na** *adj.* Muy cruel.

**dragar** *tr.* Limpiar el fondo de los puertos de mar, los ríos, etc.

**dragón** *m.* Monstruo fabuloso con alas y con cola de serpiente. — Reptil parecido al lagarto.

**drama** *m.* Obra teatral. — Género literario que comprende las obras escritas para ser representadas. — Suceso capaz de conmover.

**dramatizar** *tr.* Dar condiciones de drama. — Exagerar algo.

**dramaturgo, ga** *m. y f.* Persona que escribe obras de teatro.

**drástico, ca** *adj.* Rápido, enérgico.

**drenaje** *m.* Eliminación del agua de una zona. — MED. Técnica de evacuación de secreciones de una cavidad del organismo.

**driblar** *tr. e intr.* DEP. Regatear.

**droga** *f.* Sustancia que produce efectos alucinógenos o estimulantes y que puede crear hábito. — Nombre de ciertas sustancias usadas en química, medicina, etc.

**drogadicto, ta** *adj./m. y f.* Toxicómano.

**droguería** *f.* Amér. Central. Farmacia. — Esp. Tienda de productos de limpieza y pinturas.

**dromedario** *m.* Mamífero rumiante similar al camello pero con una sola joroba.

**drupa** *f.* BOT. Fruto carnoso cuyo endocarpo forma un hueso.

**dual** *adj./m.* Que tiene dos partes, aspectos, etc. — Que se emite en dos lenguas. —LING. En ciertas lenguas, número gramatical que se usa para designar dos personas o cosas.

**dubitativo, va** *adj.* Que implica o denota duda.

**ducado** *m.* Título o dignidad de duque. — Territorio del duque. — Antigua moneda de oro.

**ducha** *f.* Aplicación de agua, en forma de chorro, sobre el cuerpo.

**ducho, cha** *adj.* Experto.

**dúctil** *adj.* Se dice del metal que se puede reducir a hilos.

**duda** *f.* Falta de determinación entre dos decisiones. — Sospecha.

**dudar** *tr.* Dar poco crédito. ▶ *intr.* Estar en duda.

**duelo** *m.* Combate entre dos adversarios. — Demostración de pesar por la muerte de alguien. — Reunión de personas en un entierro.

**duende** *m.* Espíritu fantástico. — Encanto o atractivo de una persona o cosa.

**dueño, ña** *m. y f.* Persona que posee una cosa.

**dueto** *m.* Dúo musical.

**dulce** *adj.* Que causa al paladar una sensación azucarada. — Grato, apacible: *voz* ~. ▶ *m.* Manjar hecho o cocido con azúcar o almíbar.

**dulzaina** *f.* Instrumento musical parecido al clarinete.

**dulzura** *f.* Cualidad de dulce. — Bondad. — Suavidad, deleite.

**duna** *f.* Colina formada por una acumulación de arena.

**dúo** *m.* Pieza musical para dos voces o instrumentos. — Conjunto de dos personas.

**duodécimo, ma** *adj./m. y f.* Que corresponde en orden al número doce.

**duodeno** *m.* Segmento del intestino delgado, que va desde el estómago hasta el yeyuno.

**duplicar** *tr.* Multiplicar por dos. ▶ *tr. y prnl.* Hacer doble algo.

**dúplex** m. Vivienda de un edificio que consta de dos pisos.

**duplo, pla** *adj./m.* Que contiene un número dos veces exactamente.

**duque, quesa** *m. y f.* Título nobiliario inferior al de príncipe y superior al de marqués y conde.

**durante** *prep.* Denota el espacio de tiempo en que dura algo.

**durar** *intr.* Estar ocurriendo algo en un espacio de tiempo. — Seguir existiendo, permanecer.

**durazno** *m.* Argent. y Chile. Melocotonero y variedades de este árbol. — Argent. y Chile. Fruto de estos árboles.

**dureza** *f.* Cualidad de duro. — Callo.

**duro, ra** *adj.* Que es poco blando u ofrece resistencia a ser modificado. — Difícil: *vida* ~. — Insensible: *un tipo* ~. ▸ *m.* Moneda que valía cinco pesetas. ▸ *adv.* Con fuerza o esfuerzo.

**dux** *m.* Jefe de las antiguas repúblicas de Génova y Venecia.

**e** *f.* Sexta letra del abecedario. ▸ *conj.* Se emplea en vez de *y* ante palabras que empiezan por *i* o *hi*: *parcial e injusto.*

**ebanista** *m. y f.* Carpintero de muebles y trabajos finos.

**ébano** *m.* Árbol de madera negra y dura.

**ebrio, bria** *adj./m. y f.* Borracho.

**ebullición** *f.* Paso de un líquido al estado gaseoso. — Agitación.

**ebúrneo, a** *adj.* De marfil.

**eccema** *m.* Inflamación de la piel.

**echador, ra** *adj./m. y f.* Cuba, Méx. y Venez. Fanfarrón.

**echar** *tr.* Hacer que una cosa vaya a parar a alguna parte, dándole impulso. — Despedir de sí: ~ *humo*. — Hacer salir a uno de algún lugar. ▸ *tr. e intr.* Producir un organismo vivo algo que brota de él. ▸ *tr. y prnl.* Ser causa de la acción que se expresa: ~ *a rodar la pelota*. ▸ *prnl.* Tenderse o acostarse.

**eclecticismo** *m.* Método que escoge ideas de diversos sistemas para formar una doctrina.

**eclesiástico, ca** *adj.* Relativo a la Iglesia. ▸ *m.* Clérigo.

**eclipsar** *tr. y prnl.* Provocar un eclipse. — Anular una persona o cosa las cualidades de otra con las suyas.

**eclipse** *m.* ASTRON. Ocultación de un astro por la interposición de otro, entre él y un tercero.

**eclíptica** *f.* ASTRON. Círculo máximo de la esfera celeste descrito en un año por el Sol, y plano determinado por este círculo.

**eclosión** *f.* Brote, nacimiento, aparición súbita.

**eco** *m.* Repetición de un sonido por la reflexión de las ondas en un obstáculo. — Rumor. — Difusión que abarca un suceso.

**ecografía** *f.* MED. Método de exploración de los órganos del cuerpo mediante ultrasonidos.

**ecología** *f.* Ciencia que estudia las relaciones entre los seres vivos y su medio ambiente. — Defensa del medio ambiente.

**economato** *m.* Almacén destinado a socios, donde pueden adquirir los productos más baratos que en las tiendas.

**economía** *f.* Ciencia que estudia la producción y uso de la riqueza. — Recta administración de los bienes. — Economía sumergida o subterránea, actividad económica al margen de la ley.

**economizar** *tr.* Ahorrar.

**ecosistema** *m.* BIOL. Conjunto de seres vivos que viven en un mismo medio y de los elementos unidos a ellos.

**ecuación** *f.* MAT. Igualdad entre dos expresiones que contiene una o más incógnitas.

**ecuador** *m.* ASTRON. Círculo imaginario de la esfera terrestre cuyo plano es equidistante y perpendicular a la línea de los polos.

**ecualizador** *m.* Aparato que amplía las bajas frecuencias y atenúa las altas, en un equipo de sonido.

**ecuanimidad** *f.* Constancia de ánimo. — Imparcialidad.

**ecuatoriano, na** *adj./m. y f.* De Ecuador.

**ecuestre** *adj.* Relativo al caballero, o a la orden y ejército de caballería. — Relativo al caballo.

**ecuménico, ca** *adj.* Se dice del concilio en que están presentes todos los obispos del mundo.

**eczema** *m.* Eccema.

**edad** *f.* Tiempo que una persona ha vivido desde su nacimiento. — Época. — Cada uno de los períodos de tiempo de la historia: ~ *de piedra.*

**edafología** *f.* Ciencia que estudia la composición del suelo.

**edecán** *m.* Auxiliar, acompañante. — Méx. Persona que en reuniones oficiales y actos públicos atiende a los invitados o participantes.

**edema** *m.* Hinchazón de una parte del cuerpo.

**edén** *m.* Paraíso terrenal. — Lugar agradable, ameno y delicioso.

**edición** *f.* Impresión o grabación y publicación de una obra o disco. — Conjunto de ejemplares de una obra impresos de una vez. — Celebración de un concurso o competición periódicos.

**edicto** *m.* Decreto publicado por la autoridad competente.

**edificar** *tr.* Construir un edificio. — Dar buen ejemplo.

**edificio** *m.* Construcción destinada a vivienda o a otros usos.

**edil, la** *m. y f.* Concejal.

**edilicio, cia** *adj.* Argent. y Chile. Relativo a los edificios o a la construcción.

**editar** *tr.* Publicar un libro, periódico, disco, etc.

**editor, ra** *m. y f.* Persona o entidad que edita una obra.

**editorial** *adj.* Relativo al editor o a la edición. ▸ *m.* Artículo periodístico no firmado, que refleja la opinión de la dirección en un asunto. ► *f.* Empresa que edita.

**edredón** *m.* Cobertor relleno de plumón u otro material.

**educación** *f.* Acción y efecto de educar, enseñar. — Conocimiento de las costumbres y buenos modales de la sociedad.

**educado, da** *adj.* Que tiene buena educación o buenos modales.

**educar** *tr.* Enseñar, instruir. — Desarrollar las facultades intelectuales, morales o físicas.

**edulcorante** *m.* Sustancia que endulza alimentos y medicamentos.

**efe** *f.* Nombre de la letra *f*.

**efebo** *m.* Muchacho.

**efectivamente** *adv.* Real y verdaderamente.

**efectivo, va** *adj.* Que produce efecto. — Real, verdadero. ► *m.* Dinero disponible. ► *pl.* Conjunto de tropas del ejército.

**efecto** *m.* Resultado de una causa. — Impresión causada en el ánimo. — Rotación que se da a una bola tocándola por el lado. ► *pl.* Enseres. — Efectos especiales, trucos de cine.

**efectuar** *tr. y prnl.* Realizar, llevar a cabo.

**efeméride** *f.* Suceso notable.

**efervescencia** *f.* Desprendimiento de burbujas gaseosas a través de un líquido. — Gran agitación.

**eficaz** *adj.* Que produce el efecto deseado.

**eficiencia** *f.* Facultad para lograr un efecto determinado.

**efigie** *f.* Imagen de una persona real. — Personificación de una cosa abstracta: *la ~ del dolor.*

**efímero, ra** *adj.* De corta duración.

**eflorescencia** *f.* Eccema que sale en la piel del rostro.

**efluvio** *m.* Emisión de pequeñas partículas.

**efusión** *f.* Expresión de sentimientos afectuosos o alegres.

**egipcio, cia** *adj./m. y f.* De Egipto (país de Asia).

**egiptología** *f.* Estudio de la antigüedad egipcia.

**égloga** *f.* Composición poética de tema pastoril.

**ego** *m.* En psicoanálisis, parte consciente de la personalidad.

**egocentrismo** *m.* Tendencia a considerar sólo el propio punto de vista y los propios intereses.

**egoísmo** *m.* Afecto excesivo de alguien para consigo mismo.

**egolatría** *f.* Culto excesivo de la propia persona.

**egregio, gia** *adj.* Insigne, ilustre.

**egresar** *intr.* *Amér.* Terminar un ciclo de estudios medios y superiores con la obtención del título correspondiente.

**eirá** *m.* *Argent. y Par.* Pequeño carnívoro semejante al hurón.

**eje** *m.* Barra que atraviesa un cuerpo y le sirve de sostén. — Línea imaginaria alrededor de la cual se mueve un cuerpo.

**ejecutar** *tr.* Realizar algo. — Matar a un condenado.

**ejecutiva** *f.* Junta directiva de una corporación o sociedad.

**ejecutivo, va** *adj./m.* Se dice del poder que aplica las leyes. ► *m.* y *f.* Persona que ejerce tareas directivas en una empresa.

**ejemplar** *adj.* Que sirve de ejemplo o enseñanza. ► *m.* Cada una de las obras obtenidas de un mismo original.

**ejemplo** *m.* Caso o hecho digno de ser imitado, o que puede ser motivo de imitación. — Texto, hecho, etc., que se cita para ilustrar una cosa.

**ejercer** *tr. e intr.* Realizar las tareas propias de una profesión.

**ejercicio** *m.* Práctica que sirve para desarrollar una habilidad. — Prueba en un examen. — Actividad física.

**ejercitar** *tr.* Usar un poder, facultad, etc. — Dedicarse al ejercicio de un arte, oficio o profesión. ► *tr. y prnl.* Hacer que se practique algo para adiestrarse en ello.

**ejército** *m.* Conjunto de las fuerzas militares de un país.

**ejido** *m.* Campo común de un pueblo. — *Méx.* Terreno que el gobierno concede a un grupo de campesinos para su explotación.

**ejote** *m. Amér. Central y Méx.* Judía verde. — *Amér. Central y Méx.* Puntada grande y mal hecha en la costura.

**el** *art. det. masc. sing.* Se antepone a los sustantivos para individualizarlos: *el toro.*

**él** *pron. pers. masc. de 3.ª persona sing.* Funciona como sujeto o como complemento con preposición.

**elaborar** *tr. y prnl.* Preparar un producto por medio de un trabajo adecuado. — Idear un proyecto o teoría.

**elástico, ca** *adj.* Se dice del cuerpo deformado que puede recobrar la forma original. — Que se ajusta. ► *m.* Tejido de goma.

**ele** *f.* Nombre de la letra l.

**elección** *f.* Acción y efecto de elegir. ► *pl.* Votación para elegir cargos políticos.

**electo, ta** *adj./m. y f.* Que acaba de ser elegido para un cargo.

**elector, ra** *m. y f.* Persona que vota en unas elecciones.

**electricidad** *f.* Forma de energía que manifiesta su acción por fenómenos mecánicos, caloríficos, etc.

**electrificar** *tr.* Dotar de instalación eléctrica.

**electrizar** *tr. y prnl.* Producir la electricidad en un cuerpo.

**electrochoque** *m.* Electroshock.

**electrocutar** *tr. y prnl.* Matar o morir por descarga eléctrica.

**electrodo** *m.* Extremo de cada uno de los conductores fijados a los polos de un generador eléctrico.

**electrodoméstico** *m.* Aparato eléctrico de uso doméstico.

**electrógeno, na** *adj.* Que produce electricidad.

**electroimán** *m.* Barra imantada por la acción de una corriente eléctrica.

**electrólisis** o **electrolisis** *f.* QUÍM. Descomposición de un cuerpo o sustancia mediante el paso de una corriente eléctrica.

**electrolito** o **electrólito** *m.* QUÍM. Compuesto químico que puede descomponerse por electrólisis.

**electromagnetismo** *m.* Parte de la física que estudia las interacciones entre corrientes eléctricas y campos magnéticos.

**electrómetro** *m.* Instrumento para medir la carga eléctrica.

**electrón** *m.* FÍS. Partícula elemental de un átomo cargada de electricidad negativa.

**electrónica** *f.* Parte de la física que estudia el comportamiento de los electrones libres.

**electroscopio** *m.* Instrumento que permite detectar las cargas eléctricas en un cuerpo.

**electroshock** *m.* Terapéutica de algunas enfermedades mentales por aplicación al cerebro de una descarga eléctrica.

**electrostática** *f.* Parte de la física que estudia los sistemas de cuerpos electrizados en equilibrio.

**elefante, ta** *m. y f.* Mamífero de piel gruesa, trompa prensil y grandes colmillos.

**elegante** *adj.* Que viste con buen gusto. — Dotado de gracia y sencillez.

**elegía** *f.* Poema lírico por la muerte de una persona.

**elegir** *tr.* Preferir a una persona, animal o cosa entre otros.

**elemental** *adj.* Relativo a los principios o elementos de una ciencia o arte. — Fundamental. — De fácil comprensión.

**elemento** *m.* Fundamento o parte integrante de una cosa. — QUÍM. Cuerpo simple. — Medio en que vive un ser. — Cada uno de los cuatro principios fundamentales: *tierra, agua, aire y fuego.*

**elenco** *m.* Índice. — Conjunto de artistas de un espectáculo.

**elevado, da** *adj.* Alto. — Excelente.

**elevador** *m.* Amér. Ascensor.

**elevar** *tr. y prnl.* Alzar o levantar. — Colocar a una persona o cosa en un lugar mejor. ▸ *tr.* MAT. Calcular una potencia.

**elidir** *tr.* LING. Suprimir la vocal final de una palabra ante la vocal inicial de la palabra siguiente.

**eliminar** *tr.* Quitar, suprimir. — MED. Expeler del organismo.

**eliminatoria** *f.* Parte de una competición o concurso en la que se compite para decidir quién pasará a la siguiente etapa.

**eliminatorio, ria** *adj.* Que sirve para eliminar.

**elipse** *f.* MAT. Figura geométrica curva con dos ejes diferentes que forman ángulo recto y que resulta de cortar un cono por un plano oblicuo.

**elipsis** *f.* LING. Supresión en una frase de una o más palabras.

**elipsoide** *m.* MAT. Cuerpo engendrado por la revolución de una elipse alrededor de uno de sus ejes.

**élite** o **elite** *f.* Minoría selecta.

**elixir** *m.* Medicamento disuelto en alcohol.

**ella** *pron. pers. fem. de 3.ª persona sing.* Funciona como sujeto o como complemento con preposición.

**elle** *f.* Nombre del dígrafo *ll.*

**ello** *pron. pers. neutro de 3.ª persona.* Funciona como sujeto o como complemento con preposición.

**ellos, ellas** *pron. pers. de 3.ª persona pl.* Funciona como sujeto o como complemento con preposición.

**elocuencia** *f.* Facultad de hablar o escribir de modo eficaz.

**elogio** *m.* Alabanza.

**elongación** *f.* ASTRON. Distancia de un astro al Sol con relación a la Tierra. — MED. Aumento de la longitud de un miembro.

**elote** *m.* Amér. Central y Méx. Mazorca tierna de maíz.

**elucubrar** *tr.* Hacer cábalas.

**eludir** *tr.* Evitar o librarse de una dificultad o molestia.

**e-mail** *m.* Sistema que permite el intercambio de mensajes a través de Internet. — Mensaje transmitido de este modo.

**emanar** *tr. e intr.* Desprenderse de un cuerpo un olor, luz, etc. — Provenir, tener su origen en algo.

**emancipar** *tr. y prnl.* Liberar o liberarse de la tutela o servidumbre.

**embadurnar** *tr. y prnl.* Untar, embarrar.

**embajada** *f.* Cargo y oficina del embajador.

**embajador, ra** *m. y f.* Diplomático que representa a su país en una nación extranjera. — Emisario, mensajero.

**embalar** *tr.* Empaquetar lo que se ha de transportar. ▸ *tr. y prnl.* Aumentar la velocidad.

**embalsamar** *tr.* Preparar un cadáver para evitar su putrefacción.

**embalse** *m.* Depósito artificial para almacenar el agua de un río.

**embarazar** *tr.* Estorbar. — Hacer que alguien se sienta cohibido. ▸ *tr. y prnl.* Poner o quedarse encinta una mujer.

**embarazo** *m.* Acción y efecto de embarazar o embarazarse. — Estado de la mujer encinta y tiempo que dura ese estado.

**embarcación** *f.* Objeto flotante para el transporte por agua.

**embarcadero** *m.* Lugar destinado para embarcar.

**embarcar** *tr., intr. y prnl.* Dar ingreso a una persona, cosa o mercancía en una embarcación, tren o avión.

**embargar** *tr.* Enajenar los sentidos. — DER. Retener los bienes.

**embargo** *m.* Acción y efecto de embargar. — DER. Retención de bienes por mandato judicial. — Sin embargo, no obstante.

**embarrancar** *tr. e intr.* Encallarse un buque en el fondo.

**embarrar** *tr. y prnl.* Cubrir o manchar con barro. — Amér. Calumniar. — Amér. Cometer algún delito. — Amér. Central y Méx. Complicar a alguien en un asunto sucio.

**embarullar** *tr. y prnl.* Fam. Mezclar sin orden cosas, ideas, etc.

**embastar** *tr.* Hilvanar una tela.

**embate** *m.* Golpe impetuoso del mar. — Acometida impetuosa.

**embaucar** *tr.* Engañar, engatusar, alucinar.

**embeber** *tr.* Absorber un cuerpo sólido otro en estado líquido. ▸ *intr.* Encogerse, tupirse. ▸ *prnl.* Concentrarse, ensimismarse.

**embejucar** *tr.* Antill., Colomb. y Venez. Cubrir con bejucos. — Colomb. Desorientar. ▸ *prnl.* Colomb. Enfadarse. — Colomb. y Venez. Enredarse.

**embeleco** *m.* Embuste, engaño.

**embelesar** *tr. y prnl.* Cautivar los sentidos, encantar.

**embellecer** *tr. y prnl.* Poner bello.

**embestir** *tr. e intr.* Arrojarse con ímpetu un toro.

**emblema** *m.* Figura simbólica con un lema. — Símbolo.

**embobar** *tr.* Causar admiración. ▸ *prnl.* Quedarse admirado.

**embocadura** *f.* MAR. Boca de un canal, río o puerto. — MÚS. Boquilla de ciertos instrumentos de viento.

**embolatar** *tr.* Colomb. Dilatar, demorar. — Colomb. y Pan. Engañar. — Colomb. y Pan. Enredar, enmarañar. ▸ *prnl.* Colomb. Estar absorbido por un asunto, entretenerse.

**embolia** *f.* MED. Obstrucción de un vaso sanguíneo por un coágulo.

**émbolo** *m.* Disco que se mueve entre dos fluidos, para transmitir un esfuerzo motor. — MED. Coágulo que produce la embolia.

**embolsar** *tr.* Guardar algo en una bolsa. ▸ *prnl.* Ganar dinero.

**embonar** *tr.* Cuba, Ecuad. y Méx. Empalmar una cosa con otra.

**emboquillar** *tr.* Poner boquillas a los cigarrillos.

**emborrachar** *tr. y prnl.* Poner borracho. — Atontar, adormecer.

**emborronar** *tr.* Hacer borrones en un escrito, dibujo, etc.

**emboscada** *f.* Ataque por sorpresa. — Asechanza.

**embotar** *tr. y prnl.* Engrosar el filo de un instrumento cortante. — Debilitar los sentidos.

**embotellar** *tr.* Poner en botellas. — Entorpecer el tráfico.

**embozar** *tr. y prnl.* Cubrir el rostro por la parte inferior. — Disfrazar, ocultar. — Obstruir un conducto.

**embozo** *m.* Parte de una prenda con que uno se emboza. — Doblez de la sábana por la parte que toca el rostro. — Disimulo o cautela.

**embragar** *tr.* Establecer comunicación entre dos ejes en rotación.

**embrague** *m.* Mecanismo que permite poner en movimiento una máquina acoplándola al motor. — Pedal de dicho mecanismo.

**embriagar** *tr. y prnl.* Emborrachar. — Cautivar, enajenar.

**embrión** *m.* Organismo en vías de desarrollo, antes de la fase de diferenciación de los órganos principales. — Principio de algo.

**embrollo** *m.* Enredo, lío. — Mentira. — Situación embarazosa.

**embromar** *tr.* Gastar una broma. ▶ *tr. y prnl.* Amér. Fastidiar, perjudicar. — Chile, Méx. y Perú. Hacer perder el tiempo.

**embrujar** *tr.* Hechizar.

**embrutecer** *tr. y prnl.* Entorpecer las facultades del espíritu.

**embuchado** *m.* Tripa rellena de carne picada.

**embudo** *m.* Utensilio en forma de cono para trasvasar líquidos.

**emburujar** *tr.* Cuba. Embarullar, confundir. ▶ *prnl.* Colomb., Méx., P. Rico y Venez. Arrebujarse, arroparse.

**embuste** *m.* Mentira.

**embutido** *m.* Tripa rellena de carne de cerdo u otra carne picada y aderezada.

**embutir** *tr.* Llenar una cosa con otra y apretarla. — Rellenar una tripa para hacer embutidos.

**eme** *f.* Nombre de la letra *m*.

**emergencia** *f.* Acción y efecto de emerger. — Suceso urgente.

**emerger** *intr.* Salir del agua u otro líquido. — Surgir, aparecer.

**emersión** *f.* Movimiento de un cuerpo que sale de un fluido en el que estaba sumergido.

**emigrar** *intr.* Dejar el propio país para establecerse en otro. — Cambiar de lugar algunas especies animales a causa del cambio de estación.

**eminencia** *f.* Elevación del terreno. — Persona eminente.

**eminente** *adj.* Alto. — Que sobresale entre los de su clase.

**emir** *m.* Príncipe o jefe árabe.

**emisario, ria** *m. y f.* Mensajero.

**emisora** *f.* Lugar desde el que emite el emisor de radio.

**emisor, ra** *adj./m. y f.* Que emite. ▶ *m.* Aparato que emite señales o sonidos.

**emitir** *tr.* Despedir una cosa hacia afuera. — Exponer una opinión. — Poner en circulación billetes o monedas. ▶ *tr. e intr.* Transmitir por radio o televisión.

**emoción** *f.* Agitación del ánimo que nace de una causa pasajera. — Interés o intriga.

**emolumento** *m.* Retribución.

**emotivo, va** *adj.* Relativo a la emoción o que la produce. — Sensible a las emociones.

**empacar** *tr.* Empaquetar. — Méx. Poner en conserva. ▸ *tr. e intr.* Amér. Hacer las maletas. ▸ *prnl.* Amér. Central y Amér. Merid. Pararse una caballería y no querer avanzar.

**empachar** *tr. y prnl.* Causar indigestión.

**empadronar** *tr. y prnl.* Inscribir a uno en el padrón o registro.

**empalagar** *tr., intr. y prnl.* Cansar un alimento dulce.

**empalar** *tr.* Atravesar a uno con un palo. ▸ *prnl.* Chile. Entumecerse. — Chile y Perú. Obstinarse, encapricharse.

**empalizada** *f.* Cerca hecha con tablas clavadas en el suelo.

**empalmar** *tr.* Unir dos cosas. ▸ *intr.* Unirse dos ferrocarriles, carreteras, etc. ▸ *intr. y prnl.* Seguir una cosa a continuación de otra sin interrupción.

**empanada** *f.* Envoltura de masa de harina cocida al horno rellena de ingredientes.

**empanadilla** *f.* Pastel pequeño en forma de media luna, relleno y frito.

**empanar** *tr.* Rebozar con pan rallado.

**empanizar** *tr.* Méx. Empanar.

**empantanar** *tr. y prnl.* Inundar un terreno. — Detener un asunto.

**empañar** *tr. y prnl.* Quitar el brillo o la transparencia.

**empañetar** *tr.* Amér. Central, Ecuad. y P. Rico. Cubrir una pared con barro y paja. — Colomb. y P. Rico. Enlucir las paredes.

**empapar** *tr. y prnl.* Penetrar un líquido en un cuerpo. — Absorber. ▸ *prnl.* Fam. Enterarse bien de algo.

**empapelar** *tr.* Cubrir con papel.

**empaque** *m.* Acción y efecto de empacar. — Afectación. — Amér. Acción y efecto de empacarse un animal. — Chile, Perú y P. Rico. Descaro, desfachatez. — Colomb. y P. Rico. Trozo de material para mantener herméticamente cerradas dos piezas distintas. — Colomb., C. Rica y Méx. Pieza de hule que sirve para apretar las junturas de dos piezas de un aparato.

**empaquetar** *tr.* Formar paquetes.

**emparamar** *tr. y prnl.* Colomb. y Venez. Aterir, helar. — Colomb. y Venez. Mojar la lluvia o la humedad.

**empardar** *tr.* Argent. y Urug. Empatar.

**emparedado** *m.* Bocadillo de pan de molde.

**emparedar** *tr. y prnl.* Encerrar a una persona entre paredes.

**emparejar** *tr. y prnl.* Formar una pareja. ▸ *tr.* Poner una cosa a nivel con otra. ▸ *intr.* Ser pareja una cosa con otra.

**emparentar** *intr.* Contraer parentesco por vía de casamiento.

**empastar** *tr.* Rellenar el hueco

de una caries dental. ▸ *tr. y prnl.* Argent. y Chile. Padecer meteorismo el animal. — Chile, Méx. y Nicar. Convertir en prado un terreno. ▸ *prnl.* Chile. Llenarse de maleza un terreno sembrado.

**empatar** *tr. e intr.* Obtener el mismo número de votos. — DEP. Obtener el mismo número de tantos. ▸ *tr.* Colomb., C. Rica, Méx., P. Rico y Venez. Empalmar una cosa con otra. — Colomb. Gastar el tiempo en cosas molestas.

**empecinarse** *prnl.* Obstinarse.

**empedernido, da** *adj.* Que tiene muy arraigada una costumbre o vicio.

**empedrar** *tr.* Cubrir o pavimentar el suelo con piedras.

**empeine** *m.* Parte superior del pie.

**empellón** *m.* Empujón fuerte.

**empelotarse** *prnl.* Argent. Vulg. Aburrirse, hartarse. — Cuba y Méx. Enamorarse apasionadamente.

**empeñar** *tr.* Dar una cosa como garantía de un préstamo. ▸ *prnl.* Endeudarse. — Insistir con tesón en algo.

**empeño** *m.* Acción y efecto de empeñar o empeñarse. — Deseo intenso. — Tesón y constancia. — Intento, empresa.

**empeorar** *tr., intr. y prnl.* Poner peor.

**empequeñecer** *tr., intr. y prnl.* Hacer una cosa más pequeña.

**emperador** *m.* Soberano de un imperio. — Pez espada.

**emperatriz** *f.* Soberana de un imperio. — Mujer del emperador.

**emperifollar** *tr. y prnl.* Fam. Adornar en exceso.

**empero** *conj.* Pero, sin embargo.

**emperrarse** *prnl.* Fam. Empeñarse en una cosa.

**empezar** *tr.* Dar principio a algo. ▸ *intr.* Tener principio.

**empinar** *tr.* Levantar en alto. ▸ *prnl.* Levantarse sobre las puntas de los pies. — Adquirir mucha pendiente un camino.

**empipada** *f.* Chile, Ecuad. y P. Rico. Atracón.

**empírico, ca** *adj.* Que se apoya en la experiencia.

**empirismo** *m.* Corriente filosófica que basa el conocimiento en la experiencia.

**empitonar** *tr.* Coger el toro al torero con los pitones.

**emplasto** *m.* Medicamento de uso externo.

**emplazar** *tr.* Citar a alguien en determinado tiempo y lugar. — Situar, disponer algunas cosas.

**emplear** *tr.* Utilizar. — Invertir una cosa para hacer o conseguir algo. ▸ *tr. y prnl.* Dar trabajo, empleo.

**empleo** *m.* Acción y efecto de emplear. — Ocupación, trabajo retribuido.

**emplomar** *tr.* Cubrir o soldar con plomo. — Argent. y Urug. Empastar un diente o muela.

**emplumar** *tr.* Poner plumas. — Amér. Central y Cuba. Engañar. ▸ *intr.* Chile, Colomb., Ecuad. y P. Rico. Huir.

**empobrecer** *tr.* Hacer pobre. ▸ *intr.* y *prnl.* Caer en la pobreza.

**empollar** *tr.* y *prnl.* Calentar, el ave los huevos para sacar pollos. ▸ *tr.* Fam. Estudiar mucho.

**empolvar** *tr.* y *prnl.* Echar polvo. ▸ *prnl.* Cubrirse de polvo.

**emponzoñar** *tr.* y *prnl.* Dar ponzoña, envenenar. — Corromper.

**emporio** *m.* Lugar de gran importancia comercial o cultural.

**empotrar** *tr.* Hincar algo en la pared o en el suelo.

**emprender** *tr.* Dar principio a una obra o empresa.

**empresa** *f.* Acción de emprender y cosa que se emprende. — Sociedad industrial o mercantil.

**empresario, ria** *m.* y *f.* Persona que tiene a su cargo una empresa.

**empréstito** *m.* Préstamo que toma el estado o una corporación.

**empujar** *tr.* Hacer fuerza contra una cosa para moverla.

**empuje** *m.* Acción y efecto de empujar. — Energía. — FÍS. Fuerza ascendente que sufre un cuerpo sumergido en un líquido.

**empujón** *m.* Impulso dado con fuerza para mover a alguien o algo.

**empuntar** *tr.* Colomb. y Ecuad. Encaminar. ▸ *intr.* Colomb. y Ecuad. Irse, marcharse. ▸ *prnl.* Venez. Obstinarse.

**empuñadura** *f.* Puño de la espada.

**empuñar** *tr.* Asir por el puño una cosa.

**emular** *tr.* y *prnl.* Imitar las acciones de otro.

**emulsión** *f.* Líquido que contiene, sin disolverse, gotas de otro líquido.

**en** *prep.* Indica el tiempo, lugar o modo en que se determina la acción: *vivir en el campo*. — Expresa materia, medio o instrumento: *pagar en monedas*.

**enagua** *f.* Prenda interior femenina, que se lleva bajo la falda. ▸ *pl.* Méx. Falda.

**enajenación** *f.* Acción y efecto de enajenar. — Locura.

**enajenar** *tr.* Transmitir a otro una propiedad. ▸ *tr* y *prnl.* Sacar fuera de sí. — Embelesar.

**enaltecer** *tr.* y *prnl.* Ensalzar.

**enamorar** *tr.* Despertar amor en una persona. — Cortejar. ▸ *prnl.* Sentir amor. — Aficionarse a una cosa.

**enancarse** *prnl.* Amér. Montar a las ancas. — Amér. Meterse uno donde no lo llaman.

**enanismo** *m.* Trastorno del crecimiento caracterizado por una talla inferior a la considerada normal para su especie o raza.

**enano, na** *adj.* Diminuto. ▸ *m.* y *f.* Persona afectada de enanismo.

**enarbolar** *tr.* Levantar en alto un estandarte, bandera, etc.

**enardecer** *tr. y prnl.* Excitar o avivar.

**encabezado** *m.* Argent., Chile, Guat. y Méx. Titular de un periódico.

**encabezamiento** *m.* Fórmula inicial de un escrito.

**encabezar** *tr.* Iniciar una lista. — Poner el encabezamiento. — Estar al frente de algo.

**encabritarse** *prnl.* Empinarse el caballo. — Enojarse.

**encachar** *tr.* Chile. Agachar la cabeza el animal vacuno para acometer. ▶ *prnl.* Chile y Venez. Obstinarse, emperrarse.

**encadenar** *tr.* Atar con cadenas. ▶ *tr. y prnl.* Enlazar cosas.

**encajar** *tr.* Meter una cosa dentro de otra ajustadamente. — Recibir un golpe. — DEP. Recibir tantos del contrario. ▶ *intr.* Coincidir dos noticias, hechos, etc. — Ser adecuado en una situación.

**encaje** *m.* Acción de encajar dos cosas. — Tejido de adorno, calado y con dibujos. — Hueco en que se encaja una pieza.

**encajonar** *tr.* Meter una cosa en un cajón. ▶ *tr. y prnl.* Meter en un sitio estrecho.

**encalambrarse** *prnl.* Chile, Colomb. y P. Rico. Entumecerse, aterirse.

**encalamocar** *tr. y prnl.* Colomb. y Venez. Alelar.

**encalar** *tr.* Blanquear con cal.

**encallar** *intr.* Quedar una embarcación inmovilizada en arena o entre piedras.

**encallecer** *intr. y prnl.* Criar callos. ▶ *prnl.* Endurecerse, curtirse.

**encaminar** *tr. y prnl.* Dirigir hacia un punto o fin. ▶ *tr.* Guiar, enseñar el camino.

**encamotarse** *prnl.* Amér. Merid. y C. Rica. Enamorarse.

**encandilar** *tr. y prnl.* Deslumbrar. — Enamorar. ▶ *prnl.* Encenderse los ojos.

**encantado, da** *adj.* Distraído o embobado. — Muy complacido.

**encantar** *tr.* Ejercer sobre algo o alguien artes de magia. — Gustar o complacer.

**encanto** *m.* Persona o cosa que embelesa. ▶ *pl.* Conjunto de atractivos físicos.

**encañonar** *tr.* Apuntar con un arma de fuego.

**encapotarse** *prnl.* Cubrirse el cielo de nubes.

**encapricharse** *prnl.* Empeñarse en conseguir un capricho.

**encaramar** *tr. y prnl.* Subir a una persona o cosa a un lugar elevado.

**encarar** *tr.* Contraponer dos aspectos de algo. ▶ *tr. y prnl.* Poner cara a cara o hacer frente a alguien, o a una dificultad.

**encarcelar** *tr.* Poner a uno preso en la cárcel.

**encarecer** *tr., intr. y prnl.* Aumentar el precio. ▶ *tr.* Ponderar. — Recomendar con empeño.

**encargado, da** *m. y f.* Persona que tiene a su cargo un negocio.

**encargar** *tr.* Decirle a alguien que haga algo. ▸ *tr. y prnl.* Poner una cosa al cuidado de uno.

**encariñarse** *prnl.* Tomar cariño.

**encarnación** *f.* Acción de encarnar. — Representación de una idea, doctrina, etc.

**encarnado, da** *adj./m.* Rojo. — De color carne.

**encarnar** *tr.* Representar alguna idea o doctrina. — Representar un personaje en el teatro o el cine. ▸ *prnl.* Tomar forma carnal un ser espiritual.

**encarnizarse** *prnl.* Cebarse los animales en su víctima. — Mostrarse muy cruel.

**encarpetar** *tr.* Guardar en carpetas. — Amér. Merid. y Nicar. Suspender la tramitación de un expediente.

**encarrerarse** *prnl.* Méx. Acelerar el paso. — Méx. Encarrilarse.

**encarrilar** *tr.* Colocar sobre carriles. ▸ *tr. y prnl.* Encaminar.

**encartar** *tr.* Echar carta de un palo que el otro tiene que seguir.

**encartuchar** *tr. y prnl.* Chile, Colomb., Ecuad. y P. Rico. Enrollar en forma de cucurucho.

**encasillar** *tr.* Poner en casillas. — Clasificar personas o cosas, especialmente con criterios simplistas.

**encasquetar** *tr. y prnl.* Calarse el sombrero.

**encasquillar** *tr.* Poner casquillos. — Amér. Central y Amér. Merid. Herrar una caballería. ▸ *prnl.* Atascarse un arma de fuego.

**encausar** *tr.* DER. Formar causa judicial contra alguien.

**encauzar** *tr.* Conducir una corriente por un cauce. — Encaminar.

**encéfalo** *m.* Conjunto de centros nerviosos del cráneo.

**encenagarse** *prnl.* Meterse en el cieno. — Envilecerse.

**encendedor** *m.* Aparato de pequeño tamaño que sirve para encender.

**encender** *tr. y prnl.* Originar luz o fuego en algo. — Conectar un circuito eléctrico. — Suscitar pasiones. ▸ *prnl.* Ruborizarse.

**encerado** *m.* Acción y efecto de encerar. — Cuadro usado para escribir en él con tiza.

**encerar** *tr.* Aplicar cera.

**encerrar** *tr y prnl.* Meter en un sitio cerrado. ▸ *tr.* Contener, incluir.

**encerrona** *f.* Fam. Trampa.

**encestar** *tr.* En baloncesto, meter la pelota en la cesta.

**encharcar** *tr. y prnl.* Cubrir de agua un terreno. ▸ *prnl.* Llenarse de líquido un órgano o cavidad.

**enchilada** *f.* Guat., Méx. y Nicar. Tortilla de maíz rellena y aderezada con chile.

**enchinar** *tr.* Méx. Formar rizos en los cabellos.

**enchinchar** *tr.* Guat. y Méx. Fastidiar, molestar. ▸ *prnl.* Amér. Enojarse.

**enchironar** *tr.* Fam. Encarcelar.

**enchivarse** *prnl.* Colomb.,Ecuad. y P. Rico. Encolerizarse.

**enchuecar** *tr. y prnl.* Chile y Méx. Fam. Torcer, encorvar.

**enchufar** *tr.* Conectar por medio de un enchufe. ▸ *tr. y prnl.* Esp. Fam. Obtener un empleo por medio de recomendaciones o influencias.

**enchufe** *m.* Clavija que conecta un aparato a la red eléctrica. — Esp. Fam. Cargo que se obtiene por recomendaciones o influencias.

**enchumbar** *tr.* Antill. y Colomb. Empapar de agua.

**encía** *f.* Carne que rodea la base de los dientes.

**encíclica** *f.* Carta que el papa dirige a los obispos y fieles.

**enciclopedia** *f.* Obra en que se expone el conjunto de los conocimientos humanos o los referentes a una ciencia.

**encierro** *m.* Acción y efecto de encerrar o encerrarse. — Lugar donde se encierra. — Fiesta popular en que se conduce a los toros a la plaza a través de un recorrido por las calles.

**encima** *adv.* En lugar más alto que otro. — En una situación superior: *por ~ de sus posibilidades.* — Cerca: *ya están ~ las fiestas.* — Además.

**encina** *f.* Árbol de tronco grueso, cuyo fruto es la bellota.

**encinta** *adj.* Se dice de la mujer que ha concebido y va tener un hijo.

**enclaustrar** *tr. y prnl.* Encerrar en un claustro o en otro sitio.

**enclavar** *tr. y prnl.* Colocar, situar.

**enclave** *m.* Territorio o grupo humano incluido en otro.

**enclenque** *adj./m. y f.* Enfermizo, débil, raquítico.

**encofrado** *m.* Conjunto de planchas de madera dispuestas para recibir hormigón.

**encoger** *tr., intr. y prnl.* Reducir a menor volumen o extensión.

**encolar** *tr.* Pegar con cola una cosa.

**encolerizar** *tr. y prnl.* Poner furioso.

**encomendar** *tr.* Encargar. ▸ *prnl.* Confiarse al amparo de alguien.

**encomiar** *tr.* Alabar, celebrar.

**encomienda** *f.* Acción y efecto de encomendar. — Cosa encomendada. — Amér. Merid., C. Rica, Guat. y Pan. Paquete postal.

**enconar** *tr. y prnl.* Inflamar una herida. — Intensificar una lucha.

**encono** *m.* Odio, rencor.

**encontrado, da** *adj.* Puesto enfrente. — Opuesto, antitético.

**encontrar** *tr. y prnl.* Hallar. ▸ *intr. y prnl.* Topar violentamente dos cosas. ▸ *prnl.* Reunirse. — Oponerse.

**encorajinar** *tr. y prnl.* Irritar o enfadar mucho a alguien.

**encordadura** *f.* Conjunto de las cuerdas de un instrumento musical.

**encordar** *tr.* Poner cuerdas a un instrumento musical.

**encorozar** *tr.* Chile. Emparejar una pared.

**encorsetar** *tr. y prnl.* Poner corsé. — Oprimir, limitar.

**encorvar** *tr. y prnl.* Hacer que alguien o algo tome forma curva.

**encrespar** *tr. y prnl.* Rizar. — Erizarse el pelo. — Enfurecer.

**encrucijada** *f.* Cruce de caminos. — Situación difícil, dilema.

**encuadernar** *tr.* Coser las hojas de un libro y ponerles tapa.

**encuadrar** *tr.* Colocar en un cuadro. — Encajar una cosa en otra. ▸ *tr. y prnl.* Incorporar.

**encubrir** *tr. y prnl.* Ocultar algo. ▸ *tr.* DER. Ayudar a un delincuente.

**encuentro** *m.* Acción de encontrar o encontrarse. — Competición, prueba deportiva.

**encuesta** *f.* Estudio de un tema reuniendo testimonios y documentos.

**encularse** *prnl.* Argent. Enojarse. — Méx. Vulg. Enamorarse.

**encumbrar** *tr. y prnl.* Levantar en alto. — Ensalzar.

**ende** Palabra que se usa en la expresión por ende, que significa 'por tanto, por consiguiente'.

**endeble** *adj.* Débil, poco resistente.

**endecasílabo, ba** *adj./m.* Se dice del verso de once sílabas.

**endecha** *f.* Poema de temática triste, de cuatro versos.

**endemia** *f.* Enfermedad que afecta a una región.

**endémico, ca** *adj.* Con constituye una endemia. — BIOL. Se dice de las especies vegetales y animales propias de un área restringida.

**endemoniado, da** *adj./m. y f.* Poseído por el demonio. — Malo, perverso. ▸ *adj.* Que fastidia, es difícil o da mucho trabajo.

**enderezar** *tr. y prnl.* Poner derecho lo torcido. ▸ *intr. y prnl.* Dirigirse a un lugar.

**endeudarse** *prnl.* Contraer una deuda.

**endiablado, da** *adj.* Endemoniado.

**endibia** *f.* Hortaliza parecida a un cogollo, de hojas prietas, blancas y lisas.

**endilgar** *tr.* Fam. Encajar, endosar algo desagradable.

**endiosar** *tr. y prnl.* Envanecer en exceso. ▸ *prnl.* Engreírse.

**endivia** *f.* Endibia.

**endocardio** *m.* Membrana interna que recubre el corazón.

**endocarpo** o **endocarpio** *m.* BOT. Parte más interna del fruto.

**endocrino, na** *adj.* Se dice de las glándulas de secreción interna, como la hipófisis. ▸ *m. y f.* Médico especializado en el estudio de estas glándulas.

**endogamia** *f.* Obligación que tiene un individuo de contraer matrimonio en el interior de su propio grupo.

**endógeno, na** *adj.* Que se forma en el interior.

**endolinfa** *f.* ANAT. Líquido que se encuentra en el laberinto del oído interno.

**endomingarse** *prnl.* Vestirse con la ropa de fiesta.

**endoplasma** *m.* Parte interna de una célula.

**endosar** *tr.* Ceder a otro un documento de crédito. — Encargar a alguien una cosa molesta.

**endoscopio** *m.* Aparato para examinar una cavidad interna.

**endosfera** *f.* Núcleo central de la esfera terrestre.

**endosperma** o **endospermo** *m.* BOT. Tejido de algunas plantas que nutre al embrión.

**endrina** *f.* Fruto del endrino.

**endrino** *m.* Ciruelo silvestre de fruto pequeño, negro azulado y áspero al gusto.

**endrogarse** *prnl.* Chile, Méx. y Perú. Contraer deudas. — P. Rico y R. Dom. Drogarse.

**endulzar** *tr. y prnl.* Hacer dulce una cosa. — Atenuar, suavizar.

**endurecer** *tr. y prnl.* Poner dura una cosa. — Hacer cruel a uno.

**ene** *f.* Nombre de la letra n.

**eneágono** *m.* Polígono de nueve lados.

**enebro** *m.* Arbusto de copa espesa y bayas de color violeta.

**enema** *m.* Líquido que se inyecta en el recto con fin terapéutico.

**enemigo, ga** *adj.* Contrario. ▸ *m. y f.* Persona o grupo de personas contra los que se lucha. — Persona que está en contra de algo. — Persona que hace mal a otra.

**enemistar** *tr. y prnl.* Hacer perder la amistad.

**eneolítico, ca** *adj./m.* Se dice del período prehistórico en el que se empezó a usar el cobre.

**energético, ca** *adj.* Relativo a la energía.

**energía** *f.* Capacidad y fuerza de una persona para actuar. — Fuerza de voluntad. — FÍS. Facultad que posee un cuerpo para realizar un trabajo.

**energizar** *tr.* Colomb. Estimular. ▸ *intr. y prnl.* Colomb. Obrar con energía.

**energúmeno, na** *m. y f.* Persona muy furiosa o violenta.

**enero** *m.* Primer mes del año.

**enervar** *tr. y prnl.* Quitar las fuerzas. — Poner nervioso.

**enésimo, ma** *adj.* Que se repite un número indeterminado de veces. — MAT. Que ocupa un lugar indeterminado en una sucesión.

**enfadar** *tr. y prnl.* Causar enfado.

**enfado** *m.* Enojo, disgusto.

**enfangar** *tr. y prnl.* Meter en el fango o cubrir con él.

**énfasis** *m.* Exageración en la expresión o en el tono de voz. — Importancia o relieve.

**enfermedad** *f.* Alteración de la salud.

**enfermero, ra** *m. y f.* Persona que atiende a los enfermos.

**enfermizo, za** *adj.* Que enferma con frecuencia. — Propio de un enfermo.

**enfermo, ma** *adj./m. y f.* Que padece una enfermedad.

**enfervorizar** *tr. y prnl.* Despertar fervor.

**enfilar** *tr.* Poner en fila. ► *tr., intr. y prnl.* Ir a un lugar.

**enflautar** *tr.* Colomb. y Guat. Fam. Encajar algo inoportuno o molesto.

**enfocar** *tr.* Hacer que una imagen, obtenida en un aparato óptico, se produzca exactamente en un plano. — Centrar la imagen en el visor de una cámara. — Considerar un asunto.

**enfrascarse** *prnl.* Aplicarse con mucha intensidad a una cosa.

**enfrentar** *tr. y prnl.* Poner frente a frente. — Afrontar.

**enfrente** *adv.* Delante. — En contra.

**enfriar** *tr., intr. y prnl.* Poner fría una cosa. ► *tr. y prnl.* Entibiar: *enfriarse una amistad.* ► *prnl.* Acatarrarse.

**enfundar** *tr.* Poner una cosa dentro de su funda. ► *tr. y prnl.* Cubrirse con una prenda de vestir.

**enfurecer** *tr. y prnl.* Irritar a uno o ponerle furioso.

**enfurruñarse** *prnl.* Fam. Enfadarse ligeramente.

**engalanar** *tr. y prnl.* Arreglar con galas y adornos.

**enganchar** *tr., intr. y prnl.* Aga-rrar con un gancho o colgar de él. — Apresar una cosa. — Atraer cierta cosa el interés de una persona. ► *prnl.* Hacerse adicto a una droga.

**enganche** *m.* Acción y efecto de enganchar.—Méx. Cantidad de dinero que se da como anticipo para comprar algo a plazos.

**engañar** *tr.* Hacer creer algo que no es verdad. — Estafar. — Cometer adulterio. ► *prnl.* Negarse a aceptar la realidad.

**engaño** *m.* Acción y efecto de engañar o engañarse.

**engarrotar** *tr. y prnl.* Entumecer los miembros el frío o la enfermedad.

**engarzar** *tr.* Trabar cosas. — Engastar. — Enlazar, relacionar.

**engastar** *tr.* Encajar una cosa en otra: *~ un rubí.*

**engatusar** *tr.* Fam. Ganarse a alguien con halagos y engaños.

**engendrar** *tr.* Producir un animal seres de su misma especie.

**engendro** *m.* Feto. — Ser desproporcionado o repulsivo.

**englobar** *tr.* Reunir varias cosas en una.

**engolado, da** *adj.* Chile y Méx. Muy acicalado.

**engorda** *f.* Chile y Méx. Acción de engordar, cebar. — Chile y Méx. Conjunto de animales que se ceban para la matanza.

**engordar** *tr.* Cebar a los animales. ► *intr.* Ponerse gordo.

**engorrar** *tr.* P. Rico y Venez. Fastidiar, molestar.

**engorro** *m.* Estorbo, molestia.

**engranaje** *m.* Conjunto de piñones y ruedas que encajan entre sí.

**engranar** *intr.* y *tr.* Ajustar o ajustarse las ruedas dentadas de un mecanismo. — Enlazar o trabar ideas.

**engrandecer** *tr.* Hacer grande una cosa. ▸ *tr.* y *prnl.* Enaltecer.

**engrasar** *tr.* y *prnl.* Untar con grasa.

**engreído, da** *adj.* Que se muestra convencido de su propio valor.

**engreír** *tr.* y *prnl.* Envanecer. — Amér. Aficionar, encariñar.

**engrosar** *tr.* y *prnl.* Hacer grueso. ▸ *tr.* Aumentar, hacer crecer.

**engrudo** *m.* Masa de harina, almidón y agua, usada para pegar.

**engullir** *tr.* e *intr.* Tragar la comida atropelladamente.

**enhebrar** *tr.* Pasar el hilo por el ojo de la aguja.

**enhiesto, ta** *adj.* Levantado, derecho, erguido.

**enhorabuena** *f.* Expresión con que se felicita. ▸ *adv.* En hora buena.

**enhorquetar** *tr.* y *prnl.* Argent., Cuba, P. Rico y Urug. Poner a horcajadas.

**enigma** *m.* Cosa que debe adivinarse a partir de unos datos. — Cosa incomprensible.

**enjabonar** *tr.* Frotar con jabón.

**enjambre** *m.* Conjunto de abejas con su reina.

**enjaular** *tr.* Encerrar en una jaula.

**enjuagar** *tr.* Aclarar con agua limpia lo que se ha enjabonado o fregado. ▸ *tr.* y *prnl.* Limpiar la boca y los dientes con líquido.

**enjugar** *tr.* Secar la humedad. ▸ *tr.* y *prnl.* Pagar una deuda.

**enjuiciar** *tr.* Someter algo a juicio. — DER. Instruir una causa.

**enjuto, ta** *adj.* Delgado, flaco.

**enlace** *m.* Acción y efecto de enlazar. — QUÍM. Unión de dos átomos en una combinación.

**enlajado** *m.* Venez. Suelo cubierto de piedras lisas.

**enlatar** *tr.* Meter en latas.

**enlazar** *tr.* Unir con lazos. ▸ *tr.* y *prnl.* Atar una cosa con otra.

**enloquecer** *tr.* Hacer perder el juicio. ▸ *intr.* Volverse loco.

**enlucir** *tr.* Cubrir paredes o techos con una capa de yeso u otro material.

**enlutar** *tr.* y *prnl.* Cubrir o vestir de luto.

**enmadrarse** *prnl.* Encariñarse demasiado el hijo con la madre.

**enmarañar** *tr.* y *prnl.* Formar una maraña. — Enredar.

**enmarcar** *tr.* Encuadrar.

**enmascarar** *tr.* y *prnl.* Cubrir con máscara el rostro.

**enmendar** *tr.* y *prnl.* Corregir defectos. — Subsanar los daños.

**enmicado** *m.* Méx. Funda plástica.

**enmienda** *f.* Acción de enmendar. — Propuesta de modificación que se hace a un proyecto o ley. — Corrección de un escrito.

**enmudecer** *tr.* Hacer callar. ▸ *intr.* Quedar mudo o estar callado.

**enmugrar** *tr.* Chile, Colomb. y Méx. Enmugrecer.

**enmugrecer** *tr. y prnl.* Cubrir de mugre.

**ennoblecer** *tr. y prnl.* Dignificar y dar esplendor. — Adornar.

**enojar** *tr. y prnl.* Causar enojo. — Molestar.

**enojo** *m.* Alteración del ánimo por algo que contraría. — Molestia.

**enología** *f.* Ciencia que estudia la elaboración de los vinos.

**enorgullecer** *tr. y prnl.* Llenar de orgullo.

**enorme** *adj.* Muy grande.

**enormidad** *f.* Cualidad de enorme. — Desatino.

**enquistarse** *prnl.* Formarse un quiste.

**enraizar** *intr.* Echar raíces.

**enramada** *f.* Conjunto de ramas. — Adorno de ramas de árboles.

**enrarecer** *tr. y prnl.* Hacer menos denso un gas. —Hacer menos respirable. ▸ *tr., intr. y prnl.* Hacer que escasee una cosa.

**enredadera** *f.* Planta trepadora.

**enredar** *tr.* Comprometer a alguien en un asunto peligroso. ▸ *tr. y prnl.* Entrelazar de manera desordenada. — Complicar algo. ▸ *intr.* Molestar. ▸ *prnl.* Equivocarse.

**enredista** *m. y f.* Chile, Colomb. y Perú. Chismoso, murmurador.

**enredo** *m.* Conjunto desordenado de cosas. — En la literatura, conjunto de sucesos que preceden al desenlace.

**enrejado** *m.* Conjunto de rejas. — Celosía de cañas entretejidas.

**enrevesado, da** *adj.* Intrincado. — Difícil de hacer o entender.

**enrielar** *tr.* Chile. Encauzar un asunto. ▸ *tr. y prnl.* Chile y Méx. Encarrilar un vagón.

**enriquecer** *tr.* Adornar, engrandecer. ▸ *tr., intr. y prnl.* Hacer rica o próspera a una persona o cosa.

**enristrar** *tr.* Poner la lanza en el ristre. — Hacer ristras con ajos, cebollas, etc.

**enrojecer** *tr. y prnl.* Poner rojo o dar color rojo a una cosa. ▸ *tr., intr. y prnl.* Sentir rubor.

**enrolar** *tr. y prnl.* Inscribir en un buque. — Alistar.

**enrollar** *tr. y prnl.* Poner en forma de rollo. ▸ *prnl.* Hablar mucho o confusamente. — Fam. Liarse en un asunto.

**enroscar** *tr. y prnl.* Poner en forma de rosca. ▸ *tr.* Introducir una cosa a vuelta de rosca.

**enrostrar** *tr.* Amér. Reprochar.

**ensaimada** *f.* Bollo de pasta hojaldrada en forma de espiral.

**ensalada** *f.* Plato preparado con hortalizas cortadas y aliñadas.

**ensaladilla** *f.* Ensalada de legumbres y verduras, con mayonesa.

**ensalmar** *tr.* Componer un hueso roto. — Curar con ensalmos.

**ensalmo** *m.* Rezo o modo supersticioso con que se pretende curar.

**ensalzar** *tr.* Exaltar. ▸ *tr. y prnl.* Alabar, elogiar.

**ensamblar** *tr.* Unir, juntar.

**ensanchar** *tr.* Hacer más ancho.

**ensanche** *m.* Dilatación. — Ampliación del casco urbano.

**ensangrentar** *tr. y prnl.* Manchar o teñir de sangre.

**ensañarse** *prnl.* Deleitarse en hacer daño.

**ensartar** *tr.* Pasar por un hilo varias cosas. — Enhebrar. ▸ *tr. y prnl.* Argent., Chile, Méx., Nicar., Perú y Urug. Hacer caer en un engaño o trampa.

**ensayar** *tr.* Hacer la prueba de algo antes de ejecutarlo en público o para ver el resultado. ▸ *intr. y prnl.* Intentar hacer algo.

**ensayo** *m.* Acción y efecto de ensayar. — Género literario breve, en prosa, que trata de temas filosóficos, históricos, etc.

**enseguida** *adv.* En seguida.

**ensenada** *f.* Entrada de mar en la tierra formando seno.

**enseña** *f.* Insignia, estandarte.

**enseñanza** *f.* Acción y efecto de enseñar. — Ejemplo.

**enseñar** *tr.* Hacer que alguien aprenda algo. — Dar ejemplo. — Mostrar algo a alguien o dejarlo ver involuntariamente.

**enseres** *m. pl.* Muebles o utensilios.

**ensillar** *tr.* Poner la silla a una caballería.

**ensimismarse** *prnl.* Abstraerse, quedar pensativo: ~ *con la música.* — Chile y Colomb. Engreírse.

**ensombrecer** *tr. y prnl.* Cubrir de sombras. — Entristecer.

**ensopar** *tr. y prnl.* Amér. Merid. Empapar.

**ensordecer** *tr.* Causar sordera. — Dejar sordo un ruido. — LING. Convertir una consonante sonora en sorda. ▸ *intr.* Quedarse sordo.

**ensortijar** *tr. y prnl.* Rizar el cabello.

**ensuciar** *tr. y prnl.* Poner sucio.

**ensueño** *m.* Ilusión, fantasía.

**entablamento** *m.* ARQ. Conjunto de molduras que forman el elemento que descansa sobre los capiteles de las columnas y sostiene el frontón y el techo del edificio.

**entablar** *tr.* Asegurar con tablas. — Dar comienzo a algo. — Amér. Igualar, empatar.

**entallar** *tr.* Hacer cortes en una pieza de madera. — Esculpir. ▸ *tr., intr. y prnl.* Ajustar una prenda de vestir al talle.

**ente** *m.* Aquello que es o existe. — Entidad: ~ *público.*

**entelequia** *f.* Entidad ficticia. — FILOS. Estado de perfección hacia el que tiende cada ser.

**entelerido, da** *adj.* C. Rica, Hond. y Venez. Flaco, enclenque.

**entender** *tr.* Percibir el sentido y las causas de algo. — Conocer a una persona y el modo en que hay que tratarla. — Conocer una materia. ▸ *prnl.* Llevarse bien con una persona.

**entendido, da** *adj.* Que sabe mucho sobre algo: ~ en leyes.

**entendimiento** *m.* Facultad para comprender. — Razón humana.

**entente** *f.* Acuerdo entre estados, grupos o empresas.

**enterado, da** *adj./m. y f.* Entendido. — Que se pasa de listo. — Chile. Orgulloso, estirado.

**enterar** *tr.* Hacer conocer algo., informar. ▸ *prnl.* Darse cuenta de algo. — Informarse de algo.

**entereza** *f.* Firmeza de ánimo.

**enternecer** *tr. y prnl.* Poner tierno. — Mover a ternura.

**entero, ra** *adj.* Sin falta alguna, completo. — Que tiene entereza. ▸ *adj./m.* MAT. Se dice del número racional no decimal. ▸ *m.* Unidad en que se miden los cambios bursátiles. — Chile, Colomb. y C. Rica. Entrega de dinero.

**enterrar** *tr.* Poner debajo de tierra. — Dar sepultura a un cadáver. ▸ *tr. y prnl.* Amér. Clavar, hincar algo punzante.

**entibiar** *tr. y prnl.* Poner tibio. — Moderar una pasión o afecto.

**entidad** *f.* Ente o ser. — Asociación de personas reconocida jurídicamente. — Valor, importancia.

**entierro** *m.* Acción y efecto de enterrar un cadáver.

**entomología** *f.* Parte de la zoología que estudia los insectos.

**entonar** *tr. e intr.* Dar el tono debido al cantar. — Dar determinado tono a la voz. ▸ *prnl.* Engreírse. — Fam. Animarse.

**entonces** *adv.* En ese momento u ocasión: *me enteré* ~. — Expresa una consecuencia de lo dicho: ~ *no hablemos más.*

**entornar** *tr.* Cerrar algo a medias.

**entorno** *m.* Conjunto de circunstancias que rodean a personas o cosas.

**entorpecer** *tr. y prnl.* Hacer perder agilidad o destreza. — Retardar o dificultar el desarrollo de algo.

**entrada** *f.* Espacio por donde se entra. — Acción de entrar. — Billete para entrar en un espectáculo. — En un diccionario, palabra que encabeza un artículo. — Dinero que se adelanta al comprar una cosa. — Parte de la frente en que ya se ha caído el pelo. — Argent., Chile y Urug. Ingreso económico. — Cuba. Zurra.

**entrado, da** *adj.* Méx. Fam. Dedicado por completo a algo.

**entrador, ra** *adj.* Argent. y C. Rica. Simpático, agradable. — Chile y Perú. Entrometido, intruso. — Perú y Venez. Que acomete fácilmente empresas arriesgadas.

**entramado** *m.* Armazón de madera que sirve de soporte en una obra. — Conjunto de cosas relacionadas entre sí.

**entrambos, as** *adj./pron.* Ambos.

**entrampar** *tr.* Hacer caer en una trampa. ▸ *tr. y prnl.* Endeudar.

**entraña** *f.* Órgano de la cavidad torácica o abdominal. ▸ *pl.* Parte más oculta de una cosa. — Conjunto de sentimientos.

**entrañable** *adj.* Íntimo. — Muy afectuoso.

**entrañar** *tr.* Llevar dentro de sí.

**entrar** *tr.* Introducir. ▸ *intr.* Pasar de fuera a dentro. — Meterse una cosa en otra. — Empezar a sentir algo: ~ sed.

**entre** *prep.* Indica intervalo, relación o reciprocidad: ~ *Madrid y Barcelona;* ~ *las once y las doce;* ~ *amigos.* — Indica estado o situación intermedia.

**entreabrir** *tr. y prnl.* Abrir un poco o a medias.

**entreacto** *m.* Intermedio entre los actos de un espectáculo.

**entrecejo** *m.* Ceño. — Espacio entre las cejas.

**entrecortar** *tr.* Cortar algo a medias.

**entredicho** *m.* Duda sobre la veracidad de alguien o algo.

**entrega** *f.* Acción y efecto de entregar o entregarse. — Cosa que se entrega de una vez. — Publicación de una parte de un relato o libro.

**entregar** *tr.* Poner en poder de otro. ▸ *prnl.* Ponerse en manos de uno. — Dedicarse enteramente a algo.

**entreguista** *m. y f.* Argent., Chile, Méx., Par. y Urug. Fam. Persona que traiciona a sus representados en una negociación.

**entrelazar** *tr. y prnl.* Enlazar una cosa con otra.

**entremedias** *adv.* Entre uno y otro tiempo, espacio, lugar o cosa.

**entremés** *m.* Comida ligera que se sirve antes del primer plato. — Obra dramática jocosa de un solo acto.

**entremeter** *tr.* Meter una cosa entre otras. ▸ *prnl.* Entrometerse.

**entrenar** *tr. y prnl.* Adiestrar y ejercitar para la práctica de un deporte u otra actividad.

**entrepierna** *f.* Parte interior de los muslos.

**entresijo** *m.* Fam. Mesenterio. — Cosa interior, escondida.

**entresuelo** *m.* Piso inmediatamente superior a los bajos.

**entretanto** *adv.* Entre tanto, mientras.

**entretecho** *m.* Chile y Colomb. Desván.

**entretejer** *tr.* Tejer conjuntamente. — Mezclar, trabar.

**entretener** *tr. y prnl.* Divertir, hacer pasar un rato agradable. — Hacer perder el tiempo impidiendo la realización o continuación de una acción.

**entretiempo** *m.* Tiempo suave de primavera y otoño.

**entrever** *tr.* Ver algo confusamente. — Saber por conjeturas.

**entreverar** *tr.* Introducir una cosa entre otras. ▶ *prnl.* Argent. Chocar dos grupos de caballería y luchar los jinetes. — Argent. y Perú. Mezclarse desordenadamente.

**entrevista** *f.* Reunión concertada. — Diálogo entre un periodista y una persona famosa, para publicar sus opiniones.

**entristecer** *tr. y prnl.* Poner triste o dar aspecto triste.

**entrometerse** *prnl.* Meterse alguien en un asunto que no le incumbe.

**entrón, na** *adj.* Méx. Animoso, atrevido, valiente.

**entroncar** *intr.* Emparentar. ▶ *intr. y prnl.* Cuba, Perú y P. Rico. Combinarse dos líneas de transporte.

**entronizar** *tr. y prnl.* Colocar a alguien en el trono. — Ensalzar.

**entuerto** *m.* Injusticia. — Dolor intenso tras el parto.

**entumecer** *tr. y prnl.* Entorpecer el movimiento de un miembro.

**enturbiar** *tr. y prnl.* Poner turbio. — Alterar, oscurecer.

**entusiasmo** *m.* Exaltación por un sentimiento de admiración.

**enumerar** *tr.* Exponer algo de forma sucesiva y ordenada.

**enunciado** *m.* Acción y efecto de enunciar. —LING. Secuencia de palabras delimitada por silencios marcados.

**enunciar** *tr.* Expresar oralmente o por escrito.

**envainar** *tr.* Meter un arma en la vaina.

**envalentonar** *tr.* Infundir valentía. ▶ *prnl.* Ponerse desafiante.

**envanecer** *tr. y prnl.* Infundir soberbia o vanagloria.

**envasar** *tr.* Introducir en recipientes líquidos, granos, etc.

**envase** *m.* Acción y efecto de envasar. — Recipiente.

**envejecer** *tr., intr. y prnl.* Hacer o hacerse viejo. ▶ *tr.* Conservar el vino o licor en toneles u otros recipientes.

**envenenar** *tr. y prnl.* Hacer enfermar o matar a alguien con veneno. ▶ *tr.* Poner veneno en algo.

**envergadura** *f.* Importancia, prestigio. — Dimensión de las alas de un avión o un ave. — MAR. Ancho de una vela.

**envés** *m.* Revés, lado opuesto.

**enviar** *tr.* Hacer que alguien o algo vaya a alguna parte.

**enviciar** *tr.* Corromper con un vicio. ▶ *prnl.* Aficionarse mucho.

**envidia** *f.* Tristeza o irritación de quien desea la felicidad o los bienes de otra persona.

**envilecer** *tr. y prnl.* Hacer vil.

**envite** *m.* Apuesta que se hace en algunos juegos de azar.

**envoltorio** *m.* Cosa que sirve para envolver.

**envoltura** *m.* Capa exterior que envuelve una cosa.

**envolver** *tr.* Cubrir una cosa rodeándola. ▶ *tr. y prnl.* Mezclar a uno en un asunto.

**enyesar** *tr.* Tapar con yeso.
— Inmovilizar un miembro con yeso.

**enzarzar** *tr.* Cubrir de zarzas.
▸ *prnl.* Entablar una disputa.

**enzima** *m. o f.* QUÍM. Sustancia soluble que provoca o acelera una reacción bioquímica.

**enzolvar** *tr.* Méx. Cegar un conducto.

**eñe** *f.* Nombre de la letra ñ.

**eólico, ca** *adj.* Relativo al viento o producido por él.

**épica** *f.* Género de poesía que narra las hazañas de un héroe o un pueblo.

**epicarpio** *m.* Capa externa que cubre el fruto de las plantas.

**epiceno** *adj./m.* Se dice del género de los sustantivos que no presentan variación para indicar el macho y la hembra.

**epicentro** *m.* Punto de la superficie terrestre donde un seísmo ha sido más intenso.

**épico, ca** *adj.* Relativo a la épica: *hazaña épica.*

**epicureísmo** *m.* Doctrina de Epicuro. — Actitud del que tiende a disfrutar de los placeres de la vida.

**epidemia** *f.* Enfermedad infecciosa que aparece en un lugar y afecta a muchas personas.

**epidermis** *f.* Membrana que cubre el cuerpo de los animales. — BOT. Película que recubre las hojas, los tallos y las raíces jóvenes.

**epidídimo** *m.* ANAT. Pequeña estructura situada en el polo superior de cada testículo.

**epifanía** *f.* Fiesta cristiana en que se celebra la adoración de los Reyes Magos al niño Jesús.

**epífisis** *f.* ANAT. Extremidad de un hueso largo. — ANAT. Glándula situada en el dorso del encéfalo.

**epiglotis** *f.* ANAT. Cartílago que cierra la glotis al deglutir.

**epígono** *m.* Persona que sigue las enseñanzas de otra.

**epígrafe** *m.* Expresión que precede a un escrito, anunciando su contenido. — Escrito grabado sobre piedra, metal, etc. — Título, rótulo.

**epigrama** *m.* Composición poética breve de tono satírico.

**epilepsia** *f.* Enfermedad caracterizada por la pérdida del conocimiento y convulsiones.

**epílogo** *m.* Recapitulación de todo lo dicho en una obra literaria.

**episcopado** *m.* Dignidad de obispo. — Conjunto formado por los obispos.

**episodio** *m.* Cada uno de los sucesos que forman un todo. — Capítulo de una serie de televisión o de radio.

**epistemología** *f.* Estudio crítico del desarrollo, métodos y resultados de las ciencias.

**epístola** *f.* Carta, misiva.

**epitafio** *m.* Escrito grabado en un sepulcro.

**epitelio** *m.* Tejido que recubre el

cuerpo, las cavidades internas y los órganos de los animales.

**epíteto** *m.* Adjetivo que da al sustantivo una cualidad inherente. — Adjetivo con que se califica algo.

**época** *f.* Momento de la historia marcado por un hecho.

**epónimo, ma** *adj.* Se dice de la persona o cosa que da su nombre a un lugar geográfico, una época, etc.

**epopeya** *f.* Poema extenso que relata hechos heroicos. — Conjunto de poemas que forman la tradición épica de un pueblo.

**equidad** *f.* Trato justo y proporcional.

**equidistar** *intr.* Estar a igual distancia.

**équido, da** *adj./m.* Relativo a una familia de mamíferos ungulados, que poseen un solo dedo por pata, como el caballo.

**equilátero, ra** *adj.* Que tiene los tres lados iguales.

**equilibrar** *tr. y prnl.* Poner en equilibrio.

**equilibrio** *m.* Estado de reposo, resultante de la actuación de fuerzas que se contrarrestan. — Posición vertical del cuerpo humano. — Armonía, proporción.

**equilibrista** *adj./m. y f.* Que realiza ejercicios de equilibrio acrobático.

**equino, na** *adj.* Relativo al caballo.

**equinoccio** *m.* Época del año

que corresponde a la igualdad de duración de los días y de las noches.

**equinodermo, ma** *adj./m.* Relativo a los animales marinos radiados con la piel espinosa, como el erizo de mar.

**equipaje** *m.* Conjunto de cosas que se llevan de viaje.

**equipar** *tr. y prnl.* Proveer de lo necesario.

**equiparar** *tr.* Considerar iguales a dos personas o cosas.

**equipo** *m.* Conjunto de cosas necesarias para un fin. — Grupo de personas con un servicio determinado. — DEP. Grupo de jugadores.

**equis** *f.* Nombre de la letra *x*.

**equitación** *f.* Deporte de montar a caballo.

**equitativo, va** *adj.* Que tiene equidad.

**equivalente** *adj./m. y f.* Que equivale a otra cosa. ▸ *adj.* Se dice de las figuras con igual área y distinta forma.

**equivaler** *intr.* Ser igual una cosa a otra, en valor o eficacia.

**equivocar** *tr. y prnl.* Tomar una cosa por otra.

**equívoco, ca** *adj.* Se dice del término con varios significados. — Que confunde. ▸ *m.* Malentendido.

**era** *f.* Fecha a partir de la cual empiezan a contarse los años. — Espacio donde se trillan las mieses. — GEOL. Subdivisión de los tiempos geológicos.

**erario** *m.* Tesoro público. — Lugar donde se guarda.

**ere** *f.* Nombre de la letra *r* en su sonido suave.

**erección** *f.* Acción y efecto de erguir o erguirse. — Estado de rigidez del pene.

**eréctil** *adj.* Que puede levantarse o ponerse rígido.

**erecto, ta** *adj.* Derecho, rígido.

**eremita** *m. y f.* Asceta que vive en soledad.

**erg** o **ergio** *m.* Unidad de trabajo en el sistema cegesimal.

**ergo** *conj.* Por tanto, luego, pues.

**ergonomía** *f.* Estudio y adecuación de las condiciones del trabajo a las características del trabajador.

**erguir** *tr. y prnl.* Levantar y poner derecha una cosa.

**erial** *adj./m.* Se dice de la tierra o campo sin cultivar.

**erigir** *tr.* Construir o levantar una edificación o monumento. ► *tr. y prnl.* Otorgar a una persona o institución una función o categoría de especial importancia.

**erisipela** *f.* Inflamación de la superficie de la piel.

**eritrocito** *m.* Hematíe.

**erizar** *tr. y prnl.* Poner rígida y tiesa una cosa.

**erizo** *m.* Mamífero insectívoro con el dorso cubierto de púas.

**ermita** *f.* Capilla en las afueras de una población.

**ermitaño, ña** *m. y f.* Persona que cuida de una ermita. — Asceta.

**erogación** *f.* Acción de erogar. — Bol. y Méx. Gasto, pago.

**erogar** *tr.* Distribuir bienes o caudales. — Argent., Bol. y Méx. Gastar el dinero, pagar.

**erógeno, na** *adj.* Que excita sexualmente.

**erosión** *f.* Desgaste producido en un cuerpo por el roce de otro.

**erótico, ca** *adj.* Relativo al amor sexual. — Que excita el apetito sexual.

**erradicar** *tr.* Arrancar de raíz, eliminar completamente.

**errar** *tr., intr. y prnl.* No acertar. ► *intr.* Andar vagando.

**errata** *f.* Equivocación en lo impreso o lo manuscrito.

**erre** *f.* Nombre de la letra *r* en su sonido fuerte.

**erróneo, a** *adj.* Que contiene error.

**error** *m.* Idea, opinión o acción equivocados.

**eructar** *intr.* Echar por la boca los gases del estómago.

**erudición** *f.* Conocimiento profundo de un tema o materia.

**erupción** *f.* Manchas o granos que aparecen bruscamente en la piel. — GEOL. Expulsión de materias sólidas, líquidas o gaseosas a través de un volcán.

**esbelto, ta** *adj.* Delgado y alto.

**esbirro** *m.* Persona que cobra por realizar acciones violentas.

**esbozo** *m.* Bosquejo.

**escabeche** *m.* Adobo hecho con aceite, vinagre, laurel y otras especias.

**escabechina** *f.* Fam. Estrago.

**escabroso, sa** *adj.* Se dice del terreno difícil de atravesar. — Próximo a lo inmoral y obsceno. — Muy embarazoso.

**escabullirse** *prnl.* Escaparse de las manos. — Irse con disimulo.

**escafandra** *f.* Equipo que usan los buzos en el agua o los astronautas en el espacio.

**escafoides** *m.* Hueso más externo del carpo.

**escala** *f.* Escalera de mano. — Serie graduada. — Sucesión de notas musicales. — Parada de un barco o un avión en su trayecto. — Relación entre las distancias del mapa y las reales.

**escalafón** *m.* Lista de los integrantes de un cuerpo.

**escalar** *tr.* Trepar a gran altura. — Subir a un puesto elevado.

**escalar** *adj.* MAT. Se dice de una magnitud enteramente definida por su medida, en función de una cierta unidad.

**escaldar** *tr. y prnl.* Bañar con agua hirviendo una cosa.

**escaleno** *adj.* MAT. Se dice del triángulo que tiene los tres lados desiguales.

**escalera** *f.* Serie de escalones o peldaños.

**escalinata** *f.* Escalera exterior de un tramo.

**escalofrío** *m.* Contracción muscular breve por frío o miedo.

**escalón** *m.* Peldaño. — Cada uno de los grados de una serie.

**escalonar** *tr. y prnl.* Situar ordenada y gradualmente en el tiempo o en el espacio las partes de una serie.

**escalope** *f.* Loncha delgada de vaca o ternera rebozada.

**escalpelo** *m.* Instrumento de corte empleado en cirugía.

**escama** *f.* Cada una de las placas que cubren el cuerpo de los peces y reptiles.

**escamar** *tr.* Quitar las escamas a los peces. ▸ *tr. y prnl.* Fam. Causar desconfianza.

**escamotear** *tr.* Hacer desaparecer algo con habilidad. — Robar.

**escampar** *impers.* Dejar de llover.

**escanciar** *tr.* Servir el vino o la sidra.

**escándalo** *m.* Acción que provoca indignación u horror. — Alboroto, ruido grande.

**escandinavo, va** *adj./m. y f.* De Escandinavia.

**escáner** *m.* Aparato de rayos X que permite analizar el interior de un objeto o cuerpo. — Dispositivo informático que permite convertir un texto o una imagen en un documento electrónico.

**escaño** *m.* Banco de los diputados en las cámaras legislativas.

**escapar** *intr. y prnl.* Salir de prisa de un lugar. — Salir de un encierro o librarse de un peligro. ▸ *prnl.* Salirse un fluido por un orificio. — Soltarse una persona, animal o cosa de donde estaban sujetos.

**escaparate** *m.* Espacio en las fachadas de las tiendas que sirve para exponer las mercancías.

**escape** *m.* Acción de escapar. — Pérdida de un fluido por un orificio. — Expulsión de los gases de un motor.

**escápula** *f.* Omóplato.

**escapulario** *m.* Pieza del vestido monástico que consiste en dos trozos de tela que caen sobre el dorso y el pecho.

**escaquearse** *prnl.* Fam. Eludir o esquivar un trabajo.

**escarabajo** *m.* Insecto coleóptero de cuerpo ovalado.

**escaramuza** *f.* En la guerra, combate de poca importancia.

**escarapela** *f.* Adorno de cintas.

**escarapelar** *intr.* Colomb. Ajar, manosear. ▸ *intr. y prnl.* Colomb., C. Rica y Venez. Agrietar. ▸ *prnl.* Perú. Ponérsele a uno carne de gallina.

**escarbar** *tr.* Remover la tierra. ▸ *tr. y prnl.* Hurgar.

**escarcear** *intr.* Argent., Urug. y Venez. Hacer escarceos el caballo.

**escarceo** *m.* Tentativa que se realiza antes de iniciar algo. — Aventura amorosa breve.

**escarcha** *f.* Rocío congelado.

**escardar** *tr.* Arrancar las malas hierbas.

**escarlata** *adj./m.* De color rojo vivo.

**escarlatina** *f.* Enfermedad contagiosa, caracterizada por la formación de placas escarlatas en la piel.

**escarmentar** *tr.* Corregir con rigor, castigar. ▸ *intr.* Aprender de la experiencia propia o ajena.

**escarnecer** *tr.* Hacer mofa y burla de otro.

**escarnio** *m.* Burla humillante.

**escarola** *f.* Hortaliza de hojas rizadas.

**escarpa** *f.* Declive áspero de cualquier terreno.

**escarpado, da** *adj.* Se dice del terreno con mucha pendiente.

**escarpia** *f.* Clavo con cabeza doblada en forma de codo.

**escaso, sa** *adj.* Que tiene poca cantidad.

**escatimar** *tr.* Dar lo menos posible de algo.

**escatología** *f.* Conjunto de doctrinas relacionadas con el destino último del hombre y del universo. — Expresiones o alusiones relacionadas con los excrementos.

**escayola** *f.* Yeso calcinado que se usa en escultura y medicina.

**escena** *f.* Escenario para actuar. — Cada parte de una obra teatral o película. — Teatro, literatura dramática.

**escenario** *m.* Lugar del teatro en que se actúa. — Lugar en que ocurre algo. — Conjunto de cosas que rodean a algo o a alguien.

**escenografía** *f.* Arte de hacer decorados. — Conjunto de decorados.

**escepticismo** *m.* Doctrina que pone en duda la posibilidad del conocimiento de la realidad. — Recelo.

**escindir** *tr. y prnl.* Cortar, dividir, separar.

**escisión** *f.* Corte. — Eliminación de una parte de tejido.

**esclarecer** *tr.* Aclarar o resolver un asunto.

**esclavitud** *f.* Estado de esclavo. — Sujeción excesiva.

**esclavo, va** *adj./m. y f.* Que se encuentra bajo el dominio de un amo y carece de libertad. — Sometido a alguien o algo.

**esclerosis** *f.* MED. Endurecimiento de un tejido u órgano.

**esclerótica** *f.* Membrana externa del globo ocular.

**esclusa** *f.* Recinto de un canal que permite a los barcos franquear un desnivel.

**escoba** *f.* Utensilio para barrer. — C. Rica y Nicar. Arbusto con el cual se hacen escobas.

**escobajo** *m.* Racimo sin uvas.

**escobillar** *tr.* Amér. En algunos bailes tradicionales, zapatear suavemente.

**escocer** *intr.* Causar o sentir escozor. ▶ *prnl.* Ponerse irritadas algunas partes del cuerpo.

**escocés, sa** *adj./m. y f.* De Escocia. — Se dice de la tela con cuadros de colores.

**escofina** *f.* Herramienta a modo de lima, de dientes gruesos.

**escoger** *tr.* Tomar una o más cosas o personas de entre otras.

**escolar** *adj.* Relativo al estudiante o a la escuela. ▶ *m. y f.* Estudiante.

**escolaridad** *f.* Período durante el cual se asiste a la escuela.

**escolarizar** *tr.* Suministrar instrucción en régimen escolar.

**escolástica** *f.* Enseñanza medieval basada en la tradición aristotélica.

**escoliosis** *f.* Desviación lateral de la columna vertebral.

**escollar** *intr.* Argent. y Chile. Malograrse un proyecto.

**escollera** *f.* Dique de defensa contra el oleaje.

**escollo** *m.* Peñasco a flor de agua. — Peligro, dificultad.

**escolopendra** *f.* Artrópodo con muchas patas, que tiene el primer par en forma de uñas venenosas.

**escolta** *f.* Conjunto de personas que escoltan. — Protección, custodia.

**escoltar** *tr.* Acompañar para proteger o vigilar.

**escombro** *m.* Desecho que queda de una obra de albañilería o de la explotación de una mina o de una fábrica.

**esconder** *tr. y prnl.* Situar en un lugar secreto. — Encerrar, incluir en sí: ~ *un doble sentido.*

**escondite** *m.* Juego infantil en el cual uno de los jugadores busca a sus compañeros escondidos.

**escopeta** *f.* Arma de fuego portátil, con uno o dos cañones.

**escoplo** *m.* Especie de cincel de hierro acerado.

**escora** *f.* Inclinación de una embarcación por la fuerza del viento. — MAR. Puntal que sostiene los costados de un buque en construcción o reparación.

**escorbuto** *m.* Enfermedad producida por la carencia de vitamina C.

**escoria** *f.* Sustancia vítrea que flota en un baño de metal fundido y contiene impurezas. — Persona o cosa despreciable.

**escorpio** *m. y f./adj.* Persona nacida bajo el signo zodiacal de Escorpio.

**escorpión** *m.* Arácnido cuya cola acaba en un aguijón venenoso. ▶ *m. y f./adj.* Escorpio.

**escorzo** *m.* Representación de una figura, cuando una parte de ella está vuelta con respecto al resto.

**escote** *m.* Abertura alrededor del cuello, en una prenda de vestir. — Parte que debe pagar cada una de las personas que han hecho un gasto en común.

**escotilla** *f.* MAR. Abertura en la cubierta de un buque.

**escozor** *m.* Sensación cutánea, poco dolorosa y molesta.

**escriba** *m.* Escribano. — Intérprete de la ley, entre los hebreos.

**escribanía** *f.* Oficio y oficina del secretario judicial en los juzgados de primera instancia e instrucción. — Escritorio.

**escribano, na** *m. y f.* Persona que copia o escribe a mano.

**escribir** *tr.* Representar palabras o ideas con letras u otros signos convencionales. ▶ *tr. e intr.* Comunicar a uno por escrito algo. — Componer: ~ *poesía.*

**escrito** *m.* Papel manuscrito, impreso, etc. — Obra científica o literaria. — DER. Petición en un pleito o causa.

**escritor, ra** *m. y f.* Persona que escribe obras de creación.

**escritorio** *m.* Mueble para guardar papeles o escribir sobre él.

**escritura** *f.* Representación del pensamiento por signos gráficos convencionales. — Conjunto de libros de la Biblia. — DER. Documento en que consta un negocio jurídico.

**escriturar** *tr.* Hacer constar en escritura un hecho. — Contratar.

**escroto** *m.* Bolsa en cuyo interior se alojan los testículos.

**escrúpulo** *m.* Duda y recelo que inquieta. — Asco, repugnancia.

**escrutar** *tr.* Examinar cuidadosamente algo. — Contabilizar los sufragios de una votación, los boletos en una apuesta, etc.

**escrutinio** *m.* Examen detallado de algo. — Recuento de votos.

**escuadra** *f.* Instrumento de dibujo que tiene un ángulo recto. — Conjunto de buques de guerra. — Grupo de soldados a las órdenes de un cabo. — DEP. Rincón superior de una portería de fútbol.

**escuadrar** *tr.* Disponer las caras planas de un objeto para que formen entre sí ángulos rectos.

**escuadrilla** *f.* Escuadra de buques de pequeño porte. — Grupo de aviones que realizan un mismo vuelo.

**escuadrón** *m.* Unidad de caballería, al mando de un capitán. — Unidad táctica y administrativa de las fuerzas aéreas.

**escuálido, da** *adj.* Flaco.

**escuchar** *tr.* Prestar atención a lo que se oye. — Atender: ~ *un consejo.* ▸ *prnl.* Hablar con afectación.

**escuchimizado, da** *adj.* Muy flaco y débil.

**escudar** *tr. y prnl.* Resguardar con el escudo. ▸ *tr.* Defender de algún peligro. ▸ *prnl.* Usar algo como pretexto.

**escudería** *f.* Equipo de competición de coches o motos de carreras.

**escudero** *m.* Paje que acompañaba a un caballero.

**escudilla** *f.* Vasija pequeña semiesférica para servir caldo.

**escudo** *m.* Arma de defensa. — Unidad monetaria de Portugal (sustituida por el euro en 2002) y de Cabo Verde.

**escudriñar** *tr.* Examinar cuidadosamente algo.

**escuela** *f.* Lugar donde se imparte enseñanza. — Método de enseñanza. — Conjunto de seguidores de un maestro o doctrina.

**escueto, ta** *adj.* Sencillo, sobrio. — Conciso, breve.

**escuincle** *m.* Méx. Fam. Chaval.

**esculpir** *tr.* Labrar a mano piedras y metales.

**escultismo** *m.* Movimiento juvenil, cuyo objetivo es mejorar la formación de los jóvenes, con actividades al aire libre.

**escultor, ra** *m. y f.* Persona que esculpe obras de arte.

**escultura** *f.* Arte de esculpir. — Obra esculpida.

**escupidera** *f.* Recipiente para escupir en él. — Argent., Chile, Ecuad. y Urug. Orinal.

**escupir** *tr.* Arrojar con la boca algo. ▸ *intr.* Arrojar saliva o flema por la boca.

**escurrir** *tr. y prnl.* Hacer que una cosa mojada suelte el agua. ▸ *tr.* Apurar el contenido de un recipiente. ▸ *intr. y prnl.* Correr o deslizarse una cosa por encima de otra.

**escusado** *m.* Retrete.

**esdrújulo, la** *adj./f.* LING. Se dice de la palabra que tiene su acento en la antepenúltima sílaba, como máximo o mecánica.

**ese** *f.* Nombre de la letra *s.*

**ese, sa** *adj. dem./pron. dem.* Expresa proximidad en el espacio o el tiempo respecto a la persona que escucha.

**esencia** *f.* Naturaleza propia y necesaria de cada ser. — Parte fundamental de una cosa. — Perfume muy concentrado.

— Quinta esencia, lo más puro de una cosa: *la quinta ~ del toreo.*

**esencial** *adj.* Relativo a la esencia. — Sustancial, principal.

**esfenoides** *m.* Hueso situado en la base de cráneo.

**esfera** *f.* Sólido limitado por una curva cuyos puntos equidistan del centro. — Círculo en que giran las agujas del reloj.

**esfinge** *f.* Monstruo con cuerpo de león y cabeza humana.

**esfínter** *m.* Músculo que cierra un orificio natural.

**esfuerzo** *m.* Empleo enérgico de las fuerzas físicas, intelectuales o morales para conseguir algo. — Sacrificio.

**esfumar** *tr.* Difuminar. — Rebajar los contornos de una composición pictórica. ▶ *prnl.* Desvanecerse. — Fam. Irse de un lugar.

**esgrima** *f.* Arte del manejo del florete, la espada y el sable.

**esgrimir** *tr.* Manejar un arma en actitud de usarla contra alguien. — Usar una cosa como arma para atacar o defenderse: *~ argumentos.*

**esguince** *m.* Distensión de ligamentos de una articulación.

**eslabón** *m.* Pieza que, enlazada con otras, forma una cadena.

**eslalon** *m.* En esquí, carrera de habilidad en el descenso.

**eslavo, va** *adj./m. y f.* Del grupo étnico formado por rusos, polacos, serbios, etc. ▶ *m./adj.* Conjunto de lenguas indoeuropeas habladas por los eslavos.

**eslogan** *m.* Frase publicitaria breve y expresiva. — Lema.

**eslora** *f.* MAR. Longitud de un barco de proa a popa.

**eslovaco, ca** *adj./m. y f.* De Eslovaquia.

**esloveno, na** *adj./m. y f.* De Eslovenia.

**esmalte** *m.* Sustancia vítrea con que se recubren algunas materias. — Sustancia dura y blanca que recubre los dientes. — Laca de secado rápido para colorear las uñas.

**esmeralda** *f.* Piedra preciosa de color verde.

**esmeril** *m.* Roca negruzca de gran dureza.

**esmero** *m.* Máxima atención en hacer las cosas.

**esmirriado, da** *adj.* Fam. Flaco, extenuado, raquítico.

**esmoquin** *m.* Chaqueta masculina con solapas de raso, sin faldones.

**esnifar** *tr.* Inhalar drogas por la nariz.

**esnob** *adj./m. y f.* Que adopta costumbres que están de moda.

**eso** *pron. dem. neutro.* Esa cosa.

**esófago** *m.* Conducto que va de la faringe hasta el estómago.

**esotérico, ca** *adj.* Que está oculto a los sentidos y a la ciencia y sólo es perceptible o asequible por las personas iniciadas. — Difícil de entender: *lenguaje ~.*

**espabilar** *tr. y prnl.* Avivar el

ingenio. — Despertar completamente. ▶ *intr. y prnl.* Darse prisa.

**espaciar** *tr. y prnl.* Separar las cosas en el tiempo o en el espacio. — Separar las palabras, letras o renglones con espacios.

**espacio** *m.* Extensión indefinida que contiene todo lo existente. — Parte de esta extensión que ocupa cada cuerpo. — Parte de esa extensión situada más allá de la atmósfera terrestre. — Distancia entre objetos. — Separación entre palabras o entre líneas. — Período de tiempo.

**espada** *f.* Arma blanca, larga, recta y cortante. ▶ *m.* Espadachín. — Matador de toros. ▶ *pl.* Palo de la baraja española.

**espadachín** *m.* Persona que sabe manejar bien la espada.

**espadaña** *f.* Planta que crece junto a las aguas estancadas. — Campanario con una sola pared, y huecos para las campanas.

**espagueti** *m.* Pasta alimenticia de forma larga y delgada.

**espalda** *f.* Parte posterior del cuerpo humano, desde los hombros hasta la cintura. — Parte posterior de una cosa.

**espantada** *f.* Huida repentina de un animal.

**espantapájaros** *m.* Muñeco que se pone en árboles y sembrados para ahuyentar a los pájaros.

**espantar** *tr.* Ahuyentar. ▶ *tr. e* *intr.* Causar espanto, infundir miedo. ▶ *prnl.* Asustarse.

**espantasuegras** *m.* Méx. Matasuegras.

**espanto** *m.* Terror. — Méx. Fantasma.

**español, la** *adj./m. y f.* De España. ▶ *m./adj.* Lengua hablada en España, Hispanoamérica y otras zonas.

**esparadrapo** *m.* Tira adherente de tela o de papel, usada para sujetar vendajes.

**esparcir** *tr. y prnl.* Extender lo que estaba junto. — Divulgar una noticia.

**espárrago** *m.* Brote tierno comestible de la esparraguera.

**esparraguera** *f.* Hortaliza de la que se comen los brotes tiernos.

**espartano, na** *adj./m. y f.* De Esparta. ▶ *adj.* Severo, austero.

**esparto** *m.* Planta con cuyas hojas se hacen sogas, esteras, etc.

**espasmo** *m.* Contracción involuntaria de los músculos.

**espato** *m.* Cualquier mineral de estructura laminar.

**espátula** *f.* Utensilio en forma de paleta plana.

**especia** *f.* Sustancia aromática usada como condimento.

**especial** *adj.* Distinto. — Muy propio para algún efecto.

**especialidad** *f.* Rama de una ciencia o arte.

**especialista** *adj./m. y f.* Que cultiva una rama de determinado arte o ciencia y sobresale en él.

**especie** *f.* Clase, tipo. — BIOL. Categoría para definir a los seres vivos, que abarca a un conjunto de individuos que tienen características comunes y son fecundos entre sí.

**especificar** *tr.* Determinar o precisar.

**específico, ca** *adj.* Que caracteriza una especie.

**espécimen** *m.* Ejemplar, muestra.

**espectáculo** *m.* Acto que se ejecuta en público para divertir o recrear.

**espectador, ra** *adj./m. y f.* Que asiste a un espectáculo.

**espectro** *m.* Imagen o fantasma. — FÍS. Conjunto de las líneas resultantes de la descomposición de una luz compleja.

**especular** *tr. e intr.* Reflexionar. ▸ *intr.* Comprar un bien cuyo precio se espera que va a subir a corto plazo para obtener un beneficio.

**espejismo** *m.* Ilusión óptica que consiste en ver ciertas imágenes en la lejanía.

**espejo** *m.* Superficie pulida que refleja la luz y da imágenes de los objetos.

**espeleología** *f.* Estudio de las cavidades naturales del subsuelo.

**espeluznante** *adj.* Que causa mucho miedo.

**espera** *f.* Acción y efecto de esperar.

**esperanto** *m.* Idioma artificial creado para servir como lengua universal.

**esperanza** *f.* Confianza de que ocurra o se logre lo que se desea.

**esperar** *tr.* Tener esperanza. ▸ *tr. e intr.* Permanecer en un sitio hasta que llegue alguien o suceda algo.

**esperma** *m. o f.* Líquido que secretan las glándulas reproductoras masculinas y que contiene los espermatozoides.

**espermatozoide** *m.* Célula sexual masculina destinada a fecundar el óvulo en la reproducción sexual.

**espermatozoo** *m.* Espermatozoide de los animales.

**esperpento** *m.* Fam. Persona o cosa fea y ridícula. — Género literario en el que se deforma la realidad valiéndose de rasgos grotescos.

**espeso, sa** *adj.* Se dice de los líquidos que fluyen con dificultad. — Se dice de las cosas que están muy juntas y apretadas. — Perú y Venez. Pesado, impertinente.

**espesor** *m.* Grueso de un sólido. — Cualidad de espeso.

**espesura** *f.* Cualidad de espeso. — Vegetación densa.

**espetar** *tr.* Atravesar una carne o pescado con un instrumento puntiagudo. — Fam. Decir bruscamente a uno algo que le sorprenda o moleste.

**espiar** *tr.* Observar con disimulo, especialmente para tratar de obtener información secreta.

**espiga** *f.* Inflorescencia formada por un conjunto de flores dispuestas a lo largo de un tallo.

**espigado, da** *adj.* Alto.

**espigón** *m.* Dique, malecón. — Punta de un instrumento puntiagudo.

**espina** *f.* Pincho o púa de algunas plantas. — Hueso de pez.

**espinaca** *f.* Hortaliza de hojas comestibles estrechas y suaves.

**espinal** *adj.* Relativo a la columna vertebral o espinazo.

**espinazo** *m.* Columna vertebral.

**espinilla** *f.* Parte anterior de la tibia. — Grano que aparece en la piel por la obstrucción de los poros de las glándulas sebáceas.

**espino** *m.* Planta arbórea de ramas espinosas y flores blancas. — Argent. Arbusto leguminoso de madera muy apreciada.

**espinoso, sa** *adj.* Que tiene espinas. — Arduo, difícil.

**espionaje** *m.* Acción de espiar.

**espira** *f.* Vuelta de una espiral o una hélice.

**espiral** *f.* Curva que se desarrolla alrededor de un punto, del cual se aleja progresivamente.

**espirar** *tr. e intr.* Expulsar el aire aspirado.

**espiritismo** *m.* Creencia según la cual los seres vivos pueden entrar en comunicación con los muertos.

**espiritrompa** *f.* Aparato bucal chupador de los lepidópteros.

**espíritu** *m.* Parte inmaterial del hombre que le capacita para pensar, sentir, etc. — Ser inmaterial dotado de razón. — Alma de un muerto. — Valor, fuerza o ánimo.

**espita** *f.* Canuto que se mete en el agujero de un recipiente para que salga por él el líquido que contiene.

**espléndido, da** *adj.* Magnífico, estupendo. — Generoso.

**esplendor** *m.* Resplandor, brillo. — Apogeo.

**espliego** *m.* Planta aromática de flores azules en espiga.

**espolear** *tr.* Estimular con la espuela. — Estimular, incitar.

**espoleta** *f.* Mecanismo para hacer explotar granadas.

**espolón** *m.* Apéndice óseo situado en las extremidades de algunos animales. — Malecón. — ARQ. Contrafuerte.

**espolvorear** *tr.* Esparcir algo hecho polvo.

**esponja** *f.* Invertebrado marino de cuerpo poroso. — Objeto elástico poroso utilizado para el aseo personal.

**esponsales** *m. pl.* Mutua promesa de matrimonio.

**espontáneo, a** *adj.* Que procede de un impulso interior.

**espora** *f.* BOT. Célula reproductora que no necesita ser fecundada.

**esporádico, ca** *adj.* Ocasional, poco frecuente.

**esposas** *f. pl.* Par de anillas de hierro para sujetar a los presos por las muñecas.

**esposo, sa** *m. y f.* Persona casada respecto de su cónyuge.

**esprea** *f.* Méx. Llave que deja salir la gasolina en el motor del automóvil.

**esprintar** *intr.* Realizar un sprint.

**espuela** *f.* Instrumento que se ajusta al talón de la bota para picar a la cabalgadura. — Amér. Espolón de las aves.

**espuerta** *f.* Recipiente cóncavo con dos asas, de esparto u otra materia.

**espulgar** *tr. y prnl.* Quitar las pulgas o piojos.

**espuma** *f.* Conjunto de burbujas en la superficie de un líquido. — Producto de limpieza o cosmético que se presenta en forma de masa de burbujas. — Material muy esponjoso y ligero que se usa en colchones y tapicería.

**espumadera** *f.* Cucharón con agujeros que sirve para sacar de la sartén los alimentos fritos.

**espurio, ria** *adj.* Bastardo. — Falso.

**esputo** *m.* Secreción de las vías respiratorias, que se arroja por la boca.

**esqueje** *m.* Brote joven que se introduce en tierra para que dé origen a un nuevo tallo.

**esquela** *f.* Notificación de la muerte de alguien.

**esqueleto** *m.* Armazón del cuerpo de los vertebrados, de naturaleza ósea o cartilaginosa. — Armazón duro de algunos invertebrados. — Colomb., C. Rica, Guat., Méx. y Nicar. Modelo impreso con espacios en blanco que se rellenan a mano.

**esquema** *m.* Representación gráfica y simbólica de una cosa.

**esquí** *m.* Plancha larga y estrecha para deslizarse sobre la nieve o el agua. — Deporte practicado sobre estas planchas.

**esquife** *m.* Bote que se lleva en el navío para saltar a tierra.

**esquilar** *tr.* Cortar el pelo o lana de un animal.

**esquilmo** *m.* Chile. Escobajo de la uva. — Méx. Conjunto de provechos de menor cuantía obtenidos del cultivo o la ganadería.

**esquimal** *adj./m. y f.* De un pueblo de raza mongólica que habita en tierras árticas.

**esquina** *f.* Arista, especialmente la que resulta del encuentro de las paredes de un edificio.

**esquinera** *f.* Amér. Mueble para colocar en un rincón o esquina.

**esquirla** *f.* Astilla desprendida de un hueso, piedra, etc.

**esquirol** *m.* Obrero que no sigue la orden de huelga.

**esquisto** *m.* Roca de textura pizarrosa.

**esquivar** *tr.* Evitar, rehuir.

**esquivo, va** *adj.* Huraño, arisco.

**esquizofrenia** *f.* Enfermedad mental con alteración de la personalidad y pérdida del contacto con la realidad.

**estabilidad** *f.* Cualidad de estable. — Capacidad de un cuerpo de mantener el equilibrio.

**estable** *adj.* Firme, permanente.

**establecer** *tr.* Crear algo en un lugar. — Disponer, ordenar. ▸ *prnl.* Fijar la residencia en alguna parte.

**establecimiento** *m.* Lugar donde se ejerce una industria o profesión.

**establo** *m.* Lugar cubierto en que se encierra el ganado.

**estaca** *f.* Palo con punta en un extremo para clavarlo.

**estacar** *tr.* Amér. Central y Amér. Merid. Extender alguna cosa sujetándola con estacas. ▸ *prnl.* Colomb. y C. Rica. Clavarse una astilla.

**estación** *f.* Temporada: ~ *turística.* — Cada uno de los cuatro períodos en que se divide el año. — Conjunto de edificios y vías férreas destinado al servicio de pasajeros y mercancías. — Emisora de radio.

**estacionar** *tr. y prnl.* Dejar en un lugar un vehículo.

**estacionario, ria** *adj.* Que permanece en el mismo estado.

**estadía** *f.* Permanencia en un lugar, estancia.

**estadio** *m.* Lugar público destinado a competiciones deportivas. — Momento o fase de un proceso.

**estadista** *m. y f.* Persona versada en asuntos de estado.

**estadística** *f.* Ciencia cuyo objeto es reunir una información cuantitativa concerniente a hechos de un mismo tipo. — Conjunto de estas informaciones.

**estado** *m.* Situación en que está una persona o cosa: ~ *de salud.* — Conjunto de los órganos de gobierno de una nación. — Clase o condición de una persona en el orden social. — Territorio o población correspondiente a una nación. — FÍS. Manera de ser de un cuerpo en relación a sus átomos: ~ *sólido.*

**estadounidense** *adj./m. y f.* De los Estados Unidos de América.

**estafar** *tr.* Obtener dinero o cosas de valor con engaño y ánimo de no pagar.

**estafeta** *f.* Oficina de correos.

**estafilococo** *m.* Bacteria cuyos individuos se presentan agrupados en racimos.

**estalactita** *f.* Masa calcárea que pende del techo de una caverna.

**estalagmita** *f.* Masa calcárea que se forma en el suelo de una caverna.

**estallar** *intr.* Reventar de golpe y con ruido una cosa. — Ocurrir algo de forma repentina.

**estambre** *m.* Lana de hebras largas. — BOT. Órgano sexual masculino de las flores que contiene el polen.

**estamento** *m.* Grupo social integrado por personas que tienen ciertas características socioeconómicas, culturales o profesionales.

**estampa** *f.* Figura impresa. — Cartulina con una imagen religiosa.

**estampar** *tr. e intr.* Imprimir. ▸ *tr. y prnl.* Dejar huella una cosa en otra. — Fam. Arrojar una cosa de modo que choque contra algo o alguien.

**estampida** *f.* Carrera rápida e impetuosa.

**estampido** *m.* Ruido fuerte.

**estampilla** *f.* Sello con algún letrero o firma que se puede estampar en documentos. — Amér. Sello de correos o fiscal.

**estancar** *tr. y prnl.* Detener el curso de una cosa. ▸ *tr.* Prohibir la venta libre de algo.

**estancia** *f.* Habitación, sala. — Permanencia en un lugar. — Amér. Merid. Hacienda agrícola, destinada especialmente a la ganadería. — Cuba, R. Dom. y Venez. Casa de campo con huerta, cercana a la ciudad.

**estanco, ca** *adj.* Completamente cerrado. ▸ *m.* Tienda donde se vende tabaco, sellos y papel timbrado.

**estándar** *adj.* Que está unificado respecto a un modelo. — Modelo o patrón.

**estandarte** *m.* Bandera que usan los cuerpos montados y algunas corporaciones.

**estanque** *m.* Depósito artificial de agua.

**estanquillo** *m.* Ecuad. Taberna de vinos y licores. — Méx. Tienda mal abastecida.

**estante** *m.* Tabla horizontal que forma parte de un mueble o está adosada a la pared.

**estantería** *f.* Mueble formado por estantes superpuestos.

**estaño** *m.* Metal blanco y muy maleable.

**estaqueadero** *m.* Amér. Merid. Lugar donde se ponen al aire las pieles de los animales recién desollados para que se oreen.

**estaquear** *tr.* Argent. Estirar el cuero fijándolo con estacas. — Argent. Torturar a una persona estirándola entre cuatro estacas.

**estar** *intr.* Hallarse una persona o cosa en un lugar, situación, etc. — Con algunos adjetivos, significa, tener en ese momento la calidad expresada por estos: *la calle está sucia.*

**estatal** *adj.* Relativo al estado.

**estática** *f.* Parte de la mecánica que estudia las leyes del equilibrio.

**estático, ca** *adj.* Que permanece en un mismo estado.

**estatua** *f.* Escultura que representa una figura humana.

**estatura** *f.* Altura de una persona.

**estatuto** *m.* Conjunto de normas que rigen la organización y vida de una colectividad.

**este** *m.* Punto cardinal por donde sale el Sol.

**este, ta** *adj. dem./pron. dem.* Expresa proximidad en el espacio o el tiempo respecto a la persona que habla.

**estela** *f.* Rastro que deja en el agua una embarcación.

**estelar** *adj.* Relativo a las estrellas. — De gran categoría.

**estenotipia** *f.* Taquigrafía a máquina.

**estentóreo, a** *adj.* Muy fuerte, ruidoso o retumbante.

**estepa** *f.* Erial llano y extenso.

**éster** *m.* QUÍM. Cuerpo resultante de la acción de un ácido sobre un alcohol, con eliminación de agua.

**estera** *f.* Tejido grueso de esparto, junco, etc., que sirve para cubrir el suelo.

**estercolero** *m.* Lugar donde se recoge y amontona el estiércol.

**estereofonía** *f.* Técnica de reproducción del sonido destinada a dar la impresión de relieve acústico.

**estereotipo** *m.* Concepción simplificada y comúnmente aceptada que se tiene acerca de alguien o algo.

**estéril** *adj.* Que no puede reproducirse. — Que no da fruto. — Libre de gérmenes patógenos.

**esterilizar** *tr.* Hacer estéril.

**esterilla** *f.* Estera pequeña. — Argent., Chile, C. Rica, Ecuad. y Urug. Tejido de trama parecida a la del cañamazo.

**esternocleidomastoideo** *m.* Músculo del cuello.

**esternón** *m.* Hueso plano situado en la parte anterior del pecho.

**estero** *m.* Zona del litoral inundada durante la pleamar. — Amér. Cada uno de los brazos que forman los ríos que enlazan unos cauces con otros. — Bol., Colomb., y Venez. Terreno cenagoso. — Chile. Arroyo.

**estertor** *m.* Respiración anhelosa propia de los moribundos.

**esteticista** *m. y f.* Especialista en el tratamiento y embellecimiento corporal.

**estética** *f.* Ciencia que trata de la belleza en el arte y en la naturaleza.

**estético, ca** *adj.* Relativo a la estética. — Artístico, bello.

**estetoscopio** *m.* Instrumento que sirve para auscultar.

**estiaje** *m.* Nivel medio más bajo de un curso de agua.

**estibar** *tr.* Distribuir convenientemente los pesos del buque.

**estiércol** *m.* Excremento de los animales. — Abono resultante de la mezcla de excrementos y restos vegetales.

**estigma** *m.* Marca o señal en el cuerpo. — BOT. Parte superior del pistilo.

**estilarse** *prnl.* Estar de moda.

**estilete** *m.* Puñal de hoja muy estrecha. — Instrumento quirúrgico.

**estilística** *f.* LING. Estudio del estilo o de la expresión lingüística en general.

**estilizar** *tr.* Hacer que algo parezca más delgado. — Representar artísticamente algo destacando solo sus características.

**estilo** *m.* Modo, forma de hacer algo: ~ *de vida.* — Rasgos que caracterizan a un artista, un género, una época o un país: ~ *barroco.* — BOT. Región media del pistilo, entre el ovario y el estigma.

**estilográfica** *adj./f.* Se dice de la pluma cuyo mango contiene un depósito de tinta.

**estima** *f.* Consideración, afecto.

**estimar** *tr.* Valorar, atribuir un valor. — Juzgar, creer. ▸ *tr. y prnl.* Sentir afecto por alguien.

**estimular** *tr.* Incitar a uno a la ejecución de una cosa. — Avivar una actividad, operación o función.

**estímulo** *m.* Impulso, acicate.

**estío** *m.* Verano.

**estipendio** *m.* Sueldo.

**estiptiquez** *f.* Amér. Central, Chile, Colomb., Ecuad. y Venez. Estreñimiento.

**estipular** *tr.* Convenir, concertar.

**estirado, da** *adj.* Orgulloso, arrogante.

**estirar** *tr. y prnl.* Alargar una cosa tirando de sus extremos. ▸ *prnl.* Desperezarse. — Tenderse. — Crecer un niño.

**estirpe** *f.* Familia o linaje.

**estival** *adj.* Relativo al estío.

**esto** *pron. dem. neutro.* Esta cosa.

**estofa** *f.* Calidad, clase.

**estofado** *m.* Guiso de carne cocido a fuego lento.

**estoicismo** *m.* Fortaleza y dominio de los sentimientos.

**estola** *f.* Especie de túnica que utilizaban los antiguos griegos y romanos.

**estomacal** *adj.* Relativo al estómago. ▸ *adj./m.* Se dice del medicamento o licor que favorece la digestión.

**estómago** *m.* Parte del tubo digestivo en forma de bolsa situado entre el esófago y el duodeno.

**estomatología** *f.* Especialidad médica que estudia las afecciones de la boca.

**estonio, nia** *adj./m. y f.* De Estonia.

**estopa** *f.* Parte basta del lino o cáñamo.

**estoque** *m.* Espada estrecha afilada sólo en la punta.

**estorbar** *tr.* Obstaculizar la ejecución de una cosa. — Molestar.

**estornino** *m.* Pájaro insectívoro de plumaje oscuro con pintas blancas.

**estornudar** *intr.* Arrojar violenta y ruidosamente el aire de los pulmones por la boca y la nariz.

**estrabismo** *m.* Desviación de la dirección normal de la mirada en uno o en ambos ojos.

**estrado** *m.* Tarima sobre la que

se pone el trono real o la mesa presidencial en actos solemnes. ▸ *pl.* Conjunto de salas de los tribunales.

**estrafalario, ria** *adj. Fam.* Extravagante.

**estrago** *m.* Daño, ruina.

**estrambótico, ca** *adj. Fam.* Extravagante, raro.

**estramonio** *m.* Planta venenosa de grandes flores blancas.

**estrangular** *tr. y prnl.* Ahogar oprimiendo el cuello. — Impedir el paso por una vía o conducto.

**estraperlo** *m.* Mercado negro, comercio ilegal de mercancías.

**estratagema** *f.* Ardid de guerra. — Astucia.

**estrategia** *f.* Arte de dirigir operaciones militares. — Modo de dirigir un asunto hasta conseguir el objetivo propuesto.

**estrato** *m.* Cada una de las capas de materiales que constituyen un terreno. — Nube baja y estrecha. — Clase o nivel social.

**estratosfera** *f.* Zona superior de la atmósfera.

**estraza** *f.* Trapo, pedazo de ropa basta. — Papel de estraza, papel áspero y basto.

**estrechar** *tr.* Hacer estrecho o más estrecho. — Coger con fuerza con los brazos o las manos. ▸ *prnl.* Juntarse para dejar espacio.

**estrechez** *f.* Cualidad de estrecho. — Escasez de medios económicos.

**estrecho, cha** *adj.* De poca anchura. — Ajustado, apretado. — Se dice de la relación que es muy intensa. ▸ *m.* Paso angosto en el mar entre dos costas.

**estregar** *tr. y prnl.* Frotar con fuerza una cosa contra otra.

**estrella** *f.* Astro dotado de luz propia. — Destino. — Persona que destaca en su profesión, especialmente un artista o deportista.

**estrellar** *tr. y prnl. Fam.* Arrojar con violencia una cosa contra otra, haciéndola pedazos. ▸ *prnl.* Quedar malparado por efecto de un choque violento.

**estremecer** *tr.* Hacer temblar. — Sufrir un sobresalto. ▸ *prnl.* Temblar con movimiento agitado y repentino.

**estremezón** *m. Colomb.* Acción y efecto de estremecerse.

**estrenar** *tr.* Hacer uso por primera vez de una cosa. — Representar por primera vez un espectáculo.

**estreñimiento** *m.* Dificultad en la eliminación de excrementos.

**estrépito** *m.* Estruendo, ruido.

**estreptococo** *m.* Bacteria redondeada que se agrupa con otras formando cadena.

**estrés** *m.* Estado de gran tensión nerviosa causado por la ansiedad, el exceso de trabajo, etc.

**estría** *f.* Surco, hendidura lineal.

**estribar** *intr.* Descansar el peso de una cosa en otra. — Fundarse, basarse.

**estribillo** *m.* Verso o conjunto de versos que se repiten al final de cada estrofa de una composición poética o canción.

**estribo** *m.* Pieza en que el jinete apoya el pie. — Escalón para subir o bajar de ciertos vehículos. — ANAT. Hueso del oído medio. — Perder los estribos, desbarrar, impacientarse.

**estribor** *m.* MAR. Lado derecho de la embarcación mirando de popa a proa.

**estricto, ta** *adj.* Riguroso, ajustado a la necesidad o la ley.

**estridente** *adj.* Se dice del ruido agudo y chirriante.

**estrofa** *f.* Grupo de versos que forman una unidad y tiene correspondencia métrica con uno o varios grupos semejantes.

**estrógeno** *m.* Hormona que provoca la maduración de los óvulos en las hembras de los mamíferos.

**estroncio** *m.* Metal amarillo, dúctil y maleable.

**estropajo** *m.* Utensilio de material áspero usado para fregar.

**estropear** *tr. y prnl.* Maltratar, deteriorar. — Echar a perder.

**estropicio** *m.* Destrozo o rotura con mucho ruido.

**estructura** *f.* Distribución y orden de las distintas partes de un todo. — Armazón, soporte.

**estruendo** *m.* Ruido grande. — Confusión, bullicio.

**estrujar** *tr.* Apretar una cosa con fuerza, especialmente para sacarle el jugo.

**estuario** *m.* Desembocadura de un río de amplia abertura.

**estuche** *m.* Caja o funda adecuada para guardar objetos.

**estuco** *m.* Masa de yeso blanco y agua de cola.

**estudiado, da** *adj.* Afectado, amanerado: *gestos estudiados.*

**estudiante** *m. y f.* Persona que estudia en un centro.

**estudiantina** *f.* Grupo de estudiantes vestidos de época, que salen por las calles cantando y tocando instrumentos.

**estudiar** *tr.* Ejercitar el entendimiento para comprender o aprender algo. ▸ *tr. e intr.* Realizar estudios en un centro.

**estudio** *m.* Acción de estudiar. — Trabajo en que un autor trata una cuestión. — Despacho o local de ciertos artistas o profesionales. — Local o instalación donde se graban películas o discos, o se emiten programas. — Dibujo o pintura de prueba. ▸ *pl.* Chile y R. de la Plata. Bufete de abogado.

**estufa** *f.* Aparato que caldea un recinto. — Méx. Cocina.

**estupefaciente** *m.* Sustancia narcótica cuyo consumo crea hábito.

**estupefacto, ta** *adj.* Atónito, pasmado.

**estupendo, da** *adj.* Muy bueno. ▸ *adv.* Muy bien.

**estúpido, da** *adj./m. y f.* Torpe, de poca inteligencia.

**estupor** *m.* Asombro, pasmo. — Disminución de las funciones físicas y psíquicas de una persona, y de su reacción a los estímulos.

**estupro** *m.* DER. Delito que consiste en el acceso carnal de un adulto con un menor de edad.

**esturión** *m.* Pez marino que remonta los ríos para desovar y cuyas huevas forman el caviar.

**esvástica** *f.* Cruz gamada.

**etano** *m.* Hidrocarburo formado por dos átomos de carbono y seis de hidrógeno.

**etapa** *f.* Tramo recorrido entre dos paradas. — Fase en el desarrollo de una acción o proceso.

**etcétera** *m.* Palabra que sustituye el final de una enumeración larga o algo que ya se sobrentiende.

**éter** *m.* Fluido invisible que se consideraba que llenaba todo el espacio. — QUÍM. Compuesto orgánico en cuya molécula se combina un átomo de oxígeno con dos radicales de hidrocarburos.

**etéreo, a** *adj.* Relativo al éter. — Inmaterial, vago.

**eternidad** *f.* Espacio de tiempo sin principio ni fin. — Vida después de la muerte. — Espacio de tiempo muy largo.

**eterno, na** *adj.* Que no tiene principio ni fin. — Que tiene larga duración. — Que se repite con frecuencia.

**ética** *f.* Parte de la filosofía que intenta fundamentar la moralidad de los actos humanos.

**etileno** *m.* Hidrocarburo gaseoso incoloro.

**etilo** *m.* QUÍM. Radical del etano, formado por dos átomos de carbono y cinco de hidrógeno.

**etimología** *f.* Origen de una palabra. — LING. Ciencia que estudia el origen de las palabras.

**etiología** *f.* Estudio de las causas de las enfermedades.

**etíope** *adj./m. y f.* De Etiopía.

**etiqueta** *f.* Trozo de papel u otro material que se adhiere a un objeto para identificarlo, clasificarlo, etc. — Ceremonia que se debe observar en ciertos actos oficiales o solemnes.

**etmoides** *m.* Hueso impar del cráneo, que forma la parte superior del esqueleto de la nariz.

**etnia** *f.* Grupo humano de una misma raza y con un origen, lengua, religión y cultura propios.

**etnografía** *f.* Rama de la antropología cuyo objetivo es el estudio descriptivo de las etnias.

**etnología** *f.* Rama de la antropología que se centra en el estudio comparativo de razas, pueblos y culturas.

**etología** *f.* Estudio científico del comportamiento de los animales en su medio natural.

**etrusco, ca** *adj./m. y f.* De Etruria, antigua región de Italia.

**eucalipto** o **eucaliptus** *m.* Árbol

de gran altura, de cuyas hojas se extrae una esencia balsámica.

**eucaristía** *f.* Sacramento del cristianismo que conmemora el sacrificio de Cristo con la transformación del pan y el vino en su cuerpo y sangre.

**eufemismo** *m.* Modo de expresar con disimulo palabras malsonantes.

**euforia** *f.* Estado de exaltación y júbilo.

**eugenesia** *f.* Aplicación de las leyes biológicas de la herencia al perfeccionamiento de la especie humana.

**eunuco** *m.* Hombre castrado.

**¡eureka!** *interj.* Denota júbilo por el hallazgo de algo que se buscaba con afán.

**europeo, a** *adj./m. y f.* De Europa.

**euskaldún, na** o **euscaldún, na** *adj./m. y f.* Que habla euskera.

**euskera** o **eusquera** *m.* Lengua vasca.

**eutanasia** *f.* Acción de acortar la vida de un enfermo incurable, a fin de evitarle una agonía prolongada.

**evacuar** *tr.* Desocupar, desalojar. ▸ *tr. e intr.* Expeler los excrementos.

**evadir** *tr. y prnl.* Eludir con arte y astucia una dificultad, peligro, etc. — Sacar ilegalmente del país dinero u otros bienes. ▸ *prnl.* Fugarse.

**evaluar** *tr.* Estimar el valor de una cosa.

**evanescente** *adj.* Que se desvanece.

**evangelio** *m.* Historia de la vida y doctrina de Jesucristo. — Cada uno de los cuatro libros del Nuevo Testamento que la contienen.

**evangelista** *m.* Cada uno de los autores de los Evangelios de Jesucristo. — Méx. Persona que tiene por oficio escribir cartas u otros papeles que necesita la gente que no sabe hacerlo.

**evangelizar** *tr.* Predicar el evangelio y la fe cristiana.

**evaporar** *tr. y prnl.* Convertir en vapor. — Disipar, desvanecer.

**evasión** *f.* Acción y efecto de evadir o evadirse.

**evasiva** *f.* Rodeo, excusa.

**evento** *m.* Acontecimiento.

**eventual** *adj.* Que no es fijo o regular.

**evidencia** *f.* Certeza clara y manifiesta de una cosa. — Amér. Prueba judicial.

**evitar** *tr.* Impedir que suceda algún mal, peligro o molestia. ▸ *tr. y prnl.* Procurar no hacer cierta cosa: ~ *una discusión.*

**evocar** *tr.* Traer algo a la memoria o a la imaginación.

**evolución** *f.* Cambio progresivo. — BIOL. Serie de transformaciones sucesivas de los seres vivos.

**exabrupto** *m.* Dicho o gesto brusco e inesperado.

**exacción** *f.* Acción y efecto de exigir impuestos, multas, etc.

**exacerbar** *tr. y prnl.* Irritar, causar gran enfado.

**exacto, ta** *adj.* Dicho o hecho con todo rigor.

**exagerar** *tr. e intr.* Dar proporciones excesivas a una cosa.

**exaltar** *tr.* Elevar a mayor dignidad o auge. — Ensalzar, alabar con exceso. ▸ *prnl.* Dejarse arrebatar de una pasión.

**examen** *m.* Análisis cuidadoso de las cualidades y estado de algo. — Prueba que se realiza para demostrar aptitudes.

**examinar** *tr.* Someter algo a examen. ▸ *tr. y prnl.* Juzgar mediante pruebas las aptitudes de alguien.

**exánime** *adj.* Sin señal de vida o sin vida. — Muy debilitado.

**exasperar** *tr. y prnl.* Enfurecer.

**excarcelar** *tr. y prnl.* Libertar a un preso.

**excavar** *tr.* Hacer hoyos o cavidades.

**excedente** *adj./m.* Que excede.

**exceder** *tr.* Sobrepasar un límite, cantidad o valor. ▸ *prnl.* Ir más allá de lo justo o razonable.

**excelencia** *f.* Cualidad de excelente. — Tratamiento de cortesía que se da a algunas personas por su dignidad y empleo.

**excelente** *adj.* Que sobresale en bondad, mérito y estimación.

**excelso, sa** *adj.* De elevada categoría.

**excéntrico, ca** *adj./m. y f.* De carácter raro, extravagante.

**excepción** *f.* Acción y efecto de exceptuar. — Persona o cosa que se aparta de la regla general.

**excepcional** *adj.* Que es una excepción u ocurre rara vez.

**excepto** *prep.* A excepción de, exceptuando lo que se expresa.

**exceptuar** *tr. y prnl.* Excluir del grupo general de que se trata o de la regla común.

**excesivo, va** *adj.* Que excede la regla.

**exceso** *m.* Parte que excede de la medida o regla. — Acción abusiva.

**excitar** *tr.* Estimular, provocar algún sentimiento, pasión o movimiento. ▸ *prnl.* Alterarse por el enojo, la alegría, el deseo sexual, etc.

**exclamación** *f.* Grito o frase que expresa con intensidad un sentimiento. — Signo ortográfico (¡!) con que se representa.

**excluir** *tr.* Dejar fuera de un grupo a alguien o algo. — Rechazar.

**exclusiva** *f.* Privilegio por el que una entidad o persona es la única autorizada para algo. — Noticia publicada por un solo medio informativo.

**exclusive** *adv.* Sin tomar en cuenta el último elemento mencionado como límite de una serie: *hasta abril ~*.

**exclusivo, va** *adj.* Que excluye o puede excluir. — Único.

**excomulgar** *tr.* Apartar la autoridad eclesiástica a alguien de la comunidad de los fieles.

**excrecencia** *f.* Prominencia anormal que aparece en la superficie de un organismo animal o vegetal.

**excremento** *m.* Residuo que el organismo elimina de forma natural.

**excretar** *intr.* Expeler el excremento, la orina, el sudor, etc.

**exculpar** *tr. y prnl.* Descargar de culpa.

**excursión** *f.* Viaje de corta duración con fines didácticos, recreativos, etc.

**excusa** *f.* Explicación con que una persona se disculpa o justifica. — Pretexto que se da para hacer o dejar de hacer algo.

**excusado, da** *adj.* Separado del uso común. ▶ *m.* Retrete.

**excusar** *tr. y prnl.* Alegar excusas. ▶ *prnl.* Justificarse, dar razones para disculparse.

**execrar** *tr.* Condenar, reprobar.

**exención** *f.* Privilegio que exime de una obligación.

**exento, ta** *adj.* Libre de lo que se indica.

**exequias** *f. pl.* Honras fúnebres.

**exfoliación** *f.* División en escamas o láminas.

**exfoliador, ra** *adj.* Amér. Se dice del cuaderno de hojas desprendibles.

**exhalar** *tr. y prnl.* Despedir gases, vapores u olores.

**exhaustivo, va** *adj.* Minucioso, hecho a fondo: *estudio ~.*

**exhausto, ta** *adj.* Agotado, muy debilitado.

**exhibicionismo** *m.* Deseo de exhibirse. — Tendencia patológica que busca placer sexual mostrando en público los genitales.

**exhibir** *tr. y prnl.* Manifestar, mostrar en público. ▶ *tr.* Méx. Pagar una cantidad.

**exhortar** *tr.* Inducir con razones o ruegos.

**exhumar** *tr.* Desenterrar, en especial un cadáver.

**exigir** *tr.* Pedir algo por derecho. — Necesitar, requerir.

**exiguo, gua** *adj.* Insuficiente.

**exiliar** o **exilar** *tr.* Obligar a alguien a dejar su patria. ▶ *prnl.* Abandonar alguien su patria, normalmente por motivos políticos.

**eximio, mia** *adj.* Ilustre.

**eximir** *tr. y prnl.* Librar a uno de una obligación, carga, etc.

**existencia** *f.* Acto de existir. — Vida.

**existencialismo** *m.* Doctrina filosófica que se interroga sobre la noción de ser, a partir de la existencia vivida por el hombre.

**existir** *intr.* Tener una cosa ser real y verdadero. — Tener vida. — Haber, hallarse.

**éxito** *m.* Resultado positivo. — Fama.

**éxodo** *m.* Emigración de un grupo o pueblo.

**exogamia** *f.* Regla social que obliga a un individuo a escoger a su cónyuge fuera del grupo al que pertenece.

**exógeno, na** *adj.* Que se forma u origina en el exterior.

**exonerar** *tr. y prnl.* Librar de una carga u obligación.

**exorbitante** *adj.* Excesivo.

**exorcismo** *m.* Rito de imprecación contra el demonio, realizado para conjurar su influencia.

**exordio** *m.* Preámbulo de una obra, discurso o conversación.

**exosfera** *f.* Capa más externa de la atmósfera terrestre.

**exótico, ca** *adj.* De un país lejano. — Extraño, singular.

**expandir** *tr. y prnl.* Extender, dilatar, difundir.

**expansión** *f.* Acción y efecto de expandir o expandirse. — Manifestación efusiva de un sentimiento. — Diversión.

**expatriar** *tr.* Hacer abandonar la patria. ▶ *prnl.* Abandonar la patria.

**expectación** *f.* Gran interés con que se espera alguna cosa.

**expectativa** *f.* Esperanza de conseguir una cosa.

**expectorar** *tr.* Expulsar por la boca las secreciones de las vías respiratorias.

**expedición** *f.* Acción y efecto de expedir. — Viaje o marcha con un fin militar, científico, etc., y personas que la componen.

**expediente** *m.* Conjunto de documentos relacionados con un asunto. — Procedimiento para enjuiciar la actuación de un funcionario o empleado.

**expedir** *tr.* Enviar, remitir. — Extender un documento. ▶ *prnl.* Chile y Urug. Desenvolverse en asuntos o actividades.

**expeditivo, va** *adj.* Que obra con eficacia y rapidez.

**expedito, ta** *adj.* Libre de estorbo. — Que actúa con rapidez.

**expeler** *tr.* Arrojar violentamente algo contenido en un sitio.

**expendeduría** *f.* Tienda en que se vende al por menor tabaco, sellos, etc.

**expender** *tr.* Vender al por menor.

**expendio** *m.* Argent., Méx., Perú y Urug. Venta al por menor. — Méx. Expendeduría.

**expensar** *tr.* Chile. Costear los gastos de algún negocio.

**expensas** *f. pl.* Gastos, costas.

**experiencia** *f.* Enseñanza adquirida con la práctica. — Experimento.

**experimentar** *tr.* Examinar las condiciones o propiedades de algo a través de experimentos. — Sentir una cosa por uno mismo. — Sufrir un cambio.

**experimento** *m.* Método de investigación científica que establece la validez de una hipótesis a partir de la observación y análisis de un fenómeno.

**experto, ta** *adj./m. y f.* Entendido.

**expiar** *tr.* Borrar las culpas mediante el sacrificio. — Padecer el castigo correspondiente al delito cometido.

**expirar** *intr.* Morir, finalizar la

vida. — Acabarse un período de tiempo: ~ *el plazo.*

**explanada** *f.* Espacio de tierra llano o allanado.

**explayar** *tr. y prnl.* Ensanchar, extender. ▸ *prnl.* Expresarse con extensión excesiva. — Distraerse. — Desahogarse.

**explicar** *tr.* Exponer una materia de manera que sea más comprensible. — Dar a conocer la causa de una cosa. ▸ *tr. y prnl.* Declarar lo que uno piensa o siente. ▸ *prnl.* Llegar a comprender.

**explícito, ta** *adj.* Manifiesto, claramente expresado.

**explorar** *tr.* Recorrer un lugar, país, etc., para conocerlo. — MED. Examinar detenidamente el médico al paciente.

**explosión** *f.* Acción de reventar un cuerpo violenta y ruidosamente.

**explosivo, va** *adj./m.* Que hace o puede hacer explosión.

**explotar** *tr.* Sacar provecho de algo. — Hacer alguien trabajar para su provecho a otro, con abuso. ▸ *intr.* Hacer explosión.

**expoliar** *tr.* Despojar con violencia o sin derecho.

**exponente** *adj./m. y f.* Que expone. ▸ *m.* Persona o cosa representativa de lo más característico en un género. — MAT. Signo o cifra que indica la potencia a la que se eleva una cantidad.

**exponer** *tr.* Presentar una cosa para que sea vista. — Someter a la acción de un agente: ~ *la piel al sol.* — Decir o escribir algo. ▸ *tr. y prnl.* Arriesgar.

**exportar** *tr.* Enviar o vender al extranjero productos nacionales.

**exposición** *f.* Acción y efecto de exponer o exponerse.

**expósito, ta** *adj./m. y f.* Se dice del recién nacido que ha sido abandonado o dejado en un establecimiento benéfico.

**exprés** *adj.* Rápido.

**expresar** *tr. y prnl.* Manifestar lo que uno piensa o siente.

**expresión** *f.* Acción y efecto de expresar. — Palabra o conjunto de palabras. — Gesto o aspecto del rostro que muestra un sentimiento. — Combinación de términos que representa una cantidad o magnitud.

**expresionismo** *m.* Tendencia artística europea del s. XX, caracterizada por la intensidad expresiva de sus creaciones.

**expresivo, va** *adj.* Que expresa con gran viveza una emoción, un sentimiento, etc.

**expreso, sa** *adj.* Explícito, patente. ▸ *adj./m.* Se dice del tren rápido de viajeros. ▸ *m.* Correo extraordinario. ▸ *adv.* Adrede.

**exprimir** *tr.* Extraer el zumo o líquido de una cosa apretándola o retorciéndola.

**expropiar** *tr.* Desposeer a alguien de su propiedad, a cambio de una indemnización.

**expuesto, ta** *adj.* Peligroso.

**expugnar** *tr.* Tomar por las armas una fortaleza, ciudad, etc.

**expulsar** *tr.* Echar fuera.

**expurgar** *tr.* Limpiar, purificar. — Suprimir una autoridad párrafos de un libro, escrito, etc.

**exquisito, ta** *adj.* De extraordinaria calidad, primor o gusto.

**extasiar** *tr. y prnl.* Embelesar.

**éxtasis** *m.* Estado del alma embargada por un intenso sentimiento de gozo, alegría o admiración. — Unión mística con Dios. — Droga química que tiene efectos alucinógenos.

**extender** *tr. y prnl.* Hacer que una cosa ocupe más espacio. — Esparcir, desperdigar. ▸ *tr.* Poner por escrito un documento. ▸ *prnl.* Ocupar cierto espacio o tiempo. — Hacer una explicación larga y detallada.

**extensible** *adj.* Que se puede extender. ▸ *f.* Méx. Pulsera de reloj.

**extensión** *f.* Acción y efecto de extender o extenderse. — Dimensión, superficie. — Duración en el tiempo. — Argent. y Méx. Cable que se le añade a un aparato eléctrico para que pueda enchufarse desde más lejos.

**extenso, sa** *adj.* De mucha extensión.

**extensor, ra** *adj./m.* Se dice de los músculos que facilitan el estiramiento de pies y manos.

**extenuar** *tr. y prnl.* Debilitar o cansar en extremo.

**exterior** *adj.* Que está en la parte de fuera. — Relativo a otros países. ▸ *m.* Superficie externa.

**exteriorizar** *tr. y prnl.* Revelar o mostrar algo al exterior.

**exterminar** *tr.* Acabar del todo con una cosa. — Desolar, devastar.

**externo, na** *adj.* Que está, se manifiesta o actúa por fuera.

**extinguir** *tr. y prnl.* Hacer que cese el fuego o la luz. — Hacer que desaparezca poco a poco una cosa.

**extirpar** *tr.* Seccionar un órgano en una operación quirúrgica. — Eliminar algo perjudicial.

**extorsión** *f.* Molestia, perjuicio. — Delito por el que se obtiene algo de alguien mediante la violencia y la intimidación.

**extra** *adj.* Extraordinario. ▸ *adj./ m.* Que se hace o da por añadidura: *horas extras.* ▸ *m. y f.* Persona que participa en una película sin un papel determinado.

**extracto** *m.* Resumen de un escrito, en sus puntos esenciales. — Sustancia extraída de otra por evaporación o cocción.

**extradición** *f.* Acto por el que un estado entrega un reo refugiado en su país a las autoridades de otro que lo reclama.

**extraer** *tr.* Sacar. — Obtener la sustancia de algunos frutos u otros cuerpos. — MAT. Calcular la raíz de un número.

**extralimitarse** *prnl.* Excederse en sus facultades o poderes.

**extramuros** *adv.* Fuera del recinto de una población.

**extranjero, ra** *adj./m. y f.* Que procede o es de otro país. ▸ *m.* Lugar fuera del propio país.

**extrañar** *tr. y prnl.* Causar extrañeza. ▸ *tr.* Echar de menos.

**extraño, ña** *adj./m. y f.* De otra nación, familia, condición, etc. ▸ *adj.* Raro, singular. — Desconocido, ajeno.

**extraordinario, ria** *adj.* Fuera de lo natural o común. — Mayor o mejor que lo ordinario.

**extrapolar** *intr.* Deducir a partir de datos parciales. — Sacar de su contexto un dato, frase, etc.

**extrarradio** *m.* Zona que rodea el casco urbano.

**extraterrestre** *adj.* Que está fuera del globo terráqueo. ▸ *m. y f.* Habitante de otro planeta.

**extravagante** *adj./m. y f.* Fuera de lo común, raro.

**extravertido, da** *adj./m. y f.* Volcado hacia el mundo exterior.

**extraviar** *tr. y prnl.* Hacer perder el camino. — Perder alguien una cosa. ▸ *tr.* No fijar la vista.

**extremado, da** *adj.* Sumamente bueno o malo en su género.

**extremar** *tr.* Llevar una cosa al extremo.

**extremaunción** *f.* En la Iglesia católica, sacramento que administra el sacerdote a los enfermos moribundos.

**extremeño, ña** *adj./m. y f.* De Extremadura (España).

**extremidad** *f.* Parte extrema o última. ▸ *pl.* Cabeza, pies, manos y cola de los animales. — Brazos, piernas o patas.

**extremo, ma** *adj.* Muy distante en el espacio o tiempo. — Extremado. ▸ *m.* Parte que está al principio o al final de una cosa. — Grado máximo al que puede llegar algo.

**extrínseco, ca** *adj.* Impropio de una cosa o exterior a ella.

**extrovertido, da** *adj./m. y f.* Extravertido.

**exuberancia** *f.* Abundancia excesiva.

**exudar** *tr. e intr.* Dejar salir un cuerpo o un recipiente el líquido que contiene.

**exultar** *intr.* Mostrar gran alegría.

**eyacular** *tr.* Lanzar con fuerza el contenido de un órgano.

**f** *f.* Séptima letra del abecedario.
**fa** *m.* Cuarta nota de la escala musical.
**fabada** *f.* Potaje de judías y embutidos.
**fábrica** *f.* Edificio donde se fabrican determinados productos.
**fabricar** *tr.* Hacer un producto industrial por medios mecánicos. — Construir, elaborar.
**fábula** *f.* Narración corta de la que se extrae una moraleja. — Relato inventado, ficción.
**fabuloso, sa** *adj.* Inventado, imaginario. — Fantástico.
**faca** *f.* Cuchillo corvo. — Cuchillo grande y con punta.
**facción** *f.* Grupo de gente que se rebela. — Línea o forma del rostro humano.
**faccioso, sa** *adj./m. y f.* Que pertenece a una facción, rebelde.
**faceta** *f.* Lado o cara de un poliedro. — Aspecto.
**faceto, ta** *adj.* Méx. Chistoso sin gracia. — Méx. Presuntuoso.
**facha** *f.* Traza, figura, aspecto.
▶ *adj./m. y f.* Fascista.

**fachada** *f.* Parte exterior de un edificio. — Aspecto exterior.
**fachinal** *m.* Argent. Lugar que se inunda con frecuencia, cubierto de vegetación.
**fachoso, sa** *adj.* Chile, Ecuad. y Méx. Presuntuoso. — Méx. Que viste de forma inadecuada.
**facial** *adj.* Relativo al rostro.
**fácil** *adj.* Que no supone gran esfuerzo. — Muy probable. — Dócil, obediente.
**facilidad** *f.* Cualidad de fácil. — Disposición para hacer una cosa sin gran trabajo.
**facineroso, sa** *adj./m. y f.* Delincuente habitual. — Malvado.
**facón** *m.* Argent., Bol. y Urug. Cuchillo grande y puntiagudo usado por el paisano.
**facsímil** *m.* Reproducción exacta de una firma, un escrito, una pintura, etc.
**factible** *adj.* Que se puede hacer.
**factor** *m.* Cosa que contribuye a causar un efecto. — MAT. Cada uno de los números que figuran en un producto.

**factoría** *f.* Fábrica.

**factorial** *f.* MAT. Producto de todos los términos de una progresión aritmética.

**factura** *f.* Manera de estar hecha una cosa. — Cuenta detallada. — Argent. Toda clase de panecillos dulces que suelen fabricarse y venderse en las panaderías.

**facturar** *tr.* Extender la factura de una cosa. — Registrar en las estaciones, puertos, etc., mercancías o equipajes para que sean expedidos.

**facultad** *f.* Aptitud o capacidad física o moral. — Poder, derecho para hacer una cosa. — Centro universitario que coordina las enseñanzas de una determinada rama del saber.

**facultativo, va** *adj.* Perteneciente a una facultad. — Voluntario. ▸ *m. y f.* Médico.

**fado** *m.* Canción popular portuguesa.

**faena** *f.* Trabajo corporal o mental. — Fam. Mala pasada. — Chile. Cuadrilla de obreros.

**fagocito** *m.* Célula del organismo capaz de englobar a cuerpos extraños para digerirlos.

**fagot** *m.* Instrumento musical de viento de la familia de los oboes.

**faisán** *m.* Ave de cola larga y brillante plumaje.

**faja** *f.* Tira de cualquier materia que rodea una persona o una cosa ciñéndola.

**fajina** *f.* Conjunto de haces de mies en las eras. — Méx. En el trabajo del campo, comida que se hace al mediodía.

**fajo** *m.* Haz, paquete.

**falacia** *f.* Engaño, fraude.

**falange** *f.* Cada uno de los huesos de los dedos.

**falaz** *adj.* Embustero, falso. — Que atrae con falsas apariencias.

**falca** *f.* Colomb. Cerco que se pone como suplemento a las pailas. — Méx. y Venez. Especie de canoa grande con techo.

**falda** *f.* Prenda de vestir, especialmente femenina, que cae de la cintura hacia abajo. — Parte baja de las vertientes montañosas.

**faldeo** *m.* Argent., Chile y Cuba. Falda de un monte.

**faldón** *m.* En prendas de vestir, parte que cae suelta desde la cintura. — Vertiente triangular de un tejado.

**faldriquera** *f.* Faltriquera.

**falencia** *f.* Argent. Quiebra de un comerciante. — Argent. Carencia, defecto.

**falible** *adj.* Que puede faltar o fallar.

**falla** *f.* Defecto material. — Fractura de las capas geológicas, acompañada de un desplazamiento de los bloques. — Amér. Fallo, deficiencia.

**fallar** *tr. e intr.* Decidir un jurado o un tribunal. — Tener un fallo, equivocarse. ▸ *intr.* Frustrarse o salir mal una cosa. — Decepcionar.

**fallecer** *intr.* Morir, expirar.

**fallido, da** *adj.* Frustrado.

**fallo** *m.* Sentencia del jurado o tribunal. — Falta, error.

**falluto, ta** *adj.* Argent. y Urug. Vulg. Hipócrita.

**falo** *m.* Miembro viril.

**falsear** *tr.* Adulterar o corromper una cosa.

**falsedad** *f.* Cualidad de falso. — Dicho o hecho falso.

**falsete** *m.* Voz artificial, más aguda que la natural.

**falsificar** *tr.* Fabricar una cosa falsa. — Falsear.

**falso, sa** *adj.* Que no es verdadero o auténtico. — Hipócrita.

**falta** *f.* Carencia de una cosa. — Ausencia de una persona. — Incumplimiento de un deber. — DEP. Infracción del reglamento.

**faltar** *intr.* No estar una persona o cosa donde debiera. — Tener que transcurrir cierto tiempo para llegar a cierto estado o situación. — No haber una cosa o ser insuficiente. — Quedar todavía una cosa por hacer o suceder. — Ofender.

**falto, ta** *adj.* Defectuoso o necesitado de alguna cosa.

**faltriquera** *f.* Bolsa que se lleva atada a la cintura por debajo de la ropa. — Bolsillo de las prendas de vestir.

**fama** *f.* Circunstancia de ser muy conocido. — Opinión sobre alguien o algo.

**famélico, ca** *adj.* Que tiene mucha hambre.

**familia** *f.* Grupo de personas que tienen lazos de parentesco. — Prole. — BIOL. Unidad sistemática de clasificación que comprende varios géneros y es inferior al orden.

**familiar** *adj.* Relativo a la familia. — Sencillo, sin ceremonia. — Se dice del lenguaje coloquial. — Conocido: *su cara me es ~.* ▸ *adj./m.* Pariente.

**famoso, sa** *adj./m. y f.* Que tiene fama.

**fan** *m. y f.* Admirador.

**fanático, ca** *adj./m. y f.* Que defiende con excesivo celo y apasionamiento una creencia, una causa, etc.

**fandango** *m.* Baile popular español y música con que se acompaña.

**fanega** *f.* Medida de capacidad para áridos. — Medida agraria de superficie.

**fanerógamo, ma** *adj./f.* BOT. Relativo a un grupo de plantas que se reproducen por flores y semillas.

**fanfarrón, na** *adj./m. y f.* Que presume de lo que no es.

**fango** *m.* Lodo blando y viscoso.

**fantasía** *f.* Facultad de la mente para imaginar o inventar cosas que no existen. — Producto de la imaginación.

**fantasma** *m.* Aparición de algo imaginado o de un ser inmaterial, como el espectro de un difunto. — Fam. Persona presuntuosa.

**fantasmagoría** *f.* Alucinación.

**fantástico, ca** *adj.* Que es producto de la fantasía. — Estupendo.

**fantoche** *m.* Títere. — Persona de figura ridícula o grotesca.

**fañoso, sa** *adj.* Antill., Méx. y Venez. Gangoso.

**faquir** *m.* Religioso oriental que realiza actos de mortificación. — Artista de circo que hace actos semejantes.

**faradio** o **farad** *m.* Unidad de medida de capacidad eléctrica.

**farallón** *m.* Roca alta y en pico que sobresale en el mar.

**farándula** *f.* Arte, trabajo y profesión de los cómicos.

**faraón** *m.* Soberano del antiguo Egipto.

**fardar** *intr.* Fam. Esp. Alardear, ostentar: ~ *de moto.*

**fardo** *m.* Paquete grande y apretado.

**farfolla** *f.* Envoltura de las panochas del maíz, mijo y panizo.

**farfullar** *tr.* Fam. Hablar deprisa y atropelladamente.

**faringe** *f.* Conducto que comunica la boca con el esófago.

**faringitis** *f.* Inflamación de la faringe.

**fariña** *f.* Argent., Bol., Colomb., Perú y Urug. Harina gruesa de mandioca.

**fariseo, a** *m.* Miembro de una antigua secta judía que afectaba rigor y austeridad. ▸ *m. y f.* Persona hipócrita.

**farmacia** *f.* Ciencia que tiene por objeto la preparación de medicamentos. — Local donde se venden los medicamentos.

**fármaco** *m.* Medicamento.

**farmacopea** *f.* Relación de indicaciones relativas a los medicamentos más comunes.

**faro** *m.* Torre con un potente foco luminoso para guiar de noche a los navegantes. — Proyector de luz que llevan en la parte delantera los vehículos.

**farol** *m.* Caja transparente dentro de la cual va una luz. — Envite falso hecho para deslumbrar o desorientar.

**farolazo** *m.* Amér. Central y Méx. Trago de licor.

**farra** *f.* Juerga, jarana.

**farragoso, sa** *adj.* Desordenado y confuso.

**farruco, ca** *adj.* Esp. Fam. Que se muestra valiente y desafiante.

**farruto, ta** *adj.* Bol. y Chile. Enfermizo.

**farsa** *f.* Pieza teatral breve, cómica o satírica. — Enredo para aparentar o engañar.

**fascículo** *m.* Cada uno de los cuadernos en que se suele dividir un libro que se publica por partes.

**fascinar** *tr.* Atraer irresistiblemente.

**fascismo** *m.* Régimen basado en la dictadura de un partido único y en la exaltación nacionalista.

**fase** *f.* Cada uno de los cambios sucesivos de un fenómeno en evolución. — ASTRON. Cada uno de los aspectos que presentan la Luna y otros planetas según los ilumina el Sol.

**fastidio** *m.* Disgusto, molestia. — Aburrimiento.

**fasto, ta** *adj.* Memorable, venturoso. ▶ *m.* Fausto, lujo.

**fastuoso, sa** *adj.* Ostentoso, amigo del lujo.

**fatal** *adj.* Inevitable: *destino* ~. — Desgraciado, funesto. ▶ *adv.* Muy mal.

**fatídico, ca** *adj.* Que anuncia desgracias o las trae.

**fatiga** *f.* Agotamiento, cansancio. — Dificultad al respirar.

**fatuo, tua** *adj./m. y f.* Presuntuoso.

**fauces** *f. pl.* Parte posterior de la boca de los mamíferos.

**fauna** *f.* Conjunto de los animales de un país o región.

**fausto, ta** *adj.* Feliz, afortunado. ▶ *m.* Suntuosidad, lujo.

**favela** *f.* Vivienda de los suburbios de Brasil.

**favor** *m.* Ayuda, servicio o protección gratuita. — Apoyo.

**favorable** *adj.* Que beneficia.

**favorecer** *tr.* Ayudar, beneficiar. ▶ *tr. e intr.* Sentar bien.

**favorito, ta** *adj.* Que se estima o aprecia con preferencia. ▶ *adj./m. y f.* Que es considerado el mejor o el que tiene más posibilidades de ganar una competición.

**fax** *m.* Telefax.

**faz** *f.* Rostro o cara. — Anverso.

**fe** *f.* Creencia no basada en argu-

mentos racionales. — Confianza. — Conjunto de creencias religiosas. — Dar fe, asegurar, acreditar.

**fealdad** *f.* Cualidad de feo.

**febrero** *m.* Segundo mes del año.

**febril** *adj.* Relativo a la fiebre. — Muy intenso: *actividad* ~.

**fecal** *adj.* Relativo a los excrementos.

**fecha** *f.* Indicación del tiempo en que se hace u ocurre algo. — Tiempo o momento en que se hace u ocurre una cosa.

**fechoría** *f.* Acción mala.

**fécula** *f.* Sustancia compuesta de granos de almidón, abundante en determinados tubérculos.

**fecundar** *tr.* Hacer productiva una cosa. — Unirse el elemento reproductor masculino al femenino para dar origen a un nuevo ser.

**fecundo, da** *adj.* Que produce o se reproduce. — Que da muchos frutos.

**federación** *f.* Agrupación de estados autónomos bajo una autoridad central. — Agrupación orgánica de colectividades humanas.

**federalismo** *m.* Sistema político en el que varios estados independientes comparten soberanía con una autoridad superior.

**féferes** *m. pl.* Colomb., C. Rica, Ecuad., Méx. y R. Dom. Bártulos, trastos.

**fehaciente** *adj.* Que da fe o atestigua como cierto.

**feldespato** *m.* Mineral compuesto de silicatos de aluminio.

**felicidad** *f.* Estado de ánimo de la persona que se encuentra plenamente satisfecha.

**felicitar** *tr. y prnl.* Expresar buenos deseos, congratular. — Expresar el deseo de que una persona sea feliz.

**félido, da** *adj./m.* Relativo a una familia de mamíferos carnívoros con garras retráctiles, como el gato.

**feligrés, sa** *m. y f.* Miembro de una parroquia.

**felino, na** *adj.* Relativo al gato. ▸ *adj./m.* Félido.

**feliz** *adj.* Que tiene u ocasiona felicidad. — Oportuno.

**felonía** *f.* Deslealtad, traición.

**felpa** *f.* Tela aterciopelada de algodón, seda, lana, etc.

**felpear** *tr.* Argent. y Urug. Reprender ásperamente.

**felpudo** *m.* Alfombra colocada a la entrada de las casas.

**femenino, na** *adj.* Propio de la mujer. — Se dice del ser dotado de órganos para ser fecundado. ▸ *adj./m.* LING. Que tiene la forma gramatical atribuida a los nombres que designan, en principio, seres del sexo femenino.

**feminismo** *m.* Doctrina y movimiento que defiende la igualdad social, laboral, etc., entre el hombre y la mujer.

**femoral** *adj.* Relativo al fémur.

**fémur** *m.* Hueso del muslo.

**fenecer** *intr.* Morir, fallecer.

**fenicio, cia** *adj./m. y f.* De Fenicia.

**fénix** *m.* Ave mitológica que renacía de sus cenizas.

**fenol** *m.* QUÍM. Derivado oxigenado del benceno.

**fenómeno** *m.* Manifestación material o espiritual. — Cosa o persona extraordinaria o sorprendente.

**fenomenología** *f.* Estudio filosófico de los fenómenos.

**fenotipo** *m.* BIOL. Conjunto de caracteres que se manifiestan visiblemente en un individuo.

**feo, a** *adj.* Que carece de belleza. ▸ *m.* Desprecio, desaire.

**féretro** *m.* Ataúd.

**feria** *f.* Mercado o exposición que se celebra en lugar y fecha determinados. — Fiesta con espectáculos y diversiones. — Méx. Dinero menudo, cambio.

**fermentación** *m.* Degradación de sustancias orgánicas por la acción de microorganismos.

**fermento** *m.* Sustancia que provoca la fermentación.

**feroz** *adj.* Fiero, cruel.

**férreo, a** *adj.* De hierro. — Duro, tenaz. — Del ferrocarril.

**ferretería** *f.* Tienda donde se venden herramientas, clavos, etc.

**ferrocarril** *m.* Tren. — Conjunto de instalaciones, equipos y empleados que hacen funcionar este transporte.

**ferrocarrilero, ra** *adj.* Amér. Ferroviario.

**ferroso, sa** *adj.* Se dice del compuesto de hierro divalente.

**ferroviario, ria** *adj.* Relativo al ferrocarril. ▶ *m. y f.* Empleado del ferrocarril.

**ferruginoso, sa** *adj.* Que contiene hierro.

**fértil** *adj.* Que produce mucho. — BIOL. Se dice del ser vivo que puede reproducirse.

**fertilizar** *tr.* Hacer fértil la tierra.

**fervor** *m.* Sentimiento religioso intenso. — Entusiasmo, devoción.

**festejar** *tr.* Celebrar fiestas. — Cortejar a una mujer. ▶ *intr.* Tener un noviazgo.

**festejo** *m.* Acción y efecto de festejar.

**festín** *m.* Banquete espléndido.

**festival** *m.* Gran fiesta con actuaciones, especialmente de tipo musical.

**festividad** *f.* Fiesta con que se celebra algo. — Día de fiesta.

**festón** *m.* Bordado en forma de ondas o puntas, que adorna el borde de una cosa.

**feta** *f.* Argent. Lonja de fiambre.

**fetiche** *m.* Ídolo u objeto de veneración.

**fetichismo** *m.* Culto a los fetiches.

**fétido, da** *adj.* Que huele muy mal.

**feto** *m.* Embrión de los mamíferos desde que adquiere la forma característica de su especie.

**feudalismo** *m.* Sistema socioeconómico y político de la Edad Media.

**feudo** *m.* Tierra u otro bien entregado por el rey o un señor a su vasallo a cambio de servicios y obligaciones.

**fez** *m.* Gorro de fieltro rojo usado por turcos y moros.

**fiaca** *f.* Argent., Chile, Méx. y Urug. Fam. Pereza.

**fiador, ra** *m. y f.* Persona que responde de la deuda de otra. ▶ *m.* Chile y Ecuad. Cinta que sujeta el sombrero por debajo de la barba.

**fiambre** *m.* Alimento cocinado y preparado para comerse frío. — Fam. Cadáver.

**fiambrera** *f.* Recipiente con tapa ajustada para llevar comida. — Argent. y Urug. Fresquera.

**fiambrería** *f.* Argent., Chile y Urug. Tienda en la que se venden o preparan fiambres.

**fianza** *f.* Dinero u objeto de valor que se da para asegurar el cumplimiento de un pago. — Obligación de hacer lo que corresponde a otra persona en caso de que esta no lo cumpla.

**fiar** *tr.* Vender una cosa sin exigir un pago al contado. — Garantizar una persona que otra cumplirá la obligación que ha contraído. — Confiar. ▶ *prnl.* Tener confianza en una persona o cosa.

**fibra** *f.* Filamento que constituye determinados tejidos orgánicos o determinadas sustancias minerales. — Filamento artificial usado en la industria textil.

**ficción** *f.* Cosa, hecho o suceso inventado. — Clase de obras literarias que narran historias inventadas.

**ficha** *f.* Pequeña pieza de plástico, metal, etc., a la que se asigna un uso o valor convencional. — Cada una de las piezas que se mueven en ciertos juegos de mesa. — Hoja de papel o cartulina para anotar datos.

**fichar** *tr.* Rellenar una ficha con datos y clasificarla donde corresponda. — DEP. Contratar a un jugador o entrenador. ▶ *intr.* Marcar en una ficha los horarios de trabajo.

**fichero** *m.* Conjunto de fichas ordenadas. — Caja o mueble para fichas. — INFORM. Conjunto de datos agrupados en una unidad independiente de tratamiento de la información.

**ficticio, cia** *adj.* Falso.

**fidedigno, na** *adj.* Digno de fe o confianza.

**fideicomiso** *m.* DER. Disposición por la que el testador deja su herencia a una persona para que haga con ella lo que se le señala.

**fidelidad** *f.* Cualidad de fiel. — *Alta fidelidad,* sistema de reproducción del sonido con una gran calidad.

**fideo** *m.* Pasta de harina de trigo, en forma de hilo.

**fiduciario, ria** *adj.* Se dice de los valores ficticios, basados en el crédito o confianza: *moneda* ~.

**fiebre** *f.* Elevación patológica de la temperatura normal del cuerpo. — Gran agitación.

**fiel** *adj.* Se dice de la persona que corresponde a lo que exige de ella el amor, la amistad, el deber, etc. — Exacto. ▶ *adj./m. y f.* Creyente de una religión. ▶ m. Aguja de la balanza.

**fieltro** *m.* Especie de paño que no va tejido, sino prensado.

**fiera** *f.* Animal salvaje, cruel y carnicero.

**fiero, ra** *adj.* Relativo a las fieras. — Cruel, violento.

**fierro** *m.* Amér. Hierro.

**fiesta** *f.* Reunión social para divertirse o celebrar algún acontecimiento. — Día no laborable.

**figura** *f.* Forma exterior. — Persona de renombre. — Cosa que representa otra. — MAT. Espacio cerrado por líneas o superficies. — MÚS. Representación de una nota, que indica su duración.

**figurado, da** *adj.* Que se aparta de su sentido literal.

**figurar** *tr.* Aparentar. ▶ *intr.* Estar entre determinadas personas o cosas. ▶ *prnl.* Imaginarse.

**figurativo, va** *adj.* Que es o sirve de representación de una cosa. — Se dice del arte que representa cosas de la realidad.

**fijación** *f.* Acción y efecto de fijar. — Obsesión, manía.

**fijador** *m.* Producto que sirve para fijar los cabellos.

**fijar** *tr.* Poner fijo. — Determinar, establecer. — Centrar la atención, la mirada. ▸ *prnl.* Darse cuenta.

**fijo, ja** *adj.* Sujeto a algo, inmóvil. — No sujeto a cambios.

**fila** *f.* Serie de personas o cosas puestas en línea.

**filamento** *m.* Cuerpo filiforme.

**filantropía** *f.* Amor al género humano.

**filarmonía** *f.* Afición a la música.

**filatelia** *f.* Estudio de los sellos y afición a coleccionarlos.

**filete** *m.* Lonja de carne o de pescado. — Línea fina de adorno.

**filiación** *f.* Conjunto de datos personales. — Procedencia.

**filial** *adj.* Relativo al hijo. ▸ *adj./f.* Se dice del establecimiento, organismo, etc., que depende de otro principal. ▸ *adj./m.* Se dice del equipo que pertenece al mismo club que otro de categoría superior.

**filiforme** *adj.* Que tiene forma de hilo.

**filigrana** *f.* Obra de orfebrería hecha con hilos de plata u oro. — Obra de gran habilidad y finura.

**filípica** *f.* Crítica, represión severa.

**filisteo, a** *adj./m. y f.* De un antiguo pueblo enemigo de los israelitas.

**filme** o **film** *m.* Película cinematográfica.

**filmografía** *f.* Conjunto de fil-

mes de un género, un director, etc.

**filmoteca** *f.* Lugar donde se guardan filmes.

**filo** *m.* Lado afilado de un instrumento cortante.

**filogenia** *f.* Estudio de la formación y encadenamiento de líneas evolutivas animales o vegetales.

**filología** *f.* Estudio de una lengua y de los documentos escritos que la dan a conocer.

**filón** *m.* Fisura del terreno llena de roca eruptiva o mineral. — Persona o cosa de las que se puede obtener gran provecho.

**filoso, sa** *adj.* Amér. Que tiene filo. — Méx. Se dice de la persona dispuesta o bien preparada para hacer algo.

**filosofía** *f.* Conjunto de reflexiones sobre los principios del conocimiento, pensamiento y acción humanos. — Forma de pensar o de entender la vida.

**filoxera** *f.* Insecto que ataca la vid. — Enfermedad de la vid causada por este insecto.

**filtrar** *tr.* Hacer pasar por un filtro. ▸ *tr., intr. y prnl.* Dejar un cuerpo sólido pasar un fluido a través de sus poros o resquicios. ▸ *tr.* Pasar de forma oculta una noticia.

**filtro** *m.* Cuerpo poroso a través del cual se hace pasar un fluido para depurarlo. — Pantalla o cristal que refleja ciertos rayos de luz y deja pasar otros.

— Procedimiento para seleccionar lo que se considera más importante. — Poción a la que se atribuyen poderes mágicos.

**fimosis** *f.* Estrechez del prepucio que impide descubrir el glande.

**fin** *m.* Hecho de terminarse una cosa. — Finalidad o motivo de algo. — **A fin de, para.** — **Al fin y al cabo,** se emplea para afirmar una cosa que está en oposición con algo dicho anteriormente.

**finado, da** *m. y f.* Difunto, persona muerta.

**final** *adj.* Que termina una cosa. ▸ *adj./f.* LING. Se dice de la oración subordinada que expresa finalidad. ▸ *m.* Fin, término. ▸ *f.* Última y decisiva competición de un campeonato o concurso.

**finalidad** *f.* Objetivo o utilidad de algo.

**finalista** *adj./m. y f.* Que llega a la prueba final.

**finalizar** *tr. e intr.* Terminar, acabar.

**financiar** *tr.* Dar dinero para fomentar un negocio o actividad.

**financista** *m. y f.* Amér. Persona que financia.

**finanzas** *f. pl.* Conjunto de actividades relacionadas con la inversión del dinero.

**finca** *f.* Propiedad inmueble.

**fincar** *intr.* Méx. Construir una casa.

**finés, sa** *adj./m. y f.* De Finlandia.

**fingir** *tr. y prnl.* Hacer creer con palabras, gestos o acciones algo que no es verdad.

**finiquitar** *tr.* Pagar por completo una cuenta. — Fam. Acabar.

**finisecular** *adj.* Relativo al fin de un siglo determinado.

**finito, ta** *adj.* Que tiene fin.

**finlandés, sa** *adj./m. y f.* De Finlandia.

**fino, na** *adj.* De poco grosor. — De buena calidad. — Suave, liso. — Educado, cortés. ▸ *m.* Vino blanco de Jerez.

**finta** *f.* Ademán o amago que se hace con intención de engañar.

**fiordo** *m.* Valle glaciar invadido por el mar.

**fique** *m.* Colomb., Méx. y Venez. Fibra de la pita.

**firma** *f.* Nombre de una persona, generalmente acompañado de una rúbrica. — Acción de firmar. — Empresa comercial.

**firmamento** *m.* Cielo.

**firme** *adj.* Que no se mueve ni vacila. — Constante, entero. ▸ *m.* Pavimento de una carretera, calle, etc. ▸ *adv.* Con firmeza.

**firmeza** *f.* Estabilidad, solidez. — Entereza, fuerza moral.

**firulete** *m.* Amér. Merid. Adorno superfluo y de mal gusto.

**fiscal** *adj.* Relativo al fisco o al oficio del fiscal. ▸ *m. y f.* Persona que representa el ministerio público en los tribunales. — Bol. y Chile. Seglar que cuida de una capilla rural.

**fiscalizar** *tr.* Sujetar a la inspección fiscal.

**fisco** *m.* Tesoro público.

**fisgar** *tr. e intr.* Procurar enterarse de cosas ajenas.

**fisgonear** *tr. e intr.* Fisgar.

**física** *f.* Ciencia que estudia las propiedades de la materia y las leyes que rigen los fenómenos naturales.

**físico, ca** *adj.* Relativo a la física. — Del cuerpo. — Cuba y Méx. Pedante. ▶ *m. y f.* Persona que se dedica a la física. ▶ *m.* Aspecto exterior de una persona.

**fisiología** *f.* Ciencia que estudia los órganos y sus funciones.

**fisión** *f.* FÍS. División del núcleo de un átomo pesado en dos o varios fragmentos.

**fisioterapia** *f.* Tratamiento de ciertas enfermedades y lesiones con masajes o ejercicios controlados.

**fisonomía** *f.* Aspecto del rostro de una persona.

**fístula** *f.* MED. Conducto anormal que comunica un órgano con el exterior o con otro órgano.

**fisura** *f.* Grieta, raja.

**fitófago, ga** *adj./m.* Que se alimenta de vegetales.

**fláccido, da** o **flácido, da** *adj.* Blando, flojo.

**flaco, ca** *adj.* De pocas carnes. — Endeble, sin fuerza.

**flagelar** *tr. y prnl.* Pegar golpes con un flagelo.

**flagelo** *m.* Azote. — BIOL. Filamento móvil de ciertos protozoos.

**flagrante** *adj.* Claro, evidente.

**flama** *f.* Llama. — Reflejo de una llama.

**flamante** *adj.* Brillante, resplandeciente. — Nuevo, reciente.

**flamboyán** *m.* Méx. Árbol de tronco ramificado y abundantes flores rojas.

**flamear** *intr.* Despedir llamas. — Ondear las velas o las banderas.

**flamenco, ca** *adj./m. y f.* De Flandes. ▶ *m.* Ave zancuda que tiene la cabeza, espalda y cola de color rosa. ▶ *m./adj.* Conjunto de cantes y bailes gitanos influidos por rasgos andaluces y orientales. — Lengua germánica hablada en zonas de Bélgica y Francia.

**flamígero, ra** *adj.* Que arroja llamas o imita su figura. — ARQ. Se dice del último período del estilo gótico.

**flan** *m.* Dulce de yemas de huevo, leche y azúcar batidos y cuajados en un molde.

**flanco** *m.* Costado, lado.

**flanquear** *tr.* Estar colocado o colocarse al flanco de una cosa.

**flaquear** *intr.* Debilitarse, ir perdiendo la fuerza.

**flaqueza** *f.* Acción reprensible cometida por debilidad.

**flash** o **flas** *m.* Aparato productor de intensos destellos luminosos para tomar fotografías. — Destello luminoso de este aparato. — Noticia breve y de última hora.

**flato** *m.* Acumulación de gases en el tubo digestivo.

# flauta

**flauta** *f.* Instrumento musical de viento en forma de tubo con orificios.

**flebitis** *f.* Inflamación de una vena.

**flecha** *f.* Arma arrojadiza consistente en una punta afilada triangular unida a una vara. — Signo que tiene esta forma.

**flechazo** *m.* Herida o disparo de flecha. — Enamoramiento súbito.

**fleco** *m.* Adorno formado por una serie de hilos o cordoncillos colgantes. — Cosa secundaria que está pendiente de resolución.

**flema** *f.* Mucosidad que se arroja por la boca. — Lentitud, calma.

**flemón** *m.* Inflamación de las encías.

**flequillo** *m.* Mechón de cabello sobre la frente.

**fletante** *m. y f.* Chile y Ecuad. Persona que da en alquiler una nave o una bestia para transportar personas o mercancías.

**fletar** *tr.* Contratar un vehículo para el transporte de personas o mercancías. — Argent., Chile y Urug. Despedir a alguien de un trabajo. — Chile y Perú. Soltar palabras inconvenientes. ► *prnl.* Cuba. Marcharse de pronto. — Méx. Encargarse a disgusto de un trabajo pesado.

**flete** *m.* Carga de un buque. — Argent. Vehículo que hace transporte de mercancías por alquiler. — Argent. y Urug. Caballo ligero.

**fletero, ra** *adj.* Amér. Se dice del vehículo que se alquila para transporte. ► *adj./m. y f.* Amér. Se dice del que tiene por oficio hacer transportes.

**flexible** *adj.* Que se dobla con facilidad. — Que se adapta fácilmente a las circunstancias.

**flexión** *f.* Acción y efecto de doblar o doblarse. — LING. Alteración de las voces conjugables y declinables con el cambio de desinencias.

**flexo** *m.* Lámpara de mesa con brazo flexible.

**flexor, ra** *adj./m.* Se dice del músculo que ejerce un movimiento de flexión.

**flirtear** *intr.* Coquetear.

**flojo, ja** *adj.* Poco apretado o tirante. — Falto de vigor. — Que no tiene mucha calidad. ► *adv.* De forma floja.

**flor** *f.* Órgano reproductor de las plantas, formado por hojas de vivos colores. — Piropo. — Flor y nata, lo mejor y más selecto.

**flora** *f.* Conjunto de las especies vegetales de una región.

**florecer** *intr.* Echar flor. — Prosperar. ► *prnl.* Ponerse mohoso.

**floresta** *f.* Bosque frondoso o lugar poblado de vegetación.

**florete** *m.* Espada delgada que se emplea en esgrima.

**floricultura** *f.* Cultivo de las flores.

**florido, da** *adj.* Que tiene flores.

**florín** *m.* Unidad monetaria de los Países Bajos (hasta 2002).

**floritura** *f.* MÚS. Adorno en el canto.

**flota** *f.* Conjunto de navíos. — Chile. Multitud. — Colomb. Autobús de servicio intermunicipal. — Colomb. Fanfarronada.

**flotar** *intr.* Sostenerse un cuerpo en la superficie de un líquido o en suspensión en un medio gaseoso.

**fluctuar** *intr.* Variar, oscilar.

**fluido, da** *adj.* Que se desarrolla sin interrupciones. ► *adj./m.* Se dice de los cuerpos que toman siempre la forma del recipiente que los contiene.

**fluir** *intr.* Correr un fluido. — Surgir de forma fácil y natural.

**flujo** *m.* Movimiento de las cosas fluidas. — Subida de la marea. — MED. Secreción externa, normal o patológica.

**flúor** *m.* Cuerpo simple gaseoso, amarillo verdoso, de efectos corrosivos y sofocantes.

**fluorescencia** *f.* FÍS. Propiedad de algunos cuerpos de emitir luz cuando reciben una radiación, que puede ser invisible.

**fluorita** *f.* Mineral compuesto de flúor y calcio.

**flus** *m.* Colomb. y Venez. Traje completo de hombre.

**fluvial** *adj.* Relativo a los ríos.

**fobia** *f.* Temor irracional a ciertas situaciones, personas, etc.

**foca** *f.* Mamífero de costumbres acuáticas, dotado de aletas.

**foco** *m.* Lámpara que emite una luz potente. — Punto central de donde proviene algo. — Punto de donde parten o donde se concentran radiaciones u ondas. — Amér. Bombilla. — Amér. Central y Amér. Merid. Faro o farola.

**fofo, fa** *adj.* Blando y de poca consistencia.

**fogata** *f.* Fuego que levanta llama.

**fogón** *m.* Sitio adecuado en las cocinas para hacer fuego y guisar. — Argent., Chile, C. Rica y Urug. Fogata.

**fogoso, sa** *adj.* Ardiente.

**folclor** o **folclore** *m.* Cultura popular.

**foliáceo, a** *adj.* Relativo o parecido a las hojas.

**foliación** *f.* Numeración de los folios de un manuscrito, libro, etc. — BOT. Acción y efecto de echar hojas las plantas.

**folículo** *m.* Fruto seco que se abre por una sola hendidura. — ANAT. Órgano pequeño en forma de saco.

**folio** *m.* Hoja de un libro o cuaderno.

**folíolo** o **foliolo** *m.* BOT. Cada división de una hoja compuesta.

**follaje** *m.* Conjunto de hojas de un árbol.

**follar** *tr. e intr.* Esp. Vulg. Practicar el coito.

**folletín** *m.* Trabajo literario publicado por entregas en un periódico. — Novela o filme de enredo, poco verosímil.

**folleto** *m.* Obra impresa de corta extensión. — Prospecto.

**follisca** *f.* Amér. Central, Antill., Colomb. y Venez. Riña.

**follón** *m.* Alboroto, jaleo.

**fomentar** *tr.* Aumentar la actividad o intensidad de algo.

**fonación** *f.* Emisión de la voz.

**fonda** *f.* Establecimiento donde se da hospedaje y se sirven comidas.

**fondear** *tr. e intr.* Asegurar una embarcación con anclas o pesos. ▸ *tr. y prnl.* Chile. Aislar, esconder.

**fondo** *m.* Parte inferior de una cosa hueca. — Parte opuesta a la entrada. — Suelo del mar, de un río, etc. — Parte esencial o constitutiva de algo. — Cuba. Caldera usada en los ingenios. — Méx. Saya blanca que las mujeres llevan debajo de las enaguas. ▸ *pl.* Dinero disponible.

**fonema** *m.* LING. Cada una de las unidades fonológicas mínimas que pueden oponerse a otras en contraste significativo.

**fonendoscopio** *m.* Instrumento médico empleado para auscultar.

**fonética** *f.* LING. Estudio de los sonidos del lenguaje desde el punto de vista de su articulación o de su recepción auditiva.

**foniatría** *f.* Estudio de los trastornos de la fonación.

**fónico, ca** *adj.* Relativo a los sonidos o a la voz.

**fonología** *f.* Ciencia lingüística que estudia los fonemas.

**fonoteca** *f.* Lugar donde se conservan documentos sonoros.

**fontana** *f.* Fuente.

**fontanero, ra** *m. y f.* Persona que tiene por oficio instalar y reparar cañerías.

**forajido, da** *adj./m. y f.* Malhechor que huye de la justicia.

**foral** *adj.* Relativo al fuero.

**foráneo, a** *adj.* Forastero.

**forastero, ra** *adj./m. y f.* De otro país o lugar.

**forcejear** *intr.* Hacer fuerza para vencer una resistencia.

**fórceps** *m.* Instrumento de cirugía para partos difíciles.

**forense** *adj./m. y f.* Se dice del médico que asiste al juez en asuntos legales.

**forestal** *adj.* Relativo a los bosques.

**forestar** *tr.* Poblar un terreno con plantas forestales.

**forjar** *tr.* Dar forma al metal. — Inventar, imaginar.

**forma** *f.* Figura y aspecto exterior de la materia. — Manera de hacer o proceder. — Condición física. ▸ *pl.* Modales.

**formación** *f.* Acción y efecto de formar o formarse. — Conjunto ordenado de personas o cosas.

**formal** *adj.* Relativo a la forma. — Que tiene formalidad.

**formalidad** *f.* Seriedad, responsabilidad. — Requisito indispensable para alguna cosa.

**formalismo** *m.* Aplicación y observancia rigurosa en las formas o normas puramente externas.

**formalizar** *tr.* Dar a una cosa carácter legal. — Concretar.

**formar** *tr.* Dar forma a algo. ▸ *tr. y prnl.* Crear. — Adiestrar, educar. — Disponer las tropas en orden.

**formato** *m.* Tamaño y forma de un libro, fotografía, etc. — Anchura de una película. — INFORM. Disposición para formalizar los datos de un documento.

**fórmico, ca** *adj.* QUÍM. Se dice del ácido orgánico que se encuentra en ortigas, hormigas, orugas, etc.

**formidable** *adj.* Magnífico, fabuloso.

**formol** *m.* Solución acuosa de aldehído fórmico, utilizada como antiséptico.

**fórmula** *f.* Forma establecida para expresar o realizar alguna cosa. — Conjunto de símbolos y de números que expresan una ley física o matemática, o la composición de una combinación química.

**formular** *tr.* Expresar algo con una fórmula. — Recetar.

**formulario** *m.* Impreso en el que se formulan las preguntas que los interesados han de responder. — Libro de fórmulas.

**fornicar** *intr.* Practicar el coito fuera del matrimonio.

**fornido, da** *adj.* Robusto.

**foro** *m.* Plaza de las antiguas ciudades romanas donde se trataban los asuntos públicos. — Coloquio, debate. — Fondo del escenario.

**forofo, fa** *adj./m. y f.* Seguidor apasionado.

**forraje** *m.* Pasto para alimentar los animales.

**forro** *m.* Material con que se reviste una cosa.

**fortalecer** *tr. y prnl.* Dar fuerza material o moral.

**fortaleza** *f.* Fuerza. — Capacidad para soportar las adversidades. — Recinto fortificado.

**fortificar** *tr.* Fortalecer. ▸ *tr. y prnl.* Proteger con obras de defensa.

**fortín** *m.* Fuerte pequeño.

**fortuito, ta** *adj.* Que sucede o se da por casualidad.

**fortuna** *f.* Causa indeterminable a la que se atribuyen los sucesos. — Suerte favorable. — Conjunto de propiedades: bienes, dinero, etc.

**forúnculo** *m.* Tumor inflamatorio en la dermis.

**forzar** *tr.* Hacer que algo ceda mediante la fuerza o la violencia. ▸ *tr. y prnl.* Obligar a que se realice una cosa.

**fosa** *f.* Hoyo en la tierra hecho como sepultura. — ANAT. Nombre dado a algunas estructuras óseas del organismo. — GEOL. Depresión alargada del fondo de los océanos.

**fosfato** *m.* QUÍM. Sal del ácido fosfórico, que se emplea como fertilizante.

**fosforescencia** *f.* FÍS. Propiedad de ciertos cuerpos de desprender luz.

**fosfórico, ca** *adj.* QUÍM. Que contiene fósforo.

**fósforo** *m.* Cuerpo simple, muy inflamable y luminoso en la oscuridad. — Cerilla.

**fósil** *adj./m.* Se dice del resto orgánico que se ha conservado petrificado en los sedimentos geológicos.

**foso** *m.* Hoyo profundo. — Espacio situado debajo del escenario de un teatro. — Excavación que rodea un castillo o fortaleza.

**foto** *f.* Fam. Apóc. de fotografía.

**fotocopia** *f.* Reproducción fotográfica sobre papel de un documento.

**fotogénico, ca** *adj.* Apto para la reproducción fotográfica. — Que sale favorecido en las fotografías.

**fotografía** *f.* Técnica de fijar, mediante la luz, la imagen de los objetos sobre una superficie sensible. — Imagen así obtenida.

**fotómetro** *m.* Instrumento que mide la intensidad de la luz.

**fotón** *m.* FÍS. Partícula mínima de energía luminosa.

**fotosfera** *f.* ASTRON. Superficie luminosa que delimita el contorno aparente del Sol y de las estrellas.

**fotosíntesis** *f.* Síntesis de una sustancia orgánica realizada por las plantas mediante la energía luminosa.

**fototropismo** *m.* Orientación de una planta hacia la luz.

**frac** *m.* Chaqueta masculina de ceremonia, provista de dos faldones por la parte posterior.

**fracasar** *intr.* Frustrarse una pretensión o un proyecto. — No conseguir una persona lo que deseaba.

**fracción** *f.* División de un todo en partes. — MAT. Expresión que indica la división de dos cantidades. — Parte de un partido político o de una asociación.

**fraccionadora** *f.* Méx. Inmobiliaria.

**fraccionamiento** *m.* Méx. Terreno urbanizado y dividido en lotes para la construcción de casas.

**fracturar** *tr. y prnl.* Romper o quebrar violentamente algo.

**fragancia** *f.* Olor suave y delicioso.

**fragata** *f.* Buque de guerra menor que el destructor.

**frágil** *adj.* Que se rompe fácilmente. — Débil.

**fragmento** *m.* Cada una de las partes en que se rompe o divide algo. — Parte de una obra literaria, artística, etc.

**fragor** *m.* Ruido grande.

**fragua** *f.* Horno para calentar metales. — Taller donde se forjan metales.

**fraguar** *tr.* Forjar el metal. — Idear, planear.

**fraile** *m.* Religioso de ciertas órdenes.

**frambuesa** *f.* Fruto del frambueso.

**frenar**

**frambueso** *m.* Planta parecida a la zarza.

**francés, sa** *adj./m. y f.* De Francia. ► *m.* Lengua oficial de Francia.

**franciscano, na** *adj./m. y f.* De la orden de san Francisco de Asís.

**franco, ca** *adj.* Sincero. — Que no presenta obstáculos. — Que está libre de un pago. ► *adj./m. y f.* Francés. — Relativo a los pueblos germanos que conquistaron Francia. ► *m.* Unidad monetaria de Francia (sustituida por el euro en 2002) y otros países.

**francotirador, ra** *m. y f.* Persona que dispara desde un lugar oculto.

**franela** *f.* Tejido fino ligeramente cardado por una de sus caras.

**franja** *f.* Faja, lista o tira.

**franquear** *tr.* Dejar una cosa libre de estorbos. — Poner los sellos a una carta o paquete.

**franqueza** *f.* Sinceridad.

**franquicia** *f.* Exención del pago de ciertos derechos. — Sistema de venta de productos de una firma comercial en una tienda de otro propietario y bajo ciertas condiciones.

**frasca** *f.* Méx. Fiesta, bulla.

**frasco** *m.* Recipiente pequeño de vidrio.

**frase** *f.* Conjunto de palabras que tiene sentido. — Frase hecha, la que tiene una forma inalterable.

**fraternal** *adj.* Propio de hermanos.

**fraternidad** *f.* Unión y afecto entre hermanos o entre los que se tratan como tales.

**fraterno, na** *adj.* Fraternal.

**fratricidio** *m.* Asesinato de un hermano.

**fraude** *m.* Engaño. — Acto que elude una disposición legal.

**fray** *m.* Apóc. de fraile.

**freático, ca** *adj.* Se dice de la capa de agua subterránea formada por la filtración de las aguas de lluvia.

**frecuencia** *f.* Repetición de un acto o suceso. — FÍS. En un fenómeno periódico, número de vibraciones por unidad de tiempo.

**frecuentar** *tr.* Ir a menudo a alguna parte.

**fregadero** *m.* Pila para fregar los utensilios de cocina.

**fregado, da** *adj.* Amér. Majadero, fastidioso. — Colomb., Ecuad. y Perú. Terco. — C. Rica, Ecuad. y Méx. Bellaco. — C. Rica, Ecuad. y Pan. Severo.

**fregar** *tr.* Restregar una cosa con otra. — Limpiar algo restregándolo con un cepillo, bayeta, etc. ► *tr. y prnl.* Amér. Fam. Molestar.

**freír** *tr. y prnl.* Guisar un alimento en aceite hirviendo.

**fréjol** *m.* Judía.

**frenada** *f.* Argent., Bol., Chile, Salv., Méx. y Par. Acción y efecto de frenar súbita o violentamente. — Argent. y Chile. Fam. Reto, llamada de atención.

**frenar** *tr.* Parar con el freno. — Moderar los ímpetus.

**frenesí** *m.* Delirio furioso. — Violenta exaltación del ánimo.

**frenético, ca** *adj.* Que muestra frenesí. — Fam. Furioso.

**frenillo** *m.* Membrana que sujeta la lengua al suelo de la cavidad bucal. — Ligamento que sujeta el prepucio al glande del pene.

**freno** *m.* Mecanismo destinado a disminuir o detener el movimiento de una máquina o vehículo. — Pieza de hierro que se coloca en la boca de las caballerías para dirigirlas.

**frente** *m.* Parte delantera de una cosa.—Zona de combate.—Coalición de partidos políticos, organizaciones, etc. — Frontera de separación entre dos masas de aire de propiedades diferentes. ▸ *f.* Parte superior de la cara. — Hacer frente, enfrentarse.

**fresa** *f.* Planta herbácea rastrera de fruto rojo comestible. — Fruto de esta planta. — Herramienta giratoria cortante.

**fresar** *tr.* Trabajar los materiales por medio de la fresa.

**fresca** *f.* Frío agradable.

**fresco, ca** *adj.* Moderadamente frío. — Reciente. — Que se mantiene joven y sano. — Que está descansado o lo parece. ▸ *adj./m. y f.* Fam. Descarado. ▸ *m.* Frío moderado. — Pintura hecha sobre una pared todavía húmeda.

**fresno** *m.* Árbol de tronco grueso y madera flexible.

**fresquera** *f.* Lugar para conservar frescos los alimentos.

**fresquería** *f.* Amér. Central, Ecuad., Perú y Venez. Establecimiento donde se hacen y venden bebidas frías y helados.

**freza** *f.* Puesta de huevos de ciertos animales.

**frialdad** *f.* Sensación de frío. — Indiferencia.

**fricativo, va** *adj./f.* LING. Se dice del sonido cuya articulación hace salir el aire con fricción entre los órganos bucales, como el que representan *f, j, s, z,* etc.

**fricción** *f.* Acción y efecto de friccionar. — Rozamiento. — Desacuerdo.

**friccionar** *tr.* Dar friegas.

**friega** *f.* Acción de frotar una parte del cuerpo. — Amér. Molestia, fastidio.

**frigidez** *f.* Ausencia anormal de deseo o goce sexual.

**frigorífico, ca** *adj.* Que produce frío. ▸ *adj./m.* Se dice de la cámara refrigerada artificialmente para conservar alimentos.

**fríjol** o **frijol** *m.* Fréjol.

**frío, a** *adj.* Que tiene menos temperatura de la conveniente. — Indiferente. — Se dice del color que produce una sensación de sosiego. ▸ *m.* Ausencia total o parcial de calor.

**friolera** *f.* Fam. Gran cantidad.

**friolero, ra** *adj.* Muy sensible al frío.

**friso** *m.* ARQ. Parte situada entre el arquitrabe y la cornisa.

**fritar** *tr.* Argent., Colomb. y Urug. Freír.

**frito, ta** *adj.* Fam. Dormido. — Fam. Harto, cansado. ▸ *adj./m.* Se dice del alimento guisado en aceite hirviendo.

**frívolo, la** *adj.* Veleidoso, insustancial.

**fronda** *f.* Conjunto de hojas.

**frondoso, sa** *adj.* Con abundantes hojas y ramas.

**frontal** *adj.* Relativo a la frente. — Situado en la parte delantera. ▸ *adj./m.* Se dice del hueso que forma la parte anterior y superior del cráneo.

**frontera** *f.* Línea o límite que separa un estado de otro.

**frontis** *m.* Fachada o frontispicio.

**frontispicio** *m.* Parte delantera de un edificio, mueble, etc. — ARQ. Frontón.

**frontón** *m.* Deporte que consiste en golpear una pelota lanzándola contra una pared principal. — Pared principal sobre la que se lanza esta pelota. — ARQ. Remate triangular.

**frotar** *tr. y prnl.* Pasar con fuerza una cosa sobre otra.

**fructífero, ra** *adj.* Que produce fruto.

**fructificar** *intr.* Dar fruto.

**fructosa** *f.* Glúcido monosacárido presente en las plantas verdes, la miel y muchas frutas.

**frugal** *adj.* Se dice de la comida que es sencilla y escasa.

**frugívoro, ra** *adj.* Que se alimenta de frutos.

**fruición** *f.* Goce intenso.

**fruncir** *tr.* Arrugar la frente, las cejas, etc.

**fruslería** *f.* Cosa de poco valor.

**frustrar** *tr.* Privar a uno de lo que esperaba. ▸ *tr. y prnl.* Dejar sin efecto un intento.

**fruta** *f.* Fruto comestible.

**frutilla** *f.* Amér. Merid. Fresa.

**fruto** *m.* Órgano que contiene las semillas de una planta y que procede generalmente del ovario de la flor. — Producto, utilidad.

**fucsia** *adj./m.* De color rosa fuerte. ▸ *f.* Arbusto de jardín, de hojas ovaladas y flores de color rosa fuerte.

**fuego** *m.* Desprendimiento de calor, luz y llamas, producido por la combustión de un cuerpo. — Materia en combustión. — Incendio.

**fuel** *m.* Combustible obtenido de la destilación del petróleo.

**fuelle** *m.* Instrumento para soplar o producir aire. — Pieza plegable que regula la capacidad de ciertos objetos.

**fuelóleo** *m.* Fuel.

**fuente** *f.* Manantial. — Construcción con caños por donde sale el agua. — Plato grande para servir la comida. — Origen de algo.

**fuera** *adv.* A o en la parte exterior. — Antes o después de tiempo. — **Fuera de,** excepto, salvo.

**fuero** *m.* Cada uno de los derechos o privilegios concedidos a un territorio o persona. — Compilación jurídica. — Jurisdicción.

**fuerte** *adj.* Que tiene fuerza y resistencia. — Robusto, corpulento. — Intenso: *sonido* ~. ▸ *m.* Recinto fortificado. — Actividad o aspecto en que destaca una persona. ▸ *adv.* Con fuerza: *pegar* ~.

**fuerza** *f.* Resistencia, capacidad de soportar un peso o de oponerse a un impulso. — Utilización del poder físico o moral. — Autoridad, poder. — Intensidad. — FÍS. Causa capaz de deformar un cuerpo o de modificar su velocidad.

**fuete** *m.* Amér. Látigo.

**fuga** *f.* Acción y efecto de fugarse. — Escape de un fluido.

**fugarse** *prnl.* Escaparse, huir.

**fugaz** *adj.* Que dura poco. — Que huye y desaparece con velocidad.

**fugitivo, va** *adj./m. y f.* Que está en fuga o huye.

**fulana** *f.* Prostituta.

**fulano, na** *m. y f.* Voz con que se suple el nombre de una persona. — Persona indeterminada.

**fulgir** *intr.* Resplandecer.

**fulgor** *m.* Brillo, resplandor.

**fullería** *f.* Trampa, engaño. — Astucia, treta.

**fulminante** *adj.* Que fulmina. — Rápido.

**fulminar** *tr.* Arrojar rayos. — Herir, matar o causar daños

un rayo. — Matar con armas o explosivos.

**fumar** *tr. e intr.* Aspirar y despedir el humo del tabaco, opio, etc. ▸ *tr.* Cuba, Méx. y P. Rico. Dominar a alguien.

**fumarola** *f.* Emisión de gases de origen volcánico.

**fumigar** *tr.* Desinfectar por medio de productos químicos.

**funámbulo, la** *m. y f.* Acróbata que hace ejercicios sobre la cuerda floja o el trapecio.

**funche** *m.* Antill., Colomb. y Méx. Especie de gachas de harina de maíz.

**función** *f.* Actividad propia de alguien o algo. — Destino, utilidad. — Ejercicio de un empleo. — Representación de un espectáculo. — LING. Papel sintáctico de un elemento dentro de una frase. — MAT. Magnitud dependiente de una o de varias variables.

**funcional** *adj.* Relativo a la función. — Práctico, utilitario.

**funcionar** *intr.* Realizar algo o alguien las funciones que le son propias.

**funcionario, ria** *m. y f.* Empleado de la Administración pública.

**funda** *f.* Cubierta con que se cubre o resguarda una cosa.

**fundación** *f.* Acción y efecto de fundar. — Institución benéfica, cultural, etc., sin finalidad lucrativa.

**fundamental** *adj.* Que sirve de fundamento o es lo principal.

**fundamentalismo** *m.* Integrismo.

**fundamentar** *tr.* Echar los cimientos de un edificio. — Establecer o poner fundamentos.

**fundamento** *m.* Cimiento de un edificio. — Principio o base de una cosa. — Razón, motivo.

**fundar** *tr.* Crear una ciudad, negocio, etc. ▸ *tr. y prnl.* Apoyar, basar.

**fundido, da** *adj.* Argent. Fam. Muy cansado, abatido.

**fundir** *tr. y prnl.* Transformar en líquido un cuerpo sólido calentándolo. — Unir ideas, intereses, etc. — Hacer que deje de funcionar un aparato o instalación eléctricos por exceso de corriente. — Amér. Fam. Arruinar.

**fundo** *m.* Finca, hacienda.

**fúnebre** *adj.* Relativo a los difuntos. — Muy triste o sombrío.

**funeral** *m.* Ceremonia religiosa que se hace por los difuntos.

**funeraria** *f.* Empresa encargada de la conducción y entierro de los difuntos.

**funerario, ria** *adj.* Relativo al entierro.

**funesto, ta** *adj.* Que causa o acompaña desgracia.

**fungicida** *m.* Sustancia que combate los hongos.

**funicular** *adj./m.* Se dice del vehículo cuya tracción se efectúa por medio de un cable.

**furcia** *f.* Fam. Esp. Prostituta.

**furgón** *m.* Vagón de equipajes.

**furgoneta** *f.* Vehículo automóvil, más pequeño que el camión, destinado al transporte.

**furia** *f.* Cólera, ira. — Ímpetu.

**furibundo, da** *adj.* Lleno de furia, colérico: *mirada* ~.

**furor** *m.* Ira exaltada. — Afición excesiva por una cosa.

**furtivo, va** *adj.* Que se hace a escondidas.

**furúnculo** *m.* Forúnculo.

**fusa** *f.* MÚS. Figura equivalente a media semicorchea.

**fuselaje** *m.* Cuerpo central de un avión.

**fusible** *m.* Dispositivo colocado en un circuito eléctrico para impedir el paso excesivo de corriente.

**fusiforme** *adj.* En forma de huso.

**fusil** *m.* Arma de fuego portátil, de cañón largo.

**fusilar** *tr.* Ejecutar a alguien con una descarga de fusil.

**fusión** *f.* Unión. — Paso de un cuerpo sólido al estado líquido. — FÍS. Unión de varios átomos ligeros, a temperatura muy elevada y con gran desprendimiento de energía.

**fusta** *f.* Látigo delgado y flexible.

**fustán** *m.* Amér. Merid. Enagua ancha de algodón.

**fuste** *m.* ARQ. Parte de la columna entre la basa y el capitel. — Importancia, valor.

**fustigar** *tr.* Dar azotes. — Censurar con dureza.

**fútbol** *m.* Deporte entre dos equipos, que consiste en introducir en la portería del equipo contrario un balón, impulsándolo con los pies o la cabeza.

**fútil** *adj.* De poca importancia.

**futre** *m.* Chile. Persona bien vestida. — Chile. En zonas rurales, patrón.

**futuro, ra** *adj.* Que está por venir o suceder. — LING. Se dice del tiempo verbal que expresa acción futura. ▸ *m.* Tiempo que ha de venir: *pensar en el ~.*

**g** *f.* Octava letra del abecedario.

**gabacho, cha** *adj./m. y f.* Desp. Francés. — Méx. Fam. Estadounidense.

**gabán** *m.* Abrigo.

**gabardina** *f.* Abrigo de tejido impermeable.

**gabarra** *f.* Pequeño barco de carga utilizado en los puertos.

**gabela** *f.* Carga, impuesto. — Colomb., Ecuad., P. Rico, R. Dom. y Venez. Provecho, ventaja.

**gabinete** *m.* Habitación para estudiar o recibir visitas. — Local destinado al ejercicio de una profesión. — Conjunto de ministros de un gobierno.

**gacela** *f.* Mamífero rumiante muy esbelto y ágil.

**gaceta** *f.* Publicación periódica de carácter cultural o científico.

**gachas** *f. pl.* Comida hecha de harina cocida con agua y sazonada.

**gacho, cha** *adj.* Inclinado hacia abajo: *cabeza* ~. ▶ *f.* Colomb. y Venez. Cuenco de loza o barro.

**gaditano, na** *adj./m. y f.* De Cádiz (España).

**gaélico, ca** *adj./m.* Se dice de los dialectos de la lengua céltica hablados en Irlanda y Escocia.

**gafa** *f.* Grapa. ▶ *pl.* Par de lentes engarzados en una montura, que se apoya en la nariz y se sujeta en las orejas mediante patillas.

**gafe** *adj./m. y f.* Fam. Que trae mala suerte.

**gag** *m.* Situación cómica.

**gaita** *f.* Instrumento musical de viento formado por una bolsa de cuero a la cual van unidos varios tubos.

**gaje** *m.* Salario aparte del sueldo. — Gajes del oficio (Fam.), molestias o inconvenientes que acarrea un empleo u ocupación.

**gajo** *m.* Cada una de las porciones interiores de los cítricos.

**gala** *f.* Adorno o vestido suntuoso. — Actuación artística excepcional. — Antill. y Méx. Regalo, premio. — Hacer gala de una cosa, presumir de ella.

**galaico, ca** *adj.* Gallego.

**galán** *m.* Hombre muy atractivo. — Especie de perchero con pie.

**galante** *adj.* Atento, cortés.

**galápago** *m.* Reptil adaptado a la vida acuática, muy parecido a la tortuga.

**galardón** *m.* Premio.

**galaxia** *f.* ASTRON. Conjunto de estrellas agrupadas en una determinada región del espacio.

**galbana** *f.* Fam. Pereza.

**galena** *f.* Mineral de color gris azulado y brillo metálico.

**galeno** *m.* Fam. Médico.

**galeón** *m.* Antiguo navío de vela.

**galeote** *m.* Persona condenada a remar en las galeras.

**galera** *f.* Navío antiguo de remo y vela. — Argent., Chile y Urug. Sombrero de copa.

**galería** *f.* Habitación larga y espaciosa. — Corredor descubierto o con vidrieras. — Sala donde se exponen obras de arte. — Camino subterráneo. ▸ *pl.* Centro comercial.

**galerna** *f.* Viento frío y fuerte de la costa noroeste española.

**galgo, ga** *adj./m. y f.* Se dice de una raza de perros muy veloz.

**galicismo** *m.* Palabra o giro propios del francés empleados en otro idioma.

**galimatías** *m.* Fam. Lenguaje enrevesado. — Fam. Confusión, lío.

**gallardete** *m.* Bandera de forma triangular usada como insignia.

**gallardo, da** *adj.* De buena presencia, airoso. — Valiente.

**gallego, ga** *adj./m. y f.* De Galicia (España). ▸ *m.* Lengua hablada en Galicia. ▸ *m. y f.* Amér. Español emigrado a América.

**galleta** *f.* Dulce seco y cocido al horno.

**galliforme** *adj./m.* Relativo a un orden de aves de vuelo poco sostenido, con patas robustas y pico corto.

**gallina** *m. y f.* Persona cobarde. ▸ *f.* Hembra del gallo.

**gallinazo** *m.* Especie de buitre americano de plumaje totalmente negro.

**gallinero** *m.* Local donde se crían las aves de corral.

**gallineta** *f.* Amér. Pintada. — Amér. Merid. Nombre de varias especies de aves acuáticas.

**gallito** *m.* Hombre que pretende sobresalir presumiendo de sus cualidades.

**gallo** *m.* Ave doméstica de cresta roja y carnosa. — Pez comestible, de cuerpo comprimido. — Chile y Colomb. Vulg. Refiriéndose al hombre, tipo, tío. — Méx. Serenata.

**galo, la** *adj./m. y f.* De la Galia.

**galón** *m.* Distintivo del uniforme militar que sirve para distinguir las graduaciones.

**galope** *m.* Marcha más rápida del caballo.

**galpón** *m.* Dependencia destinada a los esclavos en las haciendas de América. — Amér. Merid. y Nicar. Almacén.

**galucha** *f.* Colomb., Cuba, P. Rico y Venez. Galope.

**galvanizar** *tr.* Cubrir un metal con una capa de otro.

**galvanómetro** *m.* Instrumento para medir la intensidad y sentido de una corriente eléctrica.

**gama** *f.* Escala de colores. — Serie de cosas de la misma clase pero con alguna característica distinta.

**gamada** *adj.* Se dice de la cruz con cuatro brazos en forma de codo.

**gamba** *f.* Crustáceo comestible semejante al langostino.

**gamberro, rra** *adj./m. y f.* Se dice de la persona que se divierte haciendo actos incívicos.

**gambeta** *f.* Amér. Central y Amér. Merid. DEP. Regate. — Argent. y Bol. Ademán hecho con el cuerpo para evitar un golpe o caída. — Argent. y Urug. Fam. Evasiva.

**gambusino** *m.* Méx. Minero encargado de buscar yacimientos minerales. — Méx. Buscador de fortuna, aventurero.

**gameto** *m.* Célula sexual especializada en la función reproductora.

**gamma** *f.* Letra del alfabeto griego.

**gamo** *m.* Mamífero rumiante de pelo rojo oscuro con pequeñas manchas blancas.

**gamonal** *m.* Amér. Central y Amér. Merid. Cacique de pueblo.

**gamopétalo, la** *adj./f.* BOT. Se dice de la corola cuyos pétalos están unidos entre sí y de las flores que así los tienen.

**gamosépalo, la** *adj./f.* BOT. Se dice del cáliz cuyos sépalos están unidos entre sí y de las flores que así los tienen.

**gamuza** *f.* Especie de antílope del tamaño de una cabra grande. — Paño para limpiar.

**gana** *f.* Deseo de hacer algo: *ganas de vivir.*

**ganadería** *f.* Cría y comercio de ganado. — Conjunto de los ganados de un país o región.

**ganado** *m.* Conjunto de animales de cuatro patas que son criados para su explotación.

**ganancia** *f.* Beneficio, provecho. — Chile, Guat. y Méx. Propina.

**ganar** *tr.* Obtener un beneficio. — Vencer, superar. ▸ *intr.* Mejorar. ▸ *prnl.* Captar la voluntad. — Merecerse una cosa.

**ganchillo** *m.* Aguja con punta corva. — Labor hecha con esta aguja.

**gancho** *m.* Instrumento corvo y puntiagudo para sostener, colgar o sujetar una cosa. — En baloncesto, tiro a canasta que se realiza arqueando el brazo por encima de la cabeza. — En boxeo, golpe de abajo arriba. — Fam. Atractivo. — Amér. Horquilla para el pelo.

**gandul, la** *adj./m. y f.* Fam. Holgazán, perezoso.

**ganga** *f.* Materia mineral no aprovechable. — Cosa de buena calidad o de valor que se consigue a bajo precio.

**ganglio** *m.* Abultamiento de un nervio o una vía linfática.

**gangoso, sa** *adj./m. y f.* Con resonancia nasal: *voz* ~.

**gangrena** *f.* Muerte de un tejido de un ser vivo.

**ganso, sa** *m. y f.* Ave doméstica de gran tamaño y pico grueso.

**ganzúa** *f.* Garfio para abrir sin llaves las cerraduras.

**gañán** *m.* Mozo de labranza. —Hombre poco cortés y educado.

**gañir** *intr.* Aullar el perro u otros animales con gritos agudos.

**garabato** *m.* Trazo irregular hecho con el lápiz o la pluma. — Chile. Palabra o locución grosera usada como insulto.

**garaje** *m.* Local destinado a guardar automóviles.

**garandumba** *f.* Amér. Merid. Barcaza grande para conducir cargas por un río. — Méx. Mujer gorda y grande.

**garantía** *f.* Fianza. — Seguridad que se ofrece de que una cosa va a funcionar.

**garañón** *m.* Asno macho destinado a la reproducción. — Amér. Central, Chile, Méx. y Perú. Caballo semental. — Chile y Méx. Mujeriego.

**garbanzo** *m.* Planta de fruto en legumbre y semilla comestible redondeada y de color amarillento.

**garbeo** *m.* Fam. Paseo corto.

**garbo** *m.* Desenvoltura en la manera de moverse.

**gardenia** *f.* Planta ornamental de flores blancas y olorosas. — Flor de esta planta.

**garduña** *f.* Mamífero carnívoro de cuerpo alargado y pelaje marrón grisáceo que vive en los bosques.

**garete** Palabra que se usa en la expresión irse al garete, que significa 'fracasar': *el negocio se fue al* ~.

**garfio** *m.* Gancho de hierro.

**gargajo** *m.* Mucosidad espesa que se arroja por la boca.

**garganta** *f.* Parte anterior del cuello. — Zona interna del cuello. — Valle estrecho.

**gargantilla** *f.* Collar corto que rodea el cuello.

**gárgaras** *f. pl.* Acción de mantener un líquido en la garganta, con la boca hacia arriba, y expulsando aire para moverlo.

**gárgola** *f.* Escultura de remate del canal de un tejado.

**garita** *f.* Caseta que sirve para resguardo de un centinela o vigilante. — Méx. Oficina o puesto de aduana.

**garito** *m.* Casa de juego. — Local de mala fama.

**garra** *f.* Pata del animal con uñas corvas. — Fam. Mano humana.

**garrafa** *f.* Vasija ancha y redonda, de cuello largo y estrecho. — Argent. y Urug. Envase metálico para gases.

**garrafal** *adj.* Se dice del error que es muy grande o grave.

**garrapata** *f.* Ácaro parásito que vive chupando la sangre a mamíferos y aves.

**garrapiña** *f.* Estado del líquido que se solidifica en grumos.

**garrido, da** *adj.* Gallardo.

**garrocha** *f.* Vara larga rematada en un pequeño arpón.

**garrote** *m.* Palo grueso. — Instrumento con que se ejecutaba a los reos.

**garrotear** *tr.* Amér. Central y Amér. Merid. Apalear. — Chile. Cobrar precios excesivos sin justificación.

**garúa** *f.* Amér. Central y Amér. Merid. Llovizna.

**garza** *f.* Ave zancuda de cuello alargado y sinuoso.

**garzo, za** *adj.* De color azulado: *ojos garzos.*

**gas** *m.* Fluido cuyas moléculas tienden a separarse unas de otras. ▸ *pl.* Restos gaseosos acumulados en el intestino.

**gasa** *f.* Tela de seda o hilo muy ligera. — Tejido estéril y suave para fines médicos.

**gaseoducto** *m.* Gasoducto.

**gaseosa** *f.* Bebida efervescente y sin alcohol.

**gaseoso, sa** *adj.* Que se halla en estado de gas. — Que contiene o desprende gases.

**gasfitería** *f.* Chile, Ecuad. y Perú. Fontanería, plomería.

**gasificar** *tr.* Convertir en gas. — Disolver gas en un líquido.

**gasoducto** *m.* Tubería para la conducción de gas combustible.

**gasógeno** *m.* Aparato para obtener gas combustible.

**gasoil** o **gasóleo** *m.* Mezcla de hidrocarburos líquidos obtenida de la destilación del petróleo, usada como combustible en motores diésel.

**gasolina** *f.* Mezcla de hidrocarburos líquidos incolora, muy volátil e inflamable, obtenida de la destilación del petróleo y usada como combustible en motores de combustión interna.

**gasolinera** *f.* Lugar donde se vende gasolina y gasoil.

**gastar** *tr.* Emplear el dinero en algo. ▸ *tr. y prnl.* Deteriorar con el uso, acabar.

**gasterópodo** *adj./m.* Se dice del molusco dotado de concha de una pieza, cabeza con tentáculos y un pie carnoso para arrastrarse.

**gástrico, ca** *adj.* Relativo al estómago.

**gastritis** *f.* Inflamación de las mucosas del estómago.

**gastroenteritis** *f.* Inflamación de las mucosas del estómago y de los intestinos.

**gastronomía** *f.* Arte de preparar una buena comida.

**gástrula** *f.* Estado embrionario de los animales, tras la blástula.

**gata** *f.* Amér. Central. Pez marino de color pardo amarillo. — Chile. Gato, aparato.

**gatas** Palabra que se usa en la expresión a gatas, que se aplica a la manera de andar una persona, apoyando en el suelo las manos y las rodillas.

**gatear** *intr.* Andar a gatas.

**gatera** *f.* Bol., Ecuad. y Perú. Verdulera. — Chile. Cueva de ratones.

**gatillo** *m.* En las armas de fuego, palanca que acciona el disparo.

**gato, ta** *m. y f.* Pequeño mamífero carnívoro, de cabeza redonda, cola larga y pelaje suave. ▸ *m.* Aparato para levantar pesos. — Argent. Baile folklórico ejecutado por una o dos parejas con movimientos rápidos.

**gauchada** *f.* Argent., Chile, Perú y Urug. Acción propia del gaucho. — Argent. y Urug. Fam. Servicio ocasional realizado con buena disposición. — Chile. Servicio, favor.

**gaucho, cha** *adj./m.* Se dice de ciertos habitantes de las pampas argentina y uruguaya dedicados a la ganadería. ▸ *adj.* Argent., Chile y Urug. Que posee las cualidades del gaucho. ▸ *m.* Argent., Chile y Urug. Peón rural experimentado en las faenas ganaderas tradicionales.

**gaveta** *f.* Cajón de un escritorio. — Mueble con estos cajones.

**gavilán** *m.* Ave rapaz de pequeño tamaño y plumaje grisáceo. — Chile, Cuba, Méx. y P. Rico. Uñero.

**gavilla** *f.* Conjunto de sarmientos, mieses, etc., atados.

**gaviota** *f.* Ave marina de plumaje gris en la espalda y blanco en el resto del cuerpo, con las alas largas y el pico robusto.

**gayola** *f.* Méx. Fam. Parte más alta de una gradería.

**gazapo** *m.* Cría del conejo. — Error al hablar o escribir.

**gazmoño, ña** *adj./m. y f.* Que finge devoción y escrúpulos.

**gaznápiro, ra** *adj./m. y f.* Palurdo, torpe.

**gaznatada** *f.* Amér. Central, Méx., P. Rico y Venez. Bofetada.

**gaznate** *m.* Garganta.

**gazpacho** *m.* Sopa fría hecha de hortalizas crudas y pan.

**ge** *f.* Nombre de la letra g.

**géiser** *m.* Surtidor intermitente de agua, de origen volcánico.

**geisha** *f.* Muchacha japonesa que hace compañía a los hombres.

**gel** *m.* Sustancia de consistencia viscosa. — Jabón líquido.

**gelatina** *f.* Sustancia sólida y transparente, que se obtiene de huesos, tendones y ligamentos. — Dulce hecho con esta sustancia y frutas.

**gélido, da** *adj.* Muy frío.

**gema** *f.* Piedra preciosa.

**gemación** *f.* Modo de multiplicación de una célula en que ésta se divide en dos partes desiguales.

**gemelo, la** *adj./m. y f.* Se dice de cada uno de los seres nacidos en un mismo parto. ▸ *m.* Músculo doble de la pantorrilla. — Especie de botón metálico que se pone como adorno en cada uno de los puños de la camisa. ▸ *pl.* Prismáticos.

**geminado, da** *adj.* Doble o dispuesto en par. — Dividido.

**géminis** *m. y f./adj.* Persona nacida bajo el signo zodiacal de Géminis.

**gemir** *intr.* Expresar con voz lastimera una pena o dolor.

**gemología** *f.* Ciencia que estudia las gemas.

**gen** *m.* BIOL. Elemento de un cromosoma que condiciona la transmisión de un carácter hereditario.

**gendarme** *m.* Agente de policía de Francia y otros países.

**genealogía** *f.* Serie de los ascendientes de cada individuo.

**generación** *f.* Acción y efecto de generar. — Sucesión de descendientes en línea recta. — Conjunto de personas nacidas en una misma época.

**generador** *m.* Aparato que produce energía.

**general** *adj.* Común a todos o a muchos. — Indeterminado, que no entra en detalles. — Habitual, común. ▸ *m.* Oficial superior del ejército.

**generalidad** *f.* Mayoría. — Imprecisión en lo dicho o escrito.

**generalizar** *tr. y prnl.* Hacer general una cosa.

**generar** *tr.* Producir algo. — Dar vida a un nuevo ser.

**generatriz** *adj./f.* Se dice de la máquina que transforma la energía mecánica en eléctrica. — MAT. Línea cuyo desplazamiento genera una superficie.

**genérico, ca** *adj.* Común a los elementos de un conjunto.

**género** *m.* Conjunto de cosas o seres con características comunes. — Clase de tela o tejido. — Mercancía, producto. — BIOL. Categoría de clasificación de plantas y animales inferior a la de familia. — LING. Categoría gramatical por la que sustantivos, adjetivos, artículos y pronombres se clasifican en masculinos, femeninos y neutros.

**generoso, sa** *adj.* Propenso a dar o a repartir lo que tiene. — Abundante.

**génesis** *f.* Origen de una cosa.

**genética** *f.* Ciencia que estudia las leyes de la transmisión de los caracteres hereditarios de los organismos.

**genético, ca** *adj.* Relativo a la génesis, a los genes y a la genética.

**genio** *m.* Carácter de cada persona. — Talento para crear. — Persona muy inteligente o con gran capacidad para crear.

**genital** *adj.* Relativo a los órganos reproductores. ▸ *m. pl.* Órganos sexuales masculinos o femeninos.

**genitivo** *m.* LING. Caso de la declinación que expresa pertenencia, posesión o materia.

**genocidio** *m.* Exterminio de un grupo social.

**genoma** *m.* BIOL. Conjunto de los cromosomas de una célula.

**genotipo** *m.* BIOL. Información genética de un organismo.

**gente** *f.* Conjunto de personas.

**gentil** *adj.* Apuesto. — Amable, cortés. ▶ *adj./m. y f.* Pagano.

**gentileza** *f.* Cortesía.

**gentilicio, cia** *adj./m.* LING. Se dice del sustantivo o adjetivo que expresa origen o nacionalidad.

**gentío** *m.* Gran cantidad de gente.

**genuflexión** *f.* Acción de doblar la rodilla en señal de sumisión.

**genuino, na** *adj.* Puro, que no está mezclado con otras cosas.

**geocéntrico, ca** *adj.* Relativo al centro de la Tierra.

**geofísica** *f.* Ciencia que estudia los fenómenos físicos que afectan a la Tierra.

**geografía** *f.* Ciencia que describe los fenómenos físicos y humanos en la superficie de la Tierra.

**geología** *f.* Ciencia que estudia la historia de la Tierra y la formación de sus materiales.

**geometría** *f.* Disciplina matemática que estudia el espacio y las formas, figuras y cuerpos que en él se pueden imaginar.

**geopolítica** *f.* Disciplina que estudia las relaciones entre el medio físico de un país y sus estructuras sociales y políticas.

**geoquímica** *f.* Estudio de la composición química del suelo.

**geosinclinal** Depresión de la corteza terrestre.

**geranio** *m.* Planta de jardín con flores de vivos colores.

**gerente** *m. y f.* Persona que dirige una empresa mercantil.

**geriatría** *f.* Parte de la medicina que se ocupa de las enfermedades de la vejez.

**gerifalte** *m.* Halcón de gran tamaño. — Persona destacada o influyente.

**germánico, ca** *adj./m. y f.* Germano. ▶ *m./adj.* Lengua indoeuropea hablada por los antiguos germanos. ▶ *adj.* Se dice de la lengua que deriva de esta, como el inglés o el alemán.

**germanio** *m.* Metal blanco grisáceo, resistente a ácidos y bases.

**germano, na** *adj./m. y f.* De un conjunto de pueblos indoeuropeos que ocuparon el lado derecho del Rin. — Alemán.

**germen** *m.* Causa, origen, semilla. — Microorganismo capaz de provocar enfermedades.

**germinar** *intr.* Brotar y empezar a crecer una planta.

**gerontología** *f.* Ciencia que estudia los fenómenos del envejecimiento humano.

**gerundense** *adj./m. y f.* De Gerona (España).

**gerundio** *m.* Forma no personal del verbo que comunica a la acción verbal un carácter durativo.

**gesta** *f.* Conjunto de hazañas o hechos heroicos.

**gestación** *f.* Desarrollo del

óvulo fecundado, hasta el nacimiento.

**gesticular** *intr.* Hacer gestos.

**gestión** *m.* Organización y dirección de una empresa, un asunto, etc. — Acción destinada a resolver o conseguir algo.

**gesto** *m.* Expresión del rostro o las manos. — Rasgo de amabilidad.

**giba** *f.* Joroba.

**giennense** *adj./m. y f.* Jiennense.

**gigante, ta** *adj.* De gran tamaño. ▸ *m. y f.* Persona muy alta.

**gigantismo** *m.* Enfermedad que se caracteriza por un crecimiento excesivo del tamaño del cuerpo.

**gil, la** *m. y f.* Argent., Chile y Urug. Fam. Tonto, incauto.

**gilipollas** *adj./m. y f.* Esp. Fam. Tonto, estúpido.

**gimnasia** *f.* Práctica para desarrollar el cuerpo y darle flexibilidad mediante el ejercicio físico.

**gimnospermo, ma** *adj./f.* BOT. Relativo a las plantas fanerógamas que llevan las semillas en un fruto abierto.

**gimotear** *intr.* Fam. Hacer gestos de llorar, sin llegar a ello.

**ginebra** *f.* Licor aromatizado con bayas de enebro.

**gineceo** *m.* BOT. Órgano femenino de la flor.

**ginecología** *f.* Parte de la medicina que estudia las enfermedades de los órganos de reproducción femeninos.

**gira** *f.* Serie de actuaciones que un artista o un grupo hacen por distintas poblaciones.

**girar** *intr.* Dar vueltas. — Cambiar de dirección. ▸ *tr.* Enviar dinero por correo o telégrafo. — Méx. Fam. Ocuparse de una actividad determinada, cumplir cierta función, papel, etc. ▸ *tr. e intr.* Expedir letras u órdenes de pago.

**girasol** *m.* Planta herbácea de cuya semilla se extrae aceite y cuya flor sigue la dirección del sol.

**giro, ra** *adj.* Amér. Se dice del gallo o la gallina que tiene el plumaje matizado de amarillo con plumas rojas y negras. ▸ *m.* Acción y efecto de girar. — Expresión, frase.

**girola** *f.* En algunas iglesias, galería que rodea el altar mayor.

**gis** *m.* Méx. Tiza.

**gitano, na** *adj./m. y f.* De un pueblo de vida nómada extendido en épocas distintas por Europa y otras zonas.

**glaciación** *f.* Formación de glaciares en una época y región.

**glacial** *adj.* Helado, muy frío.

**glaciar** *adj.* Relativo a los glaciares. ▸ *m.* Masa de hielo.

**gladiador** *m.* Luchador del circo romano,.

**gladíolo** o **gladiolo** *m.* Planta bulbosa de hojas largas y estrechas y flores ornamentales.

**glande** *m.* Parte final y abultada del pene.

**glándula** *f.* Órgano que elabora ciertas sustancias necesarias para el organismo.

**gleba** *f.* Terrón que se levanta con el arado. — Tierra de labor.

**glicerina** *f.* Alcohol incoloro y viscoso usado en farmacia y perfumería.

**glíptica** *f.* Arte de grabar piedras finas. — Arte de grabar en acero los cuños para las monedas, medallas, etc.

**global** *adj.* Total, considerado en conjunto.

**globo** *m.* Cuerpo esférico. — Objeto de goma que se llena de aire o gas y se usa para jugar o como adorno. — Vehículo aéreo formado por una bolsa llena de gas, y una barquilla. — Globo ocular, el ojo.

**glóbulo** *m.* Cuerpo esférico pequeño. — Glóbulo blanco, leucocito. — Glóbulo rojo, hematíe.

**gloria** *f.* Fama. — En algunas religiones, cielo.

**glorieta** *f.* Plazoleta. — Plaza donde desembocan varias calles.

**glorificar** *tr.* Conferir la gloria a alguien. — Alabar, ensalzar.

**glosa** *f.* Explicación o comentario de un texto.

**glosario** *m.* Catálogo de palabras, con su explicación.

**glotis** *f.* Espacio en la laringe, entre las cuerdas vocales.

**glotón, na** *adj./m. y f.* Que come con exceso y avidez.

**glucemia** *f.* Presencia de glucosa en la sangre.

**glúcido** *m.* Compuesto de carbono, hidrógeno y oxígeno.

**glucógeno** *m.* Reserva de glucosa en el hígado y los músculos.

**glucosa** *f.* Glúcido presente en la fruta y en la sangre.

**glúteo, a** *adj.* Relativo a la nalga. — Nalga. ▶ *adj./m.* Se dice de cada uno de los tres músculos que forman las nalgas.

**gnomo** *m.* Ser fantástico diminuto con poderes mágicos.

**gnoseología** *f.* FILOS. Ciencia de la teoría del conocimiento.

**gnosis** *f.* En el gnosticismo, conocimiento total de la divinidad.

**gnosticismo** *m.* Sistema filosófico y religioso, cuyos adeptos fundaban la salvación en el conocimiento o gnosis.

**gobernación** *f.* Acción y efecto de gobernar.

**gobernador, ra** *m. y f.* Jefe superior de un territorio.

**gobernanta** *f.* Mujer encargada de la administración de una casa o institución.

**gobernante** *m. y f.* Persona que gobierna un país.

**gobernar** *tr. e intr.* Dirigir un país o conducir una colectividad dando las órdenes o normas necesarias.

**gobierno** *m.* Acción y efecto de gobernar. — Conjunto de organismos políticos y personas que dirigen un estado.

**goce** *m.* Acción y efecto de gozar.

**godo, da** *adj./m. y f.* De un antiguo pueblo germánico que invadió gran parte del Imperio romano.

**gofio** *m.* Argent., Bol., Cuba, Ecuad. y P. Rico. Harina gruesa de maíz, trigo o cebada, tostada y con azúcar.

**gol** *m.* Acción de meter el balón en la portería.

**goleta** *f.* Velero ligero, de dos o tres palos.

**golf** *m.* Deporte que consiste en introducir una pelota en ciertos hoyos, golpeándola con un palo.

**golfo, fa** *m. y f.* Pillo. ▸ *m.* Amplia entrada del mar en la tierra.

**golilla** *f.* Argent. y Urug. Pañuelo de cuello que usa el paisano.

**golondrina** *f.* Pájaro de lomo negro azulado y vientre blanco.

**golosina** *f.* Cosa dulce y de sabor muy agradable.

**goloso, sa** *adj./m. y f.* Aficionado a comer golosinas.

**golpe** *m.* Encuentro brusco de dos cuerpos. — Asalto, atraco. — Méx. Instrumento de hierro parecido a un mazo. — Golpe de estado, apropiación del poder político por medios ilegales.

**golpear** *tr., intr. y prnl.* Dar uno o más golpes.

**golpista** *adj./m. y f.* Relativo al golpe de Estado o que participa en él.

**golpiza** *f.* Amér. Paliza.

**goma** *f.* Sustancia viscosa de ciertas plantas, con la que se elaboran colas y barnices. — Material elástico y resistente que se obtiene de esta sustancia. — Tira elástica para sujetar cosas. — Utensilio para borrar. — Amér. Central. Resaca tras una borrachera. — Argent. Neumático. — Colomb. Afición, manía.

**gomera** *f.* Argent. Tirachinas.

**gomería** *f.* Argent. Lugar de venta o reparación de neumáticos.

**gomero** *m.* Amér. Merid. Árbol que produce goma. — Argent. Persona que se dedica a la reparación y venta de neumáticos de automóviles.

**gomina** *f.* Producto viscoso para fijar el cabello.

**gónada** *f.* Glándula sexual que produce los gametos.

**góndola** *f.* Embarcación larga y plana, típica de Venecia.

**gong** *m.* Instrumento musical de percusión consistente en un disco de metal que se toca con una maza.

**gonocito** *m.* Célula embrionaria de los animales.

**gonococo** *m.* Bacteria que causa la blenorragia.

**gordo, da** *adj.* De muchas carnes. — Grueso. ▸ *m.* Premio mayor de la lotería.

**gorgojo** *m.* Insecto coleóptero perjudicial para la agricultura.

**gorgorito** *m.* Quiebro que se hace con la voz.

**gorgoteo** *m.* Ruido producido por un líquido al moverse.

**gorila** *m.* Mono antropomorfo de gran tamaño y pelaje negro.

**gorjeo** *m.* Quiebro de la voz.

**gorra** *f.* Prenda para abrigar la cabeza, sin copa ni alas.

**gorrino, na** *m. y f.* Cerdo, en especial el menor de cuatro meses. ▸ *adj./m. y f.* Marrano, sucio.

**gorrión, na** *m. y f.* Pájaro de plumaje marrón que vive en poblaciones y tierras de cultivo.

**gorro** *m.* Prenda para abrigar la cabeza, sin alas ni visera.

**gorrón, na** *adj./m. y f.* Que vive o disfruta a costa de otros.

**gota** *f.* Partícula de un líquido que adopta una forma esférica al caer. — Enfermedad muy dolorosa de algunas articulaciones.

**gotear** *intr.* Caer gota a gota.

**gotera** *f.* Filtración de agua a través de un techo o pared.

**gótico, ca** *adj.* Relativo a los godos. ▸ *adj./m.* Relativo al arte europeo desarrollado desde el s. XII hasta el Renacimiento.

**gozar** *tr. y prnl.* Experimentar gozo. ▸ *tr. e intr.* Disponer de algo útil, ventajoso o agradable.

**gozne** *m.* Bisagra de puertas y ventanas.

**gozo** *m.* Placer, alegría.

**grabado** *m.* Arte de grabar. — Imagen, estampa.

**grabar** *tr. y prnl.* Labrar algo sobre una superficie. ▸ *tr. e intr.* Registrar imágenes o sonidos para que se puedan reproducir.

**gracejo** *m.* Gracia en el hablar o escribir.

**gracia** *f.* Cualidad de hacer reír. — Chiste o cosa divertida. — Atractivo, donaire. — En el cristianismo, don que Dios concede a los hombres para su salvación. ▸ *pl.* Expresión de agradecimiento.

**grada** *f.* Graderío. — Instrumento de labranza para allanar la tierra.

**gradería** *f.* Graderío.

**graderío** *m.* Zona con asientos para muchas personas en un teatro, un estadio, etc. — Público que ocupa esta zona.

**gradiente** *m.* Grado en que varía una magnitud con relación a la unidad. ▸ *f.* Chile, Ecuad., Nicar. y Perú. Pendiente, declive.

**grado** *m.* Cada uno de los estados o valores que puede tener algo. — FÍS. Unidad de medida de temperatura y densidad. — MAT. Cada una de las 360 partes iguales en que puede dividirse la circunferencia.

**graduado, da** *adj.* Dividido en grados. ▸ *adj./m. y f.* Que tiene un título universitario. ▸ *m.* Título académico que se consigue al completar algunos estudios.

**gradual** *adj.* Que está por grados o que va de grado en grado.

**graduar** *tr.* Dar a una cosa el grado que le corresponde.

— Medir el grado de algo. ▶ *tr.* y *prnl.* Dar o recibir un grado o título.

**grafía** *f.* Signo con que se representa un sonido en la escritura.

**gráfico, ca** *adj.* Relativo a la escritura. ▶ *adj./m.* Que se representa por medio de signos o dibujos. ▶ *m. y f.* Representación de datos mediante magnitudes geométricas o figuras.

**grafismo** *m.* Manera de escribir. — Aspecto estético de lo escrito.

**grafito** *m.* Carbono puro cristalizado.

**grafología** *f.* Estudio de la personalidad a través de la escritura.

**gragea** *f.* Medicamento en forma de píldora o tableta.

**grajo** *m.* Ave parecida al cuervo. — Antill., Colomb., Ecuad. y Perú. Olor desagradable que se desprende del sudor.

**grama** *f.* Planta gramínea medicinal.

**gramalote** *m.* Colomb., Ecuad. y Perú. Hierba forrajera.

**gramática** *f.* Ciencia que estudia y describe una lengua como sistema. — Conjunto de normas y reglas para hablar y escribir correctamente una lengua.

**gramilla** *f.* Amér. Merid. Nombre de diversas gramíneas utilizadas para pasto.

**gramíneo, a** *adj./f.* Relativo a una familia de plantas con espigas de flores poco vistosas y frutos reducidos a granos.

**gramo** *m.* Unidad de masa en el sistema métrico decimal.

**gramófono** *m.* Aparato que reproduce sonidos grabados en un disco mediante una aguja de metal.

**gramola** *f.* Gramófono en forma de mueble.

**gran** *adj.* Apócope de *grande*: *una ~ mujer.*

**grana** *adj./m.* Granate. ▶ *f.* Colorante obtenido de la cochinilla.

**granada** *f.* Fruto del granado. — Proyectil que se arroja con la mano.

**granadino, na** *adj./m. y f.* De Granada, estado insular caribeño. — De Granada (España).

**granado** *m.* Arbusto de flores rojas y fruto comestible.

**granar** *intr.* Formarse y crecer el grano de ciertos frutos.

**granate** *adj./m.* Se dice del color rojo oscuro. ▶ *adj.* De color granate. ▶ *m.* Mineral que es de color rojo oscuro.

**grande** *adj.* Que tiene mayor dimensión de la normal. — Intenso o fuerte. ▶ *adj.* Adulto, mayor. ▶ *m. y f.* Persona ilustre.

**grandilocuencia** *f.* Elocuencia altisonante.

**granel** Palabra que se usa en la expresión a granel, que significa 'sin envase, sin empaquetar' o 'en abundancia'.

**granero** *m.* Lugar destinado a almacenar granos.

**granito** *m.* Roca dura formada por cuarzo, feldespato y mica.

**granívoro, ra** *adj.* Que se alimenta de granos.

**granizada** *f.* Precipitación grande de granizo.

**granizado, da** *adj./m. y f.* Se dice del refresco parcialmente congelado.

**granizo** *m.* Agua congelada que cae en forma de granos.

**granja** *f.* Finca rústica con huerta, casa y establo. — Lugar destinado a la cría de animales de corral.

**granjear** *tr. y prnl.* Conseguir.

**grano** *m.* Semilla y fruto de los cereales y otras plantas. — Pequeño bulto en la piel. — Trozo muy pequeño de algo.

**granuja** *m. y f.* Bribón, pillo.

**granular** *tr. y prnl.* Desmenuzar una cosa en granos.

**granular** *adj.* Que se compone de pequeños granos.

**granza** *f.* Argent. Ladrillo triturado.

**grao** *m.* Playa que sirve de desembarcadero.

**grapa** *f.* Pieza de metal que se clava para unir o sujetar papeles, tablas, etc. — Argent., Chile y Urug. Aguardiente obtenido del orujo de la uva.

**grapadora** *f.* Utensilio que sirve para grapar.

**grapar** *tr.* Sujetar con grapas.

**grasa** *f.* Sustancia untuosa de origen animal o vegetal. — Mugre.

**gratificar** *tr.* Recompensar a alguien por algo. — Complacer.

**gratis** *adj.* Que no cuesta dinero. ▸ *adv.* Sin cobrar o sin pagar.

**gratitud** *f.* Sentimiento de agradecimiento y reconocimiento hacia alguien.

**grato, ta** *adj.* Que produce agrado. — Bol. y Chile. Agradecido, obligado: *le estoy* ~.

**gratuito, ta** *adj.* Que no cuesta dinero. — Arbitrario.

**grava** *f.* Conjunto de materiales procedentes de minerales y rocas fragmentados.

**gravamen** *m.* Impuesto.

**gravar** *tr.* Imponer una carga o gravamen.

**grave** *adj.* De mucha importancia. — Que está muy enfermo. — Se dice del sonido hueco y bajo. ▸ *adj./f.* LING. Llano.

**gravedad** *f.* Cualidad de grave. — FÍS. Fuerza resultante de la gravitación entre la Tierra y los cuerpos situados cerca de ella.

**gravidez** *f.* Estado de la hembra preñada o de la mujer embarazada.

**gravitar** *intr.* Obedecer a la atracción universal un cuerpo celeste. — Tener un cuerpo propensión a caer sobre otro.

**gravoso, sa** *adj.* Molesto. — Que causa mucho gasto.

**graznido** *m.* Voz del cuervo, el grajo y otras aves.

**greca** *f.* Banda o tira adornada con motivos geométricos. — Antill., Colomb. y Venez. Aparato para preparar café.

**grecorromano, na** *adj.* Relativo a las culturas griega y romana.

**greda** *f.* Arcilla arenosa.

**gregario, ria** *adj.* Se dice del animal que vive en grupo. — Se dice de la asociación de individuos que se unen con diferentes fines. ▸ *adj./s.* Que no tiene iniciativa propia y sigue las ideas del resto.

**gregoriano, na** *adj.* Se dice del canto religioso que se canta en latín a una sola voz.

**greguería** *f.* Género literario en prosa que presenta una visión humorística o sorprendente de la realidad.

**gremialismo** *m.* Tendencia a formar gremios. — Amér. Sindicalismo.

**gremio** *m.* Asociación de personas que tienen un mismo oficio.

**greña** *f.* Mechón de pelo enredado y desarreglado.

**gres** *m.* Pasta cerámica de arcilla plástica y arena cuarzosa.

**gresca** *f.* Bulla, algazara. — Enfrentamiento, riña.

**grey** *f.* Rebaño. — Conjunto de individuos con características comunes.

**grial** *m.* Copa que supuestamente sirvió a Jesús para la institución de la eucaristía.

**griego, ga** *adj./m. y f.* De Grecia. ▸ *m.* Lengua hablada en Grecia.

**grieta** *f.* Quiebra que se forma en la tierra o en cualquier cuerpo sólido.

**grifero, ra** *m. y f.* Perú. Empleado de una gasolinera.

**grifa** *f.* Marihuana.

**grifo, fa** *adj.* Colomb. Presuntuoso. ▸ *m.* Mecanismo que regula el paso de un fluido por una cañería. — Animal fabuloso con cuerpo de león y cabeza y alas de águila. — Perú. Gasolinera.

**grilla** *f.* Méx. Fam. Actividad política, en especial la que se vale de intrigas.

**grillete** *m.* Arco de hierro que sujeta los pies de los presos.

**grillo** *m.* Insecto de color negro que produce un sonido agudo y monótono.

**grima** *f.* Desazón, irritación.

**grimillón** *m.* Chile. Multitud.

**gringo, ga** *adj./m. y f.* Estadounidense. — Amér. Extranjero, en especial norteamericano o de rasgos anglosajones. — Chile. Tonto. ▸ *adj./m.* Amér. Se dice de la lengua extranjera.

**gripa** *f.* Amér. Gripe.

**gripe** *f.* Afección vírica que se presenta con fiebre y catarro.

**gris** *adj./m.* Se dice del color que resulta de la mezcla de blanco y negro. ▸ *adj.* De color gris.

**grisalla** *f.* Méx. Chatarra.

**grisma** *f.* Chile, Guat., Hond. y Nicar. Brizna, pizca.

**grisú** *m.* Gas inflamable que se desprende de las minas de carbón.

**gritar** *intr.* Levantar mucho la voz.

**griterío** *m.* Confusión de voces altas y desentonadas.

**grito** *m.* Voz muy levantada y esforzada.

**grosella** *f.* Fruto en baya de color rojo y sabor agridulce.

**grosero, ra** *adj.* Basto, ordinario. ▸ *adj./m. y f.* Maleducado.

**grosor** *m.* Espesor de un cuerpo.

**grotesco, ca** *adj.* Ridículo y extravagante.

**grúa** *f.* Máquina con un brazo giratorio para levantar pesos. — Camión para remolcar automóviles averiados.

**gruesa** *f.* Doce docenas.

**grueso, sa** *adj.* Corpulento, abultado. — Grande. ▸ *m.* Anchura de una cosa. — Parte principal de un todo.

**grulla** *f.* Ave zancuda de gran tamaño, de plumaje gris.

**grumete** *m.* Aprendiz de marinero.

**grumo** *m.* Parte coagulada de un líquido.

**gruñido** *m.* Voz del cerdo. — Voz amenazadora del perro y otros animales.

**grupa** *f.* Parte posterior del lomo de una caballería.

**grupo** *m.* Pluralidad de seres o cosas que forman un conjunto.

**gruta** *f.* Cavidad abierta en el seno de la tierra.

**guabirá** *m.* Argent., Par. y Urug. Árbol grande de fruto amarillo.

**guaca** *f.* Amér. Merid. y Amér. Central. Tesoro enterrado. — Amér. Merid. y Amér. Central. Tumba o yacimiento arqueológico de la época precolombina. — Bol., C. Rica y Cuba. Hucha. — C. Rica y Cuba. Hoyo donde se depositan frutas verdes para que maduren.

**guacal** *m.* Amér. Central. Planta arbórea que produce un fruto redondo, del que se hacen vasijas. — Amér. Central y Méx. Recipiente hecho con el fruto de esta planta. — Colomb., Méx. y Venez. Cesta o jaula de varillas que se utiliza para transportar mercancías.

**guacamayo** *m.* Especie de loro de cola muy larga y plumaje de colores vivos y variados.

**guacamol** o **guacamole** *m.* Amér. Central, Cuba y Méx. Salsa fría de aguacate, cebolla, tomate y chile verde.

**guachafita** *f.* Colomb. y Venez. Alboroto, bullicio.

**guachapear** *tr.* Chile. Hurtar, arrebatar.

**guache** *m.* Colomb. y Venez. Hombre vulgar, patán.

**guachimán** *m.* Amér. Central, Chile, Perú y R. Dom. Guardia jurado, vigilante. — Nicar. Sirviente.

**guacho, cha** *adj.* Amér. Central y Amér. Merid. Se dice de la cría que ha perdido la madre. — Chile. Que no tiene pareja. ▸ *adj./m. y f.* Argent., Chile y Perú. Huérfano, expósito. — Argent. Vulg. Ruin, despreciable.

**guaco** *m.* Planta americana de flores blancas, que se utiliza para curar llagas, picaduras venenosas, etc. — Ave casi tan grande como el pavo, de carne apreciada, abundante en América. — Amér. Central y Amér. Merid. Objeto, por lo común cerámica, que se encuentra en una tumba o yacimiento precolombino. — C. Rica. Ave con el cuerpo negro y el vientre blanco.

**guadalajarense** *adj./m. y f.* De Guadalajara (México).

**guadalajareño, ña** *adj./m. y f.* De Guadalajara (España).

**guadaña** *f.* Instrumento que sirve para segar a ras de tierra.

**guagua** *m. o f.* Argent., Bol., Chile, Ecuad. y Perú. Bebé. ▶ *f.* Antill. Autobús. — Cuba y R. Dom. Insecto muy pequeño de color blanco o gris que destruye los naranjos y limoneros.

**guairabo** *m.* Chile. Ave nocturna de plumaje blanco, con la cabeza y el dorso negros.

**guajiro, ra** *adj./m. y f.* Colomb. y Cuba. Campesino.

**guajolote** *adj.* Méx. Tonto, bobo. ▶ *m.* Méx. Pavo.

**gualdo, da** *adj.* De color amarillo dorado.

**gualeta** *f.* Chile. Aleta de peces y reptiles. — Chile. Parte saliente, y generalmente flexible, de cualquier objeto. — Chile. Aleta para bucear.

**gualve** *m.* Chile. Terreno pantanoso.

**guampa** *f.* Amér. Merid. Asta o cuerno del animal vacuno.

**guanaco** *m.* Mamífero parecido a la llama, de lana muy apreciada, que habita en los Andes meridionales. — Amér. Tonto, bobo. — Amér. Central. Campesino, rústico.

**guanche** *adj./m. y f.* De un antiguo pueblo que habitaba las islas Canarias.

**guando** *m.* Colomb., Ecuad., Pan. y Perú. Parihuelas.

**guangoche** *m.* Amér. Central y Méx. Tela basta parecida a la arpillera.

**guano** *m.* Abono formado por excrementos de ciertas aves marinas. — Abono mineral similar a este. — Argent., Chile, Méx. y Perú. Estiércol.

**guantazo** *m.* Bofetada fuerte.

**guante** *m.* Prenda que cubre o protege la mano.

**guantear** *tr.* Amér. Central y Méx. Golpear con la mano abierta.

**guantera** *f.* Caja del salpicadero de un automóvil.

**guapear** *intr.* Argent., Chile y Urug. Fanfarronear.

**guapo, pa** *adj./m. y f.* Que tiene rasgos físicos bellos. — Bonito.

**guaraca** *f.* Chile, Colomb., Ecuad. y Perú. Correa, látigo.

**guarache** *m.* Méx. Especie de sandalia tosca de cuero.

**guarango, ga** *adj.* Amér. Merid. Maleducado, grosero.

**guaraní** *adj./m. y f.* De un pueblo amerindio que en el s. XVI ocupaba la costa atlántica de América del Sur. ▶ *m.* Lengua hablada por este pueblo. — Unidad monetaria de Paraguay.

**guarapo** *m.* Amér. Jugo extraído de la caña de azúcar.

**guarapón** *m.* Chile y Perú. Sombrero de ala ancha.

**guarda** *m. y f.* Persona que vigila o cuida un lugar. ▸ *f.* Acción de guardar o cuidar. — Amér. Central y Amér. Merid. Franja con que se adornan los bordes de vestidos, cortinas y telas en general.

**guardabarros** *m.* Pieza que cubre las ruedas de un vehículo y las protege de las salpicaduras.

**guardabosque** o **guardabosques** *m. y f.* Guarda forestal.

**guardacostas** *m.* Embarcación que vigila las costas.

**guardaespaldas** *m. y f.* Persona que acompaña a otra para protegerla.

**guardagujas** *m. y f.* Persona que maneja las agujas de una vía férrea.

**guardameta** *m. y f.* DEP. Portero.

**guardamonte** *m.* Argent., Bol. y Urug. Pieza de cuero que cuelga de la parte delantera de la montura y sirve para proteger las piernas del jinete.

**guardar** *tr.* Poner una cosa en un sitio adecuado para que no se pierda o para que se conserve en buen estado. — Vigilar y proteger. — Cumplir una norma o ley. — ▸ *prnl.* Precaverse, prevenirse.

**guardarropa** *m.* Habitación o armario para guardar la ropa.

**guardavalla** *m.* Amér. Central y Amér. Merid. Guardameta.

**guardería** *f.* Lugar destinado al cuidado de los niños que aún no han cumplido la edad para la educación preescolar.

**guardia** *m.* Individuo de ciertos cuerpos armados. ▸ *f.* Defensa, custodia. — Servicio especial que se realiza en algunas profesiones. — Nombre de algunos cuerpos armados: ~ *civil*.

**guardián, na** *m. y f.* Persona que vigila o cuida un lugar.

**guarecer** *tr. y prnl.* Acoger, servir de refugio.

**guarida** *f.* Lugar abrigado donde se refugian los animales.

**guaripola** *m. y f.* Chile. Director de una banda militar. ▸ *f.* Chile. Insignia del director de una banda militar.

**guarismo** *m.* Signo o conjunto de signos que expresan un número.

**guarnecer** *tr.* Poner adornos. — Dotar, proveer, equipar.

**guarnición** *f.* Adorno. — Alimento que acompaña a otro principal. — Tropa. ▸ *pl.* Conjunto de correajes de las caballerías.

**guaro** *m.* Amér. Central. Aguardiente de caña.

**guarro, rra** *adj./m. y f.* Cochino.

**guasanga** *f.* Amér. Central, Colomb., Cuba y Méx. Algazara.

**guasca** *f.* Amér. Merid. y Antill. Ramal de cuero, cuerda o soga, que sirve de rienda o látigo. — Argent. Vulg. Semen.

**guasa** *f.* Fam. Ironía o burla con que se dice algo.

**guaso, sa** *adj.* Amér. Merid. Maleducado.

**guata** *f.* Lámina gruesa de algodón que se usa como relleno. — Chile. Fam. Barriga, vientre.

**guate** *m.* Amér. Central y Méx. Plantación de maíz destinado a servir de forraje.

**guatemalteco, ca** *adj./m. y f.* De Guatemala.

**guateque** *m.* Fiesta en una casa particular.

**guayaba** *f.* Fruto del guayabo. — Antill., Colomb., Salv., Nicar. y Urug. Fam. Mentira, embuste.

**guayabera** *f.* Camisa suelta de tela ligera.

**guayabo** *m.* Árbol cultivado por sus bayas azucaradas.

**guayaca** *f.* Argent., Bol. y Chile. Bolsa de tela para guardar monedas o utensilios de fumar.

**guayacán** o **guayaco** *m.* Planta arbórea de América tropical, apreciada por su madera y por sus extractos.

**guayanés, sa** *adj./m. y f.* De Guayana.

**guayar** *tr.* R. Dom. Desmenuzar una cosa con el rallador. ▸ *prnl.* P. Rico. Embriagarse.

**guayuco** *m.* Colomb., Pan. y Venez. Taparrabos.

**gubernamental** *adj.* Relativo al gobierno o partidario de él.

**gubia** *f.* Herramienta usada en carpintería para hacer molduras.

**güegüecho, cha** *adj.* Amér. Central y Méx. Que tiene bocio.

**güemul** *m.* Mamífero parecido al ciervo, que vive en las estepas y bosques de los Andes.

**guepardo** *m.* Mamífero carnívoro de cuerpo esbelto y pelaje amarillento con manchas negras.

**güero, ra** *adj./m. y f.* Méx. y Venez. Rubio.

**guerra** *f.* Lucha armada entre sociedades humanas.

**guerrilla** *f.* Grupo de gente armada que lleva a cabo acciones coordinadas en territorio enemigo.

**gueto** *m.* Minoría de personas que vive aislada por motivos raciales, culturales, etc.

**guía** *m. y f.* Persona que encamina o enseña a otras. ▸ *f.* Cosa que dirige u orienta. — Libro en que se pueden consultar informaciones sobre una ciudad, un servicio, etc.

**guijarro** *m.* Piedra pequeña redondeada por la erosión.

**guillotina** *f.* Instrumento para decapitar a los condenados.

**guinche** *m.* Argent. Grúa.

**guinda** *f.* Variedad de cereza de color negro o rojo oscuro.

**guindilla** *f.* Pimiento pequeño, encarnado y muy picante.

**guindo** *m.* Variedad de cerezo que produce las guindas.

**guineano, na** *adj./m. y f.* De Guinea.

**guineo** *m.* Variedad de plátano

en algunas zonas de América, pequeño y muy dulce.

**guiñapo** *m.* Jirón de ropa. — Persona muy débil.

**guiñar** *tr. y prnl.* Cerrar y abrir un solo ojo con rapidez.

**guiñol** *m.* Teatro de marionetas.

**guion** o **guión** *m.* Escrito esquemático que sirve de guía para un tema. — Texto con el desarrollo de una película o un programa. — Signo ortográfico (-).

**guirigay** *m.* Griterío y confusión.

**guirlache** *m.* Turrón de almendras tostadas y caramelo.

**guirnalda** *f.* Tira ornamental.

**güiro** *m.* Amér. Calabaza que es más ancha por la parte de la flor. — Antill. y Méx. Instrumento musical que tiene como caja una calabaza de este tipo.

**guisa** *f.* Modo, manera.

**guisante** *m.* Planta trepadora cultivada por su fruto en legumbre, y semillas comestibles. — Fruto y semilla de esta planta, en forma de bolitas verdes.

**guisar** *tr.* Preparar un alimento al fuego.

**güisqui** *m.* Whisky.

**guitarra** *f.* Instrumento musical de seis cuerdas, formado por una caja de madera y un mástil.

**gula** *f.* Exceso en la comida y en la bebida.

**gurí, risa** *m. y f.* Argent. y Urug. Niño, muchacho.

**gusano** *m.* Invertebrado de cuerpo cilíndrico y alargado, blando y sin patas.

**gusarapo, pa** *m. y f.* Cualquier animal con forma de gusano.

**gustar** *tr.* Percibir el sabor. ▸ *tr. e intr.* Resultar algo agradable o atractivo a alguien.

**gusto** *m.* Sentido que permite distinguir los sabores. — Sabor de un alimento. — Placer. — Facultad de sentir o apreciar las cosas.

**gutural** *adj.* Relativo a la garganta. ▸ *adj./f.* LING. Velar.

**guyanés, sa** *adj./m. y f.* De Guyana.

**h** *f.* Novena letra del abecedario.

**haba** *f.* Planta leguminosa cultivada por su semilla comestible. — Fruto y semilla de esta planta.

**habanera** *f.* Música y danza de origen cubano.

**habanero, ra** *adj./m. y f.* De La Habana.

**habano** *m.* Cigarro puro elaborado en Cuba.

**haber** *impers.* Estar en alguna parte: *hay mucha gente en la sala.* — Existir. — Suceder: *hubo altercados.* — Verbo auxiliar que, seguido de un participio, forma los tiempos compuestos de éste: *hubo llegado.* — Seguido de la preposición de y un infinitivo expresa la acción como obligatoria o necesaria: *has de estudiar.*

**haber** *m.* Conjunto de bienes. — Parte de una cuenta en la que constan los ingresos.

**habichuela** *f.* Judía.

**hábil** *adj.* Inteligente, que hace las cosas con facilidad. — Legalmente capaz o apto.

**habilitar** *tr.* Hacer hábil o apto.

**habitación** *f.* Parte del espacio de una casa o edificio que está separada de las demás por paredes.

**habitáculo** *m.* Habitación, vivienda.

**habitante** *m. y f.* Persona que habita en un lugar.

**habitar** *tr. e intr.* Vivir o morar en un lugar.

**hábitat** *m.* Territorio que presenta las condiciones adecuadas para la vida de una especie animal o vegetal.

**hábito** *m.* Traje usado por los religiosos. — Costumbre.

**habitual** *adj.* Que se hace o posee por hábito o costumbre.

**habituar** *tr. y prnl.* Hacer que uno se acostumbre a una cosa.

**habla** *f.* Facultad de las personas para hablar. — Uso individual que hacen los hablantes de la lengua. — Conjunto de medios de expresión propios de un grupo: *las hablas regionales.*

**hablador, ra** *adj./m. y f.* Que habla demasiado. — Méx. y R. Dom. Fanfarrón, mentiroso.

**habladuría** *f.* Chisme, rumor.
**hablar** *intr.* Articular palabras.
— Tratar sobre un asunto: *el libro habla de política.* ▸ *tr.* Conocer y utilizar un idioma.
**hacendado, da** *adj./m. y f.* Que tiene haciendas. — Argent. y Chile. Se dice del estanciero que se dedica a la cría de ganado.
**hacendoso, sa** *adj.* Diligente en las faenas domésticas.
**hacer** *tr.* Fabricar o preparar una cosa. — Crear: ~ *versos.* — Representar: ~ *cine.* — Obligar a realizar una acción. ▸ *tr. y prnl.* Acostumbrar: *hacerse al frío.* ▸ *intr.* Actuar: *hace mal.* ▸ *impers.* Haber transcurrido cierto tiempo: *hoy hace un año.* — Haber ciertas condiciones atmosféricas: *hace frío.* ▸ *prnl.* Moverse, apartarse. — Fingir.
**hacha** *f.* Herramienta cortante, de hoja ancha.
**hachazo** *m.* Golpe dado con un hacha. — Argent. Golpe violento dado de filo con arma blanca. — Argent. Herida y cicatriz así producidas. — Colomb. Espanto súbito y violento del caballo.
**hache** *f.* Nombre de la letra *h.*
**hachís** *m.* Resina del cáñamo índico, usada como droga.
**hacia** *prep.* Indica dirección o tendencia: *fue ~ él.* — Indica proximidad temporal: ~ *fines de mes.*
**hacienda** *f.* Finca agrícola. — Conjunto de bienes y propiedades. — Amér. Central y Amér.

Merid. Conjunto de ganado que hay en una estancia.
**hacinar** *tr. y prnl.* Amontonar.
**hada** *f.* Ser imaginario femenino dotado de poderes mágicos.
**hado** *m.* Destino.
**haitiano, na** *adj./m. y f.* De Haití.
**halagar** *tr.* Dar muestras de afecto o admiración. — Adular.
**halagüeño, ña** *adj.* Que halaga. — Prometedor: *noticia ~.*
**halcón** *m.* Ave rapaz de plumaje gris y alas largas y puntiagudas, que puede ser domesticada.
**hálito** *m.* Aliento. — Soplo suave del aire.
**hallar** *tr.* Dar con una persona o cosa. ▸ *prnl.* Estar en determinado lugar, situación o estado.
**hallazgo** *m.* Acción y efecto de hallar. — Cosa hallada.
**halo** *m.* Círculo luminoso que rodea el Sol o la Luna. — Aureola.
**halógeno** *adj./m.* QUÍM. Se dice del elemento químico no metal de electronegatividad elevada que forma sales minerales al unirse con un metal, como el cloro, el flúor o el yodo. — Se dice de ciertos faros y lámparas que dan una luz blanca y potente.
**halterofilia** *f.* Deporte que consiste en levantar pesos.
**haluro** *m.* Combinación química de un halógeno con otro elemento.
**hamaca** *f.* Red que colgada por

los extremos sirve de cama. — Argent. y Urug. Mecedora.

**hamacar** *tr. y prnl.* Argent., Guat., Par. y Urug. Mecer. — Argent. Fam. Afrontar con esfuerzo una situación difícil.

**hamaquear** *tr. y prnl.* Amér. Central y Amér. Merid. Mecer, columpiar, especialmente en hamaca. ▶ *tr.* Cuba, P. Rico y Venez. Zarandear.

**hambre** *f.* Deseo o necesidad de comer. — Deseo ardiente de algo.

**hamburguesa** *f.* Pieza aplanada hecha de carne picada. — Bocadillo que se elabora con esta pieza de carne.

**hampa** *f.* Conjunto de personas que viven al margen de la ley.

**hámster** *m.* Mamífero roedor parecido al ratón, pero de pelo más largo y suave.

**hándicap** *m.* Dificultad, inconveniente. — DEP. Ventaja que los participantes de inferior nivel reciben en algunas pruebas.

**hangar** *m.* Cobertizo donde se guardan y reparan los aviones.

**haragán, na** *adj./m. y f.* Perezoso, holgazán.

**harakiri** *m.* Suicidio ritual japonés que consiste en abrirse el vientre con un arma blanca.

**harapo** *m.* Trozo de un traje o prenda que cuelga roto.

**haraquiri** *m.* Harakiri.

**harén** o **harem** *m.* En los países musulmanes, lugar de la casa destinado a las mujeres. — Conjunto de estas mujeres.

**harina** *f.* Polvo resultante de moler el trigo u otras semillas.

**harmonía** *f.* Armonía.

**harnear** *tr.* Chile y Colomb. Cribar.

**hartar** *tr. y prnl.* Saciar el apetito de comer o beber. — Satisfacer el deseo de una cosa. — Fastidiar, cansar.

**harto, ta** *adj.* Saciado. — Cansado, aburrido. — Chile, Cuba y Méx. Mucho, gran cantidad. ▶ *adv.* Bastante.

**hasta** *prep.* Expresa el término del cual no se pasa con relación al espacio, al tiempo y a la cantidad: *desde Madrid ~ Roma.* ▶ *adv.* Aun, incluso.

**hastío** *m.* Disgusto, tedio.

**hatajo** *m.* Conjunto de gente o de cosas.

**hato** *m.* Porción de ganado. — Hatajo.

**haya** *f.* Árbol de tronco gris y madera blanca, usada en ebanistería.

**haz** *m.* Porción de cosas atadas: *haz de leña.* — Conjunto de rayos luminosos con un mismo origen. ▶ *f.* Cara anterior de una cosa.

**hazaña** *f.* Hecho ilustre o heroico.

**hazmerreír** *m.* Fam. Persona ridícula que sirve de diversión.

**he** *adv.* Junto con aquí, allí, ahí, o unido a pronombres personales átonos, sirve para señalar: *he aquí lo que buscabas.*

**hebilla** *f.* Pieza de metal que

une los dos extremos de una correa.

**hebra** *f.* Porción de hilo que se pone en la aguja para coser.

**hebreo, a** *adj./m. y f.* De un pueblo semita que se estableció en Palestina. ▸ *m.* Lengua semítica hablada por este pueblo y, en la actualidad, lengua oficial de Israel.

**hecatombe** *f.* Catástrofe con muchas víctimas. — Desastre.

**hechizar** *tr.* Ejercer un maleficio sobre alguien.

**hechizo, za** *adj.* Chile y Méx. Se dice del aparato o instrumento que no es de fábrica, que está hecho de forma rudimentaria. ▸ *m.* Acción y efecto de hechizar. — Atracción irresistible.

**hecho, cha** *adj.* Acabado, maduro. ▸ *m.* Obra, acción. — Suceso.

**hechura** *f.* Acción y efecto de hacer. — Forma externa.

**hectárea** *f.* Medida de superficie que equivale a 100 áreas.

**hectómetro** *m.* Medida de longitud que equivale a 100 *m.*

**heder** *intr.* Despedir mal olor.

**hedonismo** *m.* Doctrina que hace del placer el objetivo de la vida.

**hedor** *m.* Olor desagradable.

**hegemonía** *f.* Supremacía.

**hégira** o **héjira** *f.* Era musulmana que comienza en el año 622 de la nuestra.

**helada** *f.* Descenso de la temperatura por debajo de cero grados.

**heladera** *f.* Amér. Merid. Nevera, frigorífico.

**helado, da** *adj.* Muy frío. — Atónito, pasmado. ▸ *m.* Golosina o postre que se somete a cierto grado de congelación.

**helar** *tr., intr. y prnl.* Congelar. ▸ *impers.* Producirse heladas.

**helecho** *m.* Planta sin flores que vive en lugares húmedos y se reproduce por esporas.

**helénico, ca** *adj.* Griego.

**heleno, na** *adj./m. y f.* Griego.

**hélice** *f.* Dispositivo formado por aspas dispuestas alrededor de un eje accionado por un motor. — MAT. Curva que corta las generatrices de un cilindro de revolución.

**helicóptero** *m.* Aeronave con una hélice de eje vertical.

**helio** *m.* Gas inodoro, incoloro e insípido.

**heliotropismo** *m.* Fenómeno que ofrecen las plantas al dirigir sus órganos hacia la luz solar.

**heliotropo** *m.* Planta de jardín de flores blancas o violetas.

**helvético, ca** *adj./m. y f.* Suizo.

**hematíe** *m.* Célula de la sangre que contiene hemoglobina y transporta el oxígeno a todo el cuerpo.

**hematología** *f.* Parte de la medicina que estudia la sangre.

**hematoma** *m.* Derrame interno de sangre.

**hembra** *f.* Persona o animal del sexo femenino. — Pieza que tiene un hueco en el que se introduce y encaja otra.

**hemeroteca** *f.* Biblioteca de periódicos y revistas.

**hemiciclo** *m.* Semicírculo. —Sala o gradería semicircular.

**hemiplejía** o **hemiplejia** *f.* Parálisis de un lado del cuerpo.

**hemíptero, ra** *adj./m.* Relativo a un orden de insectos provistos de trompa chupadora.

**hemisferio** *m.* Cada una de las dos partes, norte y sur, del globo terrestre. — Cada una de las dos mitades laterales del cerebro.

**hemistiquio** *m.* Cada una de las dos partes de un verso con cesura.

**hemofilia** *f.* Enfermedad que se caracteriza por la dificultad de la sangre para coagularse.

**hemoglobina** *f.* Pigmento de los glóbulos rojos de la sangre.

**hemorragia** *f.* Flujo de sangre.

**hemorroide** *f.* Variz de las venas del ano, almorrana.

**henchir** *tr. y prnl.* Llenar.

**hender** *tr.* Atravesar un fluido. ▸ *tr. y prnl.* Hacer o causar una hendidura.

**hendidura** *f.* Abertura, corte en cuerpo sólido.

**hendir** *tr.* Hender.

**henequén** *m.* Méx. Especie de pita de la que se extrae una fibra textil. — Méx. Esta fibra textil.

**heno** *m.* Hierba segada y seca.

**hepático, ca** *adj.* Relativo al hígado.

**hepatitis** *f.* Inflamación del hígado.

**heptaedro** *m.* MAT. Sólido de siete caras.

**heptágono** *m.* MAT. Polígono de siete lados.

**heptano** *m.* Hidrocarburo saturado, componente de la gasolina.

**heptasílabo, ba** *adj./m.* Que consta de siete sílabas.

**heráldica** *f.* Conjunto de conocimientos sobre los escudos de armas.

**heraldo** *m.* Mensajero, emisario.

**herbáceo, a** *adj.* BOT. Se dice de las plantas endebles, no leñosas, cuyas partes aéreas mueren después de fructificar.

**herbívoro, ra** *adj./m.* Que se alimenta de vegetales.

**herbolario, ria** *m. y f.* Persona que vende hierbas y plantas medicinales. ▸ *m.* Tienda donde se venden estas plantas.

**hercio** *m.* FÍS. Unidad de medida de frecuencia de todo movimiento vibratorio, expresada en ciclos por segundo.

**heredad** *f.* Terreno cultivado de un mismo dueño.

**heredar** *tr.* Recibir los bienes que tenía una persona al tiempo de su muerte. — Recibir caracteres biológicos de los padres.

**herejía** *f.* Creencia contraria a los dogmas de la iglesia.

**herencia** *f.* Acción de heredar. — Cosa que se hereda.

**herida** *f.* Lesión en la piel producida por un golpe o corte.

**herir** *tr. y prnl.* Causar una herida. ▶ *tr.* Ofender.

**hermafrodita** *adj./m. y f.* Que tiene los órganos reproductores de los dos sexos.

**hermanar** *tr. y prnl.* Unir, armonizar.

**hermanastro, tra** *m. y f.* Hijo de uno de los cónyuges, respecto al hijo del otro.

**hermandad** *f.* Fraternidad. — Cierto tipo de asociación.

**hermano, na** *m. y f.* Persona que con respecto a otra tiene los mismos padres o al menos uno de ellos. — Persona que pertenece a una hermandad.

**hermenéutica** *f.* Arte de interpretar textos, especialmente los sagrados.

**hermético, ca** *adj.* Que está perfectamente cerrado.

**hermoso, sa** *adj.* Que tiene belleza.

**hernia** *f.* Tumor formado por la salida total o parcial de un órgano fuera de su cavidad natural.

**héroe** *m.* Persona que se distingue por sus cualidades o acciones. — Personaje principal de un poema, película, etc.

**heroico, ca** *adj.* Que narra las hazañas de los héroes.

**heroína** *f.* Estupefaciente derivado de la morfina.

**herpes** o **herpe** *m.* Erupción cutánea de vesículas agrupadas.

**herradura** *f.* Hierro que se clava en las patas de las caballerías.

**herramienta** *f.* Instrumento con que trabajan los artesanos.

**herrar** *tr.* Clavar las herraduras. — Marcar con hierro candente.

**herrero, ra** *m. y f.* Persona que trabaja el hierro.

**herrumbre** *f.* Orín del hierro.

**hertz** *m.* FÍS. Hercio.

**hervidero** *m.* Movimiento de los líquidos al hervir. — Multitud.

**hervir** *tr.* Hacer que algo entre en ebullición. ▶ *intr.* Producir burbujas un líquido al elevar su temperatura, o por fermentación.

**herzegovino, na** *adj./m. y f.* De Bosnia-Herzegovina.

**heterodoxo, xa** *adj./m. y f.* Contrario a la doctrina ortodoxa o a una opinión comúnmente admitida.

**heterogéneo, a** *adj.* Compuesto de partes de diversa naturaleza.

**heterosexual** *adj./m. y f.* Que experimenta atracción sexual por el sexo contrario.

**heterótrofo, fa** *adj./m. y f.* BIOL. Que se alimenta de sustancias orgánicas elaboradas por otros seres vivos.

**hexaedro** *m.* MAT. Sólido de seis caras.

**hexágono** *m.* MAT. Polígono de seis lados.

**hez** *f.* Sedimento de algunos líquidos. ▶ *pl.* Excremento.

**hiato** *m.* Pronunciación en sílabas distintas de vocales contiguas.

**hibernación** *f.* Letargo de ciertos animales durante el invierno, como el oso.

**híbrido, da** *adj.* Que resulta del cruce de dos especies distintas.

**hidalgo, ga** *m. y f.* Miembro de la antigua nobleza castellana.

**hidra** *f.* Pólipo de agua dulce con tentáculos. — Monstruo mitológico que tiene siete cabezas.

**hidratar** *tr. y prnl.* Incorporar agua a un cuerpo o sustancia. — Restablecer el grado de humedad normal de la piel.

**hidrato** *m.* QUÍM. Combinación de un cuerpo con el agua. — Hidrato de carbono (QUÍM.), glúcido o azúcar.

**hidráulica** *f.* Ciencia que estudia el uso energético del agua.

**hidráulico, ca** *adj.* Que funciona con ayuda de agua.

**hidrocarburo** *m.* QUÍM. Compuesto de carbono e hidrógeno.

**hidrófilo, la** *adj.* Que absorbe el agua con facilidad.

**hidrógeno** *m.* Cuerpo simple, gaseoso, que forma parte del agua.

**hidrólisis** *f.* QUÍM. Descomposición de un compuesto orgánico por acción del agua.

**hidrología** *f.* Ciencia que estudia las aguas.

**hidropesía** *f.* Acumulación anormal de suero en una cavidad o tejido del organismo.

**hidrosfera** *f.* Parte líquida del globo terráqueo.

**hidróxido** *m.* QUÍM. Compuesto que contiene el radical hidroxilo.

**hidroxilo** *m.* QUÍM. Radical que contiene un átomo de hidrógeno y otro de oxígeno.

**hiedra** *f.* Planta trepadora de hojas perennes y bayas negras.

**hiel** *f.* Bilis. — Amargura.

**hielera** *f.* Argent., Chile y Méx. Nevera.

**hielo** *m.* Agua solidificada por el frío.

**hiena** *f.* Mamífero carroñero de pelo gris o rojizo.

**hierático, ca** *adj.* Relativo a las cosas sagradas o a los sacerdotes. — Que no deja traslucir sentimientos.

**hierba** *f.* Cualquier planta pequeña de tallo tierno.

**hierbabuena** *f.* Planta herbácea aromática, usada como condimento.

**hierra** *f.* Amér. Acción de marcar con el hierro el ganado. — Amér. Temporada en que se hace y fiesta que se celebra con tal motivo.

**hierro** *m.* Metal de color gris plateado, de gran uso industrial.

**hígado** *m.* Órgano contenido en el abdomen que segrega la bilis.

**higiene** *f.* Parte de la medicina que se ocupa de la conservación de la salud o la prevención de enfermedades. — Limpieza, aseo.

**higo** *m.* Fruto de la higuera.

**higrometría** *f.* Ciencia que determina la humedad de la atmósfera.

**higuera** *f.* Árbol de hojas grandes, cuyo fruto es el higo.

**higuerón** o **higuerote** *m.* Planta arbórea que crece en América, de madera fuerte, usada para construir embarcaciones.

**hijastro, tra** *m. y f.* Respecto de uno de los cónyuges, hijo o hija que el otro ha tenido de una relación anterior.

**hijo, ja** *m. y f.* Persona o animal respecto de su padre o de su madre. ▸ *m.* Brote o retoño.

**hilacha** *f.* Hilo que se desprende de la tela.

**hilachento, ta** *adj.* Chile y Colomb. Que tiene hilachas. — Chile y Colomb. Harapiento.

**hilar** *tr.* Convertir en hilo las fibras textiles. — Discurrir unas cosas de otras: ~ *planes.*

**hilaridad** *f.* Risa ruidosa y prolongada.

**hilatura** *f.* Arte de hilar.

**hilera** *f.* Formación en línea. — Pieza de acero para transformar el metal en hilo o alambre.

**hilo** *m.* Fibra delgada y flexible de una materia textil. — Tela de fibra de lino. — Cable de una red eléctrica, telefónica o de otro tipo. — Curso que siguen las cosas.

**hilván** *m.* Costura que se hace para preparar el cosido definitivo. — Venez. Dobladillo.

**hilvanar** *tr.* Coser con hilvanes. — Enlazar o coordinar: ~ *ideas.*

**himen** *m.* Membrana que cierra la vagina.

**himenóptero, ra** *adj./m.* Relativo a un orden de insectos que poseen dos pares de alas membranosas, como las abejas.

**himno** *m.* Composición musical o poética de alabanza o admiración.

**hincapié** Palabra que se usa en la expresión hacer hincapié, que significa 'insistir en una cosa, prestarle especial atención'.

**hincar** *tr.* Introducir, clavar o apoyar una cosa en otra.

**hincha** *m. y f.* Seguidor entusiasta de un equipo deportivo.

**hinchada** *f.* Conjunto de hinchas.

**hinchar** *tr. y prnl.* Llenar de aire un objeto flexible. ▸ *prnl.* Abultarse una parte del cuerpo. — Hartarse de comer.

**hindú** *adj./m. y f.* De la India.

**hinduismo** *m.* Religión predominante en la India.

**hinojo** *m.* Planta aromática de flores amarillas, usada en medicina y como condimento.

**hipérbaton** *m.* Figura retórica que consiste en alterar el orden lógico de las palabras.

**hipérbola** *f.* Curva simétrica formada por puntos cuya distancia respecto de dos puntos fijos, o focos, es constante.

**hipérbole** *f.* Figura retórica consistente en exagerar la realidad.

**hipermetropía** *f.* Defecto de la visión que impide ver bien de cerca.

**hípica** *f.* Serie de deportes que se practican a caballo.

**hípico, ca** *adj.* Relativo al caballo y a la equitación.

**hipnosis** *f.* Estado parecido al sueño, provocado por sugestión.

**hipnotizar** *tr.* Producir hipnosis.

**hipo** *m.* Serie de movimientos involuntarios del diafragma que hace expulsar aire de manera brusca.

**hipocentro** *m.* Región del interior de la corteza terrestre donde tiene su origen un movimiento sísmico.

**hipocondría** *f.* Preocupación obsesiva por la propia salud.

**hipocorístico, ca** *adj./m.* Se dice de los diminutivos que se usan de forma cariñosa, como Lola por Dolores.

**hipocresía** *f.* Fingimiento de cualidades o sentimientos.

**hipodermis** *f.* Parte profunda de la piel, rica en tejido adiposo.

**hipódromo** *m.* Lugar destinado a las carreras de caballos.

**hipófisis** *f.* Glándula endocrina que regula el funcionamiento del organismo.

**hipopótamo** *m.* Mamífero de gran tamaño y boca amplia.

**hipotálamo** *m.* Región del encéfalo situada en la base cerebral.

**hipoteca** *f.* Contrato por el que se garantiza el cumplimiento de una obligación con un bien inmueble.

**hipotenusa** *f.* Lado opuesto al ángulo recto en un triángulo rectángulo.

**hipótesis** *f.* Teoría o suposición no confirmadas.

**hirsuto, ta** *adj.* Se dice del pelo áspero y duro.

**hisopo** *m.* Planta herbácea muy olorosa. — Chile y Colomb. Brocha de afeitar.

**hispalense** *adj./m. y f.* De Sevilla (España).

**hispánico, ca** *adj.* Relativo a España o a la hispanidad.

**hispanidad** *f.* Conjunto de pueblos de lengua y cultura hispánica.

**hispano, na** *adj.* Hispanoamericano. ▸ *adj./m. y f.* Español. — Se dice de los hispanohablantes de Estados Unidos.

**hispanoamericano, na** *adj.* De España y América. ▸ *adj./m. y f.* De Hispanoamérica.

**hispanohablante** *adj./m. y f.* Que habla español.

**histeria** *f.* Enfermedad nerviosa caracterizada por respuestas emocionales graves en estados de ansiedad.

**histérico, ca** *adj.* Relativo a la histeria. ▸ *adj./m. y f.* Que padece histeria.

**histología** *f.* Ciencia que estudia los tejidos de los seres vivos.

**historia** *f.* Ciencia que estudia

el pasado del hombre. — Obra histórica: *la ~ de España.* — Narración inventada.

**historial** *m.* Reseña de los antecedentes de un negocio, de los servicios de un empleado, etc.

**histórico, ca** *adj.* Relativo a la historia: *novela ~.* — Que ha sucedido o existido realmente. — Que merece pasar a la historia.

**historieta** *f.* Anécdota, chiste o cuento divertido. — Cómic.

**histrión** *m.* Actor de la tragedia antigua. — Persona que gesticula de manera exagerada.

**hito** *m.* Poste con que se marcan los límites de un terreno. — Hecho importante dentro de un contexto.

**hobby** *m.* Pasatiempo, afición.

**hocico** *m.* Parte de la cabeza de algunos animales donde están la boca y las narices.

**hocicón, na** *adj.* Chile y Méx. Fanfarrón, mentiroso. — Méx. Vulg. Se dice de la persona que tiene la boca grande.

**hociquera** *f.* Argent. y Perú. Bozal de los animales.

**hockey** *m.* Deporte entre dos equipos que impulsan una pelota con un bastón para introducirla en la portería contraria.

**hogar** *m.* Sitio donde se enciende fuego o lumbre. — Lugar donde se vive con la familia.

**hogaza** *f.* Pan grande de forma circular.

**hoguera** *f.* Conjunto de materiales que arden con llama.

**hoja** *f.* Órgano vegetal que crece en el extremo de los tallos o de las ramas. — Lámina, especialmente la de papel. — Parte plana y cortante de ciertas armas y herramientas. — En puertas y ventanas, cada una de las partes que se abren y se cierran.

**hojalata** *f.* Chapa de acero, bañada de estaño.

**hojalatería** *f.* Méx. Taller donde se reparan las carrocerías de los automóviles.

**hojaldre** *m. o f.* Masa de harina y mantequilla que, cocida al horno, forma hojas delgadas y superpuestas.

**hojarasca** *f.* Conjunto de hojas secas de las plantas.

**hojear** *tr.* Pasar las hojas de un libro. — Leer de forma rápida.

**¡hola!** *interj.* Voz que se emplea para saludar.

**holandés, sa** *adj./m. y f.* De Holanda.

**holandesa** *f.* Hoja de papel más pequeña que el folio.

**holgado, da** *adj.* Amplio, ancho. — Que vive con bienestar.

**holgar** *intr.* Estar ocioso.

**holgazán, na** *adj./m. y f.* Que es vago y ocioso.

**holgura** *f.* Amplitud de las cosas. — Bienestar económico.

**hollar** *tr.* Pisar. — Humillar.

**hollejo** *m.* Piel delgada que cubre algunas frutas y legumbres.

**hollín** *m.* Sustancia crasa y negra depositada por el humo.

**holocausto** *m.* Gran matanza de

seres humanos por motivos de raza o religión.

**holoceno** *adj./m.* GEOL. Se dice de la época del período cuaternario que abarca desde el pleistoceno hasta nuestros días.

**hombre** *m.* Ser dotado de inteligencia y de lenguaje articulado. — Individuo de la especie humana. — Persona de sexo masculino.

**hombrera** *f.* Almohadilla cosida en los hombros de un vestido.

**hombro** *m.* Parte del tronco humano donde se unen el brazo y el tronco.

**homenaje** *m.* Acto que se celebra en honor de alguien.

**homicidio** *m.* Muerte de una persona causada por otra.

**homínido** *adj./m.* Relativo a un suborden de mamíferos primates, cuya especie superviviente es el hombre actual.

**homófono, na** *adj.* Se dice de las palabras de igual pronunciación, pero de sentido diferente, como ora y hora.

**homogéneo, a** *adj.* Que está formado por elementos de igual naturaleza y condición.

**homógrafo, fa** *adj.* Se dice de las palabras que se escriben igual, pero que tienen significados diferentes.

**homologar** *tr.* Reconocer una autoridad que un producto se ajusta a unas normas.

**homólogo, ga** *adj.* Que se corresponde exactamente con otro.

**homónimo, ma** *adj./m. y f.* Se dice de las palabras que tienen la misma pronunciación o la misma forma, pero sentido diferente.

**homosexual** *adj./m. y f.* Que siente atracción sexual por individuos de su mismo sexo.

**honda** *f.* Utensilio usado para lanzar piedras.

**hondo, da** *adj.* Que tiene mucha profundidad. — Aplicado a sentimientos, intenso: ~ *pesar.*

**hondonada** *f.* Parte más honda de un terreno.

**hondureño, ña** *adj./m. y f.* De Honduras.

**honesto, ta** *adj.* Decente. — Honrado.

**hongo** *m.* Organismo sin clorofila, provisto de talo y con reproducción preferentemente asexual (por esporas).

**honor** *m.* Cualidad moral de la persona, que obedece a los estímulos de su propia estimación. — Buena reputación. — Cosa por la que una persona se siente muy halagada. ▶ *pl.* Manifestación pública de respeto y estima.

**honorable** *adj.* Que es respetable, digno.

**honorario, ria** *adj.* Que da honor. ▶ *m. pl.* Retribución percibida por las personas que ejercen profesiones liberales.

**honra** *f.* Circunstancia de ser alguien por su conducta digno de aprecio y respeto. ▶ *pl.* Oficio que se hace por los difuntos.

**honrado, da** *adj.* Que obra con justicia e imparcialidad.

**honrar** *tr.* Manifestar respeto y estima a alguien o algo. ► *tr. y prnl.* Ser motivo de estima.

**hora** *f.* Cada una de las veinticuatro partes en que se divide el día solar. — Momento determinado del día.

**horadar** *tr.* Agujerear.

**horario, ria** *adj.* Relativo a las horas. ► *m.* Cuadro con las horas en que debe hacerse algo.

**horca** *f.* Armazón con una cuerda para ahorcar a los reos. — Palo rematado en dos puntas, para usos agrícolas.

**horcajadas** Palabra que se usa en la expresión a horcajadas, que significa 'poniendo cada pierna por su lado'.

**horchata** *f.* Bebida de chufas machacadas, agua y azúcar.

**horcón** *m.* Amér. Central y Amér. Merid. Madero vertical que sostiene vigas, aleros, etc. — Chile. Palo para sostener las ramas de los árboles.

**horda** *f.* Comunidad nómada. — Grupo de gente indisciplinada.

**horizontal** *adj.* Que está paralelo al plano del horizonte.

**horizonte** *m.* Línea imaginaria que separa el cielo y la tierra o el mar.

**horma** *f.* Molde usado en la fabricación de zapatos y otras cosas. — Colomb., Cuba, Perú y Venez. Molde para elaborar los panes de azúcar.

**hormiga** *f.* Insecto de pequeño tamaño que vive en colonias bajo tierra.

**hormigón** *m.* Mezcla de piedras menudas, grava, arena y cemento.

**hormigueo** *m.* Sensación de picor en el cuerpo. — Desasosiego.

**hormona** *f.* Sustancia segregada por una glándula interna que actúa sobre la actividad de órganos y tejidos.

**hornacina** *f.* Hueco hecho en un muro, para colocar un objeto decorativo.

**hornero** *m.* Argent. Pájaro insectívoro, de color pardo rojizo, que construye su nido en forma de horno.

**horno** *m.* Construcción o aparato que sirve para cocer alimentos a altas temperaturas.

**horóscopo** *m.* Predicción del futuro deducida de la posición de los astros y de los signos del Zodíaco.

**horqueta** *f.* Argent. Bifurcación de un camino. — Argent. y Chile. Parte donde el curso de un río o arroyo forma ángulo agudo. — Argent. y Chile. Terreno que éste comprende.

**horquilla** *f.* Pieza de alambre que sujeta el pelo. — Horca, palo.

**horrendo, da** *adj.* Que causa horror: *un crimen ~.*

**hórreo** *m.* Granero levantado sobre cuatro pilares.

**horrible** *adj.* Horroroso.

**horror** *m.* Miedo muy intenso. — Temor por algo que desagrada.

**horroroso** *adj.* Horrendo. —Muy feo o malo.

**hortaliza** *f.* Planta de huerta comestible.

**hortelano, na** *adj.* Hortense. ▶ *m. y f.* Persona que tiene o cultiva una huerta.

**hortense** *adj.* Relativo a las huertas.

**hortensia** *f.* Arbusto cultivado por sus flores de varios colores. — Flor de este arbusto.

**hortera** *adj./m. y f.* Que tiene gustos vulgares.

**horticultura** *f.* Cultivo de las plantas de huerta.

**hosco, ca** *adj.* Poco sociable.

**hospedar** *tr.* Tener a alguien como huésped, alojar. ▶ *prnl.* Estar como huésped.

**hospicio** *m.* Asilo para acoger a niños huérfanos y a pobres.

**hospital** *m.* Lugar donde se atiende y cura a los enfermos.

**hospitalario, ria** *adj.* Relativo al hospital. — Acogedor.

**hostal** *m.* Lugar para huéspedes que tiene menor categoría que el hotel.

**hostelería** *f.* Conjunto de servicios que facilitan alojamiento y comida a los clientes.

**hostia** *f.* Oblea blanca que el sacerdote consagra en la misa. — Vulg. Bofetada, golpe.

**hostigar** *tr.* Azotar, golpear. —Per-

seguir, acosar. —Amér. Merid., Méx. y Nicar. Ser empalagoso un alimento o bebida.

**hostil** *adj.* Contrario, enemigo.

**hostilidad** *f.* Acción hostil. ▶ *pl.* Conflicto armado.

**hotel** *m.* Establecimiento público donde se aloja a los clientes.

**hoy** *adv.* En el día de hoy. — En el tiempo presente.

**hoya** *f.* Cavidad grande formada en la tierra.

**hoyo** *m.* Agujero.

**hoyuelo** *m.* Hoyo en el centro de la barba o en las mejillas.

**hoz** *f.* Instrumento curvo usado para segar. — Estrechez de un valle.

**huaca** *f.* Guaca.

**huacal** *m.* Méx. Caja para transportar frutas y verduras.

**huachafo, fa** *adj./m. y f.* Perú. Cursi, vanidoso.

**huaino** *m.* Argent., Bol., Chile y Perú. Canto y baile tradicionales.

**huarache** *m.* Méx. Sandalia de cuero.

**huasca** *f.* Guasca.

**huáscar** *m.* Chile. Fam. Camión policial que dispara agua.

**huasipungo** *m.* Bol., Ecuad. y Perú. Terreno de una hacienda donde los peones siembran sus propios alimentos.

**huaso** *m.* Bol. y Chile. Hombre rudo del campo.

**hucha** *f.* Esp. Alcancía.

**hueco, ca** *adj.* Vacío en su interior. — Vacío de contenido, superficial. ► *m.* Espacio vacío. — Tiempo libre en el horario de una persona para hacer una cosa.

**huelga** *f.* Suspensión del trabajo hecha por los obreros.

**huella** *f.* Señal que dejan en la tierra el pie del hombre, las ruedas, etc., al pasar. — Vestigio. — Amér. Merid. Senda hecha por el paso de personas, animales o vehículos. — Argent. y Urug. Baile popular.

**huemul** *m.* Güemul.

**huérfano, na** *adj./m. y f.* Que ha perdido a sus padres o alguno de los dos y es menor de edad.

**huerta** *f.* Terreno para cultivar hortalizas y árboles frutales.

**huerto** *m.* Pequeña extensión de terreno donde se plantan verduras, legumbres y árboles frutales.

**hueso** *m.* Parte sólida que forma el esqueleto de los vertebrados. — Envoltura de las semillas. — Méx. Fam. Puesto en la administración pública, por lo general obtenido gracias a influencias. ► *pl.* Restos mortales.

**huésped, da** *m. y f.* Persona alojada. — Anfitrión. ► *m.* Organismo vivo a cuyas expensas vive un parásito.

**hueste** *f.* Gente o tropa armada.

**hueva** *f.* Masa oval que forman los huevos de ciertos peces. — Chile. Vulg. Testículo. — Méx. Vulg. Pereza.

**huevo** *m.* Cuerpo orgánico que ponen por las hembras de algunos animales, que contiene el embrión. — Óvulo. — Vulg. Testículo. — **Huevo tibio** (Amér. Central, Ecuad., Méx. y Perú), huevo pasado por agua. — **A huevo,** fácil. — Méx. Vulg. De manera obligada.

**huevón, na** *adj.* Méx. Vulg. Holgazán, flojo. ► *adj./m. y f.* Amér. Vulg. Lento, tardo. — Amér. Merid. Vulg. Estúpido, imbécil.

**huipil** *m.* Guat., Hond. y Méx. Camisa suelta de mujer, sin mangas y con vistosos bordados.

**huir** *intr. y prnl.* Alejarse de un lugar para evitar un daño. — Escaparse alguien de un lugar. ► *intr. y tr.* Evitar, apartarse.

**huitrín** *m.* Chile. Choclo o mazorca de maíz que cuelga.

**hule** *m.* Caucho. — Tela pintada y barnizada por uno de sus lados para que resulte impermeable. — Méx. Árbol de hojas alargadas y ásperas del que se extrae caucho.

**hulla** *f.* Mineral fósil usado como combustible.

**humanidad** *f.* Naturaleza y género humanos. ► *pl.* Conjunto de conocimientos acerca del pensamiento griego y romano.

**humanismo** *m.* Conocimiento de las letras humanas. — Movimiento cultural desarrollado en Europa durante el Renacimiento, que considera al hombre centro de la filosofía y medida de todas las cosas.

**humanitario, ria** *adj.* Solidario con sus semejantes.

**humanizar** *tr. y prnl.* Hacer a alguien o algo más humano.

**humano, na** *adj.* Relativo al hombre: *el ser ~*. — Humanitario. ▸ *m.* Persona.

**humear** *tr.* Amér. Fumigar. ▸ *intr. y prnl.* Exhalar humo o vapor.

**humedad** *f.* Agua que impregna un cuerpo. — Cantidad de vapor de agua que hay en la atmósfera.

**húmedo, da** *adj.* Que está algo mojado. — Cargado de vapor de agua.

**húmero** *m.* Hueso del brazo entre el hombro y el codo.

**humildad** *f.* Cualidad de una persona que le hace restar importancia a sus logros y virtudes. — Sumisión, docilidad.

**humillar** *tr.* Rebajar el orgullo de alguien. ▸ *prnl.* Adoptar una persona una actitud de inferioridad frente a otra.

**humita** o **huminta** *f.* Amér. Merid. Comida hecha de maíz rallado y hervido, al que se agrega una salsa de guindilla, tomate y cebolla frita.

**humo** *m.* Producto gaseoso que se desprende de los cuerpos en combustión o en fermentación. ▸ *pl.* Vanidad, arrogancia.

**humor** *m.* Líquido del cuerpo animal. — Disposición del ánimo habitual o pasajera: *estar de mal ~*. — Alegría, agudeza.

**humus** *m.* Capa externa del suelo.

**hundir** *tr. y prnl.* Hacer que algo se vaya al fondo. — Introducir algo completamente en una materia. — Abatir, deprimir.

**húngaro, ra** *adj./m. y f.* De Hungría.

**huno, na** *adj./m. y f.* De un pueblo bárbaro asiático, que ocupó en el s. V el territorio europeo.

**huracán** *m.* Viento de gran potencia.

**huraño, ña** *adj.* Que rehúye el trato con la gente.

**hure** *m.* Colomb. Olla grande de barro para guardar líquidos.

**hurgar** *tr. y prnl.* Remover en un hueco o cavidad. ▸ *tr.* Fisgar.

**hurón** *m.* Mamífero carnívoro de cuerpo alargado, usado en la caza de conejos.

**¡hurra!** *interj.* Grito de alegría y entusiasmo.

**hurtadillas** Palabra que se usa en la expresión a hurtadillas, que significa 'a escondidas'.

**hurto** *m.* Robo sin violencia.

**husmear** *tr.* Rastrear con el olfato una cosa. — Fisgar.

**huso** *m.* Instrumento para arrollar el hilo que se va formando.

**¡huy!** *interj.* Denota dolor físico agudo, extrañeza o asombro.

**i** *f.* Décima letra del abecedario. — **I griega,** nombre de la letra *y.*

**ibérico, ca** *adj.* Ibero. — De la península Ibérica.

**ibero, ra** o **íbero, ra** *adj./m. y f.* De la antigua Iberia, hoy península Ibérica. ▸ *m./adj.* Lengua hablada por los iberos.

**iberoamericano, na** *adj./m. y f.* De Iberoamérica. ▸ *adj.* Relativo a los países de Iberoamérica, España y Portugal.

**ibicenco, ca** *adj./m. y f.* De Ibiza (España).

**ibídem** *adv.* Palabra latina que significa 'en el mismo lugar'.

**ibirapitá** *f.* Amér. Central y Amér. Merid. Planta arbórea de madera muy apreciada.

**iceberg** *m.* Bloque grande de hielo que flota en los océanos polares tras haberse desprendido de un glaciar o una costa helada.

**icono** o **ícono** *m.* En las iglesias de oriente, imagen religiosa. — Signo que mantiene una relación de semejanza formal con la idea o el objeto que representa. — Pequeña imagen en la pantalla de un ordenador que representa una opción que puede ser elegida por el usuario.

**iconoclasta** *adj./m. y f.* Que es enemigo de signos o emblemas de cualquier valor establecido.

**icosaedro** *m.* MAT. Poliedro de veinte caras triangulares.

**ictericia** *f.* MED. Coloración amarilla de la piel.

**ictiología** *f.* Parte de la zoología que estudia los peces.

**ida** *f.* Acción de ir de un sitio a otro.

**idea** *f.* Representación mental y conocimiento de una cosa. — Proyecto, plan. — Opinión.

**ideal** *adj.* Que solo existe en la imaginación. — Perfecto en su clase. ▸ *m.* Aspiración, pretensión. — Modelo, arquetipo.

**idealismo** *m.* Sistema filosófico que defiende las ideas por encima de lo práctico. — Tendencia a idealizar.

**idealizar** *tr.* Considerar a alguien o algo mejor de lo que es.

**idear** *tr.* Pensar, discurrir. — Trazar, inventar.

**ídem** *pron.* Palabra latina que significa 'lo mismo', que se usa para evitar repeticiones.

**idéntico, ca** *adj.* Completamente igual o muy parecido.

**identidad** *f.* Cualidad de idéntico. — Hecho de ser una persona o cosa lo que se dice que es.

**identificar** *tr.* Reconocer la identidad de una persona o cosa. — Considerar dos o más cosas como idénticas. ▸ *prnl.* Estar de acuerdo una persona con la manera de pensar o vivir de otra. — Manifestar una persona su identidad.

**ideograma** *m.* Signo escrito que representa una idea.

**ideología** *f.* Conjunto de ideas de una persona, doctrina, etc.

**ideoso, sa** *adj.* Amér. Extravagante. — Guat. y Méx. Ingenioso.

**idilio** *m.* Aventura amorosa breve e intensa.

**idioma** *m.* Sistema de signos orales y escritos de una comunidad de hablantes.

**idiosincrasia** *f.* Manera de ser.

**idiota** *adj./m. y f.* Que es muy poco inteligente.

**ido, da** *adj.* Fam. Muy distraído. — Fam. Loco, chalado.

**idolatrar** *tr.* Adorar a un ídolo. — Amar y admirar mucho a una persona o cosa.

**ídolo** *m.* Objeto al que se rinde culto. — Persona o cosa admirada.

**idóneo, a** *adj.* Que tiene aptitud para algo. — Muy adecuado.

**iglesia** *f.* Conjunto de fieles que siguen la religión fundada por Jesucristo: ~ *católica.* — Templo cristiano. — Jerarquía eclesiástica.

**iglú** *m.* Construcción esquimal hecha con bloques de hielo. — Tienda de campaña parecida a esta construcción.

**ígneo, a** *adj.* De fuego o que tiene sus propiedades.

**ignífugo, a** *adj.* Que protege contra el fuego.

**ignominia** *f.* Deshonor, descrédito. — Afrenta pública.

**ignorancia** *f.* Falta de cultura o conocimiento acerca de algo.

**ignoto, ta** *adj.* No conocido ni descubierto.

**igual** *adj.* Que no difiere de otro. — Que se corresponde con otro. — Que no varía. ▸ *adj./m. y f.* Que pertenece a la misma clase que otro. ▸ *m.* Signo de igualdad (=). ▸ *adv.* Posiblemente. — De la misma manera. — Argent., Chile y Urug. A pesar de todo.

**igualado, da** *adj.* Guat. y Méx. Se dice de la persona que quiere igualarse con otras de clase social superior. — Méx. Grosero.

**igualar** *tr. y prnl.* Hacer iguales dos o más personas o cosas. ▸ *tr.* Allanar o eliminar las irregularidades de una superficie:

~ *un suelo.* ▶ *intr. y prnl.* Ser una persona o cosa igual a otra.

**igualdad** *f.* Condición de igual.

— MAT. Expresión de la equivalencia de dos cantidades.

**iguana** *f.* Reptil con una cresta espinosa a lo largo del dorso.

— Méx. Instrumento musical parecido a la guitarra.

**ijada** *f.* Cavidad entre las costillas falsas y las caderas.

**ijar** *m.* Ijada.

**ikurriña** *f.* Esp. Bandera oficial del País Vasco.

**ilación** *f.* Relación entre ideas que se deducen unas de otras.

**ilegal** *adj.* Contrario a la ley.

**ilegible** *adj.* Que no se puede leer: *letra* ~.

**ilegítimo, ma** *adj.* Que está fuera de la ley. — Se dice del hijo que no se reconoce legalmente.

**íleon** *m.* Tercera parte del intestino delgado.

**ilerdense** *adj./m. y f.* De Lérida (España).

**ileso, sa** *adj.* Que no ha recibido heridas o daño tras un accidente o situación de peligro.

**iletrado, da** *adj.* Falto de instrucción, inculto.

**ilíaco, ca** *adj.* Relativo al íleon.

**ilícito, ta** *adj.* Prohibido por la ley o por la moral.

**ilimitado, da** *adj.* Sin límites.

**ilion** *m.* Hueso que forma el saliente de la cadera, que forma la pelvis junto al pubis y el isquion.

**ilógico, a** *adj.* Que no es lógico.

**iluminado, da** *adj./m. y f.* Que ve visiones y se cree inspirado por un poder sobrenatural.

**iluminar** *tr.* Alumbrar, dar luz.

— Adornar con luces. — Proporcionar los conocimientos necesarios para que una persona entienda una cosa.

**ilusión** *f.* Falsa imagen de un objeto que alguien se forma. — Esperanza que se pone en algo que se considera bueno. — Sentimiento de alegría que produce algo que se desea mucho.

**ilusionismo** *m.* Conjunto de técnicas y trucos con los que se hacen cosas en aparente contradicción con las leyes naturales.

**iluso, sa** *adj.* Que tiende a crearse esperanzas sin fundamento real.

**ilustración** *f.* Acción y efecto de ilustrar. — Grabado, fotografía o dibujo de un libro, periódico, etc. — Explicación de una idea por medio de ejemplos, dibujos u otra información complementaria. — Movimiento cultural racionalista del s. XVIII, caracterizado por el predominio de la razón.

**ilustrar** *tr. y prnl.* Instruir, educar. ▶ *tr.* Aclarar un punto o materia. — Adornar con fotografías, láminas o grabados.

**ilustre** *adj.* De noble linaje. — Célebre, insigne.

**imagen** *f.* Reproducción de la figura de una cosa o persona captada por el ojo, por un espejo o por un aparato óptico. — Representación de alguien o algo por medio de la pintura, la escultura, etc. — Representación mental de algo. — Aspecto: *cambio de* ~.

**imaginación** *f.* Capacidad de imaginar.

**imaginar** *tr. y prnl.* Representarse algo en la mente. — Idear, concebir. — Pensar o creer.

**imaginario, ria** *m.* Soldado que vela durante la noche en un cuartel. ► *f.* Guardia militar que presta servicio en caso de necesidad.

**imago** *m.* Insecto adulto que ha alcanzado todo su desarrollo.

**imam** o **imán** *m.* Musulmán que dirige y preside la oración.

**imán** *m.* Óxido natural de hierro que atrae el hierro y otros metales.

**imantar** o **imanar** *tr. y prnl.* Comunicar a algo las propiedades de un imán.

**imbatido, a** *adj.* Que no ha sido batido o vencido nunca.

**imbécil** *adj./m. y f.* Desp. Poco inteligente, estúpido.

**imberbe** *adj.* Que no tiene barba o tiene muy poca.

**imborrable** *adj.* Indeleble.

**imbricar** *tr. y prnl.* Poner parte de unas cosas sobre otras.

**imbuir** *tr. y prnl.* Inculcar.

**imitar** *tr.* Hacer algo del mismo modo que otra persona.

**impacientar** *tr. y prnl.* Hacer perder la paciencia o perderla.

**impacto** *m.* Choque de un objeto con otro. — Impresión emocional intensa. — Conjunto de consecuencias provocadas por un hecho que afecta a un entorno o ambiente.

**impago** *m.* Falta de pago de una deuda.

**impalpable** *adj.* Ligero, sutil. — Que no se puede palpar o percibir.

**impar** *adj./m.* Se dice del número que no es divisible por dos. ► *adj.* Que no tiene igual o parecido con nada.

**imparcial** *adj./m. y f.* Que juzga o procede con objetividad.

**impartir** *tr.* Dar o comunicar conocimientos. — Comunicar, repartir.

**impasible** *adj.* Indiferente, imperturbable.

**impávido, da** *adj.* Que no tiene miedo. — Impasible.

**impecable** *adj.* Intachable.

**impedimenta** *f.* Bagaje que lleva la tropa.

**impedimento** *m.* Obstáculo.

**impedir** *tr.* Imposibilitar o hacer difícil una cosa.

**impeler** *tr.* Impulsar. — Animar.

**impenetrable** *adj.* Que no se puede penetrar: *escudo* ~. — Que no se puede comprender o descifrar: *misterio* ~.

**impensable** *adj.* Absurdo. — Muy difícil de realizar.

**impensado, da** *adj.* Inesperado. — Improvisado.

**imperar** *intr.* Dominar, mandar.

**imperativo, va** *adj./m.* LING. Se dice del modo del verbo que expresa mandato o ruego. ▶ *m.* Obligación, deber.

**imperceptible** *adj.* Que apenas se percibe.

**imperdible** *m.* Alfiler que se abrocha.

**imperdonable** *adj.* Que no se debe o no se puede perdonar.

**imperecedero, ra** *adj.* Que no perece.

**imperfecto, ta** *adj.* Que tiene defectos. ▶ *adj./m.* LING. Se dice del tiempo verbal simple que presenta la acción en su transcurso.

**imperialismo** *m.* Sistema que pretende el dominio político y económico de países y estados por parte de una potencia.

**imperio** *m.* Organización política en que un estado extiende su autoridad sobre otros países. — Cargo de emperador. — Empresa con un poder y una influencia muy grandes.

**imperioso, sa** *adj.* Autoritario, despótico. — Que es necesario.

**impermeable** *adj.* Que no puede ser atravesado por un líquido. ▶ *m.* Abrigo hecho con tela impermeable que no deja pasar el agua.

**impersonal** *adj.* Que no tiene personalidad. — LING. Se dice del verbo que solo se conjuga en tercera persona.

**impertérrito, ta** *adj.* Que no se altera o se asusta ante nada.

**impertinente** *adj./m. y f.* Que molesta con sus exigencias. ▶ *m. pl.* Anteojos con mango.

**imperturbable** *adj.* Que no se altera.

**ímpetu** *m.* Energía o intensidad de una persona o cosa en un movimiento o acción.

**impío, a** *adj./m. y f.* Falto de fe religiosa o de compasión. — Que es cruel o carece de piedad.

**implacable** *adj.* Que no se puede aplacar o no se deja ablandar.

**implantar** *tr. y prnl.* Establecer, instaurar. ▶ *tr.* MED. Realizar un trasplante.

**implicación** *f.* Participación en un delito. — Consecuencia.

**implicar** *tr. y prnl.* Comprometer, involucrar. ▶ *tr.* Significar, comportar.

**implícito, ta** *adj.* Que se puede sobrentender.

**implorar** *tr.* Pedir con ruegos.

**impoluto, ta** *adj.* Sin mancha.

**imponderable** *adj./m. y f.* Que no puede pesarse o medirse.

**imponencia** *f.* Chile y Colomb. Grandeza, majestuosidad.

**imponente** *adj.* Que sorprende por alguna cualidad extraordinaria.

**imponer** *tr. y prnl.* Obligar a alguien a la aceptación de algo. ▶ *tr. e intr.* Infundir respeto o miedo. ▶ *prnl.* Sobresalir. — Superar a los demás en una prueba. — Méx. Acostumbrarse.

**imponible** *adj.* Que se puede gravar con impuesto.

**impopular** *adj.* Que no es grato a la mayoría.

**importante** *adj.* Que tiene valor o interés. — Que tiene autoridad.

**importar** *intr.* Convenir, ser de mucha entidad. — Ser motivo de preocupación o molestia. ▶ *tr.* Valer, costar. — Introducir mercancías de países extranjeros.

**importe** *m.* Cuantía de un precio, crédito, deuda o saldo.

**importunar** *tr.* Molestar con una pretensión o solicitud.

**imposibilitado, da** *adj./m. y f.* Paralítico, discapacitado.

**imposibilitar** *tr.* Hacer imposible.

**imposible** *adj.* No posible. — Intratable. ▶ *m./adj.* Cosa muy difícil.

**imposición** *f.* Acción y efecto de imponer o imponerse.

**impostor, ra** *adj./m. y f.* Que se hace pasar por quien no es.

**impotente** *adj.* Falto de potencia. ▶ *adj./m.* Se dice del hombre incapaz de realizar el acto sexual.

**impracticable** *adj.* Que no se puede practicar. — Intransitable.

**imprecación** *f.* Expresión exclamativa con que se evidencia el deseo de que a alguien le ocurra algo malo.

**impreciso, sa** *adj.* Vago, poco claro.

**impregnar** *tr. y prnl.* Empapar.

**imprenta** *f.* Arte de imprimir. — Establecimiento donde se imprime.

**imprentar** *tr.* Chile. Planchar los cuellos, solapas o perneras para darles la forma debida.

**imprescindible** *adj.* Que no se puede prescindir de ello.

**impresión** *f.* Acción y efecto de imprimir. — Alteración del ánimo causada por un estímulo externo. — Opinión sobre algo.

**impresionar** *tr. y prnl.* Conmover hondamente, porque provoca admiración, sorpresa o miedo. — Fijar la imagen por medio de la luz en una placa fotográfica.

**impresionismo** *m.* Movimiento pictórico de finales del s. XIX, que reproduce las impresiones experimentadas por el artista.

**impreso** *m.* Escrito reproducido por la imprenta. — Formulario.

**impresora** *f.* INFORM. Máquina periférica de un ordenador que puede imprimir.

**imprevisible** *adj.* Que no se puede prever.

**imprevisto, ta** *adj./m.* Que ocurre sin haber sido previsto.

**imprimar** *tr.* Preparar las superficies que se han de pintar. — Colomb. y Perú. Cubrir la superficie no pavimentada de una carretera con material asfáltico.

**imprimir** *tr.* Reproducir en un papel, tela, etc., caracteres, ilustraciones, etc. —Dejar una huella por medio de la presión.

**improbable** *adj.* Poco probable.

**improcedente** *adj.* No conforme a derecho. — Inadecuado.

**impronta** *f.* Carácter, estilo.

**improperio** *m.* Palabra o expresión con que se insulta.

**impropio, pia** *adj.* Ajeno, extraño. — Inadecuado.

**improsulto, ta** *adj.* Chile. Sinvergüenza. — Hond. Malo, inútil.

**improvisar** *tr.* Hacer algo sin haberlo preparado antes.

**improviso** Palabra que se usa en la expresión de improviso, que significa 'de manera repentina o inesperada'.

**imprudencia** *f.* Falta de prudencia. — Acción realizada sin prudencia. — Indiscreción.

**impúber** *adj./m. y f.* Que aún no ha alcanzado la pubertad.

**impúdico, ca** *adj./m. y f.* Deshonesto, falto de pudor.

**impuesto** *m.* Tributo que pagan los ciudadanos para cubrir los gastos públicos.

**impugnar** *tr.* Contradecir, refutar.

**impulsar** *tr. y prnl.* Dar empuje para producir movimiento. — Aumentar la actividad de algo.

**impulsivo, va** *adj./m. y f.* Que actúa de modo irreflexivo.

**impulso** *m.* Acción y efecto de impulsar.

**impune** *adj.* Que queda sin castigo.

**impureza** *f.* Cualidad de impu-

ro. — Sustancia extraña en un cuerpo.

**impuro, ra** *adj.* No puro.

**imputar** *tr.* Atribuir a alguien una culpa o la responsabilidad de algo.

**in extremis** *loc.* En los últimos momentos de la existencia.

**in fraganti** *loc.* En el mismo instante en que se está cometiendo un delito o falta.

**inaccesible** *adj.* No accesible. — Se dice de la persona de trato difícil.

**inaceptable** *adj.* Que no se puede aceptar.

**inactivo, va** *adj.* Que no desarrolla ninguna acción o actividad.

**inadaptado, da** *adj./m. y f.* Que no está adaptado a su entorno.

**inadecuado, da** *adj.* Que no es adecuado.

**inadmisible** *adj.* Que no se puede admitir o tolerar.

**inadvertido, da** *adj.* Desprevenido. — No advertido o notado.

**inagotable** *adj.* Que no se puede agotar.

**inalámbrico, ca** *adj.* Se dice del sistema de comunicación eléctrica sin cables conductores.

**inalienable** *adj.* Se dice del derecho que no puede ser negado a una persona. — Se dice de la propiedad que no puede ser vendida o cedida.

**inalterable** *adj.* Que no se altera.

**inamovible** *adj.* Que no se puede mover o cambiar.

**inanición** *f.* Estado de desnutrición por la falta de alimentos.

**inanimado, da** *adj.* Que no tiene vida.

**inapelable** *adj.* Que no se puede apelar. — Que no puede ser evitado.

**inapetencia** *f.* Falta de ganas de comer.

**inapreciable** *adj.* Que no se puede apreciar o distinguir. — Inestimable.

**inaudito, ta** *adj.* Nunca oído, sorprendente. — Que no puede ser tolerado.

**inaugurar** *tr.* Dar principio a una cosa.

**inca** *adj./m. y f.* De un antiguo pueblo amerindio que constituyó un vasto imperio en el oeste de Suramérica antes de la llegada de los españoles.

**incalculable** *adj.* Que no se puede calcular.

**incalificable** *adj.* Que no se puede calificar. — Vituperable.

**incandescente** *adj.* Se dice del metal que por el calor se pone rojo o blanco.

**incansable** *adj.* Que resiste mucho o que no se cansa.

**incapacidad** *f.* Cualidad de incapaz. — DER. Carencia de capacidad legal para disfrutar de un derecho: ~ *jurídica*.

**incapacitar** *tr.* Hacer que alguien o algo sea incapaz. — DER. Declarar la incapacidad de una persona.

**incapaz** *adj.* Que no tiene capacidad o aptitud para algo.

**incautarse** *prnl.* Apropiarse una autoridad de dinero o bienes.

**incauto, ta** *adj./m. y f.* Falto de cautela y precaución.

**incendio** *m.* Fuego grande que causa estragos.

**incensario** *m.* Recipiente usado para el quemar incienso.

**incentivar** *tr.* Estimular.

**incertidumbre** *f.* Falta de certeza o seguridad.

**incesto** *m.* Relación sexual entre familiares directos.

**incidencia** *f.* Acción de incidir en un error. — Incidente. — Consecuencia, repercusión.

**incidente** *m.* Suceso inesperado que interrumpe o afecta el curso de otro.

**incidir** *intr.* Caer en una falta o error. — Llegar un rayo de luz a una superficie. — Repercutir. — Hacer una incisión.

**incienso** *m.* Resina aromática que desprende un olor fuerte.

**incierto, ta** *adj.* Que no es cierto. — Dudoso. — Borroso.

**incinerar** *tr.* Quemar hasta reducir a cenizas.

**incipiente** *adj.* Que empieza a desarrollarse.

**incisión** *f.* Hendidura hecha con un instrumento cortante.

**incisivo, va** *adj.* Punzante, mordaz. ▸ *adj./m.* Se dice del diente situado en la parte anterior del maxilar.

**inciso** *m.* Frase que se intercala en otra.

**incitar** *tr.* Estimular a alguien para que ejecute algo.

**inclemencia** *f.* Falta de clemencia. — Fenómeno atmosférico difícil de soportar.

**inclinar** *tr. y prnl.* Desviar una cosa de su posición vertical u horizontal. ▶ *tr.* Influir, persuadir. ▶ *prnl.* Tender a algo.

**ínclito, ta** *adj.* Ilustre, célebre.

**incluir** *tr.* Poner una cosa dentro de otra. — Contener una cosa a otra.

**inclusa** *f.* Esp. Casa donde se recogen y crían los niños abandonados.

**inclusive** *adv.* Incluyendo el último elemento nombrado.

**incluso** *adv.* Con inclusión de. — Además. ▶ *prep.* Hasta, aun.

**incoar** *tr.* Comenzar una cosa.

**incoativo, va** *adj.* Se aplica al verbo o locución que indica el principio de una cosa o acción.

**incógnita** *f.* Cantidad que hay que averiguar en una ecuación. — Cosa que se desconoce.

**incógnito, ta** *adj.* No conocido. ▶ *m.* Situación de una persona que oculta su identidad. — De incógnito, sin darse a conocer.

**incoherencia** *f.* Cualidad de incoherente. — Cosa que contradice a otra o no guarda con ella una relación lógica. — Necedad, absurdo.

**incoherente** *adj.* Que carece de sentido.

**incoloro, ra** *adj.* Que carece de color.

**incólume** *adj.* Sano, sin lesión.

**incómodo, da** *adj.* Que molesta. — Falto de comodidad.

**incomparable** *adj.* Que no tiene o no admite comparación.

**incompatibilidad** *f.* Imposibilidad de ser compatible.

**incompetencia** *f.* Falta de competencia. — Ineptitud, incapacidad.

**incompleto, ta** *adj.* Que no está completo.

**incomprendido, da** *adj./m. y f.* Que no es comprendido por los demás.

**incomprensible** *adj.* Que no se puede comprender.

**incomunicar** *tr.* Privar de comunicación a personas o cosas. ▶ *prnl.* Apartarse del trato con otras personas.

**inconcebible** *adj.* Que no puede concebirse. — Inaceptable.

**inconcluso, sa** *adj.* No concluido.

**incondicional** *adj.* Sin condiciones. ▶ *adj./m. y f.* Partidario convencido.

**inconexo, a** *adj.* Que no tiene una conexión adecuada entre sus partes.

**inconfesable** *adj.* Que no puede confesarse por causar vergüenza.

**inconfeso, sa** *adj.* Que no confiesa el delito que se le imputa.

**inconfundible** *adj.* Que no se puede confundir.

**incongruente** *adj.* Falto de congruencia.

**inconmensurable** *adj.* Que no puede medirse. — Enorme.

**inconsciente** *adj./m. y f.* Que ha quedado sin sentido. — Irreflexivo. ► *m.* Conjunto de procesos mentales que escapan a la conciencia del individuo.

**inconsecuente** *adj./m. y f.* Que se comporta en desacuerdo con sus ideas.

**incontable** *adj.* Que no puede contarse, por ser muy grave. — Muy numeroso.

**incontenible** *adj.* Que no puede ser contenido o refrenado.

**incontinencia** *f.* Falta de control o moderación. — Alteración del control en la expulsión de la orina o excrementos.

**inconveniente** *adj.* No conveniente. ► *m.* Dificultad u obstáculo.

**incordia** *f.* Colomb. Aversión, antipatía.

**incordiar** *tr.* Fam. Molestar.

**incorporar** *tr.* Unir unas cosas con otras para que formen un todo. ► *tr. y prnl.* Levantar la parte superior del cuerpo el que está tendido. ► *prnl.* Sumarse a una asociación, grupo, etc.

**incorrecto, ta** *adj.* No correcto. — Que no es acertado.

**incorregible** *adj.* Que no se puede corregir. — Que no se quiere enmendar.

**incorrupto, ta** *adj.* Que está sin corromperse. — Honesto.

**incrédulo, la** *adj.* Que no cree fácilmente.

**increíble** *adj.* Que es imposible o difícil de creer. — Que causa admiración o sorpresa.

**incrementar** *tr. y prnl.* Aumentar.

**increpar** *tr.* Reprender con dureza. — Insultar.

**incriminar** *tr.* Acusar a alguien de un delito o falta grave.

**incrustar** *tr.* Introducir y fijar en una superficie lisa y dura, piedras, metales, etc., formando dibujos.

**incubadora** *f.* Aparato en el que se mantiene a un niño prematuro en condiciones adecuadas.

**incubar** *tr.* Empollar los huevos. — Estar sufriendo algo un desarrollo progresivo.

**inculcar** *tr.* Fijar en la mente de alguien una idea.

**inculpar** *tr.* Culpar, acusar a uno de un delito.

**inculto, ta** *adj.* No cultivado: *terreno ~.* — Carente de cultura.

**incumbir** *intr.* Estar a cargo de alguien o concernirle una acción.

**incumplir** *tr.* Dejar de cumplir algo obligatorio.

**incunable** *adj./m.* Se dice de las ediciones hechas de un texto impreso entre la invención de la imprenta y el año 1500.

**incurable** *adj./m. y f.* Que no se puede curar.

**incurrir** *intr.* Cometer un error.

**incursión** *f.* Acción de incurrir.

— Penetración en un lugar.

— Dedicación ocasional a una actividad.

**indagar** *tr.* Tratar de llegar al conocimiento de algo.

**indecente** *adj.* Que no es decente.

**indeciso, sa** *adj./m. y f.* Que le cuesta decidirse.

**indecoroso, sa** *adj.* Que carece de decoro o dignidad.

**indefectible** *adj.* Que no puede faltar o dejar de ser u ocurrir.

**indefenso, sa** *adj.* Que carece de defensa.

**indefinido, da** *adj.* Que no está definido o precisado. — LING. Se dice del adjetivo o pronombre que no se refiere a una persona o cosa en concreto, como algún, cada, etc. — LING. Se dice del pretérito perfecto de indicativo.

**indeleble** *adj.* Que no se puede borrar o quitar.

**indemne** *adj.* Libre de daño, ileso.

**indemnizar** *tr. y prnl.* Resarcir de un daño o perjuicio.

**independencia** *f.* Situación del individuo que goza de libertad. — Gobierno propio de un pueblo o nación en oposición al gobierno impuesto por otro pueblo o nación.

**independentismo** *m.* Movimiento que propugna la independencia política de un país, región, etc.

**indescriptible** *adj.* Que no se puede describir.

**indeseable** *adj./m. y f.* Que es indigno de trato o de ser deseado.

**indestructible** *adj.* Que no se puede destruir.

**indeterminado, da** *adj.* No determinado, incierto. — LING. Se dice del artículo que presenta algo que no necesita especificación, como un, una, etc.

**indiada** *f.* Amér. Muchedumbre de indios. — Amér. Dicho o acción propia de indios. — Amér. Dicho o hecho propio de un salvaje. — Méx. Vulgo.

**indiano, na** *adj.* De las Indias. ▸ *adj./m. y f.* Se dice del emigrante que vuelve rico de América.

**indicación** *f.* Acción y efecto de indicar. — Chile. Propuesta que se hace acerca de una cosa.

**indicado, da** *adj.* Señalado: *el día ~.* — Conveniente o adecuado.

**indicar** *tr.* Dar a entender una cosa con señales o con palabras.

**indicativo, va** *adj.* Que indica o sirve para indicar. ▸ *adj./m.* LING. Se dice del modo verbal que expresa la acción con valor de real.

**índice** *adj./m.* Se dice del segundo dedo de la mano, respecto del pulgar. ▸ *m.* Lista de los capítulos de un libro.

**indicio** *m.* Signo que permite presumir algo con fundamento.

**indiferente** *adj./m. y f.* Que no muestra interés o preferencia.

**indígena** *adj./m. y f.* Originario del país en que vive.

**indigencia** *f.* Pobreza extrema, miseria.

**indigestión** *f.* Digestión anómala.

**indignar** *tr. y prnl.* Irritar, enfadar vehementemente a uno.

**indigno, na** *adj.* No ser merecedor de algo o alguien. — Que es inferior a la calidad y mérito de alguien o algo. — Despreciable, vil.

**índigo** *m.* Añil.

**indio, dia** *adj./m. y f.* De la India. — Relativo a alguna de las poblaciones autóctonas de América y sus descendientes. ▸ *m.* Metal blanco que tiene analogías con el aluminio.

**indirecta** *f.* Insinuación hecha con una intención determinada, que no es clara y precisa.

**indirecto, ta** *adj.* Que no va directamente a un fin. — **Objeto indirecto** (LING.), elemento que expresa el destinatario de la acción del verbo.

**indisciplinarse** *prnl.* Negarse a seguir la disciplina.

**indiscreto, ta** *adj./m. y f.* Que actúa o se hace sin discreción. — Imprudente, inadecuado.

**indiscriminado, da** *adj.* No sujeto a discriminación. — Que no distingue unas personas o cosas de otras.

**indiscutible** *adj.* Que no se duda ni discute sobre ello.

**indisoluble** *adj.* Que no se puede disolver o separar.

**indispensable** *adj.* Necesario.

**indisposición** *f.* Enfermedad ligera y pasajera.

**indistinto, ta** *adj.* Indiferente.

**individual** *adj.* No colectivo, de cada individuo.

**individualismo** *m.* Tendencia a actuar con independencia.

**individualizar** *tr.* Distinguir un individuo en una especie.

**individuo** *m.* Cada ser distinto considerado independientemente de los demás. — Persona, sujeto.

**indivisible** *adj.* Que no puede ser dividido.

**indocumentado, da** *adj.* Que carece de documentos de identidad personal.

**indoeuropeo, a** *adj./m. y f.* De alguno de los pueblos que hacia el 2000 a. C. ocuparon el sudeste europeo y el oeste de Asia. ▸ *m./adj.* Lengua de estos pueblos. ▸ *adj.* Se dice del idioma que procede de esta lengua.

**índole** *f.* Condición natural de algo o alguien.

**indolente** *adj./m. y f.* Que no se conmueve. — Flojo, perezoso.

**indoloro, ra** *adj.* Que no causa dolor.

**indomable** *adj.* Que no se puede domar o someter.

**indómito, ta** *adj.* Indomable. — Difícil de dominar.

**inducción** *f.* Acción y efecto de inducir. — Generalización de un razonamiento a partir de casos singulares. — FÍS. Producción de corrientes eléctricas en un circuito, bajo la influencia de otra corriente eléctrica o de un imán.

**inducir** *tr.* Hacer que alguien realice una acción.

**inductivo, va** *adj.* Relativo a la inducción. — Que procede por inducción.

**indudable** *adj.* Que es tan claro que no se puede cuestionar o poner en duda.

**indulgencia** *f.* Facilidad en perdonar o conceder gracias.

**indultar** *tr.* Conceder un indulto. ▸ *prnl.* Bol. Entrometerse. — Cuba. Salir de una situación comprometida.

**indulto** *m.* Gracia por la que se reduce la pena a un condenado.

**indumentaria** *f.* Ropa que se lleva puesta.

**industria** *f.* Conjunto de actividades económicas que transforman materias primas en productos adecuados para su comercialización. — Destreza para hacer algo. — Fábrica o empresa.

**industrializar** *tr. y prnl.* Hacer que aumente la actividad industrial de un sector o de un territorio. — Someter un producto a un proceso industrial.

**industrioso, sa** *adj.* Que obra o está hecho con destreza. — Que es muy aplicado en el trabajo.

**inédito, ta** *adj.* Que no ha sido publicado. — Se dice del escritor que no ha publicado ningún título. — Nuevo y desconocido.

**inefable** *adj.* Que no se puede expresar con palabras.

**ineficaz** *adj.* Que no es eficaz.

**ineludible** *adj.* Que no se puede eludir.

**inenarrable** *adj.* Imposible o difícil de describir.

**inepto, ta** *adj./m. y f.* No apto para algo. — Necio.

**inequívoco, ca** *adj.* Que no admite duda: *señal* ~.

**inercia** *f.* Propiedad de los cuerpos por la que no pueden modificar por sí mismos su estado. — Falta de energía.

**inerme** *adj.* Desprovisto de armas o defensas.

**inerte** *adj.* Sin actividad propia, energía o movimiento.

**inervar** *tr.* Actuar el sistema nervioso en los demás órganos.

**inescrutable** *adj.* Que no se puede saber ni averiguar.

**inesperado, da** *adj.* Que sucede sin ser esperado o previsto.

**inestable** *adj.* No estable.

**inestimable** *adj.* Que no se puede valorar debidamente.

**inevitable** *adj.* Que no se puede evitar. — Que no puede faltar o dejar de ser.

**inexacto, ta** *adj.* No exacto o justo. — Falso.

**inexcusable** *adj.* Que no se puede eludir o dejar de hacer.

**inexorable** *adj.* Que no se deja vencer por ruegos. — Inevitable.

**inexperiencia** *f.* Falta de experiencia.

**inexplicable** *adj.* Que no se puede explicar.

**inexpresivo, va** *adj.* Que carece de expresión. — Que no revela lo que siente o piensa.

**inexpugnable** *adj.* Que no se puede vencer, conquistar o alcanzar.

**inextricable** *adj.* Difícil de desenredar por intrincado.

**infalible** *adj.* Que no puede fallar.

**infamar** *tr. y prnl.* Difamar.

**infame** *adj./m. y f.* Vil, odioso.

**infancia** *f.* Período de la vida humana que va del nacimiento a la pubertad. — Conjunto de los niños.

**infante, ta** *m. y f.* Niño de corta edad. — Título de los hijos legítimos de los reyes de España que no son herederos al trono.

**infantería** *f.* Tropa que combate a pie.

**infanticidio** *m.* Muerte dada a un niño.

**infantil** *adj.* Relativo a la infancia. — Característico del comportamiento o la sensibilidad de un niño. — Inocente, cándido.

**infarto** *m.* Obstrucción de los tejidos de un órgano, especialmente del corazón, por la interrupción del riego sanguíneo y la falta de oxígeno en las células que lo forman.

**infatigable** *adj.* Que no se cansa o resiste mucho sin descansar.

**infección** *f.* Invasión del organismo por microbios patógenos.

**infectar** *tr. y prnl.* Contaminar con gérmenes infecciosos.

**infeliz** *adj./m. y f.* Desgraciado, desventurado. — Fam. Ingenuo.

**inferior** *adj.* Situado más bajo respecto a otra cosa. — Menor en mérito, categoría o valor. ▸ *m. y f.* Subordinado, subalterno.

**inferioridad** *f.* Estado o situación de algo o alguien inferior.

**inferir** *tr. y prnl.* Sacar una conclusión de algo. ▸ *tr.* Causar heridas, daños u ofensas.

**infernal** *adj.* Relativo al infierno. — Que es muy malo o desagradable. — De mucha maldad o perfidia.

**infestar** *tr. y prnl.* Contaminar. — Abundar en un lugar animales o plantas perjudiciales.

**infiel** *adj./m. y f.* Que no guarda fidelidad a su pareja: *marido ~.* — Inexacto. ▸ *adj./m. y f.* Que defiende ideas religiosas contrarias a una religión.

**infierno** *m.* Lugar de castigo eterno, según ciertas religiones. — Tormento o castigo. — Lugar insoportable.

**infiltrar** *tr. y prnl.* Introducir un líquido en los poros de un sólido. — Infundir una idea. ▸ *prnl.* Penetrar subrepticiamente.

**ínfimo, ma** *adj.* Muy bajo o el último en situación.

**infinidad** *f.* Cualidad de infinito. — Cantidad muy grande de algo.

**infinitesimal** *adj.* Se dice de la cantidad muy pequeña próxima a 0.

**infinitivo, va** *adj./m.* LING. Se aplica a la forma del verbo que expresa la acción sin concretarla.

**infinito, ta** *adj.* Que no tiene fin o es muy grande. ▸ *m.* Aquello que no tiene límites. — Signo en forma de un ocho tendido que expresa un valor mayor que cualquier cantidad. ▸ *adv.* Excesivamente, muchísimo.

**inflación** *f.* Acción y efecto de inflar. — ECON. Desequilibrio económico en que suben mucho los precios.

**inflamación** *f.* Acción y efecto de inflamar o inflamarse.

**inflamar** *tr. y prnl.* Encender una cosa con llama. — Excitar los ánimos o las pasiones. ▸ *prnl.* Irritarse una parte del cuerpo.

**inflar** *tr. y prnl.* Hinchar algo con aire o gas. — Exagerar la importancia de algo. ▸ *prnl.* Sentir y mostrar mucho orgullo.

**inflexible** *adj.* Que no se puede doblar. — Que no se deja conmover.

**inflexión** *f.* Acción y efecto de doblarse una línea en un punto. — Cambio de tono de la voz. — Inclinación de la cabeza o de una parte del cuerpo.

**infligir** *tr.* Aplicar o causar un daño o castigo.

**inflorescencia** *f.* BOT. Disposición de las flores en una planta.

**influenciar** *intr.* Influir.

**influir** *intr.* Causar personas o cosas sobre otras unos efectos.

**información** *f.* Acción de informar. — Noticia o conjunto de noticias. — Lugar donde se informa al público de alguna cosa.

**informal** *adj./m. y f.* Sin formalidad.

**informar** *tr.* Dar a alguien noticia de algo. ▸ *intr.* Dar informes sobre algo.

**informática** *f.* Ciencia del tratamiento automático de la información por medio de ordenadores.

**informe** *adj.* Deforme. ▸ *m.* Acción y efecto de informar. — Noticia o conjunto de datos que se dan sobre alguien o algo. — Documento en que se da cuenta de estos datos.

**infortunio** *m.* Suerte o hecho desgraciado.

**infracción** *f.* Quebrantamiento de una ley o norma moral.

**infraccionar** *tr.* Méx. Multar.

**infraestructura** *f.* Conjunto de trabajos de cimentación. — Conjunto de medios, servicios e instalaciones básicos en el desarrollo de una actividad.

**infrahumano, na** *adj.* Inferior a lo humano.

**infranqueable** *adj.* Imposible o difícil de franquear o superar.

**infrarrojo, ja** *adj./m.* Se dice de la radiación electromagnética emitida por una fuente no visible por el ojo humano, usada en terapéutica, armamento, etc.

**infringir** *tr.* Quebrantar una ley o norma.

**infructuoso, sa** *adj.* Ineficaz.

**infrutescencia** *f.* BOT. Fructificación compuesta por la agrupación de varios frutos.

**ínfulas** *f.pl.* Muestra excesiva de orgullo.

**infumable** *adj.* Se dice del tabaco que es muy malo. — Esp. Fam. De muy mala calidad.

**infundado, da** *adj.* Sin fundamento real.

**infundio** *m.* Noticia falsa.

**infundir** *tr.* Provocar cierto estado de ánimo o sentimiento.

**infusión** *f.* Preparado líquido hecho de plantas y agua hirviendo.

**ingeniar** *tr. y prnl.* Inventar algo con ingenio.

**ingeniería** *f.* Conjunto de conocimientos que permiten el uso de las fuentes de energía y el trabajo para modificar la materia y adaptarla a las necesidades.

**ingenio** *m.* Talento para discurrir, crear o conseguir algo. — Talento y gracia para inventar o contar cosas divertidas. — Aparato que desarrolla un trabajo o una función práctica. — Explotación y fábrica de azúcar.

**ingente** *adj.* Muy grande.

**ingenuo, nua** *adj./m. y f.* Sincero, sin malicia.

**ingerir** *tr.* Introducir por la boca alimentos o medicamentos.

**ingle** *f.* Pliegue de flexión entre el muslo y el abdomen.

**inglés, sa** *adj./m. y f.* De Inglaterra. ► *m./adj.* Lengua germánica hablada en el Reino Unido, Estados Unidos, Australia, Canadá y otros países.

**inglete** *m.* Corte de 45° que se hace en una pieza de carpintería.

**ingrato, ta** *adj./m. y f.* Desagradecido. ► *adj.* Que produce disgusto.

**ingrávido, da** *adj.* Que no está sometido a la fuerza de la gravedad. — Leve, ligero.

**ingrediente** *m.* Componente o sustancia de un guiso, bebida, etcétera.

**ingresar** *tr.* Depositar dinero en una entidad bancaria o comercial. — Ganar cierta cantidad de dinero: *ellos ingresan menos que tú.* ► *intr.* Entrar como miembro en un grupo o entidad. — Entrar en un establecimiento sanitario para ser tratado.

**íngrimo, ma** *adj.* Amér. Central, Colomb., Ecuad., Pan., R. Dom. y Venez. Solitario, aislado.

**inhábil** *adj.* No hábil.

**inhabilitar** *tr.* Incapacitar, prohibir. — Impedir.

**inhalar** *tr.* Aspirar gases o vapores.

**inherente** *adj.* Que es esencial y permanente en un ser o una cosa. — Unido inseparablemente a algo.

**inhibirse** *tr.* Reprimir una actividad o costumbre. ▸ *prnl.* Abstenerse de intervenir.

**inhóspito, ta** *adj.* Que no ofrece seguridad ni abrigo.

**inhumano, na** *adj.* Falto de humanidad, cruel.

**inhumar** *tr.* Dar sepultura.

**inicial** *adj.* Relativo al origen o principio de las cosas. ▸ *adj./f.* Se dice de la primera letra de una palabra.

**iniciar** *tr. y prnl.* Empezar. — Introducir en un conocimiento.

**iniciativa** *f.* Capacidad para emprender cosas. — Proposición para iniciar algo.

**inicuo, cua** *adj.* Contrario a la equidad, injusto. — Malvado.

**ininteligible** *adj.* Imposible de entender.

**ininterrumpido, da** *adj.* Continuado, sin interrupción.

**iniquidad** *f.* Cualidad de inicuo. — Acción inicua.

**injerir** *tr.* Incluir una cosa en otra. ▸ *prnl.* Entrometerse.

**injertar** *tr.* Introducir en una planta una parte de otra para que brote en ella. — Implantar tejido vivo en un cuerpo humano.

**injuria** *f.* Insulto u ofensa grave.

**injusticia** *f.* Cualidad de injusto. — Acción injusta.

**injusto, ta** *adj.* No conforme a la justicia o la equidad.

**inmaculado, da** *adj.* Que no tiene mancha.

**inmaduro, ra** *adj.* Se dice de la fruta que no tiene la maduración suficiente. — Se dice del proyecto que no está completamente desarrollado. ▸ *adj./m. y f.* Que no ha alcanzado la madurez.

**inmaterial** *adj.* No material.

**inmediación** *f.* Cualidad de inmediato. ▸ *pl.* Alrededores.

**inmediato, ta** *adj.* Contiguo, cercano en espacio o tiempo.

**inmenso, sa** *adj.* Muy difícil de medir. — Muy grande.

**inmersión** *f.* Acción y efecto de sumergir o sumergirse.

**inmigrar** *intr.* Llegar a un país para establecerse en él.

**inminente** *adj.* Que está muy próximo a suceder.

**inmiscuirse** *prnl.* Entrometerse en asuntos ajenos.

**inmobiliaria** *f.* Empresa que construye, arrienda, vende y administra viviendas.

**inmobiliario, ria** *adj.* Relativo a los bienes inmuebles.

**inmolar** *tr. y prnl.* Sacrificar una víctima a una divinidad en señal de reconocimiento u obediencia.

**inmoral** *adj./m. y f.* Contrario a la moral.

**inmortal** *adj.* No mortal, imperecedero. — Inolvidable.

**inmóvil** *adj.* Que no se mueve.

**inmueble** *adj./m.* Se dice de los bienes que no pueden ser trasladados. ▸ *m.* Edificio.

**inmundicia** *f.* Suciedad, basura.

**inmune** *adj.* Que no puede ser atacado por ciertas enfermedades. — Que no se altera ante un ataque o algo negativo.

**inmunidad** *f.* Resistencia o protección ante un daño o enfermedad. — Privilegio de ciertas personas ante algunas leyes.

**inmutar** *tr. y prnl.* Mudar o alterar una persona o cosa.

**innato, ta** *adj.* Que se posee desde el nacimiento.

**innovar** *tr.* Introducir novedades.

**innumerable** *adj.* Que no se puede contar. — Muy abundante.

**inocencia** *f.* Condición de inocente. — Candor, simplicidad.

**inocentada** *f.* Broma que se gasta a alguien.

**inocente** *adj.* Que no daña o que no tiene malicia. ▶ *adj./m. y f.* Libre de culpa. — Cándido, ingenuo.

**inocular** *tr. y prnl.* Comunicar por medios artificiales una enfermedad contagiosa.

**inocuo, cua** *adj.* Que no es nocivo.

**inodoro, ra** *adj.* Que no tiene olor. ▶ *m.* Retrete.

**inofensivo, va** *adj.* Que no puede causar daño ni molestia.

**inolvidable** *adj.* Que no se puede olvidar.

**inoperante** *adj.* Que no produce efecto.

**inopia** *f.* Pobreza, miseria. — Estar en la inopia, estar distraído.

**inoportuno, na** *adj.* Fuera de tiempo o propósito.

**inorgánico, ca** *adj.* Se dice de la materia sin vida. — QUÍM. Se dice

de la sustancia que no tiene como componente el carbono.

**inoxidable** *adj.* Que no se oxida.

**inquietar** *tr. y prnl.* Poner inquieto o nervioso.

**inquieto, ta** *adj.* Que no puede estarse quieto. — Preocupado: *la noticia lo dejó ~*. — Dispuesto a emprender cosas nuevas. — Hond. Propenso a algo.

**inquilinaje** *m.* Chile. Inquilinato. — Chile. Conjunto de inquilinos.

**inquilinato** *m.* Argent., Colomb. y Urug. Casa de vecindad. — Chile. Modo de explotación de fincas agrícolas por inquilinos.

**inquilino, na** *m. y f.* Persona que alquila un local o casa. — Chile. Persona que habita y trabaja en una finca rústica en beneficio de su propietario.

**inquina** *f.* Antipatía, odio.

**inquirir** *tr.* Indagar, examinar cuidadosamente una cosa.

**inquisición** *f.* Acción y efecto de inquirir. — Tribunal que castigaba los delitos contra la fe cristiana.

**insaciable** *adj.* Que no se puede saciar.

**insalubre** *adj.* Perjudicial para la salud.

**inscribir** *tr.* Grabar. ▶ *tr. y prnl.* Anotar en una lista o registro.

**insecticida** *adj./m.* Se dice del producto para matar insectos.

**insectívoro, ra** *adj./m.* Se dice de los animales y plantas que se alimentan de insectos.

**insecto** *adj./m.* Se dice del artrópodo de respiración traqueal, dotado de un par de antenas, seis patas, cabeza, tórax y abdomen.

**inseguro, ra** *adj.* Falto de seguridad.

**inseminación** *f.* Depósito del semen del macho en las vías genitales de la hembra.

**insensato, ta** *adj./m. y f.* Que no es sensato.

**insensible** *adj.* Que carece de sensibilidad. — Imperceptible.

**inseparable** *adj.* Imposible o difícil de separar. — Se dice de la persona que está muy unida a otra.

**inserción** *f.* Acción y efecto de insertar.

**insertar** *tr.* Incluir, introducir una cosa en otra.

**inservible** *adj.* Que no sirve o no está en condiciones para ser usado.

**insidia** *f.* Engaño. — Acción o palabras con mala intención.

**insigne** *adj.* Célebre, famoso.

**insignia** *f.* Señal, distintivo.

**insignificante** *adj.* Muy pequeño, sin importancia.

**insinuar** *tr.* Dar a entender algo con solo indicarlo ligera o sutilmente.

**insípido, da** *adj.* Que tiene poco o ningún sabor.

**insistir** *intr.* Repetir varias veces una petición o acción para lograr lo que se intenta. — Persistir o mantenerse firme en una cosa.

**insociable** *adj.* Que rehúye el trato con otras personas.

**insolación** *f.* Trastorno producido por una exposición excesiva al sol.

**insolencia** *f.* Falta de respeto. — Descaro, atrevimiento.

**insólito, ta** *adj.* No habitual.

**insoluble** *adj.* Que no puede disolverse. — Que no tiene solución.

**insolvencia** *f.* Imposibilidad de pagar por falta de recursos.

**insomnio** *m.* Dificultad para conciliar el sueño.

**insondable** *adj.* Que no se puede sondear.

**insonorizar** *tr.* Aislar de ruidos un recinto. — Hacer que una máquina o aparato haga el menor ruido posible.

**insoportable** *adj.* Difícil o imposible de soportar.

**inspeccionar** *tr.* Examinar, reconocer algo atentamente.

**inspector, ra** *adj./m. y f.* Que inspecciona.

**inspectoría** *f.* Chile. Cuerpo de policía sometido al mando de un inspector. — Chile. Territorio vigilado por este cuerpo.

**inspiración** *f.* Acción y efecto de inspirar. — Estado idóneo para la creación artística y estímulo que lo favorece.

**inspirar** *tr.* Atraer el aire exterior a los pulmones. — Infundir sentimientos, ideas, etc. ▸ *prnl.* Sentir inspiración creadora.

**instalar** *tr.* Colocar algo de forma adecuada para la función que ha de realizar. — Acomodar a una persona en un lugar. ▶ *prnl.* Establecerse.

**instancia** *f.* Acción y efecto de instar. — Solicitud escrita.

**instantáneo, a** *adj.* Que solo dura un instante.

**instante** *m.* Porción brevísima de tiempo.

**instar** *tr.* Insistir en una petición o súplica. ▶ *intr.* Urgir.

**instaurar** *tr.* Establecer, instituir, fundar.

**instigar** *tr.* Incitar o inducir a uno a que haga o piense una cosa.

**instinto** *m.* Impulso natural que determina los actos de los animales ante ciertos estímulos. — Intuición.

**institución** *f.* Acción de instituir. — Organismo que desarrolla una tarea social o cultural.

**instituir** *tr.* Fundar, crear.

**instituto** *m.* Corporación científica, artística, etc. — Centro oficial de enseñanza secundaria.

**institutor** *m.* Colomb. Profesor.

**institutriz** *f.* Mujer que educa a los niños en su casa.

**instrucción** *f.* Acción de instruir o instruirse. — Conjunto de conocimientos adquiridos. — Desarrollo de un proceso judicial. — Regla o indicación para hacer una cosa.

**instruir** *tr. y prnl.* Enseñar, proporcionar conocimientos.

**instrumento** *m.* Objeto utilizado para realizar alguna cosa. — Objeto fabricado para producir sonidos musicales. — Medio para conseguir un fin.

**insubordinación** *f.* Falta de subordinación, desobediencia.

**insubstancial** *adj.* Insustancial.

**insuficiente** *adj.* Que no es suficiente. ▶ *m.* Valoración negativa del aprovechamiento de un alumno.

**insufrible** *adj.* Que no puede ser soportado.

**ínsula** *f.* Isla. — Territorio pequeño.

**insular** *adj./m. y f.* Isleño.

**insulina** *f.* Hormona segregada por el páncreas, que regula la cantidad de glucosa existente en la sangre.

**insulso, sa** *adj.* Falto de sabor. — Falto de gracia y viveza.

**insultar** *tr.* Dirigir a alguien expresiones ofensivas.

**insumiso, sa** *adj.* Que no está sometido o se halla en rebeldía. ▶ *adj./m.* Esp. Que se niega a hacer el servicio militar.

**insuperable** *adj.* Que no se puede superar.

**insurrección** *f.* Levantamiento, sublevación.

**insustancial** *adj.* De poca o ninguna sustancia.

**intachable** *adj.* Que no admite tacha o reproche.

**intacto, ta** *adj.* Que no ha sido tocado, alterado o dañado.

**intangible** *adj.* Que no puede tocarsetiene realidad física.

**integral** *adj.* Que engloba todas las partes o aspectos de algo. — Se dice del alimento que conserva todos sus componentes. ▶ *f.* Función que se obtiene por una o peración a partir de la derivada.

**integrar** *tr.* Constituir las partes un todo. ▶ *prnl.* Introducirse enteramente en un grupo.

**integrismo** *m.* Actitud partidaria de la estricta observancia de la tradición, especialmente en religión.

**íntegro, gra** *adj.* Entero. — Que actúa con rectitud y honradez.

**intelecto** *m.* Entendimiento, facultad de entender.

**intelectual** *adj.* Relativo al entendimiento. ▶ *adj./m. y f.* Se dice de la persona cuyo trabajo exige especial empleo de la inteligencia.

**inteligencia** *f.* Capacidad de entender o comprender.

**inteligible** *adj.* Que puede ser entendido.

**intemperie** *f.* Ambiente atmosférico considerado como las variaciones del tiempo.

**intempestivo, va** *adj.* Que está fuera de tiempo.

**intemporal** *adj.* Independiente del curso del tiempo.

**intención** *f.* Propósito de hacer o conseguir algo.

**intendencia** *f.* Dirección, gobierno de una cosa.

**intensidad** *f.* Grado de energía de un agente natural, una cualidad, una expresión o un afecto.

**intensificar** *tr. y prnl.* Aumentar la intensidad de algo.

**intenso, sa** *adj.* Que tiene intensidad.

**intentar** *tr.* Trabajar o esforzarse para hacer o comenzar algo, aun sin la corteza de conseguirlo.

**intento** *m.* Cosa que se intenta. — Acción de intentar una cosa.

**intentona** *f.* Fam. Intento temerario, en especial frustrado.

**interacción** *f.* Acción, relación o influencia recíproca entre dos o más personas o cosas.

**intercalar** *tr. y prnl.* Poner una cosa entre otras.

**intercambio** *m.* Cambio mutuo o recíproco entre cosas, personas o grupos.

**interceder** *intr.* Intervenir en favor de alguien.

**interceptar** *tr.* Detener una cosa en su camino.

**interdisciplinar** o **interdisciplinario, a** *adj.* Que se compone de varias disciplinas.

**interés** *m.* Cualidad de una cosa que la hace importante o valiosa. — Inclinación del ánimo. — Beneficio de alguien. — Renta producida por un capital.

**interesar** *intr.* Ser motivo de interés. ▶ *prnl.* Mostrar interés.

**interferencia** *f.* Acción y efecto de interferir. — Mezcla de las señales de dos emisoras de longitud de onda muy próxima.

**interferir** *tr. y prnl.* Interponerse una acción o movimiento en otro.

**interfono** *m.* Aparato telefónico para comunicaciones internas.

**ínterin** *m.* Intervalo, intermedio. ▸ *adv.* Entretanto, mientras.

**interino, na** *adj./m. y f.* Que temporalmente suple a otro.

**interior** *adj.* Que está en la parte de dentro. — Perteneciente al país de que se habla. ▸ *m.* Lo que está dentro de algo. — Méx. Provincia.

**interjección** *f.* LING. Palabra o expresión exclamativa con que se expresa un estado anímico, una orden, etc.

**interlocutor, ra** *m. y f.* Cada una de las personas que toman parte en un diálogo.

**interludio** *m.* Pieza musical breve que sirve de intermedio.

**intermediario, ria** *adj./m. y f.* Que media entre dos o más personas.

**intermedio, dia** *adj.* Que está en medio. ▸ *m.* Período que hay entre dos tiempos o dos acciones. — Tiempo de descanso en medio de una actividad.

**interminable** *adj.* Que no tiene término o fin o lo parece.

**intermitente** *adj.* Que se interrumpe y prosigue a intervalos. ▸ *m.* Dispositivo que enciende y apaga alternativamente una luz.

**internacional** *adj.* Relativo a dos o más naciones.

**internado** *m.* Centro educativo donde los alumnos pernoctan.

**internar** *tr.* Hacer que alguien permanezca en una institución, hospital o local, con determinada finalidad. ▸ *prnl.* Adentrarse.

**internauta** *m. y f.* Persona que navega por Internet.

**internet** *f.* Red mundial de comunicación compuesta por miles de redes telefónicas e informáticas conectadas entre sí.

**interno, na** *adj.* Interior. ▸ *adj./m. y f.* Que está internado.

**interpelar** *tr.* Solicitar de alguien explicaciones sobre un suceso en que ha intervenido.

**interponer** *tr. y prnl.* Poner algo entre cosas o entre personas. — Presentar un recurso ante el juez.

**interpretar** *tr.* Explicar el sentido de una cosa. — Ejecutar el artista una obra. — Representar los actores un papel. — Traducir.

**intérprete** *m. y f.* Persona que interpreta. — Persona que explica a otras, en lengua que entienden, lo dicho en otra que les es desconocida.

**interregno** *m.* Período en que un estado no tiene soberano.

**interrogación** *f.* Pregunta. — Signo ortográfico (¿?) que expresa una pregunta directa.

**interrogar** *tr. y prnl.* Preguntar.

**interrogatorio** *m.* Serie de preguntas formuladas a alguien.

**interrumpir** *tr.* Impedir la continuación de una cosa.

**interruptor** *m.* Dispositivo con que se abre o cierra un circuito eléctrico.

**intersección** *f.* Encuentro de dos líneas, superficies o sólidos que se cortan.

**intersticio** *m.* Grieta, resquicio.

**intervalo** *m.* Porción de espacio o de tiempo que media entre dos cosas. — Conjunto de valores entre dos límites determinados.

**intervenir** *intr.* Tomar parte en un asunto. — Mediar, interceder. — Operar quirúrgicamente.

**interviú** *m. o f.* Entrevista.

**intervocálico, ca** *adj.* Situado entre dos vocales.

**intestino, na** *adj.* Se dice de la lucha que se produce en el interior de un grupo o territorio. — Interno, interior. ▸ *m.* ANAT. Víscera hueca donde se realiza la última parte de la digestión.

**intimar** *intr.* Entablar estrecha amistad con alguien.

**intimidad** *f.* Amistad íntima. — Parcela privada de la vida de una persona. — Carácter íntimo. — Lo más íntimo y reservado de una persona.

**intimidar** *tr.* Infundir miedo.

**íntimo, ma** *adj.* Se dice de lo más interior y profundo. ▸ *adj./m. y f.* Se dice de la amistad estrecha y del amigo de confianza.

**intolerancia** *f.* Falta de tolerancia.

**intoxicar** *tr. y prnl.* Envenenar.

**intramuros** *adv.* Dentro de una ciudad, villa o lugar.

**intranet** *f.* Red de ordenadores de una empresa u organización conectados entre sí.

**intranquilo, la** *adj.* Falto de tranquilidad.

**intransigente** *adj.* Que no está dispuesto a transigir.

**intransitable** *adj.* Que no se puede transitar.

**intransitivo, va** *adj./m.* LING. Se dice del verbo que no lleva objeto directo.

**intrascendente** o **intranscendente** *adj.* Falto de trascendencia.

**intratable** *adj.* No tratable ni manejable. — Insociable.

**intrépido, da** *adj.* Que no teme al peligro.

**intriga** *f.* Acción y efecto de intrigar.

**intrigar** *tr.* Excitar viva curiosidad una cosa. ▸ *intr.* Actuar con cautela y astucia para conseguir un fin.

**intrincado, da** *adj.* Enredado, enmarañado. — Complicado.

**intríngulis** *m.* Fam. Razón oculta.

**intrínseco, ca** *adj.* Que es propio de algo por sí mismo.

**introducción** *f.* Acción y efecto de introducir. — Prólogo de una obra o discurso.

**introducir** *tr. y prnl.* Dar entrada a alguien, o entrar en un lugar, situación, etc. ▸ *tr.* Meter una cosa en otra. — Poner en uso algo nuevo o desconocido.

**introito** *m.* Prólogo de un escrito o discurso.

**intromisión** *f.* Acción y efecto de entrometerse.

**introspección** *f.* Observación o examen de la propia conciencia.

**introvertido, da** *adj./m. y f.* Que tiende a concentrarse en su propio mundo interior.

**intruso, sa** *adj./m. y f.* Que se ha introducido en un lugar o actividad sin derecho.

**intuición** *f.* Percepción inmediata de una idea o verdad, sin el concurso del razonamiento.

**inundar** *tr. y prnl.* Cubrir el agua un lugar. — Llenar algo completamente un lugar.

**inusitado, da** *adj.* Poco habitual o frecuente.

**inútil** *adj./m. y f.* Que no sirve o no es apto.

**invadir** *tr.* Entrar por fuerza en un lugar. — Llenar un lugar una cosa que resulta perjudicial o molesta.

**invalidar** *tr.* Hacer de ningún valor y efecto una cosa.

**inválido, da** *adj./m. y f.* Incapaz por algún defecto físico o psíquico. ▶ *adj.* Nulo, sin valor.

**invariable** *adj.* Que no padece variación.

**invasión** *f.* Acción y efecto de invadir.

**invectiva** *f.* Discurso o escrito acre y violento.

**inventar** *tr.* Descubrir o crear una cosa nueva. ▶ *tr. y prnl.* Imaginar historias.

**inventario** *m.* Relación ordenada de los bienes de alguien.

**invento** *m.* Acción de inventar. — Cosa inventada.

**invernadero** *m.* Lugar cubierto para el cultivo de plantas fuera de su ámbito natural.

**invernal** *adj.* Relativo al invierno: *frío ~.*

**invernar** *intr.* Pasar el invierno en un lugar. — Argent., Colomb., Perú y Urug. Pastar el ganado en campos de clima más cálido.

**invernazo** *m.* P. Rico. Período de inactividad en los ingenios de azúcar. — P. Rico y R. Dom. Período de lluvias de julio a septiembre.

**inverosímil** *adj.* Que no tiene apariencia de verdad.

**inversión** *f.* Acción y efecto de invertir.

**inverso, sa** *adj.* Contrario, opuesto. — A la inversa, de forma totalmente opuesta o contraria.

**invertebrado, da** *adj./m.* ZOOL. Se dice del animal que no tiene columna vertebral.

**invertido** *m.* Homosexual.

**invertir** *tr.* Poner las cosas en orden, dirección o posición opuestos al que tenían. — Emplear dinero en un negocio para lograr provecho. — Dedicar tiempo o esfuerzo a algo.

**investidura** *f.* Acción y efecto

de investir. — Carácter que se adquiere con la toma de posesión de ciertos cargos.

**investigar** *tr.* Tratar de llegar a saber o conocer una cosa: ~ *un asesinato.* — Estudiar a fondo un saber o ciencia: ~ *con fondos públicos.*

**investir** *tr.* Conferir una dignidad o cargo importante.

**inveterado, da** *adj.* Antiguo.

**invicto, ta** *adj.* No vencido.

**invidente** *adj./m. y f.* Privado del sentido de la vista.

**invierno** *m.* Estación del año entre el otoño y la primavera.

**inviolable** *adj.* Que no se debe o no se puede violar.

**invisible** *adj.* Que no se puede ver. ► *m.* Argent. Fam. Horquilla para el peinado femenino.

**invitar** *tr.* Comunicar a una persona el deseo de que asista a una fiesta, comida, evento u otra cosa. — Obsequiar con el pago de algo. — Pagar la consumición de otra persona, especialmente comida o bebida: ~ *a una copa.* — Incitar.

**invocar** *tr.* Pedir con ruegos la ayuda de alguien.

**involución** *f.* Retroceso en la evolución de algo.

**involucrar** *tr. y prnl.* Complicar a alguien en un asunto.

**involuntario, ria** *adj.* Que escapa al control de la voluntad.

**inyectar** *tr.* Introducir a presión un fluido en un cuerpo.

**ion** o **ión** *m.* QUÍM. Átomo o grupo de átomos con carga eléctrica.

**ionización** *f.* QUÍM. Transformación de átomos o de moléculas neutras en iones.

**ionosfera** *f.* Parte alta de la atmósfera, donde el aire es conductor de electricidad.

**ipso facto** *loc.* Inmediatamente, en el acto.

**ir** *intr.* Moverse de un lugar a otro. — Ser algo adecuado para alguien. — Tener algo determinada dirección o extensión. — Estar, funcionar, ser o suceder como se expresa. — Con la preposición *a* y un infinitivo indica inminencia de la acción. ► *prnl.* Dejar de estar donde se estaba.

**ira** *f.* Enfado muy violento.

**iracundo, da** *adj./m. y f.* Propenso a la ira.

**irascible** *adj.* Propenso a irritarse.

**iris** *m.* Membrana del ojo en cuyo centro está la pupila.

**irlandés, sa** *adj./m. y f.* De Irlanda. ► *m./adj.* Lengua hablada en Irlanda.

**ironía** *f.* Burla fina con la que se insinúa lo contrario de lo que se expresa. — Situación o hecho inesperado y muy diferente al que se esperaba.

**irracional** *adj.* Que carece de razón o es opuesto a ella. ► *adj./m.* MAT. Se dice del número real que no puede expresarse como cociente de dos números enteros.

**irradiar** *tr.* Despedir un cuerpo radiaciones. — Transmitir alguien o algo su influencia.

**irreal** *adj.* No real, falto de realidad.

**irreconocible** *adj.* Que no se puede reconocer.

**irreflexivo, va** *adj./m. y f.* Que no reflexiona. ▸ *adj.* Que se hace sin reflexionar.

**irrefutable** *adj.* Que no se puede refutar.

**irregular** *adj.* Que no es regular. — No conforme a la ley o uso establecidos.

**irrelevante** *adj.* Sin importancia.

**irremediable** *adj.* Sin remedio posible.

**irremisible** *adj.* Que no se puede perdonar.

**irreparable** *adj.* Que no se puede reparar.

**irresistible** *adj.* Que no se puede resistir. — Muy atractivo.

**irresoluto, ta** *adj./m. y f.* Que carece de resolución.

**irresponsable** *adj./m. y f.* No responsable.

**irreverente** *adj./m. y f.* Que no muestra respeto.

**irrevocable** *adj.* Que no se puede revocar.

**irrigar** *tr.* Regar. — MED. Rociar con un líquido una parte del cuerpo.

**irrisorio, ria** *adj.* Que provoca risa o burla. — Insignificante.

**irritar** *tr. y prnl.* Hacer sentir ira. — Causar algo escozor en alguna parte del cuerpo.

**irrumpir** *intr.* Entrar violentamente en un lugar.

**isangas** *f. pl.* Perú. Conjunto de nasas para la pesca del camarón.

**isla** *f.* Porción de tierra rodeada de agua. — Chile. Terreno próximo a un río que se cubre a veces de agua.

**islam** *m.* Islamismo. — Conjunto de los países musulmanes.

**islamismo** *m.* Conjunto de dogmas y preceptos que constituyen la religión de Mahoma.

**islandés, sa** *adj./m. y f.* De Islandia. ▸ *m./adj.* Lengua hablada en Islandia.

**isleño, ña** *adj./m. y f.* De una isla.

**isleta** *f.* Espacio de una calzada que separa los carriles diferentes direcciones. — Argent. Grupo de árboles en medio de la llanura.

**islote** *m.* Isla pequeña y despoblada.

**isóbara** o **isobara** *f.* Línea imaginaria que une los puntos de igual presión atmosférica.

**isoca** *f.* Argent. Oruga muy perjudicial para los cereales.

**isómero, ra** *adj./m.* QUÍM. Que tiene la misma composición química pero distintas propiedades físicas.

**isósceles** *adj.* MAT. Se dice del triángulo que tiene dos lados iguales.

**isotérmico, a** *adj.* Que mantiene una temperatura constante.

**isótopo** o **isotopo** *m.* QUÍM. Átomo con el mismo número atómico que otro pero distinta masa atómica.

**israelí** *adj./m. y f.* Del Estado de Israel.

**istmo** *m.* Lengua de tierra que une dos continentes o una península con un continente.

**italiano, na** *adj./m. y f.* De Italia. ▶ *m./adj.* Lengua hablada en Italia.

**ítem** *m.* Unidad de un conjunto.

**iterativo, va** *adj.* Que se repite. ▶ *adj./m. y f.* LING. Se dice de la palabra que expresa una repetición de la acción.

**itinerario** *m.* Descripción de un recorrido. — Ruta.

**itrio** *m.* Elemento químico de color blanco plateado.

**izar** *tr.* Hacer subir algo tirando de la cuerda a que está sujeto.

**izquierda** *f.* Lado izquierdo. — Conjunto de las organizaciones políticas y de las personas de ideas progresistas.

**izquierdo, da** *adj.* Se dice de las cosas y de las partes del cuerpo que están situadas del lado del corazón. — Que está situado, en relación con la posición de una persona, en el mismo lado en el que esta tiene el corazón.

**j** *f.* Undécima letra del abecedario.

**jabalí, lina** *m. y f.* Mamífero parecido al cerdo, de morro alargado y colmillos desarrollados.

**jabalina** *f.* Vara para lanzamientos usada en atletismo. — Antigua arma arrojadiza semejante a la lanza.

**jabato, ta** *adj./m. y f.* Fam. Valiente. ▸ *m.* Cría de jabalí.

**jabón** *m.* Producto utilizado para lavar: ~ *líquido.*

**jabonado** *m.* Chile. Reprimenda, regañina.

**jabotí** *m.* Amér. Tortuga terrestre de carne comestible.

**jaca** *f.* Caballo de poca alzada. — Yegua, hembra del caballo.

**jacal** *m.* Méx. y Venez. Choza o casa humilde.

**jácara** *f.* Romance festivo, escrito con la jerga de pícaros y rufianes.

**jacarandá** o **jacaranda** *m.* Árbol de América tropical, de flores azules, cuya madera es muy estimada en ebanistería.

**jachalí** *m.* Árbol de la América intertropical, de madera dura, muy apreciada en ebanistería.

**jacinto** *m.* Planta bulbosa que se cultiva por sus flores del mismo nombre.

**jaco** *m.* Caballo pequeño y de mal aspecto.

**jacobeo, a** *adj.* Relativo al apóstol Santiago.

**jacobino, na** *adj./m. y f.* Se aplica a los miembros del partido más demagógico, radical y violento de la Revolución francesa.

**jactarse** *prnl.* Presumir de algo que uno tiene o se atribuye.

**jade** *m.* Piedra preciosa de color verde.

**jadear** *intr.* Respirar con dificultad.

**jaez** *m.* Adorno que se pone a las caballerías. — Desp. Clase, condición.

**jaguar** *m.* Mamífero carnívoro americano, parecido al leopardo.

**jagüey** *m.* Bejuco de Cuba, que crece enlazándose a un árbol, al cual mata. — Amér. Central y Amér.

Merid. Balsa, pozo o zanja llena de agua.

**jaiba** *f.* Antill., Chile y Méx. Cangrejo de río. ▶ *adj./m. y f.* Cuba. Perezoso. — Cuba y P. Rico. Astuto, taimado.

**jalar** *tr.* Fam. Halar. — Esp. Fam. Comer con ganas.

**jalea** *f.* Conserva gelatinosa hecha de zumo de frutas.

**jalear** *tr.* Animar con palmadas y voces.

**jaleo** *m.* Fam. Alboroto, barullo.

**jalón** *m.* Vara que se clava en tierra como señal. — Hito. — Amér. Tirón. — Méx. Trago de bebida alcohólica.

**jalonear** *tr.* Guat., Méx. y Nicar. Dar tirones.

**jamaicano, na** *adj./m. y f.* De Jamaica.

**jamar** *tr. y prnl.* Fam. Comer.

**jamás** *adv.* Nunca.

**jamba** *f.* ARQ. Pieza que sostiene el dintel.

**jamelgo** *m.* Caballo flaco y desgarbado.

**jamón** *m.* Pierna de cerdo salada y curada. — Carne de esta pierna.

**japonés, sa** *adj./m. y f.* De Japón. ▶ *m./adj.* Lengua hablada en Japón.

**jaque** *m.* Jugada del ajedrez en que el rey o la reina están amenazados.

**jaqueca** *f.* Dolor de cabeza intenso.

**jarabe** *m.* Bebida medicinal.

**jarana** *f.* Juerga. — Riña.

**jarcha** *f.* Estrofa final, escrita en dialecto mozárabe, de una composición poética árabe denominada *moaxaja.*

**jarcia** *f.* Conjunto de cabos y aparejos de una embarcación buque. — Conjunto de útiles para pescar.

**jardín** *m.* Terreno donde se cultivan árboles, plantas y flores ornamentales.

**jardinera** *f.* Mueble o recipiente para colocar plantas o flores como adorno.

**jardinero, ra** *m. y f.* Persona que cuida un jardín.

**jareta** *f.* Dobladillo en la ropa para meter una cinta o goma.

**jarilla** *f.* Argent., Chile y Urug. Arbusto que alcanza los 2 m de altura y posee pequeñas flores amarillas.

**jarra** *f.* Recipiente de boca ancha, con una o dos asas. — En jarras, con los brazos arqueados, separados del cuerpo y las manos en la cintura.

**jarrete** *m.* Corva. — Parte alta y carnosa de la pantorrilla.

**jarro** *m.* Jarra con una sola asa.

**jarrón** *m.* Vasija de adorno.

**jaspe** *m.* Roca de varios colores, empleada en joyería.

**jauja** *f.* Lugar o situación de prosperidad y abundancia.

**jaula** *f.* Caja para encerrar animales.

**jauría** *f.* Conjunto de perros que cazan juntos.

**jazmín** *m.* Arbusto trepador de

flores blancas muy olorosas. — Flor de esta planta.

**jazz** *m.* Género musical de ritmo cambiante y melodía sincopada con mucha improvisación.

**jefe, fa** *m. y f.* Persona que tiene a otras a sus órdenes. — Líder o cabeza de algo. — Categoría superior a la de capitán.

**jején** *m.* Insecto díptero, abundante en América Central y del Sur, más pequeño que el mosquito.

**jengibre** *m.* Planta de rizoma aromático, que se usa como especia.

**jeniquén** *m.* Colomb., Cuba y P. Rico. Pita, planta.

**jeque** *m.* En algunos países musulmanes, jefe que gobierna un territorio.

**jerarquía** *f.* Orden y grados de categoría y poder que existen.

**jerez** *m.* Vino blanco de fina calidad y alta graduación.

**jerga** *f.* Lenguaje especial entre personas de una misma clase o profesión. — Jerigonza.

**jergón** *m.* Colchón de paja, esparto o hierba y sin hilvanes.

**jerigonza** *f.* Lenguaje difícil de entender.

**jeringa** *f.* Instrumento para aspirar o inyectar líquidos.

**jeringuilla** *f.* Jeringa pequeña para poner inyecciones.

**jeroglífico, ca** *adj./m.* Se dice de la escritura en la que se usan figuras o símbolos. ► *m.* Pasatiempo que consiste en deducir una palabra o frases a partir de unos signos dados.

**jersey** *m.* Prenda de vestir de punto y sin botones, que cubre hasta la cintura.

**jesuita** *adj./m.* Se dice del religioso que pertenece a la Compañía de Jesús.

**jeta** *f.* Boca abultada. — Fam. Rostro, cara. ► *m. y f.* Fam. Caradura.

**jetón, na** *adj.* Méx. Fam. Malhumorado, enojado. — Méx. Fam. Dormido.

**jíbaro, ra** *adj./m. y f.* De una tribu indígena de Ecuador.

**jibia** *f.* Sepia.

**jícara** *f.* Taza pequeña utilizada para tomar chocolate.

**jicote** *m.* Amér. Central y Méx. Avispa gruesa de cuerpo negro y abdomen amarillo. — Hond. y Nicar. Panal de esta avispa.

**jiennense** o **jienense** *adj./m. y f.* De Jaén (España).

**jijona** *m.* Turrón blando hecho a base de almendras.

**jilguero** *m.* Pájaro de pequeño tamaño y de canto melodioso.

**jineta** *f.* Pequeño mamífero carnívoro de pelaje claro moteado de negro. — Manera de montar a caballo.

**jinete** *m.* Persona que monta a caballo.

**jinetear** *tr.* Amér. Domar caballos cerriles. — Méx. Tardar en pagar un dinero con el fin de sacar ganancias. ► *prnl.* Colomb. y Méx. Montarse y asegurarse en la silla.

**jira** *f.* Esp. Comida campestre.

**jirafa** *f.* Mamífero rumiante de cuello largo y esbelto. — CINE Y TV. Brazo articulado que sostiene el micrófono.

**jirón** *m.* Trozo desgarrado de una tela. — Perú. Vía urbana compuesta de varias calles.

**jitomate** *m.* Méx. Variedad de tomate carnoso y grande.

**jobo** *m.* Árbol americano con flores en panoja, y fruto parecido a la ciruela.

**jockey** *m.* Jinete profesional que monta los caballos de carreras.

**jocoso, sa** *adj.* Gracioso, chistoso.

**joder** *tr. e intr.* Vulg. Practicar el coito. — Vulg. Molestar. ▶ *tr.* Vulg. Estropear algo.

**jofaina** *f.* Palangana.

**jolgorio** *m.* Fam. Regocijo.

**jónico, ca** *adj./m. y f.* Jonio. ▶ *adj.* ARQ. Se dice del orden de la arquitectura griega caracterizado por una columna estriada, coronada por un capitel flanqueado por dos volutas.

**jonio, nia** *adj./m. y f.* De Jonia, región de la antigua Grecia.

**jornada** *f.* Día. — Camino recorrido de una vez. — Duración del trabajo diario o semanal de un trabajador.

**jornal** *m.* Dinero que percibe un trabajador por cada día de trabajo. — Este mismo trabajo realizado en un día.

**jornalero, ra** *m. y f.* Persona que trabaja a jornal.

**joroba** *f.* Abultamiento en la espalda debido a una desviación de la columna vertebral.

**jorobar** *tr. y prnl.* Fam. Fastidiar, molestar. — Estropear.

**jorongo** *m.* Méx. Poncho con que usan los campesinos para cubrirse. — Méx. Colcha de lana.

**josefino, na** *adj./m. y f.* De San José (Costa Rica).

**jota** *f.* Nombre de la letra *j*. — Baile popular de Aragón y otras regiones.

**jote** *m.* Ave rapaz andina de color negro, con cabeza y cola violáceas. — Chile. Cometa grande y cuadrada.

**joto** *m.* Colomb. Bulto o paquete pequeño.

**joule** *m.* Julio, unidad de medida.

**joven** *adj./m. y f.* Que está entre la adolescencia y la edad adulta: *dos hombres, uno ~ y otro adulto*.

**jovial** *adj.* Alegre, risueño.

**joya** *f.* Objeto de metal y piedras preciosas. — Persona o cosa de gran valía.

**joyero, ra** *m. y f.* Persona que hace o vende joyas. ▶ *m.* Estuche para guardar joyas.

**juanete** *m.* Hueso saliente del dedo gordo del pie.

**jubilar** *tr. y prnl.* Eximir del servicio, por ancianidad o imposibilidad física, a un empleado. — Fam. Dejar de usar una cosa por vieja o inútil.

**jubileo** *m.* En el catolicismo, indulgencia plenaria concedida por el papa.

**júbilo** *m.* Alegría muy intensa.

**jubón** *m.* Prenda de vestir ajustada, con o sin mangas, que cubría hasta la cintura.

**judaísmo** *m.* Religión de los judíos.

**judas** *m.* Traidor.

**judería** *f.* Barrio medieval en que vivían los judíos.

**judía** *f.* Esp. Planta de fruto en vainas aplastadas, con varias semillas en forma de riñón. — Esp. Fruto y semilla de esta planta.

**judicial** *adj.* Relativo a la organización, ejercicio o administración de la justicia.

**judío, a** *adj./m. y f.* De una comunidad étnica, cultural e histórica procedente de la antigua Palestina. — Que profesa el judaísmo.

**judo** *m.* Deporte de lucha japonés, que constituye un método de defensa sin emplear armas.

**juego** *m.* Acción de jugar. — Cualquier diversión que se realice siguiendo ciertas reglas. — Conjunto de piezas semejantes o para un mismo uso. — Articulación de dos cosas de modo que tengan cierto movimiento. — Actuación de un equipo en una competición deportiva. — Dar juego, expresa que una cosa ofrece rendimiento o posibilidades. — En juego, en riesgo, que puede salir bien o mal.

**juerga** *f.* Diversión bulliciosa.

**jueves** *m.* Cuarto día de la semana.

**juez, za** *m. y f.* Persona con potestad para juzgar y sentenciar en un tribunal. — Persona con autoridad para juzgar algo.

**jugar** *intr.* Hacer algo como diversión. — Tomar parte en un juego, deporte o sorteo. ▶ *tr.* Llevar a cabo un juego. ▶ *tr. y prnl.* Apostar. ▶ *prnl.* Exponerse a perder algo.

**jugarreta** *f.* Fam. Engaño, mala pasada.

**juglar, resa** *m. y f.* Artista de la Edad Media que recitaba versos, cantaba y tocaba música.

**jugo** *m.* Líquido contenido en ciertos tejidos orgánicos.

**juguete** *m.* Objeto que sirve para jugar.

**juicio** *m.* Facultad del entendimiento por la que se conoce, valora y compara. — Opinión, criterio. — DER. Tramitación de un pleito ante un juez o tribunal y su resultado.

**julepear** *tr.* Colomb. Insistir, urgir. — Colomb. Molestar, mortificar. — P. Rico. Embromar. ▶ *tr. y prnl.* Argent., Par. y Urug. Infundir miedo.

**julio** *m.* Séptimo mes del año. — FÍS. Unidad de medida de trabajo y energía, en el Sistema internacional.

**jumarse** *prnl.* Colomb. y Cuba. Fam. Emborracharse.

**jumento, ta** *m. y f.* Asno, burro.

**junco** *m.* Planta herbácea, de tallo recto y flexible.

**jungla** *f.* Bosque tropical de vegetación exuberante y fauna variada.

**junio** *m.* Sexto mes del año.

**júnior** *adj.* Se aplica a la persona más joven que otra y que lleva el mismo nombre. ▸ *adj./m. y f.* DEP. Se dice de la categoría que abarca los deportistas de entre 18 y 21 años.

**junta** *f.* Juntura. — Reunión de personas para tratar algún asunto. — Conjunto de personas que dirigen una colectividad.

**juntar** *tr.* Poner unas cosas en contacto con otras de manera que se toquen. — Reunir, congregar. ▸ *prnl.* Aproximarse para estar juntos. — Tener amistad o relación con alguien. — Vivir en pareja.

**junto, ta** *adj.* Unido, cercano: ~ *al puerto.* — Acompañado, uno con otro. ▸ *adv.* Seguido de la prep. *a*, cerca de: *sentarse ~ al fuego.* — A la vez.

**juntura** *f.* Parte o lugar en que se unen dos o más cosas.

**jurado, da** *adj.* Que ha prestado juramento. — Se dice de la declaración que se hace bajo juramento. ▸ *m.* Grupo de personas que califican en concursos, exposiciones, etc. — Tribunal cuya misión consiste en determinar la culpabilidad del acusado.

**juramento** *m.* Acción de jurar. — Expresión con que se jura.

**jurar** *tr.* Afirmar o prometer algo tomando por testigo a una persona o cosa que se considera sagrada.

**jurásico, ca** *adj./m.* GEOL. Se dice del segundo período del mesozoico.

**jurel** *m.* Pez marino de cabeza corta y cola en forma de horquilla.

**jurero, ra** *m. y f.* Chile y Ecuad. Que jura en falso.

**jurídico, ca** *adj.* Relativo al derecho, la justicia o las leyes.

**jurisdicción** *f.* Poder para gobernar y aplicar las leyes. — Territorio sobre el que se extiende dicho poder.

**jurisprudencia** *f.* Ciencia del derecho.

**jurista** *m. y f.* Persona que se dedica al derecho.

**justa** *f.* Combate medieval a caballo y con lanza. — Torneo.

**justamente** *adv.* Con justicia. — Con exactitud. — En el mismo lugar o tiempo en que sucede una cosa.

**justicia** *f.* Virtud que inclina a conceder a cada uno lo que le pertenece o respetar sus derechos. — Derecho y su aplicación, cumplimiento de la ley.

**justificar** *tr. y prnl.* Hacer que una cosa resulte aceptable. — Probar una cosa con razones, testigos, etc.

**justo, ta** *adj./m. y f.* Que obra según justicia y razón. — Que vive según la ley de Dios. ▸ *adj.* Conforme a la verdad o la razón.

— Exacto. — Ajustado, apretado. ▸ *adv.* Justamente. — Preci-
samente, en el momento que se
expresa: *llegar ~ cuando él se iba.*
**juvenil** *adj.* De la juventud. ▸
*adj./m. y f.* Se dice del deportista
de entre 15 y 18 años de edad.

**juventud** *f.* Edad entre la pubertad y la edad adulta. — Conjunto de jóvenes.
**juzgado** *m.* Local donde se celebran los juicios.
**juzgar** *tr.* Decidir en calidad de
juez. — Creer, considerar.

**k** *f.* Duodécima letra del abecedario.

**ka** *f.* Nombre de la letra *k*.

**káiser** *m.* Emperador de Alemania.

**kamikaze** *adj./m. y f.* Piloto suicida japonés de la segunda guerra mundial. — Persona temeraria o que se juega la vida.

**karaoke** m. Aparato audiovisual que reproduce la música de una canción y, a la vez, la letra escrita de esta, para que sea cantada.

**karate** o **kárate** *m.* Modalidad de lucha japonesa, basada en golpes secos realizados con la mano, los pies, etc.

**karma** *m.* En el budismo y el hinduismo, ley que rige las sucesivas reencarnaciones de una persona.

**katiusca** *f.* Bota de caucho usada para protegerse del agua.

**kayak** *m.* Canoa de los esquimales hecha con piel de foca. — Canoa deportiva.

**kéfir** *m.* Leche fermentada artificialmente.

**kelvin** *m.* Unidad de medida de temperatura termodinámica.

**keniano, a** *adj./m. y f.* Keniata.

**keniata** *adj./m. y f.* De Kenia.

**kerosén** o **kerosene** *m.* Amér. Merid. Queroseno.

**ketchup** *m.* Salsa de tomate y otros condimentos.

**kilo** *m.* Abreviatura de *kilogramo*.

**kilo-** *pref.* Significa 'mil'.

**kilogramo** *m.* Unidad de medida de masa equivalente a mil gramos.

**kilómetro** *m.* Unidad de medida de longitud equivalente a mil metros.

**kilopondio** *m.* Unidad de medida de fuerza que equivale al peso de un kilogramo.

**kilovatio** o **kilowatt** *m.* Unidad de medida de potencia equivalente a mil vatios.

**kiosco** *m.* Quiosco.

**kit** *m.* Conjunto de las piezas de un objeto que se montan con facilidad. — Conjunto de objetos para un mismo uso.

**kiwi** *m.* Arbusto trepador. — Fruto de esta planta, de piel rugosa y pulpa verde.

**koala** *m.* Mamífero marsupial trepador, originario de Australia.

**kriptón** *m.* Gas noble existente en pequeña cantidad en la atmósfera.

**kurdo, da** *adj./m. y f.* De un pueblo que vive en la región del Kurdistán, en Asia. — *m./ adj.* Lengua hablada en el Kurdistán.

**l** *f.* Decimotercera letra del abecedario.

**la** *art. det. fem. sing.* Se antepone a los sustantivos para individualizarlos: *la casa.* ▶ *pron. pers. fem. de 3.ª persona sing.* Funciona como complemento directo. ▶ *m.* Sexta nota de la escala musical.

**laberinto** *m.* Lugar lleno de caminos entrecruzados, en el que es muy difícil encontrar la salida. — Cosa confusa o muy complicada. — ANAT. Estructura del oído interno.

**labia** *f.* Fam. Facilidad de palabra y gracia en el hablar.

**labiado, da** *adj./f.* BOT. Se dice de las plantas herbáceas o arbustivas con los pétalos en forma de labios.

**labial** *adj.* Relativo a los labios. — LING. Se dice del sonido en cuya articulación intervienen los labios.

**labio** *m.* Cada uno de los bordes carnosos y móviles de la boca. — Borde exterior de algunas cosas: *los labios de una herida.* ▶ *pl.* Órgano de la palabra.

**labiodental** *adj.* LING. Se dice del sonido que se articula con el labio inferior y los incisivos superiores, como la *f.*

**labor** *f.* Trabajo. — Operación agrícola. — Trabajo de costura, bordado, etc.

**laborable** *adj.* Se dice del día en que se trabaja.

**laboral** *adj.* Relativo al trabajo o a los trabajadores.

**laboratorio** *m.* Local dispuesto para realizar investigaciones científicas, análisis biológicos, trabajos fotográficos, etc.

**laborioso, sa** *adj.* Muy trabajador. — Que cuesta trabajo.

**labrador, ra** *adj./m. y f.* Persona que se dedica profesionalmente a labrar la tierra.

**labranza** *f.* Cultivo de los campos.

**labrar** *tr.* Trabajar un material dándole una forma determinada. — Cultivar la tierra. — Arar.

**labriego, ga** *m. y f.* Labrador.

**laburar** *intr.* Argent. y Urug. Trabajar.

**laca** *f.* Sustancia resinosa obtenida de ciertos árboles orientales. — Barniz preparado con esta resina. — Producto que se aplica para fijar el peinado.

**lacayo** *m.* Criado de librea. — Persona servil.

**lacerar** *tr. y prnl.* Herir, lastimar. ▸ *tr.* Dañar, vulnerar.

**lacio, cia** *adj.* Marchito. — Flojo, débil. — Se dice del pelo liso.

**lacón** *m.* Pata delantera del cerdo salada y curada.

**lacónico, ca** *adj.* Conciso.

**lacra** *f.* Señal que deja una enfermedad. — Defecto o vicio.

**lacrar** *tr.* Cerrar con lacre.

**lacre** *m.* Pasta que, derretida, sirve para sellar y cerrar cartas.

**lacrimal** *adj.* Relativo a las lágrimas. ▸ *m.* Ángulo del ojo próximo a la nariz.

**lacrimógeno, na** *adj.* Que produce lágrimas. — Que mueve a llanto.

**lactancia** *f.* Período de la vida en que la criatura mama.

**lácteo, a** *adj.* Perteneciente a la leche o parecido a ella.

**lacustre** *adj.* Relativo a los lagos.

**ladear** *tr., intr. y prnl.* Torcer o desviar hacia un lado. ▸ *prnl.* Chile. Fam. Prendarse, enamorarse.

**ladera** *f.* Declive de un monte.

**ladero** *m.* Argent. Compinche.

**ladilla** *f.* Insecto parásito de zonas vellosas del ser humano.

**ladino, na** *adj.* Que actúa con astucia y disimulo. ▸ *m./adj.* Sefardí, dialecto romance. — Variante del sefardí empleada en algunas obras religiosas.

**lado** *m.* Parte izquierda o derecha de alguien o algo. — Costado del cuerpo humano. — Parte de algo próxima a sus extremos, en oposición al centro. — Cual-quiera de las partes que limitan un todo. — Lugar, sitio. — Aspecto de un asunto al que se hace referencia en oposición a otro. — MAT. Cada una de las líneas que limitan un ángulo o un polígono.

**ladrar** *intr.* Dar ladridos el perro.

**ladrido** *m.* Voz que emite el perro.

**ladrillo** *m.* Pieza de arcilla cocida, en forma de prisma usada en la construcción. — Fam. Cosa pesada y aburrida.

**ladrón, na** *adj./m. y f.* Que roba. ▸ *m.* Pieza que permite tomar conectar a la corriente eléctrica más de un aparato en un solo enchufe.

**lagar** *m.* Lugar donde se prensa la aceituna, se pisa la uva, etc.

**lagartija** *f.* Reptil terrestre pequeño de color marrón o verde.

**lagarto, ta** *m. y f.* Reptil de color verdoso y cola larga. ▸ *m.* Méx. Caimán.

**lago** *m.* Gran masa de agua depositada en depresiones del terreno.

**lágrima** *f.* Cada una de las gotas segregadas por las glándulas lagrimales de los ojos.

**lagrimal** *adj.* Se dice de los órganos de secreción y excreción de las lágrimas. ▸ *m.* Parte del ojo próxima a la nariz.

**laguna** *f.* Extensión natural de agua menor que el lago. — Cosa que se desconoce o que se ha olvidado.

**laico, ca** *adj./m. y f.* Que no es eclesiástico ni religioso.

**laísmo** *m.* LING. Uso de los pronombres *la, las,* en funciones de complemento indirecto, en lugar de le, les.

**lama** *m.* Monje budista del Tíbet. ▸ *f.* Cieno del fondo acuático. — Tira de materia dura que, con otras, se utiliza para dejar pasar más o menos luz o aire. — Bol., Colomb. y Méx. Moho. — Chile, Colomb., Hond., Méx. y P. Rico. Musgo.

**lambetear** *tr.* Amér. Central y Amér. Merid. Lamer.

**lambiche** *adj.* Méx. Adulador.

**lambiscón, na** *adj.* Méx. Fam. Servil, adulador.

**lamelibranquio** *adj./m.* Se dice del molusco de concha bivalva, como el mejillón.

**lamentar** *tr.* Sentir disgusto por algo. ▸ *prnl.* Quejarse.

**lamer** *tr. y prnl.* Pasar la lengua por alguna cosa.

**lametón** *m.* Roce de la lengua al lamer.

**lámina** *f.* Pieza plana y delgada de cualquier material.

**lampa** *f.* C. Rica, Chile, Ecuad. y Perú. Azada.

**lámpara** *f.* Utensilio para dar luz. — Bombilla eléctrica.

**lamparón** *m.* Mancha en la ropa.

**lampear** *tr.* Chile. Escuadrar. — Chile y Perú. Remover la tierra con la lampa.

**lampiño, ña** *adj.* Que no tiene barba. — De poco pelo o vello.

**lamprea** *f.* Pez comestible de cuerpo cilíndrico y alargado.

**lana** *f.* Pelo de las ovejas y carneros. — Hilo y tejido elaborados con este pelo. ▸ *m.* Chile, Méx. y Perú. Fam. Dinero. — Guat. y Hond. Persona de clase social muy baja.

**lanar** *adj.* Se dice del ganado o de la res que tiene lana.

**lance** *m.* Acción de lanzar. — Pelea, riña. — Suceso. — En el juego, cada uno de los accidentes notables que ocurren en él.

**lanceolado, da** *adj.* BOT. Se dice de la hoja con forma de lanza.

**lancero** *m.* Soldado armado de lanza.

**lancha** *f.* Bote grande para servicios auxiliares de los barcos y puertos. — Barco pequeño y sin cubierta.

**landa** *f.* Llanura extensa en que se crían plantas silvestres.

**langosta** *f.* Crustáceo marino

de largas antenas, muy apreciado por su carne. — Insecto herbívoro saltador.

**langostino** *m.* Crustáceo marino de cuerpo comprimido y carne muy apreciada.

**lánguido, da** *adj.* Falto de fuerza. — Sin ánimos, decaído.

**lanolina** *f.* Grasa extraída de la lana de oveja, utilizada en farmacia y cosmética.

**lantánido** *adj./m.* Se dice del elemento químico cuyo número atómico está comprendido entre el 57 y el 71.

**lanza** *f.* Arma ofensiva compuesta por un palo largo con una punta de hierro afilada.

**lanzadera** *f.* Instrumento que usan los tejedores para tramar. — Vehículo que transporta un misil o un satélite al espacio.

**lanzado, da** *adj.* Decidido, audaz. — Muy rápido.

**lanzamiento** *m.* Acción y efecto de lanzar.

**lanzar** *tr. y prnl.* Aplicar impulso a una cosa para que recorra una distancia en el aire. ▸ *tr.* Proferir, exhalar. — Divulgar. ▸ *prnl.* Abalanzarse.

**laña** *f.* Grapa que sirve para unir dos piezas.

**lapa** *f.* Molusco comestible que vive adherido a las rocas.

**lapicera** *f.* Amér. Merid. Estilográfica.

**lapicero** *m.* Esp. Lápiz.

**lápida** *f.* Losa con una inscripción.

**lapidar** *tr.* Matar a pedradas.

**lapidario, ria** *adj.* Relativo a las inscripciones en lápidas. — Se dice de la expresión o el escrito dignos de perdurar por su perfección o solemnidad.: *frase ~.*

**lápiz** *m.* Barra fina de grafito, envuelta en madera, que sirve para escribir o dibujar. — Barra de cosmético para maquillar.

**lapón, na** *adj./m. y f.* De Laponia. ▸ *m./adj.* Lengua hablada en Laponia.

**lapso** *m.* Curso de un espacio de tiempo. — Lapsus.

**lapsus** *m.* Equivocación cometida por descuido.

**lar** *m.* Divinidad romana del hogar. ▸ *pl.* Hogar.

**largar** *tr.* Soltar, dejar libre. — Fam. Echar a una persona de un lugar o de un empleo. — MAR. Aflojar, ir soltando poco a poco. ▸ *prnl.* Fam. Marcharse.

**largo, ga** *adj.* Que tiene mucha longitud. — De mucha o excesiva duración. ▸ *m.* Longitud. ▸ *adv.* Mucho: *hablar ~.* — A lo largo de, durante.

**largometraje** *m.* Película de más de una hora de duración.

**larguero** *m.* Palo que se pone a lo largo de una obra de carpintería. — DEP. Travesaño que une los dos postes de una portería.

**laringe** *f.* Órgano del aparato respiratorio, que contiene las cuerdas vocales.

**laringitis** *f.* Inflamación de la laringe.

**larva** *f.* Fase de desarrollo por la que pasan determinadas especies de animales antes de alcanzar el estadio adulto.

**larvado, da** *adj.* Se dice de la enfermedad que se presenta con síntomas que ocultan su verdadera naturaleza. — Se dice del fenómeno o emoción que no se manifiesta abierta y claramente.

**las** *art. det. fem. pl.* Se antepone a los sustantivos para individualizarlos. ▸ *pron. pers. fem. de 3.ª persona pl.* Funciona como complemento directo.

**lasca** *f.* Trozo pequeño y delgado desprendido de una piedra.

**lascivia** *f.* Propensión a la lujuria.

**láser** *m.* Aparato que produce haces de luz intensa de un solo color y gran energía por emisión de radiación. ▸ *adj./m.* Se dice del rayo de luz generado o producido por este aparato.

**lasitud** *f.* Cansancio, falta de fuerzas.

**lástima** *f.* Sentimiento de compasión o disgusto.

**lastimar** *tr. y prnl.* Herir o hacer daño. ▸ *tr.* Ofender.

**lastra** *f.* Piedra plana y delgada.

**lastrar** *tr.* Poner lastre a una embarcación.

**lastre** *m.* Peso que se pone a una embarcación para darle estabilidad. — Estorbo, inconveniente.

**lata** *f.* Hojalata. — Envase de hojalata. — Fam. Molestia, pesadez.

**latente** *adj.* Que no se manifiesta en forma externa.

**lateral** *adj.* Que está situado en un lado. ▸ *adj.* LING. Se dice del sonido que se articula dejando escapar el aire por los lados de la lengua, como la *l* y la *ll*.

**látex** *m.* Jugo blanco o amarillo segregado por ciertos vegetales que se emplea en la fabricación de gomas y resinas.

**latido** *m.* Movimiento alternativo de dilatación y contracción del corazón y las arterias.

**latifundio** *m.* Gran propiedad agrícola explotada extensivamente.

**látigo** *m.* Instrumento largo y flexible, de cuero u otra materia.

**latiguillo** *m.* Palabra o expresión que se repite constantemente.

**latín** *m.* Lengua de la antigua Roma.

**latino, na** *adj./m. y f.* De la región italiana del Lacio o de las demás regiones del Imperio romano. — Se dice de los países cuya lengua deriva del latín, y de sus hablantes. ▸ *adj.* Relativo al latín. — Se dice de una vela de forma triangular.

**latinoamericano, na** *adj./m. y f.* De Latinoamérica.

**latir** *intr.* Dar latidos el corazón y las arterias.

**latitud** *f.* Distancia que hay desde un punto de la superficie terrestre al ecuador.

**lato, ta** *adj.* Que está dilatado o extendido.

**latón** *m.* Aleación de cobre y cinc.

**latrocinio** *m.* Robo o fraude.

**laucha** *adj.* Chile. Que es delgado y de cara alargada. ▸ *adj./f.* Argent. Fam. Listo, pícaro. ▸ *f.* Argent., Chile y Urug. Ratón de poco tamaño.

**laúd** *m.* Instrumento musical de cuerda, con caja de resonancia oval.

**laudable** *adj.* Digno de loa.

**láudano** *m.* Preparado farmacéutico a base de opio.

**laudatorio, ria** *adj.* Que contiene alabanza.

**laurear** *tr.* Coronar con laurel en señal de gloria. — Premiar.

**laurel** *m.* Árbol siempre verde cuyas hojas se utilizan como condimento. — Hoja de este árbol. — Gloria, fama.

**lava** *f.* Materia líquida emitida por un volcán.

**lavabo** *m.* Pila con grifos que se usa para lavarse las manos, cara, etc. — Habitación destinada al aseo personal.

**lavadero** *m.* Lugar, habitación o recipiente donde se lava la ropa.

**lavanda** *f.* Espliego. — Esencia que se extrae del espliego.

**lavandería** *f.* Establecimiento industrial donde se lava la ropa.

**lavandina** *f.* Argent. y Par. Lejía.

**lavaplatos** *m.* Máquina para lavar platos y menaje de cocina. — Chile y Colomb. Fregadero. ▸ *m.*

*y f.* Persona que trabaja lavando la vajilla.

**lavar** *tr.* Limpiar con agua u otro líquido. — Purificar, limpiar un defecto o mancha moral. — Dar color o sombra a un dibujo con tinta diluida en agua.

**lavativa** *f.* Enema. — Instrumento para administrarlo.

**lavavajillas** *m.* Lavaplatos, máquina. ▸ *adj./m.* Se dice del producto para lavar la vajilla.

**laxante** *adj.* Que ablanda. ▸ *adj./m.* MED. Se dice del purgante de acción suave.

**laxo, xa** *adj.* Que está flojo. — Se dice de la moral o la conducta poco firme o estricta.

**lazada** *f.* Nudo que se deshace fácilmente tirando de uno de sus cabos.

**lazarillo** *m.* Persona o perro que guía a un ciego. — Persona o animal que guía a otra necesitada de ayuda.

**lazo** *m.* Nudo de cintas que sirve de adorno. — Lazada. — Cuerda con un nudo corredizo para cazar o sujetar animales. — Vínculo. — Hond. y Méx. Cuerda.

**le** *pron. pers. masc. y fem. de 3.ª persona sing.* Funciona como complemento indirecto.

**leal** *adj./m. y f.* Se dice de la persona fiel y noble.

**lealtad** *f.* Cualidad de leal.

**lebrel** *adj./m.* Se dice del perro apto para la caza de liebres.

**lección** *f.* Cada una de las partes

en que se divide la materia de una disciplina. — Aquello que enseña o escarmienta.

**lechada** *f.* Masa fina de cal, yeso o argamasa.

**lechal** *adj./m.* Se dice del animal que aún mama.

**leche** *f.* Líquido blanco y opaco producido por las mamas de los mamíferos hembras. — Cosmético en forma de crema líquida. — Líquido blanco que segregan algunos vegetales.

**lechiguana** *f.* Argent. Avispa pequeña y negra. — Argent. Nido colgante de esta avispa. — Argent. Miel que esta avispa produce.

**lecho** *m.* Cama para dormir. — Lugar para que el ganado descanse. — Fondo de un río, lago, etc.

**lechón** *m.* Cerdo que aún mama. — Cerdo.

**lechosa** *f.* R. Dom. *y* Venez. Papaya.

**lechuga** *f.* Planta herbácea de hojas grandes y comestibles.

**lechuguino** *m.* Fam. Joven excesivamente arreglado y presumido.

**lechuza** *f.* Ave rapaz nocturna, de cabeza redonda y ojos grandes.

**lectivo, va** *adj.* Se dice del tiempo y día destinados para dar lección en los centros docentes.

**lector, ra** *adj./m. y f.* Que lee. ► *m. y f.* Profesor adjunto a una universidad o escuela extranjeras para la enseñanza de su lengua materna. ► *m.* Aparato electrónico que reproduce o transforma las señales grabadas en bandas o discos magnéticos. — Aparato electrónico que proyecta en una pantalla lo que está escrito en microfilmes o microfichas.

**lectura** *f.* Acción de leer. — Cosa leída. — Interpretación de un texto o de un hecho concreto.

**leer** *tr.* Interpretar mentalmente o en voz alta la palabra escrita. — MÚS. Traducir en sonidos las notas y signos. — Interpretar el sentido de una cosa.

**legación** *f.* Empleo o cargo del legado. — Oficina del legado.

**legado** *m.* Persona que una suprema autoridad envía a otra, para tratar un asunto. — Lo que se transmite a los sucesores.

**legajo** *m.* Conjunto, generalmente atado, de papeles.

**legal** *adj.* Establecido por la ley o de acuerdo con ella. — Fam. Se dice de la persona que merece confianza.

**legalizar** *tr.* Dar estado legal.

**légamo** *m.* Cieno, lodo.

**legaña** *f.* Secreción de las glándulas de los párpados.

**legar** *tr.* Dejar algo en testamento: ~ *una fortuna.*

**legendario, ria** *adj.* Relativo a las leyendas. — Muy famoso.

**legible** *adj.* Que se puede leer.

**legión** *f.* Unidad principal del ejército romano. — Cuerpo de tropa.

**legionela** *f.* Bacteria que provoca fiebre y procesos respiratorios graves. — Enfermedad contagiosa causada por esta bacteria.

**legislación** *f.* Conjunto de leyes de un estado o referentes a una materia determinada.

**legislar** *intr.* Hacer, dictar o implantar leyes.

**legislativo, va** *adj.* Que tiene por misión hacer leyes. — Relativo a la legislación.

**legislatura** *f.* Tiempo durante el cual funcionan los órganos legislativos.

**legitimar** *tr.* Certificar o probar la autenticidad de algo. — Autorizar a una persona para ejercer una función o un cargo.

**legítimo, ma** *adj.* Conforme a las leyes. — Auténtico, verdadero.

**lego, ga** *adj./m. y f.* Laico. — Ignorante, profano.

**legua** *f.* Medida de longitud que equivale a 5572 *m.*

**leguleyo, ya** *m. y f.* Desp. Jurista, abogado.

**legumbre** *f.* Todo género de fruto o semilla que se cría en vainas. — Hortaliza.

**leguminoso, sa** *adj./f.* Relativo a un orden de plantas dicotiledóneas cuyo fruto se cría en vainas, como el guisante.

**leído, da** *adj.* Culto.

**leísmo** *m.* LING. Uso del pronombre le en funciones de complemento directo, en lugar de lo, la.

**lejano, na** *adj.* Que está lejos.

**lejía** *f.* Agua que lleva disueltos álcalis o sales alcalinas usada para lavar o desinfectar.

**lejos** *adv.* A gran distancia en el espacio o el tiempo.

**lelo, la** *adj./m. y f.* Necio.

**lema** *m.* Frase que expresa una intención o regla de conducta.

**lempira** *m.* Unidad monetaria de Honduras.

**lencería** *f.* Ropa blanca y, especialmente, ropa interior.

**lengua** *f.* Órgano carnoso de la cavidad bucal, que sirve para degustar, deglutir y articular sonidos. — Sistema de signos orales y escritos propio de una comunidad, individuo, etc.: ~ *inglesa.* — Cosa estrecha y larga, de forma similar a la de este órgano.

**lenguado** *m.* Pez marino comestible de cuerpo casi plano y oblongo.

**lenguaje** *m.* Capacidad humana de emplear sonidos articulados para comunicarse. — Cualquier método de comunicación por medio de signos, señales, etc. — Manera de expresarse.

**lengüeta** *f.* Pieza delgada en forma de lengua. — Lámina movible que tienen algunos instrumentos músicos de viento.

**lenidad** *f.* Blandura en exigir el cumplimiento de los deberes o en castigar las faltas.

**lenificar** *tr.* Suavizar, ablandar.

**lenitivo, va** *adj./m.* Que suaviza

o mitiga un padecimiento físico o moral.

**lenocinio** *m.* Acción y actividad de hacer de alcahuete.

**lente** *f.* Cristal u objeto transparente, limitado por dos superficies generalmente esféricas. ▸ *m. pl.* Anteojos, gafas. — **Lente de contacto,** disco pequeño que se aplica directamente sobre la córnea para corregir defectos de la visión.

**lenteja** *f.* Planta herbácea trepadora de semillas comestibles. — Semilla de esta planta.

**lentejuela** *f.* Lámina pequeña y redonda, de material brillante que se cose a los vestidos como adorno.

**lenticular** *adj.* De forma de lenteja: *vidrio* ~.

**lentilla** *f.* Lente de contacto.

**lentisco** *m.* Arbusto que crece en la región mediterránea, cuya madera se utiliza en ebanistería.

**lento, ta** *adj.* Tardo o pausado en el movimiento o acción. — Se dice de la persona que no es rápida para comprender.

**leña** *f.* Conjunto de ramas, matas y troncos para hacer fuego.

**leñador, ra** *m. y f.* Persona que tiene por oficio cortar leña.

**leño** *m.* Trozo de árbol cortado y limpio de ramas. — Fam. Persona de poco talento y torpe.

**leñoso, sa** *adj.* BOT. Se dice de la planta de tallo resistente.

**leo** *m. y f./adj.* Persona nacida bajo el signo zodiacal de Leo.

**león, na** *m. y f.* Mamífero carnívoro félido de pelaje amarillo rojizo, cuyo macho tiene una larga melena.

**leonado, da** *adj.* De color rubio oscuro.

**leonera** *f.* Fam. Habitación desordenada.

**leonés, sa** *adj./m. y f.* De León (España). ▸ *m./adj.* Dialecto romance que se hablaba en el antiguo reino de León.

**leopardo** *m.* Mamífero carnívoro félido, de pelaje rojizo con manchas negras.

**leotardo** *m.* Prenda de vestir gruesa que cubre de los pies hasta la cintura.

**lépero, ra** *adj.* Cuba. Astuto, perspicaz. — Ecuad. Fam. Se dice de la persona muy pobre y sin recursos. ▸ *adj./m. y f.* Amér. Central y Méx. Grosero, ordinario.

**lepidóptero, ra** *adj./m.* Relativo a un orden de insectos que en estado adulto tienen cuatro alas, como la mariposa.

**lepra** *f.* Enfermedad infecciosa crónica que cubre la piel de pústulas y escamas.

**lerdo, da** *adj.* Torpe. — Lento.

**les** *pron. pers. masc. y fem. de 3.ª persona pl.* Funciona como complemento indirecto.

**lesbiano, na** *adj.* Lésbico. ▸ *f./adj.* Mujer homosexual.

**lésbico, a** *adj.* Relativo al lesbianismo.

**lesera** *f.* Chile y Perú. Tontería.

**lesión** *f.* Daño corporal. — Cualquier daño o perjuicio.

**leso, sa** *adj.* Que ha sido lesionado o perjudicado. — Argent., Bol. y Chile. Tonto, torpe.

**letal** *adj.* Mortífero.

**letanía** *f.* Conjunto de plegarias formadas por una serie de cortas invocaciones a Dios, a la Virgen o a los santos.

**letargo** *m.* Sueño profundo o prolongado. — Estado de sopor que atraviesan algunos animales durante determinadas épocas del año.

**letón, na** *adj./m. y f.* De Letonia. ▶ *m./adj.* Lengua hablada en Letonia.

**letra** *f.* Signo gráfico con que se representan los sonidos de un alfabeto. — Modo particular de escribir: *tener buena* ~. — Texto de una pieza musical. — Documento mercantil de pago.

**letrado, da** *adj.* Docto, instruido. ▶ *m. y f.* Abogado.

**letrero** *m.* Escrito que se coloca en determinado lugar para avisar o hacer pública alguna cosa.

**letrilla** *f.* Composición poética de versos cortos.

**letrina** *f.* Retrete. — Lugar sucio y repugnante.

**leucemia** *f.* Enfermedad de la sangre que se manifiesta por un aumento de leucocitos en la médula ósea, bazo, y ganglios.

**leucocito** *m.* Célula de la sangre y de la linfa, que asegura la defensa contra las infecciones.

**leva** *f.* Acción y efecto de levar. — Palanca. — Reclutamiento. — Cuba. Americana.

**levadizo, za** *adj.* Que se puede levantar con algún artificio.

**levadura** *f.* Masa que hace fermentar el cuerpo con que se la mezcla.

**levantamiento** *m.* Acción y efecto de levantar o levantarse. — Rebelión militar.

**levantar** *tr. y prnl.* Mover de abajo arriba. — Llevar algo a un nivel más alto. — Poner derecho o en posición vertical. ▶ *tr.* Edificar. — Fortalecer o dar vigor a una cosa, esp. el ánimo. — Dar por finalizada una reunión. — Aumentar el volumen de la voz. ▶ *prnl.* Ponerse de pie. — Dejar la cama. — Sublevarse.

**levante** *m.* Este, punto cardinal. — Viento del este.

**levantisco, ca** *adj.* Turbulento o rebelde.

**levar** *tr.* Recoger el ancla. ▶ *intr.* Zarpar.

**leve** *adj.* De poco peso. — De poca importancia.

**leviatán** *m.* Monstruo marino bíblico.

**levita** *f.* Prenda de vestir masculina con faldones rectos que se cruzan por delante.

**levitar** *intr.* Elevarse en el aire una persona o cosa, sin intervenir una causa física conocida.

**lexema** *m.* LING. Elemento léxico de un signo lingüístico que aporta el significado básico.

**léxico, ca** *adj.* Relativo a los lexemas o al vocabulario. ▸ *m.* Conjunto de palabras o giros de una lengua, o los usados por un individuo, grupo, etc.

**lexicografía** *f.* Técnica de componer diccionarios.

**lexicología** *f.* Parte de la lingüística que estudia el léxico de una lengua.

**ley** *f.* Relación necesaria que enlaza entre sí fenómenos naturales. — Precepto dictado por la suprema autoridad. — Proporción de metal noble que entra en aleación.

**leyenda** *f.* Narración de sucesos fabulosos, a veces con una base histórica, que se transmiten por tradición oral o escrita. — Texto explicativo donde aparecen los símbolos, colores y sombreados utilizados en un mapa. — Persona convertida en ídolo.

**lezna** *f.* Punzón que usan los zapateros para agujerear y coser.

**liana** *f.* Planta de tallo largo y leñoso que crece verticalmente sujetándose a los árboles.

**liar** *tr.* Atar o envolver una cosa. ▸ *tr. y prnl.* Enredar, complicar un asunto. — Confundir a alguien. ▸ *prnl.* Establecerse una relación amorosa o sexual entre dos personas que no están casadas.

**libar** *tr.* Chupar un insecto el néctar de una flor. — Probar un licor.

**libelo** *m.* Escrito difamatorio.

**libélula** *f.* Insecto de abdomen largo y cuatro alas.

**líber** *m.* BOT. Tejido interior de la corteza del tronco de los vegetales encargado de transportar la savia.

**liberal** *adj./m. y f.* Partidario del liberalismo. — Se dice de la persona abierta y respetuosa con otras opiniones o costumbres. — Se dice de la persona que ejerce una profesión intelectual e independiente. ▸ *adj.* Partidario de la libertad y la tolerancia. — Generoso, dadivoso.

**liberalismo** *m.* Doctrina que defiende la primacía de la libertad individual.

**liberar** *tr. y prnl.* Libertar. — Eximir de una obligación o carga.

**líbero** *m.* En fútbol, jugador que ayuda a la línea de defensa y colabora en el contraataque.

**libertad** *f.* Capacidad que tiene el ser humano de actuar libremente, sin obligación alguna. — Estado del que no sufre ni sujeción ni impedimento. — Familiaridad, confianza.

**libertar** *tr. y prnl.* Poner en libertad.

**libertario, ria** *adj./m. y f.* Anarquista.

**libertinaje** *m.* Conducta viciosa o inmoral. — Falta de respeto a las leyes o a la religión.

**liberto, ta** *m. y f.* Esclavo que recibía la libertad de su señor.

**libidinoso, sa** *adj./m. y f.* Que muestra un deseo sexual exagerado.

**libido** *f.* Deseo sexual.

**libra** *m. y f./adj.* Persona nacida bajo el signo zodiacal de Libra. ▶ *f.* Unidad monetaria del Reino Unido y de sus antiguas colonias. — Medida de peso que equivale a unos 500 gramos.

**librar** *tr.* Preservar a alguien de un trabajo, problema, obligación o peligro. — Sostener una lucha. Expedir letras, órdenes de pago, etc. ▶ *intr.* Disponer un trabajador de un período de descanso que le corresponde.

**libre** *adj.* Que goza de libertad. — Sin obstáculo: *vía ~.* — Vacante, vacío. — Se dice del espacio de tiempo que no se dedica al trabajo ni a las obligaciones. ▶ *m.* Méx. Taxi.

**librea** *f.* Uniforme que llevan algunos empleados y criados.

**librecambio** *m.* Comercio internacional sin derechos aduaneros.

**librepensador, ra** *adj./m. y f.* Defensor de la tolerancia y la razón frente a cualquier dogma, especialmente el religioso.

**librería** *f.* Tienda donde se venden libros. — Mueble para libros. — Argent. Comercio donde se venden cuadernos, lápices y otros artículos de escritorio.

**librero, ra** *m. y f.* Comerciante de libros. ▶ *m.* Chile y Méx. Librería, mueble.

**libreta** *f.* Cuaderno en que se escriben anotaciones. — Libreta cívica (Argent.), documento oficial con el que la mujer acredita su identidad. — Libreta de enrolamiento (Argent.), cartilla militar.

**libreto** *m.* Texto que sirve de base a un drama musical.

**libro** *m.* Conjunto de hojas manuscritas o impresas y encuadernadas, que forman un volumen ordenado para la lectura. — Tercera cavidad del estómago de los rumiantes.

**licencia** *f.* Permiso. — Documento en que consta ese permiso. — Abuso de libertad.

**licenciado, da** *m. y f.* Persona que ha obtenido en una facultad el grado o licenciatura que le habilita para ejercer.

**licenciatura** *f.* Grado o título académico que se obtiene al acabar una carrera universitaria de más de tres años. — Conjunto de estudios necesarios para conseguir este grado.

**licencioso, sa** *adj.* Disoluto.

**liceo** *m.* En algunos países, centro de segunda enseñanza. — Sociedad cultural o recreativa.

**licitar** *tr.* Ofrecer precio por una cosa en subasta.

**lícito, ta** *adj.* Permitido por la ley o la moral.

**licor** *m.* Bebida alcohólica obtenida por destilación.

**licuar** *tr. y prnl.* Convertir en líquido.

**licuefacción** *f.* Transformación de un gas en líquido.

**lid** *f.* Combate, pelea. — Discusión, controversia.

**líder** *adj./m. y f.* Persona, grupo o cosa que va a la cabeza en una clasificación. — Jefe de un grupo, partido, etc.

**liderato** o **liderazgo** *m.* Condición, estado o actividad de líder.

**lidiar** *tr.* Torear. ▸ *intr.* Batallar, pelear.

**liebre** *m.* Chile. Autobús pequeño. ▸ *f.* Mamífero roedor parecido al conejo pero algo mayor que él.

**liendre** *f.* Huevo de piojo.

**lienzo** *m.* Tela de lino o cáñamo. — Tela sobre la que se pinta. — Pintura hecha sobre esta tela.

**liga** *f.* Cinta elástica usada para sujetar, especialmente medias o calcetines. — Competición deportiva entre varios equipos. — Acuerdo entre dos o más países para conseguir intereses comunes.

**ligadura** *f.* Acción y efecto de ligar.

**ligamento** *m.* Cordón fibroso que liga los huesos de las articulaciones.

**ligar** *tr.* Atar. — Enlazar, unir. ▸ *intr.* Fam. Entablar una relación amorosa o sexual pasajera.

**ligereza** *f.* Cualidad de ligero. — Dicho o hecho irreflexivo.

**ligero, ra** *adj.* Que pesa poco. — Poco fuerte, poco intenso, poco importante o poco consistente. — Que obra con rapidez.

**lignito** *m.* Carbón mineral de color negro o pardo.

**ligón, na** *adj./m. y f.* Fam. Que entabla con frecuencia relaciones amorosas o sexuales.

**liguero, ra** *adj.* Relativo a la liga deportiva. ▸ *m.* Faja estrecha para sujetar las medias de las mujeres.

**lija** *f.* Pintarroja. — Papel con polvos de vidrio o esmeril adheridos, que se usa para pulir maderas o metales.

**lijar** *tr.* Pulir con lija u otro abrasivo.

**lila** *adj./m.* De color morado. ▸ *f.* Arbusto de flores moradas y olorosas. — Flor de este arbusto.

**liliáceo, a** *adj./f.* Relativo a una familia de plantas de raíz en bulbo, como el ajo.

**liliputiense** *adj./m. y f.* Se dice de la persona muy pequeña.

**lima** *f.* Instrumento de acero, con la superficie estriada, para desgastar metales, maderas, etc. — Limero. — Fruto del limero.

**limaco** *m.* Babosa.

**limar** *tr.* Pulir con la lima. — Corregir, perfeccionar.

**limbo** *m.* En el catolicismo, estado o lugar en que se encuentran las almas de los niños que mueren sin bautizar. — ASTRON. Cerco de un astro. — BOT. Parte aplanada de hojas, sépalos y pétalos. — **Estar en el limbo** (Fam.), estar distraído.

**limeño, ña** *adj./m. y f.* De Lima.
**limero** *m.* Árbol de flores blancas, cuyo fruto es la lima.
**limitar** *tr.* Fijar o señalar límites. ▶ *tr. y prnl.* Reducir, recortar. ▶ *intr.* Tener un país, territorio, etc., límites comunes con otro.
**límite** *m.* Línea real o imaginaria que señala la separación entre dos cosas. — Fin o grado máximo de algo.
**limítrofe** *adj.* Que limita o linda.
**limo** *m.* Cieno, lodo.
**limón** *m.* Fruto del limonero. — Limonero. ▶ *adj./m.* Que es de color amarillo como el del fruto del limonero.
**limonada** *f.* Refresco hecho con agua, azúcar y zumo de limón.
**limonero** *m.* Árbol perenne de flores blancas, cuyo fruto es el limón.
**limosna** *f.* Donativo que se da a los pobres.
**limosnero, ra** *m. y f.* Amér. Mendigo, pordiosero.
**limpiabotas** *m. y f.* Persona que tiene por oficio lustrar el calzado.
**limpiador** *m.* Méx. Limpiaparabrisas.
**limpiaparabrisas** *m.* Varilla articulada que limpia el cristal del parabrisas de los automóviles.
**limpiar** *tr.* Quitar la suciedad de una cosa. — Quitar o eliminar lo que molesta, daña o no sirve.
**límpido** *adj.* Limpio, puro, claro.
**limpieza** *f.* Cualidad de limpio. — Acción y efecto de limpiar.

**limpio, pia** *adj.* Que no tiene suciedad. — Que está libre de impurezas o despojado de lo superfluo.
**linaje** *m.* Ascendencia o descendencia de una familia.
**linaza** *f.* Semilla del lino.
**lince** *m.* Mamífero carnívoro parecido al gato, pero de mayor tamaño. — Persona lista o sagaz.
**linchar** *tr.* Ejecutar una muchedumbre a alguien sin un proceso regular previo.
**lindar** *intr.* Tener límites dos terrenos, fincas, etc. — Estar muy cerca de lo que se expresa.
**linde** *m. o f.* Límite o línea que divide terrenos, fincas, etc.
**lindo, da** *adj.* Bonito, agradable a la vista.
**línea** *f.* Trazo continuo, real o imaginario, que señala el límite o el fin de algo. — Raya. — Contorno, silueta. — Servicio de comunicación terrestre, marítimo o aéreo. — Comunicación telefónica. — Serie de letras dispuestas horizontalmente en una página. — MAT. Sucesión continua de puntos en el espacio.
**lineal** *adj.* Relativo a la línea. — Que sigue un desarrollo constante.
**linfa** *f.* Líquido coagulable que circula por el sistema linfático.
**linfático, ca** *adj.* Relativo a la linfa. — Se dice de la parte del aparato circulatorio que interviene

en la formación y circulación de la linfa: *vasos linfáticos.*

**lingote** *m.* Barra o pieza de metal bruto fundido.

**lingüística** *f.* Ciencia que estudia el lenguaje y las lenguas.

**linier** *m.* En algunos deportes, árbitro auxiliar que vigila las bandas del campo.

**linimento** *m.* Preparado farmacéutico de aceites y bálsamos, que se aplica en fricciones.

**link** *m.* Texto o imagen que, en una página web, da acceso a otro documento de hipertexto.

**lino** *m.* Planta herbácea de flores grandes y vistosas. — Fibra textil obtenida del tallo de esta planta y tejido de esta fibra.

**linóleo** *m.* Tela impermeable cubierta con una capa de corcho en polvo, amasado con aceite de linaza y resina.

**linotipia** *f.* En artes gráficas, máquina para componer textos.

**linterna** *f.* Farol portátil con una sola cara de vidrio. — Aparato eléctrico con pila y bombilla, que sirve para alumbrar. — Linterna mágica, aparato óptico que proyecta imágenes sobre una pantalla creando la ilusión de movimiento.

**linyera** *m.* Argent. y Urug. Vagabundo, pordiosero.

**lío** *m.* Conjunto de cosas atadas. — Conjunto de cosas enredadas o revueltas. — Asunto o situación difícil de resolver.

**liofilizar** *tr.* Deshidratar un alimento u otra sustancia para asegurar su conservación.

**lípido** *m.* Grasa, sustancia orgánica, denominada comúnmente *grasa,* insoluble en agua.

**lipotimia** *f.* Pérdida pasajera del sentido.

**liquen** *m.* Planta constituida por la asociación de un hongo y un alga, que viven en simbiosis.

**liquidar** *tr. y prnl.* Licuar. ▸ *tr.* Pagar enteramente una cuenta. — Poner fin. — Gastar completamente una cosa. — Fam. Matar a una persona.

**líquido, da** *adj./m.* Se dice del cuerpo cuyas moléculas se mueven libremente, tienen una mayor cohesión que las del gas, y se adaptan a la forma de la cavidad que las contiene. — ECÓN. Se dice del saldo que resulta de comparar el debe con el haber. ▸ *adj./f.* LING. Se dice del fonema que participa a la vez del carácter vocálico y consonántico, como r en brazo.

**lira** *f.* Instrumento musical compuesto de varias cuerdas tensadas en un marco. — Unidad monetaria de Italia y Turquía.

**lírica** *f.* Género de poesía en que dominan los sentimientos del autor.

**lírico, ca** *adj.* Relativo a la lírica. — Se dice de las obras dramáticas cantadas, como la ópera.

**lirio** *m.* Planta de bulbo escamoso y flores de seis pétalos azules, morados o blancos.

**lirón** *m.* Mamífero roedor de color marrón y cola larga que hiberna. — Persona que duerme mucho.

**lis** *f.* Lirio.

**lisboeta** *adj./m. y f.* De Lisboa.

**lisiado, da** *adj./m. y f.* Que tiene una lesión permanente. — Fam. Que está muy cansado por haber realizado un gran esfuerzo.

**liso, sa** *adj.* Sin desigualdades o arrugas. — De un solo color. — Que no tiene adorno. — Se dice del pelo que no tiene rizos.

**lisonjear** *tr.* Adular, halagar.

**listín** *m.* Guía de teléfonos.

**lista** *f.* Tira delgada de cualquier material. — Franja de un color, especialmente en los tejidos. — Relación de personas o cosas.

**listín** *m.* Guía de teléfonos.

**listo, ta** *adj.* Que comprende y asimila las cosas con rapidez y acierto. — Preparado, dispuesto. — Astuto, sagaz.

**listón** *m.* Tabla delgada y larga. — DEP. Barra horizontal sobre la que se ha de saltar.

**litera** *f.* Mueble formado por dos camas superpuestas. — Cada una de las camas que forman este mueble.

**literal** *adj.* Conforme a la letra del texto y al sentido exacto de las palabras que lo forman.

**literario, ria** *adj.* Relativo a la literatura.

**literatura** *f.* Arte que emplea la palabra hablada o escrita como forma de expresión. — Conjun-

to de las obras literarias de un país, de una época, etc.

**lítico, ca** *adj.* Relativo a la piedra.

**litigio** *m.* Pleito, juicio. — Contienda, enfrentamiento.

**litio** *m.* Metal alcalino, blando y muy ligero.

**litografía** *f.* Arte de reproducir por impresión los dibujos grabados o dibujados sobre una piedra caliza porosa. — Reproducción así obtenida.

**litoral** *adj.* Relativo a la costa: *cordillera* ~. ▸ *m.* Costa de un mar o país. — Argent., Par. y Urug. Franja de tierra al lado de los ríos.

**litosfera** *f.* Capa exterior sólida del globo terrestre.

**litro** *m.* Unidad de medida de volumen para líquidos y áridos, que equivale a 1 $dm^3$.

**lituano, na** *adj./m. y f.* De Lituania. ▸ *m./adj.* Lengua hablada en Lituania.

**liturgia** *f.* Conjunto de prácticas y reglas de culto que la Iglesia católica rinde a Dios.

**liviano, na** *adj.* De poco peso. — De poca importancia. — Que cambia de ideas o de comportamiento con facilidad.

**lívido, da** *adj.* Cárdeno. — Pálido.

**liza** *f.* Campo dispuesto para que luchen dos o más personas. — Lucha.

**ll** *f.* Dígrafo que representa un sonido consonántico palatal fricativo y sonoro. Es la decimocuarta letra del alfabeto español.

**llaga** *f.* Úlcera.

**llama** *f.* Masa gaseosa en combustión. — Mamífero rumiante doméstico de América.

**llamada** *f.* Acción de llamar. — Impulso, atracción.

**llamado** *m.* Amér. Llamada telefónica: *contestar a un* ~. — Amér. Llamamiento.

**llamamiento** *m.* Acción de llamar, especialmente al hacerlo solemnemente o con ruegos.

**llamar** *tr.* Dar voces a uno o hacer ademanes para que venga o advierta alguna cosa. — Convocar, citar. — Poner un nombre a alguien o algo. — Llamar por teléfono. ▸ *intr.* Hacer sonar el timbre o golpear una puerta. ▸ *prnl.* Tener por nombre.

**llamativo, va** *adj.* Que llama la atención.

**llana** *f.* Herramienta para extender el yeso o la argamasa.

**llaneza** *f.* Sencillez, naturalidad.

**llano, na** *adj.* Se dice de la superficie igual y lisa, sin desniveles. — Natural, sencillo. — Se dice del que no pertenece a las clases privilegiadas. ▸ *adj./f.* LING. Se dice de la palabra que tiene su acento en la penúltima sílaba, como cáliz y engaño. ▸ *m.* Llanura.

**llanta** *f.* Pieza circular metálica de las ruedas de los vehículos. — Amér. Cubierta de caucho de un neumático. — Méx. Pliegue de grasa que se forma alrededor del cuerpo.

**llanto** *m.* Efusión de lágrimas.

**llanura** *f.* Gran extensión de terreno de escaso relieve.

**llareta** *f.* Planta herbácea de Chile, cuyo tallo destila una resina balsámica de uso medicinal, estimulante y estomacal.

**llave** *f.* Instrumento que abre o cierra una cerradura. — Dispositivo para abrir o cerrar el paso de un fluido. — Herramienta para apretar o aflojar tuercas. — Signo ortográfico representado como { } o [ ]. — En algunos deportes de lucha, movimiento que sirve para sujetar al contrario y tirarlo al suelo o inmovilizarlo.

**llavero** *m.* Utensilio que se utiliza para guardar las llaves.

**llegar** *intr.* Alcanzar el final de un recorrido, camino, etc. — Durar hasta una época o tiempo determinados. — Alcanzar cierta altura, grado o nivel. — Conseguir o lograr lo que se expresa. — Durar hasta un tiempo determinado.

**llenador, ra** *adj.* Chile. Se dice del alimento que rápidamente produce saciedad.

**llenar** *tr. y prnl.* Ocupar por completo un espacio. ▸ *tr.* Poner muchas cosas en un sitio. ▸ *prnl.* Hartarse de comida.

**lleno, na** *adj.* Que contiene de algo tanto como permite su capacidad. ▸ *m.* Gran concurrencia u ocupación total del aforo durante un espectáculo.

**llevar** *tr.* Transportar algo de una parte a otra. — Guiar, dirigir, conducir. — Vestir, lucir. — Exceder en tiempo, distancia, etc.: *lleva una hora esperando.* — Soportar, sufrir. ▸ *tr. e intr.* Dirigir o conducir hacia un destino o fin. ▸ *prnl.* Entenderse, en una relación o trato, del modo que se expresa. — Estar de moda una cosa.

**llorar** *intr.* Derramar lágrimas. ▸ Quejarse de las penas o las necesidades propias.

**llorera** *f.* Fam. Llanto fuerte y prolongado.

**lloriquear** *intr.* Llorar de forma débil, desganada o monótona.

**llover** *impers.* Caer agua de las nubes. ▸ *intr.* Venir u ocurrir de una vez muchas cosas.

**llovizna** *f.* Lluvia ligera, uniforme y menuda.

**lluvia** *f.* Precipitación líquida de agua atmosférica en forma de gotas. — Gran cantidad de algo.

**lo** *art. det. neutro.* Se antepone a adjetivos o sintagmas para sustantivarlos: *lo bueno.* ▸ *pron. pers. masc. de 3.ª persona sing.* Funciona como complemento directo.

**loa** *f.* Alabanza, elogio. — Poema dramático de alabanza.

**loar** *tr.* Alabar.

**lobato** o **lobezno** *m.* Cachorro de lobo.

**lobería** *f.* Argent. y Perú. Paraje de la costa donde los lobos marinos hacen su vida.

**lobezno** o **lobato** *m.* Cachorro de lobo.

**lobo, ba** *m. y f.* Mamífero carnívoro, de orejas erguidas y hocico puntiagudo. — Lobo marino, foca.

**lobotomía** *f.* Incisión practicada dentro de un lóbulo cerebral o en uno o más haces nerviosos del mismo.

**lóbrego, ga** *adj.* Oscuro, sombrío. — Triste, melancólico.

**lobulado, da** *adj.* Dividido en lóbulos: *hoja ~.*

**lóbulo** *m.* Parte redondeada del borde de algo. — Parte inferior carnosa de la oreja.

**lobuno, na** *adj.* Argent. Se dice del caballo cuyo pelaje es grisáceo en el lomo, más claro en las verijas y en el hocico, y negro en la cara, crines y remos.

**local** *adj.* Relativo a un lugar. — Municipal o provincial. — Que solo afecta a una parte de un todo. ▸ *m.* Sitio cerrado y cubierto.

**localidad** *f.* Población o ciudad. — Asiento en un local de espectáculos. — Entrada que da derecho a ocupar este asiento.

**localizar** *tr.* Averiguar el lugar donde se halla una persona o cosa, etc. ▸ *tr. y prnl.* Reducir una cosa a ciertos límites.

**locativo** *m.* En algunas lenguas, caso de la declinación que expresa el lugar donde se desarrolla la acción.

**loción** *f.* Masaje, fricción. — Producto líquido para el cuidado de la piel o cabello.

**loco, ca** *adj./m. y f.* Que ha perdido el juicio. — Desp. Que tiene poco juicio o se comporta de forma imprudente. — Que experimenta un sentimiento de una forma muy intensa.▶ *m.* Chile. Molusco de carne sabrosa, pero dura, que se come guisado.

**locomoción** *f.* Acción de desplazarse de un punto a otro.

**locomotor, ra** *adj.* Propio para la locomoción, o que la produce.

**locomotora** *f.* Máquina que arrastra los vagones de un tren.

**locomotriz** *adj.* Forma femenina de locomotor.

**locro** *m.* Amér. Merid. Guiso de maíz, con patatas, carne, especias y otros ingredientes.

**locuaz** *adj.* Que habla mucho.

**locución** *f.* Manera de hablar. — Combinación de dos o más palabras con un sentido unitario.

**locura** *f.* Trastorno de las facultades mentales. — Dicho o hecho disparatado. — Afecto o entusiasmo muy intenso.

**locutor, ra** *m. y f.* Profesional de radio o televisión que se dirige a la audiencia.

**locutorio** *m.* Departamento dividido comúnmente por una reja, donde reciben las visitas las monjas o los condenados. — Local en el que hay varios teléfonos públicos de uso individual.

**lodo** *m.* Barro que forma el agua o la lluvia.

**loft** *m.* Vivienda adaptada a partir de un espacio industrial.

**logaritmo** *m.* MAT. Exponente a que es necesario elevar una cantidad positiva para obtener un número dado.

**lógica** *f.* Disciplina que estudia la estructura, el fundamento y el uso de las expresiones del conocimiento humano. — Serie coherente de ideas y razonamientos.

**lógico, ca** *adj.* Relativo a la lógica. — Conforme a la razón. —Natural, normal.—Esperable por ser consecuencia natural.

**logística** *f.* Parte de la ciencia militar que se ocupa del traslado, disposición, etc., de las tropas. — Organización.

**logo** *m.* Logotipo.

**logos** *m.* FILOS. Razón o cualquiera de sus manifestaciones.

**logotipo** *m.* Símbolo o dibujo que distingue una marca o nombre de una empresa o de un producto.

**lograr** *tr.* Conseguir lo que se pretende.

**logro** *m.* Acción y efecto de lograr. — Ganancia, lucro. — Éxito: *el ~ de sus objetivos.*

**loica** *f.* Pájaro de mayor tamaño que el estornino, muy apreciado por su canto.

**loísmo** *m.* LING. Uso del pronombre lo en funciones de complemento indirecto, en lugar de le.

**lolo, la** *m. y f.* Chile. Chico, adolescente.

**loma** *f.* Altura pequeña y alargada.

**lomada** *f.* Amér. Merid. Loma.

**lombriz** *f.* Gusano de cuerpo alargado, blando y segmentado: ~ *de tierra*.

**lomo** *m.* Parte inferior y central de la espalda. — Espinazo de los cuadrúpedos. — Carne de un animal que se obtiene del espinazo. — Parte del libro opuesta al corte de las hojas.

**lona** *f.* Tela fuerte e impermeable, para toldos, velas, etc.

**loncha** *f.* Trozo largo, ancho y delgado que se corta de algo.

**londinense** *adj./m. y f.* De Londres.

**longaniza** *f.* Embutido largo y delgado hecho de carne de cerdo.

**longevo, va** *adj.* Viejo, de edad muy avanzada.

**longitud** *f.* Dimensión mayor en un cuerpo plano o superficie. — Distancia angular que existe desde un punto cualquiera de la superficie terrestre al primer meridiano.

**lonja** *f.* Loncha. — Edificio donde se realizan operaciones comerciales. — Argent. Tira de cuero.

**lontananza** *f.* Estado o situación de un lugar que está lejos. — Fondo de un cuadro más distante del plano principal.

**lord** *m.* Título de honor dado en Gran Bretaña.

**loro** *m.* Papagayo. — Fam. Persona que habla mucho. — Fam. Persona fea. — Chile. Orinal para quien no puede levantarse de la cama. — Chile. Persona enviada para que con cierto disimulo averigüe algo.

**los** *art. det. masc. pl.* Se antepone a los sustantivos para individualizarlos: *los locos.* ▶ *pron. pers. masc. de 3.ª persona pl.* Funciona como complemento directo: *lavó los pantalones y luego los planchó.*

**losa** *f.* Piedra llana y delgada.

**lote** *m.* Cada una de las partes en que se divide un todo para su distribución. — Conjunto de objetos similares que se agrupan con un fin.

**lotería** *f.* Juego de azar, administrado por el estado, en que se premian varios billetes sacados a la suerte. — Fam. Asunto en el que interviene la suerte o el azar. — Méx. Juego de mesa que consta de una baraja de cartas con distintas figuras impresas, y varios cartones con casillas en las que aparecen las mismas figuras.

**loto** *m.* Planta acuática de flores blancas, grandes y olorosas.

**loza** *f.* Barro fino, cocido y barnizado. — Vajilla hecha de este barro.

**lozano, na** *adj.* Verde, frondoso. — De aspecto sano y juvenil.

**lubina** *f.* Pez marino de color gris y carne muy apreciada.

**lubricar** *tr.* Impregnar con una

sustancia grasa u oleosa las superficies que frotan entre sí para facilitar su funcionamiento.

**lucense** *adj./m. y f.* De Lugo (España).

**lucerna** *f.* Claraboya. — Lámpara grande con varios brazos.

**lucero** *m.* Astro grande y brillante.

**lucha** *f.* Acción y efecto de luchar. — Batalla, combate. — Deporte en el que dos personas se enfrentan cuerpo a cuerpo.

**luchar** *intr.* Contender cuerpo a cuerpo dos o más personas. — Batallar, batirse. — Disputar. — Trabajar y esforzarse por algo.

**lúcido, da** *adj.* Claro en el razonamiento, en el lenguaje, etc.

**luciérnaga** *f.* Insecto de cuerpo blando, cuya hembra carece de alas y está dotada de un aparato luminiscente.

**lucifer** *m.* Príncipe de los demonios. — Hombre maligno.

**lucio** *m.* Pez de agua dulce de cuerpo alargado y aplanado.

**lucir** *intr.* Brillar, resplandecer. — Amér. Ofrecer cierta imagen o aspecto exterior. ▸ *tr.* Mostrar una cosa o hacer ostentación de ella: ~ *joyas.* ▸ *intr. y prnl.* Sobresalir, destacar. ▸ *prnl.* Hacer algo muy bien.

**lucro** *m.* Ganancia o provecho que se obtiene de algo.

**luctuoso, sa** *adj.* Que produce tristeza o dolor: *noticia ~.*

**lúdico, ca** *adj.* Relativo al juego.

**ludopatía** *f.* Adicción patológica al juego.

**luego** *adv.* Después: *cenamos y ~ fuimos al cine.* ▸ *conj.* Denota deducción o consecuencia: *esto no puede ser, ~ no es verdad.* — Desde luego, indudablemente. — Hasta luego, fórmula de despedida.

**luengo, ga** *adj.* Largo: *luengas barbas.*

**lugar** *m.* Espacio ocupado o que puede ser ocupado. — Sitio, paraje o localidad. — Situación relativa de algo en una serie o jerarquía. — Causa, motivo. — Tener lugar, ocurrir, suceder.

**lugareño, a** *adj./s.* De un lugar o población pequeños.

**lugarteniente** *m.* Persona con autoridad para sustituir a otro en algún cargo.

**lúgubre** *adj.* Triste, fúnebre.

**luisa** *f.* Planta aromática cuyas hojas se usan en infusión.

**lujo** *m.* Suntuosidad, abundancia de riqueza.

**lujuria** *f.* Apetito sexual desenfrenado.

**lumbago** *m.* Dolor en la zona lumbar.

**lumbar** *adj.* ANAT. Perteneciente a los lomos y caderas.

**lumbre** *f.* Materia combustible encendida. — Brillo o luz de algo.

**lumbrera** *f.* Abertura hecha en el techo para proporcionar luz. — Fam. Persona muy inteligente y culta.

**luminaria** *f.* Luz que se pone en

balcones, calles, etc., durante las fiestas. — Méx. Actor o actriz muy famoso.

**luminiscencia** *f.* FÍS. Propiedad de un cuerpo de emitir luz sin aumento apreciable de temperatura.

**luminoso, sa** *adj.* Que despide luz.

**luminotecnia** *f.* Técnica de la iluminación con luz artificial.

**lumpen** *m.* Grupo social formado por los individuos más marginados de la sociedad.

**luna** *f.* Satélite natural de la Tierra. — Espejo o pieza de cristal de gran tamaño. — **Estar en la luna** (Fam.), estar distraído.

**lunada** *f.* Méx. Fiesta que se realiza cuando hay luna llena.

**lunar** *adj.* Relativo a la Luna. ▸ *m.* Pequeña mancha en la piel. — En las telas, figura en forma de círculo.

**lunarejo, ja** *adj./m. y f.* Colomb. y Perú. Que tiene uno o más lunares en la cara.

**lunático, ca** *adj./m. y f.* Loco, maniático.

**lunes** *m.* Primer día de la semana.

**lunfardo** *m.* Jerga hablada en los barrios bajos de Buenos Aires.

**lupa** *f.* Lente de aumento sujeta a un mango.

**lupanar** *m.* Prostíbulo, burdel.

**lúpulo** *m.* Planta trepadora cuyo fruto se emplea para aromatizar la cerveza.

**lusitano, na** *adj./m. y f.* De la antigua Lusitania, hoy Portugal. — Portugués.

**luso, sa** *adj./m. y f.* Portugués.

**lustrabotas** *m.* Amér. Merid. Limpiabotas.

**lustrador** *m.* Argent., Bol., Chile, Perú y Urug. Persona que tiene por oficio lustrar muebles.

**lustrar** *tr.* Dar brillo a algo.

**lustre** *m.* Brillo de las cosas tersas. — Prestigio, fama.

**lustrín** *m.* Chile. Limpiabotas.

**lustro** *m.* Período de cinco años.

**luteranismo** *m.* Doctrina protestante que sostiene que la fe es la única justificación y vía de salvación del ser humano.

**luto** *m.* Duelo por la muerte de una persona.

**luxación** *f.* Dislocación de un hueso.

**luxemburgués, sa** *adj./m. y f.* De Luxemburgo.

**luz** *f.* Forma de energía que hace visibles los objetos. — Corriente eléctrica. — Aparato que sirve para alumbrar. ▸ *pl.* Fam. Inteligencia. — **Dar a luz**, parir una mujer.

**m** *f.* Decimoquinta letra del abecedario.

**maca** *f.* Señal que presenta la fruta por algún daño recibido.

**macabro, bra** *adj.* Que participa de lo terrorífico de la muerte.

**macachín** *m.* Argent. y Urug. Pequeña planta de flores amarillas y tubérculo comestible.

**macaco, ca** *adj./m. y f.* Chile y Cuba. Feo, deforme. ▶ *m.* Mono pequeño de cola corta.

**macana** *f.* Palo corto y grueso. — Amér. Garrote de madera dura y pesada. — Argent., Perú y Urug. Desatino, embuste.

**macanear** *tr.* Colomb. Dirigir bien un negocio. — Cuba, P. Rico y R. Dom. Golpear con la macana. ▶ *intr.* Argent., Bol., Chile, Par. y Urug. Decir desatinos o embustes. — Colomb. y Hond. Trabajar fuertemente y con asiduidad.

**macanudo, da** *adj./m. y f.* Amér. Central y Amér. Merid. Muy bueno, en sentido material y moral.

**macarra** *adj./m.* Esp. Chulo, proxeneta. — Esp. De mal gusto.

**macarrón** *m.* Pasta alimenticia de harina de trigo en forma de canuto.

**macarrónico, ca** *adj.* Se dice del lenguaje incorrecto o vulgar: *latín* ~.

**macedonia** *f.* Esp. Postre preparado con trozos de diversas frutas.

**macedonio, nia** *adj./m. y f.* De Macedonia, reino de la Grecia antigua. — De Macedonia (país europeo). ▶ *m./adj.* Lengua hablada en Macedonia.

**macerar** *tr.* Ablandar una cosa apretándola, golpeándola o poniéndola en remojo.

**maceta** *f.* Recipiente en el que se cultivan plantas.

**macetero** *m.* Soporte para colocar macetas de flores.

**machacar** *tr.* Golpear para hacer pedazos, deshacer o aplastar una sustancia. — Trabajar o estudiar algo a fondo. — Ganar con facilidad. ▶ *intr.* Porfiar e insistir.

**machacón, na** *adj./m. y f.* Pesado, que repite las cosas.

**machamartillo.** Palabra que se usa en la expresión a machamartillo, que significa 'con firmeza moral o material'.

**machete** *m.* Cuchillo grande, ancho y de un solo filo. — Cuchillo grande.

**machismo** *m.* Actitud que considera al sexo masculino superior al femenino.

**macho** *m.* Persona o animal del sexo masculino. — Pieza que se introduce y encaja en otra. — ARQ. Pieza que sostiene algo.

**machote** *adj./m.* Fam. Que tiene las cualidades consideradas típicamente masculinas. ▸ *m.* C. Rica, Hond., Méx. y Nicar. Borrador, modelo. — Méx. Señal que se pone para medir los destajos en las minas. — Méx. Formulario para rellenar.

**macilento, ta** *adj.* Flaco, pálido: *luz ~.*

**macizo, za** *adj.* Formado por una masa sólida, sin huecos en su interior. — Fuerte, robusto. ▸ *m.* Conjunto de montañas de características uniformes. — Conjunto de plantas ornamentales en un jardín o parque.

**macondo** *m.* Colomb. Árbol corpulento que alcanza de treinta a cuarenta metros de altura.

**macrobiótica** *f.* Forma de alimentación basada en el consumo de productos vegetales no manipulados industrialmente.

**macrocéfalo, la** *adj./m. y f.* Que tiene la cabeza muy grande.

**macrocosmos** o **macrocosmo** *m.* El universo considerado en oposición al ser humano o microcosmos.

**mácula** *f.* Mancha.

**macuto** *m.* Mochila.

**madalena** *f.* Magdalena.

**madeja** *f.* Hilo recogido sin soporte en vueltas iguales.

**madera** *f.* Sustancia fibrosa y compacta del interior de los árboles. — Pieza de esta materia labrada. — Tener madera, tener talento o capacidad innata para hacer algo.

**madero** *m.* Pieza larga de madera.

**madrastra** *f.* Mujer del padre respecto de los hijos de este tenidos de un matrimonio anterior.

**madre** *f.* Mujer o hembra que ha parido un hijo. — Causa, origen. — Cauce de un río. — Título dado a ciertas religiosas.

**madrejón** *m.* Argent. Cauce seco de un río.

**madreperla** *f.* Molusco de concha casi circular, en cuyo interior recubierto de nácar se forma una perla.

**madrépora** *f.* Pólipo que vive formando colonias.

**madreselva** *f.* Planta arbustiva trepadora, muy olorosa.

**madrigal** *m.* Composición poética o musical, generalmente de carácter amoroso.

**madriguera** *f.* Guarida en que habitan ciertos animales. — Escondrijo de uno o varios delincuentes.

**madrileño, ña** *adj./m. y f.* De Madrid.

**madrina** *f.* Mujer que presenta y asiste al que recibe el bautismo o algún honor, grado, etc.

**madroño** *m.* Planta arbustiva de fruto esférico. — Fruto comestible de esta planta.

**madrugada** *f.* Amanecer. — Parte del día que va desde la medianoche hasta el amanecer.

**madrugar** *intr.* Levantarse temprano.

**madurar** *tr.* Volver maduro. ▸ *intr. y prnl.* Volverse maduros los frutos. — Crecer en edad y sensatez.

**maduro, ra** *adj.* Se dice del fruto que está en el momento oportuno de ser recolectado o comido. — Entrado en años. — Prudente.

**maestre** *m.* Superior de una orden militar.

**maestría** *f.* Gran destreza en enseñar o ejecutar una cosa.

**maestro, tra** *adj.* Excelente o perfecto en su clase. ▸ *m. y f.* Persona que tiene por función enseñar. — Persona experta en alguna ciencia o arte. ▸ *m.* MÚS. Compositor o intérprete.

**mafia** *f.* Organización secreta de carácter criminal.

**magacín** o **magazín** *m.* Programa televisivo o radiofónico de reportajes, entrevistas y actuaciones artísticas. — Revista periódica ilustrada con artículos de información general.

**magdalena** *f.* Bollo pequeño hecho de harina, huevo y leche.

**magenta** *adj./m.* Se dice del color rojo violáceo utilizado en fotografía. ▸ *adj.* De color magenta.

**magia** *f.* Arte que mediante ciertas prácticas produce supuestamente efectos contrarios a las leyes naturales. — Conjunto de conocimientos y técnicas con que se intenta conseguir algo extraordinario con ayuda de fuerzas sobrenaturales. — Encanto de una persona o cosa.

**magiar** *adj./m. y f.* Húngaro.

**magín** *m.* Fam. Imaginación.

**magíster** *m.* Chile y Colomb. Maestro, grado inmediatamente inferior al de doctor en universidades.

**magisterio** *m.* Labor o profesión de un maestro. — Carrera universitaria y título de maestro.

**magistrado** *m.* Superior en el orden civil. — Dignidad o empleo de juez.

**magistral** *adj.* Relativo al ejercicio del magisterio. — Hecho con maestría.

**magistratura** *f.* Oficio o dignidad de magistrado.

**magma** *m.* Masa ígnea en el interior de la Tierra.

**magnánimo, ma** *adj.* Que muestra grandeza de ánimo, nobleza y generosidad.

**magnate** *m.* Persona muy poderosa, especialmente en el ámbito de los negocios.

**magnesia** *f.* Óxido de magnesio.

**magnesio** *m.* Metal sólido maleable de color blanco plateado.

**magnetismo** *m.* Parte de la física que estudia las propiedades de los imanes. — Fuerza de atracción de un imán. — Capacidad de una persona o cosa para atraer la voluntad y el interés.

**magnetita** *f.* Mineral pesado de color negro, muy magnético.

**magnetizar** *tr.* Comunicar a un cuerpo propiedades magnéticas.

**magnetófono** o **magnetofón** *m.* Aparato de grabación y reproducción del sonido, por medio de una cinta magnética.

**magnetosfera** *f.* Parte externa de la atmósfera dotada de campo magnético.

**magnicidio** *m.* Asesinato de una persona relevante por su cargo.

**magnificar** *tr. y prnl.* Engrandecer, alabar. — Exagerar o dar excesiva importancia a algo.

**magnificencia** *f.* Cualidad de magnífico.

**magnífico, ca** *adj.* Excelente, admirable.

**magnitud** *f.* Característica de los cuerpos que puede ser medida. — Grandeza o importancia de algo.

**magno, na** *adj.* Grande, importante.

**magnolia** *f.* Árbol de jardín, de flores blancas y aromáticas. — Flor de este árbol.

**mago, ga** *m. y f.* Persona que practica la magia.

**magrebí** *adj./m. y f.* Del Magreb.

**magro, gra** *adj.* Con poca grasa. ▸ *m.* Carne magra del cerdo.

**maguey** *m.* Amér. Agave.

**magullar** *tr. y prnl.* Causar contusiones.

**maharajá** *m.* Marajá.

**mahometano, na** *adj./m. y f.* Musulmán.

**mahometismo** *m.* Islamismo.

**mahonesa** *f.* Mayonesa.

**maicena** *f.* Harina fina de maíz.

**maicillo** *m.* Chile. Arena gruesa y amarillenta con que se cubre el pavimento de jardines y patios.

**maitén** *m.* Árbol de gran altura y de hojas dentadas muy apreciadas con que se alimenta el ganado.

**maíz** *m.* Cereal cuyo fruto en mazorca se emplea en alimentación.

**maja** *f.* Mazo del almirez.

**majada** *f.* Lugar donde se recogen de noche el ganado y los pastores. — Argent., Chile y Urug. Manada de ganado lanar.

**majadero, ra** *adj./m. y f.* Insensato, pedante, necio.

**majar** *tr.* Machacar una cosa aplastándola.

**majara** o **majareta** *adj./m. y f.* Esp. Fam. Chiflado, perturbado.

**majestad** *f.* Cualidad de una

persona o cosa que inspira admiración y respeto. — Tratamiento que se da a Dios y a los reyes y emperadores.

**majestuoso, sa** *adj.* Que tiene majestad.

**majo, ja** *adj. Esp. Fam.* Guapo, hermoso. — *Esp. Fam.* Simpático, cordial.

**mal** *adj.* Apóc. de malo: *hace mal día.* ▸ *m.* Lo contrario del bien. — Daño moral o material. — Desgracia. — Enfermedad, dolor. ▸ *adv.* De forma contraria a la debida: *hacer las cosas mal.* — **Mal de Chagas** (Argent.), enfermedad infecciosa febril transmitida por la vinchuca, endémica en algunas regiones de América.

**malabarismo** *m.* Ejercicio de agilidad, destreza y equilibrio.

**malacitano, na** *adj./m. y f.* De Málaga (España).

**malacología** *f.* Estudio de los moluscos.

**malacostumbrado, da** *adj.* Que tiene malos hábitos, mimado.

**malandrín, na** *adj./m. y f.* Malvado, perverso.

**malaquita** *f.* Carbonato natural de cobre, de color verde.

**malaria** *f.* Paludismo.

**malaventurado, da** *adj./m. y f.* Desgraciado.

**malaya** *f.* Chile y Perú. Corte de carne de vacuno correspondiente a la parte superior de las costillas.

**malayo, ya** *adj./m. y f.* Que pertenece a una raza de Oceanía

occidental. ▸ *m./adj.* Lengua hablada en Malasia y otras zonas.

**malcriar** *tr.* Educar mal a los un hijo concediéndole muchos caprichos.

**maldad** *f.* Cualidad de malo. — Acción mala.

**maldecir** *tr.* Echar maldiciones. ▸ *intr.* Hablar mal de alguien.

**maldición** *f.* Imprecación. — Castigo producido por una fuerza sobrenatural.

**maldito, ta** *adj.* Perverso. —Que disgusta o molesta. —Castigado con una maldición.

**maleable** *adj.* Se dice del metal que puede extenderse en láminas. — Que se adapta a diferentes situaciones o se deja influir por los demás.

**maleante** *adj./m. y f.* Delincuente.

**malear** *tr. y prnl.* Dañar, echar a perder. — Pervertir.

**malecón** *m.* Muralla o terraplén para defensa contra las aguas.

**maledicencia** *f.* Acción y efecto de maldecir o murmurar.

**maleducado, da** *adj./m. y f.* Descortés, malcriado.

**maleficio** *m.* Daño causado por arte de hechicería. — Hechizo que causa este daño.

**malentendido** *m.* Mala interpretación, error.

**malestar** *m.* Sensación de encontrarse mal o molesto.

**maleta** *f.* Caja de piel, lona, etc., que se lleva como equipaje.

**maletero** *m.* Lugar destinado en los vehículos al equipaje.

**maletilla** *m.* Joven que aspira a abrirse camino como torero.

**maletín** *m.* Cartera de mano o maleta pequeña para llevar dinero, documentos, instrumental, etc.

**maletudo, da** *adj.* Cuba, Colomb. y Ecuad. Jorobado.

**malévolo, la** *adj.* Que implica maldad. — Inclinado a hacer mal.

**maleza** *f.* Abundancia de malas hierbas. — Espesura de arbustos. — Nicar. y R. Dom. Achaque, enfermedad.

**malformación** *f.* Deformación congénita.

**malgache** *adj./m. y f.* De Madagascar. ▸ *m./adj.* Lengua hablada en Madagascar.

**malgastar** *tr.* Gastar en cosas malas o inútiles sin necesidad ninguna.

**malhablado, da** *adj./m. y f.* Desvergonzado en el hablar. — Que usa expresiones malsonantes.

**malhechor, ra** *adj./m. y f.* Que comete delitos.

**malherir** *tr.* Herir gravemente.

**malhumorado, da** *adj.* Que está de mal humor.

**malicia** *f.* Maldad, mala intención. — Picardía.

**maligno, na** *adj./m. y f.* Propenso a pensar u obrar mal. ▸ *adj.* De índole perniciosa. — Se dice de la enfermedad que evoluciona de modo desfavorable.

**malinchista** *adj./m. y f.* Méx. Que desprecia lo nacional y adopta una actitud servil ante los extranjeros.

**malinterpretar** *tr.* Interpretar de forma incorrecta.

**malla** *f.* Cuadrilátero del tejido de la red. — Tejido poco tupido, hecho con un hilo que va enlazándose consigo mismo formando agujeros. — Vestido elástico y ajustado, que se usa en gimnasia o ballet. — Argent., Perú y Urug. Traje de baño femenino, de una sola pieza.

**mallorquín, na** *adj./m. y f.* De Mallorca. ▸ *m./adj.* Variedad del catalán balear hablada en Mallorca.

**malnutrición** *f.* Consumo insuficiente de proteínas.

**malo, la** *adj./m. y f.* Que no es o no está bueno.

**malograr** *tr.* Perder, desaprovechar algo. ▸ *tr. y prnl.* Frustrar algo.

**malón** *m.* Amér. Merid. Ataque inesperado de indígenas.

**malparado, da** *adj.* Que ha sufrido notable menoscabo.

**malpensado, da** *adj./m. y f.* Que piensa mal de los demás.

**malsano, na** *adj.* Perjudicial para la salud. — Enfermizo.

**malsonante** *adj.* Se dice de la expresión que es vulgar y grosera. — Que suena mal.

**malta** *f.* Cebada germinada para elaborar cerveza o infusión.

**maltés, sa** *adj./m. y f.* De Malta.

**maltón, na** *adj./m. y f.* Bol., Chile, Ecuad. y Perú. Se dice del animal o la persona de desarrollo precoz.

**maltraído, da** *adj.* Bol., Chile y Perú. Mal vestido, desaliñado.

**maltratar** *tr. y prnl.* Golpear, insultar o tratar mal.

**maltrecho, cha** *adj.* Maltratado, malparado.

**malva** *adj./m.* Se dice del color violeta claro. ▸ *adj.* De color malva. ▸ *f.* Planta cuyas flores se usan en infusiones laxantes y calmantes.

**malvado, da** *adj./m. y f.* Muy malo, perverso.

**malvender** *tr.* Vender a bajo precio, con poca o ninguna ganancia.

**malversar** *tr.* Usar ilegalmente dinero ajeno o del estado.

**malvivir** *intr.* Vivir mal.

**malvón** *m.* Argent., Méx., Par. y Urug. Geranio.

**mama** *f.* Madre. — Glándula de los mamíferos que en las hembras segrega la leche que alimenta a las crías.

**mamá** *f.* Mama, madre.

**mamada** *f.* Acción de mamar. — Argent., Perú y Urug. Vulg. Borrachera. — Méx. Vulg. Cosa, hecho o dicho absurdo.

**mamadera** *f.* Amér. Central y Amér. Merid. Biberón.

**mamar** *tr.* Chupar la leche de las mamas. —Fam. Tomar bebidas alcohólicas en abundancia.

**mamarracho** *m.* Persona o cosa defectuosa o ridícula.

**mambo** *m.* Composición musical originaria de Cuba, de ritmo rápido. — Danza que se baila con esta música.

**mamboretá** *m.* Argent., Par. y Urug. Santateresa, insecto.

**mameluco, ca** *adj./m. y f.* Fam. Necio, bobo. ▸ *m.* Amér. Prenda de vestir enteriza, especial para niños, que cubre el tronco y extremidades. — Amér. Merid. y Antill. Mono de trabajo.

**mamífero, ra** *adj./m.* ZOOL. Relativo a una clase de animales vertebrados cuyas hembras tienen glándulas mamarias, como el ser humano.

**mamila** *f.* Teta de la hembra. — Tetilla del hombre. — Méx. Biberón.

**mamografía** *f.* Radiografía de una mama.

**mamotreto** *m.* Libro o legajo muy abultado. — Armatoste.

**mampara** *f.* Plancha movible para aislar un espacio.

**mamporro** *m.* Fam. Golpe de poca importancia, especialmente si se da con el puño.

**mampostería** *f.* Obra de albañilería hecha de piedra sin labrar.

**mamut** *m.* Mamífero prehistórico parecido al elefante, pero más grande y con pelo largo.

**maná** *m.* Alimento que Dios procuró a los hebreos en el desierto.

**manada** *f.* Conjunto de animales de una especie que viven juntos.

**mánager** *m. y f.* Persona que dirige o administra una sociedad o empresa. — Persona que se ocupa de los intereses de un deportista o un artista.

**managüense** *adj./m. y f.* De Managua.

**manantial** *m.* Nacimiento de las aguas subterráneas.

**manar** *intr.* y *tr.* Salir un líquido de algún sitio.

**manazas** *m. y f.* Persona de ademanes torpes o desmañados.

**mancha** *f.* Señal que hace algo en un cuerpo ensuciándolo.

**manchar** *tr.* y *prnl.* Poner con manchas. — Deshonrar.

**manchego, ga** *adj./m. y f.* De La Mancha (España).

**mancillar** *tr.* y *prnl.* Manchar, deshonrar.

**manco, ca** *adj./m. y f.* Que le falta un brazo o una mano.

**mancomunidad** *f.* DER. En España, agrupación de municipios o provincias para resolver problemas comunes.

**mancorna** *f.* Chile y Colomb. Mancuernas, gemelos.

**mancuerna** *f.* Chile, Colomb. y Cuba. Porción de tallo de la planta del tabaco con un par de hojas. ► *pl.* Amér. Central, Méx. y Venez. Par de gemelos de los puños de la camisa.

**mancuernillas** *f. pl.* Méx. Mancuernas, gemelos.

**manda** *f.* Legado. — Argent., Chile y Méx. Voto o promesa hecha a Dios o a un santo.

**mandado, da** *m. y f.* Persona que ejecuta una comisión por mandato ajeno. ► *m.* Mandato, orden. — Argent. Compra de lo necesario para la comida. — Méx. Conjunto de artículos de consumo familiar.

**mandamás** *m. y f.* Fam. Persona que desempeña una función de mando.

**mandamiento** *m.* Mandato, orden.

**mandanga** *f.* Pachorra. ► *pl.* Cuentos, chismes.

**mandar** *tr.* Imponer la realización de una cosa. — Enviar. ► *tr.* e *intr.* Gobernar, dirigir.

**mandarín** *m.* Antiguo alto funcionario de China. — Variedad mayoritaria del chino.

**mandarina** *f.* Fruto parecido a una pequeña naranja.

**mandatario, ria** *m. y f.* Persona que acepta de otra el encargo de representarla. — Representante del gobierno de un país.

**mandato** *m.* Orden o precepto. — Desempeño y duración de un cargo.

**mandíbula** *f.* Cada una de las dos piezas óseas o cartilaginosas que forman la boca de los vertebrados.

**mandil** *m.* Delantal que cuelga desde el cuello.

**mandinga** *m.* Amér. Central y Amér. Merid. Fam. El diablo.

**mandioca** *f.* Planta de cuya raíz se extrae la tapioca. — Tapioca: *harina de ~*.

**mando** *m.* Autoridad del superior. — Dispositivo que regula el funcionamiento de un mecanismo.

**mandoble** *m.* Golpe que se da esgrimiendo el arma con ambas manos. — Espada grande.

**mandolina** *f.* Instrumento musical semejante al laúd.

**mandrágora** *f.* Planta herbácea usada como narcótico.

**mandril** *m.* Mono de gran tamaño y hocico alargado.

**manducar** *tr. e intr. Fam.* Comer.

**maneador** *m. Amér.* Tira larga de cuero, que sirve para atar el caballo, las patas de los animales, etcétera.

**manecilla** *f.* Broche. — Aguja que señala la hora en un reloj.

**manejar** *tr.* Usar una cosa con las manos. — Regir, dirigir. — *Amér.* Conducir, guiar un automóvil. ▸ *prnl.* Saber actuar en un negocio o situación.

**manera** *f.* Modo particular de ser, de hacer o de suceder algo.

**manga** *f.* Parte de una prenda que cubre el brazo. — Manguera. — *Amér.* Vía entre cercas para el paso del ganado. — *Argent.* Nube de langostas. — *Argent. Desp.* Grupo de personas. — *Méx.* Capote impermeable.

**manganeso** *m.* Metal grisáceo, brillante, duro y quebradizo.

**mangar** *tr. Fam.* Robar, hurtar.

**mangle** *m.* Árbol propio de las regiones costeras tropicales.

**mango** *m.* Parte estrecha y larga por donde se agarra un utensilio. — Árbol de fruto en drupa, comestible. — Fruto de este árbol. — *Argent.* Dinero.

**mangonear** *intr. y tr.* Entrometerse, intervenir en algo queriendo dirigirlo.

**mangosta** *f.* Mamífero carnívoro pequeño de pelo rojizo, cola larga y patas cortas.

**mangrullo** *m. Argent.* Torre rústica que servía de atalaya.

**manguera** *f.* Tubo flexible por el que pasa el agua.

**manguito** *m.* Prenda tubular para abrigar las manos. — Pieza cilíndrica para unir o acoplar tubos.

**maní** *m.* Cacahuete.

**manía** *f.* Trastorno mental que se caracteriza por la presencia obsesiva de una idea fija. — Costumbre o comportamiento raro. — Idea fija, obsesiva. — *Fam.* Ojeriza.

**maniatar** *tr.* Atar las manos.

**maniático, ca** *adj./m. y f.* Que tiene manías. — Se dice de la persona que tiene comportamientos raros.

**manicomio** *m.* Hospital para enfermos mentales.

**manicura** *f.* Cuidado de las manos y uñas.

**manicuro, ra** *m. y f.* Persona especializada en el cuidado de las manos y las uñas.

**manido, da** *adj.* Ajado por el uso. — Falto de originalidad.

**manifestación** *f.* Acción y efecto de manifestar o manifestarse. — Reunión pública al aire libre en favor de una reivindicación.

**manifestar** *tr. y prnl.* Dar a conocer una opinión o un deseo. ▸ *prnl.* Organizar o tomar parte en una manifestación.

**manifiesto, ta** *adj.* Evidente, patente. ▸ *m.* Declaración escrita.

**manilla** *f.* Asa de un picaporte. — Grillete para las muñecas. — Manecilla del reloj.

**manillar** *m.* Pieza de la bicicleta o de la motocicleta, en la cual el conductor apoya las manos para dirigir el vehículo.

**maniobra** *f.* Operación manual. — Operación que se ejecuta al manejar una máquina. ▸ *pl.* Conjunto de ejercicios militares.

**manipular** *tr.* Operar con las manos. — Influir en alguien.

**maniqueísmo** *m.* Doctrina y visión de la realidad basada en los principios del bien y del mal.

**maniquí** *m.* Muñeco de figura humana, usado para probar o exhibir prendas de ropa. ▸ *m. y f.* Persona que se dedica a mostrar o exhibir prendas de vestir.

**manirroto, ta** *adj./m. y f.* Derrochador.

**manivela** *f.* Palanca o pieza que acciona un mecanismo.

**manjar** *m.* Comestible, especialmente comida exquisita.

**mano** *f.* Parte del cuerpo humano que va desde la muñeca hasta la punta de los dedos. — Pata delantera de un cuadrúpedo. — Lado en que se halla una cosa. — Cada jugada parcial de una partida. — Capa de pintura. — Amér. Central y Amér. Merid. Cada uno de los gajos de diez o más frutos que forman el racimo de bananas. — Chile, C. Rica y Hond. Aventura, percance. — Mano derecha, persona que es muy útil a otra. — Mano izquierda, habilidad para resolver situaciones difíciles. — Echar una mano, ayudar. — Pedir la mano, solicitar a la mujer en matrimonio.

**manojo** *m.* Conjunto de cosas que se pueden agarrar con la mano: ~ *de espinacas.* — Conjunto de cosas agrupadas que son de la misma clase.

**manómetro** *m.* Instrumento para medir la presión de un fluido.

**manopla** *f.* Guante sin separaciones para los dedos.

**manosear** *tr.* Tocar repetidamente con las manos.

**manotazo** *m.* Golpe dado con la mano.

**mansalva.** Palabra que se usa en la expresión a mansalva, que significa 'en abundancia'.

**mansarda** *f.* Amér. Central y Amér. Merid. Buhardilla.

**mansedumbre** *f.* Docilidad, tranquilidad.

**mansión** *f.* Casa grande y suntuosa.

**manso, sa** *adj.* Apacible: *lluvia mansa y menuda.* — Se dice del animal que no es bravo.

**manta** *f.* Pieza rectangular de tejido grueso para abrigarse en la cama. — Pez marino de cuerpo muy plano y cola larga.

**mantear** *tr.* Hacer saltar a una persona sobre una manta.

**manteca** *f.* Grasa del cerdo, de la leche o de algunos frutos.

**mantecado** *m.* Bollo amasado con manteca de cerdo. — Helado elaborado con leche, huevos y azúcar.

**mantel** *m.* Pieza de tela, papel o plástico con que se cubre la mesa para comer.

**mantelería** *f.* Juego de mantel y servilletas.

**mantener** *tr. y prnl.* Costear las necesidades económicas de alguien. — Conservar. — Sostener. ▶ *tr.* Cumplir una promesa o juramento. Defender una idea u opinión. — Perseverar en una acción o posición.

**mantequería** *f.* Establecimiento donde se fabrican o se venden derivados lácteos.

**mantequilla** *f.* Grasa comestible obtenida de la leche de vaca.

**mantilla** *f.* Prenda femenina que cubre la cabeza.

**mantillo** *m.* Capa superior del suelo. — Estiércol fermentado.

**mantis** *f.* Santateresa.

**manto** *m.* Prenda amplia que se coloca sobre la cabeza o los hombros. — GEOL. Parte del globo terrestre comprendida entre la corteza y el núcleo. — GEOL. Capa de mineral que yace casi horizontalmente.

**mantón** *m.* Prenda femenina que se lleva sobre los hombros.

**manual** *adj.* Que se hace con las manos. ▶ *m.* Libro en que se resume lo más importante de una materia.

**manubrio** *m.* Mango de un instrumento. — Manivela. — Argent., Chile y Méx. Manillar de la bicicleta. — Chile. Volante del automóvil.

**manufactura** *f.* Producto hecho a mano o con la ayuda de máquinas. — Fábrica.

**manumitir** *tr.* Dar libertad a un esclavo.

**manuscrito** *m.* Documento o libro escrito a mano.

**manutención** *f.* Acción y efecto de mantener o mantenerse.

**manzana** *f.* Fruto del manzano. — Conjunto de casas contiguas limitado por calles.

**manzanilla** *f.* Planta aromática, cuyas flores se usan en infusión. — Infusión de estas flores.

**manzano** *m.* Árbol de flores rosadas cuyo fruto es la manzana. — Méx. y P. Rico. Variedad de plátano, de fruto pequeño y muy dulce.

**maña** *f.* Destreza, habilidad. — Ardid, astucia.

**mañana** *m.* Tiempo futuro. ▶ *f.* Espacio de tiempo desde el amanecer hasta el mediodía. ▶ *adv.* En el día que seguirá al de hoy.

**mañanitas** *f. pl.* Méx. Composición musical que se canta para celebrar el cumpleaños de alguien.

**mañerear** *intr.* Argent. y Chile. Usar un animal malas mañas. — Argent. y Urug. Obrar, proceder con malas mañas.

**mañoso, a** *adj.* Diestro, hábil.

**maoísmo** *m.* Doctrina política socialista basada en las ideas de Mao Zedong.

**mapa** *m.* Representación de la Tierra o parte de ella en un plano.

**mapache** *m.* Mamífero carnívoro americano apreciado por su pelaje.

**mapamundi** *m.* Mapa de toda la superficie terrestre.

**mapuche** *adj./m. y f.* Araucano.

**maqueta** *f.* Representación a escala reducida de un aparato, un edificio, etc. — Composición de una página que se debe imprimir. — Grabación musical de prueba. — Boceto de un libro, revista o disco.

**maqui** *m. y f.* Guerrillero, especialmente el que combatía contra el régimen franquista en España.

**maquiavélico, ca** *adj.* Que actúa con astucia y engaño.

**maquilar** *tr.* Méx. Realizar el conjunto de los procesos de fabricación de un producto.

**maquillar** *tr. y prnl.* Aplicar cosméticos a un rostro. — Cambiar la apariencia de algo para disimular o engañar.

**máquina** *f.* Conjunto de mecanismos combinados para transformar una forma de energía o para facilitar la realización de un trabajo. — A toda máquina, con mucha rapidez o intensidad.

**maquinal** *adj.* Se dice del movimiento o acto involuntario.

**maquinar** *tr.* Tramar algo oculta y artificiosamente.

**maquinaria** *f.* Conjunto de máquinas. — Conjunto de piezas de un mecanismo.

**maquinilla** *f.* Utensilio para afeitar.

**maquinista** *m. y f.* Persona que construye o dirige máquinas.

**maquis** *m. y f.* Maqui.

**mar** *m. o f.* Masa de agua salada que cubre la mayor parte de la superficie de la Tierra. — Parte en que se divide esta masa de agua salada. ▸ *m.* Abundancia de algo.

**marabú** *m.* Ave zancuda, de pico muy grande y cuello desprovisto de plumas.

**marabunta** *f.* Migración masiva de hormigas que devoran todo lo comestible que encuentran. — Destrucción, desorden.

**maraca** *f.* Instrumento musical de percusión.

**marajá** *m.* Título que ostentaban ciertos soberanos indios.

**maraña** *f.* Maleza, espesura. — Enredo.

**marasmo** *m.* Estado de extrema debilidad debido a una enfermedad. — Suspensión, inmovilidad.

**maratón** m. Carrera pedestre de resistencia en que se recorren 42 km y 195 m. — Actividad muy larga que se realiza sin descansos.

**maravedí** m. Antigua moneda española.

**maravilla** f. Suceso, persona o cosa extraordinaria que causa admiración.—Admiración, asombro.

**maravillar** tr. y prnl. Admirar, asombrar.

**marca** f. Señal hecha en una persona, animal o cosa. — DEP. Resultado obtenido por un deportista en una prueba. — Nombre comercial de un producto.

**marcado, da** adj. Notable, manifiesto.

**marcador** m. Tablero en que se anotan los tantos. — Argent. Rotulador.

**marcapasos** m. MED. Aparato eléctrico que regula el ritmo del corazón.

**marcar** tr. Señalar, indicar. — Dejar algo un recuerdo o una huella. — DEP. Apuntarse un tanto.

**marcha** f. Acción de marchar. — Modo de andar, y velocidad con que se hace. — Posición del cambio de velocidades del motor de un automóvil o una máquina. — Esp. Fam. Diversión, animación. — DEP. Ejercicio atlético que consiste en andar. — MÚS. Pieza musical destinada a indicar el paso de la tropa o de un cortejo. — A marchas forzadas, muy deprisa y con un ritmo muy intenso. — A toda marcha, con mucha prisa.

**marchamo** m. Señal que se pone a los fardos en las aduanas.

**marchante, ta** m. y f. Traficante. — Amér. Cliente habitual de un comercio.

**marchar** intr. y prnl. Ir o partir de un lugar. ▶ intr. Andar o funcionar una cosa o asunto.

**marchitar** tr. y prnl. Poner mustias las plantas.

**marcial** adj. Relativo a la guerra o al ejército. — Gallardo.

**marciano, na** adj. Del planeta Marte. ▶ m. y f. Habitante ficticio de Marte.

**marcial** adj. Relativo a la guerra o al ejército. — Que camina muy erguido y con firmeza.

**marco** m. Cerco que rodea algunas cosas. — Unidad monetaria de Alemania (hasta 2002, sustituida por el euro) y Finlandia. — Entorno de una cosa.

**marea** f. Movimiento de ascenso y descenso de las aguas del mar. — Cantidad grande de personas que se encuentran en un lugar.

**marear** tr., intr. y prnl. Aturdir, molestar. ▶ prnl. Sentir mareo.

**marejada** f. Estado de la mar cuando hay olas de entre 3 y 4 metros.

**maremagno, mare mágnum** o **maremágnum** m. Abundancia, confusión.

**maremoto** *m.* Seísmo en el fondo del mar y que ocasiona una agitación violenta de las aguas.

**mareo** *m.* Trastorno o malestar que provoca náuseas, vómitos, etc.

**marfil** *m.* Parte dura de los dientes cubierta por esmalte.

**marfileño, a** *adj.* Relativo al marfil. ▸ *adj./m. y f.* De Costa de Marfil.

**marga** *f.* Roca que se usa como abono y para fabricar cemento.

**margarina** *f.* Sustancia grasa comestible, de aceites vegetales.

**margarita** *f.* Planta herbácea de flores de centro amarillo y pétalos blancos. — Flor de esta planta.

**margen** *m. o f.* Zona límite entre la tierra y una masa de agua o entre dos zonas de tierra. ▸ *m.* Espacio en blanco alrededor de una página. — Tiempo que queda hasta que se dé un acto o suceso. — Oportunidad que se da a una persona para hacer una cosa. — Diferencia que se calcula entre un resultado previsto y el real. — **Al margen,** apartado, sin intervenir.

**marginal** *adj.* Secundario, poco importante. — Que ha sido marginado. — Que vive o actúa fuera de las normas sociales establecidas.

**margesí** *m.* Perú. Inventario de los bienes del Estado, de la Iglesia y de las corporaciones oficiales.

**marginar** *tr.* Dejar márgenes en un escrito. — Poner a una persona o grupo en condiciones sociales de inferioridad.

**mariachi** *m.* Música popular mexicana de carácter alegre y bullicioso. — Orquesta que ejecuta esta música. — Miembro de esta orquesta.

**mariano, na** *adj.* Relativo a la Virgen María y a su culto.

**marica** *m.* Fam. Hombre afeminado u homosexual.

**maricón** m. Fam. Marica.

**maridaje** *m.* Unión y conformidad de los cónyuges.

**marido** *m.* Hombre casado, con respecto a su cónyuge.

**mariguana** o **marihuana** *f.* Cáñamo índico, cuyas hojas fumadas producen efecto narcótico.

**marimorena** *f.* Pelea, riña.

**marina** *f.* Conjunto de barcos de un país, una nación o una compañía. — Técnica de la navegación.

**marinar** *tr.* Dejar durante un tiempo un alimento en adobo para condimentarlo o conservarlo.

**marinero, ra** *adj.* Relativo a la marina. ▸ *m. y f.* Persona que sirve en un barco.

**marino, na** *adj.* Relativo al mar. ▸ *m.* Experto en navegación. — Persona que sirve en la marina. ▸ *f.* Arte de navegar. — Potencia naval de una nación. — Zona de terreno próxima al mar.

**marioneta** *f.* Títere.

**mariposa** *f.* Insecto lepidóptero con cuatro alas de vistosos colores. — Modalidad de la natación en la que los brazos se proyectan juntos hacia adelante.

**mariquita** *m.* Fam. Marica. ▸ *f.* Insecto de color anaranjado con siete puntos negros.

**mariscal** *m.* En algunos ejércitos, una de las altas graduaciones.

**marisco** *m.* Invertebrado marino comestible, con esqueleto externo.

**marisma** *f.* Terreno pantanoso cercano a la costa.

**marital** *adj.* Relativo al marido o a la vida conyugal.

**marítimo, ma** *adj.* Relativo al mar.

**marketing** *m.* Mercadotecnia.

**marlo** *m.* Amér. Merid. Espiga de maíz desgranada. — Argent. Tronco de la cola de los caballos.

**marmita** *f.* Olla de metal con tapadera ajustada.

**mármol** *m.* Roca caliza, con vetas de colores variados.

**marmolina** *f.* Argent. y Chile. Estuco de cal y polvo de mármol.

**marmota** *f.* Mamífero roedor que hiberna varios meses.

**maroma** *f.* Cuerda gruesa. — Amér. Función y pirueta de un acróbata. — Amér. Cambio oportunista de opinión o de partido político.

**marqués, sa** *m. y f.* Título nobiliario inferior al de duque y superior al de conde.

**marquesina** *f.* Especie de alero o cubierta que resguarda de la lluvia.

**marquetería** *f.* Trabajo con láminas de madera fina. — Obra de ebanistería.

**marranear** *tr.* Colomb. Engañar.

**marrano, na** *adj./m. y f.* Fam. Que es sucio. ▸ *m. y f.* Cerdo.

**marraqueta** *f.* Chile y Perú. Conjunto de varios panes pequeños que se cuecen en una sola pieza.

**marras** Palabra que se usa en la expresión de marras, que significa 'consabido'.

**marrón** *adj./m.* Se dice del color castaño. ▸ *adj.* De color marrón. ▸ *m.* Fam. Esp. Cosa que resulta muy molesta o desagradable.

**marroquí** *adj./m. y f.* De Marruecos.

**marroquinería** *f.* Industria y comercio de artículos de piel.

**marrueco** *m.* Chile. Bragueta del pantalón.

**marrullería** *f.* Astucia, engaño.

**marsopa** *f.* Mamífero muy voraz, parecido al delfín.

**marsupial** *adj./m.* Relativo a los mamíferos cuya hembra posee una bolsa ventral donde las crías completan su desarrollo.

**marta** *f.* Mamífero carnívoro de piel muy estimada.

**martes** *m.* Segundo día de la semana.

**martillero, ra** *m. y f.* Argent., Chile

y Perú. Persona encargada de un establecimiento de subastas públicas.

**martillo** *m.* Herramienta formada por una cabeza metálica y un mango, usada para golpear. — Esfera de hierro con la que se realiza una de las pruebas atléticas de lanzamiento. — ANAT. Primer huesecillo del oído medio.

**martinete** *m.* Ave parecida a la garza.

**martingala** *f.* Artimaña, artificio.

**martiniqués, sa** *adj./m. y f.* De Martinica.

**mártir** *m. y f.* Persona que ha sufrido o sufre martirio.

**martirio** *m.* Muerte o tormento que alguien padece a causa de su fe religiosa, opiniones, etc. — Sufrimiento físico o moral.

**marxismo** *m.* Doctrina de Karl Marx, filósofo y economista alemán.

**marzo** *m.* Tercer mes del año.

**mas** *conj.* Pero: *quiero verte, ~ no podré porque tengo clase.*

**más** *adv.* Denota mayor cantidad o intensidad. ▸ Indica preferencia. ▸ *m.* Signo de la suma (+). ▸ *conj.* Indica suma o adición. — Más bien, por el contrario. — Por más que, aunque.

**masa** *f.* Mezcla de un líquido con una sustancia. — Volumen. — Conjunto numeroso de personas o cosas muy juntas.

**masacre** *f.* Matanza colectiva.

**masaje** *m.* Fricción del cuerpo con fines terapéuticos o higiénicos.

**mascar** *tr.* Partir y deshacer con los dientes.

**máscara** *f.* Objeto con el que se cubre la cara. — Disimulo.

**mascarilla** *f.* Máscara que solo cubre la parte superior del rostro. — Máscara de cirujano. — Máscara para inhalar gases. — Producto cosmético para embellecer la cara o el pelo.

**mascarón** *m.* Adorno arquitectónico con forma de cara grotesca o deforme.

**mascota** *f.* Persona, animal o cosa que trae suerte. — Animal de compañía.

**masculino, na** *adj.* Propio del hombre. — Se dice del ser dotado de órganos para fecundar. ▸ *adj./m.* LING. Que tiene la forma atribuida gramaticalmente a los nombres que designan seres del sexo masculino y a ciertos seres inanimados.

**mascullar** *tr.* Hablar entre dientes.

**masetero** *m.* Músculo elevador de la mandíbula inferior.

**masía** *f.* Casa rústica típica de Aragón y Cataluña.

**masilla** *f.* Mezcla pastosa usada para rellenar cavidades.

**masita** *f.* Amér. Merid. y R. Dom. Pastelito.

**masivo, va** *adj.* Que actúa o se hace en gran cantidad.

**masonería** *f.* Asociación secreta

internacional, cuyos miembros profesan principios de fraternidad.

**masoquismo** *m.* Perversión sexual del que goza sufriendo maltrato.

**mastaba** *f.* Monumento funerario egipcio en forma de pirámide truncada.

**máster** *m.* Curso de especialización en determinada materia.

**masticar** *tr.* Mascar.

**mástil** *m.* Palo de una embarcacióno para sostener las velas. — MÚS. Parte más estrecha de algunos instrumentos de cuerda.

**mastín, na** *adj./m.* Se dice de una raza de perros guardianes.

**mastodonte** *m.* Mamífero fósil parecido al mamut.

**mastuerzo** *adj./m.* Torpe, necio. ▶ *m.* Planta hortense.

**masturbar** *tr. y prnl.* Estimular los órganos genitales de una persona para dar placer sexual.

**mata** *f.* Arbusto de poca altura y tallo leñoso muy ramificado — Cantidad grande de pelo.

**matadero** *m.* Lugar donde se mata el ganado.

**matador** *m.* Torero.

**matambre** *m.* Argent. Lonja de carne que se saca de entre el cuero y las costillas del ganado vacuno. — Argent. Fiambre hecho con esa capa de carne.

**matanza** *f.* Acción y efecto de matar. — Mortandad de personas. — Acción y época de matar los cerdos y preparar su carne.

**matar** *tr. y prnl.* Quitar la vida. ▶ *tr.* Causar dolor o sufrimiento. — Calmar la sensación de hambre o sed.

**matarife** *m.* Persona que mata y descuartiza las reses.

**matasellos** *m.* Instrumento y marca usados para inutilizar los sellos de las cartas.

**matasuegras** *m.* Tubo de papel enrollado, que al soplar por un extremo se estira.

**matazón** *f.* Amér. Central, Colomb., Cuba y Venez. Matanza de personas, masacre.

**mate** *adj.* Sin brillo. ▶ *m.* En ajedrez, lance que pone término a la partida. — Planta arbórea que se cultiva en América del Sur. — Conjunto de hojas secas de esta planta e infusión que se prepara con ellas. — Amér. Merid. Calabaza seca y vaciada, especialmente la que se utiliza para servir esta infusión. — Bol., Chile y R. de la Plata. Juicio, talento. — Bol. y R. de la Plata. Calabacera. — Bol. y R. de la Plata. Infusión de cualquier yerba medicinal que se toma con bombilla. — Chile y R. de la Plata. Fam. Cabeza humana. — R. de la Plata. Cualquier recipiente que se emplea para tomar la infusión de yerba mate.

**matemática** *f.* Ciencia que estudia las propiedades de entes abstractos, como números, figuras geométricas, etc.

**materia** *f.* Sustancia de la que

están hechas las cosas. — Lo opuesto al espíritu. — Tema que se trata o estudia. — Parte de un plan de estudios que trata un tema específico.

**material** *adj.* Relativo a la materia. — Físico, opuesto a lo espiritual. ► *m.* Elemento que se necesita para hacer una obra. — Materia de la que está hecha una cosa: ~ *plástico.*

**materialismo** *m.* Doctrina que considera la materia como única realidad.

**materialista** *adj.* Que valora en exceso los bienes materiales. — Relativo al materialismo.

**materializar** *tr.* Representar algo bajo forma material. ► *tr. y prnl.* Realizar, llevar a cabo.

**maternal** *adj.* Materno.

**maternidad** *f.* Estado o condiciónalidad de madre. — Hospital donde se atiende a las parturientas.

**materno, na** *adj.* Relativo a la madre.

**matete** *m.* Argent. y Urug. Enredo. — Argent. y Urug. Reyerta, disputa. — Argent. y Urug. Mezcla de sustancias deshechas en un líquido que forma una masa sin consistencia.

**matinal** *adj.* Matutino.

**matiz** *m.* Tono de un color o sonido. — Rasgo o aspecto que da a una cosa un carácter determinado.

**matizar** *tr.* Armonizar colores y tonos. — Señalar matices.

**matojo** *m.* Desp. Mata , hierba-espesa.

**matón, na** *m. y f.* Fam. Bravucón, chulo.

**matorral** *m.* Terreno de arbustos bajos. — Conjunto de matas.

**matraca** *f.* Instrumento de madera que produce un ruido estridente.

**matraz** *m.* Vasija esférica de cristal, terminada en un tubo.

**matrero, ra** *adj.* Astuto. ► *adj./ m. y f.* Amér. Merid. Se dice del fugitivo que buscaba el monte para huir de la justicia.

**matriarcado** *m.* Organización social en que mandan las mujeres.

**matricidio** *m.* Acción de matar a la propia madre.

**matrícula** *f.* Lista de los nombres de las personas o cosas que se inscriben para un fin determinado. — Inscripción de una persona en un registro o lista oficial. — Placa de los vehículos en la que figura la identificación de este.

**matrimonio** *m.* Contrato civil o sacramento que une a dos personas. — Fam. Pareja formada por dos personas casadas entre sí.

**matriz** *f.* Útero. — Molde en que se funden metales idénticos. — MAT. Cuadro de números distribuidos en filas y columnas.

**matrona** *f.* Madre de familia respetable. — Comadrona.

**matute** *m.* Introducción de género de contrabando.

**matutino, na** *adj.* Relativo a la mañana: *edición matutina.*

**maula** *adj./m. y f.* Argent., Perú y Urug. Cobarde, despreciable. ▸ *f.* Cosa inútil.

**maullido** *m.* Voz del gato.

**mausoleo** *m.* Monumento funerario.

**maximalismo** *m.* Tendencia a mantener ideas o actitudes extremas o exageradas.

**maxilar** *adj.* Relativo a la mandíbula. ▸ *m.* Cada uno de los huesos de la cara que forman la mandíbula.

**máxima** *f.* Sentencia que resume un principio moral o un juicio general. — Norma por la que se rige el comportamiento de una persona.

**máxime** *adv.* Más aún, con mayor motivo o más razón.

**máximo, ma** *adj.* Mayor o más importante en su especie. ▸ *m.* Límite superior o extremo a que puede llegar una cosa.

**maya** *adj./m. y f.* De un pueblo amerindio que desarrolló una importante civilización en zonas de México, Guatemala y Honduras. ▸ *m./adj.* Lengua hablada por este pueblo.

**mayestático, ca** *adj.* Relativo a la majestad.

**mayo** *m.* Quinto mes del año.

**mayonesa** *f./adj.* Salsa de aceite y yema de huevo.

**mayor** *adj.* Más grande. — De más edad. — De edad avanzada. ▸ *adj./m. y f.* Adulto. ▸ *m.* Grado militar de algunos países, que equivale al de comandante. — Al por mayor, en gran cantidad.

**mayoral** *m.* Capataz en las cuadrillas de trabajadores del campo.

**mayorazgo** *m.* Institución que perpetúa en una familia la propiedad de ciertos bienes. — Poseedor y conjunto de estos bienes.

**mayordomo** *m.* Jefe del servicio y administración de una casa.

**mayoría** *f.* Parte mayor de algo. — Mayor número de votos: *ganar por ~.*

**mayorista** *m. y f.* Comerciante que vende al por mayor.

**mayúsculo, la** *adj.* Muy grande. ▸ *adj./f.* Se dice de la letra de mayor tamaño que la minúscula.

**maza** *f.* Utensilio con mango usado para golpear.

**mazacote** *m.* Objeto de arte toscao. — Fam. Cosa dura y pegajosa.

**mazamorra** *f.* Colomb. y Perú. Revoltijo de ideas o de cosas. — Perú. Comida hecha con harina de maíz y azúcar o miel. — R. de la Plata. Comida criolla fría hecha con maíz blanco, partido y hervido.

**mazapán** *m.* Pasta de almendras molidas y azúcar, cocida al horno.

**mazmorra** *f.* Prisión subterránea.

**mazo** *m.* Martillo grande y pesado. — Conjunto de cosas atadas o agrupadas.

**mazorca** *f.* Espiga con los granos muy juntos, como la del maíz.

**me** *pron. pers. masc. y fem. de 1.ª persona sing.* Funciona como complemento directo e indirecto.

**meandro** *m.* Sinuosidad que describe un río en su curso medio y alto.

**mear** *tr., intr. y prnl.* Fam. Orinar. ▶ *prnl.* Fam. Reírse mucho.

**meca** *f.* Lugar que se considera el centro más importante de una actividad.

**mecánica** *f.* Parte de la física que estudia el equilibrio y el movimiento de los cuerpos sometidos a una fuerza. — Técnica de construir o manejar máquinas. — Manera de producirse o de realizar una actividad.

**mecánico, ca** *adj.* Relativo a la mecánica. — Que se hace con máquina. — Maquinal. ▶ *m. y f.* Persona que maneja o repara máquinas.

**mecanismo** *m.* Combinación de piezas que sirven para hacer un trabajo.

**mecanizar** *tr. y prnl.* Someter a elaboración mecánica.

**mecano** *m.* Juguete compuesto de piezas articulables.

**mecanografía** *f.* Técnica de escribir a máquina.

**mecapal** *m.* Amér. Central. y Méx. Faja de cuero con dos cuerdas en los extremos que, apoyada a la frente, sirve para llevar carga a cuestas.

**mecate** *m.* Amér. Central, Méx. y Venez. Cuerda.

**mecedora** *f.* Asiento que sirve para mecerse.

**mecenas** *m. y f.* Persona o institución que promociona económicamente las letras y las artes.

**mecer** *tr. y prnl.* Mover rítmicamente de un lado a otro.

**mecha** *f.* Cuerda retorcida de velas y bujías que sirve para que ardan con facilidad. — Mechón. — Cuerda con pólvora para dar fuego a un explosivo. — Amér. Merid. Barrita con vueltas en espiral de los taladros, barrenas, etc. — Colomb., Ecuad. y Venez. Burla. ▶ *pl.* Conjunto de cabellos que destacan del resto del pelo por tener otro color: *mechas rubias.*

**mechero** *m.* Utensilio para dar lumbre provisto de mecha. — Encendedor.

**mechón** *m.* Porción de pelos, hebras, etc.

**medalla** *f.* Pieza de metal con un grabado. — Premio honorífico.

**medallón** *m.* Bajorrelieve redondeado o elíptico. — Joya en forma de caja pequeña.

**media** *f.* Prenda de vestir femenina con la que se cubre la pierna. — Cantidad que representa de manera proporcional otras cantidades. — Amér. Calcetín. ▶ *pl.* Prenda de vestir de tejido elástico que cubre cada pierna desde los pies a la cintura.

**mediagua** *f.* Amér. Construcción con el techo inclinado y de una sola vertiente.

**mediana** *f.* MAT. Recta que une un vértice con el punto medio del lado opuesto.

**mediano, na** *adj.* De calidad o tamaño intermedios.

**medianoche** *f.* Las doce de la noche. — A media noche, alrededor de las doce de la noche.

**mediante** *adv.* Por medio de.

**mediar** *intr.* Llegar a la mitad de algo. — Intervenir alguien en una discusión, problema, etc., tratando de solucionarlo. — Pasar el tiempo entre dos o más sucesos.

**mediatizar** *tr.* Influir de modo decisivo en el comportamiento de otra persona.

**mediatriz** *f.* MAT. Recta perpendicular a otra por su punto medio.

**medicamento** *m.* Sustancia usada como remedio para curar o prevenir una enfermedad o un dolor físico.

**medicina** *f.* Ciencia que estudia las enfermedades, su curación y su prevención. — Medicamento. — Profesión de médico.

**medicinal** *adj.* Que tiene propiedades o usos curativos.

**médico, ca** *adj.* Relativo a la medicina: *examen* ~. ▸ *m. y f.* Persona que ejerce profesionalmente la medicina.

**medida** *f.* Acción y efecto de medir. — Unidad usada para medir. — Disposición, prevención. — Grado, proporción.

**medidor** *m.* Utensilio para medir. — Amér. Contador de agua, gas o electricidad.

**medieval** *adj.* Relativo a la Edad Media.

**medievo** *m.* Tiempo transcurrido desde el s. V hasta el s. XV.

**medio, dia** *adj./m.* Que es la mitad de algo: ~ *litro.* — Que está entre dos extremos. — Se dice del tercer dedo de la mano. ▸ *m.* Aquello que sirve para conseguir algo. — Elemento en que vive un ser. ▸ *adv.* No del todo. — De medio a medio, del todo, por completo. — En medio, entre dos o más cosas o extremos. — Medio ambiente, conjunto de condiciones físicas que rodean a los seres vivos. — Por medio de, que se hace a través de otro.

**medioambiental** *adj.* Relativo al medio ambiente.

**mediocre** *adj.* Vulgar, de poca calidad, talento, etc.

**mediodía** *m.* Hora en que el Sol está en el punto más alto. — Espacio de tiempo alrededor de las doce de la mañana. — Sur.

**medioevo** *m.* Medievo.

**medir** *tr.* Determinar la longitud, extensión, volumen o capacidad de algo. — Moderar: ~ *las palabras.*

**meditar** *tr.* Aplicar el pensamiento a la consideración de algo.

**mediterráneo, a** *adj.* Del mar Mediterráneo.

**médium** *m. y f.* Persona a la que se considera dotada de facultades para comunicarse con los espíritus.

**medrar** *intr.* Mejorar de fortuna o posición. — Crecer.

**medroso, sa** *adj./m. y f.* Miedoso.

**médula** o **medula** *f.* Sustancia del interior de los huesos. — Centro del tallo y la raíz de una planta. — Médula espinal, parte del sistema nervioso central que recorre el interior de la columna vertebral.

**medusa** *f.* Animal marino con tentáculos, forma de sombrilla y sin esqueleto.

**mega** *m.* Megabyte.

**megabyte** *m.* Medida que es igual a un millón de bytes.

**megáfono** *m.* Aparato que amplifica la voz.

**megalito** *m.* Monumento prehistórico formado por grandes bloques de piedra.

**megalomanía** *f.* Actitud de quien muestra deseos de grandeza.

**meiosis** *f.* BIOL. Proceso de división celular en el que, a partir de una célula madre, se obtienen cuatro células hijas, y se reducen a la mitad el número de cromosomas.

**mejicano, na** *adj./m. y f.* Mexicano.

**mejilla** *f.* Parte carnosa de la cara, debajo de cada ojo.

**mejillón** *m.* Molusco bivalvo comestible, de concha de color negro azulado.

**mejor** *adj.* Superior, más bueno. ► *adv.* Más bien: *ahora me tratan ~.* — A lo mejor (Fam.), expresa posibilidad.

**mejorar** *tr.* Hacer que algo sea mejor de lo que era. ► *intr. y prnl.* Restablecerse un enfermo.

**mejunje** *m.* Bebida de aspecto desagradable.

**melancolía** *f.* Tristeza vaga, profunda y permanente.

**melanina** *f.* Pigmento que da color al cabello, la piel y los ojos, etc.

**melaza** *f.* Residuo de la cristalización del azúcar.

**melcocha** *f.* Miel concentrada y caliente, que al enfriarse queda muy correosa, usada para hacer dulces y pastas.

**melena** *f.* Cabello largo y suelto. — Crin del león.

**melifluo, flua** *adj.* Que tiene miel o se parece a ella. — Afectadamente amable: *mirada ~.*

**melillense** *adj./m. y f.* De Melilla (España).

**melindre** *m.* Dulce de miel y harina. — Delicadeza exagerada.

**mella** *f.* Rotura en el borde de algo. — Hacer mella, impresionar, afectar.

**mellizo, za** *adj./m. y f.* Se dice de la persona o animal que ha nacido a la vez que otro u otros en un mismo parto.

**melocotón** *m.* Esp. Fruto esférico de piel amarillenta y vellosa. — Melocotonero.

**melocotonero** *m.* Árbol cuyo fruto es el melocotón.

**melodía** *f.* Composición musical.

**melodrama** *m.* Obra dramática que trata de conmover.

**melomanía** *f.* Afición exagerada por la música.

**melón** *m.* Planta de tallo rastrero, de fruto grande y pulpa jugosa. — Fruto de esta planta.

**melopea** *f.* Composición de tono monótono. — Fam. Borrachera.

**meloso, sa** *adj.* Semejante a la miel. — Que es empalagoso o melifluo: *voz melosa.*

**membrana** *f.* Lámina o piel muy delgada, elástica y resistente.

**membrete** *m.* Nombre de una persona o entidad, impreso en la parte superior del papel de escribir.

**membrillo** *m.* Árbol de fruto amarillo y muy aromático. — Fruto de este árbol. — Dulce que se elabora con este fruto.

**memo, ma** *adj./m. y f.* Esp. Necio, bobo, tonto.

**memorable** *adj.* Digno de recordar.

**memorándum** o **memorando** *m.* Libro de apuntes. — Nota diplomática.

**memoria** *f.* Capacidad de recordar cosas pasadas. — Diserta-ción o resumen escrito. — IN-FORM. Dispositivo del ordenador capaz de almacenar información. ► *pl.* Autobiografía.

**memorial** *m.* Libro o cuaderno en que se apunta algo. — Acto público en memoria de una persona.

**memorizar** *tr.* Fijar en la memoria.

**mena** *f.* Mineral rico en metal, tal como se extrae del yacimiento.

**menaje** *m.* Conjunto de muebles, utensilios y demás objetos necesarios en una casa.

**mencionar** *tr.* Citar, nombrar.

**mendaz** *adj./m. y f.* Mentiroso.

**mendelismo** *m.* Teoría derivada de las leyes de Mendel, relativa a la transmisión hereditaria de los caracteres.

**mendicidad** *f.* Condición de mendigo.

**mendigo, ga** *m. y f.* Persona que habitualmente pide limosna.

**mendrugo** *m.* Pedazo de pan duro.

**menear** *tr. y prnl.* Mover, agitar.

**menester** *m.* Necesidad de algo. — Ocupación, trabajo.

**menesteroso, sa** *adj./m. y f.* Pobre, necesitado.

**menestra** *f.* Guiso de verduras y trozos de carne o jamón.

**mengano, na** *m. y f.* Se usa para referirse a una persona cualquiera, generalmente en correlación con *fulano.*

**menguar** *intr.* Disminuir: ~ *la*

*fama.* — Disminuir la parte clara de la Luna.

**menhir** *m.* Megalito formado por una piedra alta hincada verticalmente en el suelo.

**meninge** *f.* Membrana que rodea el encéfalo y la médula espinal.

**meningitis** *f.* Inflamación de las meninges.

**menisco** *m.* Lente convexa por un lado y cóncava por el otro. — ANAT. Cartílago de ciertas articulaciones, como la rodilla.

**menopausia** *f.* Fin natural de la menstruación en la mujer.

**menor** *adj.* Más pequeño. ▸ *adj./m. y f.* Que no tiene la edad legal para ejercer todos los derechos civiles. — Al por menor, en pequeñas cantidades.

**menorquín, na** *adj./m. y f.* De la isla de Menorca (España). ▸ *m./adj.* Variedad del catalán balear hablada en Menorca.

**menos** *adv.* Denota menor cantidad o intensidad: *tengo ~ dinero que antes.* — Indica que una persona o cosa no está incluida en lo que se dice. ▸ *prep.* Excepto: *asistieron todos ~ él.* ▸ m. Signo de la resta (-). — A menos que, a no ser que: *no iré a ~ que me acompañes.*

**menoscabar** *tr. y prnl.* Mermar. — Desacreditar.

**menospreciar** *tr.* Tener a alguien o algo en menos de lo que merece. — Despreciar.

**mensaje** *m.* Noticia o comunicación enviada a alguien. — Contenido ideológico o moral de una obra literaria o artística.

**mensajero, ra** *adj./m. y f.* Que lleva un mensaje.

**menso, sa** *adj.* Colomb. y Méx. Tonto, bobo.

**menstruación** *f.* Proceso periódico por el que la mujer y la hembra de ciertos animales eliminan los óvulos no fecundados. —Sangre eliminada en este proceso.

**mensual** *adj.* Que ocurre cada mes. — Que dura un mes. ▸ *m.* Argent. y Urug. Peón contratado para labores del campo.

**mensualidad** *f.* Sueldo de un mes.

**mensurable** *adj.* Que se puede medir.

**menta** *f.* Planta aromática, usada en infusión. — Producto o sustancia elaborado a partir de esta planta.

**mentalidad** *f.* Cultura y modo de pensar: *~ anticuada.*

**mentar** *tr.* Nombrar, mencionar.

**mente** *f.* Conjunto de capacidades intelectuales humanas.

**mentecato, ta** *adj./m. y f.* Poco sensato. — Tonto, necio.

**mentir** *intr.* Decir algo distinto de lo que se piensa o se sabe.

**mentira** *f.* Cosa que se dice contraria a la verdad.

**mentís** *m.* Acción y efecto de desmentir.

**mentón** *m.* Extremo saliente de la mandíbula inferior.

**mentor** *m.* Consejero, guía.

**menú** *m.* Lista de los platos de una comida o que ofrece un restaurante. —INFORM. Presentación de las opciones de un programa y del modo de acceder a cada una de ellas.

**menudear** *tr.* Hacer algo repetidas veces. ▶ *tr. e intr.* Chile y Colomb. Vender al por menor. ▶ *intr.* Ocurrir una cosa con frecuencia.

**menudencia** *f.* Cosa de poco valor o importancia. ▶ *pl.* Chile y Méx. Conjunto de vísceras de las aves.

**menudillos** *m. pl.* Conjunto de vísceras de las aves.

**menudo, da** *adj.* Pequeño. — Poco importante. ▶ *m. pl.* Vientre, manos y sangre de las reses. — A menudo, con frecuencia.

**meñique** *adj./m.* Se dice del quinto dedo de la mano, respecto del pulgar.

**meollo** *m.* Parte esencial de algo. — Seso, masa encefálica.

**mequetrefe** *m. y f.* Fam. Persona de poco juicio, inútil.

**mercader, ra** *m. y f.* Comerciante.

**mercado** *m.* Conjunto de operaciones de compra y venta. — Edificio público destinado al comercio. — Conjunto de compradores potenciales.

**mercadotecnia** *f.* Conjunto de operaciones que contribuyen al desarrollo de las ventas de un producto o servicio.

**mercancía** *f.* Cosa que se puede comprar o vender.

**mercante** *adj.* Relativo al comercio marítimo: *marina* ~. ▶ *adj./m.* Se dice del barco que transporta mercancías.

**mercantil** *adj.* Relativo al comercio.

**mercar** *tr. y prnl.* Comprar.

**merced** *f.* Beneficio que hace una persona a otra.

**mercenario, ria** *adj./m. y f.* Que combate por dinero. — Que solo trabaja por el dinero.

**mercería** *f.* Tienda de artículos de costura.

**mercurio** *m.* Metal líquido de color plateado brillante, usado en la fabricación de termómetros.

**merecer** *tr.* Ser alguien o algo digno de lo que le corresponde: ~ *un castigo ejemplar.*

**merecido** *m.* Castigo que se merece una persona: *dar a alguien su* ~.

**merendar** *tr. e intr.* Tomar la merienda.

**merengue** *m.* Dulce elaborado con claras de huevo y azúcar. — Baile originario de la República Dominicana. — Argent., Par. y Urug. Fam. Lío, trifulca.

**meretriz** *f.* Prostituta.

**meridiano, na** *adj.* Relativo a la hora del mediodía. — Claro, manifiesto. ▶ *m.* En la esfera terrestre, círculo máximo que pasa por los polos.

**meridional** *adj./m. y f.* Del sur o mediodía: *Asia* ~.

**merienda** *f.* Comida ligera de la tarde. — Ecuad. Cena.

**merino, na** *adj./m.* Se dice de una raza de ovejas que dan una lana fina y rizada.

**mérito** *m.* Acción por la que alguien se merece algo. — Aquello que da valor a algo: *un trabajo de ~.*

**merluza** *f.* Pez de color grisáceo, de carne muy apreciada.

**mermar** *intr. y prnl.* Disminuir una parte de algo.

**mermelada** *f.* Conserva de fruta cocida con azúcar o miel.

**mero, ra** *adj.* Puro, simple: *meras conjeturas.* ▶ *m.* Pez de color castaño rojizo y carne muy apreciada. — Ya mero (Méx.), pronto.

**merodear** *intr.* Andar por un lugar con malas intenciones.

**mes** *m.* Cada una de las doce divisiones del año. — Período de treinta días.

**mesa** *f.* Mueble compuesto por una tabla horizontal sostenida por una o varias patas. — Comida o arte de la cocina. — Presidencia de una asamblea o asociación. — Mesa de luz (Argent.), mesilla de noche.

**mesada** *f.* Dinero que se paga todos los meses. — Argent. Superficie plana que cubre la parte superior de los muebles de una cocina.

**mesar** *tr. y prnl.* Arrancar los cabellos o barbas con las manos.

**mesenterio** *m.* ANAT. Repliegue membranoso del peritoneo, que une el intestino con la pared posterior del abdomen.

**mesero, ra** *m. y f.* Chile, Colomb., Ecuad., Guat. y Méx. Camarero de restaurante.

**meseta** *f.* Terreno elevado y llano de gran extensión.

**mesianismo** *m.* Confianza absoluta en un líder como remedio de todos los problemas.

**mesías** *m.* Enviado divino, redentor de Israel. — Persona en quien se confía para la salvación de algo.

**mesilla** *f.* Mesa pequeña, especialmente la, que se coloca junto a la cama.

**mesnada** *f.* Compañía de gente armada al servicio de un señor.

**mesocarpio** o **mesocarpo** *m.* BOT. Zona media de un fruto, entre la epidermis y el hueso o las semillas.

**mesocracia** *f.* Gobierno de la clase media. — Burguesía.

**mesolítico, ca** *adj./m.* Se dice del período de transición entre el paleolítico y el neolítico.

**mesón** *m.* Restaurante decorado al estilo rústico. — Venta, posada. — Chile. Mostrador de los bares y cantinas, barra.

**mesosfera** *f.* Capa atmosférica que se extiende entre la estratosfera y la termosfera.

**mesozoico, ca** *adj./m.* GEOL. Se dice de la segunda era geológica, comprendida entre el paleozoico y el cenozoico.

**mester** *m.* Arte, oficio. — Mester

de clerecía, escuela poética medieval formada por clérigos y personas doctas. — Mester de juglaría, escuela poética medieval de los juglares.

**mestizo, za** *adj./m. y f.* De padre y madre de raza diferente.

**mesura** *f.* Gravedad y compostura: *obrar con* ~. — Moderación.

**meta** *f.* Objetivo de una acción. — DEP. Línea en que termina una carrera. — DEP. Portería.

**metabolismo** *m.* Conjunto de reacciones químicas que se dan en las células vivas.

**metacarpo** *m.* Parte de la mano entre la muñeca y los dedos.

**metadona** *f.* Producto analgésico semejante a la morfina.

**metafísica** *f.* Disciplina filosófica que estudia la esencia del ser y de la realidad.

**metáfora** *f.* Figura literaria que consiste en usar palabras con un sentido distinto del propio, en virtud de una comparación.

**metal** *m.* Elemento químico sólido, de brillo característico, buen conductor del calor y de la electricidad.

**metalenguaje** *m.* Lenguaje usado para hablar del lenguaje mismo.

**metálico, ca** *adj.* Relativo al metal. ▶ *m.* Dinero en monedas o billetes: *pagar en* ~.

**metaloide** *m.* QUÍM. Antigua denominación de los elementos químicos no metálicos.

**metalurgia** *f.* Conjunto de técnicas para extraer y trabajar los metales.

**metamorfismo** *m.* GEOL. Conjunto de transformaciones de las rocas en el interior de la corteza terrestre.

**metamorfosis** *f.* Transformación de una cosa en otra. — ZOOL. Conjunto de cambios morfológicos de ciertos animales durante su desarrollo biológico.

**metano** *m.* Gas incoloro, principal componente del gas natural.

**metástasis** *f.* Reproducción y extensión de una enfermedad o un tumor.

**metatarso** *m.* Parte del pie entre el tarso y los dedos.

**metátesis** *f.* Cambio de lugar de uno o más sonidos dentro de una palabra.

**metate** *m.* Méx. Piedra para moler grano.

**metazoo** *adj./m.* Se dice del animal pluricelular constituido por células diferenciadas y agrupadas en tejidos y órganos.

**meteórico, ca** *adj.* Relativo a los meteoros. — Muy rápido.

**meteorismo** *m.* Acumulación de gases en el intestino.

**meteorito** *m.* Pequeño cuerpo sólido procedente del espacio.

**meteoro** o **metéoro** *m.* Fenómeno físico aéreo, acuoso, luminoso o eléctrico, que tiene lugar en la atmósfera.

**meteorología** *f.* Ciencia que estudia los fenómenos naturales de la atmósfera.

**meter** *tr.* Poner una cosa dentro de otras o entre otras. — Depositar dinero en el banco o invertirlo en un negocio. — *Fam.* Propinar. ▸ *prnl.* Introducirse. — Implicarse.

**metiche** *adj./m. y f.* Chile y Méx. Entrometido.

**meticuloso, sa** *adj.* Minucioso.

**metido, da** *adj.* Abundante en algo: ~ *en carnes.* ▸ *adj./m. y f.* Amér. Central y Amér. Merid. Entrometido.

**metódico, ca** *adj.* Hecho con método. — Que actúa con gran orden.

**metodismo** *m.* Movimiento religioso protestante fundado en Inglaterra en el s. XVIII.

**método** *m.* Conjunto de operaciones ordenadas con que se pretende obtener un resultado. — Conjunto de normas y ejercicios destinados Obra destinada a enseñar.

**metodología** *f.* Conjunto de métodos de una ciencia o disciplina. — Aplicación de un método.

**metomentodo** *adj./m. y f.* Entrometido, chismoso.

**metonimia** *f.* Figura retórica que designa una cosa con el nombre de otra, tomando el todo por la parte: *un rioja es un ejemplo de metonimia.*

**metraje** *m.* Longitud de una película cinematográfica.

**metralla** *f.* Munición menuda. — Conjunto de trozos metá-

licos con que se cargan ciertos artefactos explosivos.

**metralleta** *f.* Ametralladora portátil.

**métrica** *f.* Arte del ritmo, medida y combinación de los versos.

**metro** *m.* Unidad de medida de longitud, en el Sistema Internacional. — Medida de los versos. — Instrumento para medir que consiste en una regla o cinta graduada. — Apóc. de metropolitano, ferrocarril subterráneo. — Metro cuadrado, unidad de medida de superficie, equivalente al área de un cuadrado de un metro de lado. — Metro cúbico, unidad de medida de volumen, equivalente al volumen de un cubo de un metro de lado.

**metrópoli** o **metrópolis** *f.* Estado o ciudad, respecto de sus colonias. — Ciudad principal.

**metropolitano, na** *adj.* Relativo a la metrópoli. ▸ *m.* Ferrocarril eléctrico, subterráneo o elevado.

**mexicano, na** *adj./m. y f.* De México.

**mezcal** *m.* Variedad de pita. — Hond. Fibra de esta planta preparada para hacer cuerdas. — Méx. Bebida alcohólica obtenida de la destilación de ciertas especies de maguey.

**mezcla** *f.* Acción y efecto de mezclar o mezclarse. — Sustancia resultante de la combinación de varias.

**mezclar** *tr. y prnl.* Juntar varias cosas para que sus partes queden unas entre otras.
► *prnl.* Meterse uno entre otros.
**mezclilla** *f.* Chile y Méx. Tela basta de algodón, usada en la confección de pantalones vaqueros.
**mezcolanza** *f.* Fam. Mezcla extraña y confusa.
**mezquinar** *tr.* Argent. Esquivar.
**mezquino, na** *adj.* Escaso: *sueldo* ~. ► *adj./m. y f.* Ruin, despreciable. — Avaro.
**mezquita** *f.* Templo de los musulmanes.
**mi** *adj.* pos. Apóc. de mío, cuando va antepuesto al nombre.
► *m.* Tercera nota de la escala musical.
**mí** *pron. pers. masc. y fem. de 1.ª persona sing.* Funciona como complemento con preposición.
**miaja** *f.* Migaja.
**miasma** *m.* Efluvio maligno.
**mica** *f.* Mineral brillante, que se puede separar en hojas.
**micción** *f.* Acción de orinar.
**micelio** *m.* BOT. Aparato vegetativo de los hongos.
**michelín** *m.* Esp. Fam. Acumulación de grasa alrededor de la cintura.
**mico** *m.* Mono de cola larga.
**micología** *f.* Parte de la botánica que estudia los hongos.
**micosis** *f.* Infección provocada por hongos.
**micra** *f.* Unidad de medida de longitud igual a la millonésima parte de un metro.

**microbio** *m.* Microorganismo.
**microclima** *m.* Clima de un espacio reducido.
**micrococo** *m.* Bacteria de forma esférica o elíptica.
**microcosmos** o **microcosmo** *m.* El ser humano considerado como un mundo en pequeño, reflejo del universo o macrocosmos.
**microfilme** o **microfilm** *m.* Película de tamaño muy reducido.
**micrófono** *m.* Aparato que transforma las ondas sonoras en oscilaciones eléctricas, para transmitirlas o registrarlas.
**micrón** *m.* Micra.
**microondas** *adj./m.* Se dice del horno que funciona con radiaciones electromagnéticas.
**microorganismo** *m.* Organismo microscópico, vegetal o animal.
**microprocesador** *m.* Procesador en el que todos los elementos están en un solo circuito integrado.
**microscopio** *m.* Instrumento óptico que, con un sistema de lentes, permite observar seres y objetos muy pequeños.
**miedo** *m.* Perturbación angustiosa del ánimo ante un peligro. — Sentimiento de desconfianza ante algo que se cree que será lo contrario de lo que se desea.
**miel** *f.* Sustancia viscosa y dulce, elaborada por las abejas.
**miembro** *m.* Extremidad del cuerpo de un ser humano o de

un animal. — Órgano sexual masculino. ▸ *m. y f.* Individuo de una co-lectividad.

**mientras** *adv.* Entretanto: ~ *esperaba, empezó a llover.* ▸ *conj.* Une oraciones expresando simultaneidad entre ellas.

**miércoles** *m.* Tercer día de la semana.

**mierda** *f.* Excremento. — Fam. Suciedad, porquería. — Fam. Cosa mal hecha o de mala calidad.

**mies** *f.* Cereal maduro. ▸ *pl.* Campo sembrado de cereales.

**miga** *f.* Parte blanda del pan. — Migaja.

**migaja** *f.* Fragmento pequeño de pan o de otra cosa.

**migración** *f.* Movimiento de población humana de un lugar a otro para establecerse en él. — Viaje periódico que realizan las aves y otros animales.

**migraña** *f.* Jaqueca.

**migrar** *intr.* Hacer migraciones.

**mijo** *m.* Planta de grano redondo. — Semilla de esta planta.

**mil** *adj./m.* Diez veces cien. ▸ *adj./ m. y f.* Milésimo. ▸ *m.* Millar.

**milagro** *m.* Hecho que se atribuye a una intervención divina. — Hecho extraordinario.

**milano** *m.* Ave rapaz de cola y alas muy largas.

**milenio** *m.* Período de mil años.

**milésimo, ma** *adj./m. y f.* Que corresponde en orden al número mil. — Se dice de cada una de las mil partes iguales en que se divide un todo.

**mili** *f.* Fam. Servicio militar.

**milibar** o **milibaro** *m.* Unidad de medida de presión atmosférica.

**milicia** *f.* Conjunto de técnicas seguidas para hacer la guerra. — Profesión militar. — Tropa o gente de guerra.

**milico** *m.* Amér. Merid. Militar, soldado.

**milímetro** *m.* Medida de longitud equivalente a la milésima parte del metro.

**militar** *intr.* Servir en el ejército o en una milicia. — Pertenecer a un partido político, grupo, etc.

**militar** *adj.* Relativo a las fuerzas armadas o a la guerra. ▸ *m. y f.* Miembro del ejército.

**militarismo** *m.* Predominio de los militares en el gobierno.

**militarizar** *tr.* Organizar militarmente un cuerpo.

**milla** *f.* Medida de longitud anglosajona equivalente a 1 609 *m.* — Medida internacional de navegación marítima o aérea equivalente a 1 852 *m.*

**millar** *m.* Conjunto de mil unidades. — Guarismo que indica esta cantidad.

**millón** *m.* Conjunto de mil veces mil unidades. — Cantidad muy grande.

**millonario, ria** *adj./m. y f.* Muy rico.

**milonga** *f.* Baile y canto popular de Río de la Plata, de ritmo lento. — Fam. Mentira, engaño.

**milpa** *f.* Amér. Central y Méx. Maíz o plantación de maíz.

**milpear** *intr.* Amér. Central y Méx. Comenzar a brotar el maíz. — Amér. Central y Méx. Plantar, cultivar el maíz.

**mimar** *tr.* Tratar a alguien con mimo. — Maleducar, malcriar.

**mimbre** *m. o f.* Rama flexible de la mimbrera, usada para hacer cestas.

**mimbrera** *f.* Planta arbustiva de ramas largas y flexibles.

**mimetismo** *m.* Propiedad que poseen ciertos seres vivos de adoptar el color y la forma de objetos de su entorno.

**mímica** *f.* Arte de imitar o expresarse mediante gestos.

**mimo** *m.* Cariño, halago. ► *m. y f.* Actor de mímica.

**mimosa** *f.* Planta muy apreciada en jardinería.

**mina** *f.* Yacimiento de un mineral y excavación para extraerlo. — Aquello de lo que se puede sacar mucho provecho. — Artefacto explosivo. — Barrita de grafito del interior del lápiz.

**minar** *tr.* Abrir minas en un terreno. — Colocar minas o artefactos explosivos. — Debilitar o destruir poco a poco.

**minarete** *m.* Alminar.

**mineral** *adj.* Inorgánico. ► *m.* Compuesto natural inorgánico.

**mineralogía** *f.* Ciencia que estudia los minerales.

**minería** *f.* Explotación de las minas o yacimientos.

**mini** *adj.* Pequeño, breve. ► *f.* Minifalda.

**mini-** *pref.* Significa 'pequeño': minigolf.

**miniatura** *f.* Reproducción a tamaño muy pequeño de algo. — Pintura o dibujo de pequeñas dimensiones.

**minifalda** *f.* Falda muy corta.

**minifundio** *m.* Finca rústica de reducida extensión.

**minimalismo** *m.* Tendencia artística que recurre a elementos representativos muy simples.

**minimizar** *tr.* Quitar importancia o valor a una cosa.

**mínimo, ma** *adj.* Menor o menos importante en su especie. — Muy pequeño. ► *m.* Grado más pequeño al que puede reducirse algo.

**ministerio** *m.* Cada uno de los departamentos en que se divide el gobierno de una nación. — Cargo de ministro. — Función, empleo.

**ministro, tra** *m. y f.* Persona que regenta un ministerio o departamento. — Persona que ejerce un ministerio o función.

**minorar** *tr. y prnl.* Aminorar.

**minoría** *f.* Parte menor de los componentes de una colectividad. — Conjunto de votos opuestos a los de la mayoría. — Parte pequeña de una colectividad con alguna característica diferente al resto.

**minorista** *m. y f.* Comerciante que vende al por menor.

**minucioso, sa** *adj.* Que se detiene en los detalles: *relato* ~.

**minué** *m.* Baile clásico francés. — Música que acompaña a este baile.

**minuendo** *m.* MAT. Cantidad de la que ha de restarse otra.

**minueto** *m.* Minué.

**minúsculo, la** *adj.* Muy pequeño. ▶ *adj./f.* Se dice de la letra de menor tamaño que la mayúscula.

**minusválido, da** *adj./m. y f.* Se dice de la persona que por un defecto psíquico o físico tiene menor capacidad que otra.

**minuta** *f.* Extracto o borrador de un documento. — Cuenta de honorarios de ciertos profesionales. — Menú, lista de platos.

**minutero** *m.* Manecilla del reloj que señala los minutos.

**minuto** *m.* Unidad de tiempo que vale 60 segundos.

**mío, a** *adj. pos./pron. pos.* Indica posesión de o pertenencia a la 1.ª persona del sing.

**miocardio** *m.* Capa de fibras musculares del corazón.

**miopía** *f.* Anomalía de la visión en que se ven borrosos los objetos alejados.

**mira** *f.* Pieza que sirve para mirar a un punto con más precisión. — Objetivo, propósito.

**mirador** *m.* Balcón cubierto y cerrado con cristales. — Lugar bien situado para observar un paisaje.

**miramiento** *m.* Consideración o cortesía que se observa ante alguien.

**mirar** *tr.* Fijar la vista. — Pensar y considerar con cuidado una cosa antes de hacerla. ▶ *intr.* Estar algo orientado en determinada dirección.

**miriápodo, da** *adj./m.* Relativo a una clase de artrópodos con el tronco dividido en segmentos con uno o dos pares de patas cada uno de ellos, como el ciempiés.

**mirilla** *f.* Pequeña abertura de una puerta para mirar.

**miriñaque** *m.* Prenda interior femenina con que se ahuecaban las faldas.

**miriópodo, da** *adj./m.* Miriápodo.

**mirlo** *m.* Ave cantora de plumaje oscuro, que imita los sonidos.

**mirra** *f.* Resina aromática y medicinal.

**mirto** *m.* Arbusto de follaje siempre verde y flores blancas y olorosas.

**misa** *f.* En el catolicismo, sacrificio del cuerpo y sangre de Jesucristo, que realiza el sacerdote en el altar.

**misántropo, pa** *m. y f.* Persona que se aparta del trato con otros.

**miscelánea** *f.* Mezcla. — Recopilación de textos diversos.

**miscible** *adj.* Que se puede mezclar.

**miserable** *adj./m. y f.* Muy pobre. — Desgraciado. — Malvado. ▶ *adj.* Escaso.

**miseria** *f.* Extrema pobreza. — Desgracia. — Tacañería.

**misericordia** *f.* Compasión que impulsa a ayudar o perdonar.

**misia** o **misiá** *f.* Amér. Merid. Tratamiento de cortesía equivalente a señora.

**misil** o **mísil** *m.* Proyectil controlado por procedimientos electrónicos.

**misión** *f.* Acción de enviar. — Cosa encomendada a alguien. — Obra o función moral que se debe realizar por el bien de alguien. — Evangelización de los pueblos no cristianos.

**misionero, ra** *m. y f.* Religioso dedicado a las misiones evangelizadoras.

**misiva** *f.* Carta, escrito.

**mismo, ma** *adj./pron.* Expresa identidad o semejanza. ▶ *adv.* Pospuesto a un adverbio tiene valor enfático. — Pospuesto a un nombre o un adverbio añade un matiz de indiferencia.

**misoginia** *f.* Aversión hacia las mujeres.

**misterio** *m.* Cosa incomprensible o inexplicable. — Secreto. — Pieza dramática medieval.

**mística** *f.* Parte de la teología que trata de la unión espiritual del hombre con Dios.

**mistol** *m.* Argent. y Par. Planta de flores pequeñas y fruto castaño ovoide, con el que se elabora arrope y otros alimentos.

**mistral** *m./adj.* Viento que en el Mediterráneo viene de la parte intermedia entre el poniente y la tramontana.

**mitad** *f.* Cada una de las dos partes iguales en que se divide un todo. — Punto o parte que equidista de sus extremos.

**mitigar** *tr. y prnl.* Moderar, calmar.

**mitin** *m.* Acto público de propaganda, sobre asuntos políticos.

**mito** *m.* Relato popular o literario que cuenta acciones imaginarias de dioses y héroes. — Cosa fabulosa e irreal. — Persona o cosa rodeada de extraordinaria estima.

**mitocondria** *f.* BIOL. Orgánulo en forma de grano o filamento, presente en el citoplasma de las células.

**mitología** *f.* Conjunto de los mitos y leyendas de un pueblo o una religión. — Estudio de los mitos.

**mitómano, na** *m. y f.* Persona que tiende a crear y cultivar mitos.

**mitosis** *f.* BIOL. Proceso de división indirecta de la célula, que se caracteriza por la duplicación de todos sus elementos, y un reparto por igual entre las dos células hijas.

**mitra** *f.* Tocado que llevan los prelados en los actos solemnes.

**mixomatosis** *f.* Enfermedad infecciosa vírica del conejo.

**mixto, ta** *adj.* Formado por elementos de diferente naturaleza. ▶ *adj./m. y f.* Mestizo. ▶ *m.* Cerilla, fósforo.

**mixtura** *f.* Mezcla.

**mízcalo** *m.* Níscalo.

**mnemotecnia** *f.* Arte de desarrollar la memoria.

**moaxaja** *f.* Estrofa poética en árabe que termina con una jarcha en dialecto mozárabe.

**mobbing** *m.* Acoso psicológico para inducir a alguien a hacer algo que no quiere.

**mobiliario, ria** *adj.* Relativo al mueble. — Se dice de los valores públicos negociables en bolsa. ▸ *m.* Conjunto de muebles.

**moca** *m.* Variedad de café.

**mocárabe** *m.* Elemento decorativo del arte musulmán.

**mocasín** *m.* Calzado plano, flexible y sin cordones.

**mocedad** *f.* Edad o estado del mozo, persona joven y soltera.

**mochila** *f.* Bolsa que se lleva a la espalda sujeta a los hombros.

**mocho, cha** *adj.* Falto de punta. — Méx. Se dice de la persona o animal al que le falta un miembro. ▸ *adj./m. y f.* Chile. Se dice del religioso lego. — Venez. Manco. ▸ *m.* Utensilio para fregar formado por un palo largo y una pieza de material absorbente. — Chile. Pedazo corto de un madero para aserrar.

**mochuelo** *m.* Ave rapaz nocturna, de pequeño tamaño.

**moción** *f.* Acción y efecto de mover, moverse o ser movido. — Proposición que se hace en una asamblea o congreso.

**moco** *m.* Humor pegajoso que segregan las membranas mucosas.

**mocoso, sa** *adj.* Que tiene mocos. ▸ *m. y f.* Fam. Persona joven que se las da de adulta o de experta en algo.

**moda** *f.* Conjunto de gustos y costumbres propios de un período y un lugar determinados. — Manera pasajera de actuar, pensar, etc., de una época. — En estadística, dato que se presenta con mayor frecuencia.

**modal** *adj.* Relativo al modo. ▸ *m. pl.* Conjunto de comportamientos que se consideran o no correctos.

**modalidad** *f.* Modo particular de ser o de manifestarse una cosa.

**modelar** *tr.* Dar forma artística a una sustancia plástica. — Formar a una persona.

**modelo** *m.* Cosa que se imita. — Persona que merece ser imitada. ▸ *m. y f.* Persona que posa para artistas o en publicidad.

**módem** *m.* Dispositivo que permite la transmisión de señales digitales o analógicas por vía telefónica.

**moderador, ra** *m. y f.* Persona que dirige un debate.

**moderar** *tr. y prnl.* Hacer que algo vuelva a una justa medida. ▸ *tr.* Hacer de moderador en un debate.

**modernismo** *m.* Gusto por lo moderno. — Tendencia literaria y arquitectónica desarrollada a principios del s. xx.

**moderno, na** *adj.* Actual o de época reciente. — Que sigue la moda actual.

**modesto, ta** *adj.* No lujoso. ▸ *adj./ m. y f.* Que actúa con sencillez y recato.

**módico, ca** *adj.* Se aplica a la cantidad que no es excesiva.

**modificar** *tr. y prnl.* Hacer que algo sea diferente de como era sin alterar su esencia. ▸ *tr.* Limitar el sentido de una palabra.

**modismo** *m.* Frase o locución propia de una lengua.

**modisto, ta** *m. y f.* Persona que confecciona o diseña vestidos.

**modo** *m.* Cada realización que puede presentar una cosa variable. — Forma de hacer una cosa. — LING. Categoría gramatical del verbo que expresa cómo se concibe la acción verbal.

**modorra** *f.* Somnolencia pesada.

**modular** *tr.* Variar el tono al hablar o cantar. ▸ *intr.* MÚS. Pasar de una tonalidad a otra.

**modular** *adj.* Relativo al módulo.

**módulo** *m.* Proporción entre las dimensiones de los elementos de un cuerpo. — Pieza de un conjunto que también puede considerarse por separado.

**mofa** *f.* Burla, escarnio: *hacer ~ de alguien.*

**mofeta** *f.* Mamífero carnívoro que se defiende de sus enemigos lanzando un líquido fétido por vía anal.

**moflete** *m.* Fam. Carrillo grueso y carnoso.

**mogollón** *m.* Fam. Cantidad grande de una cosa. — Fam. Confusión, desorden. ▸ *adv.* Fam. En gran cantidad.

**mohín** *m.* Gesto gracioso que expresa enfado fingido.

**mohíno, na** *adj.* Triste, melancólico.

**moho** *m.* Hongo que se desarrolla sobre materia orgánica. — Capa que se forma por alteración química en la superficie de algunos metales.

**moisés** *m.* Cuna de mimbre portátil o pequeña.

**mojama** *f.* Carne de atún cura y salada.

**mojar** *tr. y prnl.* Hacer que un líquido penetre en un cuerpo o cubra su superficie. ▸ *prnl.* Comprometerse.

**mojigato, ta** *adj./m. y f.* Que se escandaliza fácilmente.

**mojón** *m.* Piedra , poste, etc.,o señal para señalar los límites o la dirección en los caminos.

**moka** *m.* Moca.

**mol** *m.* QUÍM. Unidad básica de cantidad de sustancia, en el Sistema Internacional.

**molar** *adj.* Relativo a la muela. ▸ *m.* Cada uno de los dientes posteriores que trituran los alimentos.

**molar** *tr. e intr.* Esp. Fam. Gustar.

**molaridad** *f.* QUÍM. Concentración de una solución.

**molde** *m.* Instrumento hueco

usado para dar forma a una materia.

**moldura** *f.* Parte saliente que sirve de adorno en arquitectura, ebanistería u otras artes.

**mole** *m.* Méx. Salsa espesa preparada con diferentes chiles y otros ingredientes. — Méx. Guiso de carne de pollo, de guajolote o de cerdo que se prepara con esta salsa. ▶ *f.* Cuerpo pesado y grande.

**molécula** *f.* QUÍM. Porción más pequeña de un cuerpo.

**molejón** *m.* Cuba. Roca alta y cortada en vertical que sobresale en el mar.

**moler** *tr.* Golpear o frotar algo hasta reducirlo a trozos o polvo. ▶ *tr. e intr.* Cansar mucho.

**molestar** *tr. y prnl.* Causar molestia. ▶ *prnl.* Ofenderse. — Tomarse algún trabajo por alguien.

**molestia** *f.* Perturbación del bienestar del cuerpo o del ánimo. — Dolor leve.

**molibdeno** *m.* Metal de color plomizo, maleable y poco fusible.

**molinillo** *m.* Utensilio doméstico para moler.

**molino** *m.* Máquina para moler. — Edificio donde está instalada esta máquina.

**molla** *f.* Parte carnosa de una cosa orgánica. — Miga del pan.

**molleja** *f.* Segundo estómago de las aves. — Apéndice carnoso de las reses jóvenes.

**mollera** *f.* Parte más alta de la cabeza.

**molo** *m.* Chile. Malecón.

**molote** *m.* Amér. Central, Antill., Colomb. y Méx. Alboroto, escándalo. — Méx. Moño. — Méx. Envoltura alargada, lío.

**molusco** *adj./m.* Relativo al animal invertebrado de cuerpo blando, protegido por una concha calcárea.

**momento** *m.* Espacio breve de tiempo. — Tiempo en que ocurre algo. — Oportunidad. — **De** momento, por ahora.

**momia** *f.* Cadáver desecado con el tiempo sin descomponerse.

**monacal** *adj.* Relativo a la vida de los monjes o las monjas.

**monada** *f.* Acción propia de monos. — Persona, animal o cosa bonita o graciosa.

**mónada** *f.* FILOS. Sustancia simple, activa e indivisible, cuyo número es infinito y de la que todos los seres están compuestos.

**monaguillo** *m.* Niño que ayuda al sacerdote en la misa.

**monarca** *m.* Soberano de una monarquía.

**monarquía** *f.* Forma de gobierno en que el poder supremo es ejercido de forma vitalicia por el rey. — Estado regido por un monarca.

**monasterio** *m.* Casa o convento de religiosos.

**mondar** *tr.* Quitar la cáscara o vaina a las frutas o legumbres. ▶ *prnl.* Esp. Reírse mucho y con ganas.

**mondongo** *m.* Estómago e

intestinos de una res o de un cerdo.

**moneda** *f.* Pieza de metal acuñada que sirve de medida común para el precio de las cosas.

**monegasco, ca** *adj./m. y f.* De Mónaco.

**monema** *m.* LING. Mínima unidad significativa. — LING. Cada uno de los términos que integran un sintagma.

**monetario, ria** *adj.* Relativo a la moneda.

**mongol, la** *adj./m. y f.* De Mongolia. — De un grupo étnico de piel amarilla que habita el centro de Asia. ► *m./adj.* Lengua hablada en Mongolia.

**mongolismo** *m.* Enfermedad cromosómica que produce en la persona retraso intelectual y del crecimiento.

**monigote** *m.* Muñeco o figura ridícula. — Fam. Persona de poco carácter.

**monitor, ra** *m. y f.* Persona que enseña a realizar un deporte o ciertas actividades. ► *m.* Receptor de televisión para controlar las transmisiones. — Pantalla de algunos aparatos electrónicos.

**monja** *f.* Religiosa que profesa los votos solemnes.

**monje** *m.* Religioso que vive en un monasterio.

**mono, na** *adj.* Bonito, gracioso. — Colomb. Rubio. ► *m. y f.* Mamífero del orden de los primates. ► *m.* Traje de una sola pieza que cubre piernas y torso. — Chile.

Montón en que se exponen los frutos y mercancías en tiendas y mercados. — Chile y Méx. Muñeco. — Esp. Vulg. Síndrome de abstinencia de la droga.

**monocorde** *adj.* Se dice del instrumento musical de una sola cuerda. — Se dice de la sucesión de sonidos que repiten una misma nota.

**monocotiledóneo, a** *adj./f.* BOT. Relativo a las plantas angiospermas cuyas semillas tienen un solo cotiledón.

**monóculo** *m.* Lente para un solo ojo.

**monogamia** *f.* Sistema que prohíbe tener más de una esposa. — Estado de la persona o el animal que mantiene relaciones sexuales con un solo individuo de su especie.

**monografía** *f.* Estudio sobre un tema concreto.

**monograma** *m.* Figura formada por dos o más letras de un nombre, utilizada como abreviatura de este.

**monoico, ca** *adj.* BOT. Se dice de la planta que tiene las flores masculinas y femeninas en un solo pie.

**monolingüe** *adj./m. y f.* Que habla una sola lengua. ► *adj.* Que está escrito en una sola lengua.

**monolito** *m.* Monumento de piedra de una sola pieza.

**monólogo** *m.* Acción de hablar alguien consigo mismo. — Obra dramática o parte de la misma en que habla un solo personaje.

**monomio** *m.* MAT. Expresión algebraica que comprende un solo término.

**monopolio** *m.* Privilegio exclusivo en la venta de un producto.

**monosílabo, ba** *adj./m.* Que tiene una sola sílaba.

**monoteísmo** *m.* Religión que solo admite un Dios.

**monotonía** *f.* Uniformidad de tono. — Falta de variedad.

**monovalente** *adj.* QUÍM. Que tiene valencia uno.

**monseñor** *m.* Título de ciertas dignidades dentro de la Iglesia católica.

**monserga** *f.* Fam. Lenguaje confuso. — Esp. Fam. Pretensión fastidiosa.

**monstruo** *m.* Ser vivo de caracteres contrarios al orden natural. — Ser fantástico y espantoso. — Persona o cosa de características extraordinarias.

**monta** *f.* Acción y efecto de montar una caballería. — Importancia: *asunto de poca* ~. — Importe total.

**montacargas** *m.* Ascensor para elevar mercancías.

**montaje** *m.* Acción y efecto de montar. — Selección y empalme en una cinta de las escenas de una película. — Situación preparada para hacer parecer verdadero lo que es falso.

**montante** *m.* Elemento vertical que sirve de soporte de una estructura. — Suma o importe.

**montaña** *f.* Gran elevación natural del terreno. — Gran cantidad, número o acumulación de una cosa.

**montañismo** *m.* Alpinismo.

**montar** *tr., intr. y prnl.* Subir sobre un animal o sobre una cosa. ▸ *tr. e intr.* Cabalgar. ▸ *tr.* Colocar los elementos de algo en condiciones de funcionar. — Organizar una representación teatral u otro espectáculo. ▸ *intr.* Ascender una cantidad.

**montaraz** *adj.* Que se ha criado en los montes. — Insociable, rudo.

**monte** *m.* Montaña. — Terreno sin roturar. — Juego de naipes.

**montenegrino, na** *adj./m. y f.* De Montenegro.

**montepío** *m.* Establecimiento y fondo de dinero que forman los miembros de algún cuerpo para ayudas mutuas.

**montera** *f.* Gorro de terciopelo negro que usan los toreros.

**montés, sa** *adj.* Que anda, está o se cría en el monte: *gato* ~.

**montevideano, na** *adj./m. y f.* De Montevideo.

**montículo** *m.* Pequeña elevación del terreno.

**montón** *m.* Conjunto de cosas puestas sin orden unas encima de otras. — Gran cantidad.

**montonera** *f.* Montón. — Amér. Merid. Guerrilla de la época de las luchas por la independencia.

— Colomb. Montón de hierba o paja.

**montubio, bia** *adj./m. y f.* Colomb., Ecuad. y Perú *Amér.* Montaraz, arisco, rudo. — Colomb., Ecuad. y Perú. Campesino de la costa.

**montuno, na** *adj.* Amér. Central y Amér. Merid. Salvaje, agreste, montaraz.

**montura** *f.* Bestia para cabalgar. — Soporte de algunos objetos: *la ~ de las gafas.* — Conjunto de arreos de una caballería.

**monumento** *m.* Obra realizada en memoria de un personaje o acontecimiento. — Edificio notable. — Obra científica, artística o literaria de gran valor.

**monzón** *m.* Viento que sopla periódicamente en el océano Índico.

**moño** *m.* Cabello arrollado sobre la cabeza.

**moqueta** *f.* Tejido fuerte para tapizar suelos o paredes.

**moquillo** *m.* Enfermedad contagiosa de algunos animales.

**mor.** Palabra que se utiliza en la expresión por mor de, para indicar 'por causa de'.

**mora** *f.* Fruto de la morera y del moral. — Zarzamora.

**morada** *f.* Lugar donde se mora.

**morado, da** *adj./m.* Se dice del color violeta que tira a rojo o azul. ▸ *adj.* De color morado. ▸ *f.* Lugar donde se mora.

**moral** *adj.* Relativo a las normas de conducta. ▸ *m.* Árbol cuyo fruto es la mora. ▸ *f.* Doctrina de la conducta humana respecto a la bondad o la maldad. — Estado de ánimo o de confianza.

**moraleja** *f.* Enseñanza que se deduce de un cuento, fábula o suceso, etc.

**moralidad** *f.* Conformidad con los preceptos de la sana moral.

**morar** *intr.* Residir habitualmente en un lugar.

**moratoria** *f.* Ampliación del plazo para hacer una cosa.

**mórbido, da** *adj.* Blando o suave. — Que produce o padece una enfermedad.

**morbo** *m.* Atracción hacia lo prohibido, lo cruel, etc. — Enfermedad.

**morboso, sa** *adj.* Enfermo. — Que causa enfermedad. — Que revela un estado físico o psíquico insano.

**morcilla** *f.* Embutido compuesto hecho de sangre de cerdo, especias y otros ingredientes.

**mordaz** *adj.* Corrosivo. — Que critica con ironía y sarcasmo.

**mordaza** *f.* Objeto que se pone en la boca para impedir hablar.

**morder** *tr. y prnl.* Hincar los dientes en una cosa.

**mordida** *f.* Acción de morder. — Argent., Bol., Colomb., Méx., Nicar. y Pan. *Fam.* Cantidad de dinero que un funcionario recibe indebidamente de un particular, por hacerle un servicio o evitarle una sanciónes aceptada como soborno. — Argent., Bol., Colomb.,

Méx., Nicar. y Pan. Fruto de cohechos.

**morena** *f.* Pez marino teleósteo de cuerpo cilíndrico y alargado.

**moreno, na** *adj.* Que tiene la piel más oscura por exponerse al sol. De color oscuro que tira a negro. ▸ *adj./m. y f.* Que tiene el pelo o la piel de color oscuro. De color menos claro en la raza blanca. ▸ *f.* Pez marino teleósteo, de cuerpo cilíndrico y alargado.

**morera** *f.* Árbol cuyo fruto es la mora.

**morería** *f.* Barrio o territorio propio de los moros.

**morfema** *m.* LING. El más pequeño de los elementos significativos de un enunciado.

**morfina** *f.* Sustancia narcótica, alcaloide del opio.

**morfología** *f.* Estudio de la forma de los seres vivos. — LING. Estudio de la forma de las palabras.

**moribundo, da** *adj./m. y f.* Que está a punto de morir.

**morir** *intr. y prnl.* Dejar de vivir. ▸ *intr.* Tener algo fin.

**morisco, ca** *adj./m. y f.* Moro. — Se dice del moro musulmán bautizado que se quedó en España tras la Reconquista.

**mormonismo** *m.* Movimiento religioso estadounidense.

**moro, ra** *adj.* Amér. Merid. Se dice del caballo tordo. ▸ *adj./m. y f.* Del norte de África. — Se dice del individuo de la población musulmana de al-Ándalus.

**morocho, cha** *adj.* Argent., Perú y Urug. Se dice de la persona que tiene el pelo negro y la tez blanca.

**morona** *f.* Colomb. y Méx. Migaja de pan.

**moronga** *f.* Guat., Hond. y Méx. Morcilla, salchicha.

**moroso, sa** *adj.* Que se retrasa en un pago. — Lento.

**morral** *m.* Saco para el pienso que se cuelga de la cabeza de las bestias. — Bolsa que usan los cazadores.

**morralla** *f.* Pescado menudo. — Conjunto de personas o cosas inútiles y sinde escaso valor. — Méx. Dinero menudo.

**morrear** *intr., tr. y prnl.* Esp. Besar en la boca largo tiempo.

**morrena** *f.* Conjunto de materiales transportados por un glaciar.

**morriña** *f.* Nostalgia, melancolía.

**morro** *m.* Hocico de los animales. — Labios de una persona, si son abultados. — Extremo delantero de ciertas cosas. — Esp. Fam. Desfachatez.

**morrocotudo, da** *adj.* Fam. De mucha importancia o dificultad.

**morrón** *adj.* Se dice de una variedad de pimiento muy grueso.

**morsa** *f.* Mamífero marino parecido a la foca pero de mayor tamaño.

**morse** *m.* Sistema de telegrafía que usa un alfabeto convencional.

**mortadela** *f.* Embutido grueso de carne de cerdo picada.

**mortaja** *f.* Sudario.

**mortal** *adj.* Que ha de morir. — Que causa la muerte. — Que produce cansancio. ► *m. y f.* El ser humano.

**mortandad** *f.* Multitud de muertes por causa extraordinaria.

**mortecino, na** *adj.* Falto de vigor o viveza.

**mortero** *m.* Utensilio consistente en un pequeño mazo y un recipiente ancho en el que se machacan especias, semillas, etc. — Arma de artillería de gran calibre. — Argamasa.

**mortífero, ra** *adj.* Que puede ocasionar la muerte.

**mortificar** *tr. y prnl.* Castigar el cuerpo con penitencias. — Producir algo aflicción o remordimiento.

**mosaico** *m.* Obra hecha con pequeñas piezas de materiales diversos que se incrustan en un muro o pavimento.

**mosca** *f.* Insecto díptero de cuerpo negro y alas transparentes.

**moscardón** *m.* Mosca grande y vellosa.

**moscatel** *adj./m.* Se dice de un tipo de uva muy dulce. ► *adj./m.* Se dice del vino que se produce con esta uva.

**moscovita** *adj./m. y f.* De Moscú (capital de Rusia).

**mosén** *m.* Tratamiento que se daba a los clérigos en regiones del antiguo reino de Aragón.

**mosquear** *tr. y prnl.* Fam. Hacer enfadar o recelar a alguien.

**mosquetón** *m.* Carabina corta. — Anilla que se abre y cierra mediante un muelle.

**mosquitera** *f.* Mosquitero.

**mosquitero** *m.* Tela fina con que se protege la cama de los mosquitos.

**mosquito** *m.* Insecto díptero, más pequeño que la mosca, con aparato bucal perforador.

**mostacho** *m.* Bigote.

**mostaza** *f.* Planta herbácea que proporciona la semilla y el condimento del mismo nombre.

**mosto** *m.* Zumo de la uva o de la manzana, antes de fermentar.

**mostrador** *m.* Mesa de las tiendas u otros establecimientos comerciales para presentar el género y servir lo que se vende.

**mostrar** *tr.* Indicar. — Exponer a la vista. — Hacer patente. ► *prnl.* Comportarse de cierta manera.

**mostrenco, ca** *adj.* Sin hogar o dueño conocido. ► *adj./m. y f.* Fam. Ignorante o torpe.

**mota** *f.* Porción muy pequeña de algo. — Amér. Merid. Cabello corto, ensortijado y crespo. — Méx. Fam. Mariguana.

**mote** *m.* Apodo. — Amér. Guiso de maíz desgranado y cocido. — Chile. Postre de trigo quebrantado, después de haber sido cocido en lejía y deshollejado.

**motel** *m.* Hotel situado cerca de la carretera.

**motín** *m.* Rebelión desordenado contra la autoridad.

**motivar** *tr.* Dar motivo. ▶ *tr. y prnl.* Concienciar para la realización de una acción.

**motivo** *m.* Causa o razón que determina que exista o se haga algo. — Dibujo que se repite en una decoración.

**moto** *f.* Motocicleta.

**motocicleta** *f.* Vehículo de dos ruedas impulsado por un motor.

**motociclismo** *m.* Deporte que se practica con una motocicleta.

**motor, ra** *adj.* Que produce movimiento. ▶ *m.* Máquina que genera energía mecánica a partir de otra energía.

**motorizar** *tr. y prnl.* Dotar de motor o de vehículos de motor: ~ *la policía local.*

**motricidad** *f.* Acción del sistema nervioso que determina la contracción muscular.

**motriz** *adj.* Forma femenina de motor.

**motudo, da** *adj./m. y f.* Amér. Merid. Se dice de la persona con el cabello dispuesto en forma de mota.

**mover** *tr. y prnl.* Hacer que un cuerpo cambie de lugar o posición. ▶ *tr.* Agitar, menear. — Originar. — Inducir a hacer algo.

**móvil** *adj.* Que puede moverse o ser movido. ▶ *m.* Circunstancia que motiva un hecho: *el ~ de un crimen.* ▶ *m./adj.* Teléfono portátil.

**movilizar** *tr.* Poner en actividad tropas, capitales, etc.

**movimiento** *m.* Acción de mover o moverse o ser movido: ~ *horizontal.* — Circulación, agitación o tráfico de muchas personas o cosas: ~ *nocturno.* — Conjunto de manifestaciones artísticas o ideológicas con características en común: *el ~ romántico.* — MÚS. Velocidad del tiempo.

**mozalbete** *m.* Joven de poca edad.

**mozárabe** *adj./m. y f.* Se dice del cristiano que vivía en los territorios musulmanes de la península Ibérica. ▶ *m./adj.* Lengua romance hablada por esta población.

**mozo, za** *adj./m. y f.* Joven. ▶ *m. y f.* Persona que trabaja en tareas modestas.

**mucamo, ma** *m. y f.* Amér. Merid. Criado, servidor. — Argent. Persona encargada de la limpieza en hospitales y hoteles.

**muchacho, cha** *m. y f.* Adolescente, joven.

**muchedumbre** *f.* Conjunto o grupo numeroso de personas.

**mucho, cha** *adj./pron.* Que abunda en número o intensidad: ~ *comida.* ▶ *adv.* En gran cantidad: *llovió ~.* — Largo tiempo: *tardó ~ en volver.* — Por mucho que, aunque.

**mucílago** o **mucilago** *m.* Sustancia viscosa de algunos vegetales.

**mucosa** *f.* Membrana que segrega una especie de moco.

**mucoso, sa** *adj.* Semejante al moco.

**muda** *f.* Acción y efecto de mudar o cambiar. — Juego de ropa interior.

**mudanza** *f.* Cambio de una vivienda a otra.

**múcura** *adj.* Colomb. Tonto. ▸ *f.* Bol., Colomb. y Venez. Ánfora de barro para transportar agua y conservarla fresca.

**mudar** *tr. e intr.* Cambiar el aspecto, el estado, etc. — Renovar los animales la piel, el pelo o las plumas. — Cambiar una persona sus ideas o su actitud. ▸ *prnl.* Cambiarse de ropa. — Trasladar la residencia a otra casa o lugar.

**mudéjar** *adj./m. y f.* Relativo a la población musulmana que vivía en los reinos cristianos de la península Ibérica. ▸ *adj.* Se dice de un estilo arquitéctonico, con influencias árabes, que floreció en la península Ibérica entre los ss. XIII y XV.

**mudo, da** *adj./m. y f.* Privado de la facultad de hablar. ▸ *adj.* Que no tiene voz o sonido. — Que está callado o muy silencioso. — LING. Se dice de la letra que no se pronuncia.

**mueble** *adj./m.* Se dice de los bienes que se pueden trasladar. ▸ *m.* Objeto móvil que adorna y equipa un lugar.

**mueca** *f.* Gesto muy expresivo del rostro.

**muela** *f.* Cada uno de los dientes situado en la parte posterior de las mandíbulas, tras los caminos. — Piedra para moler o para afilar.

**muelle** *m.* Pieza elástica en espiral. — Construcción a orillas del mar o de un río para operaciones de carga y descarga.

**muermo** *m.* Enfermedad contagiosa de las caballerías. — Fam. Aburrimiento, tedio.

**muerte** *f.* Final de la vida. — Acto de matar.

**muerto, ta** *adj./m. y f.* Sin vida. ▸ *adj.* Inactivo, apagado. ▸ *m.* Trabajo o cosa molesta.

**muesca** *f.* Concavidad de una cosa para encajar otra. — Incisión o corte hecho como señal.

**muestra** *f.* Parte de un conjunto representativo del mismo. — Prueba, señal: ~ *de cariño*. — Modelo que se copia.

**mugido** *m.* Voz de las reses vacunas.

**mugre** *f.* Suciedad grasienta.

**mujer** *f.* Persona del sexo femenino. — Esposa.

**mujeriego, ga** *adj./m.* Se dice del hombre muy aficionado a las mujeres.

**mújol** *m.* Pez muy apreciado por su carne y sus huevas.

**mula** *f.* Hembra del mulo.

**muladar** *m.* Sitio donde se tira el estiércol o la basura.

**mulato, ta** *adj./m. y f.* Que es hijo de blanco y negra o viceversa.

**muleta** *f.* Bastón largo de metal o madera para ayudarse al andar. — Paño rojo usado para torear al toro.

**muletilla** *f.* Expresión que se repite con frecuencia.

**mullir** *tr.* Ahuecar algo para que esté blando y esponjoso.

**mulo, la** *m. y f.* Mamífero híbrido resultante del cruce de caballo y asno.

**multa** *f.* Sanción económica que se impone por haber cometido una infracción, delito, etc.

**multicopista** *adj./f.* Se dice de la máquina que reproduce copias de un escrito, dibujo, etc.

**multígrafo** *adj./m.* Méx. y Venez. Multicopista.

**multimedia** *adj./m.* Se dice de la tecnología o aparato que utiliza distintos medios de comunicación combinados.

**multinacional** *adj./f.* Se dice de la empresa cuyas actividades se extienden a varios países.

**multíparo, ra** *adj.* ZOOL. Que pare varios hijos en un solo parto. — Se dice de la mujer que ha tenido más de un parto.

**múltiple** *adj.* Que no es uno ni simple.

**multiplicación** *f.* Acción y efecto de multiplicar. — MAT. Operación aritmética que consiste en sumar de forma directa y abreviada un número, tantas veces como indica otro.

**multiplicador** *m.* MAT. Factor que en una multiplicación indica las veces que se debe tomar el multiplicando.

**multiplicando** *m.* MAT. Factor que en una multiplicación debe tomarse como sumando tantas veces como indique el multiplicador.

**multiplicar** *tr. y prnl.* Aumentar el número de algo varias veces. ▸ *tr.* MAT. Efectuar una multiplicación. ▸ *prnl.* Reproducirse los seres vivos.

**múltiplo, pla** *adj./m.* MAT. Se dice del número que contiene a otro dos o más veces exactamente.

**multitud** *f.* Gran número de personas o cosas. — Gente.

**mundanal** *adj.* Relativo al mundo terrenal.

**mundano, na** *adj.* Mundanal: *placeres mundanos.* — Relativo a la alta sociedad.

**mundial** *adj.* Relativo al mundo entero. ▸ *m.* Competición deportiva en la que participan representantes de muchos países.

**mundo** *m.* Conjunto de todo lo que existe. — La Tierra como planeta. — Parte en que se divide lo que existe: ~ *de las ideas.* — No ser nada del otro mundo (Fam.), ser una cosa común o normal. — Venir al mundo, nacer.

**munición** *f.* Carga de un arma de fuego.

**municipal** *adj.* Relativo al municipio. ▸ *adj./m.* Se dice del cuerpo de policía dependiente de un ayuntamiento.

**municipio** *m.* División administrativa regida por un ayuntamiento. — Ayuntamiento.

**munido, da** *adj.* Argent. y Chile. Provisto.

**muñeca** *f.* Parte del brazo donde la mano se articula con el antebrazo.

**muñeco, ca** *m. y f.* Juguete que tiene forma humana.

**muñeira** *f.* Danza popular de Galicia.

**muñón** *m.* Parte de un miembro amputado que permanece en el cuerpo.

**mural** *adj./m.* Se dice de la pintura hecha o colocada sobre un muro o pared.

**muralla** *f.* Muro defensivo.

**murciélago** *m.* Mamífero volador de costumbres nocturnas.

**murga** *f.* Compañía de músicos callejeros. — Fam. Cosa que fastidia: *dar la* ~.

**murmullo** *m.* Ruido continuo, suave y confuso.

**murmurar** *tr. e intr.* Hablar entre dientes. ▶ *intr.* Hablar mal de alguien.

**muro** *m.* Pared o tapia gruesa.

**mus** *m.* Juego de naipes que se practica entre dos parejas.

**musa** *f.* Inspiración de un poeta o artista. — Deidad de la mitología griega que protegía las ciencias o las artes. ▶ *pl.* Conjunto de las ciencias y las artes humanísticas.

**musaraña** *f.* Mamífero insectívoro muy pequeño y voraz.

**musculatura** *f.* Conjunto de los músculos del cuerpo.

**músculo** *m.* Órgano formado por tejido elástico que sirve para producir el movimiento de las diferentes partes del cuerpo.

**muselina** *f.* Tela muy fina y transparente.

**museo** *m.* Lugar donde se guardan objetos científicos o artísticos para su estudio y exposición al público.

**musgo** *adj./m.* Relativo a un tipo de plantas de tallos cortos y apretados, que forman una especie de alfombra.

**música** *f.* Arte de combinar los sonidos para producir un efecto expresivo o estético. — Conjunto de sonidos sucesivos combinados según este arte.

**músico, ca** *adj.* Relativo a la música. ▶ *m. y f.* Persona que compone música o toca un instrumento.

**musitar** *tr. e intr.* Hablar muy bajo.

**muslo** *m.* Parte de la pierna desde la cadera hasta la rodilla.

**mustio, tia** *adj.* Se dice de las plantas o flores de aspecto ajado. — Que está triste y melancólico.

**musulmán, na** *adj./m. y f.* Que profesa la religión de Mahoma. ▶ *adj.* Relativo al islamismo.

**mutación** *f.* Acción y efecto de mutar. — BIOL. Alteración genética en el conjunto de caracteres hereditarios de un ser vivo.

**mutar** *tr. y prnl.* Mudar, transformar.

**mutilar** *tr. y prnl.* Cortar un miembro o una parte del cuerpo. — Quitar o suprimir una parte de una cosa.

**mutis** *m.* Acción de retirarse de cualquier lugar.

**mutismo** *m.* Silencio voluntario o impuesto.

**mutro, tra** *adj.* Chile. Que pronuncia mal o es tartamudo. — Chile. Mudo. — ► *m. y f.* Chile. Individuo que no habla español.

**mutua** *f.* Mutualidad.

**mutualidad** *f.* Asociación de personas que pagan una cantidad de dinero destinada a ayudarse mutuamente.

**mutualismo** *m.* BIOL. Asociación entre individuos de especies diferentes, en que ambas partes resultan beneficiadas.

**mutuo, tua** *adj.* Que se intercambia entre dos o más personas o cosas de forma respectiva.

**muy** *adv.* Marca la intensidad de un adjetivo o de un adverbio llevada a su más alto grado: *muy bueno; muy mal.*

**n** *f.* Decimosexta letra del abecedario.

**nabo** *m.* Planta anual, de raíz blanca y comestible. — Vulg. Pene.

**nácar** *m.* Sustancia blanca y dura que se forma en el interior de la concha de los moluscos.

**nacarado, da** *adj.* Parecido al nácar. — Adornado con nácar.

**nacer** *intr.* Salir un ser vivo del vientre de la madre si es vivíparo, de un huevo si es ovíparo o de una semilla si es un vegetal. — Tener principio: *el Ebro nace en Fontibre.* — Aparecer un cuerpo celeste por el horizonte: *al ~ el Sol.*

**naciente** *adj.* Que está naciendo. ▸ *m.* Este, punto cardinal.

**nacimiento** *m.* Acción y efecto de nacer. — Origen, principio.

**nación** *f.* Conjunto de habitantes de un país, que se rigenregidos por una misma estructura política. — Territorio de este país.

**nacionalidad** *f.* Condición de pertenecer a una nación.

**nacionalismo** *m.* Apego explícito a la propia nación. — Tendencia política que defiende la reafirmación de la personalidad de un pueblo y su derecho a una nacionalidad.

**nacionalizar** *tr. y prnl.* Conceder la nacionalidad. — Hacer que determinados bienes pasen a manos del estado.

**nacionalsocialismo** *m.* Doctrina nacionalista establecida por Hitler, basada en la supremacía de la raza germánica.

**naco** *m.* Amér. Central y Amér. Merid. Hoja larga de tabaco arrollada. — Colomb. Puré de patata.

**nada** *pron.* Ninguna cosa: *no hay ~.* ▸ *adv.* En absoluto: *no me gusta ~.* ▸ *f.* El no ser. — De nada, expresión usada para responder a quien da las gracias.

**nadar** *intr.* Sostenerse y avanzar dentro del agua.

**nadería** *f.* Cosa baladípoco importante.

**nadie** *pron.* Ninguna persona: *no había ~.*

**nadir** *m.* ASTRON. Punto de la esfera celeste opuesto al cenit.

**nafta** *f.* Líquido volátil e inflamable obtenido del petróleo. — Argent. y Urug. Gasolina.

**naftalina** *f.* Hidrocarburo sólido usado contra la polilla.

**nahua** o **náhuatl** *adj./m. y f.* De un pueblo amerindio de México y Centroamérica. ▸ *m./adj.* Lengua hablada por este pueblo.

**náhuatl** *m.* Dialecto nahua hablado en México.

**nailon** *m.* Material sintético con el que se fabrican tejidos.

**naipe** *m.* Cartulina rectangular que con otras forma una baraja.

**nalga** *f.* Cada una de las dos partes carnosas situadas entre la espalda y el extremo superior del muslo.

**nana** *f.* Canción para dormir a los niños. — Nodriza. — Amér. Central. Madre. — Amér. Central, Méx. y Venez. Niñera, nodriza. — Argent., Chile, Par. y Urug. En lenguaje infantil, pupa. ▸ *pl.* Amér. Merid. Conjunto de achaques y dolencias sin importancia, en especial las de la vejez.

**nao** *f.* Nave, embarcación.

**napalm** *m.* Gel inflamable usado en bombas incendiarias.

**naranja** *adj./m.* Se dice del color parecido al de la naranja. ▸ *adj.* De color naranja. ▸ *f.* Fruto del naranjo.

**naranjo** *m.* Árbol perenne de flores blancas y olorosas, cuyo fruto es la naranja.

**narciso** *m.* Persona muy preocupada de su aspecto. — Planta bulbosa, de flores blancas o amarillas. — Flor de esta planta.

**narcótico, ca** *adj./m.* Se dice de la sustancia que provoca sueño y pérdida de la sensibilidad y de la conciencia.

**narcotráfico** *m.* Tráfico ilegal de drogas o narcóticos.

**nardo** *m.* Planta herbácea de flores blancas. — Flor de esta planta.

**narigudo, da** *adj./m. y f.* De gran nariz.

**nariz** *f.* Parte de la cara, situada entre la boca y la frente, en la que reside el sentido del olfato. — Parte de los animales vertebrados que sirve para oler y tomar aire.

**narración** *f.* Acción de narrar. — Relato oral o escrito de una historia.

**narrar** *tr.* Relatar una historia.

**narrativa** *f.* Género literario en prosa que abarca la novela, el relato y el cuento.

**narrativo, va** *adj.* Relativo a la narración. ▸ *f.* Género literario en prosa que abarca la novela, el relato y el cuento.

**nasa** *f.* Cesta cilíndrica usada para pescar.

**nasal** *adj.* Relativo a la nariz. ▸ *adj.* LING. Se dice del sonido en cuya articulación el aire aspirado pasa por la nariz, como el que representan *m, n* o *ñ*.

**nassauense** *adj./m. y f.* De Nassau.

**nata** *f.* Sustancia cremosa que se forma en la superficie de la leche. — Crema blanca y dulce que se hace mezclando y batiendo esta sustancia con azúcar.— Lo mejor: *la flor y ~ de la sociedad.*

**natación** *f.* Deporte o ejercicio que consiste en nadar.

**natal** *adj.* Relativo al nacimiento.

**natalicio, cia** *adj.* Relativo al día del nacimiento.

**natalidad** *f.* Número de nacimientos en un lugar y tiempo determinados.

**natillas** *f. pl.* Crema elaborada con huevos, leche y azúcar.

**natividad** *f.* Nacimiento de Jesucristo, la Virgen o san Juan.

**nativo, va** *adj.* Relativo al lugar de nacimiento. ▸ *adj./m. y f.* Nacido en el lugar de que se trata: *profesor de inglés ~.*

**nato, ta** *adj.* Que se tiene de nacimiento. — Se dice de los títulos o cargos inseparables de la persona que los desempeña.

**natural** *adj.* Relativo a la naturaleza. — Intrínseco a la naturaleza de un ser: *bondad ~.* — Predecible, lógico o razonable. — No forzado. ▸ *adj./m. y f.* Originario de un país, región o provincia. ▸ *m.* Manera de ser. — **Número natural** (MAT.), cada uno de los números enteros positivos.

**naturaleza** *f.* Conjunto de los seres y cosas que forman el universo y en los que no ha intervenido el ser humano. — Conjunto de caracteres fundamentales propios de un ser o de una cosa.

**naturalidad** *f.* Cualidad de natural. — Espontaneidad, sencillez.

**naturalismo** *m.* Tendencia a reflejar la realidad tal como es.

**naufragar** *intr.* Hundirse un barco en el agua. — Fracasar.

**náusea** *f.* Ansia de vomitar. — Repugnancia, asco.

**náutica** *f.* Técnica y arte de navegar.

**náutico, ca** *adj.* Relativo a la navegación. ▸ *f.* Técnica y arte de navegar.

**navaja** *f.* Cuchillo plegable.—Molusco de cuerpo alargado.

**naval** *adj.* Relativo a las naves o a la navegación.

**nave** *f.* Embarcación. — Vehículo espacial.

**navegar** *intr.* Viajar en una nave. — Trasladarse luna nave. — Desplazarse de una página o documento a otro en una red informática, como Internet.

**navidad** *f.* Fiesta de la natividad de Jesucristo.

**naviero, ra** *adj.* Naval. ▸ *adj./m. y f.* Propietario de barcos. ▸ *adj./f.* Ese dice de la empresa que posee barcos.

**navío** *m.* Embarcación de grandes dimensiones.

**nazareno, na** *adj./m. y f.* De Nazaret.

**nazarí** *adj./m. y f.* De una dinastía musulmana que reinó en Granada desde el s. XIII al XV.

**nazismo** *m.* Nacionalsocialismo.

**neblina** *f.* Niebla ligera.

**neblinear** *impers.* Chile. Lloviznar.

**nebulosa** *f.* ASTRON. Gran masa celeste formada por materia cósmica.

**necesario, ria** *adj.* Que no puede dejar de ser o suceder.

**neceser** *m.* Caja o estuche con los objetos de aseo o costura.

**necesidad** *f.* Todo lo que es necesario para alguien o algo. — Hecho de ser necesaria una cosa. — Escasez o pobreza.

**necesitar** *tr. e intr.* Tener necesidad.

**necio, cia** *adj./m. y f.* Tonto, ignorante. ▸ *adj.* Se dice de la acción o expresión torpe o imprudente.

**nécora** *f.* Cangrejo de mar de caparazón de color rojo.

**necrofagia** *f.* Acción de alimentarse de cadáveres o carroña.

**necrofilia** *f.* Atracción sexual hacia los cadáveres.

**necrología** *f.* Biografía de una persona muerta recientemente. — Lista de personas muertas. — Noticia de la muerte de alguien.

**necrópolis** *f.* Cementerio.

**néctar** *m.* Jugo que contienen ciertas flores. — Licor delicioso de los dioses de la antigüedad.

**nectario** *m.* BOT. Órgano glandular productor del néctar.

**neerlandés, sa** *adj./m. y f.* Holandés, de los Países Bajos. ▸ *m./ adj.* Lengua germánica hablada en los Países Bajos.

**nefando, da** *adj.* Que repugna u horroriza moralmente.

**nefasto, ta** *adj.* Que causa desgracia: *día* ~. — De mala calidad.

**nefrología** *f.* Rama Parte de la medicina que se ocupa destudia el riñón.

**negación** *f.* Acción y efecto de negar.

**negado, da** *adj./m. y f.* Inepto.

**negar** *tr.* Decir que algo no existe o no es verdad. — No conceder lo que se pide. ▸ *prnl.* No querer hacer una cosa.

**negativa** *f.* Rechazo, oposición o respuesta negativa.

**negativo, va** *adj.* Que expresa una negación. — FÍS. Se dice del polo que posee menor potencial eléctrico. — MAT. Se dice de los números reales menores de cero. ▸ *m.* Primera imagen fotográfica que se obtiene. ▸ *f.* Palabra o gesto con que se niega.

**negligencia** *f.* Falta de cuidado.

**negociado** *m.* Sección de ciertas organizaciones administrativas. — Amér. Merid. Negocio de importancia, ilícito y escandaloso.

**negociar** *tr. e intr.* Tratar asuntos para llegar a un acuerdo. ▸ *intr.* Comprar o vender algo para obtener ganancias.

**negocio** *m.* Cualquier operación de la que se espera un beneficio. — Local comercial.

**negra** *f.* MÚS. Figura que equivale a la mitad de una blanca.

**negrero, ra** *adj./m. y f.* Que comerciaba con esclavos negros. — Que explota a sus subordinados o los trata de manera cruel.

**negro, gra** *adj./m.* Se dice del color totalmente oscuro. ▸ *adj.* De color negro. — Triste, desafortunado. — Se dice del cine o novela que pertenece al género policiaco. ▸ *adj./m. y f.* Que pertenece a una raza humana caracterizada por el color oscuro de la piel. ▸ *m. y f.* Persona que trabaja para que otra se atribuya los méritos. ▸ *f.* MÚS. Figura que equivale a la mitad de una blanca.

**neme** *m.* Colomb. Betún o asfalto.

**nemotecnia** *f.* Mnemotecnia.

**nene, na** *m. y f.* Niño pequeño.

**nenúfar** *m.* Planta acuática de flores blancas.

**neocelandés, sa** *adj./m. y f.* Neozelandés.

**neoclasicismo** *m.* Corriente literaria y artística surgida a mediados del s. XVIII e inspirada en la Antigüedad grecolatina.

**neófito, ta** *m. y f.* Persona recién incorporada a un colectivo.

**neógeno, na** *adj./m.* GEOL. Se dice del segundo período del cenozoico.

**neolítico, ca** *adj./m.* Se dice del segundo período de la Edad de Piedra, que se caracteriza por el uso de la piedra pulimentada.

**neologismo** *m.* Palabra o sentido expresión nuevos en una lengua.

**neón** *m.* Gas noble existente en la atmósfera.

**neoyorquino, na** *adj./m. y f.* De Nueva York.

**neozelandés, sa** *adj./m. y f.* De Nueva Zelanda.

**neperiano, na** *adj.* Se dice del logaritmo que tiene como base el número e.

**nepotismo** *m.* Tendencia a favorecer en cargos, premios, etc., a familiares y conocidos.

**nervadura** *f.* Conjunto de nervios.

**nervio** *m.* Filamento compuesto por muchas fibras, que une diversos centros nerviosos y que es la vía de transmisión de los impulsos motores y sensitivos. — Haz fibroso en una hoja o ala de insecto. — Vigor. — ARQ. Moldura saliente del interior de una bóveda. ▸ *pl.* Estado de excitación nerviosa o inquietud.

**nervioso, sa** *adj.* Relativo a los nervios. — Impetuoso, inquieto.

**neto, ta** *adj.* Exento de deducciones: *salario ~.* — Claro, bien definido.

**neumático** *m.* Parte de la rueda que rodea la llanta.

**neumología** *f.* Parte de la medicina que estudia los pulmones.

**neumonía** *f.* Pulmonía.

**neura** *f.* Fam. Manía u obsesión.

▸ *adj./m. y f.* Fam. Se dice de la persona que está nerviosa o alterada.

**neuralgia** *f.* Dolor en un nervio.

**neurastenia** *f.* MED. Debilidad nerviosa.

**neurología** *f.* Rama Parte de la medicina que se ocupa destudia el sistema nervioso.

**neurona** *f.* Célula nerviosa.

**neurosis** *f.* Enfermedad mental que consiste en un trastorno nervioso.

**neutral** *adj./m. y f.* Que no toma partido.

**neutralizar** *tr. y prnl.* Hacer neutro o neutral. — Debilitar o anular el efecto de una acción con otra opuesta.

**neutro, tra** *adj.* Que no presenta ni uno ni otro de dos caracteres opuestos. — Se dice de la sustancia o compuesto químico que no es ácido ni básico. — LING. Se dice del género que no es ni masculino ni femenino.

**neutrón** *m.* FÍS. Partícula eléctricamente neutra que, con los protones, constituye el núcleo del átomo.

**nevada** *f.* Cantidad de nieve caída de una vez.

**nevado, da** *adj.* Cubierto de nieve. ▸ *m.* Amér. Cumbre o área montañosa cubierta por nieves perpetuas. ▸ *f.* Cantidad de nieve caída de una vez.

**nevar** *impers.* Caer nieve.

**nevazón** *f.* Argent., Chile y Ecuad. Temporal de nieve.

**nevera** *f.* Frigorífico, refrigerador.

**newton** *m.* FÍS. Unidad de fuerza en el Sistema Internacional.

**nexo** *m.* Nudo, unión.

**ni** *conj.* Enlaza palabras o frases indicando negación: *ni Juan ni Pedro han estado aquí.*

**nicaragüense** *adj./m. y f.* De Nicaragua.

**nicho** *m.* Concavidad construida en un muro para colocar cadáveres.

**nicotina** *f.* Alcaloide presente en las hojas del tabaco.

**nido** *m.* Construcción que hacen las aves para poner sus huevos.

**niebla** *f.* Suspensión espesa de partículas de agua Nube que reposan sobre la superficie terrestre.

**nieto, ta** *m. y f.* Respecto de una persona, hijo de un hijo suyo.

**nieve** *f.* Precipitación de hielo, que cae en forma de copos. — Vulg. Cocaína. — Cuba, Méx. y P. Rico. Polo, sorbete helado.

**nigromancia** o **nigromancía** *f.* Invocación a los muertos para conocer el futuro. — Fam. Magia negra.

**nihilismo** *m.* Negación de toda creencia.

**nilón** *m.* Nailon.

**nimbo** *m.* Círculo luminoso que rodea la cabeza de las imágenes religiosas. — Círculo que aparece alrededor de un astro.

**nimio, mia** *adj.* Insignificante.

**ninfa** *f.* Deidad femenina de las aguas, bosques, etc. — ZOOL. En los insectos, estadio transitorio entre la larva y el imago.

**ninfomanía** *f.* Deseo sexual exagerado en la mujer.

**ningún** *adj.* Apóc. de ninguno.

**ninguno, na** *adj./pron.* Ni uno solo de lo que se expresa: ~ *protestó.*

**niña** *f.* Pupila del ojo.

**niñero, ra** *m. y f.* Persona encargada en una casa del cuidado de los niños.

**niñez** *f.* Período de la vida, desde la infancia a la pubertad.

**niño, ña** *m. y f./adj.* Persona en la etapa de la niñez. — Persona infantil. — Amér. Tratamiento dado a personas de mayor consideración social, especialmente a los solteros. ▸ *f.* Pupila del ojo.

**nipón, na** *adj./m. y f.* De Japón.

**níquel** *m.* Metal blanco grisáceo, brillante, maleable y dúctil.

**nirvana** *m.* En el budismo, estado de beatitud caracterizado por la ausencia de dolor y la posesión de la verdad.

**níscalo** *m.* Hongo comestible que crece en los pinares, de color rojizo.

**níspero** *m.* Árbol de tronco delgado, de fruto comestible. — Fruto de este árbol. — Amér. Central y Amér. Merid. Zapote, árbol. — Amér. Central y Amér. Merid. Fruto de este árbol.

**nítido, da** *adj.* Limpio, claro. — Que no presenta confusión.

**nitrato** *m.* Sal o éster del ácido nítrico. — **Nitrato de Chile,** compuesto que se usa como abono natural.

**nítrico, ca** *adj.* Relativo al nitro. — Relativo al nitrógeno. — Ácido nítrico (QUÍM.), compuesto oxigenado derivado del nitrógeno.

**nitro** *m.* Nitrato de potasio.

**nitrógeno** *m.* Elemento químico no metálico, gaseoso, incoloro, inodoro e insípido.

**nitroglicerina** *f.* Líquido explosivo componente de la dinamita.

**nivel** *m.* Altura o grado a la que llega o en que está una persona o cosa. — Aparato para comprobar la horizontalidad o verticalidad de un plano. — Estado de un plano horizontal. — Piso o planta de una construcción.

**nivelar** *tr.* Poner un plano en posición horizontal. — Verificar con un nivel. ▸ *tr. y prnl.* Poner a un mismo nivel, grado o altura: ~ *la balanza de pagos.*

**níveo, a** *adj.* De nieve o semejante a ella.

**nixtamal** *m.* Amér. Central y Méx. Maíz preparado para hacer tortillas.

**no** *adv.* Expresa la idea de negación, y se opone a *sí.* — Antepuesto a sustantivos y adjetivos, expresa el significado opuesto de lo que expresa la palabra a la que acompaña. — Se usa en frases interrogativas para expresar duda o extrañeza, o para pedir la confirmación de algo: *de acuerdo, ¿no?* ► *m.* Negación.

**nobiliario, ria** *adj.* Relativo a la nobleza.

**noble** *adj.* De sentimientos elevados. — Se dice del animal que es fiel a las personas. — Que tiene gran calidad o valor. de algunos materiales muy finos. — QUÍM. Se dice de las sustancias que no reaccionan con otras, y permanecen inalterables. ► *adj./m. y f.* Se dice de la persona que goza de ciertos títulos.

**nobleza** *f.* Cualidad de noble, magnánimo. — Conjunto de nobles de un paísterritorio.

**noche** *f.* Tiempo entre la puesta y la salida del Sol.

**nochebuena** *f.* Noche de la vigilia de Navidad.

**nochevieja** *f.* Última noche del año.

**noción** *f.* Conocimiento o idea de algo.

**nocivo, va** *adj.* Perjudicial.

**noctámbulo, la** *adj./m. y f.* Que acostumbra a salir desarrollar sus actividades principales de noche.

**nocturno, na** *adj.* Relativo a la noche. — Se dice de las flores que se abren durante la noche. — Se dice y del los animales que desarrollan su actividad por la noche.

**nodriza** *f.* Ama de cría. — Vehículo que abastece a otros vehículos.

**nódulo** *m.* Concreción de poco tamaño. — MED. Acumulación de células que origina un bulto pequeño.

**nogal** *m.* Árbol de gran tamaño, cuyo fruto es la nuez.

**nómada** *adj./m. y f.* Que no tiene una residencia fija.

**nombradía** *f.* Reputación, fama.

**nombrar** *tr.* Decir el nombre de una persona o cosa. — Elegir a uno para un cargo o empleo.

**nombre** *m.* Palabra o conjunto de palabras que sirven para designar una persona o cosa. — Fama, reputación. — Sustantivo.

**nomenclatura** *f.* Conjunto de las voces técnicas de una ciencia.

**nómina** *f.* Relación de las personas que reciben un sueldo en una empresa. — Salario que recibe un trabajador.

**nominal** *adj.* Relativo al nombre. — Se dice del valor o cargo que solo existe de nombre. — Se dice del sintagma que tiene como núcleo un sustantivo.

**nominar** *tr.* Nombrar. — Proponer a una persona como candidata para un posible cargo o premio.

**nominativo, va** *adj.* Que ha de llevar el nombre de su propietario. ► *m.* LING. Caso de la declinación que expresa la función del sujeto y de su atributo.

**nomo** *m.* Gnomo.

**non** *adj./m.* Impar. ▸ *m. pl.* Fam. Negación repetida de una cosa.

**nonagésimo, ma** *adj./m. y f.* Que corresponde en orden al número noventa.

**nono, na** *adj.* Noveno. ▸ *m. y f.* Argent. y Urug. Abuelo.

**nordeste** *m.* Noreste.

**nórdico, ca** *adj./m. y f.* Del norte de Europa. ▸ *m.* Grupo de lenguas del grupo germano septentrional.

**noreste** *m.* Punto del horizonte situado entre el norte y el este.

**noria** *f.* Máquina y conjunto de instalaciones para elevar agua. — En ferias y parques de atracciones, atracción de feria consistente en una gran rueda que gira con cabinas para las personas.

**norma** *f.* Regla que se debe seguir. — DER. Precepto jurídico.

**normal** *adj.* Que se halla en su estado natural. — Corriente, ordinario. ▸ MAT. Recta, perpendicular.

**normalizar** *tr.* Hacer que algo sea normal. — Fijar Hacer que algo se ajuste a una normas.

**normando, da** *adj./m. y f.* De Normandía, región de Francia.

**normativa** *f.* Conjunto de normas aplicables a una determinada materia o actividad.

**normativo, va** *adj.* Que sirve de norma. ▸ *f.* Conjunto de nor-

mas aplicables a una determinada materia o actividad.

**noroeste** *m.* Punto del horizonte situado entre el norte y el oeste.

**norte** *m.* Punto cardinal opuesto al sur. — Meta, fin.

**norteamericano, na** *adj./m. y f.* De América del Norte. — Estadounidense.

**noruego, ga** *adj./m. y f.* De Noruega.

**nos** *pron. pers. masc. y fem. de 1.ª persona pl.* Funciona como complemento directo e indirecto.

**nosotros, tras** *pron. pers. de 1.ª persona pl.* Funciona como sujeto o como complemento con preposición.

**nostalgia** *f.* Tristeza que acompaña al recuerdo de épocas, personas o lugares queridos.

**nosticismo** *m.* Gnosticismo.

**nota** *f.* Escrito breve para recordar o comentar algo. — Puntuación dada sobre un trabajo. — Factura de un establecimiento de hostelería. — Calificación de un examen o prueba. — MÚS. Cada uno de los siete sonidos de la escala musical.

**notable** *adj.* Importante. ▸ *m.* Calificación inferior al sobresaliente y superior al aprobado.

**notar** *tr.* Ver, advertir. ▸ *prnl.* Percibir una sensación eptible.

**notario, ria** *m. y f.* Funcionario público que da fe de los contratos, testamentos y otros actos.

**noticia** *f.* Información sobre un

acontecimiento reciente. — Información, conocimiento o idea de una cosa.

**noticiario** *m.* Programa de radio o de televisión en que se transmiten noticias.

**noticioso** *m.* Amér. Central y Amér. Merid. Noticiario.

**notificar** *tr.* Comunicar formalmente una noticia o conclusión.

**notorio, ria** *adj.* Evidente, manifiesto. — Conocido, famoso.

**novatada** *f.* Broma que en una colectividad hacen los compañeros antiguos a los un novatos.

**novato, ta** *adj./m. y f.* Nuevo o principiante.

**novecientos, tas** *adj./m.* Nueve veces ciento. ▶ *adj./m. y f.* Que corresponde en orden al número novecientos.

**novedad** *f.* Cualidad de nuevo. — Cosa nueva. — Cambio en la moda. — Noticia.

**novel** *adj./m. y f.* Principiante.

**novela** *f.* Obra literaria extensa en prosa y de carácter narrativo.

**novelista** *m. y f.* Autor de novelas.

**noveno, na** *adj./m. y f.* Que corresponde en orden al número nueve. ▶ *adj./m.* Se dice de cada una de las nueve partes iguales en que se divide un todo.

**noventa** *adj./m.* Nueve veces diez. ▶ *adj./m. y f.* Nonagésimo.

**novicio, cia** *m. y f.* Persona que se prepara para entrar en una orden religiosa pero todavía no ha hecho los votos. ▶ *adj./m. y f.* Se dice de la persona que se inicia en un arte u oficio.

**noviembre** *m.* Undécimo mes del año.

**novillero, ra** *m. y f.* Persona que lidia novillos.

**novillo, lla** *m. y f.* Toro o vaca de entre dos o y tres años. — Hacer novillos (Fam.), faltar a clase o a un lugar donde se ha de cumplir una obligación.

**novilunio** *m.* Conjunción de la Luna con el Sol.

**novio, via** *m. y f.* Persona respecto a otra con la que mantiene relaciones amorosas con otra, especialmente con intención de casarse o vivir en pareja.

**nube** *f.* Masa de vapor de agua suspendida en la atmósfera.

**nublar** *tr. y prnl.* Cubrirse el cielo de nubes. — Enturbiar la vista. — Enturbiar la razón.

**nuca** *f.* Parte posterior del cuello.

**nuclear** *adj.* Relativo al núcleo, especialmente al del átomo.

**nucleico** *adj.* Se dice de ácido que constituye el núcleo fundamental de la célula.

**núcleo** *m.* Parte central o fundamental de una cosa. — BIOL. Corpúsculo esencial de la célula. — FÍS. Parte central del átomo, formada por protones y neutrones. — LING. Elemento principal en un sintagma o grupo de palabras.

**nucléolo** o **nucleolo** *m.* BIOL.

Cuerpo esférico que se encuentra en el interior del núcleo de las células.

**nudillo** *m.* Articulación de las falanges de los dedos.

**nudismo** *m.* Actividad y práctica que consiste en prescindir de las prendas de vestir e ir desnudo.

**nudo** *m.* Entrelazamiento de uno o más hilos, cuerdas, etc. — Vínculo, lazo. —BOT. Parte abultada del tronco o tallo de una planta de donde salen las ramas y hojas. — MAR. Unidad de velocidad equivalente a una milla marina por hora.

**nuera** *f.* Esposa del hijo, respecto de los padres de este.

**nuestro, tra** *adj. pos./pron. pos.* Indica posesión de o pertenencia a la 1.ª persona del *pl.*

**nueva** *f.* Noticia reciente.

**nueve** *adj./m.* Ocho y uno. ▸ *adj./m. y f.* Noveno.

**nuevo, va** *adj.* Recién hecho, aparecido o conocido. — Que se suma o sustituye a lo de su misma clase. — Poco o nada usado. — Otro, distinto. ▸ *f.* Noticia reciente. — De nuevo, otra vez.

**nuez** *f.* Fruto del nogal. — ANAT. Prominencia que forma la laringe en la garganta.

**nulo, la** *adj.* Que no tiene validez legal. — Incapaz, inepto.

**numantino, na** *adj./m. y f.* De Numancia, antigua ciudad española. ▸ *adj.* Que resiste muy bien un ataque o presión.

**numeración** *f.* Acción y efecto de numerar. — Forma de escribir los números y de enunciarlos.

**numerador** *m.* MAT. Término superior de una fracción que indica de cuántas partes de la unidad se compone dicha fracción.

**numeral** *adj.* Perteneciente o relativo al número. ▸ *adj./m.* Se dice del determinante o pronombre que indica cantidad, orden, partición o multiplicación.

**numerar** *tr.* Contar las cosas de una serie según el orden de los números. — Marcar con números.

**numérico, ca** *adj.* Relativo a los números: *cálculo* ~.

**número** *m.* Concepto matemático que expresa la relación existente entre la cantidad y la unidad. — Símbolo o expresión con que se representa este concepto. — Cantidad indeterminada. — Parte de un espectáculo. — Fascículo o cuaderno que aparece periódicamente y que forma parte de una serie. —LING. Categoría gramatical que permite la oposición entre el singular y el plural.

**numeroso, sa** *adj.* Que comprende gran número.

**numismática** *f.* Ciencia que estudia las monedas y medallas.

**nunca** *adv.* En ningún tiempo, ninguna vez.

**nuncio** *m.* Mensajero. — Representante del papa en un estado.

**nupcias** *f. pl.* Boda, casamiento.

**nutria** *f.* Mamífero carnívoro nadador, de pelaje pardo rojizo.

**nutrición** *f.* Acción y efecto de nutrir o nutrirse.

**nutrido, da** *adj.* Lleno, numeroso.

**nutriente** *adj.* Que nutre o alimenta.

**nutrir** *tr. y prnl.* Proporcionar a un organismo el alimento que necesita para vivir.

**nylon** *m.* Nailon.

**ñ** *f.* Decimoséptima letra del abecedario.

**ñame** *m.* Planta trepadora que forma un gran rizoma comestible.

**ñanco** *m.* Chile. Ave rapaz esbelta y robusta.

**ñandú** *m.* Ave corredora parecida al avestruz, pero con sólo tres dedos en cada pie.

**ñandutí** *m.* Amér. Merid. Encaje que imita la tela de araña.

**ñaño, ña** *adj.* Colomb. y Pan. Consentido, mimado. — Ecuad. y Perú. Unido por amistad íntima. ▸ *m. y f.* Argent. y Chile. Fam. Hermano, compañero. — Perú. Niño.

**ñapa** *f.* Amér. Central y Amér. Merid. Propina. — Amér. Central y Amér. Merid. Añadidura.

**ñata** *f.* Amér. Central y Amér. Merid. Nariz.

**ñato, ta** *adj.* Amér. Chato. ▸ *f.* Amér. Central y Amér. Merid. Nariz.

**ñire** *m.* Argent. y Chile. Árbol de gran altura, con flores solitarias y hojas aserradas.

**ñizca** *f.* Chile y Perú. Fam. Porción mínima de algo.

**ño, ña** *m. y f.* Amér. Central y Amér. Merid. Tratamiento vulgar de respeto por don y doña.

**ñoco, ca** *adj./m. y f.* Colomb., P. Rico, R. Dom. *y* Venez. Se dice de la persona a quien le falta un dedo o una mano.

**ñoño, ña** *adj.* Recatado, remilgado. — Sin gracia, soso.

**ñu** *m.* Antílope que habita en África del Sur.

**o** *f.* Decimoctava letra del abecedario. ▶ *conj.* Indica exclusión, alternativa o contraposición: *ser un buen o un mal estudiante.* — Indica equivalencia: *en la guerra o en la paz.* — Se usa entre dos números para delimitar de manera aproximada una cantidad: *15 o 20 días.*

**oasis** *m.* Paraje con agua y vegetación en medio del desierto. —Lugar o momento de descanso en medio de dificultades.

**obcecar** *tr. y prnl.* Cegar, ofuscar.

**obedecer** *tr.* Cumplir lo que otro manda. ▶ *intr.* Provenir.

**obelisco** *m.* Monolito de base cuadrangular, tallado con remate en forma de pirámide muy esbelta.

**obertura** *f.* MÚS. Pieza instrumental con que se inicia una ópera u otra composición musical.

**obeso, sa** *adj.* Se dice de la persona demasiado gruesa con gran exceso de grasa en el cuerpo.

**óbice** *m.* Inconveniente, obstáculo.

**obispo** *m.* Prelado que gobierna una diócesis.

**óbito** *m.* Fallecimiento.

**objeción** *f.* Inconveniente que se opone contra un plan o idea. — Objeción de conciencia, negación, por motivos religiosos o éticos, a prestar el servicio militar.

**objetar** *tr.* Poner objeciones.

**objetivo, va** *adj.* Relativo al objeto en sí. — Que no está determinado por sentimientos o intereses personales. ▶ *m.* Fin, propósito. — Lente de una cámara, un microscopio, etc., que se dirige hacia el objeto que se quiere fotografiar u observar. — Punto que se ha de atacar u ocupar militarmente.

**objeto** *m.* Cosa material y determinada. — Materia o asunto sobre el cual se piensa. — Motivo, finalidad. — Palabra o sintagma que complementa al verbo en una oración.

**oblación** *f.* Ofrenda de carácter religioso.

**oblea** *f.* Hoja muy fina, hecha de harina y agua.

**oblicuo, cua** *adj.* Que no es perpendicular ni paralelo a un plano o recta.

**obligación** *f.* Aquello que se está obligado a hacer. — Documento en el que se reconoce una deuda o se promete su pago.

**obligar** *tr.* Imponer como deber por medio de una ley, una orden, una norma, etc. — Hacer fuerza en una cosa para conseguir un efecto de ella. ▸ *prnl.* Comprometerse a cumplir una cosa.

**oblongo, ga** *adj.* Más largo que ancho.

**obnubilar** *tr. y prnl.* Ofuscar.

**oboe** *m.* Instrumento musical de viento, formado por un tubo cónico de madera con orificios y llaves.

**obra** *f.* Cosa producida por un agente. — Producto resultante de una actividad literaria o artística. — Edificio en construcción. — Reforma en un edificio.

**obraje** *m.* Manufactura. — *Amér.* Establecimiento de una explotación forestal. — *Méx.* Despacho público de carnes porcinas.

**obrar** *tr.* Hacer una cosa, trabajar en ella. ▸ *tr. e intr.* Causar efecto. ▸ *intr.* Comportarse de una manera determinada. — Existir una cosa en sitio determinado.

**obrero, ra** *m. y f.* Trabajador manual retribuido. ▸ *adj.* Relativo a los trabajadores.

**obsceno, na** *adj./m. y f.* Deshonesto, contrario al pudor.

**obscurecer** *tr.* Oscurecer.

**obscuro, ra** *adj.* Oscuro.

**obsequio** *m.* Cosa que se da o se hace para complacer a alguien.

**observación** *f.* Acción y efecto de observar. — Razón que se propone para rechazar, cambiar o mejorar una idea o propuesta.

**observancia** *f.* Cumplimiento exacto de lo que se manda.

**observar** *tr.* Examinar con atención. — Advertir. — Cumplir lo que se manda.

**observatorio** *m.* Lugar apropiado para hacer observaciones, especialmente astronómicas o meteorológicas.

**obsesión** *f.* Idea que no se puede alejar de la mente.

**obsoleto, ta** *adj.* Anticuado o caído en desuso.

**obstáculo** *m.* Aquello Cosa que dificulta o impide el paso. — o Cosa que impide o dificulta la realización o el desarrollo de algo.

**obstante** Palabra que se usa en la expresión **no obstante**, que significa 'sin que estorbe ni sea impedimento para algo'.

**obstetricia** *f.* Parte de la medicina que se ocupa de la gestación y del parto.

**obstinarse** *prnl.* Mantenerse firme en una resolución u opinión.

**obstruir** *tr. y prnl.* Estorbar el paso, cerrar un conducto. — Impedir o hacer difícil el desarrollo de una actividad.

**obtener** *tr.* Alcanzar, lograr. — Producir o sacar determinada cosa.

**obturar** *tr. y prnl.* Tapar o cerrar un orificio o conducto.

**obtusángulo** *adj.* MAT. Se dice del triángulo que tiene un ángulo obtuso.

**obtuso, sa** *adj.* Romo, sin punta. — Torpe, lento de comprensión. — MAT. Se dice del ángulo mayor que el recto.

**obús** *m.* Pieza de artillería corta, intermedia entre el cañón y el mortero. — Proyectil disparado por esta pieza.

**obvio, via** *adj.* Claro, evidente.

**oca** *f.* Ganso. — Juego de mesa formado por un tablero con casillas dispuestas en espiral, en las que la oca es la figura principal.

**ocasión** *f.* Tiempo o lugar al que se asocian determinadas circunstancias. — Oportunidad.

**ocasional** *adj.* Que sucede accidentalmente. — Que sucede en alguna ocasión.

**ocasionar** *tr.* Ser causa de algo.

**ocaso** *m.* Puesta del Sol por el horizonte. — Decadencia, declive. — Oeste, punto cardinal.

**occidente** *m.* Oeste. — Conjunto de los países con lenguas y cultura de origen europeos, o de influencia europea.

**occipital** *adj.* Relativo al occipucio. ▶ *adj./m.* Se dice del hueso

que forma la pared posterior e inferior del cráneo.

**occipucio** *m.* Parte posterior e inferior de la cabeza.

**occitano, na** *adj./m. y f.* De Occitania, conjunto de regiones situadas en el sur de Francia. ▶ *m./adj.* Lengua hablada en Occitania.

**océano** *m.* Extensión de agua salada que cubre unas tres cuartas partes de la superficie terrestre. ▶ Parte en que se considera dividida esta masa.

**oceanografía** *f.* Estudio de las aguas de los mares y de los fondos marinos.

**ocelo** *m.* Ojo simple de los artrópodos.

**ocelote** *m.* Mamífero félido, de pelo brillante con dibujos.

**ochenta** *adj./m.* Ocho veces diez. ▶ *adj./m. y f.* Octogésimo.

**ocho** *adj./m.* Siete y uno. ▶ *adj./ m. y f.* Octavo.

**ochocientos, tas** *adj./m.* Ocho veces ciento. ▶ *adj./m. y f.* Que corresponde en orden al número ochocientos.

**ocio** *m.* Estado de la persona inactiva. — Tiempo libre.

**ocluir** *tr. y prnl.* MED. Cerrar un conducto.

**oclusivo, va** *adj./f.* LING. Se dice del sonido consonántico que se pronuncia cerrando momentáneamente el paso del aire en la boca, como el que representan *p, t, k, b, d* y *g.*

**ocote** *m.* Guat. y Méx. Pino del que

existen distintas especies, de madera resinosa, usada como combustible.

**ocre** *adj./m.* Se dice del color amarillo oscuro. ▸ *adj.* De color ocre. ▸ *m.* Variedad de arcilla de este color.

**octaedro** *m.* MAT. Sólido de ocho caras.

**octágono** *m.* MAT. Polígono de ocho lados.

**octano** *m.* Hidrocarburo saturado líquido existente en el petróleo. — Porcentaje de este líquido en un carburante.

**octavilla** *f.* Octava parte de un pliego de papel. — Impreso de propaganda política o social.

**octavo, va** *adj./m. y f.* Que corresponde en orden al número ocho. ▸ *adj./m.* Se dice de cada una de las ocho partes iguales en que se divide un todo.

**octogésimo, ma** *adj./m. y f.* Que corresponde en orden al número ochenta.

**octógono** *m.* MAT. Octágono.

**octosílabo, ba** *adj./m.* Se dice del verso de ocho sílabas.

**octubre** *m.* Décimo mes del año.

**ocular** *adj.* Relativo al los ojos: *globo ~.*

**oculista** *m. y f.* Especialista en las enfermedades de los ojos. oftalmología.

**ocultar** *tr. y prnl.* Esconder, impedir que alguien o algo sea visto. ▸ *tr.* Callar intencionadamente alguna cosa.

**ocultismo** *m.* Estudio y práctica de fenómenos que no pueden ser demostrados científicamente.

**oculto, ta** *adj.* Que no se ve, no se nota o no se encuentra.

**ocupación** *f.* Acción y efecto de ocupar. — Trabajo, oficio.

**ocupar** *tr.* Tomar posesión. — Llenar un espacio o lugar. — Ejercer un empleo o cargo. — Proporcionar trabajo. ▸ *prnl.* Encargarse, cuidar.

**ocurrencia** *f.* Dicho agudo u original.

**ocurrir** *intr.* Suceder. ▸ *intr. y prnl.* Venir de pronto a la mente determinada idea.

**oda** *f.* Composición poética de tema lírico.

**odio** *m.* Sentimiento vivo de antipatía o aversión.

**odisea** *f.* Viaje o serie de sucesos penosos y molestos.

**odonato** *adj./m.* Relativo a un orden de insectos de larva acuática, como las libélulas.

**odontología** *f.* Parte de la medicina que se ocupa de los dientes y de su tratamiento.

**odre** *m.* Saco de cuero para contener líquidos.

**oeste** *m.* Punto cardinal por donde se pone el Sol.

**ofender** *tr.* Hacer o decir algo que moleste o demuestre falta de respeto. ▸ *prnl.* Sentirse despreciado, enfadarse.

**ofensa** *f.* Acción y efecto de ofender. — Aquello que ofende.

**ofensiva** *f.* Acción y efecto de atacar.

**ofensivo, va** *adj.* Que ofende o puede ofender. ‣ *f.* Acción y efecto de atacar.

**oferta** *f.* Proposición o promesa que se hace a alguien. — Ofrecimiento de algo en venta. — Producto que se ofrece a precio rebajado.

**ofertar** *tr.* Ofrecer en venta un producto. — Amér. Ofrecer, prometer algo. — Amér. Ofrecer, dar voluntariamente una cosa.

**oficial** *adj.* Que procede del gobierno o de la autoridad competente. — Reconocido por la autoridad. ‣ *m. y f.* Persona que en un oficio tiene el grado intermedio entre aprendiz y maestro. — Militar que posee un grado o empleo, desde alférez hasta capitán.

**oficialista** *m.* Argent. y Chile. Partidario o servidor incondicional del gobierno.

**oficiar** *tr.* Celebrar el sacerdote un servicio religioso. ‣ *intr.* Actuar con el carácter que se determina.

**oficina** *f.* Local donde se trabaja, prepara o gestiona algo.

**oficio** *m.* Profesión mecánica o manual. — Ocupación habitual. — Función de alguna cosa. — Servicio religioso.

**oficioso, sa** *adj.* Que no tiene carácter oficial pero procede de una fuente autorizada.

**ofidio** *adj./m.* Se dice de los reptiles con escamas, de cuerpo alargado y sin extremidades, como las serpientes.

**ofimática** *f.* Aplicación de la informática a trabajos de oficina.

**ofrecer** *tr. y prnl.* Poner algo o ponerse a disposición de alguien. — Mostrar. — Decir la cantidad que se está dispuesto a pagar por una cosa.

**ofrecido, da** *adj.* Méx. Que se ofrece para ayudar a los demás, en actitud generalmente servil.

**ofrenda** *f.* Cosa que se ofrece en señal de gratitud, en especial a Dios o a los santos una divinidad.

**oftalmología** *f.* Especialidad médica que trata de las enfermedades de los ojos.

**ofuscar** *tr. y prnl.* Turbar la vista o la razón.

**ogro** *m.* Gigante legendario. — Fam. Persona de mal carácter.

**¡oh!** *interj.* Denota generalmente asombro, alegría o dolor.

**ohmio** *m.* Unidad de medida de resistencia eléctrica en el Sistema internacional.

**oído** *m.* Sentido de la audición. — Cada uno de los órganos de la audición. — Aptitud para la música. — Regalar a alguien el oído, halagarle.

**oír** *tr.* Percibir los sonidos. — Atender ruegos o avisos.

**ojal** *m.* Corte o raja en una tela por donde entra el botón.

**¡ojalá!** *interj.* Denota vivo deseo de que suceda una cosa.

**ojear** *tr.* Mirar rápida y superficialmente. — Buscar personas o cosas necesarias para un fin. — Espantar la caza.

**ojera** *f.* Coloración lívida oscura bajo el párpado inferior.

**ojeriza** *f.* Antipatía que se tiene hacia alguien o algo.

**ojete** *m.* Ojal redondo para meter por él un cordón. — Fam. Ano.

**ojiva** *f.* Figura formada por dos arcos que se cortan formando un ángulo. — Arco que tiene esta figura.

**ojo** *m.* Órgano de la visión. — Abertura o agujero de ciertos objetos. — Atención y cuidado que se pone al hacer una cosa. — No pegar ojo (Fam.), no poder dormir.

**ojota** *f.* Amér. Merid. Calzado Sandalia rústicao a modo de sandalia.

**ola** *f.* Onda que se forma en la superficie de las aguas. — Fenómeno atmosférico que causa un cambio repentino en la temperatura. — Cosa de gran intensidad repentina y de poca duración: ~ *de violencia.*

**¡olé!** u **¡ole!** *interj.* Exclamación con que se anima y aplaude.

**oleáceo, a** *adj./f.* Relativo a una familia de árboles o arbustos de flores hermafroditas en racimo, como el olivo.

**oleaginoso, sa** *adj.* Que tiene la naturaleza del aceite.

**oleaje** *m.* Sucesión continuada de olas.

**óleo** *m.* Pintura hecha con colores disueltos en aceite secante. — Aceite consagrado que se usa en diversas ceremonias litúrgicas.

**oleoducto** *m.* Tubería para conducir petróleo.

**oler** *tr.* Percibir los olores. — Sospechar. ▸ *intr.* Despedir olor.

**olfatear** *tr.* Oler, percibir un olor. — Indagar.

**olfato** *m.* Sentido que permite la percepción de los olores. — Capacidad para descubrir o conseguir algo que no se considera fácil.

**oligarquía** *f.* Forma de gobierno en la que el poder es controlado por un pequeño grupo de individuos o familias.

**oligoelemento** *m.* BIOL. Sustancia necesaria, en muy pequeña cantidad, para el funcionamiento de los organismos vivos.

**oligofrenia** *f.* Desarrollo deficiente de la inteligencia.

**olimpiada** u **olimpíada** *f.* Competición universal de juegos atléticos que se celebra cada cuatro años.

**olimpo** *m.* Residencia de los antiguos dioses griegos.

**oliscar** u **olisquear** *tr.* Olfatear ligeramente. — Curiosear.

**oliva** *f.* Aceituna. — Olivo.

**olivino** *m.* Mineral cristalino, silicato de magnesio y hierro.

**olivo** *m.* Árbol de tronco grueso y retorcido, copa ancha y ramosa, que proporcionacuyo fruto es la aceituna.

**olla** *f.* Recipiente redondo y hondoa que se utiliza para guisar.

**olmo** *m.* Árbol de gran altura, de copa ancha y hojas caducas.

**olor** *m.* Emanación que producen ciertas sustancias e impresión percibida por el olfato.

**oloroso, sa** *adj.* Que despide cierto olor.

**olote** *m.* Amér. Central y Méx. Raspa de la mazorca del maíz.

**olvidar** *tr. y prnl.* Dejar de retener algo en la memoria. — Descuidar.

**ombligo** *m.* Cicatriz formada en el vientre por tras cortar el cordón umbilical.

**omega** *f.* Letra del alfabeto griego.

**omisión** *f.* Acción y efecto de omitir. — Cosa omitida.

**omitir** *tr.* Dejar de hacer algo. — Dejar de decir cierta cosa.

**ómnibus** *m.* Vehículo de gran capacidad destinado al transporte público.

**omnipotente** *adj.* Que todo lo puede.

**omnisciente** *adj.* Que todo lo conoce.

**omnívoro, ra** *adj.* Que se alimenta de toda clase de comidasustancias orgánicas.

**omóplato** u **omoplato** *m.* Hueso plano situado en la parte posterior del hombro.

**once** *adj./m.* Diez y uno. ▸ *adj./ m. y f.* Undécimo. ▸ *f.* Chile. Merienda.

**onceavo, va** *adj./m.* Se dice de cada una de las once partes iguales en que se divide un todo.

**oncología** *f.* Parte de la medicina que se ocupa de los tumores.

**onda** *f.* Curva que se producen al perturbar la superficie de un líquido. — Curva de una superficie o línea sinuosa. — Méx. Fam. Asunto, tema. — FÍS. En la propagación del movimiento vibratorio, conjunto de partículas vibrantes.

**ondear** *intr.* Formar ondas un cuerpo flexible: ~ *las banderas.*

**ondular** *tr.* Hacer ondas. ▸ *intr.* Moverse formando ondas.

**oneroso, sa** *adj.* Pesado, molesto.

**ONG** *f.* Sigla de organización no gubernamental, organismo sin ánimo de lucro que no pertenece al gobierno.

**ónice** *m.* Variedad de ágata, con bandas de diversos colores.

**onírico, ca** *adj.* Relativo a los sueños.

**ónix** *m.* Ónice.

**onomástica** *f.* Disciplina que estudia el origen y la transforación de los nombres propios. — Día en que una persona celebra su santo.

**onomástico, ca** *adj.* Relativo a los nombres propios. ▸ *f.* Día en que una persona celebra su santo.

**onomatopeya** *f.* Imitación del sonido de una cosa en la palabra que se forma para significarla. — Esta misma palabra.

# ontogenia

**ontogenia** *f.* BIOL. Desarrollo individual de un ser vivo.

**ontología** *f.* Parte de la metafísica que trata del ser en general.

**onubense** *adj./m. y f.* De Huelva (España).

**onza** *f.* División de una tableta de chocolate. — Medida de masa que equivale a 28,70 gramos.

**opa** *adj./m. y f.* Argent., Bol. y Urug. Tonto, idiota.

**opacar** *tr. y prnl.* Amér. Hacer opaco, nublar.

**opaco, ca** *adj.* Que no deja pasar la luz. — Sin brillo.

**ópalo** *m.* Mineral de sílice, de diversos colores.

**opción** *f.* Facultad Posibilidad de elegir. — Elección.

**ópera** *f.* Obra dramática escrita para ser cantada y representada con acompañamiento de orquesta. — Lugar donde se representa.

**operación** *f.* Acción y efecto de operar. — Ejecución de una cosa. — Ejecución de un cálculo.

**operar** *tr. y prnl.* Realizar, producir un resultado. — Realizar o someterse a una operación quirúrgica. ▸ *intr.* Hacer efecto. — Negociar. — Realizar operaciones matemáticas.

**operario, ria** *m. y f.* Persona que hace un trabajo de tipo manual. Obrero.

**operativo, va** *adj.* Se dice de lo que obra y hace su efecto.

**opérculo** *m.* Pieza que tapa o cierra ciertas aberturas de algunos organismos.

**opereta** *f.* Ópera corta o ligera.

**opinión** *f.* Juicio, manera de pensar sobre un tema. — Idea que se tiene de alguien o algo.

**opio** *m.* Narcótico que se obtiene de la adormidera.

**opíparo, ra** *adj.* Se dice de la comida abundante y espléndida.

**oponer** *tr. y prnl.* Poner en contra. ▸ *prnl.* Ser una cosa contraria a otra. — Estar una cosa colocada frente a otra.

**oportunidad** *f.* Cualidad de oportuno: *la ~ de su comentario.* — Circunstancia oportuna.

**oportuno, na** *adj.* Que se hace o sucede en el tiempo, lugar o circunstancia a propósito o conveniente. — Ingenioso.

**oposición** *f.* Acción y efecto de oponer u oponerse. — Concurso consistente en una serie de ejercicios a los que se someten los aspirantes a un cargo o empleo. — Grupo o partido contrario a la política de un gobierno o una autoridad.

**opresión** *f.* Acción y efecto de oprimir.

**oprimir** *tr.* Ejercer presión. — Someter mediante el excesivo rigor o la violencia. — Causar ahogo o angustia.

**oprobio** *m.* Deshonor público.

**optar** *tr. e intr.* Elegir entre varias posibilidades. ▸ *tr.* Aspirar a algo.

**óptica** *f.* Parte de la física que estudia las leyes y los fenómenos de la luz. — Establecimiento donde se venden instrumentos ópticos. — Punto de vista.

**óptico, ca** *adj.* Relativo a la óptica o a la visión. ► *m. y f.* Persona que fabrica o vende aparatos ópticos. ► *f.* Parte de la física que estudia las leyes y los fenómenos de la luz.

**optimismo** *m.* Tendencia a ver las cosas por su lado más favorable.

**óptimo, ma** *adj.* Que en su línea es lo mejor posible.

**opuesto, ta** *adj.* Contrario, que se opone a algo por estar enfrente o en el otro extremo. — Que se opone o contradice a alguien o algo.

**opulencia** *f.* Gran abundancia o riqueza.

**opúsculo** *m.* Publicación breve dedicada generalmente a un único tema.

**oquedad** *f.* Espacio vacío en el interior de un cuerpo.

**ora** *conj.* Implica relación de alternancia: ~ *leía,* ~ *paseaba.*

**oración** *f.* Conjunto de enunciados que se dirigen a Dios, a una divinidad o a un santo. — Discurso. — LING. Conjunto de elementos lingüísticos que forman una unidad sintáctica independiente y completa.

**oráculo** *m.* Respuesta divina. — Persona de gran sabiduría, cuyos dictámenes se escuchan sin discusión.

**orador, ra** *m. y f.* Persona que pronuncia un discurso.

**oral** *adj.* Relativo a la boca. — Relativo a la lengua hablada. — Expresado verbalmente.

**orangután** *m.* Mono antropomorfo que llega a los 2 m de altura.

**orar** *intr.* Hablar en público. — Hacer oración.

**oratoria** *f.* Arte de hablar con elocuencia.

**oratorio** *m.* Lugar destinado para orar. — Composición musical religiosa para coro, solistas y orquesta.

**orbe** *m.* Mundo, universo. — Esfera celeste o terrestre.

**orbicular** *adj.* Redondo o circular.

**órbita** *f.* Curva Trayectoria que describe un astro. — Trayectoria que recorre un electrón alrededor del núcleo del átomo. — Cuenca del ojo. — Ámbito de influencia de una cosa sobre otra.

**orca** *f.* Cetáceo de gran tamaño que vive en el Atlántico norte de lomo negro y vientre blanco.

**orden** *m.* Organización y disposición regular o adecuada de las cosas. — Normalidad, tranquilidad. — ARQ. Cada uno de los estilos de la arquitectura clásica. — BIOL. Categoría de clasificación de plantas y animales, intermedia entre la clase y la familia. ► *f.* Mandato que se debe obedecer. — Cuerpo de personas unidas por alguna regla común o por una distinción honorífica.

**ordenada** *adj./f.* MAT. Se dice de la coordenada vertical.

**ordenador** *m.* Esp. Máquina electrónica de gran capacidad de memoria, dotada de métodos de tratamiento de la información.

**ordenanza** *m. y f.* Empleado de oficina encargado de hacer recados. ▸ *f.* Conjunto de normas que regulan el funcionamiento de algo.

**ordenar** *tr.* Poner en orden. —Mandar. ▸ *tr. y prnl.* Administrar o recibir las órdenes sagradas.

**ordeñar** *tr.* Extraer la leche exprimiendo la ubre del animal.

**ordinal** *adj./m.* LING. Se dice del adjetivo o pronombre numeral que expresa orden.

**ordinario, ria** *adj.* Habitual. — Común, corriente. ▸ *adj./m. y f.* Vulgar, basto. — Se aplica a la persona que tiene poca formación cultural o que es poco educada.

**ordovícico, ca** *adj./m.* GEOL. Se dice del segundo período del paleozoico.

**orear** *tr.* Poner al aire una cosa.

**orégano** *m.* Planta herbácea aromática, que se usa como condimento.

**oreja** *f.* Parte externa del oído humano y de algunos animales. — Colomb. Desviación circular que cruza la recta de una autopista a diferente altura que esta.

— Méx. Asa de una vasija. ▸ *m. y f.* Méx. y Salv. Espía, delator.

**orejón** *m.* Trozo de melocotón o de albaricoque secado al aire.

**orfanato** *m.* Asilo de huérfanos.

**orfanatorio** *m.* Méx. Asilo, orfanato.

**orfandad** *f.* Condición de huérfano.

**orfebre** *m. y f.* Persona que se dedica a la orfebrería.

**orfebrería** *f.* Arte de trabajar objetos de oro, plata u otros metales preciosos. — Obra de oro o plata.

**orfelinato** *m.* Orfanato.

**orfeón** *m.* Sociedad coral.

**orgánico, ca** *adj.* Se dice del organismo vivo. — Relativo a los órganos o al organismo de los seres vivos. — QUÍM. Se dice del compuesto que contiene carbono.

**organigrama** *m.* Gráfico de la estructura de una organización.

**organillo** *m.* Órgano portátil, movido por un manubrio.

**organismo** *m.* Ser vivo. — Conjunto de órganos que forman un ser vivo. — Conjunto de dependencias que forman un cuerpo o institución.

**organista** *m. y f.* Músico que toca el órgano.

**organización** *f.* Acción y efecto de organizar u organizarse. — Asociación constituida para determinado fin.

**organizar** *tr.* Preparar la realización de algo. — Poner en orden. ▸ *tr. y prnl.* Disponer convenientemente.

**órgano** *m.* Parte del cuerpo de un ser vivo que ejerce una función. — Parte de un conjunto organizado que puede considerarse separadamente. — Instrumento musical de viento y teclado: ~ *eléctrico.*

**orgánulo** *m.* BIOL. Estructura o parte de una célula que en esta cumple la función de un órgano.

**orgasmo** *m.* Culminación del placer sexual.

**orgía** *f.* Fiesta desenfrenada en que los asistentes se entregan a todo tipo de placeres, especialmente sexuales. — Placer desenfrenado.

**orgullo** *m.* Exceso de estimación propia. — Sentimiento elevado de la propia dignidad.

**oriental** *adj./m. y f.* De Oriente.

**orientar** *tr. y prnl.* Colocar una cosa en posición determinada respecto a los puntos cardinales. — Determinar dónde está la dirección que se ha de seguir. — Dirigir una persona, cosa o acción hacia un fin determinado.

**oriente** *m.* Este. — Asia y las partes de Europa y África contiguas a ella.

**orificio** *m.* Abertura, agujero.

**origen** *m.* Principio, causa o, procedencia de algo. — Ascendencia.

**original** *adj.* Relativo al origen.

— Singular, excéntrico. ▸ *adj./m.* Se dice de lo que no es copia, imitación o traducción.

**originar** *tr.* Ser motivo u origen de algo. ▸ *prnl.* Proceder una cosa de otra.

**originario, ria** *adj.* Que da origen. — Oriundo.

**orilla** *f.* Límite que separa una franja de tierra de una masa o corriente de aguar, río, etc. — Parte extrema o borde de una superficie, tela, etc. ▸ *pl.* Argent. y Méx. Arrabal.

**orillero, ra** *adj./m. y f.* Amér. Central, Argent., Cuba, Urug. y Venez. Propio de las orillas o arrabales.

**orín** *m.* Óxido rojizo que se forma en el hierro y otros metales. — Orina.

**orina** *f.* Líquido amarillento excretado por los riñones.

**orinal** *m.* Recipiente para recoger la orina.

**oriundo, da** *adj./m. y f.* Que ha nacido en el lugar que se especifica o procede de él.

**ornamento** *m.* Adorno.

**ornar** *tr. y prnl.* Adornar.

**ornato** *m.* Adorno.

**ornitología** *f.* Parte de la zoología que estudia las aves.

**ornitorrinco** *m.* Mamífero australiano, de pico parecido al del pato, y pies palmeados.

**oro** *m.* Metal precioso, de color amarillo, dúctil y maleable. — Dinero, riqueza. ▸ *m./adj.* Color amarillo como el del oro.

▸ *pl.* Palo de la baraja española.

**orogenia** *f.* Parte de la geología que estudia la formación de los sistemas montañosos.

**orografía** *f.* Estudio del relieve terrestre. — Conjunto de montañas de un territorio.

**orondo, da** *adj.* Grueso, gordo. — Satisfecho de sí mismo.

**oropel** *m.* Lámina de latón que imita el oro. — Cosa de poco valor y mucha apariencia.

**oropéndola** *f.* Ave de plumaje amarillo con las alas y cola negras.

**orquesta** *f.* Conjunto de músicos que interpretan una obra musical.

**orquídea** *f.* Planta herbácea de flores muy vistosas. — Flor de esta planta.

**ortiga** *f.* Planta herbácea cubierta de pelos que segregan un líquido irritante.

**ortodoxo, xa** *adj.* Conforme al dogma católico. — Se dice de ciertas la iglesia cristianas de la Europa oriental, como la griega o la rusa. ▸ *adj./m. y f.* Que sigue los preceptos de esta iglesia.

**ortografía** *f.* Escritura correcta de las palabras. — Parte de la gramática que enseña a escribir correctamente.

**ortopedia** *f.* Parte de la medicina que se ocupa de prevenir o corregir las deformaciones del cuerpo. — Corrección de las deformaciones del cuerpo.

**ortóptero, ra** *adj./m.* Relativo a un orden de insectos masticadores con metamorfosis incompleta, como el grillo.

**oruga** *f.* Larva típica de los lepidópteros, en forma de gusano.

**orujo** *m.* Residuo que se obtiene del prensado de la uva, aceituna, etc. — Aguardiente que se fabrica con este residuo de la uva.

**orzuelo** *m.* Bulto pequeño que aparece en el borde del párpado.

**os** *pron. pers. masc. y fem. de 2.ª persona pl.* Funciona como complemento directo e indirecto.

**osadía** *f.* Temeridad, atrevimiento. — Falta de respeto.

**osamenta** *f.* Esqueleto de un vertebrado.

**osar** *intr.* Atreverse.

**oscense** *adj./m. y f.* De Huesca (España).

**oscilar** *intr.* Moverse alternativamente un cuerpo a un lado y otro. — Variar, cambiar algunas cosas dentro de unos límites.

**ósculo** *m.* Beso.

**oscurecer** *tr.* Privar de luz o claridad. ▸ *impers.* Anochecer.

**oscuro, ra** *adj.* Falto de luz o claridad. — Confuso. — Se dice del color que tira se acerca al negro.

**óseo, a** *adj.* De hueso.

**osezno** *m.* Cachorro del oso.

**ósmosis** u **osmosis** *f.* FÍS. Paso recíproco de líquidos de distinta densidad a través de una membrana permeable.

**oso, sa** *m. y f.* Mamífero plantígrado, de cuerpo pesado y pelaje abundante. — Oso hormiguero, mamífero desdentado, de hocico alargado, que se alimenta de hormigas.

**ostensible** *adj.* Manifiesto, patente.

**ostentar** *tr.* Mostrar. — Hacer gala de grandeza y lujo. — Poseer algo que da un derecho o un honor.

**ostra** *f.* Molusco bivalvo comestible, de concha rugosa con el interior nacarado. — Aburrirse como una ostra, aburrirse mucho.

**ostracismo** *m.* Acción de tener apartada a una persona que no resulta grata.

**otear** *tr.* Observar desde un lugar elevado. — Escudriñar.

**otero** *m.* Cerro aislado que domina un llano.

**otitis** *f.* Inflamación del oído.

**otomano, na** *adj./m. y f.* De Turquía. — De una dinastía turca.

**otoño** *m.* Estación del año, entre el verano y el invierno.

**otorgar** *tr.* Dar, conceder.

**otorrinolaringología** *f.* Parte de la medicina que trata de las enfermedades de los oídos, la nariz y la laringe.

**otro, tra** *adj./pron.* Distinto de aquello de que se habla. — Indica una cosa más de la misma clase. ► *adj.* Indica un pasado cercano. — Indica el tiempo futuro que sigue inmediatamente.

**ovación** *f.* Aplauso ruidoso del público.

**oval** *adj.* Que tiene la forma de un óvalo o huevo.

**ovalado, da** *adj.* Oval.

**óvalo** *m.* Curva cerrada semejante a la de una elipse.

**ovario** *m.* Órgano de reproducción femenino. — Órgano sexual de la flor.

**oveja** *f.* Hembra del carnero. — Oveja negra, persona que dentro de una colectividad no sigue las líneas de conducta aceptadas.

**overlock** *m.* Argent. y Chile. Costura que se utiliza para rematar los tejidos.

**overol** *m.* Amér. Mono, traje de faena.

**ovetense** *adj./m. y f.* De Oviedo (España).

**óvido, da** *adj./m.* Relativo a los mamíferos rumiantes bóvidos de pequeño tamaño.

**oviducto** *m.* Conducto por donde salen los óvulos del ovario.

**ovillo** *m.* Bola formada devanando un hilo.

**ovino, na** *adj./m.* Se dice del ganado lanar.

**ovíparo, ra** *adj./m. y f.* ZOOL. Se dice del animal que se desarrolla en un huevo.

**ovni** *m.* Objeto volante de origen y naturaleza desconocidos.

**ovulación** *f.* Desprendimiento natural del óvulo en el ovario.

**óvulo** *m.* Célula femenina destina-

# oxácido

da a ser fecundada. —BOT. Pequeño órgano contenido en el ovario, que proporciona la semilla.

**oxácido** *m.* QUÍM. Ácido que contiene oxígeno.

**oxidar** *tr. y prnl.* Combinar un elemento con el oxígeno. — Formar una capa de óxido.

**óxido** *m.* Compuesto que resulta de la combinación de un elemento con el oxígeno. — Capa rojiza de este compuesto que se forma sobre los un metales expuestos al aire o a la humedad.

**oxigenar** *tr.* Oxidar. ▶ *tr. y prnl.* Airear, ventilarse.

**oxígeno** *m.* Cuerpo simple gaseoso existente en el aire, imprescindible para la respiración.

**oyente** *adj./m. y f.* Que oye.

**ozono** *m.* Gas azulado, existente en la atmósfera, que protege a los seres vivos de las radiaciones ultravioletas del Sol.

**ozonosfera** *f.* Capa de la atmósfera terrestre que contiene ozono.

**p** *f.* Decimonona letra del abecedario.

**pabellón** *m.* Edificio aislado que forma parte de un conjunto. — Bandera nacional. — ANAT. Parte exterior de la oreja.

**pabilo** o **pábilo** *m.* Mecha de una vela.

**pábulo** *m.* Materia o asunto que sirve para fomentar una idea.

**pacense** *adj./m. y f.* De Badajoz (España).

**paceño, ña** *adj./m. y f.* De La Paz (Bolivia).

**pacer** *tr. e intr.* Comer el ganado la hierba del campo.

**pachá** *m.* Antiguo funcionario turco con un cargo equivalente al de gobernador.

**pachocha** *f.* Chile, Colomb., Cuba, Pan. y Perú. Lentitud, flema.

**pachón, na** *adj.* Chile, Hond., Méx. y Nicar. Peludo, lanudo.

**pachorra** *f.* Cachaza, flema.

**pachorriento, ta** *adj.* Amér. Merid. Lento y pesado.

**pachucho, cha** *adj.* Falto de frescura. — Fam. Decaído, débil.

**pachuco** *adj./m.* Méx. Fam. Se dice del joven mexicano emigrado al sur de Estados Unidos.

**paciencia** *f.* Capacidad de soportar trabajos y adversidades con fortaleza y resignación.

**paciente** *adj.* Que tiene paciencia. — LING. Se dice del sujeto de las oraciones pasivas. ▶ *m. y f.* Enfermo que sigue un tratamiento.

**pacífico, ca** *adj.* Que ama la paz. — Tranquilo, sosegado.

**pacifismo** *m.* Doctrina encaminada a mantener la paz.

**pacotilla** *f.* Mercancía que los tripulantes de un buque pueden embarcar sin pagar por el transporte. — De pacotilla, de escaso valor.

**pacto** *m.* Acuerdo entre dos o varias partes.

**padecer** *tr. e intr.* Recibir la acción de algo que causa dolor físico o moral. ▶ *tr.* Soportar.

**padrastro** *m.* Marido de la madre respecto de los hijos de esta tenidos de un matrimonio anterior.

**padre** *m.* Varón o macho respecto de sus hijos. — Creador de algo. — Título dado a ciertos religiosos. ▸ *pl.* El padre y la madre.

**padrillo** *m.* Argent., Chile, Par., Perú y Urug. Caballo semental.

**padrino** *m.* Hombre que presenta o asiste a alguien en un sacramento o en otros actos.

**padrón** *m.* Censo, lista de habitantes de un municipio. — Bol., Colomb., P. Rico y Venez. Semental.

**padrote** *m.* Amér. Central, Colomb., P. Rico y Venez. Semental.

**paella** *f.* Plato de arroz típico de la región valenciana.

**paga** *f.* Acción de pagar. — Cantidad de dinero que se paga.

**paganismo** *m.* Para los cristianos, judíos o musulmanes, conjunto de creencias que no pertenecen a su religión.

**pagar** *tr.* Dar a uno lo que se le debe. — Cumplir una pena o castigo por un delito o falta.

**pagaré** *m.* Documento por el cual una persona se compromete a pagar una cantidad en determinada fecha.

**página** *f.* Cada una de las dos caras de una hoja de un libro. — Página web, documento de Internet que puede contener texto, gráficos, sonidos o animaciones.

**pago** *m.* Entrega de lo que se debe. — Recompensa. — Conjunto de tierras. — Argent., Par., Perú y Urug. Lugar en el que ha nacido o está arraigada una persona.

**pagoda** *f.* Templo oriental.

**paila** *f.* Amér. Central y Amér. Merid. Sartén. — Chile. Fam. Oreja.

**paipay** *m.* Abanico en forma de pala y con mango.

**país** *m.* Territorio que constituye una unidad geográfica o política.

**paisaje** *m.* Extensión de terreno visto desde un lugar determinado. — Pintura o dibujo que representa este terreno.

**paisano, na** *adj./m. y f.* Se dice de la persona que es del mismo país, región o lugar que otra. ▸ *m.* Hombre que no es militar.

**paja** *f.* Caña o tallo seco de un cereal. — Conjunto de estas cañas o tallos. — Cosa insignificante o de relleno. — Colomb., Guat. y Hond. Grifo, llave.

**pajar** *m.* Lugar donde se guarda la paja.

**pájara** *f.* Esp. Pérdida de fuerzas que sufren algunos deportistas al hacer un gran esfuerzo.

**pajarero, ra** *adj.* Amér. Se dice de la caballería asustadiza.

**pajarita** *f.* Figura de papel que tiene forma de pájaro. — Corbata en forma de mariposa.

**pájaro** *m.* Cualquier ave con capacidad para volar.

**pajarraco** *m.* Desp. Pájaro grande y desconocido.

**paje** *m.* Criado joven que antiguamente servía a la nobleza.

**pajizo, za** *adj.* Hecho o cubierto de paja. — De color de paja.

**pajolero, ra** *adj.* Fam. Que molesta o produce enfado.

**pala** *f.* Herramienta compuesta por una plancha de madera o hierro adaptada a un mango. — Parte ancha y delgada de ciertos instrumentos.

**palabra** *f.* Conjunto de sonidos o de letras que representan una idea. — Facultad de hablar. — Promesa.

**palabrota** *f.* Juramento, maldición o insulto groseros.

**palacio** *m.* Edificio grande y suntuoso.

**paladar** *m.* Parte interior y superior de la boca. — Gusto, sabor.

**paladear** *tr. y prnl.* Saborear.

**paladín** *m.* Caballero valeroso. — Defensor de una persona o causa.

**palanca** *f.* Barra que se apoya sobre un punto y sirve para transmitir la fuerza aplicada a uno de sus extremos. — Amér. Influencia, enchufe.

**palangana** *f.* Recipiente circular, ancho y poco profundo, usado para lavarse o contener agua.

**palanquear** *tr.* Argent. y Urug. Fam. Emplear alguien su influencia para conseguir algo.

**palatal** *adj.* Relativo al paladar. ► LING. *adj.* Se dice del sonido que se articula con la lengua en el paladar, como el de la ñ.

**palatino, na** *adj.* Relativo al palacio. — Relativo al paladar.

**palco** *m.* Departamento de los teatros, plazas de toros, etc., en forma de balcón, con varios asientos.

**palenque** *m.* Valla de madera para defender o cerrar un terreno. — Amér. Merid. Madero al que se atan los animales. — Méx. Ruedo donde se realizan peleas de gallos.

**palentino, na** *adj./m. y f.* De Palencia (España).

**paleógeno, na** *adj./m.* GEOL. Se dice del primer período del cenozoico.

**paleolítico, ca** *adj./m.* Se dice del primer período de la Edad de Piedra.

**paleontología** *f.* Ciencia que estudia los seres orgánicos fósiles.

**paleozoico, ca** *adj./m.* GEOL. Se dice de la era geológica anterior al mesozoico y comprendida entre los −600 y −230 millones de años aproximadamente.

**palestra** *f.* Lugar donde se celebraban luchas. — Lugar en que se compite o discute sobre algún asunto.

**paletilla** *f.* Omóplato.

**paleta** *f.* Pala pequeña para usos diversos. — Tabla de madera sobre la que los pintores mezclan los colores.

**paleto, ta** *adj./m. y f.* Fam. Esp. Campesino. — Fam. Esp. Tosco e ignorante.

**paliar** *tr.* Atenuar un sufrimiento.

**pálido, da** *adj.* Que tiene el color atenuado, poco intenso.

**palillo** *m.* Instrumento para limpiar los dientes. — Varita con que se toca el tambor.

**palíndromo** *m.* Escrito o palabra que se lee igual de izquierda a derecha que a la inversa, como anilina.

**palio** *m.* Dosel colocado sobre cuatro o más varas largas, utilizado para ciertas solemnidades.

**palique** *m.* Fam. Charla ligera.

**paliza** *f.* Serie de golpes o azotes. — Fam. Derrota contundente.

**palma** *f.* Parte cóncava de la mano. — Palmera. — Hoja de la palmera. — Triunfo, victoria.

**palmáceo, a** *adj./f.* Se dice de la planta de tallo recto, coronado por un penacho de grandes hojas, como la palmera.

**palmada** *f.* Golpe dado con la palma de la mano. — Golpe de una palma de la mano contra otra.

**palmar** *intr.* Fam. Morir.

**palmar** *adj.* Relativo a la palma de la mano. ▸ *m.* Terreno poblado de palmas.

**palmarés** *m.* Lista de vencedores en una competición. — Historial.

**palmatoria** *f.* Soporte en que se coloca una vela.

**palmeado, da** *adj.* De forma de palma.

**palmense** *adj./m. y f.* De Las Palmas de Gran Canaria (España).

**palmera** *f.* Árbol largo y esbelto, con un penacho de robustas hojas en su cima.

**palmero, ra** *adj./m. y f.* De Las Palmas (España).

**palmesano, na** *adj./m. y f.* De Palma de Mallorca (España).

**palmípedo, da** *adj./f.* Relativo a un grupo de aves nadadoras, cuyos dedos están unidos por una membrana.

**palmito** *m.* Palmera pequeña de hojas en forma de abanico. — Cogollo comestible de esta planta.

**palmo** *m.* Distancia que hay con la mano abierta y extendida desde el extremo del pulgar hasta el del meñique.

**palmotear** *tr.* Dar palmadas.

**palo** *m.* Trozo de madera alargado y cilíndrico. — Golpe dado con un palo. — Cada una de las cuatro series de la baraja de naipes. — MAR. Pieza larga y circular que sostiene el velamen de un buque. — Palo borracho (Argent. y Urug.), nombre de dos especies de árboles cuyas semillas, recubiertas de pelos sedosos, forman un copo blanco. — Palo grueso (Chile), persona influyente. — Palo santo (Argent. y Par.), árbol de madera aromática. — (Argent. y Par.) Árbol de madera apreciada en ebanistería.

**paloma** *f.* Ave de cabeza peque-ña, cola ancha y pico corto.

**palometa** *f.* Pez comestible, parecido al jurel.

**palomilla** *f.* Mariposa pequeña. — Tuerca con dos expansiones laterales que facilita su enroscamiento a mano.

**palomita** *f.* Grano de maíz que se abre al tostarlo.

**palomo** *m.* Macho de la paloma. — Paloma torcaz.

**palote** *m.* Trazo que se hace como primer ejercicio caligráfico.

**palpable** *adj.* Que puede tocarse. — Claro, evidente.

**palpar** *tr. y prnl.* Tocar una cosa con las manos para reconocerla.

**palpitar** *intr.* Contraerse y dilatarse el corazón.

**palpo** *m.* ZOOL. Pequeño apéndice móvil que tienen los artrópodos alrededor de la boca.

**palta** *f.* Amér. Merid. Aguacate, fruto.

**paludismo** *m.* Enfermedad febril, transmitida por el mosquito anofeles.

**palurdo, da** *adj./m. y f.* Tosco e ignorante.

**palustre** *adj.* Relativo a las lagunas o pantanos.

**pamela** *f.* Sombrero de mujer, de ala amplia y flexible.

**pampa** *f.* Llanura extensa sin vegetación arbórea, propia de algunas zonas de América Meridional.

**pámpano** *m.* Vástago de la vid.

**pampero** *m.* Viento fuerte, frío y seco que sopla en el Río de la Plata.

**pamplina** *f.* Tontería, cosa que carece de importancia.

**pan** *m.* Masa de harina y agua, fermentada y cocida al horno. — Alimento, sustento.

**pana** *f.* Tela gruesa de algodón, que en la superficie presenta acanaladuras. — Chile. Hígado de los animales. — Chile. Conjunto de desperfectos que provocan el mal funcionamiento de una máquina. — Chile. Detención de un vehículo por alguna avería.

**panacea** *f.* Remedio para cualquier mal.

**panadería** *f.* Establecimiento donde se hace o vende pan.

**panal** *m.* Conjunto de celdas hexagonales que construyen las abejas para depositar la miel.

**panameño, ña** *adj./m. y f.* De Panamá.

**panamericanismo** *m.* Movimiento tendente a mejorar y desarrollar las relaciones entre los pueblos americanos.

**panca** *f.* Bol. y Perú. Vaina que envuelve la mazorca de maíz.

**pancarta** *f.* Cartel grande con lemas políticos o reivindicativos.

**panceta** *f.* Tocino con vetas de carne.

**pancho, cha** *adj.* Tranquilo.

**páncreas** *m.* Órgano que segrega la insulina y jugos que contribuyen a la digestión.

**panda** *m.* Mamífero carnívoro parecido al oso, de pelaje blanco y negro. — Pandilla. — Fam. Grupo de personas que cometen delitos.

**pandereta** *f.* Pandero.

**pandero** *m.* Instrumento musical de percusión, formado por una piel estirada y unida a uno o dos aros superpuestos con sonajas. — Fam. Nalgas.

**pandilla** *f.* Grupo de amigos.

**pando, da** *adj.* Méx. Torcido, combado.

**panecillo** *m.* Pieza pequeña de pan.

**panegírico, ca** *adj./m.* Se dice del discurso o escrito, etc., en alabanza de una persona.

**panel** *m.* Cada uno de los compartimientos en que se dividen los lienzos de pared, las hojas de las puertas, etc. — Parte de una máquina en que se ubican los mandos. ► *f.* Méx. Camioneta cerrada para el transporte de mercancías.

**pánfilo, la** *adj./m. y f.* Pausado, lento. — Bobo.

**panfleto** *m.* Folleto de propaganda política. — Libelo.

**pánico** *m.* Terror muy grande, generalmente colectivo.

**panícula** *f.* BOT. Conjunto de espigas que nacen de un eje común.

**panículo** *m.* Capa de tejido adiposo situada en la hipodermis.

**panificar** *tr.* Hacer pan.

**panizo** *m.* Planta herbácea de grano redondo comestible.

**panocha** o **panoja** *f.* Mazorca del maíz. — BOT. Panícula.

**panoli** *adj./m. y f.* Fam. Bobo, de poco carácter.

**panoplia** *f.* Armadura completa. — Colección de armas.

**panorama** *m.* Vista extensa de un horizonte. — Aspecto general de un asunto o situación.

**panqué** *m.* Méx. Bizcocho alargado, cocido en un molde de papel encerado.

**panqueque** *m.* Amér. Central y Amér. Merid. Torta delgada de harina, leche, huevos, etc., rellena con ingredientes dulces o salados.

**pantagruélico, ca** *adj.* Se dice de la comida abundante o excesiva.

**pantaletas** *m.* Colomb., Méx. y Venez. Braga.

**pantalla** *f.* Lámina que se coloca delante o alrededor de la luz. — Superficie sobre la que se proyectan imágenes.

**pantalón** *m.* Prenda de vestir ceñida a la cintura, que cubre por separado ambas piernas.

**pantano** *m.* Hondonada natural donde se recogen las aguas. — Embalse.

**panteísmo** *m.* Doctrina según la cual Dios se identifica con el mundo.

**panteón** *m.* Tumba grande para el enterramiento de varias personas.

**pantera** *f.* Mamífero felino de color totalmente negro o rojizo amarillento con manchas anilladas oscuras.

**pantocrátor** *m.* Representación de Cristo sentado en un trono y en actitud de bendecir.

**pantógrafo** *m.* Instrumento para ampliar, copiar o reducir dibujos.

**pantomima** *f.* Mímica. — Comedia, farsa.

**pantorrilla** *f.* Parte carnosa de la pierna por debajo de la corva.

**pantufla** *f.* Zapatilla sin talón.

**panza** *f.* Fam. Vientre. — Parte convexa de un objeto. — Primera cámara del estómago de los rumiantes.

**pañal** *m.* Prenda absorbente que se pone a los bebés a modo de braga.

**pañil** *m.* Chile. Planta arbórea cuyas hojas se utilizan para curar úlceras.

**paño** *m.* Tela de lana muy tupida. — Trapo para limpiar.

**pañoleta** *f.* Chal.

**pañuelo** *m.* Pieza cuadrada de tela, que tiene diversos usos.

**papa** *adj.* Argent. y Chile. Vulg. Fácil. ► *m.* Máxima autoridad de la Iglesia católica. ► *f.* Amér. Patata. — Chile. Mentira.

**papá** o **papa** *m.* Fam. Padre.

**papada** *f.* Abultamiento carnoso debajo de la barba.

**papado** *m.* Dignidad de papa. — Tiempo que dura el mandato de un papa.

**papagayo** *m.* Ave prensora, de pico grueso y encorvado y colores brillantes, que puede imitar el habla humana. — Argent. Orinal de cama para varones.

**papalote** *m.* Amér. Central, Antill. y Méx. Cometa.

**papanatas** *m. y f.* Fam. Persona simple y crédula.

**paparrucha** *f.* Fam. Noticia falsa y desatinada.

**papaya** *f.* Fruto del papayo, de forma oblonga y carne dulce. ► *adj./f.* Chile. Fácil, sencillo.

**papayo** *m.* Pequeño árbol tropical cuyo fruto es la papaya.

**papel** *m.* Lámina delgada hecha con pasta de fibras vegetales. — Trozo u hoja de este material. — Parte de la obra que representa cada actor. — Función que uno cumple. — Documento.

**papeleo** *m.* Conjunto de trámites para resolver un asunto.

**papelera** *f.* Cesto para echar papeles inservibles.

**papelerío** *m.* Amér. Documentación excesiva y engorrosa en los trámites administrativos.

**papeleta** *f.* Papel en que se acredita un derecho o se consigna algún dato de interés. — Fam. Asunto difícil y engorroso.

**papera** *f.* Bocio. ► *pl.* Inflamación de las glándulas parótidas.

**papila** *f.* Pequeña prominencia en la superficie de una mucosa, principalmente en la lengua.

**papilionáceo, a** *adj./f.* Relativo

a una familia de plantas de fruto en legumbre, como la judía.

**papilionado, da** *adj.* BOT. Se dice de la corola de cinco pétalos con forma de mariposa.

**papilla** *f.* Comida triturada para niños y enfermos.

**papiro** *m.* Planta de tallos largos, de los egipcios, griegos y romanos que se sacaban láminas para escribir.

**papiroflexia** *f.* Arte y técnica de realizar figuras doblando papel.

**papista** *m. y f./adj.* Desp. Entre los protestantes, católico.

**papo** *m.* Parte abultada del animal entre la barba y el cuello. — Buche de las aves.

**paquebote** *m.* Barco que transporta correo y pasajeros.

**paquete** *m.* Envoltorio bien dispuesto y no muy abultado. — Conjunto de cosas de la misma especie o relacionadas entre sí. — Esp. Fam. Persona que va detrás del conductor de una motocicleta. — Esp. Fam. Castigo, bronca o multa.

**par** *adj.* Igual o semejante. ▸ *adj./ m.* Se dice del número divisible por dos. ▸ *m.* Conjunto de dos personas o cosas.

**para** *prep.* Denota utilidad, fin o destino de una acción. — Señala el tiempo en que finaliza o se ejecuta algo: *estará listo ~ el jueves.* — Con relación a: *le pagan poco ~ lo que trabaja.*

**parabién** *m.* Felicitación, elogio.

**parábola** *f.* Narración que encierra una enseñanza moral. — MAT. Curva abierta, simétrica respecto de un eje, con un solo foco.

**parabrisas** *m.* Cristal delantero de un vehículo automóvil.

**paracaídas** *m.* Dispositivo destinado a amortiguar el movimiento vertical u horizontal de un cuerpo en la atmósfera.

**parachoques** *m.* Pieza delantera y trasera de algunos vehículos que los protege contra posibles golpes.

**parada** *f.* Acción de parar o detenerse. — Lugar donde se detienen los vehículos de transporte público. — Acción de detener el balón un portero.

**paradero** *m.* Sitio donde se para o se va a parar. — Amér. Merid. y Méx. Apeadero de ferrocarril o parada de autobuses.

**paradigma** *m.* Ejemplo que sirve de norma. — LING. Conjunto de formas que sirven de modelo en los diversos tipos de flexión: *~ verbal.*

**paradisiaco, ca** *adj.* Que recuerda al paraíso por su belleza. — Relativo al paraíso.

**parado, da** *adj.* Tímido. — Amér. De pie. — Chile, Perú y P. Rico. Orgulloso, engreído. ▸ *adj./m. y f.* Que está sin empleo. ▸ *f.* Acción de parar o detenerse. — Sitio donde se para.

**paradoja** *f.* Frase, situación, etc., que aparentemente encierra una contradicción.

**parador** *m.* Hotel dependiente de organismos oficiales.

**parafernalia** *f.* Aparato ostentoso que rodea a una persona, acto, etc.

**parafina** *f.* Mezcla de hidrocarburos que se emplea para hacer velas, entre otros usos.

**paráfrasis** *f.* Interpretación ampliada de un texto. — Traducción libre en verso.

**paragolpes** *m.* Argent., Par. y Urug. Parachoques.

**parágrafo** *m.* Párrafo.

**paraguas** *m.* Utensilio portátil para resguardarse de la lluvia.

**paraguayo, ya** *adj./m. y f.* De Paraguay.

**paraíso** *m.* Lugar en que, según la Biblia, Dios puso a vivir a Adán y Eva. — Lugar tranquilo y bello en el que se está muy a gusto.

**paraje** *m.* Lugar, principalmente el lejano o aislado.

**paralelepípedo** *m.* MAT. Sólido compuesto por seis paralelogramos, siendo iguales y paralelos cada dos opuestos.

**paralelismo** *m.* Cualidad o circunstancia de ser paralelo.

**paralelo, la** *adj.* Se dice de las líneas o planos que se mantienen siempre equidistantes entre sí. ► *m.* Cada uno de los círculos menores del globo terrestre paralelos al ecuador, que sirven para determinar la latitud.

**paralelogramo** *m.* MAT. Cuadrilátero cuyos lados son paralelos dos a dos.

**parálisis** *f.* Privación o disminución del movimiento de una o varias partes del cuerpo.

**paralizar** *tr. y prnl.* Causar parálisis. — Detener una actividad o movimiento.

**paramecio** *m.* Protozoo ciliado, común en aguas estancadas.

**parámetro** *m.* Elemento constante en el planteamiento de una cuestión. — MAT. Constante de valor indeterminado.

**páramo** *m.* Terreno yermo. — Colomb. y Ecuad. Llovizna.

**parangón** *m.* Comparación o símil.

**paraninfo** *m.* Salón de actos de la universidad.

**paranoia** *f.* Psicosis crónica caracterizada por la fijación de ideas obsesivas en la mente.

**paranomasia** *f.* Paronomasia.

**paranormal** *adj.* Se dice del fenómeno que no puede explicarse por medio de principios científicos reconocidos.

**parapeto** *m.* Baranda o pretil de una escalera, puente, etc.

**paraplejía** o **paraplejia** *f.* Parálisis de la mitad inferior del cuerpo.

**parapsicología** *f.* Estudio de los fenómenos paranormales.

**parar** *intr. y prnl.* Cesar en el movimiento o en la acción. — Amér. Estar o ponerse de pie. ► *intr.* Llegar a un fin. ► *tr.* Detener un movimiento o acción.

**pararrayos** *m.* Dispositivo de protección contra los rayos.

**parasimpático, ca** *adj./m.* ANAT.

Se dice del componente del sistema nervioso que estimula o retarda la actividad de los órganos.

**parasíntesis** *f.* LING. Modo de formación de palabras en que se combinan la composición y la derivación.

**parásito, ta** *adj./m.* Se dice del animal o vegetal que vive dentro o sobre otro organismo, del que obtiene su alimento.

**parasol** *m.* Sombrilla.

**parcela** *f.* Porción pequeña de terreno.

**parche** *m.* Pedazo de cualquier material que se pega sobre una cosa para tapar un agujero o una rotura.

**parchís** *m.* Juego que consta de un tablero, en el que cada jugador avanza tirando un dado.

**parcial** *adj.* Relativo a una parte del todo. — Incompleto. — Que se inclina por alguien o algo sin tener razones objetivas.

**parco, ca** *adj.* Sobrio. — Escaso.

**pardillo, lla** *m.* Pájaro granívoro. ► *adj./m. y f.* Esp. Fam. Incauto, ingenuo. ► *m.* Pájaro granívoro.

**pardo, da** *adj./m.* Se dice del color de la tierra. — Oscuro. ► *adj.* De color pardo.

**pareado, da** *adj./m.* Se dice de la estrofa compuesta por dos versos que riman entre sí.

**parecer** *intr.* Tener determinada apariencia. — Ser una cosa la opinión de una persona: *me parece que he suspendido.* — Dar moti-

vos para creer u opinar: *parece que va a llover.* ► *prnl.* Tener parecido una persona o cosa con otra.

**parecer** *m.* Opinión.

**parecido, da** *adj.* Semejante. ► *m.* Semejanza.

**pared** *f.* Obra de albañilería que cierra o separa un espacio. — Ladera de una montaña con pendiente vertical o casi vertical. — Subirse por las paredes, estar muy enfadado.

**paredón** *m.* Pared junto a la que se fusila a los condenados.

**pareja** *f.* Conjunto de dos personas, animales o cosas, especialmente si son varón y mujer.

**parejo, ja** *adj.* Igual, semejante.

**parénquima** *m.* Tejido que forma las glándulas. — BOT. Tejido vegetal que realiza funciones de fotosíntesis y almacenamiento.

**parentesco** *m.* Vínculo por consanguinidad.

**paréntesis** *m.* Frase que se intercala en un período, con sentido independiente del mismo. — Signo ortográfico () en que suele encerrarse esta frase. — MAT. Signo que aisla una expresión algebraica.

**paria** *m. y f.* En la India, individuo que no pertenece a casta alguna. — Persona excluida del trato con las demás.

**paridad** *f.* Relación de igualdad o semejanza entre cosas. — Valor que tiene una moneda con relación a otra. — Comparación.

**pariente, ta** *m. y f.* Respecto de una persona, otra de su familia.

**parietal** *adj./m.* Se dice de cada uno de los dos huesos que forman los lados y la parte media de la bóveda del cráneo.

**parihuelas** *f. pl.* Artefacto compuesto de unas tablas atravesadas sobre dos varas para llevar una carga entre dos.

**paripé** *m.* Fam. Fingimiento, simulación.

**parir** *tr. e intr.* Expulsar la hembra de los mamíferos el hijo concebido.

**parisino, na** *adj./m. y f.* De París.

**parking** *m.* Aparcamiento.

**parlamentar** *intr.* Conversar. — Entrar en negociaciones.

**parlamento** *m.* Acción de parlamentar. — Asamblea legislativa.

**parlanchín, na** *adj./m. y f.* Muy hablador.

**parnaso** *m.* Conjunto de todos los poetas de una lengua, país, etc.

**paro** *m.* Acción y efecto de parar. — Situación del que no tiene trabajo. — Huelga.

**parodia** *f.* Imitación burlesca.

**paronomasia** *f.* Semejanza fonética entre dos o más vocablos.

**parótida** *f.* Glándula salival situada en la parte lateral y posterior de la boca.

**paroxismo** *m.* Ataque violento de una enfermedad. — Exaltación extrema de las pasiones.

**parpadear** *intr.* Mover los párpados. — Oscilar una luz.

**párpado** *m.* Repliegue cutáneo, móvil, que protege el ojo.

**parque** *m.* Terreno cercado y con plantas, para recreo. — Conjunto de máquinas, vehículos, etc., destinados a un servicio público: ~ *de bomberos.*

**parqué** *m.* Suelo hecho con tablas de madera ensambladas.

**parquear** *tr.* Amér. Aparcar.

**parquedad** *f.* Moderación, sobriedad.

**parquet** *m.* Parqué.

**parra** *f.* Vid levantada artificialmente, que se extiende mucho.

**párrafo** *m.* Cada una de las partes de un escrito separadas del resto por un punto y aparte.

**parranda** *f.* Fam. Juerga.

**parricida** *m. y f.* Persona que mata a un progenitor o a su cónyuge.

**parrilla** *f.* Utensilio de cocina en forma de rejilla, para asar o tostar los alimentos.

**parrillada** *f.* Plato compuesto por diversas clases de pescados, o carnes, asados a la parrilla. — Argent. y Chile. Carne de vacuno asada en una parrilla.

**párroco** *m./adj.* Sacerdote encargado de una parroquia.

**parroquia** *f.* Iglesia que tiene a su cargo la jurisdicción espiritual de una diócesis.

**parsimonia** *f.* Calma, flema.

**parte** *f.* Porción de un todo. — Cantidad que corresponde a cada uno en un reparto. — Sitio, lugar. — Cada una de las personas, equipos, ejércitos, etc., que dialogan, luchan o contienden. ▶ *pl.* Fam. Órganos genitales.

**parteluz** *m.* ARQ. Columna que divide en dos un hueco de ventana.

**partenogénesis** *f.* Reproducción a partir de un óvulo no fecundado.

**partero, ra** *m. y f.* Persona que tiene por oficio asistir a las mujeres en los partos.

**parterre** *m.* Parte de un jardín con césped y flores.

**participación** *f.* Acción y efecto de participar.

**participar** *intr.* Tomar parte, intervenir. — Recibir una parte proporcional de un todo. ▶ *tr.* Notificar.

**participio** *m.* LING. Forma no personal del verbo que puede realizar la función de adjetivo y sustantivo.

**partícula** *f.* Parte muy pequeña de una cosa. — LING. Parte invariable. — Partícula elemental (FÍS.), partícula de la materia que no puede dividirse en otras más pequeñas.

**particular** *adj.* Propio de una persona o cosa. — Extraordinario. — Singular, individual. — Concreto. ▶ *adj./m. y f.* Que no tiene título o cargo oficial. ▶ *m.* Materia de que se trata.

**partida** *f.* Acción de partir o marcharse. — Porción de un género de comercio. — Asiento

en el registro parroquial o civil. — Mano o conjunto de manos de un juego que se juegan en una sesión. — Grupo, cuadrilla.

**partidario, ria** *adj./m. y f.* Se aplica a la persona que apoya a una persona, idea, etc.

**partidismo** *m.* Celo exagerado a favor de un partido, persona u opinión.

**partido** *m.* Agrupación de personas que defiende unas ideas e intereses determinados. — Provecho. — Competición deportiva entre dos jugadores o equipos.

**partir** *tr.* Separar en partes. — Repartir o distribuir algo entre varios. ▶ *tr. y prnl.* Rajar una cosa o romperla en pedazos. ▶ *intr.* Irse de un lugar. ▶ *prnl.* Fam. Reírse mucho.

**partisano, na** *m. y f.* Miembro de un grupo civil armado.

**partitivo, va** *adj./m.* LING. Se dice del sustantivo y del adjetivo numeral que expresan una parte determinada de un todo.

**partitura** *f.* Texto escrito de una obra musical que contiene el conjunto de todas las partes vocales e instrumentales.

**parto** *m.* Acción de parir.

**parturienta** *f./adj.* Mujer que está pariendo o acaba de parir.

**parva** *f.* Mies extendida en la era. — Cantidad grande de una cosa.

**parvada** *f.* Méx. Bandada.

**parvo, va** *adj.* Pequeño.

**párvulo, la** *adj./m. y f.* Se dice del niño de pocos años.

**pasa** *f.* Uva seca.

**pasacalle** *m.* Marcha popular de compás muy vivo.

**pasadizo** *m.* Paso estrecho.

**pasada** *f.* Acción de pasar.

**pasado, da** *adj.* Se dice del período de tiempo anterior al presente. — Estropeado por no ser reciente. ▸ *m.* Tiempo ya transcurrido. — LING. Pretérito.

**pasador** *m.* Horquilla en forma de pinza para sujetar el pelo. — Barra corrediza para asegurar puertas, ventanas, etc.

**pasaje** *m.* Sitio por donde se pasa. — Billete para un viaje en barco o en avión. — Fragmento de una obra literaria o musical. — Calle estrecha y corta de paso entre dos calles.

**pasajero, ra** *adj.* Que dura poco tiempo. ▸ *m. y f.* Persona que viaja en un vehículo sin conducirlo ella misma.

**pasamano** o **pasamanos** *m.* Parte superior de una baranda.

**pasamontañas** *m.* Prenda que cubre toda la cabeza y el cuello, salvo los ojos y la nariz.

**pasaporte** *m.* Licencia para pasar de un país a otro.

**pasar** *tr.* Llevar o mover una cosa de un sitio a otro. — Atravesar, cruzar. — Ir más allá de cierto punto o límite. — Padecer, soportar. — Tolerar. — Permanecer determinado tiempo en el lugar o de la manera que se expresa:

~ *unos días en el campo.* — DEP. Entregar la pelota a un compañero. ▸ *intr.* Trasladarse de un lugar a otro. — Cambiar de actividad, estado o condición. — Suceder, ocurrir. — Transcurrir el tiempo: ~ *los años.* — Fam. Mostrar desinterés. ▸ *intr. y prnl.* Cesar, tener fin. ▸ *prnl.* Estropearse las frutas, carnes, etc. — Fam. Excederse una persona en sus funciones o mostrar excesivo atrevimiento.

**pasarela** *f.* Puente pequeño o provisional.

**pasatiempo** *m.* Diversión, entretenimiento.

**pascal** *m.* Unidad de presión en el Sistema internacional.

**pascua** *f.* Fiesta celebrada por los hebreos para conmemorar su liberación del cautiverio de Egipto. — Fiesta católica que conmemora la resurrección de Cristo. ▸ *pl.* Tiempo comprendido entre las fiestas de Navidad y Epifanía.

**pase** *m.* Acción y efecto de pasar: ~ *de modelos.* — Documento en que se concede un privilegio o permiso.

**pasear** *intr. y prnl.* Andar despacio por placer o por hacer ejercicio.

**paseo** *m.* Acción de pasear. — Lugar público para pasear.

**paseriforme** *adj./m.* Relativo a un orden de aves, de talla pequeña, que tienen las patas con cuatro dedos, como el ruiseñor.

**pasillo** *m.* Pieza de paso, larga y angosta, de cualquier edificio.

**pasión** *f.* Inclinación exagerada por alguien o algo. — Sentimiento muy intenso que domina la razón.

**pasivo, va** *adj.* Que recibe la acción. — Que no opone resistencia. — LING. Se dice de la forma verbal formada por el auxiliar ser y el participio del verbo cuya acción se expresa. ▸ *m.* Conjunto de obligaciones y deudas de una persona, empresa, etc. — Pasiva refleja (LING.), construcción verbal de significado pasivo formada con se y un verbo en voz activa, como se venden pisos.

**pasmar** *tr. y prnl.* Enfriar mucho. — Fam. Asombrar con extremo.

**pasmarote** *m.* Fam. Persona embobada con alguna cosa.

**pasmo** *m.* Efecto de un enfriamiento. — Admiración o asombro muy grandes.

**paso** *m.* Movimiento de cada uno de los pies al andar. — Longitud de este movimiento. — Sitio por donde se pasa o se puede pasar.

**pasodoble** *m.* Música y danza españolas de ritmo vivo.

**paspadura** *f.* Argent., Par. y Urug. Agrietamiento de la piel.

**pasquín** *m.* Escrito anónimo colocado en lugares públicos, con contenido crítico.

**pasta** *f.* Masa blanda y moldeable de cualquier tipo. — Masa de harina trabajada con manteca, aceite, etc. — Fam. Dinero.

**pastar** *tr.* Conducir el ganado al pasto. ▸ *intr.* Pacer.

**pastel** *m.* Masa de harina, azúcar, huevos, etc., cocida al horno. — Barrita de pasta de color.

**pastelón** *m.* Chile. Losa pequeña usada para pavimentar.

**pasteurización** *f.* Proceso que consiste en esterilizar un líquido alimenticio calentándolo a una temperatura de unos 80 °C.

**pastiche** *m.* Imitación. — Mezcla.

**pastilla** *f.* Pequeña porción de pasta de forma redonda o cuadrangular. — Caramelo. — Dosis sólida de pequeño tamaño de un medicamento y con forma redonda o cuadrada que se traga sin deshacer.

**pastina** *f.* Argent. Mezcla de albañilería para sellar grietas o realizar junturas de mampostería.

**pastizal** *m.* Terreno abundante en pastos.

**pasto** *m.* Acción de pastar. — Prado o campo en que pasta el ganado. — Hierba que pace el ganado. — Argent., Chile, Méx. y Perú. Césped.

**pastor, ra** *m. y f.* Persona que guarda y apacienta el ganado. ▸ *m.* Ministro de una iglesia, especialmente protestante.

**pastoril** *adj.* Relativo a los pastores. — Se dice del género literario o novela que trata sobre los pastores o la vida campestre.

**pastoso, sa** *adj.* Se dice de las cosas blandas y moldeables.

**pata** *f.* Pie y pierna de los animales. — Pieza que soporta un mueble. — Estirar la ~ (Fam.), morirse. — Mala ~ (Fam.), mala suerte.

**patada** *f.* Golpe dado con el pie o con la pata.

**patalear** *intr.* Agitar las piernas. — Golpear con los pies el suelo violentamente.

**pataleta** *f.* Enfado violento y poco duradero.

**patán** *m./adj.* Fam. Hombre zafio y tosco.

**patata** *f.* Planta herbácea de tubérculos comestibles. — Tubérculo de esta planta.

**patatús** *m.* Fam. Desmayo.

**patay** *m.* Amér. Merid. Pasta seca hecha de algarrobas.

**paté** *m.* Pasta hecha de carne o hígado picado.

**patena** *f.* Recipiente de metal en que se pone la hostia en la misa.

**patentar** *tr.* Conceder, obtener o expedir patentes.

**patente** *adj.* Visible, evidente.. ▶ *f.* Documento expedido por el estado, en que se concede a alguien el derecho exclusivo a poner en práctica una determinada invención. — Amér. Merid. Matrícula de un vehículo.

**paternalismo** *m.* Actitud protectora de un superior hacia sus subordinados.

**paterno, na** *adj.* Relativo al padre.

**patético, ca** *adj.* Capaz de conmover y agitar el ánimo.

**patíbulo** *m.* Lugar en que se ejecuta la pena de muerte.

**patidifuso, sa** *adj.* Fam. Atónito.

**patilla** *f.* Franja de pelo que crece por delante de las orejas. — Cada una de las dos varillas del armazón de las gafas.

**patín** *m.* Plancha adaptable a la suela del zapato para deslizarse sobre el hielo o sobre una superficie dura y lisa.

**pátina** *f.* Debilitamiento del color que provoca el tiempo a los objetos antiguos, o que se realiza artificialmente para provocar el mismo efecto.

**patinar** *intr.* Deslizarse con patines. — Resbalar.

**patineta** *f.* Argent., Chile, Méx. y Urug. Juguete que consiste en una plataforma montada sobre cuatro ruedas, el cual se impulsa con un pie.

**patinete** *m.* Juguete compuesto de una plancha con ruedas y un manillar para conducirlo.

**patio** *m.* Espacio descubierto en el interior de un edificio.

**patitieso, sa** *adj.* Fam. Que no puede moverse o no siente alguna parte del cuerpo. — Fam. Que se queda sorprendido.

**patizambo, ba** *adj./m. y f.* Que tiene las piernas torcidas hacia afuera.

**pato** *m.* Ave palmípeda de pico ancho y patas pequeñas y palmeadas. — Argent. Deporte en el que dos equipos de cuatro jugadores cada uno intenta introducir en el aro una pelota, llamada pato. — Cuba. Orinal de cama para varón. — P. Rico y Venez. Hombre afeminado.

**patógeno, na** *adj.* Que produce enfermedad.

**patojo, ja** *adj.* Amér. Central y Amér. Merid. Cojo. ▸ *m. y f.* Colomb. Niño, muchacho.

**patología** *f.* Parte de la medicina que estudia las enfermedades.

**patoso, sa** *adj.* Torpe y sin gracia en los movimientos.

**patota** *f.* Amér. Merid. Pandilla de jóvenes gamberros.

**patraña** *f.* Mentira de pura invención.

**patria** *f.* Tierra natal o adoptiva.

**patriada** *f.* Argent., Par. y Urug. Acción penosa y desinteresada.

**patriarca** *m.* Nombre dado a los primeros jefes de familia, en el Antiguo Testamento. — Título de dignidad de algunos prelados.

**patricio, cia** *adj./m. y f.* Se dice de los ciudadanos, que en el Imperio romano, pertenecían a las familias más antiguas y nobles.

**patrimonio** *m.* Conjunto de bienes adquiridos o heredados. — Patrimonio histórico-artístico, conjunto de edificios, obras de arte, yacimientos, etc., con interés histórico, artístico o científico de un país.

**patriota** *m. y f.* Persona que ama a su patria y quiere serle útil.

**patriotismo** *m.* Amor a la patria.

**patrocinar** *tr.* Proteger, favorecer. — Pagar los gastos que origina la realización de una actividad.

**patrón, na** *m. y f.* Amo, señor. — Dueño de una casa en que se aloja alguien. — Santo bajo cuya protección se halla una iglesia, un pueblo, etc. ▸ *m.* Cosa que sirve de modelo para hacer otra cosa igual. — Hombre que gobierna una embarcación menor.

**patronato** *m.* Derecho, poder o facultad del patrono. — Corporación que forman los patronos. — Fundación benéfica.

**patronímico, ca** *adj./m. y f.* Se dice del apellido familiar que antiguamente se formaba del nombre de los padres.

**patrono, na** *m. y f.* Patrón.

**patrulla** *f.* Partida de gente armada que ronda para mantener el orden y seguridad en campamentos, ciudades, etc. — Méx. Automóvil en que van los policías.

**paúl** *m.* Terreno pantanoso y cubierto de hierbas.

**paulatino, na** *adj.* Lento, gradual.

**paupérrimo, ma** *adj.* Muy pobre.

**pausa** *f.* Interrupción momentánea. — Lentitud, tardanza.

**pauta** *f.* Raya hecha en el papel para no torcerse al escribir. — Modelo, norma.

**pecho**

**pavada** *f.* Argent., Perú y Urug. Tontería, estupidez.

**pavesa** *f.* Partícula que salta de una materia encendida y acaba por convertirse en ceniza.

**pávido, da** *adj.* Lleno de miedo.

**pavimento** *m.* Revestimiento de suelo artificial.

**pava** *f.* Amér. Merid. Recipiente de metal con asa en la parte superior, usado para calentar agua.

**pavo, va** *m. y f.* Ave galliforme con la cabeza y el cuello cubiertos de carnosidades rojas colgantes. — Pavo real, ave galliforme cuyo macho posee una larga cola que extiende en abanico. — Amér. Merid. Polizón.

**pavonear** *intr. y prnl.* Presumir, hacer ostentación de sí mismo.

**pavor** *m.* Miedo muy grande.

**payada** *f.* Argent., Chile y Urug. Canto del payador.

**payador** *m.* Argent., Chile y Urug. Cantor popular que, acompañándose con una guitarra, improvisa sobre temas variados.

**payaso, sa** *m.* Artista de circo que divierte y hace reír al público. ▶ *m. y f.* Persona poco seria en su comportamiento.

**payés, sa** *m. y f.* Campesino de Cataluña o de las islas Baleares.

**payo, ya** *m. y f.* Entre los gitanos, persona que no es de su raza.

**paz** *f.* Ausencia de guerra. — Tranquilidad, sosiego.

**pazguato, ta** *adj./m. y f.* Cándido, pasmado.

**pazo** *m.* En Galicia, casa solariega.

**pe** *f.* Nombre de la letra *p*. — De pe a pa, de principio a fin.

**peaje** *m.* Pago obligatorio para transitar por un lugar. — Lugar donde se realiza este pago.

**peana** *f.* Basa para colocar encima una figura u otro objeto.

**peatón, na** *m. y f.* Persona que va a pie.

**pebetero** *m.* Recipiente para quemar sustancias aromáticas. — Recipiente en el que arde la llama olímpica.

**peca** *f.* Mancha del cutis, pequeña y de color pardo.

**pecado** *m.* Transgresión voluntaria de la ley divina.

**pecar** *intr.* Cometer un pecado. — Cometer cualquier tipo de falta.

**pecarí** *m.* Amér. Merid. Especie de cerdo salvaje.

**pecera** *f.* Recipiente de cristal con agua para tener peces vivos.

**peceto** *m.* Argent. Corte de carne extraído del cuarto trasero de los vacunos.

**pechar** *tr.* Amér. Central y Amér. Merid. Estafar. — Amér. Central y Amér. Merid. Empujar.

**pechina** *f.* Concha vacía de un molusco. — ARQ. Cada uno de los cuatro triángulos que forman el anillo de la cúpula con los arcos sobre los que estriba.

**pecho** *m.* Parte del cuerpo entre el cuello y el abdomen. — Parte exterior y delantera de esta cavidad. — Seno de la mujer.

**pechuga** *f.* Pecho del ave.

**pecíolo** o **peciolo** *m.* BOT. Rabillo de la hoja que la une al tallo.

**pécora** *f.* Fam. Mujer astuta y maligna. — Fam. Prostituta.

**pectoral** *adj.* Relativo al pecho.

**pecuario, ria** *adj.* Relativo al ganado.

**peculiar** *adj.* Característico o propio de cada persona o cosa.

**pecuniario, ria** *adj.* Relativo al dinero en efectivo.

**pedagogía** *f.* Ciencia que se ocupa de la educación de los jóvenes.

**pedal** *m.* Palanca de un mecanismo, máquina o vehículo que se acciona con el pie.

**pedante** *adj./m. y f.* Que hace vano alarde de erudición.

**pedazo** *m.* Porción de una cosa.

**pederastia** *f.* Abuso sexual de un niño.

**pedernal** *m.* Variedad de cuarzo que produce chispas al ser golpeado.

**pedestal** *m.* Cuerpo que sostiene una columna, estatua, etc. — En un pedestal, en muy buena opinión o consideración.

**pedestre** *adj.* Que se hace a pie: *carrera* ~. — Vulgar, ordinario.

**pediatría** *f.* Rama de la medicina que se ocupa de las enfermedades de los niños.

**pedículo** *m.* BOT. Pedúnculo de una hoja, flor o fruto.

**pedicuro, ra** *m. y f.* Persona que se dedica al cuidado de los pies.

**pedido** *m.* Encargo de géneros hecho a un fabricante o vendedor.

**pedigrí** *m.* Genealogía de un animal de raza.

**pedigüeño, ña** *adj.* Demasiado aficionado a pedir.

**pedir** *tr.* Rogar a una persona que dé o haga cierta cosa. — Requerir una cosa algo como necesario o conveniente.

**pedo** *m.* Ventosidad que se expele por el ano.

**pedrada** *f.* Acción de arrojar una piedra. — Golpe dado con una piedra lanzada.

**pedregal** *m.* Terreno cubierto de piedras.

**pedregullo** *m.* Amér. Merid. Conjunto de piedras pequeñas, trituradas, que se usan para afirmar caminos.

**pedrería** *f.* Conjunto de piedras preciosas.

**pedrisco** *m.* Piedra o granizo grueso que cae de las nubes.

**pedrusco** *m.* Fam. Pedazo de piedra sin labrar.

**pedúnculo** *m.* BOT. Rabo que une una hoja, flor o fruto al tallo. — ZOOL. Prolongación del cuerpo de algunos crustáceos.

**peer** *intr. y prnl.* Expeler por el ano los gases del intestino.

**pega** *f.* Acción de pegar o unir. — Obstáculo, contratiempo. — Fam. Pegamento. — Chile. Lugar donde se trabaja.

— Chile. Edad del hombre en que culminan sus atractivos. — Chile, Colomb., Cuba y Perú. Fam. Empleo, trabajo. — Cuba y P. Rico. Especie de cola para cazar pájaros.

**pegajoso, sa** *adj.* Que se pega con facilidad.

**pegamento** *m.* Sustancia que sirve para pegar.

**pegar** *tr.* Unir una cosa a otra con pegamento, cola, etc., de modo que no puedan separarse. — Arrimar. — Maltratar con golpes. ▸ *tr. y prnl.* Contagiar. ▸ *intr.* Armonizar una cosa con otra.

**pegatina** *f.* Lámina de papel adhesivo.

**pego** Palabra que se usa en la expresión dar el pego para indicar aparentar lo que no es.

**peinado** *m.* Cada una de las diversas formas de arreglarse el pelo.

**peinar** *tr. y prnl.* Desenredar o componer el cabello.

**peine** *m.* Utensilio con púas para peinar.

**peineta** *f.* Peine curvado que usan las mujeres como adorno o para sujetar el peinado.

**pejerrey** *m.* Argent. y Chile. Nombre de diversos peces marinos o de agua dulce, muy apreciados por su carne.

**pejiguera** *f.* Fam. Cosa que causa dificultades o molestias.

**pela** *f.* Fam. Peseta. — Méx. Azotaina, zurra.

**pelada** *f.* Amér. Acción y efecto de cortar el pelo. — Chile. La muerte, representada por el esqueleto.

**peladilla** *f.* Almendra cubierta de un baño de azúcar.

**pelado, da** *adj.* Desprovisto de lo que naturalmente suele adornarlo, cubrirlo o rodearlo. — Argent., Chile y Ecuad. Calvo. ▸ *adj./m. y f.* Méx. Mal educado, grosero. — Méx. De clase social baja y sin educación.

**pelagatos** *m. y f.* Fam. Persona con escasos recursos económicos.

**pelaje** *m.* Naturaleza y calidad del pelo de un animal.

**pelambre** *m. o f.* Gran cantidad de pelo. — Conjunto de pelo arrancado o cortado.

**pelandusca** *f.* Fam. Prostituta.

**pelar** *tr. y prnl.* Cortar el pelo: ~ *una oveja.* ▸ *tr.* Desplumar. — Quitar la piel o corteza a una cosa: ~ *una manzana* — Argent. Desenvainar un arma. — Argent. Fam. Sacar, exhibir algo. — Chile. Fam. Hablar mal de alguien. — Méx. Fam. Hacer caso a alguien, prestar atención. ▸ *prnl.* Levantarse la piel por haber tomado mucho el sol.

**peldaño** *m.* Cada uno de los tramos de una escalera.

**pelear** *intr. y prnl.* Usar las armas o las propias fuerzas para vencer a otros. ▸ *intr.* Afanarse por conseguir algo. ▸ *prnl.* Enemistarse.

**pelele** *m.* Muñeco de figura humana, hecho de paja o trapos.

**peletería** *f.* Tienda donde se venden prendas de piel. — Arte de adobar pieles de animales para hacer prendas de vestir.

**peliagudo, da** *adj.* Fam. Se dice del asunto difícil de resolver.

**pelícano** o **pelicano** *m.* Ave palmípeda de pico largo y ancho, con la piel de la mandíbula inferior en forma de bolsa.

**película** *f.* Capa muy fina y delgada que cubre algo. — Cinta de celuloide perforada, usada en fotografía y en cinematografía.

**peligro** *m.* Situación en la que puede ocurrir algún mal.

**pelirrojo, ja** *adj.* Que tiene el pelo rojo.

**pella** *f.* Masa de cualquier material, de forma redondeada. — Manteca del cerdo tal como se saca de él.

**pellejo** *m.* Piel. — Odre.

**pelliza** *f.* Prenda de abrigo hecha o forrada de piel.

**pellizcar** *tr. y prnl.* Asir con dos dedos un trozo de carne o de piel, apretándola para que cause dolor. ▶ *tr.* Tomar una pequeña cantidad de una cosa.

**pellón** *m.* Amér. Central y Amér. Merid. Piel curtida que se usa sobre la silla de montar.

**pelmazo, za** *m. y f./adj.* Fam. Persona pesada y fastidiosa.

**pelo** *m.* Filamento que nace y crece entre los poros de la piel de los mamíferos. — Conjunto de estos filamentos, y en especial los que crecen en la cabeza del hombre. — **No tener uno pelos en la lengua** (Fam.), no tener reparo en decir lo que piensa. — **Por los pelos** (Fam.), por poco. — **Tomar el pelo a uno** (Fam.), burlarse de él.

**pelota** *f.* Bola hecha de algún material flexible, que sirve para jugar. — Juego que se realiza con esta bola. ▶ *m. y f.* Persona que trata de agradar a alguien para conseguir un beneficio. ▶ *f. pl.* Vulg. Testículos.

**pelotear** *intr.* Jugar a la pelota como entrenamiento. — Reñir. ▶ *tr.* Argent. Fam. Demorar deliberadamente un asunto. — Argent., Par. y Urug. Fam. Tratar a alguien sin consideración.

**pelotera** *f.* Fam. Riña, pelea.

**pelotón** *m.* Grupo de soldados a las órdenes de un sargento.

**peluca** *f.* Cabellera postiza.

**peluche** *m.* Felpa. — Muñeco hecho de este tejido.

**peludo, da** *adj./m. y f.* Que tiene mucho pelo. ▶ *m.* Argent. y Urug. Borrachera. — Argent. y Urug. Armadillo, animal.

**peluquear** *tr. y prnl.* Amér. Merid., C. Rica. y Méx. Cortar o arreglar el cabello.

**peluquero, ra** *m. y f.* Persona que tiene por oficio peinar o cortar el pelo.

**peluquín** *m.* Peluca que sobre la parte superior de la cabeza.

**pelusa** *f.* Vello. — Pelo menudo que se desprende de las telas.

**pelvis** *f.* Cavidad ósea de los vertebrados, situada en la parte inferior del tronco, formada por los huesos sacro y coxis.

**pena** *f.* Castigo impuesto. — Tristeza producida por algo desagradable. — Dificultad, trabajo. — Amér. Central, Colomb., Méx. y Venez. Vergüenza, cortedad.

**penacho** *m.* Grupo de plumas que tienen algunas aves en la cabeza.

**penal** *adj.* Relativo a los delitos y a las penas que se les asignan. ▶ *m.* Lugar donde cumplen pena los condenados.

**penalidad** *f.* Dificultad que comporta trabajo y sufrimiento: *las penalidades de la vida.*

**penalti** m. En fútbol y otros deportes, falta cometida por un jugador dentro del área de gol de su propio equipo, y sanción que le corresponde. — Lanzamiento que debe efectuar el equipo contrario al que ha cometido esta falta.

**penar** *tr.* Imponer pena. ▶ *intr.* Padecer, sufrir un dolor o pena.

**penca** *f.* Hoja carnosa de ciertas plantas. — Tallo de ciertas hortalizas.

**penco** *m.* Fam. Jamelgo. — Fam. Persona holgazana o inútil.

**pendejo** *m.* Pelo del pubis y las ingles. — Méx. Vulg. Tonto. — Perú. Fam. Astuto, mañoso.

**pendencia** *f.* Riña, disputa.

**pender** *intr.* Estar colgada una cosa. — Estar por resolverse un asunto.

**pendiente** *adj.* Que pende. — Que aún no se ha resuelto. ▶ *m.* Adorno que se pone en el lóbulo de la oreja. ▶ *f.* Cuesta o declive de un terreno.

**pendón, na** *m.* Bandera más larga que ancha que se usa como distintivo. ▶ *m. y f.* Fam. Persona de vida desordenada.

**péndulo** *m.* Cuerpo suspendido en un punto fijo y que oscila por acción de su peso.

**pene** *m.* Miembro viril.

**penetrar** *tr. e intr.* Introducir un cuerpo en otro. — Introducirse en el interior de un espacio. ▶ *tr.* Hacerse sentir con intensidad una cosa. ▶ *tr. y prnl.* Comprender bien, profundizar.

**penicilina** *f.* Antibiótico usado para combatir las enfermedades infecciosas.

**penillanura** *f.* Meseta de relieves suaves, formada por erosión.

**península** *f.* Tierra rodeada de agua por todas partes excepto por una, por donde se une al continente.

**penique** *m.* Moneda inglesa, centésima parte de la libra.

**penitencia** *f.* Sacrificio que uno se impone a sí mismo para expiar sus pecados. — Sacramento de la Iglesia católica por el cual se perdonan los pecados.

**penitenciaría** *f.* Cárcel, prisión.

**penoso, sa** *adj.* Que causa pena. — Que es muy trabajoso.

**pensador, ra** *m. y f.* Filósofo.

**pensamiento** *m.* Acción, efecto y facultad de pensar.

**pensar** *tr. e intr.* Formar y ordenar en la mente ideas y conceptos. — Examinar con cuidado una idea, asunto, etc. ▸ *tr.* Hacer proyectos para poner en práctica alguna cosa.

**pensión** *f.* Cantidad de dinero entregada periódicamente a alguien. — Establecimiento hotelero de categoría inferior al hotel.

**pensionado, da** *adj./m. y f.* Que cobra una pensión. ▸ *m.* Colegio de alumnos internos.

**pensionista** *m. y f.* Persona que cobra una pensión. — Persona que paga una pensión de manutención y alojamiento.

**pentaedro** *m.* Sólido de cinco caras.

**pentágono** *m.* Polígono de cinco lados.

**pentagrama** *m.* MÚS. Conjunto de cinco líneas paralelas, sobre las que se escriben las notas musicales.

**pentecostés** *m.* Fiesta cristiana que conmemora la venida del Espíritu Santo.

**penúltimo, ma** *adj./m. y f.* Inmediatamente antes del último.

**penumbra** *f.* Sombra débil entre la luz y la oscuridad.

**penuria** *f.* Escasez de las cosas más necesarias para vivir.

**peña** *f.* Roca de gran tamaño. — Fam. Grupo de amigos.

**peñasco** *m.* Peña grande y elevada.

**peñón** *m.* Monte peñascoso.

**peón** *m.* Obrero no especializado. — Pieza del juego de ajedrez, la de menos valor.

**peonza** *f.* Juguete de forma cónica, generalmente de madera, al que se arrolla una cuerda para lanzarlo y hacerlo bailar.

**peor** *adj.* De inferior calidad que aquello con lo que se compara: *es ~ bailarín que su hermano.* ▸ *adv.* Más mal que aquello con lo que se compara.

**pepa** *f.* Amér. Central y Amér. Merid. Pepita, semilla.

**pepinillo** *m.* Variedad de pepino pequeño.

**pepino** *m.* Planta de tallo rastrero, flores amarillas y fruto carnoso y cilíndrico. — Fruto de esta planta.

**pepita** *f.* Semilla de ciertos frutos. — Trozo rodado de oro u otro metal.

**pepsina** *f.* Enzima del jugo gástrico que inicia la digestión de las proteínas.

**pequeñez** *f.* Cualidad de pequeño. — Cosa sin importancia.

**pequeño, ña** *adj.* De poco tamaño. — Se dice de las personas de baja estatura. — De pocos años. ▸ *m. y f.* Niño.

**pequinés, sa** *adj./m. y f.* De Pekín. — Se dice de una raza de perros de pequeño tamaño, de hocico corto y pelo largo.

**pera** *f.* Fruto del peral.

**peral** *m.* Árbol de flores blancas, cuyo fruto es la pera.

**peralte** *m.* Mayor elevación de la parte exterior de una curva con respecto a la interior, en carreteras, vías de tren, etc.

**peralto** *m.* Altura de una figura geométrica desde su base.

**perborato** *m.* Sal del ácido bórico.

**perca** *f.* Pez de agua dulce, de cuerpo oblongo con escamas duras.

**percal** *m.* Tela de algodón fina y barata.

**percance** *m.* Contratiempo que entorpece el curso de algo.

**percatar** *intr. y prnl.* Advertir, darse cuenta.

**percebe** *m.* Crustáceo marino con un pedúnculo carnoso comestible.

**percepción** *f.* Acción de percibir.

**percha** *f.* Madero largo y delgado que se atraviesa en otro para sostener algo. — Utensilio para colgar ropa.

**percibir** *tr.* Recibir algo. — Recibir impresiones por medio de los sentidos.

**perclorato** *m.* Sal de cloro que se utiliza en higiene dental.

**percusión** *f.* Acción y efecto de percutir. — Instrumento de percusión, instrumento musical que se toca golpeándolo con las manos, bastones, etc.

**percusor** *m.* Percutor.

**percutir** *tr.* Dar uno o varios golpes a una cosa.

**percutor** *m.* Pieza que golpea, en especial la que provoca la explosión de la carga en las armas de fuego.

**perder** *tr.* Dejar de tener o no hallar una cosa. — Verse privado de alguien a causa de su muerte. — Desperdiciar, malgastar. ▶ *tr. e intr.* Resultar vencido en una competición, lucha, etc. ▶ *prnl.* Errar el camino. — Dejarse llevar por los vicios.

**perdición** *f.* Acción de perder o perderse. — Perjuicio grave.

**pérdida** *f.* Privación de lo que se poseía. — Cantidad o cosa perdida. — Daño que se recibe en una cosa.

**perdido, da** *adj.* Que no tiene o no lleva destino determinado. ▶ *m. y f.* Persona viciosa.

**perdigón** *m.* Pollo de la perdiz. — Pequeño grano de plomo usado como munición de caza.

**perdiz** *f.* Ave galliforme, de cabeza pequeña y pico y patas rojas.

**perdón** *m.* Acción y efecto de perdonar.

**perdonar** *tr.* Librar a alguien de una pena, deuda, castigo, etc. — No tener en cuenta la falta que otro comete.

**perdulario, ria** *adj./m. y f.* Vicioso incorregible.

**perdurar** *intr.* Durar algo largo tiempo o un tiempo indefinido.

**perecer** *intr.* Morir, fenecer.

**peregrinar** *intr.* Andar por tierras extrañas. — Ir a un santuario por devoción o por voto.

**peregrino, na** *adj.* Se dice de las aves de paso. — Singular, extravagante. ▸ *adj./m. y f.* Se dice de la persona que peregrina.

**perejil** *m.* Planta herbácea aromática, utilizada como condimento.

**perenne** *adj.* Perpetuo, que no muere. — Se dice de la planta que puede vivir muchos años: *árbol de hoja ~.*

**perentorio, ria** *adj.* Urgente. — Se dice del último plazo que se concede para hacer algo.

**pereza** *f.* Falta de ganas de hacer algo. — Lentitud o descuido en las acciones o movimientos.

**perezosa** *f.* Argent., Perú y Urug. Tumbona.

**perezoso, sa** *adj.* Que tiene pereza. — Lento o pesado.

**perfección** *f.* Cualidad de perfecto. — Cosa perfecta.

**perfeccionar** *tr. y prnl.* Acabar una obra con el mayor grado de perfección posible.

**perfecto, ta** *adj.* Que tiene todas las cualidades requeridas. — LING. Se dice del tiempo verbal que expresa la acción como acabada.

**perfidia** *f.* Deslealtad, traición.

**perfil** *m.* Contorno, línea que limita cualquier cuerpo. — Contorno de alguna cosa no vista de frente. — Conjunto de rasgos que caracterizan a una persona o cosa.

**perfilar** *tr.* Precisar el perfil de una cosa. — Perfeccionar.

**perforar** *tr.* Agujerear algo atravesándolo en parte o totalmente.

**perfume** *m.* Sustancia o líquido aromáticos que exhalan buen olor. — Olor muy agradable.

**perfumería** *f.* Tienda en que se venden perfumes.

**pergamino** *m.* Piel de carnero preparada para la escritura, encuadernación, etc. — Documento escrito en esta piel.

**pergenio** *m.* Chile. Fam. Persona chica y de mala traza. — Chile. Persona entrometida.

**pergeñar** *tr.* Ejecutar una cosa a grandes rasgos o rápidamente.

**pérgola** *f.* Galería con columnas y enrejados, por donde trepan plantas ornamentales.

**periantio** *m.* BOT. Conjunto de las envolturas florales, cáliz y corola, que rodean los estambres y el pistilo.

**pericardio** *m.* Membrana que envuelve el corazón.

**pericarpio** *m.* BOT. Parte del fruto que envuelve las semillas.

**pericia** *f.* Habilidad, cualidad del que es experto en algo.

**perico** *m.* Periquito.

**periferia** *f.* Espacio que rodea un núcleo cualquiera.

**perifollo** *m.* Planta aromática usada como condimento. ▸ *pl.* Fam. Conjunto de adornos superfluos y generalmente de mal gusto.

**perífrasis** *f.* Figura retórica que consiste en expresar por medio de un rodeo un concepto único.

**perigeo** *m.* ASTRON. Punto en que la Luna se halla más próxima a la Tierra.

**perihelio** *m.* ASTRON. Punto más cercano al Sol en la órbita de un planeta.

**perilla** *f.* Barba formada por los pelos que crecen en la barbilla.

**perillán, na** *adj./m. y f.* Granuja, pícaro.

**perímetro** *m.* Ámbito. — MAT. Contorno de una figura.

**perineo** o **periné** *m.* Región comprendida entre el ano y los órganos sexuales.

**perinola** *f.* Peonza pequeña que se hace bailar con los dedos.

**periódico, ca** *adj.* Que sucede o se hace con determinados espacios de tiempo. ▶ *m.* Publicación impresa que se edita diariamente.

**periodismo** *m.* Profesión de las personas que escriben en periódicos o en programas informativos de radio y televisión.

**período** o **periodo** *m.* Espacio de tiempo determinado. — Tiempo que una cosa tarda en volver al estado o posición que tenía al principio. — Ciclo de tiempo. — Menstruación. — MAT. Cifra o conjunto de cifras que se repiten indefinidamente, después del cociente entero, en las divisiones inexactas.

**periostio** *m.* Membrana fibrosa que rodea los huesos.

**peripecia** *f.* Suceso que acontece de manera imprevista.

**periplo** *m.* Navegación alrededor.

**periquete.** Palabra que se utiliza en la expresión en un periquete, que significa en un tiempo muy breve.

**periquito** *m.* Ave de pequeño tamaño y plumaje de vistosos colores.

**periscopio** *m.* Instrumento óptico que, por medio de prismas y espejos, permite ver por encima de un obstáculo.

**perisodáctilo, la** *adj./m.* Relativo a los mamíferos con un número impar de dedos, de los cuales el tercero está muy desarrollado.

**perito, ta** *adj./m. y f.* Experto en una ciencia o arte.

**peritoneo** *m.* Membrana que cubre la cavidad interior del abdomen y las vísceras.

**peritonitis** *f.* Inflamación del peritoneo.

**perjudicar** *tr. y prnl.* Causar daño material o moral.

**perjudicial** *adj.* Que perjudica o puede perjudicar.

**perjuicio** *m.* Efecto de perjudicar o perjudicarse.

**perjurar** *intr.* Jurar mucho o por vicio. ▶ *intr. y prnl.* Jurar en falso. ▶ *prnl.* Faltar al juramento.

**perla** *f.* Pequeño cuerpo esférico de nácar que se forma en el interior de algunos moluscos.

**permanecer** *intr.* Mantenerse en un lugar durante un tiempo determinado. — Continuar en el mismo estado, situación, etc.

**permanente** *adj.* Que permanece. ► *f.* Ondulación artificial del cabello.
**permeable** *adj.* Que puede ser penetrado por el agua u otro fluido.
**pérmico, ca** *adj./m.* GEOL. Se dice del último período del paleozoico.
**permiso** *m.* Acción y efecto de permitir. — Posibilidad de dejar temporalmente el trabajo u otra obligación.
**permitir** *tr. y prnl.* Manifestar, quien tiene autoridad para ello, que una persona puede hacer o dejar de hacer alguna cosa. ► *tr.* No impedir algo. — Hacer posible.
**permutar** *tr.* Cambiar una cosa por otra. — Variar el orden.
**pernera** *f.* Parte del pantalón que cubre la pierna.
**pernicioso, sa** *adj.* Peligroso o muy perjudicial.
**pernil** *m.* Anca y muslo del animal.
**perno** *m.* Pieza metálica que por un extremo termina en una cabeza, y en el otro tiene una rosca en que se atornilla una tuerca.
**pernoctar** *intr.* Pasar la noche en algún lugar fuera del propio domicilio.
**pero** *conj.* Expresa contraposición u oposición: *es muy inteligente ~ vago.* — Se usa encabezando algunas frases: *~¿cómo es posible?* ► *m.* Defecto, inconveniente.

**perogrullada** *f.* Verdad que por sabida es simpleza decirla.
**perol** *m.* Recipiente semiesférico de metal, que sirve para guisar. — Venez. Cosa, asunto.
**peroné** *m.* Hueso largo y delgado de la pierna.
**perorata** *f.* Discurso inoportuno y aburrido para el oyente.
**perpendicular** *adj.* Que forma un ángulo recto con una recta o plano. ► *f.* Línea que forma ángulo recto con otra.
**perpetrar** *tr.* Cometer un delito.
**perpetuar** *tr. y prnl.* Hacer perpetua o perdurable una cosa.
**perpetuo, tua** *adj.* Que dura siempre. — Que dura toda la vida: *cadena ~.*
**perplejidad** *f.* Confusión, indecisión.
**perra** *f.* Fam. Rabieta.
**perrera** *f.* Sitio donde se guardan o encierran los perros.
**perrería** *f.* Conjunto de perros. — Fam. Mala pasada.
**perro, rra** *m. y f.* Mamífero doméstico carnicero del que existen gran número de razas, tamaños y pelajes. ► *adj.* Fam. Muy malo, indigno. — **De perros** (Fam.), muy malo, molesto o desagradable. — **Perro viejo**, persona astuta a la que no se puede engañar por su dilatada experiencia. — Persona despreciable y malvada.
**persa** *adj./m. y f.* De Persia. ► *m./adj.* Antigua lengua hablada en Persia y lengua moderna deri-

vada de esta. ▶ Se dice del gato de pelo largo y nariz chata.

**persecución** *f.* Acción de perseguir.

**perseguir** *tr.* Seguir al que huye para alcanzarle.

**perseverancia** *f.* Constancia en la ejecución de las cosas.

**perseverar** *intr.* Mantenerse firme en una actitud u opinión. — Durar por mucho tiempo.

**persiana** *f.* Cierre formado por tablas largas y delgadas, unidas entre sí, que se coloca en ventanas, puertas y balcones.

**persignar** *tr. y prnl.* Signar, hacer la señal de la cruz.

**persistir** *intr.* Mantenerse firme y constante en alguna cosa. — Durar largo tiempo.

**persona** *f.* Individuo de la especie humana. — LING. Accidente gramatical del verbo y del pronombre, que hace referencia a la relación de los hablantes respecto al discurso. — En persona, uno mismo.

**personaje** *m.* Persona importante. — Ser ficticio que toma parte en la acción de una obra literaria, película, etc.

**personal** *adj.* Relativo a la persona o propio o particular de ella. ▶ *m.* Conjunto de las personas que trabajan en un mismo organismo o empresa. — Pronombre personal, el que es indicador de persona gramatical.

**personalidad** *f.* Conjunto de características que constituyen y

diferencian a una persona. — Persona que destaca en una determinada actividad o campo.

**personalizar** *tr.* Referirse a una persona determinada.

**personarse** *prnl.* Presentarse personalmente en cierto lugar.

**personificar** *tr.* Atribuir lo que es propio de los seres humanos a animales o cosas.

**perspectiva** *f.* Forma de representar por medio del dibujo, en un plano, los objetos tal como aparecen a la vista. — Paisaje o vista que aparece ante la mirada del que lo contempla. — Expectativa.

**perspicaz** *adj.* Que percibe a larga distancia: *vista* ~. — Que es agudo y sagaz.

**persuadir** *tr. y prnl.* Inducir a uno a creer o hacer algo.

**pertenecer** *intr.* Ser una cosa propiedad de uno. — Formar parte de algo.

**pértiga** *f.* Vara larga.

**pertinaz** *adj.* Duradero, persistente: *dolor* ~. — Obstinado, terco.

**pertinente** *adj.* Oportuno, adecuado. — Referente, relativo.

**pertrechos** *m. pl.* Conjunto de útiles necesarios para un fin.

**perturbado, da** *adj.* Inquieto. ▶ *adj./m. y f.* Enfermo mental.

**perturbar** *tr. y prnl.* Producir desorden o intranquilidad.

**peruano, na** *adj./m. y f.* De Perú.

**perversión** *f.* Acción y efecto de pervertir. — Desviación y corrupción de las costumbres: ~ *sexual.*

**perverso, sa** *adj./m. y f.* Que por placer realiza actos crueles.

**pervertir** *tr. y prnl.* Volver malo o vicioso.

**pervivir** *tr.* Seguir viviendo.

**pesa** *f.* Masa tipo que sirve para hallar el valor de otra masa. — Colomb., C. Rica, Nicar. y Venez. Carnicería, tienda.

**pesadez** *f.* Cualidad de pesado. — Sensación de cansancio o peso que se experimenta en algunas partes del cuerpo.

**pesadilla** *f.* Ensueño angustioso y tenaz. — Disgusto intenso.

**pesado, da** *adj.* Que pesa mucho. — Insoportable. — Aburrido.

**pesadumbre** *f.* Padecimiento moral, y su causa.

**pésame** *m.* Manifestación de sentimiento por la muerte de alguien.

**pesar** *tr.* Determinar el peso de algo. ▶ *intr.* Tener gran influencia. — Experimentar un sentimiento de pena.

**pesar** *m.* Sentimiento de dolor o pena. — Arrepentimiento.

**pesca** *f.* Acción, efecto y arte de pescar.

**pescado** *m.* Pez comestible sacado del agua.

**pescante** *m.* En los carruajes, asiento exterior para el conductor.

**pescar** *tr.* Sacar del agua peces u otros animales acuáticos.

**pescozón** *m.* Golpe dado con la mano en el pescuezo o en la cabeza.

**pescuezo** *m.* Parte del cuerpo de un animal de la nuca al tronco.

**pesebre** *m.* Especie de cajón o artesa donde comen los animales y lugar destinado para éste. — Nacimiento, belén.

**peseta** *f.* Unidad monetaria de España. ▶ *pl.* Esp. Fam. Dinero, capital.

**pesimismo** *m.* Disposición a ver las cosas del lado desfavorable.

**pésimo, ma** *adj.* Muy malo.

**peso** *m.* Fuerza resultante de la acción de la gravedad sobre un cuerpo. — Importancia de algo. — Pesa. — Balanza para pesar. — Unidad monetaria de algunos países americanos, de Filipinas y de Guinea-Bissau.

**pespunte** *m.* Labor de costura hecha mediante puntadas unidas.

**pesquero, ra** *adj.* Relativo a la pesca: *industria* ~. ▶ *m./adj.* Barco de pesca.

**pesquisa** *f.* Indagación que se hace de una cosa para averiguarla.

**pestaña** *f.* Cada uno de los pelos de los párpados.

**peste** *f.* Enfermedad infecciosa que ocasiona gran mortandad. — Mal olor. — Fam. Abundancia excesiva de una cosa molesta o nociva.

**pesticida** *m.* Sustancia que mata los parásitos de los cultivos.

**pestilencia** *f.* Peste, mal olor.

**pestillo** *m.* Pasador con que se asegura una puerta o ventana.

**petaca** *f.* Estuche para tabaco. — Méx. Maleta pequeña con tirante para colgarla al brazo. ▸ *pl.* Méx. Fam. Nalga.

**petacón, na** *adj.* Colomb. y Méx. Que tiene las nalgas muy grandes.

**pétalo** *m.* Cada una de las piezas que forman la corola de la flor.

**petanca** *f.* Juego consistente en arrojar varias bolas acercándolas entre sí.

**petardo** *m.* Canuto lleno de pólvora, que provoca detonaciones.

**petate** *m.* Lío de ropa de los marineros, soldados, etc. — Méx. Esterilla de palma para dormir sobre ella.

**petenera** *f.* Cante flamenco de gran intensidad dramática.

**petición** *f.* Acción de pedir. — Cláusula con que se pide.

**petimetre, tra** *m. y f.* Persona muy preocupada por su aspecto.

**petirrojo** *m.* Ave de plumaje marrón, con el cuello y el pecho rojos.

**petizo, za** o **petiso, sa** *adj./m. y f.* Amér. Merid. Pequeño, bajo de estatura. ▸ *m.* Amér. Merid. Caballo de poca alzada.

**peto** *m.* Pieza del vestido que se coloca sobre el pecho.

**petrel** *m.* Ave que vive en alta mar, y va a tierra a reproducirse.

**pétreo, a** *adj.* Relativo a la piedra. — Cubierto de piedra.

**petrificar** *tr. y prnl.* Convertir algo en piedra. — Dejar a alguien paralizado por el asombro.

**petrogénesis** *f.* Proceso geológico de formación de las rocas.

**petróleo** *m.* Mezcla de hidrocarburos combustible, de color oscuro, que se encuentra en estado líquido en el interior de la tierra.

**petroquímica** *f.* Ciencia o industria de los productos químicos derivados del petróleo.

**petulancia** *f.* Insolencia. — Presunción.

**petunia** *f.* Planta de flores grandes y olorosas. — Flor de esta planta.

**peyorativo, va** *adj.* Que expresa una idea desfavorable.

**pez** *m.* Animal vertebrado acuático, de respiración branquial, de piel cubierta de escamas y con extremidades en forma de aleta. ▸ *f.* Materia oscura y pegajosa, que se obtiene como residuo en la destilación de la trementina y otros productos.

**pezón** *m.* Parte central y más prominente de la glándula mamaria. — Rabillo de la hoja, la flor o el fruto de las plantas.

**pezuña** *f.* En los animales de pata hendida, conjunto de los dedos de una pata cubierto con sus uñas. — Fam. y desp. Mano o pie de una persona.

**pH** *m.* QUÍM. Coeficiente que caracteriza el grado de acidez de un medio.

**pi** *f.* Letra del alfabeto griego. — MAT. Signo que representa la relación entre el diámetro de una circunferencia y su longitud.

**piadoso, sa** *adj.* Que es muy religioso. — Inclinado a sentir compasión.

**pianista** *m. y f.* Persona que toca el piano.

**piano** *m.* Instrumento musical de cuerdas percutidas mediante pequeños martillos accionados por unas teclas.

**pianola** *f.* Piano que se toca por pedales o corriente eléctrica.

**piar** *intr.* Emitir su sonido las aves, y especialmente el pollo. — Fam. Pedir una cosa con insistencia.

**piara** *f.* Manada de cerdos.

**piastra** *f.* En algunos países, moneda de valor variable.

**pibe, ba** *m. y f.* Argent. y Urug. Muchacho.

**pica** *f.* Lanza larga que usaban los soldados de infantería. — Vara que usa el picador en una corrida de toros. — Carta de la baraja francesa.

**picada** *f.* Amér. Senda que se abre en un bosque o en un monte espeso. — Amér. Central, Argent., Bol., Chile, C. Rica, Par. y Urug. Carrera ilegal de automóviles que se realiza en la vía pública. — Argent. Tapa, aperitivo. — Colomb. Fam. Punzada, dolor agudo.

**pica** *f.* Vara para picar los toros. — Lanza larga antiguamente usada en infantería.

**picadero** *m.* Escuela de equitación.

**picadillo** *m.* Guiso de carne picada.

**picado, da** *adj.* Ser dice del vino o alimento que comienza a estropearse o avinagrarse.

**picadora** *f.* Aparato que pica alimentos.

**picador, ra** *m. y f.* Persona que doma los caballos. — Torero de a caballo que pica con garrocha a los toros. — Persona que arranca el mineral con el pico.

**picadura** *f.* Acción de picar o picarse. — Mordedura de ciertos insectos, aves o reptiles. — Tabaco picado para fumar.

**picana** *f.* Amér. Merid. y Méx. Vara para picar a los bueyes.

**picante** *adj.* Que pica al paladar. — Fam. Dicho con intención o gracia maliciosa. ▸ *m.* Sustancia que pica al paladar.

**picapleitos** *m. y f.* Desp. Abogado.

**picaporte** *m.* Aldaba, Pieza que se sujeta a una puerta y con la que se golpea para llamar. — Dispositivo para cerrar una puerta.

**picar** *tr.* Morder las aves, los insectos y ciertos reptiles. — Morder los peces el cebo. — Cortar una cosa en trozos muy menudos. — Herir al toro con una pica desde el caballo.

▶ *tr. e intr.* Sentir escozor en alguna parte del cuerpo. ▶ *prnl.* Agujerearse: *picarse un diente.* — Enfadarse.

**picardía** *f.* Manera de obrar hábil y con cierto engaño. — Dicho en el que hay malicia o intención pícara.

**picaresco, ca** *adj.* Relativo a los pícaros. — Se dice de la novela autobiográfica que narra la vida de los pícaros.

**pícaro, ra** *adj./m. y f.* Que comete engaños para sobrevivir.

**picatoste** *m.* Rebanada de pan, tostada con manteca o frita.

**picazón** *f.* Picor producido por algo que pica. — Inquietud, temor.

**pichi** *m.* Vestido sin mangas que se lleva sobre la blusa o jersey.

**pichincha** *f.* Amér. Merid. Precio muy bajo, ganga.

**pichón** *m.* Palomo joven.

**picnic** *m.* Merienda campestre.

**pico** *m.* Órgano de las aves formado por dos mandíbulas recubiertas por dos piezas córneas. — Cúspide de una montaña. — Herramienta formada por una pieza puntiaguda de acero y un mango de madera.

**picor** *m.* Sensación en alguna parte del cuerpo, producida por algo que pica. — Escozor en el paladar por haber comido algo picante.

**picota** *f.* Columna donde se exhibían las cabezas de los ajusticiados. — Variedad de cereza.

**picotazo** *m.* Señal que deja al picar un ave, insecto o reptil.

**picotear** *tr.* Picar algo las aves.

**pictografía** *f.* Tipo de escritura en el que se dibujan los objetos que se desea expresar.

**pictórico, ca** *adj.* Relativo a la pintura.

**pie** *m.* Extremidad de la pierna o de la pata. — Base en que se apoya un objeto. — Chile. Cantidad de dinero que se da como garantía de lo que se ha comprado. — BOT. Tronco de las plantas y de los árboles. — A pie, andando.

**piedad** *f.* Fervor en las prácticas religiosas. — Compasión ante una persona que sufre.

**piedra** *f.* Materia mineral usada en construcción. — MED. Cálculo. — Piedra preciosa, piedra fina y rara, que tallada, se usa como adorno.

**piel** *f.* Tejido externo que recubre el cuerpo del hombre y de los animales. — Parte exterior de ciertos frutos. — Cuero curtido.

**pienso** *m.* Ración de alimento seco que se da al ganado.

**pierna** *f.* Extremidad inferior del hombre. ▶ *m. y f.* Argent. Fam. Persona dispuesta a prestar compañía.

**pieza** *f.* Cada parte de un todo. — Composición suelta de música vocal o instrumental.

**pífano** *m.* Flauta pequeña de tono muy agudo.

**pifia** *f.* Fam. Error, descuido. — Fam. Dicho o hecho indiscreto.

**pigmento** *m.* Sustancia coloreada producida por un ser vivo.

**pigmeo, a** *adj.* Relativo a un conjunto de pueblos de África y Asia, caracterizados por su baja estatura.

**pijama** *m.* Conjunto de chaqueta y pantalón que se usa para dormir.

**pijo, ja** *adj./m. y f.* Esp. Se dice de los jóvenes, cuyos gestos, indumentaria, etc., reflejan una buena posición social. ▸ *m. y f.* Pene, miembro viril.

**pijotero, ra** *adj.* Se dice de la persona que molesta o fastidia.

**pila** *f.* Acumulación de cosas. — Pilar. — Generador de corriente eléctrica continua. — Recipiente donde cae o se hecha el agua.

**pilar** *m.* Soporte vertical que sostiene una estructura.

**pilcha** *f.* Amér. Merid. Prenda de vestir pobre o en mal estado. — Argent. Prenda de vestir elegante y cara. — Argent., Chile y Urug. Prenda del recado de montar.

**píldora** *f.* Medicamento en forma de bola que se toma por vía oral.

**pileta** *f.* Argent., Par. y Urug. Pila de cocina o de lavar. — Argent. y Urug. Abrevadero. — R. de la Plata. Piscina.

**pillaje** *m.* Robo, rapiña.

**pillar** *tr.* Atrapar o alcanzar a alguien o algo. — Atropellar. — Contraer una enfermedad. — Entender algo que es difícil. — Robar.

**pillastre** *m. y f.* Fam. Pillo.

**pillo, lla** *adj./m. y f.* Que busca su provecho con habilidad.

**pilón** *m.* Pilar. — Pesa móvil que se coloca en el brazo mayor de la romana. — Abrevadero de las fuentes. — Méx. Mercancía extra que el comerciante regala al cliente. — De pilón (Méx.), por añadidura.

**píloro** *m.* Orificio que comunica el estómago con el intestino delgado.

**piloso, sa** *adj.* Relativo al pelo. — Peludo.

**pilotar** *tr.* Dirigir un vehículo, globo, avión, etc.

**pilote** *m.* Madero hincado en el suelo para asegurar los cimientos.

**piloto** *m.* Persona que dirige un vehículo, avión, etc. — Pequeña lámpara eléctrica de advertencia. — Modelo experimental o prototipo.

**piltrafa** *f.* Parte de carne flaca, que casi todo es pellejo. — Conjunto de residuos menudos de cualquier cosa.

**pimentero** *m.* Arbusto que da una semilla aromática y picante. — Recipiente para la pimienta.

**pimienta** *f.* Fruto del pimentero, usado como condimento.

**pimiento** *m.* Planta herbácea de fruto en baya hueca, con multitud de semillas. — Fruto de esta planta.

**pimpollo** *m.* Vástago de las plantas. — Persona joven y atractiva.

**pimpón** *m.* Ping-pong.

**pinacoteca** *f.* Museo de pintura.

**pináculo** *m.* Parte más alta de un edificio. — Apogeo.

**pinar** *m.* Bosque de pinos.

**pincel** *m.* Útil formado por un mechón de cerdas sujeto a un mango.

**pinchar** *tr. y prnl.* Introducir una cosa punzante en un cuerpo poroso. — Fam. Poner inyecciones. ▸ *intr.* Sufrir un pinchazo en una rueda de un vehículo.. ▸ *prnl.* Esp. Fam. Inyectarse una droga.

**pinchazo** *m.* Huella que queda al pincharse algo. — Incisión en un neumático que le produce pérdida de aire.

**pinche** *adj./m. y f.* Méx. Fam. Despreciable, miserable. ▸ *m. y f.* Ayudante de cocina. — Chile. Fam. Persona con quien se forma pareja en una relación amorosa informal y de corta duración. ▸ *m.* Chile. Fam. Trabajo ocasional.

**pincho** *m.* Punta aguda de una cosa. — Aperitivo.

**pindonguear** *intr.* Fam. Callejear.

**pingajo** *m.* Trozo de tela roto o viejo que cuelga.

**pingo** *m.* Pingajo. — Prenda de vestir, rota, vieja o sucia. — Argent., Chile y Urug. Caballo. — Méx. Muchacho travieso.

**ping-pong** *m.* Deporte parecido al tenis, que se juega sobre una mesa rectangular, con una pelota pequeña y dos paletas.

**pingüe** *adj.* Graso, mantecoso. — Abundante, cuantioso.

**pingüinera** *f.* Argent. Lugar donde se agrupan los pingüinos.

**pingüino** *m.* Ave de las zonas polares de plumaje negro y vientre blanco, que nada bien y no puede volar.

**pino** *m.* Árbol resinoso, de hojas en forma de aguja.

**pinta** *f.* Mota, lunar. — Apariencia. — Medida de capacidad.

**pintada** *f.* Acción de pintar en las paredes letreros o escritos. — Ave mayor que la gallina, de plumaje negro con manchas blancas.

**pintado, da** *adj.* Que tiene pintas o lunares.

**pintalabios** *m.* Barra para pintarse los labios.

**pintar** *tr.* Representar algo mediante líneas y colores. — Cubrir de pintura la superficie de algo. ▸ *prnl.* Maquillarse el rostro.

**pintarrajear** *tr. y prnl.* Fam. Pintar de cualquier forma.

**pintarroja** *f.* Pez de pequeño tamaño y piel rasposa.

**pintor, ra** *m. y f.* Artista que se dedica a la pintura. — Persona que tiene por oficio pintar paredes, puertas, ventanas, etc.

**pintoresco, ca** *adj.* Original, extravagante.

**pintura** *f.* Arte de pintar. — Obra

pintada. — Materia colorante usada para pintar.

**pinza** *f.* Instrumento cuyos extremos se aproximan para sujetar algo. — ZOOL. Apéndice prensil de algunos artrópodos.

**piña** *f.* Fruto del pino y otras plantas, en forma de cono. — Grupo muy unido. — Fruto de la América tropical, grande, de corteza rugosa y carne amarilla y jugosa. — Argent. y Urug. Puñetazo.

**piñata** *f.* Cacharro lleno de dulces, que se cuelga para ser roto con un palo, llevando los ojos vendados.

**piñón** *m.* Semilla del pino. — Rueda dentada que engrana con otra.

**pío, a** *adj.* Piadoso. ▶ *m.* Voz que imita el sonido del pollo.

**piocha** *f.* Méx. Barba terminada en punta que cubre únicamente la barbilla.

**piojo** *m.* Insecto parásito que habita en el pelo de los mamíferos.

**piola** *adj.* Argent. Astuto. ▶ *f.* Amér. Soga, cuerda. — Argent., Chile y Perú. Cuerda de cáñamo.

**piolet** *m.* Pico ligero que utilizan los alpinistas.

**piolín** *m.* Amér. Central y Amér. Merid. Cordel delgado de cáñamo, algodón u otra fibra.

**pionero, ra** *m. y f.* Persona que inicia una actividad nueva.

**piorrea** *f.* Flujo de pus, especialmente en las encías.

**pipa** *f.* Utensilio formado por una cazoleta y una boquilla usado para fumar. — Tonel para líquidos. — Pepita de las frutas. ▶ *m.* Méx. Camión que lleva un depósito grande para transportar líquidos.

**pipeta** *f.* Tubo de cristal, que sirve para trasvasar pequeñas cantidades de líquido en los laboratorios.

**pipí** *m.* Fam. Orina.

**pipila** *f.* Méx. Pava, hembra del guajolote.

**pipón, na** *adj.* Amér. Central y Amér. Merid. Que tiene mucha barriga. — Argent. y Urug. Harto de comida.

**pique** *m.* Resentimiento, disgusto. — Sentimiento de rivalidad. — Argent., Nicar. y Pan. Camino estrecho que se abre en un bosque. — Chile. Juego infantil. — Chile y Hond. Socavón abierto con fines mineros. — Méx. Enfrentamiento entre personas, que se manifiesta mediante ironías o agresiones indirectas. — Irse a pique, hundirse una embarcación. — Frustrarse una cosa.

**piqué** *m.* Tejido de algodón con dibujos en relieve.

**piqueta** *f.* Herramienta de albañil, con mango de madera y dos bocas opuestas, una plana y otra afilada.

**piquete** *m.* Grupo de personas que intenta impedir que otros trabajen cuando se celebra una huelga.

**pira** *f.* Hoguera.

**piragua** *f.* Embarcación larga y estrecha, mayor que la canoa.

**pirámide** *f.* Poliedro que tiene como base un polígono y cuyas caras son triángulos que se juntan en un vértice común. — Monumento con forma de pirámide.

**piraña** *f.* Pez de agua dulce, muy voraz.

**pirar** *intr. y prnl.* Fam. Largarse.

**pirata** *m. y f.* Persona que asalta y roba barcos en el mar. ~ informático, persona que accede a sistemas informáticos ajenos para manipularlos. ▸ *adj.* Clandestino, ilegal.

**pirca** *f.* Amér. Merid. Tapia de piedras que en el campo suele acotar propiedades.

**pirenaico, ca** *adj./m. y f.* De los Pirineos.

**pirita** *f.* Nombre del sulfuro de hierro.

**pirómano, na** *m. y f.* Persona que tiene tendencia patológica a provocar incendios.

**piropo** *m.* Lisonja, alabanza dicha a una persona.

**pirotecnia** *f.* Arte de preparar fuegos de artificio.

**piroxeno** *m.* Silicato de hierro, magnesio y calcio.

**pirrarse** *prnl.* Fam. Gustarle a uno mucho algo o alguien.

**pirueta** *f.* Vuelta dada sobre la punta de un pie. — Voltereta.

**pirulí** *m.* Caramelo con un palo que sirve de mango.

**pisada** *f.* Acción de pisar al andar. — Huella del pie.

**pisapapeles** *m.* Utensilio pesado que se pone sobre los papeles.

**pisar** *tr.* Poner un pie sobre alguna cosa. — Apretar o estrujar algo con los pies o con algún instrumento. — Pisotear.

**piscicultura** *f.* Arte de criar peces en un río, estanque o lago.

**piscifactoría** *f.* Establecimiento de piscicultura.

**piscina** *f.* Estanque para bañarse o nadar.

**piscis** *m. y f./adj.* Persona nacida bajo el signo zodiacal de Piscis.

**piscívoro, ra** *adj.* Que se alimenta de peces.

**pisco** *m.* Bol., Chile y Perú. Aguardiente de uva. — Colomb. y Venez. Pavo, ave.

**piscolabis** *m.* Fam. Refrigerio o aperitivo.

**piso** *m.* Suelo. — Esp. Cada vivienda de un edificio con plantas.

**pisotear** *tr.* Pisar algo repetidamente. — Humillar, maltratar.

**pispiar** o **pispar** *tr.* Amér. Merid. Observar sin ser visto lo que otros hacen, espiar.

**pista** *f.* Rastro dejado por una persona o un animal. — Indicio, señal. — Terreno donde despegan y aterrizan aviones.

**pistacho** *m.* Fruto seco comestible de cáscara dura y semilla verde que se usa en pastelería y en cocina.

**pistilo** *m.* Órgano femenino de una flor.

**pisto** *m.* Plato elaborado a base de pimientos, tomates, cebolla, calabacín, etc., fritos. — Amér. Central y Perú. Dinero.

**pistola** *f.* Arma de fuego, de cañón corto. — Objeto que sirve para pulverizar un líquido.

**pistón** *m.* Émbolo. — Pieza central de la cápsula en que está el fulminante. — Llave de ciertos instrumentos musicales.

**pita** *f.* Planta con hojas o pencas grandes, de las que se extrae una fibra textil. — Hilo que se hace de las hojas de esta planta. — Amér. Central y Méx. Planta vivaz utilizada para hacer setos.

**pitar** *tr. e intr.* Hacer sonar el pito. ▸ *tr.* Amér. Merid. Fumar.

**pitido** *m.* Sonido emitido con un pito. — Silbido de protesta.

**pitillo** *m.* Cigarrillo.

**pito** *m.* Instrumento que produce al soplar un sonido agudo. — Fam. Pene, miembro viril.

**pitón** *m.* Serpiente que mata a sus presas enrollándose alrededor de ellas. — Pitorro. — Extremo superior del cuerno del toro. — Chile, Ecuad. y Hond. Boquilla metálica que remata la manguera.

**pitonisa** *f.* Mujer dotada del don de la profecía.

**pitorrearse** *prnl.* Fam. Burlarse de alguien para ponerlo en ridículo.

**pitorro** *m.* Parte de los botijos, porrones, etc., que tiene un agujero por donde sale el líquido para beber.

**pituitaria** *f.* Membrana que recubre la cavidad nasal.

**pívot** *m. y f.* En baloncesto, jugador que se mueve cerca del aro.

**pivote** *m.* Extremo cilíndrico de una pieza, donde se inserta otra para girar.

**piyama** *m. o f.* Amér. Pijama.

**pizarra** *f.* Roca sedimentaria de color gris o azulado. — Superficie rectangular para escribir o dibujar en ella.

**pizarrón** *m.* Amér. Pizarra, encerado.

**pizca** *f.* Fam. Porción pequeña.

**pizcar** *tr.* Méx. Recoger la cosecha de maíz y algodón.

**placa** *f.* Lámina delgada. — Pieza de metal con inscripciones.

**placard** *m.* Argent. y Urug. Armario empotrado.

**placenta** *f.* En los mamíferos, órgano que relaciona el embrión con el útero materno durante la gestación.

**placentero, ra** *adj.* Agradable, apacible.

**placer** *tr.* Agradar.

**placer** *m.* Sensación agradable. — GEOL. Depósito de arena que contiene minerales explotables.

**plácido, da** *adj.* Agradable, tranquilo.

**plafón** *m.* Lámpara plana que se coloca pegada al techo.

**plaga** *f.* Desgracia pública.

— Abundancia de algo perjudicial.

**plagar** *tr. y prnl.* Llenar con abundancia de algo perjudicial.

**plagiar** *tr.* Copiar una obra ajena, presentándola como propia. — *Amér.* Secuestrar, robar.

**plaguicida** *adj./m.* Que combate las plagas del campo.

**plan** *m.* Proyecto, idea. — Programa de una obra o acción.

**plana** *f.* Cada una de las caras deuna hoja de papel.

**plancha** *f.* Lámina delgada. — Utensilio con asa para planchar.

**planchar** *tr.* Quitar las arrugas a la ropa con la plancha.

**plancton** *m.* Conjunto de pequeños organismos que viven en el mar.

**planeador** *m.* Avión sin motor que vuela usando las corrientes de aire.

**planear** *tr.* Hacer planes. ▶ *intr.* Volar un avión con los motores parados.

**planeta** *m.* Astro que gira alrededor de una estrella y que no emite luz propia.

**planicie** *f.* Llanura muy extensa.

**planificar** *tr.* Elaborar un plan detallado con un objetivo.

**planilla** *f.* Méx. Cada uno de los grupos que contienden en un proceso electoral. — Méx. Boleta para ser llenada de cupones.

**planisferio** *m.* Mapa que representa la esfera celeste o terrestre.

**plano, na** *adj.* Llano, liso. ▶ *m.*

Representación gráfica de las partes de un lugar. — CINE Y TV. Cada una de las partes rodadas de una vez. — MAT. Superficie que puede contener una línea recta en cualquier posición.

**planta** *f.* Parte inferior del pie, en contacto con el suelo. — Vegetal. — Piso de un edificio. — Aspecto físico de una persona. — Establecimiento industrial.

**plantación** *f.* Acción y efecto de plantar. — Gran explotación agrícola o cultivo extensivo de ciertas plantas industriales.

**plantar** *tr.* Meter en la tierra una planta, una semilla o un esqueje. — Fam. Abandonar a alguien o dejarlo esperando.

**plante** *m.* Falta a una cita o retraso muy grande. — Protesta de un grupo para exigir o rechazar algo.

**plantear** *tr.* Poner en condiciones de resolver un problema.

**plantel** *m.* Institución donde se forman personas hábiles para cierta cosa. — Criadero de plantas. — Argent. Conjunto de animales que pertenecen a unestablecimiento ganadero. IArgent. y Chile. Conjunto de integrantes de un equipo deportivo.

**plantígrado, da** *adj./m.* Se dice del cuadrúpedo que al andar apoya en el suelo toda la planta del pie, como el oso.

**plantilla** *f.* Pieza usada como modelo. — Personal fijo de una empresa. — Pieza que cubre la planta del calzado.

**plantío** *m.* Lugar plantado recientemente de vegetales.

**plantón** *m.* Acto de dejar a alguien esperando inútilmente. — Méx. Grupo de gente que se congrega en un lugar público para protestar por algo.

**plañidera** *f.* Mujer que llora en los entierros.

**plañir** in*tr., tr. y prnl.* Llorar y gemir.

**plaqueta** *f.* Elemento coagulador de la sangre.

**plasma** *m.* Parte líquida de la sangre antes de la coagulación.

**plasmar** *tr. y prnl.* Expresar en una obra de arte algo que uno piensa y siente.

**plasta** *f.* Cosa blanda o aplastada. ▸ *m. y f.* Fam. Persona pesada.

**plástica** *f.* Arte de plasmar o de modelar una materia blanda.

**plástico, ca** *adj.* Relativo a la plástica. — Se dice del material que es fácil de moldear. ▸ *m.* Sustancia sintética, que puede moldearse fácilmente.

**plasto** *m.* Orgánulo de las células vegetales que puede cargarse de diversas sustancias nutritivas o de pigmentos.

**plata** *f.* Metal precioso, blanco, brillante e inalterable. — Amér. Central y Amér. Merid. Dinero en general, riqueza.

**plataforma** *f.* Superficie elevada. — Organización que agrupa a personas con ideas e intereses comunes. — Argent. Andén de una estación de tren.

**plátano** *m.* Planta de hojas largas y frutos comestibles. — Fruto de esta planta.

**platea** *f.* Parte baja de un teatro.

**plateado, da** *adj.* Bañado de plata. — De color de plata.

**platelminto** *adj./m.* Relativo a unos gusanos de cuerpo aplanado, como la tenia.

**plateresco, ca** *adj./m.* Se dice del estilo arquitectónico desarrollado en España durante el primer tercio del s. XVI.

**platero** *m.* Persona que vende objetos labrados de plata u oro.

**plática** *f.* Conversación. — Sermón breve.

**platillo** *m.* Pieza pequeña semejante al plato. — MÚS. Pieza par, metálica circular que forma un instrumento musical de percusión. — Platillo volante, objeto que vuela, supuestamente extraterrestre.

**platina** *f.* Plataforma del microscopio en que se coloca el objeto.

**platino** *m.* Metal precioso de color blanco grisáceo. ▸ *m. y adj.* Color rubio muy claro, casi blanco.

**plato** *m.* Recipiente redondo, usado para poner en él la comida. — Comida que se prepara para ser consumida. — Objeto plano y circular.

**plató** *m.* Escenario de un estudio de cine o televisión.

**platónico, ca** *adj.* Relativo a la filosofía de Platón.

**plausible** *adj.* Digno de aplauso. — Admisible, justificado.

**playa** *f.* Extensión casi plana y arenosa, en la orilla del mar. — Amér. Lugar llano y espacioso.

**playo, ya** *adj./m.* Argent., Par. y Urug. Que tiene poco fondo.

**plaza** *f.* Espacio libre y ancho, en una población. — Mercado. — Lugar donde se hacen corridas de toros. — Población forticada.

**plazo** *m.* Espacio de tiempo señalado para hacer cierta cosa.

**plazoleta** *f.* Plaza pequeña.

**pleamar** *f.* Altura máxima de la marea y tiempo que dura.

**plebe** *f.* Clase social más baja.

**plebeyo, ya** *adj./m. y f.* Relativo a la plebe. — Grosero.

**plebiscito** *m.* Modo de votación directa de todos los ciudadanos.

**plegamiento** *m.* GEOL. Deformación de los estratos de la corteza terrestre.

**plegar** *tr.* Hacer pliegues en una cosa. ▸ *prnl.* Ceder, someterse.

**plegaria** *f.* Oración que se hace para pedir una cosa.

**pleistoceno** *adj./m.* GEOL. Se dice de la primera época del período cuaternario.

**pleitesía** *f.* Muestra reverente de cortesía.

**pleito** *m.* Disputa. — DER. Controversia judicial entre las partes.

**plenamar** *f.* Pleamar.

**plenario, ria** *adj.* Completo, lleno. ▸ *m.* Reunión general.

**plenilunio** *m.* Luna llena.

**plenitud** *f.* Totalidad. — Apogeo, mayor grado o intensidad.

**pleno, na** *adj.* Lleno. ▸ *m.* Reunión general de una corporación.

**pletina** *f.* Aparato que reproduce y graba cintas de casete.

**plétora** *f.* Gran abundancia de alguna cosa.

**pletórico, ca** *adj.* Pleno, lleno.

**pleura** *f.* Membrana que envuelve los pulmones.

**plexo** *m.* ANAT. Red de cordones vasculares o nerviosos.

**pléyade** *f.* Grupo de personas destacadas y contemporáneas.

**pliego** *m.* Hoja de papel cuadrangular y doblada por la mitad.

**pliegue** *m.* Doblez o arruga. — GEOL. Deformación de las capas geológicas en forma de ondulaciones.

**plinto** *m.* Aparato gimnástico usado para saltos y otros ejercicios. — ARQ. Parte cuadrada inferior de la basa de una columna.

**plisar** *tr.* Marcar pliegues en una tela.

**plomada** *f.* Pesa metálica usada para señalar la línea vertical.

**plomero** *m.* Amér. Fontanero.

**plomizo, za** *adj.* Que tiene plomo. — Semejante al plomo.

**plomo** *m.* Metal pesado, de color gris azulado, dúctil y maleable. — Fusible de hilo de plomo. — Plomada. — Fam. Persona pesada.

**pluma** *f.* Órgano de la epidermis de las aves, formado por un tubo provisto de barbas. — Instrumento para escribir.

**plumaje** *m.* Conjunto de plumas que cubren el cuerpo de un ave.

**plúmbeo, a** *adj.* De plomo. — Pesado como el plomo.

**plumero** *m.* Utensilio para limpiar el polvo. — Adorno de plumas.

**plumífero, ra** *adj.* Que tiene o lleva plumas.

**plumón** *m.* Pluma fina de las aves, bajo el plumaje exterior.

**plural** *adj.* Que expresa pluralidad. ▸ *m.* LING. Accidente gramatical que se refiere a dos o más personas, animales o cosas.

**pluralidad** *f.* Circunstancia de ser más de uno. — Multitud.

**pluralismo** *m.* Sistema en que se admite la pluralidad, la diversidad de opiniones, de tendencias, etc.

**pluricelular** *adj.* BIOL. Que consta de muchas células.

**pluriempleo** *m.* Ejercicio de varios empleos por una persona.

**plus** *m.* Cualquier cantidad de dinero suplementaria.

**pluscuamperfecto** *m.* LING. Tiempo del verbo que expresa una acción pasada que se ha producido antes que otra acción pasada.

**plusmarca** *f.* Récord deportivo.

**plusvalía** *f.* Aumento del valor de un bien.

**plutocracia** *f.* Régimen político en el que gobiernan los ricos.

**plutónico, ca** *adj.* GEOL. Se dice de las rocas que han cristalizado lentamente a grandes profundidades, como el granito.

**plutonio** *m.* Elemento químico radiactivo, altamente tóxico.

**pluvial** *adj.* Que procede de la lluvia: *régimen* ~.

**pluviómetro** *m.* Aparato para medir la cantidad de lluvia.

**pluviosidad** *f.* Cantidad de lluvia caída en un lugar y tiempo determinados.

**población** *f.* Conjunto de los habitantes de un país. — Ciudad. — Chile. Barrio marginal de chabolas.

**poblado** *m.* Población.

**poblano, na** *adj./m. y f.* Amér. Central y Amér. Merid. Lugareño, campesino.

**poblar** *tr.* Ocupar con gente un lugar para que habite en él. ▸ *prnl.* Llenarse de una cosa.

**pobre** *adj.* De poca calidad. ▸ *m. y f./adj.* Persona que no tiene lo necesario para vivir. — Mendigo. — Infeliz, desdichado.

**pobreza** *f.* Cualidad o estado de pobre. — Escasez, estrechez para vivir. — Falta de determinada cosa.

**pocho, cha** *adj.* Marchito, pasado. — Pálido, descolorido. ▸ *m. y f.* Méx. Persona de origen mexicano que vive en Estados Unidos y ha adoptado las costumbres norteamericanas.

**pocilga** *f.* Establo para el ganado de cerda. — Fam. Lugar sucio.

**pócima** *f.* Bebida medicinal hecha de materias vegetales.

**poción** *f.* Cualquier líquido medicinal para beber.

**poco, ca** *adj.* Escaso en cantidad o calidad. ▸ *m.* Cantidad escasa de algo. ▸ *adv.* Con escasez. — Con algunos verbos, denota corta duración: *tardó ~ en llegar.*

**podar** *tr.* Cortar las ramas superfluas de los árboles y plantas.

**podenco, ca** *adj./m. y f.* Se dice del perro adecuado para cazar.

**poder** *tr.* Tener la facultad de hacer una cosa. ▸ *intr.* Ser posible que suceda una cosa.

**poder** *m.* Dominio o influencia. — Gobierno de un estado. ▸ *pl.* Facultad para hacer algo, dada por el que tiene autoridad.

**poderío** *m.* Poder, dominio. — Conjunto de bienes. — Fuerza.

**poderoso, sa** *adj.* Activo, eficaz. ▸ *adj./m. y f.* Que tiene mucho poder o riquezas.

**podio** o **pódium** *m.* Plataforma sobre la que se coloca al vencedor de una prueba deportiva para hacerle homenaje.

**podología** *f.* Rama de la medicina que trata de las enfermedades de los pies.

**podredumbre** *f.* Estado de la materia que está podrida.

**podrido, da** *adj.* Se dice de la materia o sustancia que está descompuesta o corrompida.

**podrir** *tr. y prnl.* Pudrir.

**poema** *m.* Texto oral o escrito, compuesto en verso. — Fam. Cosa cómica o ridícula.

**poesía** *f.* Arte de evocar emociones e ideas, mediante un uso del lenguaje, sujeto a unas reglas determinadas. — Poema.

**poeta** *m. y f.* Persona que compone poesía.

**poética** *f.* Arte de componer poesía. — Tratado sobre las reglas de la poesía.

**poético, ca** *adj.* Relativo a la poesía o propio de ella.

**poetisa** *f.* Mujer que compone poesía.

**poker** *m.* Póquer.

**polaco, ca** *adj./m. y f.* De Polonia. ▸ *m./adj.* Lengua eslava hablada en Polonia.

**polaina** *f.* Especie de media que cubre la pierna hasta la rodilla.

**polar** *adj.* Relativo a uno de los polos. ▸ *m.* Prenda de abrigo ligera de tejido sintético.

**polaridad** *f.* Cualidad que permite distinguir entre sí cada uno de los polos de un imán o de un generador eléctrico.

**polarizar** *tr. y prnl.* Concentrar la atención en una cosa.

**polca** *f.* Danza de origen polaco que se baila por parejas.

**polea** *f.* Rueda acanalada, por donde pasa una cuerda, y sirve para elevar cuerpos.

**polémica** *f.* Controversia, discusión.

**polen** *m.* Conjunto de granos

microscópicos producidos por los estambres de las flores.

**poleo** *m.* Planta que se usa para preparar infusiones.

**poliamida** *f.* Compuesto químico usado en la industria textil.

**poliandria** *f.* Estado de una mujer casada con varios hombres.

**policía** *f.* Fuerza pública encargada de mantener el orden. ▸ *m. y f.* Miembro de esta fuerza.

**policlínica** *f.* Clínica de diversas especialidades médicas.

**polícromo, ma** *adj.* De varios colores.

**polideportivo** *m.* Instalación destinada al ejercicio de deportes.

**poliedro** *m.* MAT. Sólido limitado por varios polígonos llamados caras.

**poliéster** *m.* Materia usada en la fabricación de fibras y tejidos.

**polifacético, ca** *adj.* Que ofrecevarias facetas o aspectos.

**polifonía** *f.* MÚS. Conjunto de sonidos simultáneos que forman un todo armónico.

**poligamia** *f.* Forma de relación conyugal en la que se permite al varón tener varias esposas legítimas.

**polígloto, ta** o **poligloto, ta** *adj.* Escrito en varias lenguas. ▸ *adj./m. y f.* Que habla varias lenguas.

**polígono** *m.* MAT. Porción de plano limitado por segmentos de recta.

**polilla** *f.* Insecto nocturno cuyas larvas destruyen los tejidos.

**polimerización** *f.* Transformación de moléculas de poca masa molecular, en otras moléculas gigantes.

**polimorfismo** *m.* BIOL. Presencia en una sola especie de individuos de formas muy diferentes.

**polinización** *f.* Transporte del polen desde los estambres hasta el estigma de la flor.

**polinomio** *m.* MAT. Suma algebraica de monomios.

**poliomielitis** *f.* Enfermedad producida por un virus que se fija en la médula espinal y provoca parálisis.

**pólipo** *m.* Forma fija de los celentéreos, compuesta por un cuerpo cilíndrico con dos paredes. — MED. Tumor benigno.

**polisacáridos** *m. pl.* Hidratos de carbono.

**polisemia** *f.* Pluralidad de significados de una palabra.

**politécnico, ca** *adj.* Que abarca diversas ciencias o artes.

**politeísmo** *m.* Religión que admite una pluralidad de dioses.

**política** *f.* Ciencia que trata del gobierno de un estado. — Actividad de los que gobiernan. — Manera de dirigir un colectivo. — Habilidad o diplomacia para tratar un asunto.

**político, ca** *adj.* Relativo a la política. — Hábil para tratar un asunto. — Se dice del parentesco que lo es por afinidad y no por consanguinidad. ▸ *m.*

*y f.* Persona que se dedica a la política.

**polivalente** *adj.* Que tiene varios usos o valores. — QUÍM. Que tiene varias valencias.

**póliza** *f.* Documento que recoge las cláusulas de un contrato. — Sello con que se pagaba en los documentos, el impuesto del timbre.

**polizón** *m.* Persona que se embarca clandestinamente.

**polizonte** *m.* Desp. Agente de policía.

**polla** *f.* Gallina joven. — Esp. Vulg. Pene.

**pollera** *f.* Amér. Merid. Falda de mujer.

**pollería** *f.* Tienda donde se vende carne de aves de corral, huevos, etc.

**pollino, na** *m. y f.* Asno joven y sin domar. — Persona ignorante o poco inteligente.

**pollo** *m.* Cría de las aves. — Gallo o gallina joven.

**polo** *m.* Cualquiera de los extremos del eje de rotación de una esfera, en especial de la Tierra. — Cada uno de los extremos de un generador de electricidad. — Helado alargado con un palo hincado en su base. — Juego que se practica a caballo.

**pololo** *m.* Chile. Individuo que pretende a una mujer con fines amorosos. — Chile. Insecto que al volar produce un zumbido como el moscardón.

**poltrón, na** *adj.* Holgazán.

**poltrona** *f.* Butaca cómoda y ancha.

**polución** *f.* Derrame involuntario de semen. — Contaminación ambiental.

**polvareda** *f.* Gran cantidad de polvo.

**polvo** *m.* Tierra o materia en pequeñísimas partículas. — Vulg. Acto sexual.

**pólvora** *f.* Mezcla explosiva usada para disparar proyectiles.

**polvorín** *m.* Lugar en que se almacenan explosivos. — Pólvora fina.

**polvorón** *m.* Dulce de harina, manteca y azúcar.

**pomada** *f.* Ungüento de uso medicinal y de aplicación externa.

**pomelo** *m.* Árbol parecido al naranjo. — Fruto de este árbol.

**pomo** *m.* Tirador de muebles, puertas, etc. — Extremo de la espada. — Argent. Recipiente de material flexible en que se expenden cosméticos, fármacos o pinturas. — Méx. Botella de bebida alcohólica.

**pompa** *f.* Ampolla líquida llena de aire. — Ostentación, grandeza.

**pomposo, sa** *adj.* Hecho con pompa y lujo.

**pómulo** *m.* Hueso saliente de cada una de las mejillas.

**ponchada** *f.* Amér. Merid. Cantidad importante de algo.

**poncharse** *prnl.* Guat. y Méx. Pincharse la rueda de un automóvil.

**ponche** *m.* Bebida hecha de licor, agua caliente, limón y azúcar.

**poncho** *m.* Manta cuadrada, con una abertura para pasar la cabeza.

**ponderar** *tr.* Alabar con fuerza a alguien o algo. — Considerar con atención e imparcialidad un asunto.

**ponedora** *adj.* Se dice del ave que pone muchos huevos.

**ponente** *m. y f.* Persona que presenta en una asamblea una propuesta a discutir.

**poner** *tr. y prnl.* Asignar a un objeto un lugar en el espacio. ▶ *tr.* Preparar algo para un fin determinado. — Dar un nombre. — Representar una obra teatral o proyectar una película. — Soltar el huevo las aves. ▶ *prnl.* Ocultarse el Sol bajo el horizonte.

**poney** o **poni** *m.* Caballo de talla pequeña.

**poniente** *m.* Oeste, punto cardinal. — Viento del oeste.

**pontífice** *m.* Prelado supremo de la Iglesia católica romana.

**ponzoña** *f.* Sustancia de cualidades nocivas para la salud.

**pop** *adj.* Se dice de una forma musical que deriva del rock and roll, del rhythm and blues y de la música folk. — Se dice de un movimiento artístico de origen norteamericano caracterizado por la representación de objetos cotidianos.

**popa** *f.* MAR. Parte posterior de una nave.

**pope** *m.* Sacerdote de alguna de las iglesias ortodoxas.

**popote** *m.* Méx. Tubo delgado para sorber líquidos.

**popular** *adj.* Relativo al pueblo o propio de él: *lenguaje* ~. — Muy conocido o extendido en una colectividad.

**popularidad** *f.* Estimación y fama entre el pueblo.

**populoso, sa** *adj.* Se dice del lugar muy poblado.

**popurrí** *m.* Composición musical que consiste en una serie de fragmentos de obras diversas. — Mezcla de cosas diversas.

**popusa** *f.* Bol., Guat. y Salv. Tortilla de maíz con queso o trocitos de carne.

**póquer** *m.* Juego de cartas.

**por** *prep.* Forma el complemento agente de las oraciones pasivas. — Determina tránsito por un lugar: *iremos por Madrid.* — Indica fecha aproximada. — Indica parte o lugar concreto: *lo cogió por el asa.* — Denota causa: *lo detuvieron por robo.* — Indica medio o modo de ejecutar una cosa. — Denota multiplicación de números. — Por que, porque. — Por qué, por cuál causa o motivo.

**porcelana** *f.* Loza fina, traslúcida, impermeable y vitrificada.

**porcentaje** *m.* Proporción de una cantidad respecto a otra, evaluada sobre la centena.

**porche** *m.* Entrada adosada a un edificio, cubierta con un techo.

**porcino, na** *adj.* Relativo al cerdo.

**porción** *f.* Cantidad separada de otra mayor.

**pordiosero, ra** *adj./m. y f.* Mendigo.

**porfiar** *intr.* Disputar con obstinación. — Rogar con insistencia.

**porífero, ra** *adj./m.* Relativo a un tipo de animales acuáticos cuyas paredes están perforadas por canales de circulación.

**pormenor** *m.* Conjunto de pequeñas circunstancias. — Cosa secundaria.

**pornografía** *f.* Representación de actos sexuales en fotografías, películas, etc.

**poro** *m.* Intersticio que hay entre las partículas de los sólidos. — Orificio de la piel o de la superficie de los vegetales.

**porongo** *m.* Argent., Par. y Urug. Calabaza. — Bol., Chile, Pan., Par. y Urug. RecipienteVasija de arcilla para guardar la chicha. — Perú. Recipiente metálico para vender leche.

**poroto** *m.* Amér. Merid. Especie de alubia.

**porque** *conj.* Por causa o razón de que: *no vino ~ estaba enfermo.*

**porqué** *m.* Fam. Causa, razón o motivo: *preguntarse el ~ de algo.*

**porquería** *f.* Suciedad, inmundicia. — Fam. Cosa de poco valor o mal hecha.

**porra** *f.* Palo más grueso por un extremo que por otro. — Argent. Maraña de cerdas, tierra y abrojos que se forma en la cola y crines de yeguarizos. — Argent. Fam. Pelo abundante y enmarañado. — Méx. Frases fijas que se dicen con fuerza para animar a alguien. — Méx. Conjunto de seguidores de un equipo deportivo.

**porrazo** *m.* Golpe dado con la porra. — Golpe fuerte al caer.

**porro** *m.* Esp. Fam. Cigarrillo de marihuana, hachís, etc.

**porrón** *m.* Recipiente de vidrio, con pitón, para beber a chorro.

**portaaviones** *m.* Buque de guerra que transporta aviones.

**portada** *f.* Adorno de la fachada de un edificio. — Primera plana de un libro, periódico o revista.

**portafolios** *m.* Carpeta para llevar papeles, documentos, etc.

**portal** *m.* Zaguán, entrada. — Arco que corona una entrada.

**portalámparas** *m.* Dispositivo que sostiene la bombilla.

**portaligas** *m.* Argent., Chile, Perú y Urug. Liguero.

**portallaves** *m.* Méx. y Venez. Llavero.

**portar** *tr.* Llevar o traer. ► *prnl.* Actuar de cierta manera.

**portátil** *adj.* Fácil de ser llevado de una parte a otra. ► *m.* Ordenador portátil.

**portaviones** *m.* Portaaviones.

**portavoz** *m. y f.* Persona autorizada para representar a un grupo, partido, etc.

**portazo** *m.* Golpe recio dado con una puerta al cerrarse.

**porte** *m.* Acción de portear. — Cantidad que se paga por un transporte. — Aspecto, presencia.

**portear** *tr.* Transportar.

**portento** *m.* Persona o cosa que tiene dotes extraordinarias.

**porteño, ña** *adj./m. y f.* De Buenos Aires.

**portería** *f.* Parte de un edificio donde está el portero. — En ciertos deportes, armazón por donde ha de entrar el balón.

**portero, ra** *m. y f.* Persona que custodia la puerta de una casa. — En ciertos deportes, jugador que defiende su portería.

**pórtico** *m.* Espacio cubierto y con columnas.

**portorriqueño, ña** *adj./m. y f.* Puertorriqueño.

**portuario, ria** *adj.* Relativo al puerto de mar.

**portugués, sa** *adj./m. y f.* De Portugal. ▶ *m./adj.* Lengua hablada en Portugal y en Brasil.

**porvenir** *m.* Hecho o tiempo futuro. — Situación futura.

**pos-** *pref.* Significa 'detrás', 'despues de': *posguerra.*

**posada** *f.* Establecimiento en que se hospedan viajeros.

**posar** *tr.* Dejar la carga que se trae. ▶ *intr.* Servir de modelo a un artista o fotógrafo. ▶ *prnl.* Detenerse las aves, en un sitio.

— Depositarse en el fondo lo que está en suspensión.

**posdata** *f.* Texto que se añade a una carta ya concluida y firmada.

**pose** *f.* Postura, actitud.

**poseer** *tr.* Tener en propiedad.

**poseído, da** *adj./m. y f.* Dominado por una pasión. — Poseso.

**posesión** *f.* Acción de poseer: *una ~ legítima.* — Cosa poseída.

**posesivo, va** *adj.* Que denota posesión. ▶ *adj./m. y f.* Que es dominante y absorbente. — LING. Se dice del adjetivo o pronombre que expresa posesión.

**poseso, sa** *adj./m. y f.* Se dice de la persona a la que se atribuye la posesión de algún espíritu.

**posguerra** *f.* Período de tiempo posterior a una guerra.

**posible** *adj.* Que puede ser o suceder, o se puede hacer. ▶ *m. pl.* Conjunto de medios necesarios para hacer una cosa.

**posición** *f.* Situación. — Actitud, postura. — Categoría social.

**positivismo** *m.* Sistema filosófico que no admite otra realidad que los hechos que pueden captarse por los sentidos y la experiencia.

**positivo, va** *adj.* Que expresa afirmación. — Que es cierto, real o no ofrece duda. — FÍS. Se dice del polo en que hay defecto de electrones. — MAT. Se aplica a los números reales mayores de cero. ▶ *m.* Copia fotográfica obtenida de un negativo.

**positrón** *m.* Fís. Partícula elemental con carga eléctrica igual a la del electrón, pero positiva.

**poso** *m.* Sedimento del líquido contenido en un recipiente.

**posología** *f.* Estudio de las dosis y de las vías de administración de los medicamentos.

**posponer** *tr.* Poner una persona o cosa después de otra. — Aplazar.

**post-** *pref.* Pos-.

**posta** *f.* Conjunto de caballerías que se situaban en los caminos para renovar las del correo, diligencias, etc. — Bala de plomo.

**postal** *adj.* Relativo al correo. ▸ *f./adj.* Tarjeta que se envía por correo sin sobre.

**poste** *m.* Madero o columna colocado verticalmente. — Cada uno de los dos palos verticales de la portería del fútbol.

**postergar** *tr.* Hacer sufrir un retraso a una cosa.

**posteridad** *f.* Generación venidera. — El tiempo futuro.

**posterior** *adj.* Que sigue en el orden del tiempo. — Que está detrás de algo. — LING. Se dice de la consonante cuya articulación se produce en la parte posterior del canal bucal.

**posteriori** Palabra que se utiliza en la expresión a posteriori, que se usa para indicar que una cosa se juzga después de haber sucedido.

**postigo** *m.* Puerta pequeña abierta en otra mayor.

**postilla** *f.* Costra que se forma en las llagas al secarse.

**postín** *m.* Fam. Presunción, vanidad. — De postín (Fam.), de lujo.

**postizo, za** *adj.* Que suple una falta natural. ▸ *m.* Añadido de pelo que suple una escasez.

**postor** *m.* Persona que licita en una subasta.

**postrar** *tr.* y *prnl.* Debilitar física o moralmente. ▸ *prnl.* Arrodillarse en señal de respeto, veneración o súplica.

**postre** *m.* Fruta o plato dulce que se toma tras las comidas.

**postrero, ra** *adj./m.* y *f.* Que está el último en una serie.

**postrimerías** *f.* *pl.* Último período en la duración de algo.

**postulado** *m.* Principio admitido como cierto, sin demostración.

**postular** *tr.* Pedir en una colecta. — Defender un principio.

**póstumo, ma** *adj.* Que nace después de la muerte del padre. — Que aparece después de la muerte del autor.

**postura** *f.* Manera de estar o colocarse. — Actitud ante un asunto.

**potable** *adj.* Que se puede beber sin que dañe.

**potaje** *m.* Guiso hecho con legumbres secas y otros ingredientes.

**potasa** *f.* Nombre común del hidróxido de potasio y los carbonatos de potasio.

**potasio** *m.* Metal alcalino, cuyos compuestos se usan como abono.

**pote** *m.* Recipiente cilíndrico con asa.

**potencia** *f.* Capacidad para hacer algo o producir un efecto. — Fuerza, poder. — FÍS. Trabajo realizado por unidad detiempo. — MAT. Resultado de multiplicar una cantidad por sí misma cierto número de veces.

**potencial** *adj.* Relativo a la potencia. — Que sólo existe en potencia. ▸ *adj./m.* LING. Se dice de una forma verbal que indica posibilidad. ▸ *m.* Fuerza o poder disponibles: ~ *militar.* — Cantidad de energía liberable almacenada en un cuerpo.

**potenciar** *tr.* Facilitar, fomentar.

**potentado, da** *m. y f.* Persona poderosa y opulenta.

**potente** *adj.* Que tiene potencia. — Poderoso, fuerte.

**potestad** *f.* Poder o facultad que se tiene sobre personas o cosas.

**potestativo, va** *adj.* Voluntario, no obligatorio.

**potingue** *m.* Fam. Medicamento. — Fam. Cosmético. — Comida o bebida de aspecto, sabor u olor extraño.

**poto** *m.* Argent., Bol., Chile y Perú. Nalga. — Perú. Vasija pequeña de barro.

**potosí** *m.* Riqueza extraordinaria.

**potra** *f.* Fam. Suerte.

**potrero** *m.* Amér. Finca cercada destinada al ganado. — Argent. Parcela en que se divide la estancia ganadera.

**potro, tra** *m. y f.* Caballo o yegua jóvenes. ▸ *m.* Aparato gimnástico para efectuar saltos. — Antiguo aparato de tortura.

**poyo** *m.* Banco de obra junto a la pared.

**pozo** *m.* Hoyo para sacar agua o petróleo o bajar a las minas.

**práctica** *f.* Acción de realizar una actividad. — Destreza, habilidad. — Aplicación de los conocimientos adquiridos.

**practicante** *adj./m. y f.* Que profesa y practica su religión. ▸ *m. y f.* Auxiliar médico que pone inyecciones y hace curas.

**practicar** *tr.* Realizar una actividad. — Hacer algo con asiduidad.

**práctico, ca** *adj.* Que produce utilidad material. ▸ *m.* Persona que dirige las entradas y salidas de los barcos en un puerto.

**pradera** *f.* Conjunto de prados. — Prado grande.

**prado** *m.* Terreno en el que se deja crecer la hierba para pasto del ganado. — Lugar con árboles y césped que sirve de paseo.

**pragmática** *f.* Enfoque lingüístico que estudia el lenguaje en relación con sus usuarios.

**pragmático, ca** *adj.* Relativo a la acción y no a la teoría. — Relativo a la pragmática y al pragmatismo.

**praliné** *m.* Crema de chocolate y almendra o avellana molida.

**pragmatismo** *m.* Doctrina que

toma como criterio el valor práctico.

**praxis** *f.* Práctica, en oposición a teoría.

**preámbulo** *m.* Introducción, prefacio.

**prebenda** *f.* Renta aneja a un oficio eclesiástico.

**preboste** *m.* Persona que es cabeza o jefe de una comunidad.

**precario, ria** *adj.* Inestable, inseguro o escaso.

**precaución** *f.* Medida que se toma para evitar un peligro.

**precaver** *tr. y prnl.* Tomar medidas para evitar un mal.

**precedente** *m.* Acción anterior que justifica hechos posteriores.

**preceder** *tr. e intr.* Ir delante en tiempo, orden o lugar. ▶ *tr.* Tener primacía o superioridad sobre una persona o cosa.

**preceptivo, va** *adj.* Que obliga a hacer algo. ▶ *f.* Conjunto de preceptos aplicables a una materia.

**precepto** *m.* Orden de obligado cumplimiento. — Norma o regla.

**preceptor, ra** *m. y f.* Persona encargada de la educación de los niños en una casa.

**preces** *f. pl.* Conjunto de ruegos o súplicas.

**preciado, da** *adj.* Valioso, digno de estimación.

**preciarse** *prnl.* Vanagloriarse, presumir de algo.

**precinto** *m.* Ligadura y sello que mantiene cerrado algo.

**precio** *m.* Valor atribuido a una cosa, expresado en dinero.

**preciosidad** *f.* Cualidad de precioso. — Cosa preciosa.

**precioso, sa** *adj.* Que tiene mucho valor. — Hermoso, bonito.

**preciosura** *f.* Amér. Preciosidad.

**precipicio** *m.* Abismo o declive alto y profundo en un terreno.

**precipitación** *f.* Acción y efecto de precipitar o precipitarse. — Cantidad total de agua precipitada por la atmósfera.

**precipitado, da** *adj.* Hecho con prisa. ▶ *adj./m.* QUÍM. Se dice de la sustancia que se separa de su disolvente y se deposita en el fondo del recipiente.

**precipitar** *tr. y prnl.* Arrojar desde un lugar alto. — Hacer que una cosa ocurra antes de tiempo. ▶ *prnl.* Actuar con prisa.

**precisar** *tr.* Necesitar. — Expresar algo con detalle y exactitud.

**precisión** *f.* Cualidad de preciso, necesario. — Exactitud.

**preciso, sa** *adj.* Necesario. — Exacto, justo. — Claro, distinto.

**precolombino, na** *adj.* Relativo a la América anterior a los viajes y descubrimientos de Cristóbal Colón.

**preconcebir** *tr.* Pensar o proyectar una cosa de antemano.

**preconizar** *tr.* Recomendar con intensidad algo de interés general.

**precoz** *adj.* Que se produce antes de tiempo.

**precursor, ra** *adj./m. y f.* Que anuncia o empieza algo.

**predecesor, ra** *m. y f.* Ser que precede a otro en tiempo o lugar.

**predecir** *tr.* Anunciar algo que ha de suceder en el futuro.

**predestinado, da** *adj.* Elegido por Dios para lograr la gloria. — Que fatalmente debe acabar de determinada forma.

**predicado** *m.* LING. Parte de la oración que dice algo del sujeto.

**predicamento** *m.* Prestigio.

**predicar** *tr.* Pronunciar un sermón. — Propagar unas ideas o una doctrina.

**predicativo, va** *adj.* Relativo al predicado.

**predicción** *f.* Acción y efecto de predecir. — Conjunto de palabras con que se predice.

**predilección** *f.* Preferencia por una persona o cosa entre otras.

**predilecto, ta** *adj.* Preferido por amor o afecto especial.

**predio** *m.* Finca, hacienda, tierra o posesión inmueble.

**predisponer** *tr. y prnl.* Disponer anticipadamente a alguien para alguna cosa. — Poner a alguien a favor o en contra de algo.

**predominar** *tr. e intr.* Preponderar, destacar.

**predominio** *m.* Superioridad, influencia.

**prefabricar** *tr.* Fabricar de antemano las piezas de un edificio.

**prefacio** *m.* Introducción, preámbulo, prólogo.

**prefecto** *m.* Gobernador de un departamento francés. — Presidente de una comunidad eclesiástica.

**preferencia** *f.* Tendencia favorable hacia una persona o cosa.

**preferir** *tr. y prnl.* Gustar más una persona o cosa que otra.

**prefijo** *m.* Elemento antepuesto a una palabra que modifica su sentido. — Señal telefónica que precede a otra.

**pregón** *m.* Divulgación en voz alta de un hecho, aviso, etc.

**pregonar** *tr.* Divulgar con un pregón. — Difundir algo que debía permanecer oculto. — Alabar en público a alguien.

**pregunta** *f.* Acción de preguntar. — Frase con que se pregunta.

**preguntar** *tr. y prnl.* Hacer preguntas.

**prehistoria** *f.* Historia de la humanidad desde su aparición hasta los primeros escritos.

**prejuicio** *m.* Acción y efecto de prejuzgar.

**prejuzgar** *tr.* Juzgar las cosas antes de conocerlas.

**prelado** *m.* Clérigo con cargo superior en la Iglesia católica.

**preliminar** *adj.* Que sirve de preámbulo o introducción a una cosa. ▸ *adj./m.* Que antecede o se antepone a algo.

**preludio** *m.* Cosa o acción que precede.

**prematuro, ra** *adj.* Que no está maduro u ocurre antes de tiempo.

**premeditar** *tr.* Reflexionar algo antes de hacerlo.

**premio** *m.* Reconocimiento público o recompensa que se obtiene por una obra, acción o mérito. — Objeto, dinero u otra cosa que se da por este reconocimiento.

**premisa** *f.* Supuesto a partir del cual se infiere una cosa.

**premolar** *m.* Cada uno de los dientes situados entre los caninos y los molares.

**premonición** *f.* Presentimiento.

**premura** *f.* Prisa, urgencia.

**prenda** *f.* Pieza de vestido o de calzado. — Cosa de valor que se da como garantía o prueba de algo. ▸ *pl.* Juego en que el jugador entrega un objeto como castigo.

**prendar** *tr.* Gustar mucho. ▸ *prnl.* Enamorarse o entusiasmarse.

**prender** *tr.* Agarrar. — Poner preso. — *Amér.* Conectar la luz o un aparato eléctrico. ▸ *tr. y prnl.* Enredarse dos cosas. ▸ *intr.* Arraigar una planta. ▸ *intr. y tr.* Hacer arder.

**prensa** *f.* Máquina para comprimir. — Imprenta. — Conjunto de publicaciones periódicas. — Periodismo. — **Prensa del corazón** (Esp.), prensa dedicada a temas sentimentales sobre personas famosas.

**prensar** *tr.* Apretar, comprimir.

**prensil** *adj.* Que sirve para asir o prender.

**prensor, ra** *adj.* Que agarra.

**preñar** *tr.* Fecundar a una hembra.

**preocupar** *tr. y prnl.* Causar algo intranquilidad o inquietud.

**preparado** *m.* Medicamento.

**preparar** *tr.* Poner en condiciones para cierto fin. ▸ *tr. y prnl.* Entrenar. ▸ *prnl.* Estar algo próximo a suceder.

**preparativo** *m.* Cosa dispuesta y preparada.

**preponderar** *intr.* Prevalecer.

**preposición** *f.* Partícula invariable que une palabras o frases.

**prepotencia** *f.* Abuso de poder.

**prepucio** *m.* Piel móvil que recubre el glande del pene.

**prerrogativa** *f.* Ventaja o facultad de ciertos cargos.

**presa** *f.* Acción de prender, agarrar. — Animal que es cazado. — Dique artificial hecho para retener el agua de un curso.

**presagio** *m.* Señal que anuncia algo.

**presbiterianismo** *m.* Rama del protestantismo que no reconoce la jerarquía episcopal.

**presbiterio** *m.* Parte de la iglesia donde está el altar mayor.

**presbítero** *m.* Sacerdote.

**prescindir** *intr.* Pasar sin alguien o algo: ~ *de sus servicios.*

**prescribir** *tr.* Ordenar, mandar. — Recetar. ▸ *intr.* Extinguirse un derecho o responsabilidad.

**presencia** *f.* Hecho de estar una persona o cosa en un lugar. — Aspecto exterior de una persona. — Presencia de ánimo, serenidad.

**presenciar** *tr.* Estar presente o asistir a algo.

**presentar** *tr.* Poner algo ante alguien para que lo vea. — Conducir un programa de radio o televisión. ▸ *tr. y prnl.* Mostrar alguien una persona a otra para que la conozca. ▸ *prnl.* Acudir, estar presente.

**presente** *adj.* Que está en presencia de alguien o algo. — Que está en cierto lugar. — Que ocurre o existe actualmente. ▸ *adj./ m.* Se dice del tiempo actual. — LING. Se dice del tiempo que indica que la acción expresada por el verbo se realiza actualmente. ▸ *m.* Regalo.

**presentir** *tr.* Tener la sensación de que va a ocurrir algo.

**preservar** *tr. y prnl.* Proteger de un daño o peligro.

**preservativo** *m.* Funda plástica muy fina que se coloca en el pene como anticonceptivo.

**presidencia** *f.* Acción y efecto de presidir. — Cargo de presidente y tiempo que dura. — Oficina que ocupa un presidente.

**presidencialismo** *m.* Régimen político en que el presidente de la república es también jefe del gobierno.

**presidente, ta** *m. y f.* Superior de un consejo, junta o estado.

**presidiario, ria** *m. y f.* Persona que está en presidio.

**presidio** *m.* Cárcel.

**presidir** *tr.* Tener el cargo de presidente. — Predominar o destacar una cosa sobre las demás.

**presilla** *f.* Tira de tela cosida al borde de una prenda que sirve para abrochar o como adorno.

**presión** *f.* Acción de apretar u oprimir. — Coacción para que otro modifique sus actos. — FÍS. Fuerza ejercida por un fluido en cada unidad de superficie.

**preso, sa** *m. y f.* Persona encarcelada.

**prestación** *f.* Acción de prestar un servicio. — Servicio prestado.

**préstamo** *m.* Acción de prestar. — Cosa que se presta. — LING. Elemento que una lengua toma de otra.

**prestancia** *f.* Aspecto de distinción. — Superior calidad.

**prestar** *tr.* Ceder por un tiempo algo para que después sea restituido. ▸ *prnl.* Ofrecerse a hacer algo.

**presteza** *f.* Prontitud, rapidez.

**prestidigitación** *f.* Arte de hacer trucos con las manos.

**prestigio** *m.* Buena fama.

**presto, ta** *adj.* Dispuesto para hacer algo. — Rápido. ▸ *adv.* Pronto, en seguida.

**presumir** *tr.* Creer que algo va a ocurrir. ▸ *intr.* Vanagloriarse de sí mismo. — Cuidar excesivamente el arreglo personal.

**presunción** *f.* Suposición fundada en indicios o señales.

**presunto, ta** *adj./m. y f.* Que se cree o supone: ~ *culpable.*

**presuntuoso, sa** *adj.* Con muchas pretensiones. ▸ *adj./m. y f.* Vanidoso, presumido.

**presuponer** *tr.* Dar por supuesta una cosa.

**presupuesto** *m.* Hipótesis, supuesto. — Estimación anticipada de los gastos e ingresos de un país, empresa, etc. — Cálculo del coste previsto de una obra, reparación, etc.

**presuroso, sa** *adj.* Rápido, ligero.

**pretencioso, sa** *adj.* Presuntuoso.

**pretender** *tr.* Tratar de conseguir algo. — Cortejar a una mujer.

**pretensión** *f.* Intención, propósito. — Derecho que alguien cree tener sobre algo. — Aspiración ambiciosa o vanidosa.

**pretérito, ta** *adj.* Pasado. ▸ *m.* LING. Tiempo verbal que presenta la acción como realizada en el pasado.

**pretexto** *m.* Razón fingida que se alega para ocultar la verdadera.

**pretil** *m.* Barrera que se pone a los lados de un puente.

**pretor** *m.* Magistrado romano.

**prevalecer** *intr.* Imponerse una persona o cosa entre otras.

**prevaler** *intr.* Prevalecer. ▸ *prnl.* Servirse de algo.

**prevención** *f.* Acción y efecto de prevenir. — Medida tomada para evitar un daño o peligro.

**prevenir** *tr. y prnl.* Preparar con anticipación las cosas. — Tomar las medidas precisas para evitar un mal. ▸ *tr.* Advertir de algo.

**prever** *tr.* Conjeturar algo que va a ocurrir. — Tomar las medidas necesarias para afrontar algo.

**previo, via** *adj.* Que precede o sirve de preparación a algo.

**previsión** *f.* Acción y efecto de prever.

**prez** *m. o f.* Honor que proporciona una acción meritoria.

**prieto, ta** *adj.* Se dice del color casi negro. — Apretado, tenso. ▸ *adj./m. y f.* Méx. Muy moreno.

**prima** *f.* Dinero que se da como incentivo. — MÚS. Primera cuerda de algunos instrumentos.

**primacía** *f.* Hecho de ser el primero. — Prioridad concedida a alguien o a algo. — Dignidad u oficio de primado.

**primado** *m.* Prelado eclesiástico con jurisdicción sobre los arzobispos u obispos de una región o de un país.

**primar** *tr.* Dar una prima, dinero. ▸ *intr.* Sobresalir, prevalecer.

**primario, ria** *adj.* Principal o primero. — Primitivo, salvaje.. ▸ *adj./m.* GEOL. Paleozoico.

**primate** *adj./m.* Relativo a un orden de mamíferos trepadores, de uñas planas y cerebro muy desarrollado.

**primavera** *f.* Estación del año entre el invierno y el verano.

**primer** *adj.* Apóc. de primero que se antepone al sustantivo: *el ~ día.*

**primero, ra** *adj./m. y f.* Que precede a todos los demás elementos de una serie. — Que predomina en calidad o importancia. ▸ *adv.* En primer lugar.

**primicia** *f.* Noticia hecha pública por primera vez.

**primigenio, nia** *adj.* Primitivo, originario.

**primitivo, va** *adj.* Del primer período de la historia. — Originario. — Salvaje, sin civilizar. ▸ *adj./m. y f.* Se dice de las sociedades humanas de civilización poco desarrollada.

**primo, ma** *adj.* Primero. ▸ *m. y f.* Respecto a una persona, hijo de un tío suyo. — MÚS. Primera cuerda de algunos instrumentos. — Número primo (MAT.), número entero que sólo es divisible por sí mismo y la unidad.

**primogénito, ta** *adj./m. y f.* Se dice del hijo que nace primero.

**primor** *m.* Esmero con que se hace algo. — Cosa hecha de esta forma.

**primordial** *adj.* Que es necesario, básico, esencial.

**primoroso, sa** *adj.* Que está hecho con primor.

**princesa** *f.* Título que se da a la hija de un rey. — Esposa de un príncipe. — Soberana de un principado.

**principado** *m.* Título o dignidad de príncipe. — Territorio sujeto a la potestad de un príncipe.

**principal** *adj.* De más importancia o valor: *el papel ~.* — LING. Se dice de la oración de la que depende una subordinada. ▸ *adj./m.* Se dice del piso que está sobre el entresuelo. ▸ *m.* Jefe.

**príncipe** *m.* Título que se da al hijo de un rey. — Título del soberano de un principado.

**principeño, ña** *adj./m. y f.* De Puerto Príncipe.

**principiante, ta** *adj./m. y f.* Que comienza a ejercer un arte.

**principio** *m.* Primera parte de una cosa. — Concepto que sirve de base a un razonamiento. — Norma moral que rige la conducta. — Ley que regula un conjunto de fenómenos físicos. ▸ *pl.* Conjunto de nociones primeras de una ciencia o arte.

**pringar** *tr.* Mojar el pan en pringue u otra salsa. ▸ *tr. y prnl.* Manchar con pringue.

**pringue** *m. o f.* Grasa. — Suciedad, porquería.

**prior, ra** *m. y f.* Superior o segundo prelado del convento.

**priori** Palabra que se utiliza en la expresión a priori, que se usa para indicar que una cosa que afecta a un determinado hecho o asunto se decide o se hace antes de conocer su resultado o fin.

**prioridad** *f.* Anterioridad de una cosa respecto de otra.

**prisa** *f.* Rapidez con que sucede algo. — Necesidad de apresurarse.

**prisión** *f.* Establecimiento donde están los privados de libertad.

**prisionero, ra** *m. y f.* Persona que está privada de libertad a causa de un secuestro, captura, etc.

**prisma** *m.* Cuerpo formado por dos planos paralelos y tantos paralelogramos como caras tienen los planos.

**prismático, ca** *adj.* Que tiene forma de prisma. ▸ *m. pl.* Anteojos, instrumento óptico.

**privado, da** *adj.* Que pertenece a un particular. — Personal, íntimo: *vida ~.* ▸ *m.* Valido.

**privar** *tr.* Dejar a alguien o a algo sin alguna cosa. ▸ *intr.* Estar de moda una cosa. ▸ *prnl.* Renunciar a algo.

**privatizar** *tr.* Convertir en privados bienes o empresas públicas.

**privilegio** *m.* Ventaja que se da a uno. — Documento en que consta esta ventaja.

**pro** *m. o f.* Provecho. ▸ *prep.* En favor de: *asociación pro ciegos.* — De pro.

**proa** *f.* MAR. Parte delantera de una nave.

**probable** *adj.* Que se puede probar. — Que puede suceder.

**probado, da** *adj.* Acreditado por la experiencia. — DER. Aceptado por el juez como verdad en los autos.

**probador** *m.* Habitación para probarse las prendas de vestir.

**probar** *tr.* Demostrar la verdad de cierta cosa. — Examinar las cualidades de una persona o cosa. — Tomar una comida o bebida para apreciar su sabor. ▸ *intr.* Intentar hacer una cosa.

**probeta** *f.* Recipiente de cristal usado en los laboratorios.

**problema** *m.* Cuestión en que hay algo que averiguar o que provoca preocupación. — Hecho que impide o dificulta alguna cosa.

**problemática** *f.* Conjunto de problemas relativos a una ciencia o actividad.

**problemático, ca** *adj.* Que implica o causa problema.

**probo, ba** *adj.* Honrado.

**proboscidio, dia** *adj.* /m. Relativo a un orden de mamíferos ungulados provistos de una trompa prensil, como el elefante.

**procaz** *adj.* Desvergonzado, grosero.

**procedencia** *f.* Origen de donde procede alguien o algo.

**proceder** *intr.* Tener una cosa su origen en algo. — Comportarse, actuar. — Ser oportuno o conforme a unas normas. — Iniciar un juicio contra alguien.

**proceder** *m.* Manera de actuar.

**procedimiento** *m.* Acción de proceder. — Método. — Actuación por trámites judiciales o administrativos.

**prócer** *adj.* Noble, majestuoso. ▸ *m. y f.* Persona ilustre.

**procesado, da** *adj./m. y f.* DER. Que es tratado y declarado como presunto reo en un proceso criminal.

**procesar** *tr.* DER. Formar procesos. — INFORM. Someter un conjunto de datos a un determinado programa informático.

**procesión** *f.* Sucesión de personas que avanzan una tras otra llevando imágenes de santos.

**procesionaria** *f.* Oruga que se alimenta de las hojas del pino, roble y encina, a los que causa grandes estragos.

**proceso** *m.* Desarrollo de las fases de un fenómeno. — Método, sistema. — DER. Conjunto de actuaciones de una causa criminal. — INFORM. Conjunto de operaciones a que se someten los datos.

**proclama** *f.* Alocución política o militar. — Notificación pública.

**proclamar** *tr.* Hacer saber una cosa de forma pública y solemne. — Mostrar algo claramente. ► *tr. y prnl.* Otorgar un título.

**proclive** *adj.* Propenso a una cosa negativa.

**procrear** *tr.* Engendrar.

**procurador, ra** *m. y f.* Persona que representa legalmente a otra.

**procurar** *tr. y prnl.* Hacer esfuerzos o diligencias para conseguir algo. ► *tr.* Proporcionar o facilitar a alguien una cosa.

**prodigar** *tr. y prnl.* Dar mucho de algo. ► *prnl.* Exhibirse.

**prodigio** *m.* Suceso extraño. — Persona o cosa extraordinaria.

**pródigo, ga** *adj.* Generoso. ► *adj./m. y f.* Que malgasta.

**producción** *f.* Acción de producir. — Cosa producida.

**producir** *tr.* Hacer una cosa natural salir otra de sí misma: *los árboles producen frutos.* — Fabricar. — Causar. — Organizar la realización de una película, programa, etc. ► *prnl.* Ocurrir.

**productivo, va** *adj.* Que tiene virtud de producir. — Que proporciona mucha utilidad.

**producto** *m.* Cosa producida. — MAT. Resultado de una multiplicación.

**proemio** *m.* Prólogo de un discurso o libro.

**proeza** *f.* Hazaña.

**profanar** *tr.* Tratar una cosa sagrada sin el debido respeto.

**profano, na** *adj.* Que no es sagrado. ► *adj./m. y f.* Inexperto.

**profecía** *f.* Don sobrenatural para conocer el futuro por inspiración divina. — Predicción.

**proferir** *tr.* Emitir palabras o sonidos.

**profesar** *tr.* Ser adepto a una doctrina. — Ejercer una profesión. ► *intr.* Obligarse en una orden religiosa a cumplir los votos.

**profesión** *f.* Acción y efecto de profesar. — Oficio o empleo.

**profesional** *adj.* Relativo a la profesión. ► *adj./m. y f.* Que ejerce una profesión.

**profesor, ra** *m. y f.* Persona que enseña una ciencia o arte.

**profeta** *m.* Persona que posee el don de la profecía. — Persona que anuncia un acontecimiento futuro.

**profetisa** *f.* Mujer que posee el don de la profecía.

**profiláctico** *m.* Preservativo.

**profilaxis** *f.* Conjunto de medidas destinadas a impedir la aparición o la propagación de enfermedades.

**prófugo, ga** *adj./m. y f.* Que huye de la justicia.

**profundizar** *tr.* Hacer más profundo. ▸ *tr. e intr.* Examinar o analizar algo a fondo.

**profundo, da** *adj.* Que tiene el fondo muy distante del borde. — Que penetra mucho: *herida* ~. — Intenso, muy grande.

**profusión** *f.* Abundancia excesiva.

**progenitor, ra** *m. y f.* Pariente en línea recta ascendente. ▸ *m. pl.* Padre y madre de una persona.

**progesterona** *f.* Hormona producida por el ovario.

**programa** *m.* Exposición de los proyectos de una persona, partido, etc. — Emisión de televisión, radio, etc. —INFORM. Conjunto de instrucciones que permite ejecutar una serie de operaciones.

**progresar** *tr.* Hacer progresos.

**progresión** *f.* Acción de progresar. — MAT. Serie de números ordenados según una constante. — Progresión aritmética (MAT.), aquella en que la diferencia entre un número y el anterior es una constante. — Progresión geométrica (MAT.), aquella en que

el cociente entre un número y el anterior es una constante.

**progresista** *adj./m. y f.* De ideas avanzadas.

**progresivo, va** *adj.* Que procura el avance. — Que progresa.

**progreso** *m.* Acción de ir hacia adelante. — Desarrollo favorable.

**prohibir** *tr.* Vedar o impedir el uso o ejecución de algo.

**prohombre** *m.* Hombre ilustre.

**prójimo, ma** *m.* Una persona con respecto a otra.

**prole** *f.* Hijos, descendencia.

**prolegómeno** *m.* Tratado que precede a una obra y establece los fundamentos generales del tema.

**proletariado** *m.* Clase social cuyos miembros no poseen los medios de producción y venden su trabajo por un salario.

**proletario, ria** *adj.* Relativo al proletariado. ▸ *m. y f.* Miembro del proletariado.

**proliferar** *intr.* Multiplicarse rápidamente.

**prolífico, ca** *adj.* Capaz de reproducirse. — Muy productivo.

**prolijo, ja** *adj.* Demasiado largo y detallado.

**prólogo** *m.* Texto antepuesto a una obra.

**prolongar** *tr. y prnl.* Aumentar la longitud o duración de algo.

**promedio** *m.* Cantidad o valor medio.

**promesa** *f.* Acción de prometer. — Persona o cosa que promete.

**prometer** *tr.* Decir alguien que se obliga a hacer o dar algo. ▸ *intr.* Dar muestras una persona o cosa de que llegará a ser muy buena. ▸ *prnl.* Darse palabra de matrimonio.

**prometido, da** *m. y f.* Persona a la que se promete matrimonio.

**prominencia** *f.* Abultamiento, elevación.

**prominente** *adj.* Que sobresale más de lo normal.

**promiscuo, cua** *adj.* Mezclado confusa o indiferentemente. — Que tiene relaciones sexuales con varias personas.

**promoción** *f.* Acción de promocionar. — Conjunto de personas que han obtenido al mismo tiempo un grado o título.

**promocionar** *tr.* Dar impulso a una empresa, producto, etc. ▸ *tr. y prnl.* Hacer que alguien mejore en su cargo o categoría.

**promontorio** *m.* Elevación del terreno de poca altura.

**promotor, ra** *adj./m. y f.* Que promueve o promociona.

**promover** *tr.* Iniciar cierta acción. — Producir, causar.

**promulgar** *tr.* Publicar algo oficialmente, en especial una ley.

**prono, na** *adj.* Tumbado boca abajo.

**pronombre** *m.* Parte de la oración que sustituye al nombre o lo determina.

**pronominal** *adj.* Relativo al pronombre. — Se dice del verbo que se conjuga con dos pronombres de la misma persona.

**pronóstico** *m.* Anuncio de una cosa futura, basado en ciertos indicios. — Juicio médico sobre la evolución de una enfermedad.

**prontitud** *f.* Rapidez o diligencia en hacer una cosa.

**pronto, ta** *adj.* Rápido, inmediato. — Dispuesto, preparado. ▸ *m.* Fam. Decisión o impulso repentino. ▸ *adv.* En seguida.

**pronunciado, da** *adj.* Muy perceptible o acusado.

**pronunciamiento** *m.* Alzamiento militar. — DER. Acto de pronunciar la sentencia.

**pronunciar** *tr.* Emitir y articular sonidos para hablar. — DER. Dictar una sentencia judicial. ▸ *prnl.* Declararse a favor o en contra de alguien o algo.

**propaganda** *f.* Publicidad para difundir un producto.

**propagar** *tr. y prnl.* Extender, difundir o aumentar una cosa.

**propalar** *tr.* Divulgar algo que estaba oculto.

**propano** *m.* Hidrocarburo gaseoso, empleado como combustible.

**propasarse** *prnl.* Excederse de lo razonable. — Faltar al respeto.

**propender** *intr.* Tender uno a una cosa.

**propiciar** *tr.* Hacer propicio. — Favorecer la ejecución de algo.

**propicio, cia** *adj.* Favorable, adecuado.

**propiedad** *f.* Derecho de usar

una cosa. — Cosa poseída. — Cualidad característica.

**propietario, ria** *adj./m. y f.* Que tiene derecho de propiedad sobre una cosa.

**propina** *f.* Dinero que se da de más como gratificación.

**propinar** *tr.* Dar: ~ *una bofetada.*

**propio, pia** *adj.* Que pertenece en propiedad a una persona. — Característico. — Apropiado. — LING. Se dice del nombre que sólo puede aplicarse a un único ser u objeto.

**proponer** *tr.* Exponer un proyecto para que sea aceptado. — Presentar a una persona para un empleo, premio, etc. ▸ *tr. y prnl.* Tomar la decisión de lograr una cosa.

**proporción** *f.* Disposición o correspondencia entre las cosas. — Tamaño, medida. — MAT. Igualdad entre dos razones.

**proporcional** *adj.* Relativo a la proporción, o que la incluye en sí. — MAT. Que está relacionado por una proporción.

**proporcionar** *tr.* Hacer que algo tenga la debida proporción. ▸ *tr. y prnl.* Poner a disposición de uno lo que necesita.

**proposición** *f.* Acción y efecto de proponer. — LING. Unidad de estructura oracional.

**propósito** *m.* Determinación firme de hacer algo. — **A propósito,** oportuno, adecuado. — De forma voluntaria o deliberada.

**propuesta** *f.* Proposición que se expone con un determinado fin.

**propugnar** *tr.* Defender una idea que se considera conveniente.

**propulsar** *tr.* Impulsar hacia adelante.

**prorrata** *f.* Parte proporcional que toca a cada uno en un reparto.

**prorrogar** *tr.* Hacer que algo dure más tiempo. — Aplazar.

**prorrumpir** *intr.* Emitir un grito, suspiro, etc.: ~ *en llanto.*

**prosa** *f.* Forma natural del lenguaje.

**prosaico, ca** *adj.* Relativo a la prosa. — Vulgar, anodino.

**proscenio** *m.* Parte del escenario más cercana al público.

**proscribir** *tr.* Desterrar por causa política. — Prohibir.

**proseguir** *tr. e intr.* Continuar lo empezado.

**proselitismo** *m.* Empeño en ganar seguidores.

**prosista** *m. y f.* Escritor de obras en prosa.

**prosodia** *f.* Parte de la gramática que enseña la correcta pronunciación y acentuación.

**prosopopeya** *f.* Tropo que consiste en atribuir cualidades de los seres animados a los inanimados y abstractos.

**prospección** *f.* Exploración de los yacimientos minerales de un terreno. — Estudio de posibilidades futuras basado en indicios presentes.

**prospectiva** *f.* Ciencia que estudia las condiciones científicas y sociales de la sociedad futura.

**prospectivo, va** *adj.* Relativo al futuro.

**prospecto** *m.* Anuncio breve de una obra, espectáculo, etc. — Impreso informativo que acompaña a un medicamento, máquina, etc.

**prosperar** *intr.* Tener prosperidad. — Imponerse una opinión.

**prosperidad** *f.* Bienestar material. — Buena suerte, éxito.

**próspero, ra** *adj.* Que mejora y se enriquece progresivamente.

**próstata** *f.* Cuerpo glandular del sexo masculino, que rodea el cuello de la vejiga y la uretra.

**prosternarse** *prnl.* Arrodillarse o inclinarse por respeto.

**prostíbulo** *m.* Casa de prostitución.

**prostitución** *f.* Acto por el cual una persona admite relaciones sexuales por dinero.

**prostituta** *f.* Mujer que ejerce la prostitución.

**prosudo, da** *adj.* Chile, Ecuad. y Perú. Se dice del orador pomposo.

**protagonismo** *m.* Condición de protagonista. — Afán de mostrarse como la persona más calificada y necesaria en algo.

**protagonista** *m. y f.* Personaje principal de una obra.

**proteccionismo** *m.* Sistema que protege la producción nacional.

**protectorado** *m.* Situación de un estado que está bajo la pro-tección de otro. — Estado bajo la protección de otro.

**proteger** *tr.* Evitar un daño o peligro poniendo algo delante, encima, etc. — Favorecer, apoyar.

**proteico, ca** *adj.* Relativo a las proteínas. — Que cambia de formas, ideas o aspecto.

**proteína** *f.* Sustancia química que forma parte de la célula.

**prótesis** *f.* Adición artificial para sustituir un órgano del cuerpo. — LING. Adición de una letra al principio de una palabra.

**protestantismo** *m.* Conjunto de las iglesias y comunidades cristianas surgidas de la Reforma. — Doctrina de estas iglesias.

**protestar** *intr.* Mostrar vehementemente desacuerdo. — Quejarse. ▸ *tr.* Hacer el protesto de una letra de cambio.

**protesto** *m.* Acta notarial en que consta la negativa a la aceptación y pago de una letra de cambio o un cheque.

**prótido** *m.* Proteína.

**protocolo** *m.* Conjunto de reglas usadas en ciertas ceremonias. — DER. Serie de documentos que un notario autoriza y custodia.

**protohistoria** *f.* Período que sigue a la prehistoria.

**protón** *m.* FÍS. Partícula elemental cargada de electricidad positiva.

**protoplasma** *m.* Sustancia que

forma la parte viva de una célula.

**prototipo** *m.* Primer ejemplar, modelo.

**protozoo** *adj./m.* Se dice de los seres unicelulares de núcleo diferenciado, sin clorofila.

**protuberancia** *f.* Abultamiento.

**provecho** *m.* Beneficio, utilidad. — Buen rendimiento.

**proveer** *tr. y prnl.* Disponer o suministrar lo necesario para un fin. ▶ *tr.* Cubrir un empleo.

**provenir** *intr.* Proceder, tener su origen.

**provenzal** *adj./m. y f.* De Provenza. ▶ *m.* Dialecto hablado antiguamente en el sur de Francia. ▶ *m./adj.* Lengua hablada en la actualidad en Provenza.

**proverbio** *m.* Sentencia, refrán.

**providencia** *f.* Medida que se toma para remediar un daño. — Previsión y cuidado que Dios tiene de sus criaturas.

**provincia** *f.* División administrativa de algunos países.

**provisión** *f.* Acción y efecto de proveer. — Conjunto de cosas necesarias o útiles para el mantenimiento.

**provisional** *adj.* No definitivo, temporal.

**provocar** *tr.* Desafiar a alguien a que haga una cosa. — Tratar de despertar deseo sexual en alguien. — Ocasionar, causar. — Colomb., Perú y Venez. Apetecer.

**proxeneta** *m. y f.* Persona que procura la prostitución de otra.

**próximo, ma** *adj.* Que está muy cerca. — Que está justo después.

**proyección** *f.* Acción y efecto de proyectar. — MAT. Figura plana que resulta de trazar rectas a partir de los puntos de un sólido.

**proyectar** *tr.* Lanzar a distancia. — Hacer planes o proyectos. — Formar sobre una pantalla una imagen óptica. — MAT. Hacer una proyección. ▶ *tr. y prnl.* Hacer visible una figura.

**proyectil** *m.* Cuerpo que es lanzado contra algo.

**proyecto** *m.* Plan para realizar algo. — Redacción provisional de un tratado, ley, etc. — Conjunto de planos para construir algo.

**proyector** *m.* Aparato que sirve para proyectar imágenes.

**prudencia** *f.* Moderación, cautela. — Sensatez, buen juicio.

**prueba** *f.* Acción y efecto de probar. — Examen para demostrar determinadas cualidades. — Competición deportiva. — Cosa material hecho o razonamiento que sirve para probar o atestiguar la verdad de un hecho.

**prurito** *m.* Picazón, comezón. — Deseo persistente de hacer una cosa lo mejor posible.

**pseudo-** *pref.* Seudo-.

**psico-** *pref.* Significa 'alma', 'mente'.

**psicoanálisis** *m.* Método y técnica psicológica que tiene por objeto dilucidar el significado inconsciente de la conducta.

**psicología** *f.* Ciencia que estudia la actividad psíquica.

**psicopatía** *f.* Trastorno psíquico por el que se altera la conducta del individuo.

**psicosis** *f.* Enfermedad mental.

**psicoterapia** *f.* Conjunto de medios terapéuticos para la superación del conflicto psíquico.

**psique** *f.* Conjunto de las funciones sensitivas, afectivas y mentales de un individuo.

**psiquiatría** *f.* Parte de la medicina que estudia y trata las enfermedades mentales.

**psíquico, ca** *adj.* Relativo a la psique.

**pteridofito, ta** *adj./m.* BOT. Relativo a un tipo de plantas sin flores que comprende los helechos y plantas próximas.

**púa** *f.* Cuerpo rígido, delgado y puntiagudo. — Chapa triangular que se usa para tocar instrumentos de cuerda.

**pubertad** *f.* Inicio de la adolescencia.

**pubis** *m.* Parte inferior del vientre, próxima a los órganos sexuales. — ANAT. Parte media o anterior del hueso coxal.

**publicar** *tr.* Difundir una cosa. — Imprimir o editar una obra.

**publicidad** *f.* Condición de ser una cosa conocida por todos. — Conjunto de medios usados para dar a conocer una cosa.

**publicista** *m. y f.* Profesional de la publicidad.

**público, ca** *adj.* Relativo a la comunidad. — Que puede ser usado o es conocido por todos. ▸ *m.* Conjunto de personas que asisten a un lugar, espectáculo, etcétera.

**pucherazo** *m.* Fraude electoral.

**puchero** *m.* Recipiente para guisar. — Guiso, cocido.

**pucho** *m.* Amér. Merid. Colilla de cigarro. — Amér. Merid. Pequeña cantidad sobrante de alguna cosa.

**puchusco, ca** *m. y f.* Chile. Hijo menor de una familia.

**púdico, ca** *adj.* Que tiene pudor.

**pudiente** *adj./m. y f.* Rico, poderoso.

**pudin** o **pudín** *m.* Especie de pastel dulce o salado hecho con bizcocho, leche y varios ingredientes troceados y mezclados.

**pudor** *m.* Vergüenza, timidez.

**pudrir** *tr. y prnl.* Corromper una materia orgánica.

**pudú** *m.* Argent. y Chile. Pequeño ciervo de los Andes.

**pueblada** *f.* Amér. Merid. Revuelta popular.

**pueblo** *m.* Conjunto de personas que forman una comunidad o tienen la misma nacionalidad. — Población pequeña.

**puelche** *m.* Chile. Viento que sopla de la cordillera de los Andes hacia poniente.

**puente** *m.* Estructura construida sobre ríos, fosos, etc., para cruzarlos. — MAR. Parte del barco donde está el puesto de mando.

**puercada** *f.* Amér. Central y Méx. Porquería, injusticia.

**puerco, ca** *adj./m. y f.* Sucio, desaliñado. ► *m. y f.* Cerdo, animal. — Puerco espín, roedor cuyo cuerpo está cubierto de pinchos.

**puericultura** *f.* Estudio de los cuidados de los niños pequeños.

**pueril** *adj.* Propio de un niño. — Fútil, trivial.

**puerro** *m.* Planta hortícola de bulbo comestible.

**puerta** *f.* Abertura de comunicación cerrada por uno o más batientes. — DEP. Portería.

**puerto** *m.* Lugar de la costa que sirve de abrigo a las embarcaciones. — Paso entre montañas. — INF. Conexión que permite conectar dispositivos de entrada y salida.

**puertorriqueño, ña** *adj./m. y f.* De Puerto Rico.

**pues** *conj.* Expresa causa, consecuencia o ilación: *no insistas, pues ya lo tengo decidido.* — Introduce expresiones exclamativas: *¡pues será caradura!*

**puesta** *f.* Acción y efecto de poner o ponerse. — Acción de poner huevos las aves. — Acción de ponerse un astro.

**puestero, ra** *m. y f.* Argent., Chile, Par. y Urug. Persona que tiene a su cargo un puesto de estancia.

**puesto, ta** *adj.* Bien vestido o arreglado. ► *m.* Lugar que ocupa una cosa. — Cargo, empleo. — Pequeña tienda. — Argent., Chile y Urug. Cada una de las partes en que se divide una estancia. — Puesto que, expresión que introduce una oración con sentido causal: *~ que no te gusta, no comas.*

**púgil** *m.* Boxeador.

**pugilismo** *m.* Boxeo.

**pugnar** *intr.* Luchar. — Hacer esfuerzos para conseguir una cosa.

**pujanza** *f.* Fuerza con que crece o se desarrolla algo.

**pujar** *tr.* Hacer esfuerzos por proseguir una acción. ► *tr. e intr.* Aumentar el precio puesto a una cosa que se subasta.

**pulcro, cra** *adj.* Aseado. — Delicado en la conducta o el habla.

**pulga** *f.* Insecto parásito sin alas y de patas aptas para dar grandes saltos.

**pulgada** *f.* Unidad de longitud, equivalente a algo más de 23 mm.

**pulgar** *adj./m.* Se dice del dedo primero y más grueso de la mano.

**pulgón** *m.* Insecto hemíptero cuyas hembras y larvas viven parásitas sobre ciertos vegetales.

**pulguiento, ta** *adj.* Amér. Que tiene pulgas.

**pulido, da** *adj.* Arreglado con mucho cuidado y esmero. ► *m.* Acción y efecto de pulir.

**pulimento** *m.* Sustancia usada para dar lustre a una superficie.

**pulir** *tr.* Lustrar o suavizar una superficie. — Perfeccionar algo. ▶ *tr. y prnl.* Quitar la tosquedad a una persona.

**pulla** *f.* Dicho con que indirectamente se zahiere.

**pulmón** *m.* Víscera par situada en el tórax, que constituye el órgano principal del aparato respiratorio.

**pulmonía** *f.* Inflamación del pulmón.

**pulover** *m.* Argent. y Urug. Jersey.

**pulpa** *f.* Carne sin huesos. — Parte blanda de las frutas.

**pulpería** *f.* Amér. Central y Amér. Merid. Tienda donde se venden comestibles y artículos diversos.

**púlpito** *m.* Plataforma que hay en las iglesias desde donde se predica, canta, etc.

**pulpo** *m.* Molusco cefalópodo con ocho brazos dotados de ventosas.

**pulque** *m.* Méx. Bebida alcohólica obtenida del jugo del maguey fermentado, que suele mezclarse con jugos de frutas.

**pulsar** *tr.* Tocar o presionar algo con la yema de los dedos.

**púlsar** *m.* ASTRON. Estrella de emisiones breves y regulares.

**pulsera** *f.* Aro que se lleva como adorno en la muñeca.

**pulso** *m.* Latido intermitente de las arterias. — Firmeza en la mano para realizar un trabajo delicado.

**pulular** *intr.* Abundar y moverse en un sitio personas, animales o cosas.

**pulverizar** *tr. y prnl.* Reducir a polvo. ▶ *tr.* Esparcir un líquido en gotas muy menudas.

**puma** *m.* Mamífero carnívoro americano, de pelo leonado.

**puna** *f.* Amér. Central y Amér. Merid. Tierra alta próxima a una cordillera. — Amér. Central y Amér. Merid. Páramo. — Amér. Central y Amér. Merid. Soroche.

**punción** *f.* MED. Introducción en el organismo de un instrumento punzante para obtener muestras de tejido.

**punible** *adj.* Que merece castigo.

**púnico, ca** *adj./m. y f.* De Cartago, antigua ciudad del norte de África.

**punta** *f.* Extremo agudo de una cosa. — Lengua de tierra que penetra en el mar. — Clavo. — Amér. Gran cantidad de algo, montón. ▶ *pl.* Puntilla, encaje.

**puntada** *f.* Cada uno de los agujeros hechos al coser. — Porción de hilo que ocupa este espacio.

**puntal** *m.* Madero sólido que sirve para sostener un muro o techo.

**puntapié** *m.* Golpe dado con la punta del pie.

**puntear** *tr.* — Dibujar, pintar o grabar con puntos. — Argent., Chile y Urug. Remover la tierra con la punta de la pala. — MÚS. Tocar un instrumento pulsando cada cuerda con un dedo. ▶ *intr.*

Amér. Merid. y Méx. Marchar a la cabeza de un grupo de personas o animales.

**puntera** *f.* Parte del calzado que cubre la punta del pie.

**puntería** *f.* Acción de apuntar un arma. — Destreza para dar en el blanco.

**puntero, ra** *adj./m. y f.* Que sobresale en alguna actividad. — Amér. Merid. y Méx. Se dice de la persona o animal que va delante de un grupo. ► *m.* Palo terminado en punta usado para señalar. — Amér. Merid. y Méx. En algunos deportes, el que juega en primera fila. — Argent. El que se halla en primer puesto en las competencias de velocidad.

**puntiagudo, da** *adj.* Que acaba en punta aguda.

**puntilla** *f.* Encaje estrecho. — Puñal que se utiliza para rematar al toro. — De puntillas, sobre las puntas de los pies y sin apoyar los talones.

**puntilloso, sa** *adj.* Que tiene mucho amor propio.

**punto** *m.* Dibujo o relieve redondeado y muy pequeño. — Signo de puntuación (.) que indica una pausa. — Cada una de las partes de un escrito o asunto. — Unidad con que se valoran juegos, notas escolares, etc. — Puntada que se da al coser. — Tejido hecho de lazadas trabadas entre sí. — Punto de vista, modo de juzgar algo. — A punto de, expresa la inminencia de un hecho. — Estar en

su punto una cosa, estar en su mejor momento o manera.

**puntuación** *f.* Acción y efecto de puntuar. — Conjunto de los signos gráficos que sirven para puntuar un escrito.

**puntual** *adj.* Que llega a los sitios a tiempo o hace las cosas a su tiempo. — Exacto, detallado.

**puntualizar** *tr.* Especificar con exactitud algo para que no quede inconpleto o ambiguo.

**puntuar** *tr.* Poner en la escritura signos ortográficos. — Calificar con puntos.

**punzar** *tr.* Herir con un objeto puntiagudo. — Causar dolor o aflicción.

**punzón** *m.* Instrumento alargado y puntiagudo para abrir orificios, grabar metales, etc.

**puñado** *m.* Cantidad de algo que cabe en el puño.

**puñal** *m.* Arma de acero, de hoja corta y puntiaguda.

**puñetazo** *m.* Golpe dado con el puño.

**puño** *m.* Mano cerrada. — Parte de un objeto por donde se agarra. — Pieza de la prenda de vestir que rodea la muñeca.

**pupa** *f.* Erupción en los labios. — Cualquier lesión cutánea.

**pupila** *f.* Parte negra y redonda del ojo.

**pupilo, la** *m. y f.* Huérfano menor de edad, respecto de su tutor.

**pupitre** *m.* Mueble con tapa inclinada para escribir encima.

**pupo** *m.* Argent., Bol. y Chile. Ombligo.

**puré** *m.* Plato que se hace de alimentos cocidos y triturados.

**purgante** *m.* Sustancia que facilita la evacuación de heces.

**purgar** *tr. y prnl.* Administrar un purgante. ▶ *tr.* Purificar, limpiar. — Expiar una culpa.

**purgatorio** *m.* En el catolicismo, lugar en el que las almas purgan sus faltas. — Lugar donde se padecen penalidades.

**purificar** *tr. y prnl.* Quitar las impurezas.

**puritano, na** *adj./m. y f.* Miembro de ciertas comunidades inglesas que quisieron volver a la pureza del cristianismo primitivo. — Que profesa una moral rigurosa.

**puro, ra** *adj.* Sin mezcla ni impurezas: *aire* ~. — Que es solo lo que se expresa: *la ~ verdad.* ▶ *m.* Cigarro más largo y grueso que el cigarrillo.

**púrpura** *adj./m.* Se dice del color rojo que tira a morado. ▶ *adj.* De color púrpura. ▶ *f.* Molusco gasterópodo que segrega un colorante rojo.

**purpurina** *f.* Polvo finísimo de bronce o de metal blanco.

**purulento, ta** *adj.* Que tiene aspecto semejante al pus.

**pus** *m.* Líquido espeso que se forma en los focos de infección.

**pusilánime** *adj.* Falto de ánimo y de audacia.

**pústula** *f.* Vesícula que contiene pus.

**puta** *f.* Vulg. Prostituta.

**puteada** *f.* Amér. Vulg. Insulto grosero.

**putrefacción** *f.* Acción y efecto de pudrir o pudrirse.

**pútrido, da** *adj.* Podrido.

**puya** *f.* Punta de la garrocha del picador.

**puzzle** *m.* Rompecabezas, juego.

**q** *f.* Vigésima letra del abecedario.

**quásar** *m.* ASTRON. Astro de apariencia estelar que constituye una poderosa fuente de radiación.

**que** *pron. rel.* Sigue a un nombre o a otro pronombre, y puede ir precedido del artículo o la preposición: *este es el amigo del que te he hablado.* ▶ *conj.* Introduce oraciones subordinadas sustantivas: *quiero que vengas.* — Se utiliza como conjunción comparativa o ilativa: *prefiero luchar que salir corriendo; habla tan mal que no se le entiende.*

**qué** *pron. interr. y exclam.* Inquiere o pondera la naturaleza, cantidad, etc., de algo: *¿qué color prefieres?; ¡qué calor hace!*

**quebracho** *m.* Árbol americano de gran altura, de madera dura, usada en la construcción.

**quebrada** *f.* Paso estrecho y abrupto entre montañas.

**quebrado, da** *adj./m.* MAT. Se dice del número que expresa una o varias partes proporcionales de la unidad.

**quebrantahuesos** *m.* Ave rapaz diurna de gran tamaño.

**quebrantar** *tr.* Romper algo sin llegar a deshacerlo. — Violar una ley, palabra u obligación. ▶ *tr. y prnl.* Cascar, hender.

**quebrar** *tr.* Romper con violencia. — Méx. Matar. ▶ *tr. y prnl.* Doblar o torcer. ▶ *intr.* Cesar en una actividad por no poder hacer frente a las obligaciones.

**quebrazón** *f.* Amér. Central, Chile, Colomb. y Méx. Destrozo grande de objetos de vidrio o loza.

**quechua** *adj./m. y f.* De los pueblos amerindios del área andina, descendientes de los antiguos incas. ▶ *m./adj.* Lengua hablada por estos pueblos.

**quedar** *intr. y prnl.* Permanecer en cierto lugar o estado. ▶ *intr.* Haber todavía de cierta cosa. — Resultar en cierta situación o estado: ~ *en ridículo.* — Acordar, convenir. ▶ *prnl.* Apoderarse. — Argent., Chile y Urug. Morirse.

— Méx. Permanecer soltera una mujer.

**quedo, da** *adj.* Suave, silencioso.

**quehacer** *m.* Ocupación, negocio.

**queja** *f.* Expresión de dolor, pena o desacuerdo.

**quejarse** *prnl.* Expresar dolor o pena. — Mostrar disconformidad.

**quejido** *m.* Exclamación lastimosa de pena o dolor.

**quelonio** *adj./m.* Se dice de un orden de reptiles de cuerpo protegido por un caparazón duro, como la tortuga.

**queltehue** *m.* Ave zancuda de Chile que se tiene en los jardines para que destruya los insectos nocivos.

**queltro** *m.* Chile. Suelo preparado para la siembra.

**quema** *f.* Acción y efecto de quemar o quemarse. — Incendio. — Argent. Lugar donde se queman basuras o residuos.

**quemadura** *f.* Herida causada por el fuego o algo que quema.

**quemar** *tr. y prnl.* Destruir con fuego. ▸ *tr.* Calentar, mucho. ▸ *tr., intr. y prnl.* Causar lesión algo muy caliente. ▸ *intr.* Estar una cosa muy caliente.

**quemarropa.** Palabra que se utiliza en la expresión a quemarropa, que significa 'a poca distancia, muy cerca'.

**quemazón** *f.* Calor excesivo. — Sensación de ardor o picor.

**queratina** *f.* Sustancia que interviene en la constitución de las uñas, pelo, plumas, etc.

**querella** *f.* Discordia. — DER. Acusación ante el juez.

**querencia** *f.* Acción de amar o querer bien. — Tendencia de personas y animales a volver al lugar en que se criaron.

**querendón, na** *adj./m. y f.* Amér. Cariñoso.

**querer** *tr.* Desear poseer o lograr algo. — Tener amor o cariño.

**querer** *m.* Cariño, amor.

**querido, da** *m. y f.* Amante.

**querosén** *m.* Amér. Queroseno.

**queroseno** *m.* Hidrocarburo obtenido como producto intermedio entre la gasolina y el gasoil.

**querubín** *m.* Cierta categoría de ángeles. — Niño de gran belleza.

**quesadilla** *f.* Ecuad. y Hond. Pan de maíz, relleno de queso y azúcar, frito en manteca.

**queso** *m.* Alimento elaborado a partir de la leche cuajada.

**quetzal** *m.* Ave de plumaje verde tornasolado. — Moneda de Guatemala.

**quevedos** *m. pl.* Anteojos que se sujetan en la nariz.

**quiasmo** *m.* Figura retórica que consiste en presentar en órdenes inversos los miembros de dos secuencias.

**quicio** *m.* Parte de una puerta o ventana en que se asegura la hoja.

**quid** *m.* Punto más importante: *ese es el quid del problema.*

**quiebra** *f.* Acción de quebrar. — Rotura de algo. — Fracaso.

**quiebro** *m.* Gesto que se hace doblando el cuerpo por la cintura. — Inflexión hecha con la voz, que sirve de adorno a la nota principal.

**quien** *pron. rel.* Se refiere a personas: *la mujer de quien te hablé.* — Equivale a *el que*, y carece de antecedente expreso: *cásate con quien quieras.*

**quién** *pron. interr. y exclam.* Introduce frases interrogativas o exclamativas: *¿quién llama?; ¡quién lo diría!*

**quienquiera** *pron.* Cualquiera, persona indeterminada.

**quieto, ta** *adj.* Que no se mueve. — Pacífico, tranquilo.

**quietud** *f.* Falta de movimiento. — Sosiego, reposo.

**quijada** *f.* Cada uno de los dos huesos del cráneo de los mamíferos en que están encajados los dientes y muelas.

**quijote** *m.* Hombre que interviene en asuntos que no le atañen, en defensa de la justicia.

**quilate** *m.* Unidad de peso para perlas y piedras preciosas, que equivale a 205 mg. — Cantidad de oro puro contenido en una aleación de este metal.

**quilla** *f.* Pieza que va de proa a popa y forma la base del barco.

**quillango** *m.* Argent., Chile y Urug. Manta de pieles.

**quillay** *m.* Argent. y Chile. Árbol de gran tamaño con una gruesa corteza que en medios rurales se emplea para lavar.

**quilo** *m.* Líquido blanquecino, resultado de la digestión de los alimentos en el intestino delgado. — Chile. Arbusto de tallos trepadores y fruto azucarado. — Chile. Fruto de este arbusto.

**quilo-** *pref.* Kilo-.

**quilombo** *m.* Argent. Vulg. Lío, gresca. — Chile y R. de la Plata. Burdel. — Venez. Cabaña campestre.

**quiltro** *adj./m. y f.* Chile. Fam. Se dice de la persona despreciable y sin ninguna importancia. ▸ *m.* Chile. Perro ordinario.

**quimba** *f.* Amér. Movimiento garboso del cuerpo al andar.

**quimera** *f.* Monstruo fabuloso, con cabeza de león, vientre de cabra y cola de dragón. — Creación de la mente, que se toma como algo real.

**química** *f.* Ciencia que estudia las propiedades, composición y transformación de los cuerpos.

**químico, ca** *adj.* Relativo a la química. ▸ *m. y f.* Especialista en química.

**quimioterapia** *f.* MED. Tratamiento de las ciertas enfermedades mediante sustancias químicas.

**quimo** *m.* Líquido contenido en el estómago, que resulta de la digestión de los alimentos.

**quimono** *m.* Túnica japonesa muy amplia, de una sola pieza.

**quincalla** *f.* Artículo de metal, de poco precio o escaso valor.

**quince** *adj./m.* Diez y cinco. ▸ *adj./m. y f.* Decimoquinto.

**quinceavo, va** *adj./m.* Se dice de cada una de las quince partes iguales en que se divide un todo.

**quincena** *f.* Serie de quince días consecutivos.

**quincha** *f.* Amér. Merid. Tejido o trama de junco con que se afianza un techo o pared. — Argent., Chile y Perú. Pared hecha de cañas o juncos recubiertos de barro.

**quinchar** *tr.* Amér. Merid. Cercar o cubrir con quinchas.

**quincuagésimo, ma** *adj./m. y f.* Que corresponde en orden al número cincuenta.

**quinde** *m.* Colomb., Ecuad. y Perú. Colibrí.

**quiniela** *f.* Juego de apuestas sobre los resultados del fútbol. — Argent., Par., R. Dom. y Urug. Juego que consiste en apostar a las últimas cifras de los premios mayores de la lotería.

**quinientos, tas** *adj./m.* Cinco veces ciento. ▸ *adj./m. y f.* Que corresponde en orden al número quinientos.

**quinoa** o **quinua** *f.* Argent., Bol. y Perú. Nombre de diversas plantas anuales de hojas tiernas comestibles y flores pequeñas en racimos.

**quinqué** *m.* Lámpara con un depósito de aceite o petróleo.

**quinquenio** *m.* Período de cinco años.

**quinqui** *m. y f.* Esp. Miembro de un grupo social marginal.

**quinta** *f.* Conjunto de hombres que entran cada año para prestar el servicio militar. — Casa de recreo en el campo.

**quintal** *m.* Antigua unidad de peso. — Quintal métrico, peso de 100 kg.

**quinteto** *m.* Estrofa de cinco versos de arte mayor. — MÚS. Conjunto de cinco voces o cinco instrumentos.

**quinto, ta** *adj./m. y f.* Que corresponde en orden al número cinco. ▸ *adj./m.* Se dice de cada una de las cinco partes iguales en que se divide un todo. ▸ *m.* Recluta.

**quintril** *m.* Chile. Fruto del algarrobo.

**quíntuplo, pla** *adj./m.* Que contiene un número cinco veces exactamente.

**quinzavo, va** *adj./m.* Quinceavo.

**quiñazo** *m.* Chile, Colomb., Ecuad., Pan. y Perú. Golpe o choque violento.

**quiosco** *m.* Pabellón abierto que decora terrazas y jardines. — Pequeña construcción donde se venden periódicos, flores, etc.

**quirófano** *m.* Sala donde se hacen operaciones quirúrgicas.

**quiromancia** o **quiromancía** *f.* Adivinación fundada en el estudio de la mano.

**quiróptero, ra** *adj./m.* Relativo a un orden de mamíferos adaptados para el vuelo.

**quirque** *m.* Chile. Lagartija.

**quirquincho** *m.* Amér. Merid. — Armadillo.

**quirúrgico, ca** *adj.* Relativo a la cirugía.

**quisca** *f.* Chile. Espina grande, especialmente de los cactos. — Chile. Quisco.

**quisco** *m.* Chile. Cacto espinoso con aspecto de cirio.

**quisqueyano, na** *adj./m. y f.* De Santo Domingo.

**quisquilloso, sa** *adj./m. y f.* Que se para en pequeñeces.

**quiste** *m.* Formación patológica con contenido líquido, que se desarrolla en diferentes regiones del cuerpo.

**quitar** *tr.* Separar o apartar una cosa de otra o de donde estaba. — Hacer desaparecer. — Privar de una cosa. — Impedir. ▸ *prnl.* Apartarse de un lugar.

**quite** *m.* Movimiento con que se evita un golpe o ataque.

**quiteño, ña** *adj./m. y f.* De Quito.

**quitilipi** *m.* Argent. Ave nocturna.

**quitina** *f.* Sustancia orgánica que da dureza al caparazón de los artrópodos.

**quizá** o **quizás** *adv.* Expresa posibilidad o duda.

**quórum** *m.* Número de miembros que una asamblea debe reunir para que sea válida una votación o deliberación.

**r** *f.* Vigésima primera letra del abecedario.

**rabadilla** *f.* Punta o extremidad de la columna vertebral.

**rábano** *m.* Planta herbácea de raíz carnosa comestible.

**rabí** *m.* Rabino.

**rabia** *f.* Enfermedad transmitida por la mordedura de algunos animales. — Ira, enfado.

**rabiar** *intr.* Padecer un intenso dolor. — Encolerizarse.

**rabieta** *f.* Fam. Enfado o llanto corto y violento.

**rabillo** *m.* Pedúnculo. — Prolongación en forma de rabo.

**rabino** *m.* Doctor de la ley judía. — Jefe espiritual de una comunidad judía.

**rabo** *m.* Cola de algunos animales. — Pecíolo, pedúnculo.

**rabón, na** *adj.* Se dice del animal sin rabo o de rabo corto. — Argent. y Méx. Se dice de la prenda de vestir que queda corta.

**racha** *f.* Ráfaga de viento. — Período de fortuna o desgracia.

**racial** *adj.* Relativo a la raza.

**racimo** *m.* Grupo de uvas, o de otros frutos, que cuelgan de un tallo común.

**raciocinio** *m.* Capacidad de pensar.

**ración** *f.* Cantidad de comida que se da a cada individuo.

**racional** *adj.* Relativo a la razón. — Dotado de razón. — MAT. Se dice del número entero.

**racionalismo** *m.* Filosofía del conocimiento basada en la razón.

**racionar** *tr.* Distribuir raciones. — Reducir el consumo repartiendo algo.

**racismo** *m.* Ideología que afirma la superioridad de un grupo racial respecto a los demás.

**radar** *m.* Dispositivo que detecta la presencia y la posición de objetos por medio de ondas.

**radiación** *f.* Acción y efecto de emitir luz u otra energía.

**radiactivo, va** *adj.* Que emite radiaciones.

**radiado, da** *adj.* Que tiene sus diversas partes dispuestas, a manera de radios, alrededor de un punto o eje.

**radiador** *m.* Aparato de calefacción. — Dispositivo en que se enfría el líquido de refrigeración de algunos motores.

**radial** *adj.* Relativo al radio. — De disposición análoga a la de los radios de una rueda.

**radián** *m.* Unidad de medida angular, que corresponde a un arco de longitud igual a su radio.

**radiante** *adj.* Que radia. — Resplandeciente, brillante. — Que manifiesta una gran alegría.

**radiar** *tr.* Difundir por radio. — Emitir radiaciones.

**radical** *adj.* Relativo a la raíz. — Fundamental. ▸ *adj./m. y f.* Tajante, intransigente. ▸ *m.* MAT. Signo (√) de la raíz cuadrada. — QUÍM. Parte de un compuesto molecular que puede existir en estado no combinado.

**radicalizar** *tr.* Llevar al extremo y hacer poco tolerante una idea.

**radicar** *intr. y prnl.* Echar raíces. ▸ *intr.* Estribar, consistir.

**radier** *m.* Chile. Losa de hormigón sin armar.

**radio** *f.* Aparato eléctrico que recibe ondas y las transforma en sonidos. — Radiodifusión. ▸ *m.* En una circunferencia, distancia entre uno de sus puntos y el centro. — Cada varilla que une la llanta con el eje de una rueda. — Metal radiactivo. — El más corto de los dos huesos del antebrazo.

**radiocomunicación** *f.* Telecomunicación por medio de ondas radioeléctricas.

**radiodifusión** *f.* Emisión de noticias, música, etc., por medio de ondas hertzianas, con destino al público en general.

**radioelectricidad** *f.* Producción, propagación y recepción de las ondas hertzianas.

**radioemisora** *f.* Emisora de radio.

**radiofonía** *f.* Sistema de transmisión por medio de ondas radioeléctricas.

**radiografía** *f.* Fotografía por medio de rayos X.

**radiología** *f.* Aplicación de los rayos X al diagnóstico y a la terapéutica.

**radiotelefonía** *f.* Sistema de enlace telefónico por medio de ondas hertzianas.

**radiotelegrafía** *f.* Telegrafía sin hilos.

**radioterapia** *f.* MED. Tratamiento por medio de radiaciones.

**radiotransmisor** *m.* Transmisor por ondas hertzianas.

**radón** *m.* Elemento gaseoso radiactivo.

**raer** *tr.* Raspar una superficie con un instrumento áspero o cortante.

**ráfaga** *f.* Golpe de viento de poca duración. — Golpe de luz vivo e instantáneo.

**rafia** *f.* Palmera que da una fibra muy resistente y flexible.

**raído, da** *adj.* Se dice del vestido o tela muy gastados por el uso.

**raigambre** *f.* Conjunto de raíces. — Tradición o antecedentes que ligan a alguien a un sitio.

**raíl** *m.* Carril de las vías férreas.

**raíz** *f.* Órgano de un vegetal que fija la planta al suelo. — Causa u origen de algo. — LING. Parte irreductible común a todas las palabras de una misma familia. — Raíz cuadrada (MAT.), número que ha de multiplicarse por sí mismo para obtener un número determinado.

**raja** *f.* Abertura larga y fina.

**rajadiablo** *adj./m.* Chile. Se dice de la persona aficionada a hacer picardías y travesuras.

**rajar** *tr. y prnl.* Hacer rajas. ▸ *tr.* Chile. Fam. Suspender a alguien en un examen. ▸ *prnl.* Fam. Acobardarse. — Amér. Central, Chile, Perú y P. Rico. Dar con generosidad. — Chile. Gastar mucho dinero en obsequios y fiestas.

**rajatabla.** Palabra que se utiliza en la expresión a rajatabla, que significa, 'con todo rigor'.

**ralea** *f.* Desp. Especie, clase o condición.

**ralentí** *m.* Régimen más débil del motor de un vehículo.

**rallar** *tr.* Desmenuzar algo restregándolo.

**rally** *m.* Competición de automóviles en carreteras públicas.

**ralo, la** *adj.* Muy separado.

**rama** *f.* Parte que nace del tronco o del tallo de una planta. — Cada una de las divisiones de un arte o ciencia.

**ramada** *f.* Amér. Central y Amér. Merid. Cobertizo de ramas de árboles. — Chile. Puesto de feria construido con ramas.

**ramadán** *m.* Noveno mes del año musulmán, dedicado al ayuno.

**ramal** *m.* Cada uno de los cabos de que se componen las cuerdas, sogas, etc. — Parte que arranca de la línea principal de algo.

**ramalazo** *m.* Dolor repentino. — Leve locura. — Esp. Fam. Apariencia afeminada.

**rambla** *f.* Lecho natural de las aguas pluviales. — Avenida, paseo.

**ramera** *f.* Prostituta.

**ramificarse** *prnl.* Dividirse en ramas.

**ramillete** *m.* Ramo pequeño de flores.

**ramo** *m.* Rama que nace de una principal. — Manojo de flores. — Parte en que se divide una ciencia o actividad.

**rampa** *f.* Plano inclinado. — Terreno en pendiente.

**rampla** *f.* Chile. Carrito de mano utilizado para transportar mercancías o muebles. — Chile. Acoplado de un camión.

**ramplón, na** *adj.* Vulgar, chabacano.

**rana** *f.* Anfibio de piel lisa, ojos saltones y patas traseras adaptadas al salto.

**ranchera** *f.* Canción popular mexicana.

**ranchería** *f.* Méx. Pueblo pequeño.

**ranchero, ra** *m. y f.* Persona que gobierna un rancho.

**ranchito** *m.* Venez. Barraca mal construida que se levanta en las afueras de las poblaciones.

**rancho** *m.* Comida que se hace para muchos en común, como la que se da a los soldados. — Antill. y Méx. Granja donde se crían caballos y otros cuadrúpedos.

**rancio, cia** *adj.* Se dice del vino y de los comestibles que con el tiempo adquieren sabor y olor más fuerte. — Antipático o seco en el trato.

**rango** *m.* Clase, categoría.

**rangoso, sa** *adj.* Amér. Central, Cuba y Chile. Generoso.

**ranura** *f.* Canal estrecho que tienen algunos objetos.

**rapapolvo** *m.* Fam. Reprimenda.

**rapar** *tr. y prnl.* Afeitar. — Cortar mucho el pelo.

**rapaz** *adj.* Inclinado al robo. ▶ *adj./f.* Relativo a un orden de aves carnívoras, de pico curvado y garras fuertes y encorvadas.

**rape** *m.* Pez comestible, de cabeza enorme y comprimida.

**rapé** *m.* Tabaco en polvo que se aspira por la nariz.

**rápido, da** *adj.* Que se mueve o se hace muy deprisa. ▶ *m.* Parte del río muy impetuosa.

**rapiña** *f.* Robo o saqueo. — Ave de rapiña, ave rapaz.

**raposo, sa** *m. y f.* Zorro.

**rapsoda** *m.* En la antigua Grecia, persona que iba de pueblo en pueblo recitando poemas. — Poeta.

**raptar** *tr.* Capturar y retener a una persona para obtener un rescate.

**raqueta** *f.* Pala provista de una red, utilizada para jugar al tenis y a otros juegos de pelota.

**raquídeo, a** *adj.* Del raquis: *bulbo ~.*

**raquis** *m.* Columna vertebral. — BOT. Eje de una espiga o racimo.

**raquítico, ca** *adj.* Muy débil. ▶ *adj./m. y f.* Que padece raquitismo.

**raquitismo** *m.* Enfermedad infantil, caracterizada por la falta de solidez de los huesos.

**rareza** *f.* Cualidad de raro. — Cosa o acción rara.

**raro, ra** *adj.* Escaso en su clase. — Poco frecuente. ▶ *adj./m. y f.* Extraño, extravagante.

**ras** *m.* Igualdad en la superficie o altura de las cosas. — A ras de, casi tocando.

**rasante** *adj.* Que pasa rozando. ▶ *f.* Inclinación del perfil longitudinal de una calle o vía.

**rasca** *adj.* Argent. y Chile. Ordinario. ▶ *f.* Fam. Frío. — Amér. Central y Amér. Merid. Borrachera, embriaguez.

**rascacielos** *m.* Edificio con gran número de pisos.

**rascar** *tr. y prnl.* Restregar con una cosa aguda o áspera.

**rascuache** *adj.* Méx. Pobre, miserable. — Méx. De baja calidad.

**rasero** *m.* Palo con que se nivelan las medidas de áridos.

**rasgar** *tr. y prnl.* Romper o hacer pedazos telas, papel, etc.

**rasgo** *m.* Línea trazada al escribir. — Línea característica del rostro. — Aspecto de la personalidad.

**rasguño** *m.* Corte o herida superficial hecha con las uñas o con roce violento.

**rasmillarse** *prnl.* Chile. Arañarse la piel ligeramente.

**raso, sa** *adj.* Llano, liso. — Que va a poca altura del suelo. ▸ *m.* Tejido de seda, liso y brillante.

**raspa** *f.* Filamento de la cáscara del grano de los cereales.

**raspadilla** *f.* Méx. y Perú. Hielo rallado y endulzado con jarabe.

**raspado, da** *adj.* C. Rica. Desvergonzado. ▸ *m.* Acción y efecto de raspar. — Méx. Hielo rallado al que se añade jarabe de frutas.

**raspar** *tr.* Frotar o rascar una superficie. ▸ *intr.* Venez. Salir apresuradamente.

**rasposo, sa** *adj.* Áspero al tacto. — Argent. y Urug. Se dice de la prenda de vestir raída y en mal estado, y del que la lleva. ▸ *adj./ m. y f.* Argent. y Urug. Mezquino, tacaño.

**rasquetear** *tr.* Amér. Merid. Cepillar el pelo de un caballo.

**rastra** *f.* Rastrillo. — Cualquier cosa que va colgando o arrastrando. — Argent. y Urug. Cinturón ancho adornado con monedas o medallas.

**rastrear** *tr.* Buscar siguiendo el rastro. — Inquirir, indagar.

**rastrero, ra** *adj.* Que va arrastrando. — Vil, mezquino. — BOT. Se dice de los tallos que están extendidos sobre el suelo.

**rastrillada** *f.* Argent. y Urug. Surco o huellas que dejan las tropas de animales sobre el pasto o la tierra.

**rastrillo** *m.* Instrumento agrícola formado por un mango largo y un travesaño con púas.

**rastro** *m.* Indicio, pista. — Rastrillo. — Esp. Mercado de cosas viejas.

**rastrojo** *m.* Conjunto de restos que quedan de las mieses segadas.

**rasurar** *tr. y prnl.* Afeitar.

**rata** *f.* Mamífero roedor de cabeza pequeña y hocico puntiagudo, muy nocivo y voraz. ▸ *m. y f.* Fam. Persona tacaña.

**ratero, ra** *adj./m. y f.* Se dice del ladrón que hurta cosas de poco valor.

**ratificar** *tr. y prnl.* Confirmar la validez o verdad de algo.

**rato** *m.* Espacio de tiempo, especialmente cuando es corto.

**ratón** *m.* Mamífero roedor, más pequeño que la rata. — INFORM. Dispositivo de un ordenador que se maneja con la mano y sirve para mover el cursor de una lado a otro de la pantalla.

**raudal** *m.* Caudal de agua que corre con fuerza. — Abundancia.

**raudo, da** *adj.* Rápido, veloz.

**raulí** *m.* Argent. y Chile. Planta arbórea de gran altura cuya madera se utiliza en construcción.

**raya** *f.* Señal larga y estrecha en un cuerpo o superficie. — Guion largo (—) que se usa para separar oraciones, indicar el diálogo, etc. — Límite. — Dosis de droga en polvo. — Pez marino de cuerpo aplanado y en forma de rombo. — Méx. Salario del obrero o campesino.

**rayado, da** *adj.* Que tiene rayas.

**rayano, na** *adj.* Que linda con algo. — Casi igual.

**rayar** *tr.* Hacer rayas. — Tachar lo escrito. ▸ *intr.* Lindar.

**rayo** *m.* Chispa eléctrica entre dos nubes o entre una nube y la Tierra. — Línea de luz procedente de un cuerpo luminoso. — Rayos X, ondas electromagnéticas que atraviesan ciertos cuerpos.

**rayuela** *f.* Juego que consiste en tirar piedras o monedas a una raya, en el que gana el que se acerca más a ella.

**raza** *f.* Agrupación de seres humanos que presentan rasgos físicos comunes. — Grupo en que se subdividen algunas especies animales. — Méx. Fam. Grupo de gente. — Méx. Fam. Plebe. — Perú. Descaro.

**razón** *f.* Facultad de pensar. — Conjunto de palabras con que se expresa el discurso. — Argumento. — Causa, motivo.

— Acierto en lo que se hace o dice. — MAT. Cociente de dos números.

**razonable** *adj.* Conforme a la razón.

**razonamiento** *m.* Acción y efecto de razonar. — Serie de conceptos encaminados a demostrar una cosa.

**razonar** *tr.* Aducir razones en apoyo de algo. ▸ *intr.* Pensar.

**re** *m.* Segunda nota de la escala musical.

**reacción** *f.* Acción provocada por otra y contraria a ésta. — Respuesta a un estímulo. — Sistema de propulsión de aeronaves mediante gases a presión. — QUÍM. Fenómeno entre cuerpos químicos en contacto que da lugar a nuevas sustancias.

**reaccionar** *intr.* Producirse una reacción por efecto de un estímulo. — Volver a recobrar actividad. — Defenderse.

**reaccionario, ria** *adj./m. y f.* Contrario a las innovaciones.

**reacio, cia** *adj.* Que muestra oposición o resistencia a algo.

**reactivar** *tr.* Activar de nuevo.

**reactor** *m.* Motor de reacción. — Avión con motor de reacción.

**reafirmar** *tr. y prnl.* Afirmar de nuevo, ratificar.

**reajustar** *tr.* Volver a ajustar. — Aumentar o disminuir salarios, impuestos, etc.

**real** *adj.* Perteneciente o relativo

al rey. — Que tiene existencia verdadera y efectiva. ▸ *m.* Antigua moneda que equivalía a 0,25 pesetas. — Números reales, conjunto de números racionales e irracionales.

**realce** *m.* Acción y efecto de realzar. — Importancia.

**realidad** *f.* Existencia real y efectiva. — Mundo real.

**realismo** *m.* Consideración de las cosas tal como son. — Tendencia literaria y artística que representa la naturaleza tal como es.

**realizar** *tr.* Hacer, llevar a cabo. ▸ *prnl.* Cumplir las propias aspiraciones.

**realzar** *tr. y prnl.* Hacer que algo o alguien parezca mayor, mejor o más importante.

**reanimar** *tr. y prnl.* Restablecer las fuerzas o el aliento.

**reanudar** *tr. y prnl.* Continuar algo que había sido interrumpido.

**reavivar** *tr. y prnl.* Excitar o avivar de nuevo.

**rebaja** *f.* Disminución, especialmente del precio de una cosa.

**rebajar** *tr.* Hacer más bajo el nivel o la altura de algo. — Bajar el precio o la cantidad de algo. ▸ *tr. y prnl.* Humillar.

**rebalsar** *intr.* Argent., Chile y Urug. Rebosar.

**rebanada** *f.* Porción delgada y ancha que se saca de una cosa.

**rebañar** *tr.* Recoger algo sin dejar nada. — Apurar el contenido de un plato.

**rebaño** *m.* Hato de ganado.

**rebasar** *tr.* Pasar o exceder de un límite o señal.

**rebatinga** *f.* Méx. Rebatiña.

**rebatiña** *f.* Acción de recoger arrebatadamente una cosa que se disputan varios.

**rebatir** *tr.* Refutar.

**rebeca** *f.* Jersey femenino de punto abrochado por delante.

**rebeco** *m.* Gamuza, mamífero.

**rebelarse** *prnl.* Negarse a obedecer. — Oponer resistencia.

**rebelde** *adj./m. y f.* Que se rebela. ▸ *adj.* Difícil de manejar, educar o trabajar.

**rebenque** *m.* Amér. Merid. Látigo de jinete.

**rebobinar** *tr.* Enrollar hacia atrás un rollo de película o cinta.

**reborde** *m.* Borde saliente.

**reborujar** *tr.* Méx. Desordenar.

**rebosar** *tr. e intr.* Abundar con exceso. ▸ *intr. y prnl.* Salirse un líquido por los bordes de un recipiente.

**rebotar** *intr.* Botar repetidamente un cuerpo al chocar con otro. ▸ *tr.* Argent. y Méx. Rechazar el banco un cheque por falta de fondos. — Méx. Enturbiar el agua.

**rebozar** *tr. y prnl.* Cubrir el rostro. ▸ *tr.* Pasar un alimento por huevo batido, harina, etc.

**rebozo** *m.* Parte de una prenda que cubre la cara. — Amér. Central y Méx. Manto amplio que usan las mujeres como abrigo.

**rebujo** *m.* Envoltorio hecho de cualquier manera.

**rebullir** *intr. y prnl.* Empezar a moverse lo que estaba quieto.

**rebuscado, da** *adj.* Se dice del lenguaje afectado.

**rebuscar** *tr.* Buscar algo con minuciosidad. — **Rebuscársela** (Argent., Chile y Par.) [Fam.], ingeniarse para sortear las dificultades cotidianas.

**rebusque** *m.* Argent. y Par. Fam. Acción y efecto de rebuscársela. — Argent. y Par. Fam. Solución ingeniosa con que se sortean las dificultades cotidianas.

**rebuzno** *m.* Voz del asno.

**recabar** *tr.* Conseguir con instancias y súplicas lo que se desea.

**recado** *m.* Mensaje que se da o envía a otro. — Diligencia, compra, etc., que debe hacer una persona. — Amér. Central y Amér. Merid. Apero de montar. — Nicar. Picadillo con que se rellenan las empanadas.

**recaer** *intr.* Volver a caer. — Caer nuevamente enfermo.

**recalar** *tr. y prnl.* Empapar un líquido un cuerpo. ▶ *intr.* MAR. Llegar una embarcación a un punto de la costa.

**recalcar** *tr.* Decir algo acentuándolo con énfasis.

**recalcitrante** *adj.* Reacio, terco.

**recámara** *f.* Habitación contigua a la principal. — Parte del arma de fuego donde se coloca el proyectil. — Amér. Central, Colomb. y Méx. Alcoba, dormitorio.

**recamarera** *f.* Méx. Criada.

**recambio** *m.* Pieza que puede sustituir a otra igual en una máquina.

**recapacitar** *tr. e intr.* Pensar detenidamente una cosa.

**recapitular** *tr.* Resumir ordenadamente lo ya manifestado.

**recargar** *tr.* Aumentar la carga. — Aumentar una cantidad que se debe pagar. — Volver a cargar.

**recato** *m.* Honestidad, pudor. — Cautela, reserva.

**recauchaje** *m.* Chile. Acción de volver a cubrir con caucho una llanta desgastada.

**recaudar** *tr.* Reunir cierta cantidad de dinero.

**recaudería** *f.* Méx. Tienda en la que se venden especias.

**recelar** *tr. y prnl.* Temer, desconfiar.

**recensión** *f.* Reseña, crítica.

**recepción** *f.* Acción y efecto de recibir. — Lugar donde se recibe a los clientes en hoteles, empresas, etc.

**receptáculo** *m.* Cavidad que contiene algo.

**receptor, ra** *adj./m. y f.* Que recibe. ▶ *m.* Aparato que recibe una señal de telecomunicación.

**recesar** *tr.* Perú. Clausurar una cámara legislativa, una universidad, etc. ▶ *intr.* Bol., Cuba, Nicar. y Perú. Cesar temporalmente en sus actividades una corporación.

**recesión** *f.* Disminución de la actividad económica.

**receso** *m.* Separación, desvío. — Amér. Suspensión temporal de actividades en los cuerpos colegiados, asambleas, etc., y tiempo que dura.

**receta** *f.* Escrito que contiene una prescripción médica. — Nota que indica los ingredientes de un plato y el modo de prepararlo.

**recetar** *tr.* Prescribir un medicamento o tratamiento.

**rechazar** *tr.* No admitir lo que alguien propone u ofrece.

**rechinar** *intr.* Producir cierto ruido el roce de algunos objetos.

**rechistar** *intr.* Chistar.

**rechoncho, cha** *adj.* Fam. Grueso y de poca altura.

**rechupete.** Palabra que se utiliza en la expresión familiar de rechupete, que significa 'muy bueno'.

**recibido, da** *adj.* Amér. Que ha terminado un ciclo de estudios.

**recibidor** *m.* Pieza que da entrada a un piso.

**recibir** *tr.* Tomar uno lo que le dan o envían. — Padecer lo que se expresa. — Salir al encuentro de alguien que llega. ▸ *prnl.* Amér. Terminar un ciclo de estudios.

**recibo** *m.* Acción y efecto de recibir. — Documento en que el se declara haber recibido dinero u otra cosa.

**reciclar** *tr.* Someter una materia a un proceso para que vuelva a ser utilizable. — Poner al día.

**recién** *adv.* Sucedido poco antes.

— Amér. Se emplea con todos los tiempos verbales, indicando que la acción expresada por el verbo se acaba de realizar.

**reciente** *adj.* Que ha sucedido poco antes. — Acabado de hacer.

**recinto** *m.* Espacio cerrado dentro de ciertos límites.

**recio, cia** *adj.* Fuerte, robusto. ▸ *adv.* Con vigor y violencia.

**recipiente** *m.* Objeto que puede contener algo en su interior.

**recíproco, ca** *adj.* Igual en la correspondencia de uno a otro. — LING. Se dice del verbo pronominal que expresa la acción mutua de varios sujetos.

**recital** *m.* Concierto dado por un solo intérprete.

**recitar** *tr.* Decir en voz alta textos, versos, etc.

**reclamar** *tr.* Exigir con derecho. ▸ *intr.* Protestar contra algo.

**reclamo** *m.* Voz con que un ave llama a otra. — Cosa que atrae.

**reclinar** *tr. y prnl.* Inclinar una cosa apoyándola en otra.

**recluir** *tr. y prnl.* Encerrar a alguien en un lugar.

**recluso, sa** *m. y f.* Preso.

**recluta** *m.* Mozo alistado para el servicio militar.

**reclutar** *tr.* Alistar reclutas. — Reunir personas para algún fin.

**recobrar** *tr.* Recuperar. ▸ *prnl.* Restablecerse después de un daño, enfermedad, etc.

**recochineo** *m.* Esp. Fam. Guasa.

**recodo** *m.* Ángulo o curva muy marcada de calles, ríos, etc.

**recoger** *tr.* Tomar o agarrar algo que se ha caído. — Reunir cosas separadas o distintas. — Ir a buscar a alguien o algo al lugar donde está. — Ordenar. ▸ *prnl.* Retirarse alguien a su casa.

**recolectar** *tr.* Recoger la cosecha. — Reunir cosas del mismo tipo: ~ *dinero.*

**recoleto, ta** *adj.* Que lleva una vida retirada y austera.

**recomendar** *tr.* Aconsejar. — Hablar en favor de una persona.

**recompensar** *tr.* Premiar una acción o servicio. — Compensar.

**reconciliar** *tr. y prnl.* Hacer que se concilien de nuevo dos o más personas, grupos, etc.

**recóndito, ta** *adj.* Muy escondido y oculto.

**reconfortar** *tr.* Confortar física o espiritualmente a alguien.

**reconocer** *tr.* Distinguir de las demás personas a una por sus rasgos propios. — Examinar con cuidado. — Admitir, aceptar. — Mostrar gratitud por un beneficio recibido.

**reconocimiento** *m.* Acción y efecto de reconocer. — Gratitud.

**reconquistar** *tr.* Volver a conquistar.

**reconstruir** *tr.* Construir de nuevo. — Volver a componer el desarrollo de un hecho.

**reconvenir** *tr.* Reprender a alguien por sus actos o palabras.

**reconvertir** *tr.* Hacer que vuelva a su ser o estado lo que había sufrido un cambio.

**recopilar** *tr.* Juntar en compendio, recoger diversas cosas.

**récord** *m.* Marca deportiva que supera las anteriores. — Cualquier cosa que supera una realización precedente.

**recordar** *tr. e intr.* Traer algo a la memoria.

**recorrer** *tr.* Atravesar un lugar en toda su extensión o longitud.

**recortar** *tr.* Cortar lo que sobra de una cosa. — Cortar figuras de un papel, cartón, etc. — Disminuir, reducir: ~ *el presupuesto.*

**recorte** *m.* Acción y efecto de recortar. ▸ *pl.* Conjunto de trozos que sobran al recortar.

**recostar** *tr. y prnl.* Apoyar el cuerpo o una cosa sobre algo.

**recoveco** *m.* Curva o revuelta en una calle, pasillo, etc. — Sitio escondido, rincón.

**recrear** *tr.* Crear de nuevo. ▸ *tr. y prnl.* Divertir, deleitar.

**recriminar** *tr. y prnl.* Reprochar, censurar a alguien.

**recrudecer** *intr. y prnl.* Tomar nuevo incremento un mal.

**recta** *f.* Línea recta.

**rectángulo, la** *adj.* MAT. Que tiene uno o más ángulos rectos: *triángulo* ~. ▸ *m.* MAT. Paralelogramo de ángulos rectos y lados contiguos desiguales.

**rectificar** *tr.* Poner recto. — Corregir defectos o errores.

**rectilíneo, a** *adj.* Que se compone de líneas rectas.

**recto, ta** *adj.* Que no está inclinado o torcido, ni hace ángulos o curvas. — Justo, severo. — MAT. Se dice del ángulo de 90°. ► *m.* ANAT. Segmento terminal del tubo digestivo.

**rector, ra** *adj./m. y f.* Que rige. ► *m. y f.* Superior de una universidad. ► *m.* Párroco.

**recua** *f.* Conjunto de animales de carga que sirve para trajinar.

**recuadro** *m.* Superficie limitada por una línea en forma de cuadrado o rectángulo.

**recuento** *m.* Acción y efecto de contar el número de personas o cosas que forman un conjunto.

**recuerdo** *m.* Acción y efecto de recordar. — Objeto que sirve para recordar una persona, situación o lugar.

**recular** *intr.* Retroceder.

**recuperar** *tr.* Volver a tener algo perdido. ► *prnl.* Restablecerse.

**recurrir** *intr.* Buscar ayuda en alguien o en algo.

**recurso** *m.* Medio al que se recurre para lograr algo. ► *pl.* Conjunto de bienes o medios materiales.

**recusar** *tr.* Rechazar.

**red** *f.* Aparejo hecho de cuerdas o alambres trabados en forma de mallas. — Conjunto de vías de comunicación. — Trampa.

**redacción** *f.* Acción y efecto de redactar. — Oficina donde se redacta. — Conjunto de redactores de una publicación periódica.

**redactar** *tr.* Escribir cartas, artículos, discursos, etc.

**redada** *f.* Conjunto de personas o cosas capturadas de una vez.

**redecilla** *f.* Tejido de mallas de que se hacen las redes. — Cavidad del estómago de los rumiantes.

**rededor.** Palabra que se utiliza en la expresión al rededor o en rededor, que significa 'alrededor'.

**redención** *f.* Acción y efecto de redimir o redimirse.

**redentor, ra** *adj./m. y f.* Que redime. ► *m.* Jesucristo.

**redil** *m.* Aprisco cercado.

**redimir** *tr. y prnl.* Rescatar de la esclavitud. — Poner fin a una vejación, dolor, etc. — DER. Dejar libre una cosa de un gravamen.

**rédito** *m.* Interés, renta.

**redoble** *m.* Toque vivo y sostenido en el tambor.

**redoma** *f.* Recipiente de laboratorio ancho de base.

**redomado, da** *adj.* Muy cauteloso y astuto.

**redonda** *f.* MÚS. Figura que equivale a cuatro negras.

**redondear** *tr. y prnl.* Poner redondo.

**redondel** *m.* Ruedo. — Fam. Círculo o circunferencia.

**redondo, da** *adj.* De forma esférica o circular. — Perfecto, sin fallos. ► En redondo, en círculo, dando una vuelta completa.

**reducir** *tr. y prnl.* Disminuir el tamaño, extensión, intensidad, etc. — Dominar, someter. ▶ *prnl.* Ceñirse a algo.

**reducto** *m.* Lugar que tiene buenas condiciones para ser defendido.

**redundancia** *f.* Repetición innecesaria de una palabra o concepto.

**redundar** *intr.* Resultar una cosa en beneficio o daño de alguno.

**reelegir** *tr.* Volver a elegir.

**reembolso** *m.* Acción de devolver una cantidad al que la había desembolsado. — Pago de una mercancía enviada por correo.

**reemplazar** *tr.* Sustituir.

**reemprender** *tr.* Reanudar algo interrumpido.

**reencarnar** *intr. y prnl.* Encarnarse un alma en otro cuerpo.

**refacción** *f.* Chile y Méx. Pieza de repuesto.

**referencia** *f.* Mención expresa o implícita. — Informe sobre las cualidades de alguien o algo.

**referéndum** *m.* Procedimiento por el que se somete al voto popular una ley o asunto.

**referí** o **réferi** *m.* Amér. Árbitro.

**referir** *tr.* Relatar, narrar. ▶ *prnl.* Aludir: *se refería a ti.*

**refilar** *intr.* Chile. Pasar tocando ligeramente algo.

**refilón.** Palabra que se utiliza en la expresión de refilón, que significa de lado o de forma oblicua. — De forma superficial.

**refinado, da** *adj.* Fino, elegante.

**refinar** *tr.* Hacer más pura una cosa, separando las impurezas.

**refinería** *f.* Instalación industrial donde se refina un producto.

**reflectar** *intr.* FÍS. Reflejar.

**reflejar** *tr., intr. y prnl.* FÍS. Rechazar una superficie lisa la luz, el calor, el sonido, etc. ▶ *tr. y prnl.* Devolver una superficie brillante la imagen de un objeto. ▶ *tr.* Manifestar, mostrar.

**reflejo, ja** *adj.* Que ha sido reflejado. — Se dice del acto, movimiento, etc., involuntario que responde a un estímulo externo. ▶ *m.* Luz reflejada. — Imagen reflejada.

**reflexión** *f.* Acción y efecto de reflejar. — Acción y efecto de reflexionar.

**reflexionar** *tr.* Pensar o considerar algo con detenimiento.

**reflexivo, va** *adj.* Que refleja o reflecta. — Que habla o actúa con reflexión. — LING. Se dice del pronombre personal átono que designa la misma persona o cosa que el sujeto. — LING. Se dice del verbo cuyo complemento es un pronombre reflexivo.

**reflujo** *m.* Movimiento de descenso de la marea.

**reformar** *tr.* Modificar con el fin de mejorar. ▶ *tr. y prnl.* Enmendar, corregir la conducta.

**reformatorio** *m.* Establecimiento para corregir delincuentes menores de edad.

**reformismo** *m.* Doctrina orientada a la transformación gradual de las estructuras políticas y sociales.

**reforzar** *tr.* Añadir nuevas fuerzas a algo. — Fortalecer.

**refracción** *f.* FÍS. Cambio de dirección de una onda al pasar de un medio a otro.

**refractar** *tr. y prnl.* Producir refracción.

**refractario, ria** *adj.* Opuesto a una idea, cambio, etc. — Que resiste la acción del fuego.

**refrán** *m.* Dicho popular que contiene una enseñanza moral.

**refrenar** *tr. y prnl.* Contener, reprimir.

**refrendar** *tr.* Autorizar un documento.

**refrescar** *tr. y prnl.* Disminuir el calor de algo. ► *intr.* Descender la temperatura. ► *intr. y prnl.* Tomar un refresco.

**refresco** *m.* Bebida fría. — Refrigerio.

**refriega** *f.* Combate de poca importancia. — Riña violenta.

**refrigencia** *f.* FÍS. Capacidad de los cuerpos transparentes para refractar la luz.

**refrigerar** *tr. y prnl.* Enfriar.

**refrigerio** *m.* Comida ligera para reparar fuerzas.

**refuerzo** *m.* Cosa con que se refuerza algo. — Ayuda.

**refugiado, da** *m. y f.* Persona que se ve obligada a buscar asilo fuera de su país por razones políticas, sociales, etc.

**refugio** *m.* Acogida, amparo.

— Lugar donde poder refugiarse de algún peligro, ataque, etc.

**refulgir** *intr.* Resplandecer.

**refunfuñar** *intr.* Emitir voces confusas en señal de enojo.

**refutar** *tr.* Contradecir con argumentos lo que otros dicen.

**regadera** *f.* Recipiente portátil del que sale un tubo, que se usa para regar. — Méx. Ducha.

**regadío, a** *adj./m.* Se dice del terreno que se cultiva con riego.

**regalar** *tr.* Dar algo a alguien como muestra de afecto o agradecimiento. — Halagar. ► *prnl.* Procurarse uno comodidad.

**regaliz** *m.* Planta leguminosa de raíz medicinal.

**regalo** *m.* Cosa que se regala. — Comodidad que uno se procura.

**regañadientes.** Palabra que se utiliza en la expresión a regañadientes, que significa 'de mala gana'.

**regañar** *tr.* Fam. Reprender. ► *intr.* Dar muestras de enfado.

**regar** *tr.* Echar agua sobre la tierra, las plantas, etc. — Atravesar un río una comarca o territorio.

**regata** *f.* Competición entre varias embarcaciones.

**regate** *m.* Movimiento rápido que se hace apartando el cuerpo.

**regatear** *tr.* Debatir el comprador y el vendedor el precio de una mercancía. — Fam. Escatimar. ► *tr. e intr.* Hacer regates.

**regazo** *m.* Parte del cuerpo de

un persona sentada, entre la cintura y la rodilla.

**regencia** *f.* Acción de regir o gobernar. — Gobierno de un estado durante la minoría de edad del soberano.

**regenerar** *tr. y prnl.* Dar nuevo ser a una cosa que degeneró. — Hacer que una persona abandone un vicio.

**regentar** *tr.* Dirigir un negocio.

**régimen** *m.* Conjunto de normas que rigen una cosa o una actividad. — Forma de gobierno. — Conjunto de medidas sobre alimentación que ha de seguir una persona por motivos de salud, para adelgazar, etc. — LING. Hecho de regir un verbo, sustantivo, etc., cierto complemento.

**regimiento** *m.* Unidad del ejército al mando de un coronel.

**regio, gia** *adj.* Relativo al rey. — Suntuoso, espléndido. — Argent., Chile y Urug. Fam. Excelente, magnífico.

**región** *f.* Parte de un territorio definido por unas características propias. — Cada una de las partes del cuerpo: ~ *frontal.*

**regir** *tr.* Gobernar. — LING. Tener una palabra bajo su dependencia otra palabra de la oración. ▸ *intr.* Estar vigente.

**registrar** *tr.* Examinar con cuidado en busca de alguien o algo. — Grabar la imagen o el sonido. ▸ *tr. y prnl.* Inscribir en un registro.

**registro** *m.* Acción y efecto de registrar. — Libro en que se anotan hechos y datos. — Lugar y oficina en donde se registra.

**regla** *f.* Instrumento para trazar líneas o efectuar mediciones. — Principio que debe cumplirse por estar así establecido. — Menstruación. — MAT. Método para realizar una operación. — En regla, que se ha realizado de manera correcta.

**reglamentación** *f.* Conjunto de reglas.

**reglamento** *m.* Conjunto de normas para la ejecución de una ley, la realización de una actividad, deporte, etc.

**regocijo** *m.* Alegría, júbilo.

**regodearse** *prnl.* Deleitarse.

**regresar** *intr.* Volver de nuevo al lugar de donde se ha salido. ▸ *tr.* Amér. Devolver o restituir algo a su poseedor.

**regresión** *f.* Retroceso: ~ *de las ventas.*

**reguero** *m.* Chorro o arroyo pequeño.

**regular** *tr.* Poner en orden: ~ *la circulación.* — Ajustar.

**regular** *adj.* Sujeto y conforme a una regla. — Sin cambios bruscos. — Mediano. — LING. Aplícase a las palabras formadas según la regla general de su clase: *verbo* ~. — MAT. Se dice de la figura en que los ángulos, lados, etc., son iguales entre sí.

**regularidad** *f.* Cualidad de regular o uniforme.

**rehabilitar** *tr. y prnl.* Habilitar de nuevo: ~ *una casa en ruinas.*

**rehacer** *tr. y prnl.* Volver a hacer.

**rehén** *m.* Persona que alguien retiene para obligar a otra a cumplir ciertas condiciones.

**rehilete** *m.* Méx. Juguete de niños que consiste en una varilla en cuya punta hay una estrella de papel que gira movida por el viento. — Méx. Aparato mecánico que echa agua en círculos y se usa para regar el pasto.

**rehogar** *tr.* Cocinar a fuego lento en manteca o aceite.

**rehuir** *tr., intr. y prnl.* Evitar.

**rehusar** *tr.* No aceptar una cosa.

**reina** *f.* Mujer que reina por derecho propio. — Esposa del rey. — Pieza del ajedrez.

**reinado** *m.* Ejercicio de las funciones de un rey o reina y tiempo que éste dura.

**reinar** *intr.* Ejercer su poder un rey, reina o príncipe de estado. — Predominar una o varias personas o cosas sobre otras.

**reincidir** *intr.* Volver a incurrir en un error, falta o delito.

**reino** *m.* Territorio o estado sujeto al gobierno de un rey o reina. — Cada uno de los tres grandes grupos en que se consideran divididos los seres naturales: ~ *mineral, vegetal, animal.*

**reinsertar** *tr. y prnl.* Integrar de nuevo en la sociedad a alguien que vive marginado.

**reintegrar** *tr. y prnl.* Volver a incorporar a alguien a un trabajo, empleo, etc. ▶ *tr.* Restituir íntegramente una cosa.

**reír** *intr. y prnl.* Exteriorizar alegría. ▶ *prnl.* Burlarse.

**reiterar** *tr. y prnl.* Repetir.

**reivindicar** *tr.* Reclamar alguien aquello a que tiene derecho.

**reja** *f.* Estructura formada por barras de hierro que sirve para cerrar una abertura.

**rejilla** *f.* Red de madera, alambre, etc.

**rejón** *m.* Asta de madera con una punta de hierro para rejonear.

**rejonear** *tr.* Herir el jinete al toro con un rejón.

**rejuvenecer** *tr., intr. y prnl.* Dar la energía de la juventud.

**relación** *f.* Situación que se da entre dos cosas, ideas, etc., cuando existe alguna circunstancia que las une. — Trato o comunicación. — Lista. — Narración, explicación.

**relacionar** *tr.* Poner en relación. — Narrar, referir. ▶ *prnl.* Establecer relaciones de amistad, sociales, etc.

**relajar** *tr. y prnl.* Poner flojo o menos tenso.

**relámpago** *m.* Resplandor muy vivo producido en las nubes por una descarga eléctrica.

**relatar** *tr.* Contar, narrar.

**relatividad** *f.* Cualidad de relativo. — Teoría según la cual las leyes físicas se transforman cuando se cambia el sistema de referencia.

**relativismo** *m.* FILOS. Doctrina que

niega la existencia de verdades absolutas.

**relativo, va** *adj.* Que hace referencia a otra cosa. — Que tiene relación con una persona, cosa o idea. — Que no es absoluto: *verdad ~.* ▸ *adj./m.* LING. Se dice del pronombre o adverbio que introduce una proposición subordinada.

**relato** *m.* Acción de relatar. — Narración breve.

**relegar** *tr.* Apartar, dejar de lado: *~ al olvido.*

**relente** *m.* Humedad que hay en la atmósfera en las noches serenas.

**relevante** *adj.* Excelente. — Importante, significativo.

**relevar** *tr.* Destituir. — Sustituir, reemplazar.

**relieve** *m.* Cualquier parte que sobresale en una superficie plana. — Renombre, prestigio. — Poner de relieve, destacar.

**religión** *f.* Conjunto de creencias y prácticas relativas a lo que un individuo considera divino o sagrado.

**religioso, sa** *adj.* Relativo a la religión. ▸ *adj./m. y f.* Se dice del que ha tomado hábito en una orden religiosa.

**relinchar** *intr.* Emitir su voz el caballo.

**reliquia** *f.* Vestigio de cosas pasadas. — Parte del cuerpo de un santo, o cosa que lo ha tocado.

**rellano** *m.* Espacio llano entre dos tramos de escalera.

**rellenar** *tr. y prnl.* Volver a llenar una cosa.

**relleno, na** *adj.* Muy lleno. ▸ *m.* Cualquier material con que se llena algo.

**reloj** *m.* Dispositivo o máquina que sirve para medir el tiempo.

**relucir** *intr.* Despedir o reflejar luz una cosa.

**reluctante** *adj.* Reacio, opuesto.

**relumbrar** *intr.* Resplandecer.

**remachar** *tr.* Machacar la punta o la cabeza del clavo ya clavado.

**remanente** *m.* Parte que queda o se reserva de algo.

**remangar** *tr. y prnl.* Recoger hacia arriba las mangas o la ropa.

**remanso** *m.* Detención de una corriente de agua.

**remar** *intr.* Mover los remos para impulsar una embarcación.

**rematar** *tr.* Acabar de matar. — Concluir, finalizar. — Amér. Merid. y Méx. Comprar o vender en subasta pública.

**remate** *m.* Fin, extremidad o conclusión de algo.

**rembolso** *m.* Reembolso.

**remedar** *tr.* Imitar.

**remediar** *tr.* Reparar un daño. — Socorrer una necesidad. — Evitar.

**remedio** *m.* Medio que se toma para reparar o evitar un daño. — Medicina o procedimiento para curar o aliviar una enfermedad.

**rememorar** *tr.* Recordar, traer a la memoria: *~ días pasados.*

**remendar** *tr.* Reforzar lo viejo o roto con un remiendo.

**remera** *f.* Argent. Camiseta de manga corta.

**remesa** *f.* Envío. — Conjunto de cosas que se envían a la vez.

**remezón** *m.* Amér. Central y Amér. Merid. Terremoto de poca intensidad.

**remiendo** *m.* Pedazo de tela que se cose a una prenda vieja o rota.

**remilgo** *m.* Gesto o acción que muestra delicadeza exagerada.

**reminiscencia** *f.* Recuerdo.

**remitir** *tr.* Enviar. ▸ *tr., intr. y prnl.* Perder intensidad.

**remo** *m.* Especie de pala larga usada para impulsar la embarcación.

**remojar** *tr. y prnl.* Empapar en agua una cosa.

**remolacha** *f.* Planta herbácea de la que se extrae azúcar.

**remolcar** *tr.* Llevar una embarcación a otra. — Llevar por tierra un vehículo a otro.

**remolino** *m.* Movimiento giratorio y rápido del aire, el agua, etc.

**remolón, na** *adj./m. y f.* Perezoso.

**remolque** *m.* Acción y efecto de remolcar. — Cosa remolcada.

**remontar** *tr.* Superar una dificultad. ▸ *prnl.* Ir hacia arriba.

**rémora** *f.* Pez marino que se adhiere a otros peces mayores.

**remordimiento** *m.* Inquietud o pesar de quien ha obrado mal.

**remoto, ta** *adj.* Lejano, apartado. — Poco probable.

**remover** *tr.* Mover una cosa agitándola o dándole vueltas.

**remozar** *tr.* Dar aspecto más nuevo o moderno.

**remplazar** *tr.* Reemplazar.

**remunerar** *tr.* Pagar, recompensar.

**renacer** *intr.* Volver a nacer.

**renacimiento** *m.* Acción de renacer. — Movimiento cultural europeo de los ss. XV y XVI, inspirado en la antigüedad clásica grecolatina.

**renacuajo** *m.* Cría de la rana.

**renal** *adj.* Relativo al riñón.

**rencor** *m.* Sentimiento tenaz de odio o antipatía.

**rendido, da** *adj.* Sumiso, galante. — Muy cansado.

**rendija** *f.* Ranura, raja.

**rendir** *tr. y prnl.* Vencer al enemigo y obligarle a entregarse. — Cansar. ▸ *tr. e intr.* Dar utilidad o provecho una cosa.

**renegar** *tr.* Negar con insistencia. ▸ *intr.* Rechazar alguien su patria, raza, religión o creencias. — Fam. Refunfuñar.

**renglón** *m.* Serie de palabras escritas en línea recta.

**reno** *m.* Mamífero rumiante, parecido al ciervo.

**renombre** *m.* Fama, celebridad.

**renovar** *tr. y prnl.* Cambiar una cosa por otra nueva. — Reanudar.

**renta** *f.* Beneficio que rinde anualmente una cosa. — Cantidad de dinero que se paga por un arrendamiento.

**rentable** *adj.* Que produce ganancias.

**renuevo** *m.* Brote que echa el árbol después de podado o cortado.

**renunciar** *tr.* Abandonar voluntariamente una cosa que se posee o a lo que se tiene derecho. — No querer aceptar algo.

**reñir** *tr.* Reprender. ▶ *intr.* Discutir, pelear. — Enemistarse.

**reo, a** *m. y f.* Persona acusada de un delito en un proceso penal.

**reojo.** Palabra que se utiliza en la expresión de reojo, que se aplica a la forma de mirar con disimulo, sin volver la cabeza.

**reóstato** *m.* Instrumento que sirve para hacer variar la resistencia en un circuito eléctrico.

**repantigarse** *prnl.* Extenderse en el asiento con comodidad.

**reparar** *tr.* Arreglar algo roto o estropeado. ▶ *intr.* Advertir.

**reparo** *m.* Objeción, traba.

**repartición** *f.* Acción y efecto de repartir. — Amér. Central y Amér. Merid. Cada una de las dependencias de una organización administrativa.

**repartir** *tr. y prnl.* Distribuir entre varios.

**repasador** *m.* Argent., Par. y Urug. Paño de cocina.

**repasar** *tr.* Examinar de nuevo. — Volver a pasar.

**repatriar** *tr., intr. y prnl.* Hacer que uno regrese a su patria.

**repecho** *m.* Cuesta bastante empinada, pero corta.

**repeler** *tr.* Arrojar de sí. — Rechazar. — Causar repugnancia.

**repelús** o **repeluzno** *m.* Escalofrío producido por temor o asco.

**repente** *m.* Fam. Movimiento súbito de personas o animales. — De repente, de manera repentina.

**repentino, na** *adj.* Pronto, inesperado, no previsto.

**repercutir** *intr.* Producir eco el sonido. — Causar efecto una cosa en otra.

**repertorio** *m.* Lista de obras que tiene preparados un actor, compañía, etc.

**repetir** *tr. y prnl.* Volver a hacer o decir lo que se había hecho o dicho. ▶ *intr. y prnl.* Suceder varias veces una misma cosa.

**repicar** *tr.* Tañer repetidamente las campanas en señal de fiesta.

**repipi** *adj./m. y f.* Fam. Cursi.

**repisa** *f.* Estante. — ARQ. Elemento de construcción voladizo.

**replegar** *tr.* Plegar muchas veces. ▶ *prnl.* Retirarse ordenadamente las tropas.

**repleto, ta** *adj.* Muy lleno.

**réplica** *f.* Acción y efecto de replicar. — Reproducción exacta de una obra de arte.

**replicar** *intr.* Contestar a una respuesta o argumento. — Poner objeciones a lo que se dice o manda.

**repliegue** *m.* Pliegue doble.

**repoblar** *tr. y prnl.* Volver a poblar. — Plantar árboles.

**repollo** *m.* Cabeza formada por las hojas de algunas plantas. — Variedad de col.

**reponer** *tr.* Volver a poner. ▸ *prnl.* Recobrar la salud.

**reportaje** *m.* Trabajo periodístico, cinematográfico, etc., de carácter informativo.

**reportar** *tr. y prnl.* Refrenar. ▸ *tr.* Proporcionar: ~ *beneficios.*

**reportero, ra** *m. y f./adj.* Periodista que recoge noticias.

**reposar** *intr.* Descansar. ▸ *intr. y prnl.* Posarse un líquido.

**reposera** *f.* Argent. y Par. Tumbona.

**reposo** *m.* Acción y efecto de reposar. — Tranquilidad. — FÍS. Inmovilidad de un cuerpo.

**repostar** *tr. y prnl.* Reponer provisiones, combustible, etc.

**repostería** *f.* Oficio y técnica de hacer pasteles, dulces, etc.

**reprender** *tr.* Amonestar a alguien desaprobando su conducta.

**reprensión** *f.* Acción y efecto de reprender.

**represa** *f.* Construcción para contener el curso de las aguas.

**represalia** *f.* Daño que se causa a otro para vengar un agravio.

**representación** *f.* Acción y efecto de representar. — Persona o personas que representan a una colectividad. — Imagen que sustituye a la realidad.

**representar** *tr.* Ser imagen o símbolo de algo. — Actuar oficialmente en nombre de otro. — Interpretar una obra dramática. ▸ *tr. y prnl.* Hacer presente en la imaginación a alguien o algo.

**reprimenda** *f.* Reprensión severa.

**reprimir** *tr. y prnl.* Impedir que se manifieste un sentimiento o impulso.

**reprobar** *tr.* Censurar o no aprobar, dar por malo. — Argent., Chile y Méx. No aprobar un curso o examen.

**reprochar** *tr. y prnl.* Reconvenir.

**reproducir** *tr. y prnl.* Volver a producir. ▸ *tr.* Repetir. — Sacar copia de algo. ▸ *prnl.* Procrear una especie.

**reptil** *adj./m.* Se dice de los animales vertebrados de sangre fría, ovíparos, con respiración pulmonar.

**república** *f.* Forma de gobierno en la que el poder del jefe de estado o presidente procede del voto de los ciudadanos.

**repudiar** *tr.* Rechazar. — Rechazar el marido a su mujer.

**repuesto** *m.* Provisión de víveres u otros artículos. — Recambio.

**repugnancia** *f.* Asco, aversión.

**repujar** *tr.* Labrar a martillo chapas metálicas.

**repulsa** *f.* Condena enérgica.

**repulsión** *f.* Acción y efecto de repeler. — Repugnancia.

**repuntar** *tr.* Argent. y Urug. Reunir el ganado disperso. ▸ *intr.* Argent. y Chile. Recobrar impulso un hecho o fenómeno cuya intensidad había disminuido. — Argent., Chile y Urug. Recuperar una posición favorable.

**reputación** *f.* Fama, crédito.

**reputar** *tr.* Estimar, juzgar la calidad de alguien o algo.

**requerir** *tr.* Pedir algo la autoridad. — Necesitar. — Solicitar.

**requesón** *m.* Masa de la leche cuajada. — Cuajada que se saca de la leche después de hecho el queso.

**réquiem** *m.* Composición musical que se canta en la misa de difuntos.

**requisar** *tr.* Expropiar una autoridad competente ciertos bienes por interés público.

**requisito** *m.* Condición necesaria para una cosa.

**res** *f.* Animal cuadrúpedo de las especies domésticas de ganado vacuno, lanar, etc., o salvajes, como jabalíes, venados, etc.

**resabio** *m.* Sabor desagradable. — Vicio o mala costumbre.

**resaca** *f.* Movimiento de retroceso de las olas. — Malestar que se siente al día siguiente de haber bebido en exceso.

**resaltador** *m.* Argent. Marcador de fibra usado para señalar con colores traslúcidos diversas partes de un texto.

**resaltar** *intr.* Destacar. — Sobresalir de una superficie.

**resarcir** *tr. y prnl.* Compensar, reparar un daño o perjuicio.

**resbalar** *intr. y prnl.* Escurrirse, deslizarse.

**rescatar** *tr.* Recuperar lo caído en poder ajeno. ▸ *tr. y prnl.* Librar de un daño, peligro, etc.

**rescindir** *tr.* Dejar sin efecto una obligación, un contrato, etc.

**rescoldo** *m.* Resto de brasa que queda bajo las cenizas.

**resentirse** *prnl.* Debilitarse. — Sentir dolor o molestia a causa de una enfermedad pasada. — Sentir disgusto o pena por algo.

**reseña** *f.* Breve exposición crítica sobre una obra literaria, científica, etc. — Relato breve.

**resero** *m.* Argent. y Urug. Persona que cuida el ganado, especialmente vacuno.

**reserva** *f.* Acción de pedir con antelación una plaza de avión, tren, etc. — Provisión. — Prudencia, cautela. — Parte del ejército que no está en servicio activo. — Parque nacional.

**reservado, da** *adj.* Introvertido. — Confidencial. ▸ *m.* Compartimento destinado a determinados usos o personas.

**reservar** *tr.* Hacer una reserva. — Guardar para más adelante. — Destinar un lugar o cosa para persona o uso determinados.

**resfriado** *m.* Catarro.

**resfrío** *m.* Argent. Resfriado.

**resguardar** *tr. y prnl.* Defender o proteger.

**resguardo** *m.* Protección, amparo. — Documento que acredita haber realizado una gestión, pago o entrega.

**residencia** *f.* Acción y efecto de residir. — Lugar en que se reside. — Casa donde residen y conviven personas afines.

**residir** *intr.* Vivir habitualmente en un lugar.

**residuo** *m.* Parte que queda de un todo. — Materia inservible que resulta de la descomposición o destrucción de algo.

**resignación** *f.* Capacidad para soportar situaciones adversas.

**resina** *f.* Sustancia orgánica vegetal, de consistencia pastosa.

**resistencia** *f.* Acción y efecto de resistir o resistirse. — Capacidad para resistir. — FÍS. Causa que se opone a la acción de una fuerza. —FÍS. Elemento que se intercala en un circuito eléctrico para dificultar el paso de la corriente o hacer que ésta se transforme en calor.

**resistir** *tr. e intr.* Aguantar. ▸ *prnl.* Oponerse con fuerza a hacer lo que se expresa.

**resma** *f.* Conjunto de quinientos pliegos de papel.

**resolana** *f.* Amér. Luz y calor producidos por la reverberación del sol.

**resolución** *f.* Acción y efecto de resolver. — Cosa que se decide. — DER. Decisión de una autoridad.

**resolver** *tr. y prnl.* Hallar la solución a algo. — Decidir.

**resonancia** *f.* Prolongación de un sonido que va disminuyendo gradualmente. — Gran divulgación que adquiere un hecho.

**resorte** *m.* Muelle, pieza elástica. — Medio para lograr un fin.

**resortera** *f.* Méx. Tirachinas.

**respaldar** *tr. y prnl.* Apoyar o proteger.

**respaldar** *m.* Respaldo.

**respaldo** *m.* Parte de un asiento en que se apoya la espalda. — Apoyo, amparo.

**respectivo, va** *adj.* Correspondiente: *respectivos asientos.*

**respecto** *m.* Relación de una cosa con otra.

**respetar** *tr.* Tratar con la debida consideración.

**respeto** *m.* Acción o actitud de respetar. — Miedo, temor.

**respetuoso, sa** *adj.* Que se porta con respeto.

**respingo** *m.* Sacudida violenta del cuerpo debida a un susto, sorpresa, etc. — Chile y Méx. Arruga, pliegue.

**respingona** *adj.* Se dice de la nariz con la punta hacia arriba.

**respirar** *tr. e intr.* Absorber y expulsar el aire los seres vivos.

**respiro** *m.* Descanso en el trabajo. — Alivio.

**resplandecer** *intr.* Brillar.

**resplandor** *m.* Luz muy clara. — Brillo muy intenso.

**responder** *tr. e intr.* Expresar algo para satisfacer una duda, pregunta, etc. — Contestar uno al que le llama o toca a la puerta. — Replicar. ▸ *intr.* Experimentar el resultado o efecto de algo. — Garantizar.

**responsable** *adj.* Se dice de la persona formal en sus acciones. ▸ *adj./m. y f.* Que responde de algo. — Culpable.

**responso** *m.* Oración por los difuntos.

**respuesta** *f.* Acción y efecto de responder. — Reacción de un ser vivo a un estímulo.

**resquemor** *m.* Resentimiento.

**resquicio** *m.* Abertura entre el quicio y la puerta.

**resta** *f.* Operación de restar.

**restablecer** *tr.* Volver a establecer. ▸ *prnl.* Recobrar la salud.

**restar** *tr.* Quitar parte de alguna cosa. — MAT. Hallar la diferencia entre dos cantidades. ▸ *intr.* Quedar, faltar.

**restaurante** *m.* Establecimiento donde se sirven comidas.

**restaurar** *tr.* Devolver una cosa a su estado anterior.

**restinga** *f.* Banco de arena en el mar a poca profundidad.

**restirador** *m.* Méx. Mesa movible que usan los dibujantes.

**restituir** *tr.* Volver una cosa a quien la tenía antes.

**resto** *m.* Parte que queda de un todo. — MAT. Resultado de una resta. ▸ *pl.* Conjunto de residuos o sobras de comida.

**restregar** *tr. y prnl.* Pasar con fuerza una cosa sobre otra.

**restricción** *f.* Acción y efecto de restringir.

**restringir** *tr.* Reducir, limitar.

**resucitar** *tr. e intr.* Hacer que un muerto vuelva a la vida.

**resuelto, ta** *adj.* Solucionado. — Que actúa con decisión, audaz.

**resultado** *m.* Efecto o consecuencia de algo.

**resultar** *intr.* Producirse algo como consecuencia o efecto de una causa. — Tener una cosa el resultado que se expresa.

**resumen** *m.* Acción y efecto de resumir. — Exposición resumida.

**resumir** *tr. y prnl.* Exponer algo de forma más breve.

**resurgir** *intr.* Surgir de nuevo.

**resurrección** *f.* Acción y efecto de resucitar.

**retablo** *m.* Colección de figuras pintadas o talladas que representan en serie una historia.

**retaco** *m.* Escopeta corta. — Persona baja y rechoncha.

**retacón, na** *adj.* Amér. Se dice de la persona baja y robusta.

**retaguardia** *f.* Conjunto de tropas últimas de una marcha.

**retahíla** *f.* Serie de cosas que se suceden con monotonía.

**retal** *m.* Pedazo sobrante de piel, tela, etc.

**retama** *f.* Arbusto de flores pequeñas y amarillas en racimos.

**retar** *tr.* Desafiar. — Amér. Merid. Regañar.

**retardar** *tr. y prnl.* Retrasar.

**retazo** *m.* Retal de una tela.

**retén** *m.* Provisión. — Tropa que refuerza un puesto militar.

— Chile. Pequeño cuartel de carabineros. — Méx. Puesto militar o policial para controlar las carreteras.

**retener** *tr.* Hacer que alguien o algo permanezca donde estaba. — Conservar, no devolver. — Conservar en la memoria.

**reticencia** *f.* Efecto de dar a entender que se calla algo que pudiera decirse.

**retículo** *m.* Tejido en forma de red.

**retina** *f.* Membrana interna del globo ocular, sensible a la luz.

**retirar** *tr. y prnl.* Quitar, separar. ▸ *prnl.* Dejar de prestar servicio activo en una profesión. — Recogerse, irse. — Abandonar una competición, concurso, etc.

**retiro** *m.* Acción y efecto de retirarse. — Situación de la persona retirada. — Lugar apartado y tranquilo.

**reto** *m.* Acción de retar. — Bol. y Chile. Insulto, injuria.

**retocar** *tr.* Tocar repetidamente. — Perfeccionar una cosa haciendo las últimas correcciones.

**retoño** *m.* Vástago que echa de nuevo la planta. — Fam. Hijo de corta edad.

**retorcer** *tr. y prnl.* Torcer mucho una cosa dándole vueltas.

**retorcido, da** *adj.* De malas intenciones.

**retórica** *f.* Arte que enseña a expresarse correctamente y con elocuencia.

**retornar** *tr.* Devolver, restituir. ▸ *intr. y prnl.* Volver al lugar o la situación en que se estuvo.

**retortijón** *m.* Dolor agudo en el abdomen.

**retozar** *intr.* Saltar alegremente. — Darse a juegos amorosos.

**retractar** *tr. y prnl.* Volverse atrás de una cosa que se ha dicho.

**retráctil** *adj.* Que puede retraerse o esconderse por sí mismo.

**retraer** *tr. y prnl.* Retirar, esconder. — Disuadir. ▸ *prnl.* Apartarse del trato con la gente.

**retraído, da** *adj.* Que gusta de la soledad. — Tímido.

**retransmitir** *tr.* Volver a transmitir. — Difundir emisiones de radio o televisión procedentes de otra emisora.

**retrasar** *tr. y prnl.* Hacer que algo suceda, se realice, etc., más tarde. ▸ *intr.* Ir atrás o a menos. ▸ *prnl.* Llegar tarde.

**retrato** *m.* Dibujo, fotografía, etc., que representa la figura de alguien o algo. — Descripción de una persona o cosa.

**retreta** *f.* Toque militar para señalar la retirada o el momento en que la tropa debe regresar al cuartel.

**retrete** *m.* Habitación dispuesta para evacuar las necesidades. — Recipiente con un desagüe utilizado para ello.

**retribuir** *tr.* Recompensar o pagar un servicio o trabajo.

**retroactivo, va** *adj.* Que obra o tiene fuerza sobre lo pasado.

**retroceder** *intr.* Volver hacia atrás.

**retroceso** *m.* Acción y efecto de retroceder.

**retrógrado, da** *adj.* Desp. Apegado excesivamente al pasado.

**retrospectivo, va** *adj.* Que se refiere a tiempo pasado.

**retrotraer** *tr. y prnl.* Retroceder con la memoria a un tiempo o época pasada.

**retrovisor** *m.* Espejo de un automóvil que permite al conductor ver detrás de sí.

**retrucar** *intr.* Argent., Perú y Urug. Fam. Replicar con acierto y energía.

**retumbar** *intr.* Sonar una cosa muy fuerte y repetidamente.

**reuma** o **reúma** *m.* o *f.* Reumatismo.

**reumatismo** *m.* Enfermedad caracterizada por dolores en las articulaciones.

**reunión** *f.* Acción y efecto de reunir o reunirse. — Conjunto de personas reunidas.

**reunir** *tr. y prnl.* Volver a unir. — Poner a personas o cosas en un lugar formando parte de un conjunto.

**revancha** *f.* Venganza, desquite.

**revelación** *f.* Acción y efecto de revelar lo que era secreto u oculto. — Manifestación divina.

**revelado** *m.* Conjunto de operaciones para hacer visible la imagen impresa en la placa fotográfica.

**revelar** *tr.* Descubrir lo que se mantenía secreto u oculto. —Efectuar un revelado.

**revenirse** *prnl.* Ponerse algo correoso por la humedad o el calor.

**reventadero** *m.* Chile. Lugar donde las olas del mar se deshacen. — Méx. Manantial del que brota el agua a borbollones.

**reventar** *tr., intr. y prnl.* Abrirse una cosa por impulso interior. ▶ *tr.* Deshacer o aplastar con violencia. — Fam. Fastidiar. ▶ *tr. y prnl.* Cansar, fatigar.

**reverberar** *intr.* Reflejarse la luz de un cuerpo luminoso en otro.

**reverencia** *f.* Respeto o admiración hacia alguien. — Inclinación del cuerpo en señal de respeto o cortesía.

**reverendo, da** *adj./m. y f.* Se aplica como tratamiento a sacerdotes y religiosos.

**reversa** *f.* Chile, Colomb. y Méx. Marcha atrás de un vehículo.

**reversible** *adj.* Que puede revertir. — Se dice de las prendas que pueden usarse por el derecho y por el revés.

**reverso** *m.* Revés de una moneda o medalla.

**revertir** *intr.* Volver una cosa al estado que tuvo antes. — Volver una cosa a la propiedad del dueño que antes tuvo.

**revés** *m.* Lado opuesto al principal. — Golpe que se da con el dorso de la mano. — Desgracia, contratiempo. — **Al revés,** de manera opuesta o contraria a la normal.

**revestir** *tr.* Cubrir con una capa protectora o de adorno.

**revisada** *f.* Amér. Revisión, acción de revisar.

**revisar** *tr.* Examinar una cosa con cuidado.

**revisión** *f.* Acción de revisar. — Reconocimiento médico.

**revisor, ra** *adj.* Que examina con cuidado una cosa. ▶ *m. y f.* Persona que revisa los billetes en un transporte público.

**revista** *f.* Publicación periódica. — Espectáculo teatral de carácter frívolo. — Inspección militar.

**revivir** *intr.* Resucitar. — Volver en sí el que parecía muerto. — Traer a la memoria.

**revocar** *tr.* Anular un mandato, una resolución, etc.

**revolcar** *tr.* Derribar a alguien y maltratarle en el suelo. ▶ *prnl.* Echarse sobre una cosa, restregándose en ella.

**revolotear** *intr.* Volar o moverse algo en el aire dando vueltas.

**revoltijo** o **revoltillo** *m.* Conjunto de muchas cosas desordenadas.

**revoltoso, sa** *adj.* Travieso.

**revolución** *f.* Cambio violento en la estructura social o política de un estado. — Cambio total y radical. — Giro que da una pieza sobre su eje.

**revolucionario, ria** *adj.* Relativo a la revolución. ▶ *adj./m. y*

*f.* Partidario de la revolución. — Que constituye un cambio profundo.

**revolvedora** *f.* Méx. Máquina en forma de torno para mezclar los materiales de construcción.

**revolver** *tr.* Mezclar varias cosas dándoles vueltas. — Enredar lo ordenado. ▶ *prnl.* Moverse de un lado para otro con inquietud en un espacio reducido. — Enfrentarse.

**revólver** *m.* Arma corta de fuego, provista de un cilindro giratorio en el que se colocan las balas.

**revuelo** *m.* Agitación, turbación. — Acción y efecto de revolotear.

**revuelta** *f.* Alteración del orden público. — Punto en que una cosa se desvía.

**revuelto, ta** *adj.* Desordenado. — Intranquilo, agitado. ▶ *m.* Plato hecho de huevos y otros ingredientes.

**revulsivo, va** *adj./m.* Que provoca una reacción brusca.

**rey** *m.* Monarca o príncipe soberano de un reino. — Pieza principal del juego de ajedrez.

**reyerta** *f.* Contienda, riña.

**rezagarse** *prnl.* Quedarse atrás.

**rezar** *tr.* Decir una oración. — Fam. Decir un escrito una cosa. ▶ *intr.* Dirigir a Dios, la Virgen o los santos, alabanzas o súplicas.

**rezongar** *intr.* Refunfuñar.

**rezumar** *intr. y prnl.* Salir un líquido a través de los poros del recipiente que lo contiene.

**ría** *f.* Valle fluvial invadido por el mar.

**riachuelo** *m.* Río pequeño y de poco caudal.

**riada** *f.* Crecida del caudal de un río. — Inundación.

**ribera** *f.* Orilla del mar o de un río. — Tierra cercana a un río.

**ribete** *m.* Cinta con que se adorna la orilla de una prenda, calzado, etc. ▶ *pl.* Indicio.

**ribosoma** *m.* BIOL. Partícula de las células vivas, que asegura la síntesis de las proteínas.

**ricino** *m.* Planta de cuyas semillas se extrae un aceite purgante.

**rico, ca** *adj./m. y f.* Que posee grandes bienes o gran fortuna. ▶ *adj.* Abundante. — Sabroso. — Fam. gracioso, guapo.

**ricota** *f.* Argent. y Chile. Requesón.

**rictus** *m.* Contracción de la boca que da al rostro una expresión de risa forzada, dolor, etc.

**ridículo, la** *adj.* Que mueve a risa o burla. — Insignificante, escaso. ▶ *m.* Situación que provoca risa o burla.

**riego** *m.* Acción y efecto de regar.

**riel** *m.* Barra pequeña de metal en bruto. — Carril de tren.

**rienda** *f.* Cada una de las dos correas para conducir las caballerías. ▶ *pl.* Dirección o gobierno de algo.

**riesgo** *m.* Peligro o inconveniente posible.

**riesgoso, sa** *adj.* Amér. Arriesgado, peligroso.

**rifa** *f.* Sorteo de una cosa por medio de billetes numerados.

**rifar** *tr.* Sortear mediante rifa.

**rifle** *m.* Tipo de fusil con el interior del cañón rayado.

**riflero** *m.* Chile. Persona que hace negocios ocasionales, generalmente deshonestos o ilícitos.

**rígido, da** *adj.* Que no se puede doblar o torcer. — Severo, que no tiene indulgencia.

**rigor** *m.* Severidad, dureza. — Gran exactitud y precisión.

**riguroso, sa** *adj.* Que implica rigor.

**rima** *f.* Repetición de sonidos en varios versos a partir de la última vocal acentuada. — Composición poética.

**rimar** *tr.* Hacer que rimen dos o más palabras. ▶ *intr.* Haber rima entre dos o más palabras. — Componer en verso.

**rimbombante** *adj.* Muy aparatoso y ostentoso.

**rin** *m.* Méx. Aro metálico de la rueda de un automóvil al cual se ajusta la llanta.

**rincón** *m.* Ángulo entrante que resulta del encuentro de dos superficies. — Lugar alejado o retirado. — Espacio pequeño.

**rinde** *m.* Argent. Provecho que da una cosa.

**ringletear** *intr.* Chile. Corretear, callejear.

**rinoceronte** *m.* Mamífero de gran

tamaño, con uno o dos cuernos sobre la nariz.

**riña** *f.* Acción de reñir.

**riñón** *m.* Órgano par, que purifica la sangre y segrega la orina. ► *pl.* Zona del cuerpo que se encuentra en la parte baja de la espalda. — Costar, o valer, un riñón, ser muy caro

**río** *m.* Curso de agua que desemboca en el mar.

**riojano, na** *adj./m. y f.* De La Rioja (España).

**ripio** *m.* Palabra superflua que se emplea para completar el verso. — Argent., Chile y Perú. Piedra menuda que se usa para pavimentar.

**riqueza** *f.* Cualidad de rico. — Abundancia de bienes, fortuna.

**risa** *f.* Acción de reír. — Sonido que produce esta acción.

**risco** *m.* Peñasco alto y escarpado.

**ristra** *f.* Trenza de ajos o cebollas. — Hilera.

**ristre** *m.* Hierro del peto de la armadura, donde se afianzaba el cabo de la lanza.

**risueño, ña** *adj.* Que tiene la cara sonriente. — Propenso a reír.

**ritmo** *m.* Disposición armoniosa de voces y pausas en el lenguaje. — Orden en la sucesión de algo. — MÚS. Proporción de los tiempos.

**rito** *m.* Costumbre o ceremonia. — Conjunto de normas para una ceremonia o culto religioso.

**rival** *m. y f.* Quien compite con otro por una misma cosa.

**rizar** *tr. y prnl.* Formar rizos.

**rizo** *m.* Mechón de pelo en forma de onda.

**rizófago, ga** *adj.* Se dice del animal que se alimenta de raíces.

**rizoma** *m.* Tallo horizontal y subterráneo de ciertas plantas.

**róbalo** o **robalo** *m.* Lubina.

**robar** *tr.* Quitar a alguien algo que le pertenece.

**roble** *m.* Árbol de madera dura y fruto en bellota.

**robot** *m.* Autómata.

**robusto, ta** *adj.* Fuerte, resistente.

**roca** *f.* Materia mineral que forma parte de la corteza terrestre. — Piedra dura y sólida.

**rocambolesco, ca** *adj.* Extraordinario, inverosímil.

**roce** *m.* Acción de rozar o rozarse. — Fam. Trato frecuente.

**rociar** *tr.* Esparcir en menudas gotas un líquido.

**rocín** *m.* Caballo de mala raza y de poca alzada.

**rocío** *m.* Vapor que se condensa en la atmósfera en gotas muy menudas.

**rock** *m.* Estilo musical de ritmo binario, derivado del jazz y el blues. — Baile que se practica con esta música.

**rococó** *m./adj.* Estilo artístico característico del s. XVIII europeo.

**rodaballo** *m.* Pez marino de cuerpo aplanado y asimétrico.

**rodado, da** *adj.* Se dice del tránsito de vehículos de ruedas. ▸ *m.* Argent. Cualquier vehículo de ruedas.

**rodaja** *f.* Tajada circular.

**rodaje** *m.* Acción de filmar una película. — Acción de hacer funcionar un motor nuevo para ajustarlo.

**rodamiento** *m.* Pieza que permite que un determinado dispositivo gire.

**rodar** *intr.* Dar vueltas un cuerpo alrededor de su eje. — Moverse por medio de ruedas. — Caer dando vueltas. ▸ *tr.* Proceder al rodaje de una película.

**rodear** *tr. y prnl.* Poner algo alrededor de una persona o cosa. ▸ *intr.* Andar alrededor. — Dar un rodeo.

**rodeo** *m.* Acción de rodear. — Camino más largo o desvío del camino recto. — Manera indirecta de hacer o decir algo. — Argent., Chile y Urug. Acción de contar o separar el ganado.

**rodilla** *f.* Articulación del muslo con la pierna.

**rodillo** *m.* Cilindro de madera u otro material para diversos usos.

**roedor, ra** *adj.* Que roe. ▸ *adj./m.* Relativo a un orden de mamíferos que poseen largos incisivos para roer, como la rata.

**roer** *tr.* Cortar menuda y superficialmente con los dientes una cosa dura. — Desgastar poco a poco.

**rogar** *tr.* Pedir por gracia. — Instar con súplicas.

**rojo, ja** *adj./m. y f.* De ideología de izquierdas. ▸ *adj./m.* Se dice del primer color del espectro solar. ▸ *adj.* De color rojo.

**rol** *m.* Función de una persona en una situación. — Lista, nómina.

**rollizo, za** *adj.* Robusto y grueso. ▸ *m.* Madero redondo.

**rollo** *m.* Cilindro de cualquier materia. — Porción de cuerda, hilo, etc., dispuesta dando vueltas alrededor de un eje central. — Carrete de película. — Fam. Persona o cosa pesada, aburrida. — Fam. Tema, asunto. — Fam. Cuento o historia falsa.

**romana** *f.* Balanza de dos brazos desiguales.

**romance** *adj.* Románico. ▸ *m.* Idioma español. — Composición poética con rima asonante en los pares. — Aventura amorosa. ▸ *adj. y m.* Se dice de la lengua que deriva del latín.

**romancero** *m.* Colección de romances.

**románico, ca** *adj.* Se dice de las lenguas derivadas del latín. ▸ *adj./m.* Se dice del arte que se desarrolló en Europa desde el s. XI hasta el s. XIII.

**romano, na** *adj./m. y f.* De Roma o del Imperio romano. ▸ *adj.* De la Iglesia católica.

**romanticismo** *m.* Movimiento intelectual y artístico surgido a fines del s. XVIII. — Cualidad de romántico, sentimental.

**romántico, ca** *adj.* Relativo al romanticismo. ► *adj./m. y f.* Se dice del escritor que refleja el carácter del romanticismo. — Sentimental.

**romanza** *f.* Aria de carácter sencillo y tierno.

**rombo** *m.* Cuadrilátero de lados iguales y ángulos oblicuos.

**romboide** *m.* MAT. Paralelogramo cuyos lados, iguales dos a dos, no son perpendiculares.

**romería** *f.* Marcha que se hace por devoción a un santuario. — Fiesta popular junto a una ermita o santuario.

**romero, ra** *adj./m. y f.* Se dice del peregrino que va en romería. ► *m.* Arbusto de hojas aromáticas y flores azules.

**romo, ma** *adj.* Sin punta.

**rompecabezas** *m.* Juego que consiste en componer determinada figura dispuesta en piezas. — Fam. Acertijo difícil.

**rompehielos** *m.* Buque acondicionado para navegar entre hielos.

**rompeolas** *m.* Dique avanzado en el mar para proteger un puerto.

**romper** *tr. y prnl.* Hacer pedazos una cosa. — Separar con violencia las partes de un todo. ► *tr.* Interrumpir. ► *intr.* Deshacerse las olas en espuma. — Empezar aquello que se expresa.

**ron** *m.* Licor alcohólico obtenido de la caña de azúcar.

**roncar** *intr.* Hacer un sonido ronco al respirar, cuando se duerme.

**roncear** *tr.* Argent., Chile y Méx. Mover una cosa de un lado a otro, ladeándola con las manos o por medio de palancas.

**roncha** *f.* Bulto pequeño eruptivo de la piel.

**ronco, ca** *adj.* Que tiene ronquera. — Se dice de la voz o sonido áspero y bronco.

**ronda** *f.* Acción de rondar. — Rondalla. — Paseo, calle o carretera que rodea una ciudad. — Cada serie de consumiciones que toma un grupo de personas.

**rondalla** *f.* Grupo de mozos que tocan y cantan por la calle.

**rondar** *tr. e intr.* Andar de noche vigilando o paseando. — Pasear los mozos las calles donde viven las mozas a las que cortejan. ► *tr.* Dar vueltas alrededor de una cosa.

**ronquera** *f.* Afección de la laringe que hace bronco el timbre de la voz.

**ronquido** *m.* Ruido que se hace al roncar.

**ronronear** *intr.* Emitir el gato cierto sonido ronco.

**roña** *f.* Porquería pegada. ► *m. y f.* Fam. Persona tacaña.

**ropa** *f.* Cualquier prenda de tela. — Prenda de vestir.

**ropero** *m./adj.* Armario o cuarto donde se guarda la ropa.

**ros** *m.* Gorro militar con visera.

**rosa** *adj./m.* Se dice del color rojo

claro. ▶ *adj.* De color rosa. ▶ *f.* Flor del rosal.

**rosal** *m.* Arbusto espinoso cultivado por sus flores.

**rosario** *m.* Rezo de la Iglesia católica. — Sarta de cuentas usada para este rezo. — Sarta, serie.

**rosca** *f.* Máquina compuesta de tornillo y tuerca. — Cualquier cosa redonda que se cierra en forma de aro dejando en medio un espacio vacío.

**rosetón** *m.* Cualquier adorno parecido a una flor, de forma redonda. — ARQ. Gran ventana circular, cerrada por vidrieras.

**rosquilla** *f.* Bollo en forma de rosca pequeña.

**rosticería** *f.* Chile, Méx. y Nicar. Establecimiento donde se asan y venden pollos.

**rostro** *m.* Cara, semblante. — Pico del ave.

**rotación** *f.* Acción y efecto de rodar.

**rotar** *intr.* Rodar.

**rotativo, va** *adj.* Que rota. ▶ *adj./f.* Se dice de la máquina que imprime un periódico.

**rotisería** *f.* Argent. y Chile. Tienda donde se venden fiambres, carnes asadas, vinos, etc.

**roto, ta** *adj./m. y f.* Andrajoso. — Chile. Se dice del individuo de clase baja. — Chile. Maleducado. — Méx. Se dice del petimetre del pueblo. — Perú. Apodo de los chilenos. ▶ *m.* Rotura, raja.

**rotonda** *f.* Edificio o sala de planta circular. — Plaza circular.

**rotoso, sa** *adj.* Amér. Merid. Desharrapado, harapiento. ▶ *m. y f.* Chile. Persona de baja condición cultural o social.

**rótula** *f.* Hueso de la rodilla.

**rotulador** *m.* Instrumento para escribir o dibujar, con punta de fieltro.

**rótulo** *m.* Cartel, letrero.

**rotundo, da** *adj.* Categórico.

**rotura** *f.* Acción y efecto de romper o romperse.

**roturar** *tr.* Arar por primera vez las tierras.

**rozamiento** *m.* FÍS. Resistencia que se opone a la rotación o al deslizamiento de un cuerpo sobre otro.

**rozar** *tr., intr. y prnl.* Tocar ligeramente.

**ruana** *f.* Amér. Merid. Especie de poncho.

**rubéola** o **rubeola** *f.* Enfermedad vírica contagiosa.

**rubí** *m.* Piedra preciosa, de color rojo vivo.

**rubicundo, da** *adj.* Rubio rojizo. — De aspecto saludable.

**rubidio** *m.* Metal parecido al potasio, aunque más pesado.

**rubio, bia** *adj.* Del color del oro. ▶ *adj./m. y f.* Se dice de la persona que tiene el pelo de este color.

**rublo** *m.* Unidad monetaria de Rusia.

**rubor** *m.* Color que sube al rostro por vergüenza. — Vergüenza.

**rúbrica** *f.* Garabato que acompaña a la firma de alguien.

**rubricar** *tr.* Poner uno su rúbrica. — Suscribir, apoyar.

**rubro** *m.* Amér. Central y Amér. Merid. Título o rótulo. — Amér. Merid. y Méx. Conjunto de artículos de consumo de un mismo tipo.

**rudimentario, ria** *adj.* Simple, poco desarrollado.

**rudo, da** *adj.* Tosco, basto. — Grosero. — Riguroso, violento.

**rueca** *f.* Utensilio con una rueda que sirve para hilar.

**rueda** *f.* Pieza circular que gira alrededor de un eje. — Corro.

**ruedo** *m.* Espacio destinado a la lidia en las plazas de toros. — Borde de una cosa redonda. — Corro de personas.

**ruego** *m.* Súplica, petición.

**rufián** *m.* Proxeneta. — Hombre despreciable, malvado.

**rugby** *m.* Deporte que se practica con un balón ovalado.

**rugir** *intr.* Bramar el león. — Bramar una persona colérica.

**rugoso, sa** *adj.* Que tiene arrugas.

**ruido** *m.* Sonido irregular, confuso y no armonioso.

**ruin** *adj.* Vil, despreciable. — Avaro, tacaño.

**ruina** *f.* Acción de destruirse algo. — Pérdida de los bienes. ▸ *pl.* Conjunto de restos de una construcción destruida.

**ruiseñor** *m.* Ave de plumaje pardo rojizo y canto melodioso.

**rulemán** *m.* Argent. y Urug. Rodamiento.

**rulenco, ca** *adj.* Chile. Enclenque y raquítico.

**rulero** *m.* Amér. Merid. Rulo, cilindro para rizar el pelo.

**ruleta** *f.* Juego de azar en que el ganador es designado por una bola que gira sobre una rueda con casillas numeradas.

**ruletear** *intr.* Amér. Central y Méx. Fam. Conducir un taxi.

**rulo** *m.* Rizo de cabello. — Cilindro hueco para rizar el cabello. — Chile. Tierra de secano o sin riego.

**rumano, na** *adj./m. y f.* De Rumania. ▸ *m./adj.* Lengua románica hablada en Rumania.

**rumba** *f.* Baile popular cubano y música de dicho baile.

**rumbear** *intr.* Amér. Orientarse, tomar un rumbo.

**rumbo** *m.* Dirección que se sigue al andar o navegar.

**rumboso, sa** *adj.* Fam. Desprendido, generoso.

**rumiante** *adj./m.* Se dice de los mamíferos herbívoros que tienen el estómago dividido en tres o cuatro cavidades, como el camello.

**rumiar** *tr.* Masticar el alimento los rumiantes por segunda vez.

**rumor** *m.* Noticia oficiosa. — Ruido sordo y continuado.

**rupestre** *adj.* Relativo a las rocas.

**rupia** *f.* Moneda de diversos países asiáticos y africanos.

**ruptura** *f.* Acción y efecto de romper o romperse.

**rural** *adj.* Relativo al campo.

**ruso, sa** *adj./m. y f.* De Rusia. ► *m./adj.* Lengua hablada en Rusia.

**rústico, ca** *adj.* Relativo al campo. — Grosero, basto. ► *m. y f.* Persona del campo.

**ruta** *f.* Camino establecido para un viaje, expedición, etc.

**rutina** *f.* Costumbre de hacer algo por mera práctica.

**s** *f.* Vigésima segunda letra del abecedario.

**sábado** *m.* Sexto día de la semana.

**sabana** *f.* Llanura sin vegetación arbórea.

**sábana** *f.* Pieza de lienzo que se usa como ropa de cama.

**sabandija** *f.* Bicho pequeño. — Desp. Persona despreciable.

**sabañón** *m.* Lesión inflamatoria producida por el frío.

**sabático, ca** *adj.* Relativo al sábado. — Año sabático, año de descanso.

**sabatina** *f.* Chile. Zurra.

**sabelotodo** *m. y f.* Fam. Sabihondo.

**saber** *tr.* Conocer una cosa. — Ser docto en alguna materia. — Tener habilidad para una cosa. ► *tr. e intr.* Tener noticias de alguien o algo. ► *intr.* Tener determinado sabor. — Argent., Ecuad., Guat. y Perú. Soler, acostumbrar.

**saber** *m.* Conocimiento, sabiduría.

**sabiduría** *f.* Conocimiento profundo en ciencias, letras o artes.

**sabiendas.** Palabra que se utiliza en la expresión a sabiendas, que significa 'con conocimiento del resultado o de las consecuencias'.

**sabihondo, da** *adj./m. y f.* Fam. Que presume de saber mucho.

**sabina** *f.* Arbusto conífero de las regiones mediterráneas.

**sabio, bia** *adj./m. y f.* Que posee sabiduría.

**sabiondo, da** *adj./m. y f.* Fam. Sabihondo.

**sable** *m.* Arma blanca, algo curva, parecida a la espada.

**sabor** *m.* Sensación que una cosa produce en el sentido del gusto.

**saborear** *tr. y prnl.* Percibir con deleite el sabor de algo.

**sabotaje** *m.* Daño o deterioro de instalaciones o máquinas como procedimiento de lucha.

**sabroso, sa** *adj.* Agradable al sentido del gusto.

**sabueso, sa** *adj./m.* Se dice de

un tipo de perro de olfato muy fino. ▸ *m.* Policía, detective.

**saca** *f.* Acción y efecto de sacar. — Costal grande de tela fuerte.

**sacacorchos** *m.* Instrumento para quitar tapones de corcho.

**sacapuntas** *m.* Instrumento que sirve para afilar lápices.

**sacar** *tr.* Hacer salir algo o a alguien fuera del lugar o situación en que estaba. — Conseguir, obtener. — DEP. Poner en juego el balón o la pelota.

**sacárido** *m.* Hidrato de carbono.

**sacarina** *f.* Sustancia blanca que da un sabor azucarado.

**sacarosa** *f.* Azúcar formado por fructosa y glucosa.

**sacavueltas** *m. y f.* Chile. Fam. Persona que rehúye una obligación, responsabilidad o trabajo.

**sacerdote** *m.* Ministro de una religión.

**sacerdotisa** *f.* Mujer consagrada al culto de una divinidad.

**saché o sachet** *m.* Argent. Envase sellado de plástico o celofán para contener líquidos.

**saciar** *tr. y prnl.* Satisfacer el hambre o la sed. — Satisfacer plenamente ambiciones, deseos, etc.

**saco** *m.* Receptáculo de tela, cuero, etc., abierto por arriba. — Amér. Chaqueta.

**sacralizar** *tr.* Conferir carácter sagrado.

**sacramento** *m.* Acto ritual sagrado, destinado a santificar a los hombres.

**sacrificar** *tr.* Ofrecer algo a una divinidad en señal de reconocimiento. — Matar reses para el consumo. — Exponer a un riesgo o trabajo para obtener algún beneficio.

**sacrificio** *m.* Acción de sacrificar. — Renuncia, privación.

**sacrilegio** *m.* Profanación de una cosa, persona o lugar sagrados.

**sacristán, na** *m. y f.* Persona que ayuda al sacerdote y cuida de la iglesia.

**sacro, cra** *adj.* Sagrado. ▸ *adj./m.* Se dice del hueso situado en el extremo inferior de la columna vertebral.

**sacrosanto, ta** *adj.* Que es a la vez sagrado y santo.

**sacudir** *tr.* Agitar o golpear violentamente una cosa. — Pegar. ▸ *tr. y prnl.* Quitarse una cosa de encima con violencia.

**sadismo** *m.* Crueldad. — Tendencia sexual de quien encuentra placer haciendo sufrir a otro.

**saeta** *f.* Flecha. — Manecilla de reloj. — Copla de cante flamenco.

**safari** *m.* Expedición de caza mayor en África.

**saga** *f.* Leyenda poética de los pueblos escandinavos. — Relato de la historia de dos o más generaciones de una familia.

**sagaz** *adj.* Agudo, astuto.

**sagitario** *m. y f./adj.* Persona nacida bajo el signo zodiacal de Sagitario.

**sagrado, da** *adj.* Relativo a la divinidad o a su culto.

**sahariana** *f.* Chaqueta de tela ligera con bolsillos y cinturón.

**sainete** *m.* Obra dramática jocosa y de carácter popular.

**sajadura** *f.* Incisión o corte hecho en la carne.

**sajón, na** *adj./m. y f.* De un pueblo germánico que invadió Gran Bretaña en el s. V.

**sal** *f.* Sustancia blanca y cristalina, muy soluble en agua, empleada como condimento.—Gracia, ingenio. — QUÍM. Compuesto formado por la sustitución del hidrógeno de un ácido por un metal. ▶ *pl.* Sustancia para reanimar.

**sala** *f.* Pieza principal de la casa. — Aposento o local de grandes dimensiones. — Pieza donde se constituye un tribunal.

**salado, da** *adj.* Que tiene exceso de sal. — Gracioso, agudo. — Amér. Desgraciado, gafe. — Argent., Chile y Urug. Fam. Caro, costoso.

**salamandra** *f.* Anfibio parecido al lagarto, de color negro con manchas amarillas.

**salame** *m. y f.* Argent., Par. y Urug. Tonto, ingenuo.

**salami** *m.* Embutido parecido al salchichón.

**salamín** *m.* Argent., Par. y Urug. Variedad de salami en forma de chorizo. — Argent. Fam. Salame, ingenuo.

**salar** *tr.* Curar con sal carnes y pescados. — Sazonar con sal. ▶ *tr. y prnl.* Amér. Central, Perú y P. Rico. Desgraciar, echar a perder. — Argent. y C. Rica. Dar o causar mala suerte. — Cuba, Hond. y Perú. Deshonrar.

**salario** *m.* Remuneración del trabajo efectuado por una persona.

**salazón** *f.* Acción y efecto de salar alimentos. — Amér. Central, Cuba y Méx. Desgracia, mala suerte.

**salchicha** *f.* Embutido de carne de cerdo en tripa delgada.

**salchichón** *m.* Embutido de jamón, tocino y pimienta.

**saldo** *m.* Pago de una deuda u obligación. — Diferencia entre el debe y el haber de una cuenta. — Mercancía vendida a bajo precio.

**salero** *m.* Recipiente para servir o guardar la sal. — Fam. Gracia.

**salesiano, na** *adj./m. y f.* De la congregación fundada por san Juan Bosco.

**sálica** *adj.* Se dice de la ley que excluía del trono a las mujeres.

**salicáceo, a** *adj./f.* Relativo a una familia de plantas arbóreas con flores sin pétalos, como el sauce.

**salicílico, ca** *adj.* Se dice de un ácido que posee propiedades antisépticas.

**salida** *f.* Acción y efecto de salir. — Lugar por donde se sale. — Solución. — Ocurrencia, dicho oportuno.

**salido, da** *adj.* Que sobresale. — Se dice de algunos animales cuando están en celo. — Esp. Fam. Se dice de una persona que está excitada sexualmente.

**saliente** *adj.* Que sale. ▸ *m.* Parte que sobresale de una cosa.

**salina** *f.* Mina de sal. — Lugar donde se evapora el agua de mar para obtener sal.

**salino, na** *adj.* Que participa de los caracteres de la sal. — Que contiene sal.

**salir** *intr. y prnl.* Pasar de dentro a fuera. ▸ *intr.* Partir de un lugar. — Aparecer, manifestarse: *sale en la tele.* — Nacer, brotar. — Sobresalir. — Tener algo su origen en otra cosa.

**salitre** *m.* Nitrato de sodio. — Sustancia salina. — Sal de nitrógeno y potasio que se forma en el suelo por descomposición de materia animal y vegetal.

**saliva** *f.* Líquido segregado en la boca. — Gastar saliva (Fam.), hablar sin conseguir el fin deseado.

**salivadera** *f.* Amér. Merid. Escupidera.

**salmantino, na** *adj./m. y f.* De Salamanca (España).

**salmo** *m.* Cántico que contiene alabanza a Dios.

**salmón** *adj./m.* Se dice del color anaranjado como el de la carne del salmón. ▸ *m.* Pez que remonta los ríos para desovar, cuya carne se come fresca o ahumada.

**salmonella** *f.* Género de bacterias que producen infecciones intestinales.

**salmonete** *m.* Pez de color rojo, muy apreciado por su carne.

**salmuera** *f.* Líquido preparado con sal para conservas.

**salobre** *adj.* Que por su naturaleza tiene sabor de sal.

**salón** *m.* Sala, pieza principal de la casa. — Local grande de un edificio donde se celebran juntas, actos, etc. — Establecimiento en el que se proporcionan ciertos servicios al público: ~ *de té.*

**salpicadera** *f.* Méx. Guardabarros.

**salpicadero** *m.* Tablero de los automóviles situado frente al conductor en que se hallan algunos mandos e indicadores.

**salpicar** *tr. e intr.* Esparcir en gotas un líquido. ▸ *tr. y prnl.* Mojar o ensuciar con esas gotas.

**salpullido** *m.* Sarpullido.

**salsa** *f.* Sustancia líquida o pastosa que acompaña a ciertos platos. — Género musical que resulta de la fusión de varios tipos de ritmos caribeños.

**salsamentaría** *f.* Colomb. Tienda donde se venden embutidos.

**saltamontes** *m.* Insecto de color pardo o verde y patas posteriores adaptadas al salto.

**saltanejoso, sa** *adj.* Cuba y Méx. Se dice del terreno ondulado.

**saltar** *intr.* Levantarse del suelo con impulso. — Arrojarse desde una altura. — Desprenderse una cosa de otra. ▸ *tr.* Salvar de un salto un espacio o distancia. ▸ *tr. y prnl.* Omitir parte de algo.

**saltear** *tr.* Salir a robar en los caminos. — Hacer una cosa sin continuidad. — Sofreír a fuego vivo.

**saltimbanqui** *m. y f.* Fam. Persona que realiza ejercicios de acrobacia.

**salto** *m.* Acción y efecto de saltar. — Espacio o distancia que se salta. — Despeñadero muy profundo.

**saltón, na** *adj.* Prominente: *ojos saltones.*

**salubre** *adj.* Saludable.

**salud** *f.* Estado de un ser orgánico exento de enfermedades. — Condiciones físicas de un organismo en un determinado momento.

**saludable** *adj.* Bueno para la salud. — Que goza de salud.

**saludar** *tr.* Dirigir palabras o gestos de cortesía a una persona al encontrarla o despedirse.

**salva** *f.* Serie de disparos en señal de honores o saludos.

**salvado** *m.* Cáscara desmenuzada del grano de los cereales.

**salvadoreño, ña** *adj./m. y f.* De El Salvador.

**salvaguardar** *tr.* Proteger, defender: *~ el honor.*

**salvaje** *adj.* Que crece de forma natural. — Que no está domesticado. — Se dice del terreno inculto. ▸ *adj./m. y f.* Que vive en estado primitivo, sin civilizar. — Fam. Cruel, inhumano.

**salvar** *tr. y prnl.* Librar de un peligro o riesgo. ▸ *tr.* Evitar un riesgo o dificultad. — Exceptuar. — Vencer un obstáculo. — Dar Dios la gloria eterna.

**salvavidas** *m.* Flotador de emergencia que se lanza a alguien que está en el agua.

**salve** *f.* Oración dedicada a la Virgen.

**salvedad** *f.* Razonamiento que limita o excusa, excepción.

**salvia** *f.* Planta herbácea aromática de flores azuladas.

**salvilla** *f.* Chile. Vinagreras.

**salvo, va** *adj.* Ileso, librado de un peligro. ▸ *prep.* Excepto.

**salvoconducto** *m.* Documento expedido por una autoridad para poder transitar libremente por determinado territorio.

**samba** *f.* Música y baile popular brasileño.

**sambenito** *m.* Descrédito.

**samuray** *m.* Miembro de una clase de guerreros japoneses.

**samuro** *m.* Colomb. y Venez. Ave rapaz.

**san** *adj.* Apóc. de santo.

**sanar** *tr.* Restituir a alguien la salud. ▸ *intr.* Recobrar la salud.

**sanatorio** *m.* Establecimiento destinado a la cura o convalecencia de un tipo determinado de enfermos.

**sanción** *f.* Pena establecida para el que infringe una ley. — Aprobación, legitimación.

**sandalia** *f.* Calzado formado por una suela que se asegura con cintas o correas.

**sándalo** *m.* Árbol de Asia, de madera olorosa.

**sandez** *f.* Tontería.

**sandía** *f.* Planta herbácea que se cultiva por su fruto de pulpa roja y refrescante. — Fruto de esta planta.

**sandwich** *m.* Emparedado.

**sanear** *tr.* Dar condiciones de salubridad. — Remediar, reparar.

**sangrar** *tr.* Abrir una vena y dejar salir determinada cantidad de sangre. — En imprenta, comenzar una línea más adentro que las otras. ▸ *intr.* Echar sangre.

**sangre** *f.* Líquido rojo que circula por las venas y arterias. — Linaje, familia. — Sangre fría, serenidad, entereza.

**sangría** *f.* Acción y efecto de sangrar. — Bebida refrescante compuesta de vino, azúcar, limón y otros ingredientes.

**sanguijuela** *f.* Gusano anélido que se alimenta de la sangre de otros organismos.

**sanguinario, ria** *adj.* Cruel, despiadado.

**sanguíneo, a** *adj.* Relativo a la sangre. — Que contiene sangre.

**sanidad** *f.* Conjunto de servicios para preservar la salud pública.

**sanitario, ria** *adj.* Perteneciente o relativo a la sanidad. ▸ *adj./m.* Se dice de los aparatos de higiene instalados en los cuartos de baño. ▸ *m. y f.* Empleado de los servicios de sanidad.

**sanjuanero, ra** *adj./m. y f.* De San Juan de Puerto Rico.

**sano, na** *adj./m. y f.* Que goza de salud. ▸ *adj.* Bueno para la salud. — Que está en buen estado. — Sano y salvo, sin daño.

**sánscrito, ta** *adj./m.* Se dice de una antigua lengua india.

**sanseacabó** Fam. Expresión con que se da por terminado un asunto.

**santateresa** *f.* Insecto de color verde, con patas anteriores prensoras.

**santería** *f.* Amér. Tienda de objetos religiosos. — Cuba. Brujería.

**santiaguino, na** *adj./m. y f.* De Santiago de Chile.

**santiamén.** Palabra que se utiliza en la expresión en un santiamén, que significa 'en un instante'.

**santidad** *f.* Cualidad de santo. — Tratamiento honorífico dado al papa.

**santificar** *tr.* Hacer santo.

**santiguar** *tr. y prnl.* Hacer la señal de la cruz.

**santo, ta** *adj.* Se dice de Dios y de las personas o cosas a él consagradas. ▸ *adj./m. y f.* Se dice de la persona canonizada por la Iglesia católica. — Virtuoso. ▸ *m. y f.* Imagen de un santo. ▸ *m.* Respecto de una persona, festividad del santo cuyo nombre lleva.

**santoral** *m.* Libro que contiene

vidas de santos. — Lista de los santos que se conmemoran en cada día del año.

**santuario** *m.* Lugar sagrado. — Templo en que se venera la imagen o reliquia de un santo.

**saña** *f.* Insistencia cruel en el daño que se causa. — Rabia.

**sao** *m.* Cuba. Pradera con algunos matorrales o grupos de árboles.

**sapo** *m.* Batracio de piel verrugosa y ojos saltones.

**saprofito, ta** *adj./m.* Se dice del vegetal que vive sobre materia orgánica en descomposición.

**saque** *m.* DEP. Acción de sacar.

**saquear** *tr.* Apoderarse violentamente los soldados de lo que encuentran en un lugar.

**sarampión** *m.* Enfermedad eruptiva y contagiosa, propia de la infancia.

**sarao** *m.* Reunión o fiesta de sociedad, con baile o música.

**sarape** *m.* Guat. y Méx. Poncho de colores vivos.

**sarasa** *m.* Esp. Fam. Hombre afeminado u homosexual.

**saraviado, da** *adj.* Colomb. y Venez. Se dice del ave con pintas o manchas.

**sarazo, za** *adj.* Colomb., Cuba, Méx. y Venez. Se dice del fruto que empieza a madurar, especialmente del maíz.

**sarcasmo** *m.* Ironía cruel con la que se ofende.

**sarcófago** *m.* Sepulcro.

**sarcoma** *m.* Tumor maligno del tejido conjuntivo.

**sardana** *f.* Danza y música tradicional catalana.

**sardina** *f.* Pez marino comestible, de dorso azulado y plateado.

**sardinel** *m.* Colomb. y Perú. Bordillo de la acera.

**sardo, da** *adj./m. y f.* De Cerdeña.

**sardónico, ca** *adj.* Sarcástico, irónico: *risa* ~.

**sargento** *m.* Grado militar superior al de cabo e inferior al de alférez.

**sariga** *f.* Bol. y Perú. Zarigüeya.

**sarmiento** *m.* Vástago de la vid, largo, flexible y nudoso.

**sarna** *f.* Enfermedad de la piel, caracterizada por pústulas que producen un vivo escozor.

**sarpullido** *m.* Urticaria.

**sarraceno, na** *m. y f.* Nombre que daban los cristianos de la Edad Media a los musulmanes de Europa y de África.

**sarro** *m.* Sedimento que dejan en los recipientes algunos líquidos. — Sustancia que se deposita sobre el esmalte de los dientes.

**sarta** *f.* Serie de cosas sujetas una tras otra en un hilo, cuerda, etc. — Sucesión, retahíla.

**sartén** *f.* Utensilio de cocina poco profundo de mango largo.

**sarteneja** *f.* Ecuad. y Méx. Grieta formada por la sequía en un terreno. — Ecuad. y Méx. Huella de ganado.

**sartorio** *m.* Músculo de la parte anterior del muslo.

**sastre, tra** *m. y f.* Artesano que confecciona trajes.

**satanás** *m.* Lucifer.

**satélite** *m.* Cuerpo celeste que gravita alrededor de un planeta. — Satélite artificial, vehículo espacial puesto en órbita alrededor de un planeta.

**satén** *m.* Tejido parecido al raso.

**satinar** *tr.* Dar brillo a una tela, papel, etc.

**sátira** *f.* Obra, discurso, etc., que ridiculiza a alguien o algo.

**sátiro** *m.* En la mitología griega, genio de la naturaleza, medio hombre medio cabra. — Hombre lascivo.

**satisfacer** *tr.* Complacer o aquietar un deseo, apetito, etc. — Pagar, abonar lo que se debe. — Dar solución a una duda. ▸ *intr.* Gustar, agradar.

**satisfecho, cha** *adj.* Contento, complacido. — Que ha calmado alguna necesidad o deseo.

**saturar** *tr. y prnl.* Llenar algo completamente, colmar. ▸ *tr.* Hacer que una solución contenga la mayor cantidad posible de cuerpos disueltos.

**sauce** *m.* Árbol de hojas lanceoladas, que crece junto a los ríos.

**saudí** o **saudita** *adj./m. y f.* De Arabia Saudí.

**sauna** *f.* Baño de vapor. — Local donde se toma.

**saurio** *adj./m.* Relativo a un orden de reptiles de cola larga y cuerpo escamoso, como el lagarto y la iguana.

**savia** *f.* Líquido que circula por los vegetales y los nutre: ~ *bruta;* ~ *alaborada.*

**saxo** *m.* Instrumento musical de viento, de metal y con varias llaves.

**saxofón** o **saxófono** *m.* Saxo.

**saya** *f.* Falda o enagua.

**sayo** *m.* Casaca larga y sin botones. — Fam. Vestido muy ancho y con poca hechura.

**sazón** *f.* Punto, madurez. — Sabor que se da a las comidas. — A la sazón, entonces, en aquel momento.

**sazonar** *tr.* Aderezar.

**se** *pron. pers. masc. y fem. de 3.ª persona sing.* Forma reflexiva que funciona como complemento directo e indirecto: *los dos se aman; el niño se lava las manos.* — Marca la voz pasiva: *se vendieron todos los ejemplares del periódico.* — Marca impersonalidad o indeterminación: *se ruega no fumar.* — Forma del objeto indirecto en combinación con el objeto directo: *se las dio.*

**sebáceo, a** *adj.* Relativo al sebo.

**sebo** *m.* Grasa sólida que se saca de los animales herbívoros.

**sebucán** *m.* Colomb., Cuba y Venez. Talego utilizado para exprimir la yuca rallada y eliminar el zumo venenoso que contiene, a fin de hacer el cazabe.

**secano** *m.* Tierra de cultivo sin riego.

**secante** *adj.* Que seca. ▸ *adj./f.* MAT. Se dice de la línea o superficie que corta a otra.

**secar** *tr. y prnl.* Dejar o quedar seca una cosa.

**sección** *f.* Corte. — Cada una de las partes o divisiones de un todo. — Figura que resultaría si se cortara un cuerpo por un plano.

**seccionar** *tr.* Cortar. — Dividir en secciones.

**secesión** *f.* Acción de separarse de una nación parte de su pueblo o territorio.

**seco, ca** *adj.* Que carece de humedad. — Falto de agua. — Se dice de las plantas sin vida. — Se dice del país o del clima de escasa lluvia. — Flaco. — Que es poco cariñoso, áspero.

**secoya** *f.* Secuoya.

**secreción** *f.* Acción de secretar. — Sustancia segregada.

**secretar** *tr.* Producir las glándulas ciertas sustancias.

**secretario, ria** *m. y f.* Persona encargada de la administración en un organismo, empresa, etc., o al servicio de otra persona.

**secreter** *m.* Mueble con cajones y un tablero para escribir.

**secreto, ta** *adj.* Que solo es conocido por un número limitado de personas. ▸ *m.* Conocimiento que se tiene oculto y solo alguien conoce. — Secreto a voces, secreto que se ha hecho público o que conoce mucha gente.

**secta** *f.* Doctrina religiosa o ideológica que se diferencia e independiza de otra. — Conjunto de seguidores de una doctrina o religión que el hablante considera falsa.

**sectario, ria** *adj./m. y f.* Que profesa y sigue una secta. ▸ *adj.* Fanático.

**sector** *m.* Parte delimitada de un todo. — Parte de una clase o de una colectividad que presenta caracteres peculiares. — MAT. Porción de círculo limitado por dos radios y arco que los une.

**secuaz** *adj./m. y f.* Desp. Que sigue las ideas, opiniones o tendencias de alguien.

**secuela** *f.* Consecuencia o resultado de algo, en especial de una enfermedad.

**secuencia** *f.* Sucesión ordenada. — CINE Y TV. Sucesión de imágenes o escenas que forman un conjunto.

**secuestrar** *tr.* Raptar a una persona o apoderarse violentamente de un vehículo para exigir dinero por su rescate.

**secular** *adj.* Seglar. — Que dura un siglo o más. ▸ *adj./m. y f.* Se dice del clero o sacerdote que no vive en clausura.

**secundar** *tr.* Apoyar, ayudar a alguien en sus propósitos.

**secundario, ria** *adj.* Segundo en orden. — No principal. ▸ *adj./m.* GEOL. Mesozoico.

**secuoya** *f.* Árbol conífero que puede alcanzar los 140 m de altura.

**sed** *f.* Gana y necesidad de beber. — Deseo vehemente.

**seda** *f.* Hebra, fina que segregan las larvas de ciertos insectos. — Hilo formado con esta sustancia. — Tejido fabricado con este hilo. — Como una seda, con mucha facilidad, sin ninguna dificultad u obstáculo.

**sedal** *m.* Hilo de la caña de pescar.

**sedar** *tr.* Apaciguar, sosegar.

**sede** *f.* Domicilio. — Capital de una diócesis.

**sedentario, ria** *adj.* Se dice del oficio o vida de poco movimiento. ▶ *adj./m. y f.* Se dice de las colectividades que permanecen en un lugar fijo.

**sedición** *f.* Levantamiento contra la autoridad.

**sedimento** *m.* Materia que, habiendo estado suspensa en un líquido, se posa en el fondo por su mayor gravedad.

**seducir** *tr.* Persuadir suavemente al mal. — Cautivar el ánimo.

**seductor, ra** *adj.* Que seduce.

**sefardí** *adj./m. y. f.* Se dice del judío oriundo de España y de sus descendientes. ▶ *m.* Dialecto romance hablado por los sefardíes.

**segar** *tr.* Cortar la mies o la hierba. — Cortar, cercenar.

**seglar** *adj./m. y f.* Laico.

**segmento** *m.* Parte cortada de una cosa. — MAT. Porción de recta comprendida entre dos puntos. — ZOOL. Artejo.

**segregar** *tr.* Separar una cosa de otra u otras. — Secretar. — Excluir a un grupo de personas.

**seguidilla** *f.* Estrofa formada por versos de cinco y siete sílabas. ▶ *pl.* Canción y danza popular española.

**seguido, da** *adj.* Continuo, sin interrupción. ▶ *adv.* Amér. Con frecuencia, a menudo.

**seguir** *tr. e intr.* Ir después o detrás de alguien o algo. ▶ *tr.* Proseguir lo empezado. — Tomar un camino o dirección. — Tener como modelo, imitar. — Ser partidario de alguien o algo.

**según** *prep.* Conforme, con arreglo a. ▶ *adv.* Como, con conformidad a: *ocurrió ~ estaba previsto.* — Expresa simultaneidad: *~ hablaba, iba emocionándose.* — Denota eventualidad o contingencia: *no sé si iré, ~.*

**segundero** *m.* Manecilla del reloj que señala los segundos.

**segundilla** *f.* Colomb. Refrigerio.

**segundo, da** *adj./m. y f.* Que corresponde en orden al número dos. ▶ *m.* Cada una de las 60 partes iguales en que se divide un minuto.

**seguridad** *f.* Cualidad de seguro.

**seguro, ra** *adj.* Libre de todo daño, peligro o riesgo. — Que no admite duda. — Firme, estable. ▶ *m.* Contrato por el que se asegura a una persona o cosa de algún riesgo. — Dispositivo para impedir el funcionamiento de una máquina, mecanismo, etc. —Méx. Imperdible.

**seis** *adj./m.* Cinco y uno. ▸ *adj./m. y f.* Sexto.

**seiscientos, tas** *adj./m.* Seis veces ciento. ▸ *adj./m. y f.* Que corresponde en orden al número seiscientos.

**seísmo** *m.* Sismo.

**seláceo, a** *adj./m.* Se dice de ciertos peces marinos de esqueleto cartilaginoso, como el tiburón.

**selección** *f.* Elección de una persona o cosa entre otras. — Conjunto de personas o cosas elegidas.

**selecto, ta** *adj.* Que es lo mejor en su especie.

**selenio** *m.* Elemento químico no metálico, análogo al azufre.

**selenita** *m. y f.* Supuesto habitante de la Luna.

**sellar** *tr.* Imprimir el sello a una cosa. — Cerrar herméticamente.

**sello** *m.* Utensilio que sirve para estampar lo que está grabado en él. — Marca o dibujo que queda estampado con este utensilio. — Trozo pequeño de papel que se usa como señal de pago de algún derecho. — Chile, Colomb. y Perú. Reverso de las monedas.

**selva** *f.* Bosque extenso, inculto y muy poblado de árboles.

**semáforo** *m.* Dispositivo de señalización luminosa para regular la circulación.

**semana** *f.* Período de siete días consecutivos.

**semanario** *m.* Publicación que aparece cada semana.

**semántica** *f.* Parte de la lingüística que estudia el significado de las palabras.

**semántico, ca** *adj.* Relativo al significado.

**semblante** *m.* Cara, rostro. —Apariencia, aspecto.

**semblantear** *tr. e intr.* Argent., Chile, Nicar., Par., Salv. y Urug. Mirar a alguien a la cara para adivinar sus intenciones y pensamientos.

**semblanza** *f.* Breve biografía.

**sembrar** *tr.* Esparcir las semillas en la tierra para que germinen. — Llenar sin orden un lugar con cosas varias.

**semejante** *adj.* Que se parece a otra persona o cosa. — MAT. Se dice de las figuras proporcionales. ▸ *m.* Prójimo.

**semejanza** *f.* Cualidad de semejante.

**semejar** *intr. y prnl.* Parecer o tener semejanza.

**semen** *m.* Esperma.

**semental** *m.* Animal macho que se destina a la reproducción.

**semestre** *m.* Período de seis meses.

**semicírculo** *m.* Cada una de las dos mitades del círculo.

**semicorchea** *f.* MÚS. Figura equivalente a la mitad de la corchea.

**semiconductor** *m.* Sustancia cuya

conductividad eléctrica aumenta con el calor o con la adición de ciertas impurezas.

**semifinal** *f.* Prueba deportiva que precede a la final.

**semifusa** *f.* MÚS. Figura equivalente a la mitad de la fusa.

**semilla** *f.* Parte del fruto que da origen a una nueva planta.

**seminal** *adj.* Relativo al semen. — Relativo a la semilla.

**seminario** *m.* Centro donde se forma a los que aspiran al sacerdocio. — Serie de actividades sobre un tema determinado.

**semiótica** *f.* Ciencia que estudia los signos en la vida social.

**semiplano** *m.* MAT. Porción de plano limitado por una recta.

**semirrecta** *f.* MAT. Cada una de las dos partes determinadas en una recta por un punto.

**semita** *adj./m. y f.* Se dice de los árabes, hebreos y otros pueblos.

**semitono** *m.* MÚS. Mitad del intervalo de un tono.

**sémola** *f.* Pasta de harina reducida a granos muy menudos.

**senado** *m.* Asamblea parlamentaria y edificio donde se reúne.

**senador, ra** *m. y f.* Miembro de un senado.

**sencillo, lla** *adj.* Simple, sin composición. — Sin lujo. — Sin dificultad o complicación. — De carácter natural y espontáneo. ▶ *m.* Amér. Central y Amér. Merid. Dinero suelto.

**senda** *f.* Camino estrecho.

**sendero** *m.* Senda.

**sendos, das** *adj.* Se dice de aquellas cosas de las que corresponde una para cada una de otras personas o cosas.

**senectud** *f.* Vejez.

**senil** *adj.* Relativo a la vejez: *demencia ~*.

**sénior** *adj.* Se aplica a la persona de más edad respecto a otra del mismo nombre. ▶ *adj./m. y f.* DEP. Se dice de la categoría que abarca a los deportistas de más edad.

**seno** *m.* Concavidad o hueco. — Mama de la mujer. — MAT. Perpendicular que va desde uno de los extremos del arco al radio que pasa por la otra extremidad.

**sensación** *f.* Impresión que las cosas producen en los sentidos.

**sensato, ta** *adj.* Que piensa y actúa con buen juicio.

**sensibilidad** *f.* Facultad de sentir. — Cualidad de sensible.

**sensible** *adj.* Que goza de sensibilidad. — Que recibe o capta una impresión externa. — Perceptible por los sentidos.

**sensitivo, va** *adj.* Relativo a los sentidos. — Capaz de sentir.

**sensorial** *adj.* Relativo a los sentidos.

**sensual** *adj.* Sensitivo. — Que despierta el deseo sexual.

**sentador, ra** *adj.* Argent. y Chile. Se dice de la prenda de vestir que sienta bien.

**sentar** *tr. y prnl.* Poner a uno en

un sitio, apoyado sobre las nalgas. ► *tr.* Establecer. ► *intr.* Fam. Caer bien o mal una cosa.

**sentencia** *f.* Dicho breve que contiene un principio moral. — Resolución judicial.

**sentido, da** *adj.* Que contiene sentimiento. ► *m.* Función por la que un organismo recibe información sobre el medio exterior. — Inteligencia. — Significado de las palabras. — Dirección.

**sentimental** *adj.* Relativo al sentimiento. ► *adj./m. y f.* Que denota una sensibilidad algo exagerada.

**sentimiento** *m.* Acción y efecto de sentir. — Estado afectivo del ánimo. — Parte afectiva del ser humano, por oposición a razón.

**sentir** *tr.* Percibir una sensación con los sentidos. — Oír. — Lamentar algún suceso doloroso. ► *prnl.* Hallarse en un estado. — Chile y Méx. Ofenderse.

**sentir** *m.* Sentimiento.

**seña** *f.* Detalle de una cosa, por la que se la distingue. — Gesto o ademán para comunicarse. ► *pl.* Domicilio de una persona.

**señal** *f.* Indicio que indica la existencia de algo. — Signo conocido para advertir, anunciar, indicar, etc.

**señalar** *tr.* Ser señal o indicio de algo. — Hacer o poner señales. —| Llamar la atención con la mano, un gesto, etc.

**señalizar** *tr.* Instalar señales en una carretera, vía férrea, etc.

**señor, ra** *m. y f.* Tratamiento de respeto que se da a los adultos. — Persona adultam. Hombre.

**señoría** *f.* Tratamiento que se da a personas con determinada dignidad.

**señorío** *m.* Dominio sobre algo. — Distinción, elegancia en el comportamiento.

**señorita** *f.* Tratamiento dado a la mujer soltera. — Maestra.

**señorito, ta** *m. y f.* Esp. Nombre que dan los criados al amo.

**señuelo** *m.* Cualquier objeto con que se atrae a las aves.

**sépalo** *m.* BOT. Pieza floral situada debajo de la corola.

**separación** *f.* Acción y efecto de separar. — Interrupción de la vida conyugal sin ruptura del vínculo.

**separar** *tr. y prnl.* Establecer distancia entre cosas que están juntas. ► *prnl.* Realizar la separación conyugal.

**separatismo** *m.* Tendencia a separar un territorio de su estado.

**sepelio** *m.* Acción de inhumar la Iglesia a los fieles.

**sepia** *f.* Molusco de concha interna, parecido al calamar.

**septentrional** *adj.* Del norte.

**septiembre** *m.* Noveno mes del año.

**séptimo, ma** *adj./m. y f.* Que corresponde en orden al número siete. ► *adj./m.* Se dice de cada una de las siete partes iguales en que se divide un todo. — Séptimo arte, el cine.

**septuagenario, ria** *adj./m. y f.* De edad comprendida entre los setenta y los setenta y nueve años.

**septuagésimo, ma** *adj./m. y f.* Que corresponde en orden al número setenta.

**sepulcro** *m.* Obra levantada del suelo, para enterrar un cadáver. — Hueco del altar donde están depositadas las reliquias.

**sepultar** *tr.* Poner en la sepultura a un muerto. — Cubrir.

**sepultura** *f.* Acción y efecto de sepultar. — Hoyo hecho en la tierra para enterrar un cadáver.

**sequedad** *f.* Cualidad de seco.

**sequía** *f.* Tiempo seco de larga duración.

**séquito** *m.* Gente que acompaña a una persona ilustre.

**ser** *intr.* Haber o existir. — Verbo auxiliar que sirve para la conjugación de todos los verbos en la voz pasiva. — Estar en lugar o situación. — Suceder, ocurrir: *el eclipse fue ayer.* — Pertenecer a uno: *esta casa es mía.* — Junto con sustantivos, adjetivos o participios, tener las propiedades, condiciones, etc., que se expresan: *es médico.* — Se utiliza para indicar tiempo: *son las dos.*

**ser** *m.* Principio constitutivo de las cosas. — Ente.

**serafín** *m.* Ángel.

**serbio, bia** *adj./m. y f.* De Serbia.

**serenar** *tr., intr. y prnl.* Situar en estado de calma.

**serenata** *f.* Pequeño concierto nocturno en honor de alguien.

**sereno, na** *adj.* Sin nubes. — Tranquilo. ► *m.* Humedad de la atmósfera durante la noche. — Esp. Vigilante nocturno de las calles.

**serie** *f.* Conjunto de cosas relacionadas, que se suceden.

**serigrafía** *f.* Procedimiento de impresión mediante una pantalla o tamiz metálico fino.

**serio, ria** *adj.* Que no se ríe. — Que obra con reflexión. — Importante.

**sermón** *m.* Discurso religioso pronunciado por un sacerdote.

**seropositivo, va** *adj./m. y f.* Que presenta un diagnóstico positivo, en particular para el virus del sida.

**serpentear** o **serpear** *intr.* Moverse formando ondulaciones.

**serpentina** *f.* Tira de papel enrollada que se lanza en las fiestas. — Piedra de color verdoso.

**serpiente** *f.* Reptil de cuerpo alargado y sin extremidades.

**serrano, na** *adj./m. y f.* De la sierra.

**serrar** *tr.* Cortar con una sierra.

**serrín** *m.* Conjunto de partículas que se desprenden de la madera al serrarla.

**serruchar** *tr.* Argent., Chile, Méx. y P. Rico. Serrar con el serrucho.

**serrucho** *m.* Sierra de mano de hoja ancha. — Chile. Revisor del transporte colectivo.

# servicial

**servicial** *adj.* Que sirve o ayuda con diligencia.

**servicio** *m.* Acción de servir. — Personal de trabajos domésticos. — Estado de alguien o algo que sirve a lo que está obligado. — Retrete. — Organización que sirve a intereses colectivos.

**servidumbre** *f.* Conjunto formado por los sirvientes. — Condición de siervo.

**servil** *adj.* Relativo al siervo. — Que muestra excesiva sumisión.

**servilleta** *f.* Pieza de tela usada en la comida para limpiarse.

**servio, via** *adj./m. y f.* Serbio.

**servir** *tr. e intr.* Trabajar para alguien en tareas domésticas. ▸ *intr.* Ser útil para un fin. ▸ *tr.* Atender a los clientes en un comercio. ▸ *tr. y prnl.* Poner comida o bebida a alguien.

**sesear** *intr.* Pronunciar la z o la c ante e, i, como s.

**sesenta** *adj./m.* Seis veces diez. ▸ *adj./m. y f.* Sexagésimo.

**sesera** *m.* Parte de la cabeza del animal en que están los sesos.

**sesgar** *tr.* Cortar en sesgo.

**sesgo, ga** *adj.* Cortado o colocado oblicuamente. — Al sesgo, en diagonal.

**sesión** *f.* Reunión de una asamblea. — Representación que se realiza ante el público.

**seso** *m.* Masa encefálica. — Sensatez, buen juicio.

**sestear** *intr.* Dormir la siesta.

— Recogerse el ganado a la sombra durante el calor.

**set** *m.* En tenis, ping-pong y balonvolea, parte en que se divide un partido.

**seta** *f.* Hongo con forma de sombrero y sostenido por un pie.

**setecientos, tas** *adj./m.* Siete veces ciento. ▸ *adj./m. y f.* Que corresponde en orden al número setecientos.

**setenta** *adj./m.* Siete veces diez. ▸ *adj./m. y f.* Septuagésimo.

**setiembre** *m.* Septiembre.

**seto** *m.* Cercado hecho con palos o varas entretejidos.

**seudo-** *pref.* Significa 'falso' o 'supuesto'.

**seudónimo** *m.* Nombre que toma una persona para tapar su identidad.

**seudópodo** *m.* BIOL. Prolongación del protoplasma que utilizan para moverse algunos seres unicelulares.

**severo, ra** *adj.* Inflexible en el cumplimiento de la norma. — Serio.

**sevillanas** *f. pl.* Música y danza propios de Sevilla.

**sevillano, na** *adj./m. y f.* De Sevilla (España).

**sexagenario, ria** *adj./m. y f.* De edad comprendida entre los sesenta y los setenta años.

**sexagésimo, ma** *adj./m. y f.* Que corresponde en orden al número sesenta.

**sexismo** *m.* Actitud discriminatoria por razón de sexo.

**sexo** *m.* Constitución orgánica que distingue macho y hembra. — Conjunto de individuos del mismo sexo. — Sexualidad.

**sexología** *f.* Estudio de la sexualidad.

**sexto, ta** *adj./m. y f.* Que corresponde en orden al número seis. ► *adj./m.* Se dice de cada una de las seis partes iguales en que se divide un todo.

**sexuado, da** *adj.* Que posee sexo.

**sexualidad** *f.* Conjunto de caracteres fisiológicos que determinan a cada sexo. — Actividad sexual y su satisfacción.

**shock** *m.* MED. Impresión violenta e imprevista que trastorna.

**show** *m.* Número de un espectáculo de variedades.

**si** *m.* Séptima nota de la escala musical. ► *conj.* Expresa la condición necesaria para que se produzca algo. — Introduce oraciones interrogativas indirectas: *no sé si vendrá.*

**sí** *pron. pers. de 3.ª persona.* Forma reflexiva que funciona como complemento con preposición. ► *adv.* Responde afirmativamente a una pregunta.

**sial** *m.* Capa externa sólida de la corteza terrestre.

**siamés, sa** *adj./m. y f.* Se dice del gemelo unido al otro por alguna parte del cuerpo.

**sibarita** *adj./m. y f.* Aficionado a los placeres refinados.

**siberiano, na** *adj.* De Siberia.

**sibila** *f.* En la antigüedad grecolatina, profetisa.

**sic** *adv.* Palabra latina que indica que una cita es una copia textual o una transcripción aunque parezca incorrecta.

**sicario** *m.* Asesino asalariado.

**sico-** *pref.* Psico-.

**sida** *m.* Enfermedad infecciosa producida por un virus que hace disminuir las defensas del organismo.

**sidecar** *m.* Vehículo de una sola rueda y provisto de un asiento, que se acopla lateralmente a las motocicletas.

**sideral** *adj.* Relativo a los astros: *polvo ~.*

**siderurgia** *f.* Metalurgia del hierro.

**sidra** *f.* Bebida alcohólica que se obtiene del zumo de manzana.

**siega** *f.* Acción, efecto y tiempo de segar.

**siembra** *f.* Acción, efecto y época de sembrar.

**siempre** *adv.* En todo tiempo. — Que ocurre cuando se da una situación determinada.

**sien** *f.* Parte lateral de la cabeza entre la frente y la mejilla.

**sierpe** *f.* Serpiente.

**sierra** *f.* Herramienta formada por una hoja de acero con el borde dentado que sirve para cortar. — Cordillera de montes.

**siervo, va** *m. y f.* Esclavo.

**siesta** *f.* Sueño que se echa después de comer.

**siete** *adj./m.* Seis y uno. ▸ *adj./m. y f.* Séptimo.

**sietecolores** *m.* Argent., Chile, Ecuad. y Perú. Pájaro pequeño con plumaje de colores.

**sietemesino, na** *adj./m. y f.* Nacido a los siete meses de embarazo.

**sífilis** *f.* Enfermedad venérea infecciosa

**sifón** *m.* Tubo encorvado para trasvasar líquidos. — Tubo usado para obstruir la salida de gases en ciertas cañerías. — Botella con agua carbónica provista de un tubo acodado con llave.

**sifonero** *m.* Argent. Persona que reparte soda.

**sigilo** *m.* Secreto que se guarda. — Silencio o disimulo.

**sigla** *f.* Letra inicial que se usa como abreviatura. — Denominación que se forma con varias de estas letras.

**siglo** *m.* Espacio de cien años.

**signar** *tr.* Firmar. ▸ *tr. y prnl.* Hacer la señal de la cruz.

**signatura** *f.* Acción de firmar. — Señal de un libro que indica su colocación en una biblioteca.

**significación** *f.* Acción y efecto de significar. — Importancia.

**significado, da** *adj.* Conocido, importante. ▸ *m.* Idea que expresa una palabra, símbolo, etc. — LING. Concepto representado por el significante.

**significante** *m.* LING. Imagen acústica del signo lingüístico.

**significar** *tr.* Ser una cosa signo o representación de otra. ▸ *intr.* Tener importancia.

**signo** *m.* Cosa que evoca o representa la idea de otra. — Carácter usado en la escritura o imprenta. — MAT. Símbolo que representa una operación o caracteriza a una magnitud.

**siguiente** *adj.* Que sigue. — Ulterior, posterior.

**sílaba** *f.* Fonema o conjunto de fonemas que se pronuncian con una sola emisión de voz.

**silba** *f.* Acción de silbar en señal de desaprobación.

**silbar** *tr. e intr.* Dar o producir silbidos. ▸ *intr.* Producir el aire un sonido muy agudo.

**silbatina** *f.* Argent., Chile, Ecuad. y Perú. Silba.

**silbato** *m.* Instrumento que produce un silbido al soplar por él.

**silbido** o **silbo** *m.* Sonido agudo que hace el aire o se produce con la boca o las manos. — Voz aguda de algunos animales.

**silencio** *m.* Ausencia de todo ruido. — Hecho de estar callado.

**sílex** *m.* Piedra silícea muy dura.

**silgado, da** *adj.* Ecuad. Enjuto, delgado.

**silicato** *m.* Sal del ácido silícico.

**sílice** *f.* Óxido no metálico de silicio.

**silícico, ca** *adj.* Relativo a la sílice. — Se dice del ácido de color blanco compuesto de silicio, oxígeno e hidrógeno.

**silicio** *m.* Elemento químico no

metálico que se obtiene del cuarzo.

**silicona** *f.* Compuesto sintético formado por silicio y oxígeno.

**silla** *f.* Asiento individual con respaldo y patas. — Aparejo para montar a caballo.

**sillón** *m.* Asiento de brazos, generalmente mullido y amplio.

**silo** *m.* Fosa o cavidad subterránea para guardar grano. — Chile. Pasto prensado que se guarda para alimento del ganado.

**silogismo** *m.* Razonamiento que contiene tres proposiciones.

**silueta** *f.* Dibujo del contorno de algo.

**silúrico, ca** *adj./m.* GEOL. Se dice del tercer período del paleozoico.

**silvestre** *adj.* Que crece o se cría espontáneamente, sin cultivo.

**sima** *f.* Hendidura natural profunda en una región calcárea.

**simbiosis** *f.* Asociación de organismos de distinta especie.

**símbolo** *m.* Signo que representa algo abstracto o convencional.

**simetría** *f.* Repetición de las partes de un cuerpo respecto a una línea o plano.

**simiente** *f.* Semilla.

**símil** *m.* Comparación, ejemplo.

**similar** *adj.* Semejante.

**simio, mia** *adj./m.* Relativo a un suborden de primates, de rostro desnudo y manos y pies prensiles.

**simpatía** *f.* Modo de ser de una persona que la hace agradable.

**simpático, ca** *adj.* Que inspira simpatía. ▶ *adj./m.* ANAT. Se dice de una de las dos partes del sistema nervioso vegetativo.

**simple** *adj.* No compuesto de partes. — Poco complicado.

**simplificar** *tr.* Hacer más sencillo o más fácil.

**simposio** o **simpósium** *m.* Reunión, congreso científico.

**simulacro** *m.* Acción por la que se finge realizar una cosa.

**simular** *tr.* Hacer aparecer como real algo que no lo es.

**simultáneo, a** *adj.* Que ocurre al mismo tiempo que otra cosa.

**sin** *prep.* Denota privación o carencia. — Además de.

**sinagoga** *f.* Casa de oración de las comunidades judías.

**sinalefa** *f.* Pronunciación en una sola sílaba de la vocal final de una palabra y la vocal inicial de la siguiente.

**sincero, ra** *adj.* Que se expresa como piensa o siente.

**síncopa** *f.* LING. Supresión de un fonema o grupo de fonemas en el interior de una palabra.

**síncope** *m.* Suspensión repentina de la actividad cardíaca y respiratoria con pérdida del conocimiento.

**sincronía** *f.* Circunstancia de coincidir hechos en el tiempo.

**sindicalismo** *m.* Sistema de organización obrera por sindicatos.

**sindicato** *m.* Agrupación de trabajadores formada para la defensa de intereses profesionales comunes.

**síndico** *m.* Persona que liquida al deudor en una quiebra. — Persona elegida por una corporación para cuidar de sus intereses.

**síndrome** *m.* Conjunto de síntomas de una enfermedad.

**sinécdoque** *f.* Tropo de dicción en que se emplea una palabra en lugar de otra alterando su significado.

**sinfín** *m.* Infinidad, sinnúmero.

**sinfonía** *f.* Conjunto de voces o instrumentos que suenan a la vez. — Composición instrumental para orquesta.

**singladura** *f.* Distancia recorrida por una nave en un día entero.

**singular** *adj.* Único, solo. — Extraordinario, raro. ▶ *adj./m.* LING. Se dice del número que señala una sola persona o cosa.

**siniestro, tra** *adj.* Izquierdo. — Perverso. — Infausto, funesto. ▶ *m.* Suceso catastrófico con pérdidas materiales y humanas.

**sinnúmero** *m.* Número incalculable.

**sino** *m.* Destino, hado. ▶ *conj.* Contrapone a un concepto negativo otro afirmativo.

**sínodo** *m.* Concilio. — Junta de eclesiásticos.

**sinónimo, ma** *adj./m.* Se dice de las palabras que tienen un significado igual o muy próximo.

**sinopsis** *f.* Resumen esquemático de una materia o ciencia.

**sinovia** *f.* ANAT. Líquido viscoso que lubrica las articulaciones.

**sinrazón** *f.* Acción injusta cometida con abuso de poder.

**sinsabor** *m.* Disgusto, pesar.

**sintagma** *m.* LING. Unidad sintáctica elemental de una frase.

**sintaxis** *f.* Parte de la gramática que estudia la estructura de la oración.

**síntesis** *f.* Resumen, compendio. — BIOL. Proceso por el que se producen materias complejas a partir de moléculas simples.

**sintético, ca** *adj.* Relativo a la síntesis. — Que resume.

**síntoma** *m.* Fenómeno que revela un trastorno o una lesión.

**sintonía** *f.* Estado en que el aparato receptor se halla adaptado a la misma longitud de onda que el emisor. — Hecho de adaptarse una cosa al entorno.

**sintonizar** *tr.* Hacer coincidir la frecuencia de un aparato receptor con la de la estación emisora. ▶ *intr.* Adaptarse a las características del entorno.

**sinuoso, sa** *adj.* Con ondulaciones o recodos.

**sinusitis** *f.* Inflamación de los senos de la cara.

**sinusoide** *f.* MAT. Curva plana que representa las variaciones del seno cuando el arco varía.

**sinvergüenza** *adj./m. y f.* Que actúa en provecho propio.

**sionismo** *m.* Movimiento político que defiende la formación de una nación independiente judía en Palestina.

**siqu-** *pref.* Psico-.

**siquiera** *conj.* Equivale a aunque. ► *adv.* Por lo menos, tan solo.

**sirena** *f.* Ninfa marina con cuerpo de ave o pez y busto de mujer. — Alarma que se usa en ambulancias, fábricas, etc., para avisar.

**sirio, ria** *adj./m. y f.* De Siria.

**siripita** *f.* Bol. Grillo. — Bol. Persona entrometida y pequeña.

**siroco** *m.* Viento seco y cálido que sopla desde el Sahara.

**sirope** *m.* Jarabe de azúcar para endulzar los postres.

**sirviente, ta** *m. y f.* Persona dedicada al servicio doméstico.

**sisa** *f.* Parte que se hurta de lo que se maneja por cuenta de otro. — Corte en una prenda de vestir para que ajuste al cuerpo.

**sisear** *intr. y tr.* Emitir el sonido de s y ch, para llamar a alguien.

**sismo** *m.* Temblor que se produce en la superficie terrestre.

**sismógrafo** *m.* Aparato que registra la amplitud de los sismos.

**sismología** *f.* Ciencia y tratado de los sismos.

**sistema** *m.* Conjunto de elementos relacionados entre sí con un mismo propósito. — Conjunto de diversos órganos de idéntica naturaleza. — Medio empleado para realizar algo.

**sistemático, ca** *adj.* Relativo a un sistema o que se ajusta a él. — Metódico.

**sístole** *f.* Movimiento de contracción del corazón y las arterias.

**sitial** *m.* Asiento de ceremonia.

**sitiar** *tr.* Cercar una plaza o fortaleza. — Acosar.

**sitio** *m.* Porción del espacio que es o puede ser ocupada. — Acción y efecto de sitiar.

**sito, ta** *adj.* Se dice de un edificio, local, etc. que está situado o localizado en el lugar que se especifica.

**situación** *f.* Disposición de una cosa respecto al lugar que ocupa. — Estado o condición de una persona o de una cosa.

**situar** *tr. y prnl.* Poner en determinado lugar o situación. ► *prnl.* Conseguir una buena posición económica o social.

**sketch** *m.* Escena de teatro, cine o televisión, breve y de carácter cómico.

**ski** *m.* Esquí.

**slálom** *m.* Eslalon.

**slip** *m.* Calzoncillo corto y ajustado.

**slogan** *m.* Eslogan.

**smoking** *m.* Esmoquin.

**snob** *adj./m. y f.* Esnob.

**so** *prep.* Bajo, debajo de.

**¡so!** *interj.* Se usa para hacer que se paren las caballerías.

**sobaco** *m.* Concavidad que forma el brazo con el cuerpo.

**sobado, da** *adj.* Manido, ajado.

**sobajar** *tr.* Méx. Humillar, rebajar.

**sobandero** *m.* Colomb. Persona que se dedica a arreglar los huesos dislocados.

**sobar** *tr.* Tocar y oprimir una cosa repetidamente. — Manosear. — Amér. Central y Amér. Merid. Curar una dislocación ósea. — Argent. Dar masajes.

**soberado** *m.* Chile y Colomb. Desván.

**soberano, na** *adj.* Excelente. ► *adj./m. y f.* Que ejerce la autoridad suprema. ► *m. y f.* Rey o príncipe gobernante de un país.

**soberbia** *f.* Estimación de uno mismo en menosprecio de los demás.

**sobornar** *tr.* Dar dinero a alguien para que haga algo ilícito.

**sobra** *f.* Exceso. ► *pl.* Parte que queda de alguna cosa.

**sobrado, da** *adj.* Abundante. — Chile. Enorme, colosal. — Chile. Fam. Que excede de cierto límite. — Chile y Colomb. Desp. Arrogante.

**sobrar** *intr.* Haber más de lo necesario de algo. — Estorbar. — Restar, quedar algo de una cosa. ► *tr.* Argent. Tratar a los demás con superioridad.

**sobrasada** *f.* Embutido de carne de cerdo.

**sobre** *m.* Bolsa de papel para contener cartas. ► *prep.* Encima de. — Acerca de. — Además de. — Con superioridad. — Expresa aproximación en una canti-

dad o número: *valdrá ~ los tres millones.* — A o hacia.

**sobrecarga** *f.* Exceso de carga.

**sobrecargo** *m.* Miembro de la tripulación de un avión o barco encargado de la carga o pasaje.

**sobrecoger** *tr.* Sorprender. ► *tr. y prnl.* Asustar, espantar.

**sobredosis** *f.* Dosis excesiva de medicamento o drogas.

**sobreentender** *tr. y prnl.* Sobrentender.

**sobreesdrújulo, la** *adj./f.* Sobresdrújulo.

**sobregirar** *tr.* Sobrepasar el límite de crédito autorizado o los fondos de una cuenta bancaria.

**sobrellevar** *tr.* Aguantar con dificultad, soportar.

**sobremanera** *adv.* Muy o mucho más de lo normal.

**sobremesa** *f.* Tiempo que se está en la mesa, después de comer.

**sobrenatural** *adj.* Que excede a las leyes de la naturaleza.

**sobrenombre** *m.* Apodo o nombre usado para distinguir especialmente a una persona.

**sobrentender** *tr. y prnl.* Entender algo que no está expreso.

**sobrepasar** *tr.* Aventajar, exceder en algo.

**sobreponerse** *prnl.* No dejarse abatir por las adversidades.

**sobresaliente** *m.* Máxima calificación posible en un examen.

**sobresalir** *intr.* Exceder en figura, tamaño, cualidades, etc.

**sobresalto** *m.* Sorpresa o alteración por un suceso repentino.

**sobresdrújulo, la** *adj./f.* LING. Se dice de la palabra acentuada en una de las sílabas anteriores a la antepenúltima.

**sobreseer** *tr. e intr.* DER. Suspender la tramitación de una causa.

**sobrestimar** *tr.* Estimar algo o a alguien por encima de su valor.

**sobretodo** *m.* Prenda de vestir larga que se pone sobre el traje.

**sobrevenir** *intr.* Suceder una cosa repentinamente.

**sobrevivir** *intr.* Vivir después de un determinado suceso.

**sobrevolar** *tr.* Volar sobre un lugar, ciudad, etc.

**sobrino, na** *m. y f.* Con respecto a una persona, hijo o hija de un hermano o hermana y también hijo de un primo o prima.

**sobrio, bria** *adj.* No exagerado. — Que no está borracho.

**socarrar** *tr. y prnl.* Quemar o tostar superficialmente.

**socarrón, na** *adj./m. y f.* Que se burla con palabras serias.

**socavar** *tr.* Excavar por debajo de algo.

**socavón** *m.* Cueva excavada en la ladera de un monte. — Hundimiento que se produce en el suelo.

**soche** *m.* Colomb. y Ecuad. Mamífero similar al ciervo.

**sociable** *adj.* Que es fácil de trato.

**social** *adj.* Que concierne a la sociedad o a las clases sociales. — Relativo a una sociedad comercial.

**socialismo** *m.* Doctrina política y económica que propugna la propiedad pública de los medios de producción.

**socializar** *tr.* Transferir al estado las propiedades particulares.

**sociedad** *f.* Reunión permanente de personas, pueblos o naciones que conviven bajo unas leyes comunes. — Agrupación de individuos para cumplir un fin.

**socio, cia** *m. y f.* Persona asociada con otra u otras para algún fin. — Miembro de una sociedad o asociación.

**sociología** *f.* Disciplina que estudia las sociedades humanas.

**socolar** *tr.* Colomb., Ecuad., Hond. y Nicar. Limpiar de maleza un terreno.

**socorrer** *tr.* Ayudar en una necesidad o peligro.

**socorrismo** *m.* Conjunto de primeros auxilios para la ayuda inmediata en un accidente.

**soda** *f.* Agua efervescente que contiene ácido carbónico.

**sodio** *m.* Metal alcalino, blando y muy ligero, de color plateado.

**sodomía** *f.* Coito anal.

**soez** *adj.* Grosero, de mal gusto.

**sofá** *m.* Asiento con respaldo y brazos para varias personas.

**sofisma** *m.* Razonamiento que hace pasar lo falso por verdadero.

**sofisticar** *tr.* Falsificar, adulterar. — Dar exceso de artificio.

**sofocar** *tr.* Extinguir algo. ► *tr. y prnl.* Abochornar, sonrojar.

**sofoco** *m.* Acción y efecto de sofocar. — Sensación de calor.

**sofreír** *tr.* Freír ligeramente.

**sofrología** *f.* Técnica de relajamiento fundada en la hipnosis.

**soga** *f.* Cuerda gruesa de esparto.

**soja** *f.* Planta de cuyas semillas se obtiene aceite y harina.

**sojuzgar** *tr.* Someter, dominar o mandar con violencia.

**sol** *m.* Quinta nota de la escala musical. — Estrella luminosa, centro de nuestro sistema planetario. — Estrella fija.

**solamente** *adv.* Nada más, con exclusión de: *~ tengo cincuenta céntimos.*

**solana** *f.* Lugar donde da el sol de lleno.

**solanáceo, a** *adj./f.* Relativo a la planta dicotiledónea de flores acampanadas y fruto en cápsula.

**solano** *m.* Viento del este.

**solapa** *f.* Doblez que tienen las prendas de vestir en el pecho.

**solapar** *tr.* Poner dos cosas de modo que una cubra parcialmente a la otra. — Disimular. ► *intr.* Cubrirse parcialmente dos cosas.

**solar** *adj.* Relativo al Sol y a la energía que proporciona: *placa ~.* ► *adj./m.* Se dice de la casa más antigua y noble de una familia. ► *m.* Linaje noble. — Terreno en que está construido un edificio. — Cuba. Casa de vecindad, inquilinato.

**solariego, ga** *adj./m. y f.* De linaje antiguo y noble.

**solárium** o **solario** *m.* Lugar preparado para tomar el sol.

**solaz** *m.* Esparcimiento y recreo del cuerpo o del espíritu.

**soldada** *f.* Sueldo de un soldado o marinero.

**soldado** *m.* Militar sin graduación.

**soldar** *tr.* Unir sólidamente entre sí dos cosas.

**soledad** *f.* Falta de compañía. — Lugar solitario.

**solemne** *adj.* Que se celebra con mucho ceremonial. — Pomposo.

**soler** *intr.* Hacer ordinariamente u ocurrir con frecuencia.

**solera** *f.* Cualidad que da carácter especial a alguien o algo. — Argent. y Chile. Prenda femenina de vestir a modo de vestido ligero e informal. — Chile. Faja de piedra que forma el borde de las aceras. — Méx. Baldosa, ladrillo.

**solfa** *f.* Arte de solfear. — Conjunto de signos con que se escribe la música.

**solfear** *tr.* Cantar una pieza pronunciando el nombre de las notas.

**solicitar** *tr.* Pedir, pretender. — Tratar de enamorar a alguien.

**solícito, ta** *adj.* Diligente, afanoso por servir o ser agradable.

**solicitud** *f.* Cualidad de solícito.

— Acción y efecto de solicitar.

— Documento formal con que se solicita algo.

**solidaridad** *f.* Comunidad de intereses y responsabilidades. — Adhesión circunstancial a la causa de otros.

**solidificar** *tr. y prnl.* Hacer que un fluido pase a estado sólido.

**sólido, da** *adj.* Firme, macizo. — Con un fundamento real. ▶ *m.* Cuerpo con forma propia, que opone resistencia a ser dividido.

**soliloquio** *m.* Discurso de una persona consigo misma.

**solista** *m. y f.* Músico o cantante que interpreta un solo.

**solitaria** *f.* Tenia, gusano parásito que habita en el intestino del ser humano y otros animales.

**solitario, ria** *adj.* Solo, sin compañía. — No habitado. ▶ *adj./m. y f.* Que ama la soledad. ▶ *m.* Diamante grueso engastado en una joya.

**soliviantar** *tr. y prnl.* Inducir a rebelarse. — Alterar el ánimo.

**sollozar** *intr.* Llorar convulsivamente.

**solo, la** *adj.* Sin compañía. — Único en su especie. ▶ *m.* Composición que canta o toca una persona sola. — Café sin leche.

**solo** o **sólo** *adv.* Solamente, con exclusión de: ~ *faltan dos días.*

**solomillo** *m.* Capa muscular entre las costillas y el lomo.

**solsticio** *m.* ASTRON. Punto de la eclíptica más alejado del ecuador. — ASTRON. Época del año en que el Sol alcanza este punto.

**soltar** *tr. y prnl.* Desasir. — Dar salida o libertad. ▶ *prnl.* Perder la contención.

**soltero, ra** *adj./m. y f.* Que no ha contraído matrimonio.

**soltura** *f.* Desenvoltura con que se hace una cosa.

**soluble** *adj.* Que se puede disolver. — Que se puede resolver.

**solución** *f.* Acción y efecto de disolver. — Acción y efecto de solucionar. — Modo de resolver una dificultad.

**solucionar** *tr.* Resolver un asunto o hallar una solución.

**soluto** *m.* QUÍM. Sustancia en disolución.

**solventar** *tr.* Dar solución a una dificultad. — Pagar una deuda.

**solvente** *adj.* Que puede pagar sus deudas.

**soma** *f.* BIOL. Conjunto de células no reproductoras.

**somático, ca** *adj.* Que concierne al cuerpo de un ser animado.

**sombra** *f.* Falta de luz. — Imagen oscura que proyecta un cuerpo al interceptar la luz.

**sombrear** *tr.* Dar o producir sombra.

**sombrero** *m.* Prenda para cubrir la cabeza, con copa y ala.

**sombrilla** *f.* Utensilio con forma de paraguas, usado para protegerse del sol.

**sombrío, a** *adj.* Casi siempre con sombra. — Triste, tétrico.

**somero, ra** *adj.* Superficial.

**someter** *tr. y prnl.* Poner algo o alguien bajo la autoridad de otro. ► *tr.* Exponer algo a la consideración de otros.

**somier** *m.* Armazón de la cama sobre el que se coloca el colchón.

**somnífero, ra** *adj./m.* Que produce sueño.

**somnolencia** *f.* Ganas de dormir.

**son** *m.* Sonido agradable. — Estilo, modo de hacer una cosa.

**sonaja** *f.* Par de chapas de metal que suenan al agitarlas.

**sonajero** *m.* Juguete consistente en un mango con sonajas.

**sonambulismo** *m.* Sueño anormal en que la persona camina dormida.

**sonámbulo, la** *adj./m. y f.* Que padece sonambulismo.

**sonar** *intr.* Producir un sonido. ► *tr.* Hacer que algo produzca un sonido. ► *tr. y prnl.* Limpiar la nariz de mocos.

**sonata** *f.* Composición musical formada por trozos diferentes.

**sonda** *f.* Acción y efecto de sondar. — Instrumento usado para la exploración de zonas inaccesibles. — MED. Instrumento alargado y fino que se introduce en el cuerpo con fines terapéuticos.

**sondar** *tr.* Examinar con una sonda zonas inaccesibles. — MED. Introducir la sonda en una parte del cuerpo.

**sondear** *tr.* Sondar zonas inaccesibles. — Averiguar algo con discreción.

**sondeo** *m.* Acción y efecto de sondar o sondear. — Encuesta.

**soneto** *m.* Composición poética de catorce versos, que se distribuyen en dos cuartetos y dos tercetos.

**sonido** *m.* Efecto de las vibraciones de los cuerpos, percibido por el oído. — LING. Pronunciación de cada letra.

**sonorizar** *tr.* Convertir en sonoro. — Instalar en un lugar equipos de sonido.

**sonoro, ra** *adj.* Que suena o puede sonar. — Relativo al sonido. ► *adj./f.* LING. Se dice del sonido o letra que se articula con vibración de las cuerdas vocales.

**sonreír** *intr. y prnl.* Reír levemente, sin emitir sonido.

**sonrisa** *f.* Gesto de sonreír.

**sonrojar** *tr. y prnl.* Causar rubor o vergüenza.

**sonrosado, da** *adj.* De color rosado.

**sonsacar** *tr.* Lograr algo con maña y disimulo.

**sonsonete** *m.* Sonido repetido y monótono.

**soñar** *tr. e intr.* Representarse en la imaginación cosas durante el sueño. — Imaginar como verdad cosas que no lo son.

**sopa** *f.* Caldo con fideos, arroz, verduras, etc.

**sopapo** *m.* Golpe dado con la mano debajo de la barbilla.

585

# sortilegio

**sopesar** *tr.* Levantar una cosa para tantear su peso. — Considerar las ventajas o inconvenientes de una cosa.

**sopetón** *m.* Golpe fuerte dado con la mano. — De ~, de repente.

**soplar** *intr.* y *tr.* Despedir aire con violencia por la boca. ▸ *intr.* Moverse el viento.

**soplete** *m.* Aparato que produce una llama, usado para soldar.

**soplido** *m.* Soplo brusco.

**soplo** *m.* Acción y efecto de soplar. — Instante breve de tiempo. — MED. Sonido anormal percibido por auscultación de un órgano.

**soponcio** *m.* Fam. Desmayo.

**sopor** *m.* Estado de sueño profundo patológico. — Somnolencia.

**soporífero, ra** *adj./m.* Que mueve o inclina al sueño.

**soportal** *m.* Espacio cubierto en la entrada de una casa.

**soportar** *tr.* Sostener una carga o peso. — Aguantar, tolerar.

**soporte** *m.* Apoyo, sostén.

**soprano** *m.* MÚS. Voz más aguda, propia de mujer o de niño.

**soquete** *m.* Argent., Chile, Par. y Urug. Calcetín corto.

**sor** *f.* Tratamiento que se da a algunas religiosas.

**sorber** *tr.* Beber algo aspirando. — Empapar, absorber.

**sorbete** *m.* Refresco helado, de consistencia pastosa. — Amér. Central y Amér. Merid. Tubo fino para sorber líquidos.

**sorbo** *m.* Acción de sorber. — Cantidad que se sorbe de una vez.

**sórdido, da** *adj.* Sucio, pobre y miserable. — Avaro, mezquino.

**sordina** *f.* Pieza colocada en un instrumento musical para disminuir su sonoridad.

**sordo, da** *adj./m. y f.* Privado del sentido del oído. ▸ *adj./f.* LING. Se dice del sonido o letra que se articula sin vibración de las cuerdas vocales.

**sordomudo, da** *adj./m. y f.* Que es sordo y mudo.

**sorna** *f.* Burla o disimulo con que se hace o dice algo.

**soroche** *m.* Amér. Merid. Dificultad para respirar que se siente en ciertos lugares elevados.

**sorprender** *tr.* y *prnl.* Causar algo impresión o extrañeza. ▸ *tr.* Pillar desprevenido a alguien. — Descubrir lo que alguien oculta.

**sorpresa** *f.* Acción y efecto de sorprender. — Cosa que sorprende.

**sorpresivo, va** *adj.* Amér. Que sorprende o produce sorpresa.

**sortear** *tr.* Someter algo a la decisión de la suerte. — Esquivar.

**sorteo** *m.* Acción y efecto de sortear. — Operación de sortear los premios de la lotería y los mozos en las quintas.

**sortija** *f.* Anillo, aro.

**sortilegio** *m.* Acción realizada por arte de magia o superstición.

**sosegar** *tr. y prnl.* Tranquilizar, apaciguar, reposar.

**sosiego** *m.* Tranquilidad, reposo, serenidad.

**soslayar** *tr.* Eludir una dificultad.

**soslayo.** Palabra que se utiliza en la expresión de soslayo, que significa 'de costado'.

**sosa** *f.* Carbonato de sodio.

**soso, sa** *adj.* Falto de sal o sabor. ▸ *adj./m. y f.* Sin gracia.

**sospechar** *tr.* Creer por indicios o conjeturas. ▸ *intr.* Recelar.

**sostén** *m.* Acción de sostener: *el ~ de la familia.* — Prenda interior femenina que se usa para sujetar el pecho.

**sostener** *tr. y prnl.* Sujetar a alguien o algo para impedir que caiga. — Defender con firmeza. — Mantener económicamente.

**sostenido, da** *adj.* MÚS. Se dice de la nota musical cuya entonación es un semitono más alta que la de su sonido natural.

**sota** *f.* Décima carta de cada palo de la baraja española.

**sotana** *f.* Traje talar que llevan los eclesiásticos.

**sótano** *m.* Piso o pieza situada bajo el nivel de la calle.

**sotavento** *m.* MAR. Costado de la nave opuesto al barlovento.

**soterrar** *tr.* Enterrar. — Esconder.

**soto** *m.* Lugar poblado de árboles a orillas de un río.

**soviético, ca** *adj./m. y f.* De la antigua Unión Soviética.

**soya** *f.* Soja.

**spot** *m.* Espacio publicitario de televisión.

**spray** *m.* Envase de un líquido mezclado con un gas a presión.

**sprint** *m.* DEP. Esfuerzo máximo de un corredor.

**stand** *m.* Caseta reservada a los participantes en una exposición.

**standard** *adj./m.* Estándar.

**statu quo** *m.* Estado actual de las cosas.

**status** *m.* Posición social.

**stock** *m.* Provisión de un producto o material.

**stop** *m.* Señal de tráfico que indica la detención del vehículo.

**su** *adj. pos.* Apóc. de suyo, cuando va antepuesto al nombre.

**suave** *adj.* Liso y blando al tacto. — Tranquilo: *temperamento ~.*

**suavizar** *tr. y prnl.* Hacer suave.

**subalterno, na** *adj./m. y f.* Inferior, subordinado. — Que realiza trabajos que no requieren conocimientos técnicos.

**subarrendar** *tr.* Dar o tomar en arrendamiento una cosa del que ya la tiene arrendada.

**subasta** *f.* Forma de venta en que se adjudica una cosa al que más dinero ofrece por ella.

**subcampeón, na** *m. y f./adj.* Deportista que obtiene el segundo puesto en una competición.

**subclase** *f.* BIOL. Categoría de clasificación de animales o plantas entre la clase y el orden.

**subclavia, vio** *adj.* Que está situado debajo de la clavícula: *venas subclavias.*

**subconjunto** *m.* MAT. Conjunto cuyos elementos pertenecen a otro.

**subconsciencia** *f.* Estado de la conciencia en que el sujeto no percibe ciertas percepciones.

**subconsciente** *adj.* Relativo a la subconsciencia. ▸ *m.* Conjunto de contenidos psíquicos no presentes en la conciencia.

**subdelegar** *tr.* Ceder un delegado sus funciones a alguien.

**subdesarrollo** *m.* Falta o insuficiencia de desarrollo. — Situación de atraso y pobreza enque viven algunas zonas del mundo.

**subdirector, ra** *m. y f.* Persona que sustituye al director.

**súbdito, ta** *adj./m. y f.* Sujeto a la autoridad de un superior. ▸ *m. y f.* Ciudadano de un país.

**subdividir** *tr. y prnl.* Dividir lo ya dividido.

**subestimar** *tr. y prnl.* Estimar en menos el valor de algo.

**subíndice** *m.* Pequeño número o letra situado en la parte inferior de un signo matemático, una palabra, etc.

**subir** *intr.* Ir desde un lugar a otro más alto. — Crecer la altura, el volumen o el precio de algo. ▸ *tr.* Recorrer un espacio hacia arriba. — Hacer más alto.

**súbito, ta** *adj.* Repentino.

**subjetivo, va** *adj.* Relativo a la propia forma de pensar o sentir.

**subjuntivo, va** *adj./m.* LING. Se dice del modo verbal que expresa duda, posibilidad, etc.

**sublevar** *tr. y prnl.* Hacer que una persona se resista a obedecer a una autoridad. — Irritar o enfadar mucho.

**sublimar** *tr. y prnl* Engrandecer, exaltar. — QUÍM. Hacer que un cuerpo pase directamente del estado sólido al gaseoso.

**sublime** *adj.* Excelente.

**subliminal** *adj.* Se dice de la percepción no consciente.

**submarinismo** *m.* Conjunto de técnicas desarrolladas bajo el agua.

**submarino, na** *adj.* Que está o se realiza bajo la superficie del mar. ▸ *m.* Barco capacitado para navegar bajo el agua.

**submúltiplo, pla** *adj./m.* MAT. Se dice del número o cantidad contenido en otro un número exacto de veces.

**suborden** *m.* BIOL. Subdivisión de un orden.

**subordinado, da** *adj./m. y f.* Bajo la dependencia de alguien. ▸ *adj./f.* LING. Se dice de la oración que depende de otra.

**subordinar** *tr. y prnl.* Someter, sujetar. — LING. Hacer dependiente una proposición con respecto a otra.

**subrayar** *tr.* Señalar por debajo con una raya en lo escrito. — Recalcar, destacar.

**subreino** *m.* BIOL. Cada uno de los grupos en que se dividen los reinos animal y vegetal.

**subrepticio, cia** *adj.* Que se hace ocultamente.

**subsanar** *tr.* Resolver una dificultad. — Resarcir un daño.

**subscribir** *tr. y prnl.* Suscribir.

**subsecretario, ria** *m. y f.* Persona que sustituye al secretario. — En España, secretario general de un ministerio.

**subsidio** *m.* Ayuda económica de carácter oficial.

**subsiguiente** *adj.* Que sigue inmediatamente a lo que se expresa.

**subsistir** *intr.* Durar, conservarse. — Vivir.

**substancia** *f.* Sustancia.

**substancial** *adj.* Sustancial.

**substantivo** *m.* Sustantivo.

**substituir** *tr.* Sustituir.

**substracción** *f.* Sustracción.

**substraendo** *m.* Sustraendo.

**substraer** *tr.* Sustraer.

**substrato** *m.* Sustrato.

**subsuelo** *m.* Terreno que está debajo de una capa de tierra.

**subte** *m.* Argent. Ferrocarril metropolitano, metro.

**subterfugio** *m.* Evasiva, pretexto.

**subterráneo, a** *adj.* Que está debajo de tierra.

**subtipo** *m.* Subdivisión de un tipo.

**subtítulo** *m.* CINE Y TV. Texto que traduce los diálogos de películas en versión original.

**suburbano, na** *adj.* Que está muy próximo a la ciudad.

**suburbio** *m.* Barrio situado en los alrededores de una ciudad.

**subvención** *f.* Ayuda económica otorgada por un organismo oficial.

**subversivo, va** *adj.* Que intenta alterar el orden social.

**subyacer** *intr.* Existir algo debajo de una cosa o como trasfondo.

**subyugar** *tr. y prnl.* Someter, dominar.

**succionar** *tr.* Chupar, sorber. — Absorber.

**sucedáneo** *m.* Sustancia que puede remplazar a otra.

**suceder** *intr.* Producirse un hecho o suceso. — Ir alguien o algo después de otra persona o cosa. ▶ *tr.* Heredar a alguien.

**sucesión** *f.* Acción y efecto de suceder. — Prole. — Herencia. — MAT. Conjunto de números que siguen una ley dada.

**sucesivo, va** *adj.* Que sucede o sigue a otra cosa.

**suceso** *m.* Cosa que sucede. — Delito, accidente o hecho dramático.

**sucesor, ra** *adj./m. y f.* Que sucede a otro en un cargo o herencia.

**sucinto, ta** *adj.* Breve, resumido: *una ~ explicación.*

**sucio, cia** *adj.* Que tiene manchas. — Que se ensucia fácilmente.

**sucre** *m.* Unidad monetaria de Ecuador.

**sucreño, ña** *adj./m. y f.* De Sucre (Bolivia).

**sucucho** *m.* Amér. Habitación pequeña y precaria que sirve de vivienda.

**suculento, ta** *adj.* Sabroso, nutritivo.

**sucumbir** *intr.* Ceder, rendirse. — Morir, perecer.

**sucursal** *f.* Establecimiento que depende de otro principal.

**sudamericano, na** *adj./m. y f.* Suramericano.

**sudar** *intr. y tr.* Expulsar el sudor.

**sudario** *m.* Lienzo en que se envuelve a un difunto.

**sudestada** *f.* Argent. Viento muy fuerte, acompañado de temporal, que viene del sudeste.

**sudeste** *m.* Punto del horizonte situado entre el sur y el este.

**sudoeste** *m.* Punto del horizonte situado entre el sur y el oeste.

**sudor** *m.* Líquido transparente segregado por glándulas de la piel.

**sudoríparo, ra** *adj.* Que produce o segrega sudor.

**sueco, ca** *adj./m. y f.* De Suecia.

**suegro, gra** *m. y f.* Con respecto a un cónyuge, padre o madre del otro.

**suela** *f.* Parte del calzado que toca el suelo.

**suelazo** *m.* Chile, Colomb., Ecuad. y Venez. Batacazo, golpe fuerte al caer.

**sueldo** *m.* Cantidad de dinero que se recibe por un trabajo.

**suelo** *m.* Superficie por la que se anda. — Piso o pavimento.

**suelto, ta** *adj.* Que no está sujeto. — Poco compacto. ▸ *adj./m.* Se dice de la moneda fraccionaria.

**sueño** *m.* Acto de dormir o de soñar. — Ganas de dormir. — Fantasía, cosa irrealizable.

**suero** *m.* Parte acuosa de un líquido orgánico. — MED. Disolución en agua de ciertas sales o sustancias.

**suerte** *f.* Encadenamiento de los sucesos. — Casualidad a la que se fía la resolución de una cosa. — En tauromaquia, cada uno de los tercios en que se divide la lidia.

**suertudo, da** *adj.* Amér. Merid. Afortunado.

**suéter** *m.* Jersey.

**suevo, va** *adj./m. y f.* De unas tribus germánicas que en el s. v penetraron en la península Ibérica.

**suficiente** *adj.* Que es bastante. — Apto. ▸ *m.* Calificación de aprobado.

**sufijo** *m.* LING. Elemento que va detrás de las palabras para modificar su sentido o función.

**sufragar** *tr.* Costear los gastos que ocasiona algo.

**sufragio** *m.* Sistema electoral. — Voto, opinión.

**sufragismo** *m.* Movimiento surgido en Inglaterra, que defendía la concesión del voto a la mujer.

**sufrir** *tr. e intr.* Padecer un daño o perjuicio. ▸ *tr.* Soportar.

**sugerir** *tr.* Provocar en alguien una idea.

**sugestionar** *tr.* Influir sobre alguien de determinada manera.

**sugestivo, va** *adj.* Muy atractivo o prometedor.

**sui generis** *loc.* Singular, único.

**suicidio** *m.* Acción de quitarse voluntariamente la vida.

**suizo, za** *adj./m. y f.* De Suiza. ▸ *m.* Bollo muy esponjoso hecho de harina, huevo y azúcar.

**sujetador** *m.* Prenda interior femenina que sujeta el pecho.

**sujetar** *tr. y prnl.* Agarrar a alguien o algo con fuerza.

**sujeto, ta** *adj.* Expuesto o propenso a una cosa. ▸ *m.* Persona, sin especificar. — LING. Palabra o conjunto de palabras sobre las que el predicado enuncia algo y función que realizan en la oración.

**sulfamida** *f.* Sustancia química de poderosa acción bactericida.

**sulfato** *m.* QUÍM. Sal del ácido sulfúrico.

**sulfurar** *tr. y prnl.* Irritar o encolerizar.

**sulfúrico, ca** *adj.* QUÍM. Se dice de un ácido líquido oleoso.

**sulfuro** *m.* QUÍM. Sal de un ácido tóxico y gaseoso.

**sultán** *m.* Emperador turco. — Príncipe o gobernador musulmán.

**suma** *f.* Operación aritmética que consiste en reunir varias cantidades en una sola. — Resultado de esta operación.

**sumando** *m.* MAT. Cada una de las cantidades que se suman.

**sumar** *tr.* Realizar la operación aritmética de la suma. ▸ *tr. y prnl.* Juntar, reunir. ▸ *prnl.* Agregarse, adherirse.

**sumario** *m.* Resumen, compendio. — DER. Conjunto de actuaciones encaminadas a preparar el juicio criminal.

**sumergir** *tr. y prnl.* Poner algo dentro de un líquido.

**sumersión** *f.* Acción y efecto de sumergir o sumergirse.

**sumidero** *m.* Canal que sirve de desagüe. — Boca de alcantarilla.

**suministrar** *tr.* Proporcionar a alguien lo necesario.

**sumir** *tr. y prnl.* Hundir, sumergir. — Méx. Abollar alguna cosa.

**sumisión** *f.* Acción y efecto de someter o someterse. — Obediencia.

**sumiso, sa** *adj.* Obediente, dócil.

**súmmum** *m.* El colmo, el máximo grado.

**sumo, ma** *adj.* Supremo. — Muy grande, enorme.

**sunco, ca** *adj./m. y f.* Chile. Manco.

**suntuoso, sa** *adj.* Muy lujoso.

**supeditar** *tr. y prnl.* Hacer depender una cosa de otra.

**superar** *tr.* Ser superior a una persona o cosa. — Vencer dificultades. ► *prnl.* Hacer una cosa mejor que otras veces.

**superávit** *m.* Exceso de los ingresos sobre los gastos.

**superchería** *f.* Engaño, treta. — Superstición.

**superdotado, da** *adj./m. y f.* De cualidades que exceden a las normales.

**superficial** *adj.* Relativo a la superficie. — Poco profundo. — Frívolo, insustancial.

**superficie** *f.* Parte externa que limita un cuerpo. — MAT. Espacio geométrico cuya extensión se expresa en dos dimensiones.

**superfluo, flua** *adj.* Que no es necesario.

**superíndice** *m.* Pequeño número o letra situado en la parte superior de una palabra, símbolo matemático, etc.

**superintendente** *m. y f.* Director superior de una empresa.

**superior** *adj.* Que está situado encima de otra cosa. — De más calidad o categoría. ► *adj./m.* Que tiene personas bajo su mando.

**superior, ra** *adj./m. y f.* Que dirige una comunidad religiosa.

**superlativo, va** *adj.* Muy grande o excelente en su línea. ► ⁻*adj./m.* LING. Se dice del grado del adjetivo o adverbio que expresa el significado de estos en su mayor intensidad.

**supermercado** *m.* Establecimiento comercial de grandes dimensiones.

**superponer** *tr. y prnl.* Poner una cosa sobre otra. — Anteponer.

**supersónico, ca** *adj.* Se dice de la velocidad superior a la del sonido.

**superstición** *f.* Creencia en lo sobrenatural.

**supervisar** *tr.* Examinar algo la persona que debe hacerlo.

**supervivencia** *f.* Acción y efecto de sobrevivir.

**supino, na** *adj.* Acostado sobre la espalda.

**suplantar** *tr.* Ocupar con malas artes el lugar de otro.

**suplemento** *m.* Elemento que completa, suple o amplía otra cosa. — Cuaderno u hoja adicional de un periódico o revista.

**suplicar** *tr.* Pedir algo de modo humilde e insistente.

**suplicio** *m.* Padecimiento físico o moral intenso y prolongado.

**suplir** *tr.* Completar la falta de algo. — Hacer las veces de otro.

**suponer** *tr.* Considerar algo como cierto. — Implicar.

**supositorio** *m.* Medicamento sólido que se introduce por el recto o la vagina.

**suprarrenal** *adj.* ANAT. Se dice de cada una de las dos glándulas endocrinas situadas por encima de los riñones.

**supremacía** *f.* Superioridad sobre los demás. — Grado supremo.

**supremo, ma** *adj.* Que tiene el grado máximo de algo.

**suprimir** *tr.* Hacer que desaparezca algo. — Omitir.

**supuesto, ta** *adj.* Pretendido, presunto. ▶ *m.* Hipótesis.

**supurar** *intr.* Formarse pus en una herida y expulsarlo.

**sur** *m.* Punto cardinal opuesto al norte.

**suramericano, na** *adj./m. y f.* De América del Sur.

**surcar** *tr.* Volar por el espacio y navegar por el mar. — Hacer surcos en la tierra.

**surco** *m.* Hendidura que deja en la tierra el arado.

**sureste** *m.* Sudeste.

**surgir** *intr.* Brotar agua u otro líquido. — Levantarse, aparecer.

**surinamita** *adj./m. y f.* De Surinam.

**suroeste** *m.* Sudoeste.

**surrealismo** *m.* Movimiento artístico europeo del s. XX que pretendía reflejar las imágenes del subconsciente.

**surtido, da** *adj./m.* Se dice del conjunto de cosas variadas, pero de una misma especie.

**surtidor** *m.* Chorro de agua. — Aparato que distribuye gasolina.

**surtir** *tr. y prnl.* Proveer de algo. ▶ *intr.* Brotar un líquido.

**susceptible** *adj.* Capaz de recibir modificación o impresión. — Que se ofende con facilidad.

**suscitar** *tr.* Promover, provocar.

**suscribir** *tr.* Firmar al pie de un escrito. — Adherirse, apoyar. ▶ *tr. y prnl.* Abonar a una publicación periódica o asociación.

**susodicho, cha** *adj./m. y f.* Citado, mencionado antes.

**suspender** *tr.* Sostener en alto. — Detener temporalmente una cosa. — No aprobar un examen.

**suspense** *m.* Esp. Misterio, intriga.

**suspensión** *f.* Acción y efecto de suspender. — Mezcla formada por un sólido en pequeñas partículas y un líquido.

**suspenso, sa** *adj.* Perplejo, admirado. ▶ *m.* Calificación que indica que no se ha aprobado un examen. — Amér. Expectación impaciente y ansiosa por el desarrollo de un suceso.

**suspensores** *m. pl.* Chile, Perú y P. Rico. Par de tirantes para sujetar los pantalones.

**suspicaz** *adj.* Propenso a desconfiar o sospechar.

**suspiro** *m.* Aspiración fuerte seguida de una espiración.

**sustancia** *f.* Materia de que están formados los cuerpos. — Esencia de las cosas. — Valor o importancia de una cosa.

**sustancial** *adj.* Relativo a la sustancia. — Fundamental.

**sustantivo, va** *adj.* Fundamental. ▶ *m./adj.* LING. Parte de la oración que designa a los seres materiales o inmateriales y desempeña fundamentalmente las funciones de sujeto y complemento.

**sustentar** *tr. y prnl.* Sostener. — Alimentar. — Basar, fundar.

**sustento** *m.* Alimento, conjunto de cosas necesarias para vivir.

**sustituir** *tr.* Poner a alguien o algo en lugar de otro.

**susto** *m.* Impresión causada por el miedo o la sorpresa.

**sustracción** *f.* Acción y efecto de sustraer. — MAT. Resta.

**sustraendo** *m.* MAT. Cantidad que hay que restar de otra.

**sustraer** *tr.* Robar, hurtar.—Apartar, separar. — MAT. Restar.

**sustrato** *m.* Terreno situado debajo de otro. — LING. Influencia que ejerce una lengua sobre otra que se ha impuesto y la ha relegado.

**susurrar** *intr.* Hablar en voz muy baja.

**sutil** *adj.* Fino, delicado. — Ingenioso, agudo.

**sutura** *f.* Cosido quirúrgico con que se cierra una herida.

**suyo, ya** *adj. pos./pron. pos.* Indica posesión de o pertenencia a la 3.ª persona.

**t** *f.* Vigésima tercera letra del abecedario.

**taba** *f.* Astrágalo, hueso.

**tabaco** *m.* Planta herbácea, cuyas hojas se emplean para fabricar cigarros, cigarrillos, etc. — Hoja de esta planta. — Cigarro.

**tábano** *m.* Insecto que se alimenta de la sangre que chupa.

**tabaquería** *f.* Cuba y Méx. Taller donde se elaboran los cigarros puros.

**tabardo** *m.* Prenda de abrigo de paño tosco.

**tabarra** *f.* Fam. Molestia, pesadez.

**taberna** *f.* Establecimiento donde se venden bebidas y comidas.

**tabernáculo** *m.* Tienda donde los antiguos hebreos colocaban el arca de la Alianza.

**tabique** *m.* Pared delgada. — Méx. Ladrillo de caras cuadrangulares. — ANAT. Membrana o cartílago que separa dos cavidades: ~ *nasal.*

**tabla** *f.* Trozo de madera plano y de poco grosor. — Bancal de huerto. — Lista de cosas dispuestas en un determinado orden. ▸ *pl.* En los juegos de ajedrez y damas, situación en que nadie puede ganar la partida. — Escenario de un teatro.

**tablado** *m.* Suelo de tablas construido en alto.

**tablero** *m.* Plancha de madera. — Conjunto de tablas unidas por el canto. — Superficie cuadrada para jugar al ajedrez o las damas.

**tableta** *f.* Pastilla.

**tablilla** *f.* Tabla pequeña para exponer una lista o un anuncio.

**tablón** *m.* Tabla gruesa. — Fam. Borrachera. — Amér. Faja de tierra preparada para la siembra.

**tabú** *m.* Cosa que no se puede mencionar o tratar debido a ciertas convenciones sociales, prejuicios, etc.

**tabulador** *m.* Dispositivo de la máquina de escribir y de los ordenadores que fija los márgenes en el lugar deseado.

**taburete** *m.* Asiento individual sin brazos ni respaldo.
**tacaño, ña** *adj./m. y f.* Mezquino, avaro.
**tacha** *f.* Falta o defecto. — Tachuela grande.
**tachar** *tr.* Borrar algo en un escrito. — Atribuir a alguien o algo una falta o defecto.
**tacho** *m.* Amér. Merid. Recipiente para calentar agua y otros usos culinarios. — Amér. Merid. Cubo de la basura. — Argent. Fam. Taxi. — Argent. y Chile. Recipiente de metal, de fondo redondeado y con asas. — Argent. y Chile. Cualquier recipiente de latón, plástico, etc. — Urug. Cubo para fregar suelos.
**tachuela** *f.* Clavo corto y de cabeza ancha.
**tácito, ta** *adj.* Silencioso. — Que no se expresa claramente.
**taciturno, na** *adj.* Callado, silencioso. — Triste, melancólico.
**taco** *m.* Pedazo de madera que se usa para rellenar un hueco, fijar algo, etc. — Palo del billar. — Amér. Merid. y P. Rico. Tacón. — Esp. Fam. Palabrota. — Méx. Tortilla de maíz rellena de carne de pollo, de res, etc.
**tacón** *m.* Pieza de la suela del calzado correspondiente al talón.
**táctica** *f.* Método que se sigue para conseguir un objetivo.
**táctil** *adj.* Relativo al tacto.
**tacto** *m.* Sentido corporal con el que se percibe la forma, aspereza, etc., de los objetos. — Habilidad para tratar con alguien, llevar un asunto, etc.
**tacuara** *f.* Argent., Par. y Urug. Especie de bambú de cañas muy resistentes.
**tafilete** *m.* Cuero curtido.
**tahona** *f.* Panadería.
**tahúr** *m. y f.* Persona que se dedica al juego como profesión.
**taifa** *f.* Cada uno de los reinos que surgieron al disgregarse el califato de Córdoba.
**taimado, da** *adj./m. y f.* Astuto.
**taimarse** *prnl.* Chile. Emperrarse, obstinarse.
**taino, na** o **taíno, na** *adj./m. y f.* De un pueblo amerindio que en la época del descubrimiento habitaba en La Española, Puerto Rico, este de Cuba y parte de Jamaica.
**tajada** *f.* Porción cortada de una cosa. — Esp. Fam. Borrachera.
**tajamar** *m.* Tablón de forma curva que corta el agua cuando navega la embarcación. — Argent. y Ecuad. Dique pequeño. — Argent. y Perú. Zanja en la ribera de los ríos para menguar el efecto de las crecidas. — Chile, Ecuad. y Perú. Malecón.
**tajante** *adj.* Que no admite discusión. — Sin término medio.
**tajo** *m.* Corte hecho con un instrumento afilado. — Corte profundo y vertical del terreno.
**tal** *adj./pron.* Igual, semejante: *nunca vi tal cosa.* — Tan gran-

de: *tal es su poder.* — No especificado: *un tal García.* ▸ *adv.* Así, de esta manera: *tal me dijo.*

**tala** *f.* Acción y efecto de talar. — Chile. Acción de comer los animales la hierba que no puede ser cortada por la hoz.

**talacha** *f.* Méx. Fam. Tarea pequeña, principalmente la relacionada con el cuidado de algo. — Méx. Fam. Reparación, en especial la de carrocerías de automóviles.

**taladrar** *tr.* Agujerear. — Herir los oídos un sonido agudo.

**taladro** *m.* Instrumento para taladrar y agujero hecho con él.

**tálamo** *m.* Lecho conyugal. — ANAT. Parte del encéfalo situada en la base del cerebro.

**talante** *m.* Humor, estado de ánimo. — Gana, agrado, gusto.

**talar** *tr.* Cortar por el pie los árboles.

**talar** *adj.* Se dice del traje que llega hasta los talones.

**talasocracia** *f.* Dominio económico o político de los mares.

**talco** *m.* Silicato de magnesio, blando y suave al tacto.

**talego** *m.* Saco largo y estrecho de tela basta. — Esp. Fam. Cárcel.

**talento** *m.* Capacidad intelectual.

**talero** *m.* Argent., Chile y Urug. Látigo para azotar a las caballerías formado por un mango corto y una tira de cuero ancha.

**talio** *m.* Metal maleable, usado en sistemas de comunicación.

**talión** *m.* Pena en que alguien sufre el mismo daño que ha causado.

**talismán** *m.* Objeto al que se atribuye un poder sobrenatural.

**talla** *f.* Acción y efecto de tallar. — Escultura. — Estatura. — Importancia: *actor de* ~. — Medida de una prenda de vestir.

**tallador, ra** *m. y f.* Persona que talla. — Argent., Chile, Guat., Mex. y Perú. Persona que da las cartas o lleva las apuestas en una mesa de juego.

**tallar** *tr.* Dar forma a un material. — Medir la estatura.

**talle** *m.* Cintura de una persona. — Disposición del cuerpo humano.

**taller** *m.* Lugar donde se realizan trabajos manuales o artísticos. — Lugar donde se reparan aparatos, máquinas, etc.

**tallo** *m.* Órgano de las plantas que sirve de soporte a hojas, flores y frutos.

**talmud** *m.* Libro religioso de los judíos.

**talo** *m.* BOT. Cuerpo vegetativo de algunas plantas, en el que no se diferencian raíz, tallo y hojas.

**talofito, ta** *adj./f.* BOT. Relativo a las plantas cuyo aparato vegetativo está constituido por un talo, como las algas.

**talón** *m.* Parte posterior del pie humano. — Cheque.

**talonario** *m.* Libro de cheques.

**talud** *m.* Inclinación de un terreno o de un muro.

**tamal** *m.* Amér. Masa de maíz con manteca, cocida y envuelta en una hoja de maíz o plátano, rellena de carne, pollo, etc.

**tamaño, ña** *adj.* Semejante, tal: *no aceptaré ~ tontería.* ▸ *m.* Conjunto de las medidas físicas de alguien o algo.

**tamarindo** *m.* Planta arbórea de fruto en legumbre.

**tambalearse** *prnl.* Moverse de un lado a otro, por la pérdida de equilibrio.

**tambero, ra** *adj.* Amér. Merid. Relativo al tambo. ▸ *m. y f.* Amér. Merid. Persona que tiene un tambo o se encarga de él.

**también** *adv.* Afirma la relación de una cosa con otra.

**tambo** *m.* Argent. Establecimiento ganadero destinado al ordeño de vacas y a la venta. — Perú. Tienda rural pequeña.

**tambor** *m.* Instrumento musical de percusión, formado por una caja cilíndrica hueca, con las bases cubiertas por una piel. — Recipiente cilíndrico: *el ~ de la lavadora.*

**tamiz** *m.* Cedazo muy tupido.

**tampoco** *adv.* Sirve para negar una cosa después de haberse negado otra: *ayer no vino ni hoy ~.*

**tampón** *m.* Almohadilla para manchar de tinta sellos, estampillas, etc. — Rollo pequeño de celulosa que se introduce en la vagina para que absorba el flujo de la menstruación.

**tan** *adv.* Apóc. de *tanto,* que intensifica el significado de un adjetivo o un adverbio: *es tan caro.* — Denota idea de equivalencia o igualdad: *tan duro como el hierro.*

**tanatorio** *m.* Edificio destinado a servicios funerarios.

**tanda** *f.* Turno, partida. — Serie de cosas que se dan seguidas.

**tándem** *m.* Bicicleta para dos o más personas.

**tangente** *adj.* Que está en contacto con otra cosa. ▸ *adj./f.* MAT. Se dice de las líneas que tienen puntos comunes sin cortarse.

**tangible** *adj.* Que se puede tocar.

**tango** *m.* Baile argentino, de ritmo lento y muy marcado. — Variedad del cante y baile flamenco.

**tanque** *m.* Vehículo terrestre acorazado, de uso militar. — Depósito de agua u otro líquido preparado para su transporte.

**tantear** *tr.* Calcular aproximadamente. — Pensar, considerar.

**tanto, ta** *adj./pron.* En correlación con como, introduce una comparación de igualdad: *come ~ como yo.* — Expresa una cantidad o número indeterminado. ▸ *pron. dem.* Equivale a eso: *no podré llegar a ~.* ▸ *adv.* Hasta tal punto: *no trabajes ~.* ▸ *m.* Unidad de cuenta en muchos juegos o deportes. — Tanto por ciento, porcentaje.

**tañer** *tr.* Tocar un instrumento de percusión o de cuerda.

**tapa** *f.* Pieza que cierra la abertura de un recipiente. — Cubierta de un libro. — Comida que se sirve como aperitivo.

**tapacubos** *m.* Tapa de la cara exterior de la llanta de la rueda.

**tapadera** *f.* Tapa que se ajusta a la boca de un recipiente.

**tapado, da** *adj./m. y f.* Amér. Se dice del candidato político cuyo nombre se mantiene en secreto hasta el momento propicio. ▸ *m.* Amér. Merid. Abrigo o capa de señora o de niño. — Argent., Bol. y Perú. Tesoro enterrado.

**tapanco** *m.* Méx. Piso de madera que se pone sobre vigas o columnas en habitaciones con gran altura, para dividirlas a lo alto en dos espacios.

**tapar** *tr.* Cubrir o cerrar lo que está descubierto o abierto. — Encubrir, ocultar. ▸ *tr. y prnl.* Abrigar o cubrir con ropas.

**taparrabos** *m.* Pieza de tela, piel, etc., con que los miembros de ciertos pueblos se tapan los genitales.

**tape** *m.* Argent. y Urug. Persona que parece india.

**tapete** *m.* Alfombra pequeña. — Tela que se pone sobre la mesa.

**tapia** *f.* Pared que sirve como valla o cerca.

**tapicería** *f.* Oficio e industria de fabricar tapices o de tapizar.

**tapioca** *f.* Fécula comestible obtenida de la mandioca.

**tapir** *m.* Mamífero de cabeza grande, trompa pequeña y orejas redondeadas, propio de Asia y de América.

**tapisca** *f.* Amér. Central y Méx. Recolección del maíz.

**tapiz** *m.* Paño tejido con lana, lino, etc., usado para decorar.

**tapizar** *tr.* Cubrir las paredes o muebles con tapices o telas.

**tapón** *m.* Pieza que tapa la boca de botellas y otros recipientes. — Acumulación de cerumen en el oído.

**taponar** *tr. y prnl.* Cerrar un orificio con un tapón.

**tapujo** *m.* Disimulo, engaño: *hablar sin tapujos.*

**taquicardia** *f.* Ritmo cardiaco acelerado.

**taquigrafía** *f.* Sistema de escritura a base de signos especiales.

**taquilla** *f.* Ventana pequeña donde se despachan billetes o entradas. — Armario pequeño en que se guardan objetos personales o papeles. — Amér. Central. Taberna. — Chile, C. Rica y Ecuad. Clavo pequeño.

**taquímetro** *m.* Instrumento usado para medir distancias y ángulos.

**tara** *f.* Peso del embalaje, vehículo, etc., que contiene o transporta una mercancía. — Defecto físico o psíquico grave. — Chile y Perú. Planta arbustiva de cuya madera se extrae un tinte. — Colomb. Serpiente venenosa. — Venez. Langosta de tierra de mayor tamaño que la común.

**tarambana** o **tarambanas** *adj./ m. y f.* Fam. Alocado, irreflexivo.

**tarántula** *f.* Araña venenosa de cuerpo velloso y patas fuertes.

**tararear** *tr.* Cantar en voz baja solo con sonidos.

**tararira** *f.* Argent. y Urug. Pez que vive en las grandes cuencas de América del Sur, de carne muy estimada.

**tarasca** *f.* Chile y C. Rica. Boca grande.

**tarascón** *m.* Argent., Bol., Ecuad. y Perú. Mordedura.

**tardar** *intr.* Invertir un tiempo determinado en hacer una cosa. ▶ *intr. y prnl.* Emplear más tiempo del previsto en hacer algo.

**tarde** *f.* Tiempo desde el mediodía hasta el anochecer. ▶ *adv.* A una hora avanzada del día o la noche. — Después del momento previsto. — De tarde en tarde, con muy poca frecuencia o dejando pasar mucho tiempo.

**tardío, a** *adj.* Se dice de los frutos que tardan más en madurar. — Que ocurre fuera de tiempo.

**tarea** *f.* Trabajo que ha de hacerse en un tiempo limitado. — Argent., Chile, Méx. y Urug. Trabajo escolar que los alumnos deben realizar en su casa.

**tareco** *m.* Cuba, Ecuad. y Venez. Cachivache, trasto.

**tarifa** *f.* Tabla de precios o impuestos.

**tarima** *f.* Plataforma de madera, a poca altura del suelo.

**tarjar** *tr.* Chile. Tachar parte de un escrito.

**tarjeta** *f.* Cartulina donde constan los datos de una persona.

**tarraconense** *adj./m. y f.* De la antigua Tarraco, hoy Tarragona (España).

**tarro** *m.* Recipiente cilíndrico, generalmente más alto que ancho.

**tarso** *m.* Región posterior del pie.

**tarta** *f.* Pastel grande, relleno de frutas, crema, etc.

**tartajear** *intr.* Fam. Hablar pronunciando mal las palabras.

**tartamudear** *intr.* Hablar con pronunciación entrecortada y repitiendo las sílabas o sonidos.

**tartana** *f.* Carruaje de dos ruedas, con asientos laterales. — Embarcación menor de vela.

**tártaro, ra** *adj.* De un conjunto de pueblos de origen mongol y turco.

**tartera** *f.* Fiambrera, recipiente.

**tarugo** *m.* Trozo de madera o pan grueso y corto.

**tasa** *f.* Acción y efecto de tasar. — Precio fijado oficialmente.

**tasajo** *m.* Cecina.

**tasar** *tr.* Fijar la autoridad competente el precio de algo. — Valorar, evaluar. — Poner límite para evitar excesos.

**tasca** *f.* Taberna. — Perú. Conjunto de corrientes encontradas y oleaje fuerte, que dificultan un desembarco.

**tata** *m.* Amér. Padre, papá y ocasionalmente abuelo. ▶ *f.* Fam. Niñera.

**tatarabuelo, la** *m. y f.* Respecto a una persona, el padre o la madre de su bisabuelo o su bisabuela.

**tataranieto, ta** *m. y f.* Respecto a una persona, hijo o hija de su bisnieto o de su bisnieta.

**tatú** *m.* Argent., Bol., Chile, Par. y Urug. Especie de armadillo de gran tamaño.

**tatuaje** *m.* Acción de tatuar. — Palabra o dibujo grabado en el cuerpo humano.

**taumaturgia** *f.* Facultad de realizar prodigios o milagros.

**taurino, na** *adj.* Relativo a los toros o a las corridas de toros.

**tauro** *m. y f./adj.* Persona nacida bajo el signo zodiacal de Tauro.

**tauromaquia** *f.* Técnica y arte de torear.

**tautología** *f.* Repetición con las mismas palabras de un mismo pensamiento.

**taxativo, va** *adj.* Que limita al sentido estricto de la palabra.

**taxi** *m.* Automóvil de servicio público con un conductor que transporta de un lugar a otro a las personas que lo solicitan a cambio de dinero.

**taxidermia** *f.* Arte de disecar animales muertos.

**taxímetro** *m.* Contador que, en los taxis, indica el precio que se debe pagar por la distancia recorrida.

**taxonomía** *f.* Ciencia de la clasificación en historia natural. — Clasificación, ordenación.

**taza** *f.* Recipiente con asa, en que se toman bebidas, sobre todo calientes. — Pilón de las fuentes. — Receptáculo del retrete.

**te** *f.* Nombre de la letra *t.* ▶ *pron. pers. masc. y fem. de 2.ª persona sing.* Funciona como complemento directo e indirecto.

**té** *m.* Planta que se cultiva por sus hojas. — Conjunto de hojas de esta planta, secadas, enrolladas y tostadas. — Infusión que se hace con estas hojas.

**tea** *f.* Palo de madera empapado en resina que, encendida, sirve para alumbrar.

**teatral** *adj.* Relativo al teatro. — Exagerado.

**teatro** *m.* Edificio donde se representan obras dramáticas. — Género literario cuyas obras están pensadas para ser representadas. — Fingimiento o exageración en la forma de actuar.

**tebeo** *m.* Esp. Revista infantil con historietas.

**techo** *m.* Parte interior de la cubierta de una habitación, edificio, etc. — Tejado.

**techumbre** *f.* Cubierta de un edificio.

**tecla** *f.* Pieza que, pulsada con los dedos, hace sonar un instrumento musical o funcionar un mecanismo.

**técnica** *f.* Conjunto de métodos de una ciencia, arte, etc. — Conjunto de las aplicaciones prácticas de las ciencias. — Sistema para conseguir algo.

**tecnicismo** *m.* Cualidad de técnico. — LING. Palabra propia de una técnica.

**técnico, ca** *adj.* Relativo a la aplicación de las ciencias y de las artes: *una carrera* ~. — Se dice de los términos propios del lenguaje de un arte, una ciencia, etc. ► *m. y f.* Persona que posee los conocimientos o habilidades de cierta actividad.

**tecnocracia** *f.* Gobierno de los técnicos o especialistas.

**tecnología** *f.* Estudio de los medios, de las técnicas y de los procesos empleados en las diferentes ramas de la industria. — Conjunto de recursos o procedimientos empleados en determinado sector.

**tecolote** *m.* Amér. Central y Méx. Búho.

**tecomate** *m.* Guat. y Méx. Planta de aplicaciones medicinales, de fruto comestible y corteza utilizada para hacer vasijas. — Méx. Recipiente de barro de forma similar a la jícara.

**tectónica** *f.* Parte de la geología que estudia las deformaciones de la corteza terrestre y los movimientos que la han originado.

**tectónico, ca** *adj.* Relativo a la corteza terrestre.

**tedio** *m.* Aburrimiento, fastidio. — Estado de apatía.

**tegucigalpense** *adj./m. y f.* De Tegucigalpa.

**tegumento** *m.* Tejido que recubre algunas partes de un ser vivo.

**teísmo** *m.* Doctrina que afirma la existencia de un Dios personal.

**teja** *f.* Pieza de barro cocido o de cemento, de forma de canal, usada para cubrir los tejados.

**tejado** *m.* Parte superior de un edificio, que suele estar recubierta por tejas o pizarras.

**tejano, na** *adj./m. y f.* Se dice de la prenda de vestir hecha de una tela fuerte de algodón, generalmente azul: *pantalón* ~. — De Texas.

**tejedora** *f.* Máquina de hacer punto.

**tejedor, ra** *adj./m. y f.* Chile y Perú. Fam. Intrigante, enredador.

**tejemaneje** *m.* Fam. Actividad y destreza para realizar algo. — Fam. Intriga y manejos poco honestos para conseguir algo.

**tejer** *tr.* Formar en el telar la tela con la trama y la urdimbre. — Entrelazar hilos para formar alfombras, esteras, etc.

**tejido** *m.* Manufactura textil, obtenida por entrecruzamiento ordenado de hilos. — ANAT. Conjunto organizado de células con la misma estructura y función.

**tejón** *m.* Mamífero carnívoro, de color gris y patas cortas.

**tela** *f.* Tejido hecho con hilos cruzados entre sí. — Lienzo pintado. — Tejido que forman las arañas. — **En tela de juicio,** en duda: *poner sus palabras en tela de juicio.*

**telar** *m.* Máquina para tejer. — Parte superior del escenario de un teatro, de donde bajan telones y bambalinas.

**telaraña** *f.* Tela que forma la araña con el hilo que segrega.

**tele** *f.* Fam. Televisión.

**telecomunicación** *f.* Transmisión a distancia de mensajes hablados, sonidos, imágenes o señales convencionales. — Conjunto de medios de comunicación a distancia.

**telediario** *m.* Programa de televisión donde se informa de las noticias del día.

**teledirigir** *tr.* Conducir o mandar a distancia.

**telefax** *m.* Sistema de comunicación que permite mandar y recibir información escrita a través del teléfono. — Aparato que lo permite. — Documento que se envía con este aparato.

**teleférico** *m.* Medio de transporte formado por uno o varios cables portantes de cabinas suspendidas en un carril, para superar grandes diferencias de altitud.

**teléfono** *m.* Instalación y aparato que permite hablar a dos personas situadas en lugares distantes entre sí.

**telegrafía** *f.* Sistema de telecomunicación para enviar mensajes escritos, mediante la utilización de un código de señales.

**telégrafo** *m.* Conjunto de aparatos que permiten transmitir escritos con rapidez y a distancia.

**telegrama** *m.* Mensaje transmitido por telégrafo.

**telele** *m.* Fam. Soponcio.

**telemática** *f.* Conjunto de técnicas y servicios basados en redes que asocian la telecomunicación y la informática.

**telémetro** *m.* Aparato que permite medir la distancia a la que se encuentra un objeto lejano.

**telenque** *adj.* Chile. Que es débil y enfermizo.

**teleobjetivo** *m.* Objetivo fotográfico para captar objetos lejanos.

**teleósteo** *adj./m.* Relativo a un orden de peces, de esqueleto óseo.

**telepatía** *f.* Transmisión de pensamientos a gran distancia.

**telescopio** *m.* Instrumento óptico astronómico, que permite la observación de cuerpos muy alejados.

**teletipo** *m.* Aparato telegráfico que permite la impresión a distancia.

**televisión** *f.* Transmisión a distancia de imágenes o sonidos. — Televisor.

**televisor** *m.* Aparato receptor de televisión.

**télex** *m.* Servicio telegráfico por medio de teletipos.

**telón** *m.* Cortina grande del escenario de un teatro.

**telúrico, ca** *adj.* Relativo a la Tierra como planeta.

**telurio** *m.* Elemento químico sólido, con características de los metales, de color blanco plateado y frágil.

**tema** *m.* Asunto o materia de que trata una obra de arte, un escrito, etc. — Idea musical formada por una melodía.

**temática** *f.* Tema de una obra, ciencia, autor, etc.

**temático, ca** *adj.* Relativo al tema: *núcleo* ~.

**temblar** *intr.* Moverse con sacudidas cortas y rápidas. — Tener miedo o estar nervioso. — Argent., Chile. y Méx. Ocurrir un movimiento sísmico.

**temblor** *m.* Agitación involuntaria y repetida del cuerpo. — Temblor de tierra, terremoto.

**temer** *intr.* Sentir temor. ▸ *tr.* Recelar de algo, sospechar.

**temerario, ria** *adj.* Atrevido. — Que se hace sin fundamento.

**temeroso, sa** *adj.* Que causa temor. — Que siente temor.

**temible** *adj.* Capaz de causar temor o digno de ser temido.

**temor** *m.* Miedo.—Recelo, aprensión hacia algo.

**témpano** *m.* Plancha flotante de hielo.

**temperamento** *m.* Conjunto de disposiciones físicas innatas de un individuo que determinan su carácter. — Vitalidad, vivacidad.

**temperatura** *f.* Magnitud física que mide la sensación subjetiva de calor o frío de un cuerpo. — Grado de calor de un cuerpo.

**tempestad** *f.* Tormenta. — Agitación violenta del agua del mar.

**tempestuoso, sa** *adj.* Se dice del tiempo que amenaza tempestad. — Tenso.

**templado, da** *adj.* Que actúa con moderación. — Ni frío ni caliente. — Fam. Valiente.

**templar** *tr.* Moderar la fuerza o violencia de algo. — MÚS. Afinar un instrumento. ▸ *tr. y prnl.* Calentar ligeramente. ▸ *prnl.* No cometer excesos.

**temple** *m.* Carácter o estado de ánimo de alguien. — Serenidad para afrontar dificultades. — Tratamiento térmico al que se someten ciertos materiales para mejorar sus propiedades físicas.

**templete** *m.* Construcción pequeña en forma de templo. — Quiosco.

**templo** *m.* Edificio destinado al culto religioso.

**temporada** *f.* Espacio de tiempo indeterminado.

**temporal** *adj.* Que dura solo cierto tiempo. — Relativo a las sienes. ▸ *adj./m.* ANAT. Se dice del hueso del cráneo situado en la sien. ▸ *m.* Tempestad.

**temprano, na** *adj.* Que es el primero en aparecer: *fruta* ~. ▶ *adv.* En las primeras horas del día o de la noche. — Muy pronto.

**tenaz** *adj.* Difícil de quitar, separar o romper. — Firme.

**tenaza** *f.* Instrumento compuesto de dos piezas cruzadas y articuladas, que se pueden cerrar para asir o sujetar objetos.

**tenca** *f.* Pez de agua dulce, con cuerpo alargado de color verde, que vive en fondos cenagosos. — Argent. y Chile. Ave similar a la alondra. — Chile. Mentira.

**tendajón** *m.* Méx. Tienda pequeña.

**tendal** *m.* Amér. Central y Amér. Merid. Lugar soleado donde se coloca el café y otros granos para secarlos. — Argent., Chile y Urug. Cantidad de cosas que por causa violenta han quedado tendidas. — Chile. Tienda ambulante. — Ecuad. Barbacoa usada en las haciendas para tener al sol el cacao.

**tendencia** *f.* Fuerza por la que un cuerpo se mueve hacia otro. — Inclinación del hombre hacia ciertos fines.

**tendencioso, sa** *adj.* Que presenta una determinada tendencia.

**tender** *tr.* Colgar la ropa mojada para que se seque. ▶ *tr. y prnl.* Colocar a alguien o ponerse extendido a lo largo sobre una superficie. ▶ *intr.* Estar alguien inclinado hacia algún fin.

**tenderete** *m.* Puesto de venta callejero. — Juego de naipes.

**tendero, ra** *m. y f.* Dueño o dependiente de una tienda.

**tendido, da** *adj.* Se dice del galope del caballo o de otro animal cuando es muy fuerte. ▶ *m.* Acción y efecto de tender un cable. — Graderío descubierto de las plazas de toros.

**tendón** *m.* Haz de tejido que une los músculos a los huesos.

**tenebroso, sa** *adj.* Cubierto de sombras. — Cargado de misterio.

**tenedor, ra** *m. y f.* Persona que tiene o posee algo. ▶ *m.* Instrumento de mesa que sirve para pinchar alimentos sólidos.

**tener** *tr.* Poseer. — Asir, sujetar. — Expresa una relación de contigüidad física, intelectual, etc., entre el sujeto y el complemento: ~ *miedo.* ▶ *tr. y prnl.* Estimar, considerar: *tenerse por listo.* — Con *que* y un infinitivo, expresa obligación: *tienes que venir.*

**tenia** *f.* Gusano parásito del intestino delgado de los mamíferos.

**tenida** *f.* Chile. Traje.

**teniente** *m. y f.* Grado militar inferior al de capitán.

**tenis** *m.* Deporte que se practica entre dos o cuatro jugadores provistos de raquetas. — Méx. Zapato de lona u otro material, especial para hacer deporte. — Tenis de mesa, ping-pong.

**tenor** *m.* MÚS. Voz más aguda entre las masculinas.

**tensión** *f.* Estado emocional de la persona que siente temor, angustia, etc. — FÍS. Estado de un cuerpo sometido a la acción de dos fuerzas contrarias. — FÍS. Diferencia de potencial eléctrico. — Tensión arterial, presión de la sangre sobre las paredes de las arterias.

**tenso, sa** *adj.* Que se halla en tensión.

**tentación** *f.* Impulso que induce a hacer algo que puede resultar inconveniente.

**tentáculo** *m.* Apéndice móvil de algunos animales, como los moluscos, utilizado para agarrarse o como órgano sensorial.

**tentar** *tr. y prnl.* Tocar una cosa para reconocerla o examinarla, por medio del tacto. — Inducir a la tentación.

**tentativa** *f.* Acción de intentar, experimentar o tantear algo.

**tentempié** *m.* Fam. Refrigerio.

**tenue** *adj.* Delgado. — Delicado, de poca consistencia.

**teñir** *tr. y prnl.* Dar a algo un color distinto mediante un tinte.

**teocracia** *f.* Gobierno ejercido por Dios o por los que están investidos de autoridad religiosa.

**teología** *f.* Ciencia que trata de Dios.

**teorema** *m.* Proposición científica que puede demostrarse.

**teoría** *f.* Conocimiento especulativo independiente de toda aplicación. — Conjunto de teoremas, sometidos a la verificación experimental y encaminados a una demostración científica.

**tepalcate** *m.* Méx. Tiesto.

**tepetate** *m.* Méx. Piedra amarillenta blanquecina, porosa, que cortada en bloques se usa en construcción.

**tequiar** *tr.* Amér. Central. Dañar, perjudicar.

**tequila** *m.* Bebida alcohólica mexicana que se obtiene por la destilación de cierta especie de maguey.

**terapéutica** *f.* Parte de la medicina que se ocupa del tratamiento de las enfermedades.

**terapéutico, ca** *adj.* Relativo a la terapia o la terapéutica.

**terapia** *f.* Tratamiento o curación de una enfermedad.

**tercer** *adj./m. y f.* Apóc. de tercero. — Tercer Mundo, conjunto de países con subdesarrollo económico y social.

**tercermundista** *adj.* Relativo al Tercer Mundo. — Desp. Propio de los países menos desarrollados.

**tercero, ra** *adj./m. y f.* Que corresponde en orden al número tres. ▸ *adj./m.* Se dice de cada una de las tres partes iguales en que se divide un todo.

**terceto** *m.* Estrofa de tres versos endecasílabos. — MÚS. Conjunto de tres voces o tres instrumentos.

**terciar** *intr.* Intervenir para zanjar una disputa o contienda.

▸ *prnl.* Presentarse la ocasión de hacer algo.

**terciario, ria** *adj.* Que ocupa el tercer lugar en un orden. ▸ *adj./ m.* GEOL. Cenozoico.

**tercio** *m.* Cada una de las tres partes iguales en que se divide un todo. — Cuerpo militar de voluntarios.

**terciopelo** *m.* Tejido de superficie velluda.

**terco, ca** *adj.* Obstinado. — Ecuad. Desabrido, despegado.

**tereque** *m.* Ecuad., Nicar., P. Rico y Venez. Trasto, cacharro.

**tergiversar** *tr.* Alterar o desfigurar los hechos.

**termas** *f. pl.* Baños públicos de los antiguos romanos.

**termes** *m.* Insecto que se alimenta de madera.

**térmico, ca** *adj.* Relativo al calor y a la temperatura.

**terminación** *f.* Acción y efecto de terminar. — Conclusión, extremo. — Final de una palabra, sufijo o desinencia variable.

**terminal** *adj.* Que pone término a algo. ▸ *adj./f.* Se dice del extremo de una línea de transporte público. ▸ *m.* INFORM. Dispositivo que permite la entrada de datos en el ordenador.

**terminante** *adj.* Categórico.

**terminar** *tr.* Acabar una cosa. ▸ *intr. y prnl.* Tener fin una cosa.

**término** *m.* Extremo, límite, fin. — Vocablo. — MAT. Cada una de las cantidades que componen una suma, una expresión algebráica, etc.

**terminología** *f.* Conjunto de vocablos propios de una materia o disciplina.

**termita** o **térmite** *f.* Insecto parecido a la hormiga que se alimenta de madera.

**termo** *m.* Botella que conserva la temperatura de los líquidos que contiene porque se cierra herméticamente.

**termodinámica** *f.* Parte de la física que estudia la acción mecánica del calor.

**termoelectricidad** *f.* Energía eléctrica producida por el calor.

**termómetro** *m.* Instrumento que sirve para medir la temperatura.

**termosfera** *f.* Capa de la atmósfera que se encuentra por encima de los 80 km de altura.

**termostato** *m.* Dispositivo para mantener la temperatura constante.

**terna** *f.* Conjunto de tres personas de las que se elige una.

**ternejo, ja** *adj.* Ecuad. y Perú. Que es fuerte, vigoroso y valiente.

**ternero, ra** *m. y f.* Cría de la vaca. ▸ *f.* Carne de esta cría.

**ternura** *f.* Actitud cariñosa y afable. — Cualidad de tierno.

**tero** *m.* Argent. y Urug. Ave zancuda de plumaje blanco mezclado de negro y pardo.

**terracería** *f.* Méx. Tierra que se acumula en terraplenes y carreteras en construcción.

**terracota** *f.* Escultura de arcilla cocida.

**terrado** *m.* Cubierta plana de un edificio.

**terraplén** *m.* Desnivel del terreno con cierta pendiente.

**terráqueo, a** *adj.* De la Tierra: *globo* ~.

**terrario** *m.* Instalación para la cría y cuidado de reptiles, anfibios, etc.

**terrateniente** *m. y f.* Propietario de tierras o fincas rurales.

**terraza** *f.* Terrado. — Balcón grande.

**terrazo** *m.* Pavimento con aspecto de granito, mosaico o mármol.

**terregal** *m.* Méx. Tierra suelta. — Méx. Polvareda.

**terremoto** *m.* Sismo.

**terrenal** *adj.* Relativo a la tierra.

**terreno, na** *adj.* Terrestre. — Terrenal. ► *m.* Espacio de tierra destinado a un uso concreto. — Campo o esfera de acción.

**térreo, a** *adj.* De tierra o parecido a ella.

**terrestre** *adj.* Relativo a la Tierra. — Que vive en la tierra. ► *m. y f.* Habitante de la Tierra.

**terrible** *adj.* Que inspira o puede inspirar terror.

**terrícola** *adj./m. y f.* Que vive en la tierra.

**territorio** *m.* Porción de tierra delimitada.

**terrón** *m.* Masa pequeña y compacta de tierra, azúcar, etc.

**terror** *m.* Miedo muy grande e intenso.

**terrorismo** *m.* Conjunto de actos de violencia que pretenden crear inseguridad o derribar el gobierno establecido.

**terso, sa** *adj.* Limpio, transparente. — Liso, sin arrugas.

**tertulia** *f.* Reunión de personas que se juntan para conversar.

**tesina** *f.* Tesis breve necesaria, en ocasiones, para obtener el grado de licenciado universitario.

**tesis** *f.* Proposición que se mantiene con argumentos. — Trabajo de investigación que se presenta para obtener el grado de doctor universitario.

**tesitura** *f.* Actitud o disposición del ánimo.

**tesón** *m.* Constancia, perseverancia.

**tesorero, ra** *m. y f.* Persona que guarda el dinero de una entidad.

**tesoro** *m.* Cantidad de dinero, joyas u objetos preciosos, reunida y guardada. — Persona o cosa digna de estimación.

**test** *m.* Prueba para valorar las aptitudes y funciones mentales.

**testa** *f.* Cabeza del hombre y de los animales.

**testamento** *m.* Declaración que hace una persona distribuyendo sus bienes para después de su muerte. — Documento en que consta.

**testar** *intr.* Hacer testamento.

**testarudo, da** *adj./m. y f.* Terco, obstinado, porfiado.

**testículo** *m.* Glándula genital masculina.

**testificar** *tr.* Declarar como testigo. — Probar algo con testigos.

**testigo** *m. y f.* Persona que declara en un juicio o da testimonio de algo. — Persona que presencia una cosa. ▶ *m.* DEP. Objeto que un corredor entrega a otro en ciertas pruebas de atletismo.

**testimonio** *m.* Declaración de un testigo. — Prueba de certeza.

**testuz** *m. o f.* En algunos animales, frente, y en otros, nuca.

**teta** *f.* Mama. — Pezón de la mama.

**tétano** o **tétanos** *m.* Enfermedad infecciosa que produce contracciones convulsivas de los músculos.

**tetera** *f.* Recipiente con una tapadera y un pitorro para la infusión y el servicio del té. — Amér. Central y P. Rico. Tetilla de biberón.

**tetero** *m.* Colomb. Biberón.

**tetilla** *f.* Teta de los mamíferos machos. — Pezón del biberón.

**tetraedro** *m.* Sólido de cuatro caras.

**tetrágono** *m.* Polígono de cuatro lados.

**tetraplejía** *f.* Parálisis de los cuatro miembros.

**tétrico, ca** *adj.* Triste, lúgubre.

**teutón, na** *adj./m. y f.* De un antiguo pueblo germánico que habitó cerca de la desembocadura del Elba. — Fam. Alemán.

**textil** *adj.* Relativo a los tejidos y al arte de tejer.

**texto** *m.* Conjunto de palabras que componen un escrito.

**textura** *f.* Disposición de los hilos en un tejido. — Sensación que produce al tacto una materia.

**tez** *f.* Cutis.

**ti** *pron. pers. masc. y fem. de 2.ª persona sing.* Funciona como complemento con preposición: *para ti no hay nada.*

**tiangue** o **tianguis** *m.* Méx. Mercado, principalmente el que se instala periódicamente en la calle.

**tiara** *f.* Mitra alta que utiliza el papa.

**tibia** *f.* ANAT. Hueso anterior de la pierna entre la rodilla y el pie.

**tibio, bia** *adj.* Templado, ni frío, ni caliente. — Poner tibio a alguien (Fam.), hablar mal de una persona.

**tiburón** *m.* Pez marino depredador muy voraz.

**tic** *m.* Contracción brusca involuntaria de ciertos músculos.

**ticket** *m.* Tique.

**tictac** *m.* Voz onomatopéyica que imita el sonido del reloj.

**tiempo** *m.* El devenir como sucesión continuada de momentos. — Duración de la vida de una persona o de una acción. — Estado de la atmósfera. — LING. Accidente del verbo que expresa el momento en que se realiza la acción.

**tienda** *f.* Establecimiento comercial al por menor. — Pabellón desmontable que se monta al aire libre.

**tiento** *m.* Acción y efecto de tocar. — Tacto, acierto al obrar. — Argent., Chile y Urug. Tira delgada de cuero sin curtir.

**tierno, na** *adj.* Blando, fácil de romper. — Afectuoso, cariñoso.

**tierra** *f.* Planeta del sistema solar habitado por el hombre. — Parte sólida del planeta Tierra. — Materia inorgánica de que se compone el suelo natural. — Terreno cultivable.

**tieso, sa** *adj.* Erguido, firme. — Poco flexible. — Engreído.

**tiesto** *m.* Maceta.

**tifoideo, a** *adj.* Relativo al tifus.

**tifón** *m.* Ciclón propio del mar de China.

**tifus** *m.* Enfermedad contagiosa que presenta fiebre y estupor.

**tigre, gresa** *m. y f.* Mamífero carnicero de gran tamaño y piel rayada.

**tigrillo** *m.* Amér. Central, Colomb., Ecuad., Perú y Venez. Mamífero carnicero de pequeño tamaño, parecido al gato montés.

**tijera** *f.* Instrumento con dos brazos móviles usado para cortar.

**tijereta** *f.* Insecto de cuerpo alargado y abdomen terminado en pinzas. — Ave migratoria de América meridional, con una cola parecida a las hojas de la tijera.

**tila** *f.* Tilo. — Flor del tilo. — Infusión del tilo.

**tildar** *tr.* Aplicar a alguien una falta o defecto. — Poner tilde.

**tilde** *m. o f.* Acento gráfico.

**tiliche** *m.* Amér. Central. y Méx. Baratija, cachivache.

**tilico, ca** *adj.* Bol. Débil, apocado, cobarde. — Bol. y Méx. Flaco, enclenque.

**tilingo, ga** *adj.* Argent., Perú y Urug. Que dice tonterías y se comporta con afectación.

**tilma** *f.* Méx. Manta de algodón que llevan los hombres del campo, a modo de capa, anudada sobre el hombro.

**tilo** *m.* Árbol de flores blanquecinas, olorosas y medicinales.

**timar** *tr.* Estafar.

**timbal** *m.* Tambor hecho con una caja metálica semiesférica.

**timbre** *m.* Aparato para llamar. — Sonido de una voz. — Sello.

**tímido, da** *adj./m. y f.* Falto de seguridad en uno mismo.

**timón** *m.* Pieza para gobernar la nave. — Colomb. Volante de un autómovil.

**timorato, ta** *adj.* Tímido. — Mojigato, de moralidad exagerada.

**tímpano** *m.* Membrana del oído. — Instrumento musical de percusión formado por tiras de vidrio.

**tina** *f.* Recipiente de madera de forma de media Cuba.

**tinaco** *m.* Amér. Central y Méx. Depósito de agua situado en la azotea de la casa.

**tinaja** *f.* Recipiente grande y de boca muy ancha.

**tincar** *tr.* Argent. y Chile. Dar un golpe a algo para lanzarlo con fuerza. ▸ *intr.* Chile. Tener un presentimiento, intuir algo.

**tinerfeño, ña** *adj./m. y f.* De Santa Cruz de Tenerife (España).

**tinglado** *m.* Cobertizo. — Tablado instalado a bastante altura. — Situación que oculta una trama complicada. — Situación confusa y agitada.

**tiniebla** *f.* Oscuridad, falta de luz. ▸ *pl.* Falta de conocimientos y cultura.

**tino** *m.* Destreza al disparar. — Juicio, cordura.

**tinta** *f.* Líquido negro que producen el calamar y otros invertebrados marinos. — Líquido coloreado que se utiliza para escribir, dibujar o imprimir. — Cargar las tintas, exagerar demasiado acerca de una cuestión conflictiva.

**tinte** *m.* Acción y efecto de teñir. — Sustancia con que se tiñe.

**tintero** *m.* Recipiente en que se pone la tinta de escribir.

**tinto, ta** *adj.* Que está teñido. ▸ *adj./m.* Se dice del vino de color oscuro.

**tintorería** *f.* Establecimiento donde se tiñen telas y se lavan prendas de vestir.

**tiña** *f.* Enfermedad contagiosa de la piel del cráneo. — Tacañería.

**tío, a** *m. y f.* Con respecto a una persona, hermano o hermana de su padre o madre.

**tiovivo** *m.* Artefacto de feria en el que giran figuras de madera.

**tipa** *f.* Árbol leguminoso suramericano, de madera dura y amarillenta, usada en ebanistería.

**típico, ca** *adj.* Que caracteriza a algo o alguien.

**tipificar** *tr.* Adaptar algo a un tipo o norma común.

**tiple** *m.* MÚS. Voz más aguda entre las humanas.

**tipo, a** *m.* Modelo característico de los rasgos de un género. — Conjunto de los caracteres distintivos de una raza. — Silueta del cuerpo de una persona. ▸ *m. y f.* Fam. Persona, individuo.

**tipografía** *f.* Procedimiento de impresión con formas en relieve.

**tipología** *f.* Estudio y clasificación de tipos. — Estudio de los caracteres del hombre, comunes a las diferentes razas.

**tique** *m.* Vale, cédula o recibo que acredita ciertos derechos.

**tira** *f.* Pedazo largo y estrecho de una materia. ▸ *m.* Chile y Méx. Agente de policía.

**tirabuzón** *m.* Sacacorchos. — Rizo de pelo largo en espiral.

**tirachinas** *m.* Horquilla con mango y dos gomas elásticas para disparar piedras.

**tirada** *f.* Acción y efecto de tirar. — Distancia grande entre dos lugares. — Número de ejemplares de una edición.

**tirado, da** *adj.* Muy barato. — Fam. Sencillo, fácil. — Fam. Se dice de la persona que se queda sin medios o sin ayuda en un momento determinado.

**tirador, ra** *m. y f.* Persona que tira, lanza o dispara. ▸ *m.* Asa de que se estira. — Argent. Cinturón de cuero curtido propio de la vestimenta del gaucho. — Argent. y Urug. Tirante para sujetar el pantalón.

**tiraje** *m.* Acción y efecto de tirar, imprimir. — Amér. Tiro de la chimenea.

**tiralíneas** *m.* Instrumento de dibujo para trazar líneas.

**tiranía** *f.* Gobierno despótico. — Abuso excesivo de autoridad.

**tirante** *adj.* Tenso, estirado. ▸ *m.* Cada una de las dos tiras elásticas, que sostienen desde los hombros una prenda de vestir.

**tirar** *tr.* Arrojar en dirección determinada. — Derribar una cosa. — Desechar algo. — Disparar proyectiles un arma de fuego. — Imprimir un libro, periódico, etc. ▸ *tr. e intr.* Disparar la carga de un arma de fuego. ▸ *intr.* Hacer fuerza para traer hacia sí. ▸ *prnl.* Abalanzarse.

**tiritar** *intr.* Temblar de frío o por efecto de la fiebre.

**tiro** *m.* Acción y efecto de tirar. — Disparo de un arma de fuego. — Corriente de aire en un conducto. — Conjunto de caballerías que tiran de un carruaje.

**tiroides** *m.* Glándula endocrina que regula el metabolismo.

**tirón** *m.* Acción y efecto de tirar bruscamente de algo.

**tirotear** *tr. y prnl.* Disparar repetidamente contra alguien.

**tirria** *f.* Fam. Antipatía inmotivada hacia alguien.

**tisis** *f.* Nombre clásico de la tuberculosis.

**tisú** *m.* Tela de seda entretejida con hilos de oro y plata. — Pañuelo de papel suave.

**titán** *m.* Persona excepcional en algún aspecto.

**títere** *m.* Figura que se mueve por hilos o con las manos.

**titiritero, ra** *m. y f.* Persona que maneja los títeres.

**titubear** *intr.* Oscilar. — Balbucir. — Dudar, mostrarse indeciso.

**titulado, da** *adj./m. y f.* Que tiene un título académico o nobiliario.

**titular** *tr.* Poner título o nombre a algo. ▸ *prnl.* Tener por título. — Obtener un título académico.

**titular** *adj./m. y f.* Que ocupa un cargo con el título correspondiente. ▸ *m.* Encabezamiento de una noticia en un periódico.

**título** *m.* Nombre o frase que designa la materia o partes de un texto, libro, etc. — Testimonio dado para ejercer un empleo, dignidad o profesión. — Documento de propiedad.

**tiza** *f.* Barra de arcilla blanca para escribir en los encerados.

**tizne** *m. o f.* Hollín, humo que se pega a los objetos.

**tizón** *m.* Palo a medio quemar que arde produciendo mucho humo.

**tlapalería** *f.* Méx. Comercio en el que se venden artículos de ferretería y droguería.

**toalla** *f.* Pieza de tejido suave y esponjoso para secarse.

**toar** *tr.* Remolcar un barco.

**tobiano, na** *adj.* Argent. Se dice del caballo cuyo pelaje presenta manchas blancas en la parte superior del cuerpo.

**tobillera** *f.* Venda elástica, con que se sujeta o protege el tobillo. — Méx. Calcetín corto.

**tobillo** *m.* Parte ósea donde la pierna se junta con el pie.

**tobogán** *m.* Pista deslizante por la que las personas sentadas se dejan resbalar. — Especie de trineo bajo.

**tocadiscos** *m.* Aparato que reproduce los sonidos grabados en un disco.

**tocado, da** *adj.* Algo perturbado. ▸ *m.* Prenda que cubre o adorna la cabeza.

**tocador, ra** *adj./m. y f.* Que toca un instrumento musical. ▸ *m.* Mueble con espejo ante el cual se arreglan las mujeres.

**tocar** *tr.* Entrar en contacto una parte del cuerpo con otra cosa. — Hacer sonar un instrumento musical. ▸ *tr. y prnl.* Estar una cosa en contacto con otra. ▸ *intr.* Corresponder, tener relación.

**tocata** *f.* Breve composición musical.

**tocayo, ya** *m. y f.* Persona con el mismo nombre que otra.

**tocho, cha** *adj.* Tosco, tonto. ▸ *m.* Ladrillo ordinario y tosco.

**tocineta** *f.* Colomb. y P. Rico. Tocino, panceta.

**tocino** *m.* Carne grasa del cerdo y especialmente la salada.

**tocología** *f.* Obstetricia.

**todavía** *adv.* Expresa la duración de una acción o un estado hasta un momento determinado: *~ no ha llegado.* — No obstante. — Con más, menos, mejor, etc., expresa encarecimiento o ponderación.

**todo, da** *adj./pron.* Se dice de lo considerado en el conjunto de sus partes. — Cada: *juega al tenis todos los martes.* ▸ *m.* Cosa íntegra.

**todopoderoso, sa** *adj./m.* Que todo lo puede.

**toga** *f.* Traje talar usado por los magistrados y abogados.

**tola** *f.* Amér. Merid. Nombre de diferentes especies de arbustos que crecen en las laderas de la cordillera.

**toldo** *m.* Cubierta que se extiende para dar sombra. — Argent. y Chile. Tienda de algunos pueblos amerindios hecha con pieles y ramas.

**tolerancia** *f.* Acción y efecto de tolerar. — Respeto a las formas de pensar o actuar de los otros.

**tolerar** *tr.* Soportar, sufrir. — Permitir, consentir. — Admitir.

**tolete** *adj./m. y f.* Cuba. Torpe,

tardo en entendimiento. ▸ *m.* Amér. Central, Colomb., Cuba y Venez. Garrote corto.

**tololoche** *m.* Méx. Contrabajo.

**tolueno** *m.* Hidrocarburo líquido semejante al benceno.

**toma** *f.* Acción de tomar. — Porción de una cosa tomada de una vez. — Conquista, ocupación. — Chile. Muro para desviar el agua de su cauce, presa. — Colomb. Cauce, acequia. — CINE Y TV. Acción y efecto de filmar.

**tomado, da** *adj.* Se dice de la voz ronca o afónica.

**tomador, ra** *adj./m. y f.* Amér. Aficionado a la bebida.

**tomar** *tr.* Agarrar, asir, coger. — Aceptar, admitir. — Conquistar, ocupar. — Filmar, fotografiar. ▸ *tr., intr. y prnl.* Comer, beber: ~ *una copa.* ▸ *intr.* Seguir una dirección determinada.

**tomate** *m.* Fruto de la tomatera, comestible y carnoso. — Tomatera. — Guat. y Méx. Planta herbácea cuyo fruto es parecido al tomate, pero del tamaño de una ciruela y de color amarillo verdoso. — Guat. y Méx. Fruto de esta planta, que se emplea para preparar salsas.

**tomatera** *f.* Planta herbácea cuyo fruto es el tomate.

**tomavistas** *m.* Esp. Cámara de filmar para uso doméstico.

**tómbola** *f.* Rifa pública de objetos y local en que se celebra.

**tómbolo** *m.* Istmo de arena que une una isla al continente.

**tomillo** *m.* Planta usada en perfumería, cocina y farmacología.

**tomo** *m.* División de una obra que corresponde a un volumen. — De tomo y lomo, muy grande o importante.

**ton** *m.* Palabra que se utiliza en la expresión sin ton ni son, que se aplica a algo que se hace sin lógica ni razón alguna.

**tonada** *f.* Composición poética para ser cantada. — Amér. Entonación.

**tonadilla** *f.* Tonada o canción ligera.

**tonalidad** *f.* Conjunto de sonidos que sirve de base en una composición musical. — Sistema de colores y tonos.

**tonel** *m.* Recipiente grande, abombado y de base circular.

**tonelada** *f.* Unidad de masa que vale 1 000 kg.

**tongo** *m.* Trampa realizada en competiciones deportivas.

**tónica** *f.* Tendencia general. — Bebida refrescante, gaseosa.

**tónico, ca** *adj.* Que recibe el tono o acento. — Que tiene un efecto estimulante. ▸ *m.* Loción para la piel del rostro.

**tonificar** *tr.* Dar fuerza y vigor al organismo.

**tono** *m.* Intensidad de un sonido o color. — Carácter o matriz.

**tontería** *f.* Dicho o hecho de tonto. — Cualidad de tonto.

**tonto, ta** *adj./m. y f.* De poca inteligencia o entendimiento. ▸ *adj.* Falto de sentido o finalidad.

**topacio** *m.* Piedra fina, amarilla y transparente.

**topar** *tr.* Chocar una cosa con otra. — Amér. Echar a pelear los gallos para probarlos.

**tope** *m.* Límite, extremo a que se puede llegar. — Pieza para detener el movimiento de un mecanismo.

**tópico, ca** *adj.* Relativo a un lugar determinado. ▶ *adj./m.* Se dice del medicamento de uso externo. ▶ *m.* Asunto muy repetido. —Amér. Tema de conversación.

**topo** *m.* Mamífero insectívoro que excava galerías en el suelo. — Lunar de una tela. — Carácter de imprenta. — Argent., Chile y Perú. Alfiler grande que remata en forma de cuchara con grabados regionales.

**topografía** *f.* Representación del relieve de un terreno.

**topología** *f.* Ciencia que estudia los razonamientos matemáticos prescindiendo de sus significados concretos.

**topónimo** *m.* Nombre propio de lugar.

**toque** *m.* Acción de tocar. — Golpe suave. — Advertencia. — Méx. Calambre que produce en el cuerpo el contacto con una corriente eléctrica.

**toquetear** *tr.* Manosear.

**toquilla** *f.* Pañuelo de punto que usan las mujeres para abrigarse.

**torácico, ca** *adj.* Relativo al tórax.

**tórax** *m.* Pecho. —ZOOL. Segunda parte del cuerpo de los insectos.

**torbellino** *m.* Remolino de viento, polvo o agua.

**torcaz** *adj./f.* Se dice de una variedad de paloma de cuello verdoso y blanquecino.

**torcer** *tr. y prnl.* Inclinar una cosa o ponerla sesgada. — Retorcer. ▶ *tr.* Desviar algo de su posición o dirección. ▶ *prnl.* Dificultarse o frustrarse algo.

**torcido, da** *adj.* Que no está recto. — Que no obra con rectitud. — Amér. Desafortunado.

**tordo, da** *adj./m. y f.* Se dice de la caballería que tiene el pelo mezclado de negro y blanco. ▶ *m.* Pájaro de lomo gris aceitunado, y vientre blanco amarillento con manchas pardas. — Amér. Central, Argent. y Chile. Estornino, pájaro.

**torear** *tr. e intr.* Lidiar al toro en una plaza y matarlo. ▶ *tr.* Engañar, evitar o esquivar a una persona. — Argent. y Chile. Provocar, dirigir insistentemente a alguien palabras que pueden molestarle. — Chile. Azuzar, provocar. ▶ *intr.* Argent., Bol. y Par. Ladrar un perro y amenazar con morder.

**torera** *f.* Chaqueta corta y ceñida.

**torero, ra** *m. y f.* Persona que lidia toros.

**toril** *m.* En las plazas de toros, lugar donde están las reses.

**torito** *m.* Argent. y Perú. Nombre de

diversas especies de coleópteros cuya coloración varía entre el castaño y el negro. — Cuba. Pez con dos espinas como cuernos. — Ecuad. y Nicar. Especie de orquídea.

**tormenta** *f.* Perturbación atmosférica con descargas eléctricas, aire y lluvia. — Manifestación violenta del estado de ánimo.

**tormento** *m.* Aflicción, congoja. — Dolor físico.

**tornado** *m.* Torbellino, huracán.

**tornar** *intr.* Regresar. ▶ *tr.* Devolver. ▶ *tr. y prnl.* Cambiar.

**tornasol** *m.* Reflejo de la luz en algunas telas haciéndolas cambiar de color. — Girasol.

**tornear** *tr.* Labrar o dar forma a una cosa con el torno.

**torneo** *m.* Competición deportiva.

**tornillo** *m.* Pieza cilíndrica de metal, con resalto en espiral.

**torniquete** *m.* Instrumento quirúrgico para contener la hemorragia.

**torno** *m.* Aparato para la elevación de cargas por medio de un cable. — Máquina que hace girar un objeto para labrarlo o tallarlo. — En torno, alrededor.

**toro** *m.* Macho adulto del ganado vacuno, provisto de dos cuernos. — Hombre muy fuerte y robusto. ▶ *pl.* Corrida de toros.

**torpe** *adj.* Falto de agilidad y destreza.

**torpedo** *m.* Pez marino parecido a la raya que produce descargas eléctricas. — Proyectil explosivo submarino.

**torrar** *tr.* Tostar al fuego.

**torre** *f.* Cuerpo de edificio más alto que ancho, que sobresale. — En el ajedrez, pieza con forma de torre.

**torrefacto, ta** *adj.* Que está tostado al fuego.

**torrente** *m.* Curso de agua impetuoso. — Abundancia.

**torrentoso, sa** *adj.* Amér. Se dice de los ríos y arroyos de corriente impetuosa.

**torreón** *m.* Torre fortificada para la defensa de una plaza.

**tórrido, da** *adj.* Muy caliente.

**torrija** *f.* Rebanada de pan frito, empapada en leche y azúcar. — Chile. Rodaja de limón o naranja que se pone en las bebidas.

**torsión** *f.* Acción y efecto de torcer o torcerse.

**torso** *m.* Tronco del cuerpo humano.

**torta** *f.* Masa de harina, que se cuece a fuego lento. — Bofetada. — Argent., Chile y Urug. Tarta.

**tortícolis** *m. o f.* Dolor de los músculos del cuello.

**tortilla** *f.* Plato de huevos batidos y fritos. — Amér. Central, Antill. y Méx. Pieza delgada y circular de masa de maíz cocida. — Argent. y Chile. Panecillo en forma de disco, chato, por lo común salado, hecho con harina de trigo o maíz y cocido al rescoldo.

**tórtola** *f.* Ave parecida a la paloma, pero más pequeña.

**tortuga** *f.* Reptil quelonio de cuerpo corto, y caparazón óseo.

**tortuoso, sa** *adj.* Sinuoso.

**tortura** *f.* Suplicio físico o moral que se provoca a alguien.

**tos** *f.* Espiración brusca y enérgica del aire de los pulmones.

**tosco, ca** *adj.* Hecho con poca habilidad. ▸ *adj./m. y f.* Rústico, carente de cultura.

**tosedera** *f.* Amér. Tos persistente.

**tostada** *f.* Rebanada de pan tostado.

**tostar** *tr. y prnl.* Exponer algo al fuego hasta que se dore. — Chile. Vapulear, azotar.

**tostón** *m.* Trozo de pan frito. — Fam. Fastidio, pesadez.

**total** *adj.* Completo. ▸ *m.* Resultado de una suma. — Totalidad. ▸ *adv.* En conclusión.

**totalidad** *f.* Todo el total, el conjunto de todos los componentes.

**totalitario, ria** *adj.* Que incluye la totalidad. — Se dice del régimen político que concentra todo el poder en el estado.

**tótem** *m.* Entidad natural y emblema que es objeto de culto.

**totora** *f.* Amér. Merid. Especie de junco que crece a orillas de los lagos y junto al mar.

**totuma** *f.* Amér. Central y Amér. Merid. Fruto del totumo. — Amér. Central y Amér. Merid. Recipiente hecho con este fruto.

**totumo** *m.* Amér. Central y Amér. Merid. Planta cuyo fruto es una calabaza con la que se fabrican recipientes.

**tóxico, ca** *adj./m.* Se dice de la sustancia que puede causar trastornos graves o la muerte por envenenamiento.

**toxicomanía** *f.* Hábito de consumir drogas, por adicción a ellas.

**toxina** *f.* Sustancia tóxica elaborada por los seres vivos.

**tozudo, da** *adj.* Que sostiene fijamente una actitud u opinión.

**traba** *f.* Cosa que sujeta a otras, asegurándolas. — Obstáculo.

**trabajar** *intr.* Realizar un esfuerzo en una actividad. — Tener una ocupación u oficio.

**trabajo** *m.* Acción y efecto de trabajar. — Ocupación retribuida. — Obra resultante de una actividad física o intelectual.

**trabajoso, sa** *adj.* Que da o cuesta mucho trabajo. — Chile. Molesto, enfadoso. — Colomb. Que es poco complaciente y muy exigente.

**trabalenguas** *m.* Palabra o frase difícil de pronunciar.

**trabar** *tr.* Juntar dos cosas para afianzarlas. — Poner trabas. — Comenzar algo. ▸ *prnl.* Entorpecérsele a uno la lengua al hablar.

**trabilla** *f.* Pequeña tira de tela por la que se pasa una correa.

**trabuco** *m.* Arma de fuego más corta que la escopeta.

**traca** *f.* Serie de petardos que estallan sucesivamente.

**trácala** *f.* Méx. y P. Rico. Fam. Trampa, engaño.

**tracción** *f.* Acción de tirar o arrastrar algo para moverlo. — Acción de poner tirante una cuerda, cable, etc.

**tractor, ra** *adj./m. y f.* Que produce la tracción. ▶ *m.* Vehículo de motor usado en los trabajos agrícolas.

**tradición** *f.* Transmisión de creencias, costumbres, etc., de unas generaciones a otras.

**traducir** *tr.* Expresar en una lengua lo expresado en otra.

**traer** *tr.* Llevar algo desde un lugar a otro más próximo al que habla. — Causar. — Llevar puesto: *trae un traje nuevo.*

**traficar** *intr.* Comerciar, especialmente con mercancías ilegales.

**tráfico** *m.* Acción de traficar. — Circulación de vehículos por calles y carreteras. — Transporte de personas, mercancías, etc.

**tragaluz** *m.* Claraboya.

**tragaperras** *m. o f.* Esp. Máquina de juego que funciona con monedas.

**tragar** *tr. y prnl.* Hacer que algo pase de la boca al estómago.

**tragedia** *f.* Obra dramática de asunto serio y final desdichado. — Género de estas obras. — Suceso desgraciado de la vida.

**trágico, ca** *adj.* Relativo a la tragedia. ▶ *adj./m. y f.* Se dice del autor de tragedias y del actor que las interpreta.

**tragicomedia** *f.* Obra dramática con elementos propios de la comedia y de la tragedia. — Género de estas obras.

**trago** *m.* Cantidad de líquido que se bebe de una vez.

**traición** *f.* Violación de la lealtad y fidelidad debidas.

**traidor, ra** *adj./m. y f.* Que traiciona.

**tráiler** *m.* Remolque de un camión. — Esp. Avance de una película.

**trainera** *f.* Barco usado para la pesca de sardinas con red.

**traje** *m.* Vestido completo de una persona. — **Traje de baño,** prenda que se utiliza para bañarse en piscinas, playas, etc.

**trajinar** *tr.* Llevar mercancías de un lugar a otro. ▶ *intr.* Desarrollar una actividad intensa.

**trama** *f.* Conjunto de hilos que, cruzados con los de la urdimbre, forman una tela. — Disposición interna de las partes de un asunto. — Argumento de una obra. — Treta, confabulación.

**tramar** *tr.* Preparar con sigilo. — Cruzar los hilos de la trama por los de la urdimbre.

**tramitar** *tr.* Hacer pasar un asunto por los trámites necesarios para resolverlo.

**trámite** *m.* Acción de tramitar. — Diligencia que hay que realizar para la resolución de un asunto.

**tramo** *m.* Parte de una superficie: *un ~ de carretera.*

**tramontana** *f.* Viento del norte, frío y seco.

**tramoya** *f.* Maquinaria teatral con la que se realizan los cambios de decorado y los efectos especiales.

**trampa** *f.* Artificio para cazar animales. — Puerta abierta en el suelo. — Plan para engañar a alguien. — Infracción maliciosa en el juego o la competición con el fin de sacar provecho.

**trampolín** *m.* Tabla inclinada y flexible que sirve a los nadadores y a los gimnastas para impulsarse en un salto.

**tranca** *f.* Palo con que se aseguran puertas y ventanas. — Méx. Puerta tranquera.

**trancazo** *m.* Golpe dado con una tranca. — Fam. Gripe. — Cuba. Trago largo de licor. — Méx. Fam. Golpe muy fuerte.

**trance** *m.* Momento crítico, decisivo y difícil.

**tranquera** *f.* Amér. Merid. Puerta rústica de un alambrado hecha con maderos.

**tranquilizar** *tr. y prnl.* Poner tranquilo, calmar, sosegar.

**tranquilo, la** *adj.* Que está en calma. — Que no está nervioso.

**trans-** *pref.* Significa 'al otro lado', 'a través de'.

**transacción** *f.* Negocio, trato. — Acción y efecto de transigir.

**transar** *intr. y prnl.* Amér. Transigir, ceder. ► *tr.* Méx. Fam. Despojar a uno de algo mediante trampas.

**transatlántico** *m.* Barco de grandes dimensiones destinado al transporte de pasajeros en largas travesías.

**transbordar** *tr. e intr.* Trasladar cosas o personas de un vehículo a otro.

**transcribir** *tr.* Copiar un escrito. — Escribir lo que se oye.

**transcurrir** *intr.* Pasar el tiempo.

**transeúnte** *adj./m. y f.* Que transita por un lugar. — Que está de paso.

**transexual** *adj./m. y f.* Se dice de la persona que adquiere los caracteres sexuales del sexo opuesto.

**transferir** *tr.* Pasar a alguien o algo de un lugar a otro. — Ceder a otro el derecho sobre una cosa.

**transfigurar** *tr. y prnl.* Hacer cambiar de figura o aspecto a una persona o cosa.

**transformador** *m.* Aparato que transforma la corriente eléctrica de un voltaje a otro.

**transformar** *tr. y prnl.* Hacer cambiar de forma. — Convertir una cosa en otra mediante un proceso.

**tránsfuga** *m. y f.* Persona que pasa de un partido político a otro.

**transfundir** *tr.* Hacer pasar un líquido de un recipiente a otro.

**transfusión** *f.* Acción y efecto de transfundir. — Transfusión de sangre, introducción de sangre de un individuo en los vasos sanguíneos de otro.

**transgredir** *tr.* Violar o quebrantar una ley o norma.

**transición** *f.* Acción y efecto de pasar de un estado a otro.

**transigir** *intr.* Ceder a los deseos u opiniones de otro.

**transistor** *m.* Dispositivo electrónico que sirve para rectificar y ampliar los impulsos eléctricos.

**transitar** *intr.* Ir por una vía pública.

**transitivo, va** *adj.* LING. Se dice del verbo que puede llevar objeto directo.

**tránsito** *m.* Acción de transitar. — Movimiento de gente y vehículos por calles, carreteras, etc.

**transitorio, ria** *adj.* Que dura poco tiempo o no es definitivo.

**transmigrar** *intr.* Emigrar. — Según ciertas creencias, pasar un alma de un cuerpo a otro.

**transmisión** *m.* Acción y efecto de transmitir.

**transmisor** *m.* Aparato que sirve para transmitir las señales eléctricas, telefónicas o telegráficas.

**transmitir** *tr.* Hacer llegar a alguien un mensaje. — Emitir la radio o la televisión un programa. — Comunicar un mensaje por radio u otro sistema de transmisión a distancia. — Contagiar una enfermedad.

**transmutar** *tr. y prnl.* Convertir una cosa en otra.

**transparente** *adj.* Se dice del cuerpo a través del cual pueden verse claramente los objetos. — Claro y fácil de comprender.

**transpirar** *intr.* Expulsar a través de la piel un líquido orgánico. — Expulsar las plantas vapor de agua.

**transportador** *m.* Semicírculo graduado que sirve para medir y trazar ángulos.

**transportar** *tr.* Llevar personas o cosas de un lugar a otro. ▸ *prnl.* Extasiarse, embelesarse.

**transporte** *m.* Acción y efecto de transportar. — Medio o vehículo usado para transportar personas o cosas.

**transversal** *adj.* Que atraviesa una cosa de un lado a otro perpendicularmente. — Oblicuo, en diagonal.

**tranvía** *m.* Vehículo para el transporte urbano de personas, que se mueve por electricidad a través de raíles y que circula por las calles.

**trapeador** *m.* Chile y Méx. Trapo, bayeta para limpiar el suelo.

**trapear** *tr.* Amér. Fregar el suelo con un trapo o bayeta.

**trapecio** *m.* Palo horizontal suspendido en sus extremos por dos cuerdas. — ANAT. Músculo situado en la parte posterior del cuello. — MAT. Cuadrilátero que solo tiene dos lados paralelos.

**trapecista** *m. y f.* Artista de circo que actúa en el trapecio.

**trapezoide** *m.* MAT. Cuadrilátero irregular que no tiene ningún lado paralelo a otro.

**trapiche** *m.* Molino para prensar frutas y extraer su jugo. — Argent., Chile y Méx. Molino para reducir a polvo los minerales. — Méx. Ingenio azucarero.

**trapichear** *intr.* Fam. Buscar medios para lograr algo.

**trapo** *m.* Trozo de tela vieja o inútil. — Paño usado para limpiar. — Velamen. — Capote, muleta. ▶ *pl.* Fam. Conjunto de prendas de vestir. — **Trapos sucios** (Fam.), errores o defectos que se tienen y que deberían permanecer ocultos.

**tráquea** *f.* Conducto que comunica la laringe con los bronquios.

**traqueotomía** *f.* MED. Abertura que se hace en la tráquea para evitar la asfixia.

**traro** *m.* Argent. y Chile. Carancho, ave rapaz.

**tras** *prep.* Después de, a continuación. — Detrás de. — En busca de: *ir tras la fama.*

**tras-** *pref.* Trans.

**trascendencia** *f.* Consecuencia de índole grave o importante.

**trascendental** *adj.* Muy importante, interesante o valioso.

**trascender** *intr.* Empezar a conocerse lo que estaba oculto. — Extenderse las consecuencias de algo.

**trasegar** *tr.* Desordenar cosas. — Cambiar un líquido de recipiente.

**trasera** *f.* Parte posterior de un objeto, edificio, etc.

**trasero, ra** *adj.* Situado detrás. ▶ *m.* Fam. Nalgas, culo.

**trashumancia** *f.* Traslado del ganado, para buscar nuevos pastos.

**traslación** *f.* Acción y efecto de trasladar. — ASTRON. Movimiento elíptico de la Tierra alrededor del Sol.

**trasladar** *tr.* Hacer pasar a alguien de un puesto a otro de la misma categoría. ▶ *tr. y prnl.* Cambiar de lugar o de tiempo.

**traslúcido, da** *adj.* Que deja pasar la luz, pero no permite ver lo que hay detrás.

**trasluz.** Palabra que se utiliza en la expresión **al trasluz**, que se aplica a la forma de mirar una cosa, poniéndola entre la luz y el ojo.

**trasminante** *adj.* Chile. Se dice del frío penetrante e intenso.

**trasnochar** *intr.* Pasar la noche sin dormir o acostarse muy tarde.

**traspapelar** *tr. y prnl.* Perder un papel entre otros.

**traspasar** *tr.* Pasar de un lado a otro de un cuerpo. — Pasar más allá de un límite. — Ceder el alquiler de un local.

**traspatio** *m.* Amér. Patio interior de la casa, situado tras el patio principal.

**traspié** *m.* Resbalón o tropezón. — Error, desliz.

**trasplantar** *tr.* Trasladar plantas de un terreno a otro. — MED. Realizar un trasplante.

**trasplante** *m.* Acción y efecto

de trasplantar. — MED. Sustitución de un órgano enfermo o
dañado por otro sano.

**trasponer** *tr. y prnl.* Poner a
alguien o algo en un lugar diferente. — Atravesar. ▸ *prnl.*
Quedarse medio dormido.

**trasquilar** *tr.* Esquilar.

**trastada** *f.* Fam. Mala pasada.

**traste** *m.* Cada uno de los salientes colocados a lo largo del
mástil de una guitarra u otro
instrumento de cuerda. — Dar
al traste con algo, estropearlo o
echarlo a perder.

**trastear** *tr.* Poner los trastes a la
guitarra o a otro instrumento.
▸ *intr.* Pisar las cuerdas de los
instrumentos de trastes. — Mover trastos o cosas de un lado a
otro. — Hacer travesuras.

**trastero** *m.* Habitación donde se
guardan trastos, muebles, etc.

**trastienda** *f.* Habitación situada
detrás de la tienda.

**trasto** *m.* Utensilio viejo o inútil.
— Máquina o aparato, especialmente el que está viejo o
funciona mal.

**trastocar** *tr.* Desordenar las cosas. ▸ *prnl.* Enloquecer.

**trastornar** *tr.* Causar a alguien
una gran molestia. — Inquietar,
intranquilizar. ▸ *tr. y prnl.* Perturbar las facultades mentales.

**trastorno** *m.* Acción y efecto de
trastornar o trastornarse. — Alteración leve de la salud.

**trasvasar** *tr.* Pasar un líquido de
un lugar a otro.

**trata** *f.* Tráfico de seres humanos.

**tratado** *m.* Acuerdo entre naciones y documento en el que
consta. — Obra sobre determinada materia.

**tratamiento** *m.* Acción y efecto
de tratar o tratarse. — Título de
cortesía. — Método para curar
una enfermedad.

**tratar** *tr.* Comportarse con alguien de una determinada manera. — Dar tratamiento: ~ *de*
*usted.* — Someter a cuidados
médicos. — Discutir sobre un
asunto. ▸ *tr., intr. y prnl.* Relacio-
narse con alguien. ▸ *intr.* Hablar
o escribir sobre cierto asunto.
— Intentar: *trató de engañarme.*

**tratativa** *f.* Argent. y Perú. Etapa
preliminar de una negociación.

**trato** *m.* Acción y efecto de tratar
o tratarse. — Manera de dirigirse a una persona. — Acuerdo
entre dos personas o partes.

**trauma** *m.* Trastorno emocional.

**traumatismo** *m.* MED. Lesión de
los tejidos orgánicos provocada
por un agente exterior.

**través** *m.* Inclinación o torcimien-
to. — A través de, por medio de.

**travesaño** *m.* Pieza que atraviesa algo de una parte a otra.

**travesía** *f.* Vía transversal. — Viaje por mar o aire. — Argent. Región vasta y desértica. — Chile.
Viento oeste que sopla desde
el mar.

**travesti** *m. y f.* Persona que
utiliza vestiduras del sexo contrario.

**travesura** *f.* Acción realizada por los niños, con afán de divertirse y sin malicia, con la que causan algún trastorno.

**traviesa** *f.* Cada una de las piezas sobre las que se asientan los rieles.

**travieso, sa** *adj.* Que hace travesuras. — Que no está quieto o es muy revoltoso.

**trayecto** *m.* Espacio que se recorre de un punto a otro. — Acción de recorrer dicho espacio.

**trayectoria** *f.* Línea descrita en el espacio por un punto en movimiento. — Conducta u orientación del comportamiento.

**traza** *f.* Diseño, plano o proyecto de una obra de construcción. — Aspecto, apariencia. — Habilidad para hacer algo.

**trazar** *tr.* Hacer trazos. — Representar a grandes líneas: ~ *un retrato*. — Disponer los medios oportunos para conseguir algo.

**trazo** *m.* Línea trazada sobre una superficie. — En la escritura, cada una de las partes en que se considera dividida la letra.

**trébol** *m.* Planta de hojas agrupadas de tres en tres. — Carta de la baraja francesa.

**trece** *adj./m.* Diez y tres. ▸ *adj./m. y f.* Decimotercero.

**treceavo, va** *adj./m.* Se dice de cada una de las trece partes iguales en que se divide un todo.

**trecho** *m.* Espacio de lugar o de tiempo.

**tregua** *f.* Cesación temporal de hostilidades. — Descanso temporal en una actividad.

**treinta** *adj./m.* Tres veces diez. ▸ *adj./m. y f.* Trigésimo.

**tremebundo, da** *adj.* Que causa terror.

**tremendo, da** *adj.* Digno de ser temido. — Muy grande.

**trementina** *f.* Resina que se extrae del abeto y otros árboles.

**tremolar** *tr.* Enarbolar las banderas, estandartes, etc.

**trémulo, la** *adj.* Que tiembla. — Que tiene un movimiento parecido al temblor.

**tren** *m.* Conjunto de una locomotora y de los vagones arrastrados por ella. — Conjunto de aparatos para realizar una operación.

**trenca** *f.* Abrigo corto y con capucha.

**trenza** *f.* Conjunto de tres mechones de pelo que se cruzan.

**trepador, ra** *adj.* Que trepa: *planta* ~. ▸ *adj./f.* Se dice de las aves que tienen el dedo externo hacia atrás para trepar con facilidad por los árboles.

**trepanar** *tr.* MED. Perforar el cráneo.

**trepar** *tr. e intr.* Subir a un lugar ayudándose de los pies y las manos. ▸ *intr.* Crecer las plantas agarrándose a los árboles u otros objetos.

**tres** *adj./m.* Dos y uno. ▸ *adj./m. y f.* Tercero.

**trescientos, tas** *adj./m.* Tres veces ciento. ▸ *adj./m. y f.* Que corresponde en orden al número trescientos.

**tresillo** *m.* Conjunto de un sofá y dos butacas. — MÚS. Grupo de tres notas de igual valor que se ejecutan en el tiempo correspondiente a dos de ellas.

**tresquilar** *tr.* Chile, C. Rica y Ecuad. Trasquilar.

**treta** *f.* Ardid, artimaña.

**triángulo** *m.* Polígono de tres lados. — Instrumento musical de percusión formado por un triángulo metálico.

**triásico, ca** *adj./m.* GEOL. Se dice del primer período del mesozoico.

**tribu** *f.* Agrupación política, social y económica propia de los pueblos primitivos, dirigida por un jefe.

**tribulación** *f.* Disgusto, pena. — Dificultad.

**tribuna** *f.* Plataforma elevada desde donde se habla al público. — En los campos deportivos, localidad preferente.

**tribunal** *m.* Órgano del estado formado por uno o varios magistrados que juzgan conjuntamente. — Conjunto de magistrados que componen este órgano. — Conjunto de personas reunidas para juzgar en un concurso, examen u oposición.

**tributar** *tr.* Pagar un tributo. — Dar muestras de admiración o gratitud.

**tributo** *m.* Impuesto u otra obli-

gación fiscal. — Carga que se impone a alguien por el disfrute de algo.

**tríceps** *adj./m.* Se dice de los músculos con tres tendones.

**triciclo** *m.* Vehícudo de tres ruedas.

**tricornio** *m.* Sombrero de tres puntas, usado en ocasiones por la Guardia Civil española.

**tricota** *f.* Argent. Suéter, prenda de punto.

**tricotar** *tr. e intr.* Hacer labores de punto.

**triedro** *adj.* MAT. Se dice del ángulo formado por tres planos que concurren en un punto.

**trienio** *m.* Período de tres años. — Incremento económico de un sueldo correspondiente a cada tres años de servicio activo.

**trifulca** *f.* Fam. Pelea, riña.

**trigésimo, ma** *adj./m. y f.* Que corresponde en orden al número treinta.

**triglifo** o **tríglifo** *m.* ARQ. Motivo ornamental del friso dórico.

**trigo** *m.* Planta herbácea de cuyo grano se obtiene la harina. — Grano de esta planta.

**trigonometría** *f.* MAT. Estudio de las relaciones que se establecen entre los lados y los ángulos de un rectángulo.

**trilita** *f.* Trinitrotolueno.

**trillado, da** *adj.* Muy conocido o sabido.

**trillar** *tr.* Triturar la mies y separar el grano de la paja.

**trillizo, za** *adj./m. y f.* Se dice de cada uno de los tres hermanos nacidos en un mismo parto.

**trillo** *m.* Instrumento para trillar. — Amér. Central y Antill. Senda abierta comúnmente por el continuo tránsito de peatones.

**trilobites** *adj./m.* Relativo a una clase de artrópodos marinos fósiles de la era primaria, cuyo cuerpo estaba dividido en tres partes.

**trilogía** *f.* Conjunto de tres obras de un autor, que forman una unidad.

**trimestre** *m.* Período de tres meses.

**trinar** *intr.* Cantar las aves. — Fam. Estar muy enfadado: *está que trina.*

**trinca** *f.* Conjunto de tres cosas de una misma clase. — MAR. Cabo que sujeta una cosa.

**trinchar** *tr.* Partir en trozos la comida para servirla.

**trinche** *m.* Chile y Ecuad. Mueble donde se trincha. — Colomb., Ecuad. y Méx. Tenedor.

**trinchera** *f.* Zanja defensiva que permite disparar a cubierto del enemigo. — Gabardina.

**trineo** *m.* Vehículo que se desliza sobre la nieve y el hielo.

**trinidad** *f.* Misterio de la fe católica según el cual hay tres personas distintas que forman un solo Dios.

**trinitaria** *f.* Colomb., P. Rico y Venez. Planta trepadora de flores moradas o rojas.

**trinitario, ria** *adj./m. y f.* De Trinidad.

**trinitrotolueno** *m.* Compuesto que constituye un potente explosivo.

**trino** *m.* Gorjeo de los pájaros.

**trinomio** *m.* MAT. Polinomio de tres términos.

**trinquete** *m.* Méx. Engaño para obtener alguna cosa. — MAR. Palo de proa. — MAR. Verga mayor y vela que se sujeta a esta verga.

**trío** *m.* Conjunto de tres personas o cosas. — MÚS. Conjunto de tres voces o tres instrumentos.

**tripa** *f.* Intestino. — Parte abultada de ciertos objetos. — Colomb. y Venez. Cámara de las ruedas del automóvil.

**tripartito, ta** *adj.* Dividido en tres partes, órdenes o clases.

**triple** *adj./m.* Que contiene un número tres veces exactamente.

**trípode** *m.* Armazón de tres pies, para sostener ciertos instrumentos.

**tríptico** *m.* Pintura o grabado de tres cuerpos. — Tratado o libro que consta de tres partes.

**triptongo** *m.* LING. Conjunto de tres vocales que forman una sola sílaba.

**tripulación** *f.* Conjunto de personas al servicio de un barco o una aeronave.

**tripular** *tr.* Conducir o prestar servicio en una embarcación o aeronave. — Dotar de tripulación.

**tripulina** *f.* Chile. Confusión, barullo.

**triquina** *f.* Gusano parásito del intestino de ciertos mamíferos.

**triquiñuela** *f.* Fam. Artimaña.

**tris** *m.* Leve sonido que hace una cosa delicada al quebrarse. — Fam. Porción muy pequeña de tiempo o lugar.

**triste** *adj.* Afligido, apesadumbrado. — Que ocasiona aflicción o pena: *noticia* ~. — Insignificante, insuficiente: ~ *consuelo.* ► *m.* Amér. Composición popular de tema amoroso que se canta al son de la guitarra.

**tritón** *m.* Anfibio parecido a la salamandra.

**triturar** *tr.* Reducir una materia sólida a trozos pequeños.

**triunfar** *intr.* Quedar victorioso. — Tener éxito: *quiere ~ en la vida.*

**triunfo** *m.* Acción y efecto de triunfar. — Trofeo. — Argent. y Perú. Baile popular.

**triunvirato** *m.* Magistratura de la antigua Roma formada por tres personas.

**trivial** *adj.* Que carece de toda importancia o interés.

**triza** *f.* Trozo pequeño de algo.

**trocar** *tr.* Cambiar una cosa por otra. ► *tr. y prnl.* Variar una cosa en otra distinta: ~ *la risa en llanto.*

**trocear** *tr.* Dividir en trozos.

**trocha** *f.* Camino abierto en la maleza. — Atajo. — Argent. Ancho de la vía ferroviaria.

**trofeo** *m.* Objeto en recuerdo de un éxito o una victoria: ~ *de guerra.* — Premio que se entrega en una competición.

**troglodita** *adj./m. y f.* Que habita en cavernas.

**trola** *f.* Fam. Esp. Mentira, engaño.

**trole** *m.* Dispositivo que transmite la corriente de la red aérea a los vehículos eléctricos.

**trolebús** *m.* Autobús que se mueve mediante un trole doble.

**tromba** *f.* Chaparrón repentino.

**trombo** *m.* Coágulo sanguíneo que se forma en una vena o vaso.

**trombocito** *m.* Plaqueta.

**trombón** *m.* Instrumento musical de viento, parecido a la trompeta.

**trombosis** *f.* Formación de un trombo en el interior de un vaso sanguíneo.

**trompa** *f.* Instrumento musical de viento compuesto de un tubo cónico arrollado sobre sí mismo. — Peonza. — Prolongación de la nariz de algunos animales. — Aparato chupador de algunos insectos. — Trompa de Eustaquio (ANAT.), conducto que comunica la faringe con el oído medio. — Trompa de Falopio (ANAT.), cada uno de los conductos que permite el paso del óvulo desde el ovario al útero.

**trompazo** *m.* Golpe recio.

**trompear** *tr.* Amér. Dar trompazos o puñetazos.

**trompeta** *f.* Instrumento musical de viento formado por un tubo de metal, que va ensanchándose desde la boquilla.

**trompicón** *m.* Tropezón o resbalón.

**trompo** *m.* Peonza.

**trompudo, da** *adj.* Amér. Se dice de la persona de labios prominentes.

**tronar** *impers.* Haber o sonar truenos. ▶ *intr.* Méx. Fam. No aprobar un curso un estudiante. — Méx. Fam. Romper relaciones una pareja.

**tronchar** *tr. y prnl.* Partir el tronco, tallo o ramas de una planta. ▶ *prnl.* Fam. Reírse mucho sin poder contenerse.

**troncho** *m.* Tallo de las hortalizas. — Colomb. y Nicar. Porción, pedazo.

**tronco** *m.* Tallo principal de una planta arbórea. — Parte central del cuerpo, sin la cabeza y las extremidades.

**tronera** *f.* Ventana pequeña y angosta. — Cada uno de los agujeros de la mesa de billar.

**trono** *m.* Asiento regio con gradas y dosel. — Dignidad de rey.

**tropa** *f.* Conjunto de soldados, cabos y sargentos. — Multitud. — Amér. Merid. Recua de ganado. ▶ *pl.* Conjunto de cuerpos de un ejército.

**tropel** *m.* Muchedumbre que se mueve con desorden y gran ruido. — Conjunto revuelto y desordenado de cosas.

**tropelía** *f.* Atropello, acto violento o ilegal.

**tropezar** *intr.* Topar en algún obstáculo al caminar. ▶ *intr. y prnl.* Fam. Encontrar casualmente una persona a otra.

**tropezón** *m.* Acción y efecto de tropezar. — Trozo pequeño de carne que se mezcla con la sopa o las legumbres.

**trópico** *m.* Cada uno de los dos círculos menores en los que se considera dividida la Tierra, que son paralelos al ecuador. — Región situada entre estos dos círculos.

**tropiezo** *m.* Tropezón. — Contratiempo.

**tropilla** *f.* Argent. Conjunto de caballos de un mismo dueño.

**tropismo** *m.* BIOL. Orientación de crecimiento de plantas y microorganismos en respuesta a determinados estímulos externos.

**tropo** *m.* Figura retórica que consiste en emplear las palabras en sentido distinto al habitual, como la metáfora.

**troposfera** *f.* Primera capa de la atmósfera, en contacto con la superficie de la Tierra.

**troquel** *m.* Molde para acuñar monedas, medallas, etc.

**trotamundos** *m. y f.* Fam. Persona aficionada a viajar.

**trote** *m.* Modo de andar de las caballerías lavantando a la vez el pie y la mano opuesta. — Ocupación muy intensa.

**trova** *f.* Verso o poesía. — Canción amorosa compuesta o cantada por los trovadores.

**trovador** *m.* Poeta provenzal de la Edad Media.

**troyano, na** *adj./m. y f.* De Troya, antigua ciudad de Asia Menor.

**trozo** *m.* Parte o porción de una cosa separada del todo.

**trucar** *tr.* Disponer las cartas para hacer trampas en los juegos de naipes, o hacer trucos en el juego de billar. — Falsificar.

**trucha** *f.* Pez de agua dulce, de carne muy apreciada.

**truco** *m.* Ardid o artimaña para lograr un fin. — Procedimiento para producir un efecto con apariencia de verdad. — Argent. Juego de naipes.

**truculento, ta** *adj.* Que produce horror por su crueldad o su dramatismo.

**trueno** *m.* Ruido del rayo. — Estampido, explosión.

**trueque** *m.* Cambio, acción y efecto de trocar.

**trufa** *f.* Hongo comestible muy apreciado, que crece bajo tierra. — Dulce de crema de chocolate y forma redondeada.

**truhán, na** *adj./m. y f.* Granuja.

**trumao** *m.* Chile. Tierra arenisca muy fina procedente de rocas volcánicas.

**truncar** *tr.* Cortar una parte de una cosa o dejarla incompleta.

**trusa** *f.* Méx. y Perú. Calzoncillos. — Perú. Bragas.

**tse-tsé** *f.* Mosca africana que transmite la enfermedad del sueño.

**tu** *adj. pos.* Apóc. de tuyo, cuando va antepuesto al nombre.

**tú** *pron. pers. masc. y fem. de 2.ª persona sing.* Funciona como sujeto.

**tubérculo** *m.* Porción engrosada de un tallo subterráneo, como la patata. — MED. Pequeño tumor del interior de los tejidos.

**tuberculosis** *f.* Enfermedad infecciosa, caracterizada por la formación de tubérculos, principalmente en los pulmones.

**tubería** *f.* Conducto formado por tubos. — Conjunto de tubos.

**tubo** *m.* Pieza cilíndrica, hueca y alargada: ~ *de desagüe.* — Recipiente alargado de forma cilíndrica: ~ *de pasta dentífrica.*

**tucán** *m.* Ave trepadora de plumaje muy coloreado y pico grande.

**tuco, ca** *adj.* Bol., Ecuad. y P. Rico. Manco. ▶ *m.* Amér. Central, Ecuad. y P. Rico. Muñón. — Argent., Chile y Urug. Salsa de tomate cocida con cebolla, orégano, perejil, ají, etc.

**tucutuco** *m.* Amér. Merid. Mamífero insectívoro similar al topo, que vive en galerías subterráneas.

**tuerca** *f.* Pieza cuya superficie interna está labrada por un surco en espiral en el que se ajusta la rosca de un tornillo.

**tuerto, ta** *adj./m. y f.* Falto de un ojo.

**tuétano** *m.* Médula contenida en los huesos.

**tufo** *m.* Emanación gaseosa que se desprende de las fermentaciones y combustiones. — Olor desagradable.

**tugurio** *m.* Vivienda o habitación pequeña y miserable.

**tul** *m.* Tejido transparente.

**tule** *m.* Méx. Planta de tallos largos y erectos que crece a la orilla de los ríos y lagos, con cuyas hojas se hacen petates.

**tulipán** *m.* Planta de raíz bulbosa y flor grande. — Flor de esta planta.

**tullido, da** *adj./m. y f.* Que ha perdido el movimiento del cuerpo o de algún miembro.

**tulpa** *f.* Colomb., Ecuad. y Perú. Cada una de las piedras que forman el fogón de las cocinas campesinas.

**tumba** *f.* Sepulcro, sepultura.

**tumbado** *m.* Colomb. y Ecuad. Techo interior plano y liso.

**tumbar** *tr.* Hacer caer a alguien o algo. ▸ *prnl.* Fam. Tenderse.

**tumbo** *m.* Vaivén violento.

**tumbona** *f.* Silla extensible y articulada para estar tumbado.

**tumefacción** *f.* MED. Hinchazón de alguna parte del cuerpo.

**tumor** *m.* Aumento patológico del volumen de los tejidos o de un órgano, debido a una proliferación anormal celular.

**túmulo** *m.* Sepulcro levantado de la tierra. — Armazón sobre el que se coloca el ataúd para celebrar las exequias de un difunto.

**tumulto** *m.* Alboroto de una multitud. — Desorden o confusión de un conjunto de cosas.

**tuna** *f.* Fruto de la chumbera. —Estudiantina.

**tunante, ta** *adj./m. y f.* Granuja, pícaro.

**tunda** *f.* Fam. Paliza.

**tundra** *f.* Formación vegetal propia de climas fríos.

**túnel** *m.* Galería subterránea que se abre artificialmente.

**tungsteno** *m.* QUÍM. Metal de color gris, muy duro, denso y difícil de fundir.

**túnica** *f.* Vestido más o menos holgado y largo.

**tuntún.** Palabra que se utiliza en la expresión al tuntún (Fam.), que significa 'sin reflexión'.

**tupé** *m.* Mechón de cabello sobre la frente.

**tupido, da** *adj.* Denso, apretado. — Argent., Méx. y Urug. Abundante, copioso.

**tupí-guaraní** *adj./m. y f.* De un pueblo amerindio que comprende diversas tribus extendidas a lo largo de la costa atlántica y de la cuenca del río Amazonas. ▸ *m.* Familia de lenguas amerindias de América del Sur.

**turba** *f.* Carbón fósil formado de residuos vegetales. — Muchedumbre de gente incontrolada.

**turbante** *m.* Tocado oriental de tela que se arrolla a la cabeza.

**turbar** *tr. y prnl.* Alterar el orden o estado natural de algo. — Aturdir a alguien de modo que no acierte a reaccionar.

**turbina** *f.* Máquina motriz compuesta de una rueda móvil sobre la que se aplica la energía de un fluido propulsor.

**turbio, bia** *adj.* Sucio o revuelto. — *Fam.* Confuso: *un negocio* ~.

**turboalternador** *m.* Grupo generador de electricidad, compuesto de una turbina y un alternador.

**turbogenerador** *m.* Generador eléctrico accionado por una turbina.

**turbulento, ta** *adj.* Agitado, alborotado. — Se dice del movimiento de un fluido que presenta una agitación desordenada.

**turco, ca** *adj./m. y f.* De Turquía.

**turismo** *m.* Práctica de viajar por placer. — Automóvil particular.

**turnar** *intr. y prnl.* Establecer un turno con otras personas en la realización de algo. ▶ *tr.* Méx. Remitir un expediente o asunto, un funcionario a otro.

**turno** *m.* Orden por el que se suceden unas a otras las personas que se turnan. — Momento en el que corresponde actuar a cada uno.

**turolense** *adj./m. y f.* De Teruel (España).

**turquesa** *f.* Piedra preciosa de color azul verdoso.

**turrón** *m.* Masa de almendras, piñones, avellanas o nueces, tostados y mezclados con miel o azúcar.

**tusa** *f.* Argent. y Chile. Crin del caballo. — Argent. y Chile. Acción de tusar. — Bol., Colomb. y Venez. Mazorca de maíz desgranada. — Chile. Conjunto de filamentos de la mazorca de maíz. — Colomb. Marca de viruela. — Cuba. Cigarrillo que se lía con hojas de maíz. — Cuba. Mazorca de maíz.

**tusar** *tr.* Amér. Trasquilar. — Argent. Cortar las crines al caballo.

**tute** *m.* Juego de naipes con baraja española.

**tutear** *tr. y prnl.* Hablar a uno de tú y no de usted.

**tutela** *f.* Autoridad y cargo de tutor. — Amparo, protección.

**tutor, ra** *m. y f.* Persona que representa al menor en los actos civiles. — Profesor encargado de orientar a los alumnos.

**tuyo, ya** *adj. pos./pron. pos.* Indica posesión de o pertenencia a la 2.ª persona del sing.

**tuza** *f.* Méx. Pequeño roedor similar al topo.

**u** *f.* Vigésima cuarta letra del abecedario. ▸ *conj.* Se emplea en vez de la conjunción o ante palabras que empiezan por o o por ho: *uno u otro.*

**ubicar** *intr. y prnl.* Estar o encontrarse en un lugar o espacio. ▸ *tr.* Amér. Situar o instalar en determinado espacio o lugar.

**ubicuo, cua** *adj.* Que está en varios sitios a la vez.

**ubre** *f.* Teta de un mamífero hembra.

**ucraniano, na o ucranio, nia** *adj./m. y f.* De Ucrania. ▸ *m./ adj.* Lengua eslava hablada en Ucrania.

**ufano, na** *adj.* Engreído. — Satisfecho, alegre.

**ujier** *m.* Portero de un palacio o tribunal. — Empleado subalterno de algunos tribunales.

**úlcera** *f.* Herida que no cicatriza, generalmente acompañada de secreción de pus.

**uliginoso, sa** *adj.* BOT. Que crece en lugares húmedos.

**ulmo** *m.* Chile. Árbol cuya corteza se emplea para curtir. — Chile. Madera de esta planta.

**ulterior** *adj.* Que se dice, sucede o se hace después de otra cosa.

**ultimadamente** *adv.* Méx. Fam. Finalmente, a todo esto.

**ultimar** *tr.* Terminar algo. — Amér. Matar, rematar.

**ultimátum** *m.* Resolución o propuesta definitiva que suele ir acompañada de una amenaza.

**último, ma** *adj.* Que está después que todos los demás en el espacio o en el tiempo. — Que es lo más reciente en el tiempo. — Decisivo, definitivo.

**ultra** *adj.* Relativo a la política de extrema derecha. ▸ *m. y f.* Persona que tiene ideas políticas radicales.

**ultraje** *m.* Injuria, ofensa.

**ultramar** *m.* País o territorio situado al otro lado del mar.

**ultramarino, na** *adj.* Relativo a ultramar. ▸ *m. pl.* Tienda donde venden comestibles.

**ultranza** Palabra que se usa en la expresión a ultranza, que significa 'con total convencimiento, resueltamente'.

**ultrarrojo, ja** *adj.* Infrarrojo.

**ultrasonido** *m.* Onda sonora no audible por el oído humano.

**ultratumba** *f.* Mundo que se cree que existe después de la muerte.

**ultravioleta** *adj.* Fís. Se dice de las radiaciones situadas en el espectro desde el violeta hasta la región de los rayos X.

**ulular** *intr.* Dar aullidos o alaridos. — Producir el viento un sonido grave y largo.

**umbela** *f.* Bot. Inflorescencia en forma de parasol.

**umbelífero, ra** *adj./f.* Relativo a una familia de plantas con flores dispuestas en umbelas, como la zanahoria.

**umbilical** *adj.* Relativo al ombligo.

**umbral** *m.* Pieza o espacio que constituye la parte inferior de una puerta. — Comienzo o primer paso de un proceso.

**umbrío, a** *adj.* Se dice del lugar donde da poco el sol.

**un, una** *art. indet.* Sirve para indicar una persona o cosa de un modo indeterminado. ▸ *adj.* Apóc. de *uno*.

**unánime** *adj.* Que tiene o expresa un mismo parecer o sentimiento.

**unción** *f.* Acción de ungir. — Extremaunción.

**undécimo, ma** *adj./m. y f.* Que corresponde en orden al número once.

**ungir** *tr.* Untar. — Hacer la señal de la cruz a una persona con óleo sagrado.

**ungüento** *m.* Sustancia que sirve para untar, especialmente con fines curativos.

**unguiculado, da** *adj./m.* Se dice de los animales cuyos dedos terminan en uñas.

**ungulado, da** *adj./m.* Se dice de los mamíferos cuyos dedos terminan en cascos o pezuñas.

**únicamente** *adv.* Solo, sin nada más.

**unicelular** *adj.* Biol. Formado por una sola célula.

**único, ca** *adj.* Solo, que no hay otro de su especie. — Excepcional.

**unicornio** *m.* Animal imaginario con cuerpo de caballo y un cuerno en la frente.

**unidad** *f.* Propiedad de lo que constituye un todo indivisible. — Cosa completa y diferenciada dentro de un conjunto. — Magnitud tomada como término de comparación al medir otra de la misma especie.

**unifamiliar** *adj.* Que corresponde a una sola familia.

**unificar** *tr. y prnl.* Reunir varias cosas o personas para crear un todo homogéneo. — Igualar, equiparar.

**uniforme** *adj.* Que no presenta variaciones en su conjunto o en su duración. — Que tienen la misma forma. ▸ *m.* Vestido distintivo de un cuerpo, colegio, etc.

**unigénito, ta** *adj.* Se dice del hijo único.

**unilateral** *adj.* Que tiene o presenta una sola parte de una cuestión: *acuerdo* ~.

**unión** *f.* Acción y efecto de unir. — Alianza, asociación.

**uníparo, ra** *adj.* BOT. Que produce un solo cuerpo, flor, etc. — ZOOL. Que sólo tiene una cría en cada camada.

**unipersonal** *adj.* Que consta de una sola persona. — Que corresponde o pertenece a una sola persona.

**unir** *tr.* y *prnl* Hacer que dos o más personas o cosas queden juntas o formando una unidad. — Relacionar o comunicar dos cosas distintas.

**unisex** *adj.* Que puede ser usado por personas de los dos sexos.

**unísono, na** *adj.* Que tiene el mismo tono que otra cosa.

**unitario, ria** *adj.* Formado por una sola unidad. — Que tiende a la unidad o la conserva.

**universal** *adj.* Relativo al universo. — Que se refiere o es común a todo el mundo, todas las épocas o todas las personas. — Conocido en todas partes.

**universidad** *f.* Institución y edificio donde se imparte la enseñanza superior.

**universo** *m.* Mundo, conjunto de todo lo que existe.

**unívoco, ca** *adj./m. y f.* Que sólo tiene un significado. — Que tiene igual naturaleza o valor que otra cosa.

**uno, una** *adj.* Que no está dividido en sí mismo. — Primero: *página* ~. ▶ *pron. indef.* Indica una persona indeterminada. ▶ *m.* Indica el primero de los números naturales. — Signo con que se expresa la unidad.

**untar** *tr.* Cubrir con materia grasa una superficie. — Fam. Sobornar.

**unto** *m.* Materia grasa que se emplea para untar. — Chile. Betún para limpiar el calzado.

**uña** *f.* Lámina córnea que cubre la parte superior del extremo de los dedos. — Pezuña.

**uñero** *m.* Inflamación en la raíz de la uña. — Herida que produce una uña cuando crece introduciéndose en la carne.

**uperizar** o **uperisar** *tr.* Someter un líquido a una inyección de vapor durante menos de un segundo, con el fin de destruir los gérmenes y prolongar su conservación.

**uralita** *f.* Nombre comercial de una mezcla de cemento y amianto.

**uranio** *m.* Metal radiactivo duro y muy denso.

**urbanidad** *f.* Comportamiento que demuestra buena educación.

**urbanismo** *m.* Ciencia que estudia la construcción y desarrollo de las ciudades.

**urbanizar** *tr.* Acondicionar un terreno para crear una población.

**urbano, na** *adj.* Relativo a la ciudad.

**urbe** *f.* Ciudad muy populosa.

**urdimbre** *f.* Conjunto de hilos paralelos dispuestos para pasar la trama en las telas.

**urdir** *tr.* Preparar los hilos de la urdimbre. — Maquinar algo contra alguien.

**urea** *f.* Sustancia que se forma en el hígado y se expulsa a través de la orina y el sudor.

**uréter** *m.* Cada uno de los dos conductos que transportan la orina desde los riñones hasta la vejiga.

**uretra** *f.* Conducto por donde se expele la orina.

**urgente** *adj.* Que urge o se cursa con más rapidez de lo ordinario.

**urgir** *intr.* Apremiar, acuciar. —Obligar una autoridad, ley o norma a hacer cierta cosa.

**úrico, ca** *adj.* Se dice del ácido incoloro y poco soluble que se halla en la orina.

**urinario, ria** *adj.* Relativo a la orina. ▸ *m.* Local público dispuesto para orinar.

**urna** *f.* Recipiente usado para guardar las cenizas de los un muertos. — Caja de cristal para guardar objetos. — Caja con una ranura para depositar votos.

**uro** *m.* Mamífero rumiante parecido al buey salvaje, extinguido en la actualidad.

**urogallo** *m.* Ave gallinácea forme que vive en los bosques de Europa.

**urología** *f.* Estudio de las enfermedades de las vías urinarias.

**urpila** *f.* Argent., Bol. y Ecuad. Especie de tórtola.

**urraca** *f.* Ave de plumaje negro y blanco, con pico y patas negruzcos, parecida al cuervo. — Amér. Ave de dorso pardo y vientre blancuzco, que suele vivir en parques y jardines.

**urticaria** *f.* Erupción cutánea que produce gran escozor.

**uruguayo, ya** *adj./m. y f.* De Uruguay.

**urutaú** *m.* Argent., Par. y Urug. Ave nocturna similar a la lechuza.

**usanza** *f.* Uso, moda.

**usar** *tr. e intr.* Utilizar. ▸ *tr.* Hacer o llevar algo por costumbre.

**usía** *pron.* Tratamiento de respeto de 2.ª persona usado antiguamente.

**usina** *f.* Argent., Bol., Chile, Colomb. y Urug. Instalación industrial, particularmente la destinada a producir gas, energía eléctrica, etc.

**uslero** *m.* Chile. Palo cilíndrico de madera que se utiliza en la cocina para extender la masa.

**uso** *m.* Empleo o utilización de una cosa para un fin determinado. — Capacidad para usar algo. — Modo de usar algo. — Costumbre, moda.

**usted** *pron. pers. masc. y fem. de* 2.ª *persona.* Se emplea como tratamiento de respeto en España y no solo de respeto en América, y se usa con el verbo y formas pronominales en 3.ª persona. ▸ *pl.* En zonas de Andalucía, Canarias y América, equivale a *vosotros*.

**usual** *adj.* De uso frecuente, común o fácil.

**usuario, ria** *adj./m. y f.* Que usa habitualmente una cosa.

**usufructo** *m.* Derecho de uso de un bien de otro, percibiendo los beneficios. — Utilidad o provecho que se saca de alguna cosa.

**usura** *f.* Préstamo de dinero a un interés excesivo.

**usurpar** *tr.* Apoderarse injustamente de lo que pertenece a otro.

**usuta** *f.* Argent., Bol. y Perú. Sandalia de cuero o fibra vegetal usada por los campesinos.

**utensilio** *m.* Objeto usado para un trabajo, que generalmente es manual.

**útero** *m.* Órgano de la gestación en las hembras de los mamíferos.

**útil** *adj.* Que produce provecho o sirve para algo. ▸ *m.* Utensilio. ▸ *pl.* Argent., Chile, Méx. y Urug. Conjunto de libros, cuadernos, lápices, etc., que usan los escolares.

**utilidad** *f.* Cualidad de útil. — Provecho que se saca de una cosa.

**utilizar** *tr. y prnl.* Valerse de alguien o algo para un fin determinado.

**utillaje** *m.* Conjunto de útiles necesarios para una actividad.

**utopía** *f.* Sistema o proyecto ideal, pero irrealizable.

**uva** *f.* Fruto comestible de la vid.

**uve** *f.* Nombre de la letra *v.* — Uve doble, nombre de la letra *w.*

**úvula** *f.* Masa carnosa situada en la entrada de la garganta que cuelga del velo del paladar.

**uxoricidio** *m.* Delito que comete la persona que mata a su mujer.

**¡uy!** *interj.* Expresa dolor, sorpresa o agrado.

**uzbeko, ka** o **uzbeco, ca** *adj./ m. y f.* De Uzbekistán.

**v** *f.* Vigésima quinta letra del abecedario.

**vaca** *f.* Hembra adulta del toro.

**vacación** *f.* Suspensión temporal del trabajo o estudios para descansar.

**vacante** *adj./f.* Se dice del empleo, cargo o plaza que no está ocupado por nadie.

**vaciar** *tr. y prnl.* Dejar algo vacío. — Hacer un hueco en un sólido. ▸ *intr.* Desembocar una corriente de agua en un lugar.

**vacilar** *intr.* Moverse una cosa por falta de estabilidad. — Dudar: ~ *entre irse o quedarse.* — Ser inestable. — Fam. Tomar el pelo a una persona. — Fam. Presumir o darse importancia. — Amér. Central y Méx. Divertirse, estar de fiesta.

**vacío, a** *adj.* Falto de contenido. ▸ *m.* Espacio hueco. — FÍS. Espacio en el que no hay atmósfera.

**vacuna** *f.* Virus u otra sustancia biológica que se inocula a un individuo o animal para inmunizarlo contra una enfermedad.

**vacuno, na** *adj.* Bovino.

**vacuo, a** *adj.* Insustancial o superficial.

**vacuola** *f.* BIOL. Cavidad del citoplasma de las células que encierra diversas sustancias en disolución acuosa.

**vadear** *tr.* Atravesar un río u otra corriente de agua por un vado.

**vado** *m.* Paraje de un río con fondo firme y poco profundo. — Espacio en la acera destinado al libre acceso de vehículos a locales situados frente al mismo.

**vagabundo, da** *adj.* Que anda errante. ▸ *adj./m. y f.* Que no tiene trabajo ni lugar donde vivir.

**vagar** *intr.* Andar sin destino ni rumbo fijo. — Estar ocioso.

**vagar** *m.* Tiempo libre. — Tranquilidad, lentitud.

**vagina** *f.* Conducto de las hembras de los mamíferos que va desde la vulva hasta la matriz.

**vago, ga** *adj.* Errante. — Falto

de precisión. ▸ *adj./m. y f.* Poco trabajador.

**vagón** *m.* Coche de un metro o ferrocarril.

**vaguada** *f.* Parte más honda de un valle por donde corre el agua.

**vahído** *m.* Desvanecimiento breve, desmayo.

**vaho** *m.* Vapor que despiden los cuerpos. — Aliento de las personas o animales.

**vaina** *f.* Funda de un arma blanca. — Amér. Contrariedad, molestia. — BOT. Envoltura donde están las semillas de ciertas plantas leguminosas, como la judía.

**vainilla** *f.* Planta trepadora que se cultiva por su fruto. — Fruto de esta planta usado como condimento y aromatizante.

**vaivén** *m.* Movimiento alternativo de un cuerpo en dos sentidos opuestos.

**vajilla** *f.* Conjunto de platos y otros recipientes usados en el servicio de la mesa.

**vale** *m.* Papel canjeable por dinero u otra cosa. — Nota firmada que se da en una entrega para acreditarla. — Méx. Amigo, compinche.

**valedura** *f.* Colomb. y Cuba. En un juego, regalo que hace el ganador al que pierde o al que mira. — Méx. Favor, ayuda.

**valencia** *f.* QUÍM. Número que representa la capacidad de unión de un elemento químico para combinarse con otros.

**valenciano, na** *adj./m. y f.* De Valencia (España). ▸ *m.* Variedad del catalán que se habla en parte del territorio de Valencia, Castellón y Alicante.

**valentía** *f.* Cualidad de valiente. — Hecho heroico.

**valer** *tr.* Tener un precio determinado. — Equivaler. ▸ *intr.* Tener valor o mérito. — Ser útil. — Ser válida o efectiva una cosa.

**valer** *m.* Valor, valía.

**valeroso, sa** *adj.* Valiente.

**valía** *f.* Valor, cualidad de la persona o cosa que vale.

**valido** *m.* Persona que gozaba de la amistad de un soberano y ejercía gran influencia en el gobierno.

**válido, da** *adj.* Que tiene valor o fuerza legal. — Que se puede dar por bueno.

**valiente** *adj./m. y f.* Que tiene valor.

**valija** *f.* Maleta. — Saco de cuero donde se lleva el correo.

**valla** *f.* Cerca que delimita un lugar. — Superficie para fijar anuncios publicitarios. — Obstáculo que se debe saltar en algunas carreras atléticas.

**valle** *m.* Llanura de terreno entre montañas. — Cuenca de un río.

**vallisoletano, na** *adj./m. y f.* De Valladolid (España).

**valor** *m.* Cualidad de una persona o cosa por la que merece ser apreciada. — Importancia.

— Cualidad del que afronta sin miedo un peligro o una situación difícil. — Precio de una cosa. — MÚS. Duración de una nota. ▸ *pl.* Conjunto de títulos o acciones.

**valorar** *tr.* Fijar el precio de una cosa. — Apreciar el valor de alguien o algo.

**vals** *m.* Baile de parejas de ritmo vivo y rápido y música que lo acompaña.

**valuar** *tr.* Valorar, evaluar.

**valva** *f.* Parte dura de la concha de un molusco y otros animales.

**válvula** *f.* Obturador usado para regular el paso de un fluido. — ANAT. Repliegue de algunos vasos para impedir el retroceso de sangre en sentido opuesto al de la corriente. — Válvula de escape, actividad que permite salir de una situación aburrida o tensa.

**vampiro** *m.* Ser imaginario que sale de su tumba por la noche para chupar la sangre de los vivos. — Murciélago insectívoro, que chupa la sangre de animales dormidos.

**vanadio** *m.* Metal usado para aumentar la resistencia del acero.

**vanagloriarse** *prnl.* Jactarse.

**vándalo, la** *adj./m. y f.* De un pueblo bárbaro procedente de Escandinavia. ▸ *m. y f.* Bárbaro, de espíritu destructivo.

**vanguardia** *f.* Parte de un ejér-

cito que va delante del cuerpo principal. — Aquello que se anticipa a su propio tiempo.

**vanidad** *f.* Cualidad de vano. — Orgullo inspirado en un alto concepto de los propios méritos.

**vano, na** *adj.* Falto de realidad, sustancia o entidad. — Insustancial: *palabras vanas.* — Presuntuoso. — Inútil. ▸ *m.* Hueco de un muro.

**vapor** *m.* Gas en que se transforma un líquido o un sólido al absorber calor. — Embarcación que funciona con este gas.

**vaporizar** *tr. y prnl.* Convertir un líquido en vapor. — Dispersar en gotas finísimas.

**vapulear** *tr.* Golpear, azotar. — Reprender duramente.

**vaquería** *f.* Lugar donde hay vacas o se vende su leche.

**vaquero, ra** *adj.* Propio de los pastores de ganado bovino. — Se dice de la tela de algodón gruesa y muy resistente. ▸ *adj./m. pl.* Se dice del pantalón de hecho con esta tela. ▸ *m. y f.* Pastor de ganado vacuno.

**vaquetón, na** *m. y f.* Méx. Fam. Persona vaga o dejada.

**vaquilla** *f.* Esp. Vaca joven. — Chile y Nicar. Ternera de año y medio a dos años.

**vaquillona** *f.* Argent., Chile, Nicar. y Perú. Ternera de dos a tres años.

**váquira** *f.* Colomb. y Venez. Pecarí.

**vara** *f.* Rama delgada, larga y sin hojas. — Palo largo.

**varadero** *m.* Lugar donde se varan las embarcaciones.

**varapalo** *m.* Esp. Golpe dado con una vara o palo. — Esp. Contratiempo o disgusto grande.

**varar** *tr.* Sacar fuera del agua una embarcación. ▸ *intr.* Encallar una embarcación.

**varear** *tr.* Golpear las ramas de ciertos árboles con una vara o palo para recolectar el fruto. — Argent. Entrenar un caballo de competición.

**variable** *adj.* Que varía o es capaz de variar. ▸ *f.* MAT. Magnitud que puede tomar distintos valores dentro de un conjunto.

**variante** *f.* Cada una de las diferentes formas en que se presenta algo. — Diferencia. — Desviación de un camino.

**variar** *tr.* Hacer que una cosa sea diferente a como era antes. — Dar variedad. ▸ *intr.* Cambiar, ser diferente.

**varice** o **várice** *f.* Variz.

**varicela** *f.* Enfermedad infecciosa que produce fiebre y erupciones en la piel.

**variedad** *f.* Cualidad de vario. — Cada una de las distintas clases de algo. ▸ *pl.* Espectáculo compuesto por diversos números.

**varilla** *f.* Barra larga y delgada.

**vario, ria** *adj.* Diverso. — Que tiene variedad o que tiene características o elementos distintos. ▸ *pl.* Algunos.

**variopinto, a** *adj.* Que muestra distintos colores o aspectos.

**variz** *f.* Dilatación anormal y permanente de una vena.

**varón** *m.* Persona del sexo masculino. — Hombre de autoridad.

**vasallo, lla** *adj./m. y f.* Que está sujeto a un señor por un feudo. ▸ *m. y f.* Súbdito.

**vasco, ca** *adj./m. y f.* Del País Vasco (España). ▸ *m./adj.* Lengua hablada en el País Vasco, Navarra y el territorio vasco francés.

**vascón, na** *adj./m. y f.* De un pueblo prerromano de la península Ibérica que vivió en la actual Navarra y en sus alrededores.

**vascuence** *m./adj.* Lengua vasca.

**vascular** *adj.* Relativo a los vasos circulatorios de las plantas y animales.

**vasectomía** *f.* Operación quirúrgica para esterilizar los órganos sexuales masculinos.

**vaselina** *f.* Sustancia lubricante extraída del petróleo. — En fútbol y otros deportes, elevación suave de la pelota para pasarla por encima de un contrario.

**vasija** *f.* Recipiente para contener líquidos o alimentos.

**vaso** *m.* Recipiente cóncavo y cilíndrico que sirve para beber. — Conducto por donde circula un líquido orgánico. — **Vasos comunicantes** (FÍS.), vasos unidos por conductos que permiten el paso de un líquido de unos a otros.

**vástago** *m.* Ramo tierno de una planta. — Hijo o descendiente.

**vasto, ta** *adj.* Muy grande o extenso.

**váter** *m.* Wáter.

**vaticano, na** *adj.* De Ciudad del Vaticano.

**vaticinar** *tr.* Adivinar, predecir.

**vatio** *m.* Unidad de potencia eléctrica.

**vecindad** *f.* Situación o condición de ser vecino de otras personas. — Conjunto de personas que viven en un mismo edificio o barrio. — Méx. Conjunto de viviendas populares con patio común.

**vecindario** *m.* Conjunto de los vecinos de una población, un barrio o un edificio.

**vecino, na** *adj./m. y f.* Que vive en la misma casa, barrio o población. — Que tiene casa en una población. ▶ *adj.* Cercano, próximo.

**vector** *m.* BIOL. Agente que transporta algo de un lugar a otro. — MAT. Segmento de recta en el que se distingue un origen y un extremo.

**veda** *f.* Acción y efecto de vedar. — Tiempo en que está prohibido cazar o pescar.

**vedar** *tr.* Prohibir. — Impedir.

**vega** *f.* Terreno bajo, llano y fértil.

**vegetación** *f.* Conjunto de plantas de un área o un clima determinados. ▶ *pl.* Crecimiento anormal de las amígdalas y

de los folículos linfáticos de la parte posterior de las fosas nasales.

**vegetal** *adj.* Relativo a las plantas. ▶ *m.* Ser orgánico que crece, y vive y realiza la fotosíntesis, pero no cambia de lugar por impulso voluntario.

**vegetar** *intr.* Crecer las plantas. ▶ *intr.* Vivir alguien sin desarrollar intereses morales o intelectuales.

**vegetariano, na** *m. y f./adj.* Persona que se alimenta exclusivamente de alimentos de origen vegetal.

**vegetativo, va** *adj.* Que vegeta. — Que realiza funciones vitales, excepto las reproductoras.

**vehemente** *adj.* Que obra con ímpetu o impulsivamente.

**vehículo** *m.* Medio de transporte terrestre, aéreo o acuático. — Aquello que sirve de transmisor o conductor de algo.

**veinte** *adj./m.* Dos veces diez. ▶ *adj./m. y f.* Vigésimo.

**vejar** *tr.* Maltratar o molestar humillando.

**vejestorio** *m.* Desp. Persona muy vieja.

**vejez** *f.* Cualidad de viejo. — Último período de la vida humana.

**vejiga** *f.* Órgano muscular abdominal en el que se acumula la orina.

**vela** *f.* Acción de velar a un muerto. — Cilindro de cera con pabilo para que pueda encenderse y dar luz. — Lona fuerte que sirve para propulsar una embarcación, por la acción del viento. — Situación o estado del que está despierto en las horas destinadas al sueño. — **A toda vela,** muy rápidamente.

**velada** *f.* Reunión nocturna. — Sesión musical, literaria o deportiva que se celebra por la noche.

**velador, ra** *adj./m. y f.* Se dice de la persona que vela o cuida algo. ▸ *m.* Mesa pequeña y redonda con un solo pie de base. — Amér. Merid. Mesa de noche.

**veladora** *f.* Argent., Méx. y Urug. Lámpara que suele colocarse en la mesilla de noche. — Méx. Vela gruesa y corta que se prende ante un santo por devoción.

**velamen** o **velaje** *m.* Conjunto de las velas de una embarcación.

**velar** *tr.* Acompañar por la noche a un enfermo o un difunto. — Permanecer por turnos vigilando algo por la noche. ▸ *tr. y prnl.* Cubrir con un velo. — Ocultar o disimular. ▸ *intr.* Permanecer despierto por la noche. — Cuidar con diferencia algo: ~ *las armas.* ▸ *prnl.* Borrarse una imagen fotográfica.

**velar** *adj.* Relativo al velo del paladar. — LING. Se dice del sonido cuyo punto de articulación es el velo del paladar, como el que representan *u* y *k.*

**velatorio** *m.* Acto y lugar en que se vela un difunto.

**veleidad** *f.* Naturaleza inconstante y caprichosa. — Capricho pasajero.

**velero** *m.* Embarcación de vela.

**veleta** *f.* Pieza giratoria que indica la dirección del viento. ▸ *m. y f.* Persona voluble.

**veliz** o **velís** *m.* Méx. Maleta de mano de cuero o de metal.

**vello** *m.* Pelo corto y suave que cubre algunas partes del cuerpo humano. — Pelusa de algunas frutas y plantas.

**velo** *m.* Tejido muy fino y transparente que cubre algo. — **Velo del paladar,** especie de tejido muscular que separa la boca de la faringe.

**velocidad** *f.* Magnitud física que representa el espacio recorrido en una unidad de tiempo. — Rapidez o prontitud en el movimiento. — Cada una de las combinaciones de engranaje de un motor de automóvil.

**velocípedo** *m.* Vehículo a pedales que constituyó el origen de la bicicleta.

**velódromo** *m.* Pista para determinadas carreras ciclistas.

**velorio** *m.* Fiesta nocturna para celebrar algo. — Velatorio.

**veloz** *adj.* Que se mueve o puede moverse con rapidez.

**vena** *f.* Vaso que conduce la sangre o la linfa al corazón. — Filón. — BOT. Nervio de la hoja.

**venado** *m.* Ciervo.

**vencejo** *m.* Ave parecida a la golondrina.

**vencer** *tr.* Derrotar al enemigo. — Resultar el primero en una competición. ▸ *tr. y prnl.* Producir su efecto en uno aquello a lo que es difícil resistir: *le había vencido el sueño.* ▸ *tr. e intr.* Dominar las pasiones. ▸ *intr.* Terminar un plazo.

**vencimiento** *m.* Acto de vencer. — Cumplimiento de un plazo.

**venda** *f.* Tira de tela o gasa para cubrir heridas o inmovilizar una parte del cuerpo.

**vendaje** *m.* Acción de colocar vendas. — Conjunto de vendas.

**vendaval** *m.* Viento fuerte.

**vender** *tr.* Ceder u ofrecer a otro algo a un determinado precio. — Traicionar la amistad o la confianza de una persona. ▸ *prnl.* Dejarse sobornar o corromper.

**vendimia** *f.* Recolección de la uva y tiempo en que se efectúa.

**veneno** *m.* Sustancia que, introducida en el organismo, ocasiona la muerte o graves trastornos.

**venerar** *tr.* Sentir y mostrar respeto y devoción por alguien. — Rendir culto a Dios, a los santos y a las cosas sagradas.

**venéreo, a** *adj.* Relativo al placer o al acto sexual. — Se dice de las enfermedades infecciosas contraídas por vía sexual.

**venezolano, na** *adj./m. y f.* De Venezuela.

**venganza** *f.* Acción y efecto de vengar o vengarse.

**vengar** *tr. y prnl.* Dar respuesta a un daño u ofensa cometido por una persona con otro daño u ofensa.

**venia** *f.* Permiso o licencia concedido por la autoridad.

**venial** *adj.* Que de manera leve es contrario a la ley o precepto.

**venir** *intr.* Ir hacia el lugar donde está el que habla. — Estar próximo en el tiempo: *el año que viene.* — Tener su origen: *ese carácter le viene de familia.* — Adaptarse bien o mal una prenda de vestir. — Venir a menos, pasar de una situación o un estado bueno a otro peor.

**venta** *f.* Acción y efecto de vender. — Cantidad de cosas que se venden. — Posada.

**ventaja** *f.* Hecho de ir o estar delante de otro en una actividad. — Circunstancia o condición a favor. — Provecho, utilidad.

**ventajear** *tr.* Argent., Colomb., Guat. y Urug. Sacar ventaja a alguien mediante procedimientos reprobables.

**ventana** *f.* Abertura practicada en la pared, para dar luz y ventilación. — Hoja con que se cierra esta abertura.

**ventilador** *m.* Aparato provisto de un eje con aspas que ventila.

**ventilar** *tr.* Exponer al viento algo. — Tratar o resolver un asunto con rapidez. ▸ *tr. y prnl.* Renovar el aire de un lugar.

**ventisca** *f.* Borrasca o tempestad de viento y nieve.

**ventisquero** *m.* Parte del monte más expuesto a las ventiscas. — Masa de nieve o hielo que hay en este lugar.

**ventosa** *f.* Objeto cóncavo de un material elástico que, al hacerse el vacío en su interior, queda adherido a una superficie. — ZOOL. Órgano de fijación y succión de algunos animales, como el pulpo.

**ventosidad** *f.* Gas intestinal expulsado por el ano.

**ventrículo** *m.* Cada una de las dos cavidades del corazón que recibe sangre de la aurícula.

**ventrílocuo, cua** *adj./m. y f.* Que puede hablar sin mover los labios y los músculos faciales.

**ventura** *f.* Felicidad. — Suerte. — Casualidad.

**ver** *tr.* Percibir mediante el sentido de la vista. — Observar, examinar. — Comprender, entender: *no quiere ~ los motivos de mi enfado.* — Considerar: *yo no lo veo de esta manera.* — Asistir a un espectáculo o acontecimiento. ▸ *tr. y prnl.* Visitar. ▸ *prnl.* Encontrarse en determinada situación.

**ver** *m.* Sentido de la vista. — Aspecto, apariencia.

**vera** *f.* Orilla de un mar, río, etc.

**verano** *m.* Estación del año entre la primavera y el otoño.

**veras** *f. pl.* Verdad en aquello que se dice o hace. — **De veras,** indica que lo expresado es real.

**veraz** *adj.* Que dice siempre la verdad. — Se dice de la información que se ajusta a la verdad.

**verbal** *adj.* Relativo a la palabra. — Relativo al verbo: *conjugación ~.* — Que se hace de palabra y no por escrito.

**verbena** *f.* Fiesta popular nocturna. — Planta de tallo largo y piloso y flores en espiga de colores variados.

**verbigracia** *adv.* Por ejemplo.

**verbo** *m.* Palabra. — LING. Categoría gramatical que expresa dentro de la oración la acción, el estado o el proceso del sujeto en un tiempo determinado.

**verborrea** *f.* Fam. Locuacidad excesiva.

**verdad** *f.* Conocimiento de lo que es o de lo que ha pasado realmente. — Conformidad entre lo que se dice y lo que se piensa. — Principio aceptado como cierto. — Existencia real de una cosa.

**verdadero, ra** *adj.* Que es o contiene verdad. — Real, verídico. — Veraz.

**verde** *adj./m.* Se dice del color comprendido entre el amarillo y el azul en el espectro solar. ▸ *adj.* De color verde. — *adj.* Se dice de la fruta que no está madura. — Fam. Obsceno. — Se dice de la zona que se usa como parque o jardín. ▸ *adj./m. y f.* Se dice de la persona o movimiento ecologista.

**verderón** *m.* Ave cantora de plumaje verdoso.

**verdor** *m.* Color verde vivo propio de las plantas lozanas.

**verdugo** *m.* Tallo verde de un árbol. — Estoque muy delgado. — Persona que se encarga de ejecutar las penas de muerte.

**verdulero, ra** *m. y f.* Persona que vende verduras. — Persona ordinaria y maleducada.

**verdura** *f.* Hortaliza.

**vereda** *f.* Camino angosto. —Amér. Merid. y Cuba. Acera de una calle o plaza. — **Meter en vereda** (Fam.), hacer que una persona formalice su comportamiento y cumpla sus deberes.

**veredicto** *m.* Fallo pronunciado por un jurado. — Opinión de una autoridad.

**verga** *f.* Palo colocado en un mástil para asegurar la vela. — Fam. Pene.

**vergel** *m.* Huerto con flores y árboles frutales.

**vergonzoso, sa** *adj.* Que causa vergüenza. ▸ *adj./m. y f.* Propenso a sentir vergüenza.

**vergüenza** *f.* Sentimiento ocasionado por alguna falta cometida o el temor a la humillación. — Timidez. — Acción, persona o situación injustas o indignas. ▸ *pl.* Aparato genital.

**vericueto** *m.* Lugar o paraje alto y escarpado.

**verídico, ca** *adj.* Que dice o incluye verdad. — Auténtico, real.

**verificar** *tr.* Probar que es verdadero algo de lo que se dudaba.

— Comprobar la verdad de algo que ya se sabía. — Comprobar que un aparato funciona bien.

**verija** *f.* Amér. Central y Amér. Merid. Ijar, ijada.

**verja** *f.* Enrejado que se emplea como puerta, ventana o cerca.

**vermú** o **vermut** *m.* Licor compuesto de vino blanco, ajenjo y otras sustancias. — Aperitivo.

**vernáculo, la** *adj.* Se dice de la lengua o costumbre propias de un país.

**verosímil** *adj.* Que parece verdadero o puede ser creíble.

**verraco** *m.* Cerdo semental.

**verruga** *f.* Abultamiento rugoso que sale en la piel.

**versado, da** *adj.* Entendido o instruido en alguna materia.

**versal** *adj./f.* Se dice de la letra mayúscula.

**versalita** *adj./f.* Se dice de la letra mayúscula que tiene el tamaño de las minúsculas.

**versar** *intr.* Tener como asunto o tema la materia que se expresa.

**versátil** *adj.* Que cambia con facilidad de gustos, opiniones o sentimientos. — Adaptable.

**versículo** *m.* Cada una de las divisiones breves de un capítulo de la Biblia, el Corán y otros libros sagrados. — Cada uno de los versos de un poema sin rima ni metro fijo y determinado.

**versificar** *tr.* Poner en verso. ▸ *intr.* Componer versos.

**versión** *f.* Traducción de un texto. — Interpretación particular de un hecho. — Adaptación de una obra musical, teatral, etc.

**verso** *m.* Conjunto de palabras combinadas según ciertas reglas, y sujetas a un ritmo.

**vértebra** *f.* Cada uno de los huesos de la columna vertebral.

**vertebrado, da** *adj./m.* ZOOL. Se dice del animal provisto de columna vertebral.

**vertebral** *adj.* Relativo a las vértebras. — Columna vertebral (ANAT.), conjunto óseo formado por una serie de vértebras articuladas entre sí.

**verter** *tr. y prnl.* Vaciar un líquido fuera del recipiente que lo contiene. ▸ *intr.* Desembocar una corriente de agua en otra, o en el mar.

**vertical** *adj./f.* Perpendicular al horizonte o al plano horizontal.

**vértice** *m.* MAT. Punto en que concurren los dos lados de un ángulo o las aristas de tres o más planos de un poliedro.

**verticilo** *m.* BOT. Conjunto de hojas, flores o ramas dispuestas en un mismo plano alrededor del tallo.

**vertiente** *f.* Pendiente o declive por donde corre el agua. — Modo de presentarse una cosa entre varias posibles.

**vertiginoso, sa** *adj.* Relativo al vértigo o que lo causa. — Muy rápido.

**vértigo** *m.* Sensación de falta de equilibrio en el espacio. — Sen-

sación producida por una impresión fuerte.

**vesícula** *f.* Ampolla pequeña de la epidermis. — ANAT. Órgano en forma de saco que contiene aire o líquido.

**vespertino, na** *adj.* Relativo a la tarde.

**vestíbulo** *m.* Portal que da entrada a un edificio. — Recibidor. — ANAT. Cavidad central del oído interno de los vertebrados.

**vestido** *m.* Pieza de tela, piel, etc., que sirve para cubrir o abrigar el cuerpo. — Traje femenino de una sola pieza.

**vestigio** *m.* Señal o resto que queda de algo. — Indicio.

**vestimenta** *f.* Conjunto de prendas de vestir.

**vestir** *tr. y prnl.* Cubrir el cuerpo con un vestido. — Cubrir, adornar. ▸ *tr. e intr.* Llevar tal o cual vestido.

**vestuario** *m.* Conjunto de vestidos de una persona o un espectáculo. — Lugar para cambiarse de ropa.

**veta** *f.* Franja que se distingue de la masa que la rodea.

**vetar** *tr.* Poner veto.

**veterano, na** *adj./m. y f.* Que es experimentado en una cosa.

**veterinaria** *f.* Ciencia que estudia y cura las enfermedades de los animales.

**veto** *m.* Derecho para vedar una cosa. — Prohibición.

**vetusto, ta** *adj.* Muy viejo o antiguo.

**vez** *f.* Momento en que se realiza o se repite una acción: *la primera ~ que vi el mar.* — Tiempo en que se ejecuta una acción. — Puesto que corresponde a una persona en una cola. — A la vez, simultáneamente. — A veces, en algunas ocasiones. — Tal vez, posiblemente.

**vía** *f.* Camino. — Raíl del ferrocarril. — Medio de transporte o comunicación. — Sistema para realizar una cosa. — De vía estrecha, se dice de la persona que tiene poco valor o importancia. — En vías de, a punto de.

**viable** *adj.* Que puede realizarse. — Se dice del camino que se puede usar.

**vía crucis** o **viacrucis** *m.* Camino señalado con catorce paradas que representan los pasos que dio Jesucristo hacia el Calvario. — Sufrimiento prolongado.

**viable** *adj.* Que tiene probabilidades de llevarse a cabo. — MED. Capaz de vivir: *feto ~.*

**viaducto** *m.* Puente con arcos sobre una hondonada.

**viajar** *intr.* Desplazarse de un lugar a otro que está alejado: *~ en tren.* — Efectuar un medio de transporte el trayecto establecido.

**viaje** *m.* Acción y efecto de viajar: *hizo un ~ este verano.* — Recorrido que se hace llevando algo o para algún fin.

**vial** *adj.* Relativo a la vía. ▸ *m.* Frasco que contiene un medicamento inyectable. — Esp. Calle flanqueada por árboles.

**vianda** *f.* Alimento que sirve de sustento al ser humano.

**viaraza** *f.* Argent., Colomb., Guat. y Urug. Acción irreflexiva y repentina.

**viario, ria** *adj.* Relativo a los caminos y carreteras.

**víbora** *f.* Serpiente venenosa, con cabeza triangular.

**vibrar** *intr.* Moverse un cuerpo rápida y repetidamente a uno y otro lado de sus puntos de equilibrio. — Conmoverse.

**vicario, ria** *adj./m. y f.* Se dice de la persona que sustituye a otra en determinados asuntos. ▸ *m.* Sacerdote que ejerce su ministerio en una parroquia bajo la autoridad de un párroco.

**vicepresidente, ta** *m. y f.* Persona que ocupa el cargo inferior al del presidente y que lo suple en determinadas funciones.

**viceversa** *adv.* Invirtiendo el orden de los términos: *viaje Madrid-Londres y ~.*

**vichar** o **vichear** *tr.* Argent. y Urug. Fam. Espiar, acechar.

**viciar** *tr.* Alterar, falsear. ▸ *tr. y prnl.* Pervertir o corromper a alguien. ▸ *prnl.* Aficionarse con exceso a algo.

**vicio** *m.* Afición excesiva por algo. — Costumbre censurable. — De vicio (FAM.), muy bueno.

**vicisitud** *f.* Alternancia de sucesos positivos y negativos.

**víctima** *f.* Persona que sufre las

consecuencias negativas de una acción o suceso.

**victoria** *f.* Triunfo que se consigue sobre un adversario.

**vicuña** *f.* Mamífero andino de color leonado, parecido a la llama, apreciado por su fina lana. — Lana de este animal. — Tejido fabricado con dicha lana.

**vid** *f.* Planta arbustiva de tronco leñoso, cuyo fruto es la uva.

**vida** *f.* Conjunto de las propiedades características de los seres orgánicos transmisible a la descendencia. — Espacio de tiempo entre el nacimiento y la muerte. — Duración de las cosas. — Modo de vivir. — Energía, vigor. — Biografía. — Persona o ser humano. — **De toda la vida**, desde siempre. — **Pasar a mejor vida**, morir.

**vidalita** *f.* Argent. Canción popular de carácter melancólico.

**vidente** *adj./m. y f.* Que es capaz de adivinar cosas ocultas. — Que puede ver.

**vídeo** *m.* Técnica de grabación y reproducción de imágenes y sonidos a través de un magnetoscopio, una cámara y un televisor. — Cinta grabada con esta técnica. — Aparato que graba o reproduce sobre esta cinta.

**videoclip** *m.* Cortometraje que promociona una canción.

**videoclub** *m.* Establecimiento en que se alquilan y compran películas de vídeo.

**videojuego** *m.* Juego electrónico que se visualiza por medio de una pantalla de televisión.

**vidriera** *f.* Bastidor con vidrios con que se cierran puertas y ventanas.

**vidrio** *m.* Cuerpo sólido, mineral, no cristalino y frágil, que resulta de la solidificación de ciertas sustancias.

**vidrioso, sa** *adj.* Que tiene el aspecto del vidrio. — Se dice de la mirada o del ojo que carece de brillo y parece no fijarse en ningún punto.

**vieira** *f.* Molusco comestible que puede nadar en el mar cerrando bruscamente sus valvas. — Concha de este molusco.

**viejo, ja** *adj.* Antiguo. — Deslucido, gastado. ▶ *adj./m. y f.* De mucha edad: *animal ~.* ▶ *m. y f.* Amér. Apelativo cariñoso que se aplica a los padres y también entre cónyuges y amigos.

**vienés, sa** *adj./m. y f.* De Viena.

**viento** *m.* Movimiento del aire que se desplaza de una zona de altas presiones a una zona de bajas presiones. — Cuerda con que se sujeta algo. — Rumbo de una embarcación.

**vientre** *m.* Cavidad del cuerpo de los vertebrados que contiene los órganos principales del aparato digestivo, genital y urinario principalmente el estómago y los intestinos.

**viernes** *m.* Quinto día de la semana.

**viga** *f.* Barra horizontal de una

construcción, destinada a soportar una carga. — Prensa para exprimir la aceituna.

**vigente** *adj.* Que está en vigor y tiene validez: *ley* ~.

**vigésimo, ma** *adj./m. y f.* Que corresponde en orden al número veinte.

**vigía** *m. y f.* Persona que vigila desde un lugar adecuado para ello. ▶ *f.* Atalaya.

**vigilar** *tr. e intr.* Estar atento, cuidar con solicitud.

**vigilia** *f.* Acción de estar despierto o en vela. — Falta de sueño. — Víspera de una festividad religiosa.

**vigor** *m.* Fuerza o capacidad con la que se lleva a cabo algo: *actuar con* ~. — Validez legal de las leyes. — Vitalidad, energía.

**vikingo, ga** *adj./m. y f.* De un antiguo pueblo de navegantes y guerreros escandinavos.

**vil** *adj.* Digno de desprecio.

**vilano** *m.* BOT. Limbo del cáliz de una flor, que sirve para transportar las semillas con ayuda del viento.

**vilipendiar** *tr.* Despreciar, insultar o tratar con desdén.

**villa** *f.* Casa aislada de las demás, con jardín o huerta. — Denominación dada a ciertas poblaciones. — Villa miseria (Argent.), barrio marginal de chabolas.

**villancico** *m.* Canción de tema religioso, que se canta en Navidad.

**villano, na** *adj./m. y f.* Se dice del vecino de una villa o aldea medieval, que no es noble o hidalgo. — Ruin, infame.

**vinagre** *m.* Líquido agrio y astringente, resultante de la fermentación del vino.

**vinagrera** *f.* Vasija destinada a contener vinagre. ▶ *pl.* Utensilio compuesto de una vasija para el aceite y otra para el vinagre.

**vincha** *f.* Amér. Merid. Cinta o pañuelo que se ciñe a la cabeza para sujetar el pelo.

**vinchuca** *f.* Argent., Chile y Perú. Insecto de tamaño mediano, perjudicial para el ser humano porque transmite el mal de Chagas.

**vincular** *tr.* Sujetar ciertos bienes a vínculo. ▶ *tr. y prnl.* Unir con vínculos una cosa a otra.

**vincular** *adj.* Relativo al vínculo.

**vínculo** *m.* Unión o relación que une una persona o cosa con otra.

**vindicar** *tr. y prnl.* Vengar. — Defender o rehabilitar a quien ha sido calumniado injustamente.

**vinicultura** *f.* Técnica para la elaboración y crianza de vinos.

**vino** *m.* Bebida alcohólica que se obtiene del zumo de las uvas fermentado.

**viña** *f.* Terreno plantado de vides.

**viñatero, ra** *m. y f.* Argent. y Perú. Persona que se dedica al cultivo de la vid.

**viñedo** *m.* Viña.

**viñeta** *f.* Recuadro de una serie en la que, con dibujos y texto, se compone la historieta de un cómic o tebeo.

**viola** *f.* Instrumento musical de cuerda y arco, parecido al violín.

**violáceo, a** *adj.* De color violeta. ▸ *adj./f.* Relativo a una familia de plantas herbáceas, como la violeta.

**violación** *f.* Acción y efecto de violar. — Relación sexual impuesta por coacción y que constituye un delito.

**violar** *tr.* Infringir una ley. — Cometer violación sexual. — Profanar un lugar sagrado o protegido por la ley.

**violento, ta** *adj.* Que se hace o se produce con brusquedad. — Que tiene mucha fuerza o intensidad. — Irritable, iracundo. — Se dice de la situación embarazosa o incómoda.

**violeta** *adj./m.* Se dice del color morado claro. ▸ *adj.* De color violeta. ▸ *f.* Planta herbácea apreciada por sus flores. — Flor de esta planta.

**violín** *m.* Instrumento musical de cuerda que se frota con un arco.

**violón** *m.* Contrabajo.

**violoncelo** o **violoncello** *m.* Violonchelo.

**violonchelo** *m.* Instrumento musical de cuerda y arco parecido al contrabajo pero, más pequeño.

**vira vira** *f.* Argent., Chile, Perú y Venez. Planta cubierta de una pelusa blanca, que se emplea en infusión para curar la tos.

**viral** *adj.* Vírico.

**virar** *tr. e intr.* Cambiar un vehículo de dirección. — Cambiar de ideas o de manera de actuar.

**viraró** *m.* Argent. y Urug. Árbol de la familia de las leguminosas, de hojas lustrosas, que llega a los veinte metros de altura.

**virgen** *adj.* Que se conserva en su estado original: *selva ~.* — Se aplica a los productos que no han sufrido procesos o transformaciones artificiales: *aceite ~.* ▸ *adj./m. y f.* Se dice de la persona que no ha tenido unión sexual. ▸ *f.* Para los cristianos, María, madre de Jesús.

**virginidad** *f.* Estado o cualidad de virgen.

**virgo** *m.* Himen. ▸ *m. y f./adj.* Persona nacida bajo el signo zodiacal de Virgo.

**virgulilla** *f.* Raya o trazo usado en la escritura, como la cedilla, el apóstrofo, etc.

**vírico, ca** *adj.* Relativo a los virus.

**viril** *adj.* Propio del sexo masculino.

**virrey, virreina** *m.* Persona que gobierna en nombre del rey o la reina.

**virtual** *adj.* Que existe en apariencia pero no en la realidad. — Que es muy probable porque reúne las características precisas.

**virtud** *f.* Cualidad moral particular a observar determinados deberes. — Facultad de producir un efecto. — Castidad.

**virtuoso, sa** *adj./m. y f.* Dotado de virtudes. — *m. y f.* Que sobresale en la técnica o el arte que practica.

**viruela** *f.* Enfermedad vírica muy contagiosa, que se manifiesta con la aparición de pústulas.

**virulento, ta** *adj.* Irónico o mordaz: *discurso ~.* — MED. Ocasionado por un virus. — MED. Infectado, que tiene pus.

**virus** *m.* Microorganismo no celular que sólo puede desarrollarse en el interior de una célula viva. — INFORM. Programa que se introduce en la memoria de un ordenador y produce daños en dicha memoria.

**viruta** *f.* Lámina fina desprendida de la madera, el metal, etc.

**visa** *f.* Amér. Visado.

**visado** *m.* Acción y efecto de visar. — Sello o certificación que se pone en un documento al visarlo.

**visar** *tr.* Examinar un documento la autoridad competente, poniéndole la certificación necesaria para que tenga validez.

**víscera** *f.* Órgano contenido en una cavidad del cuerpo.

**visceral** *adj.* Relativo a las vísceras. — Profundo e irracional: *miedo ~.*

**viscoso, sa** *adj.* De consistencia pastosa y pegajosa: *saliva ~.*

**visera** *f.* Ala pequeña que llevan las gorras, para protegerse de la luz del sol.

**visible** *adj.* Que se puede ver. — Que no ofrece dudas.

**visigodo, da** *adj./m. y f.* De una de las dos ramas del pueblo germánico de los godos, que fundó un reino en España.

**visillo** *m.* Cortina de tela fina y transparente.

**visión** *f.* Percepción por el órgano de la vista. — Cosa que se ve o aparece. — Hecho de ver o de representarse algo. — Manera de ver las cosas y de interpretarlas.

**visir** *m.* Ministro principal de los soberanos musulmanes.

**visitadora** *f.* Hond., P. Rico, R. Dom. y Venez. Lavativa.

**visitar** *tr.* Ir a ver a alguien al lugar donde se encuentra. — Ir a un lugar para conocerlo. — Examinar un médico a los enfermos.

**vislumbrar** *tr.* Ver algo de manera imprecisa. — Presentir.

**viso** *m.* Aspecto, apariencia. — Prenda interior femenina parecida a una falda.

**visón** *m.* Mamífero carnívoro de piel muy apreciada.

**visor** *m.* Dispositivo montado en una cámara fotográfica o cinematográfica, que sirve para delimitar la imagen.

**víspera** *f.* Día anterior a otro

determinado. ▸ *pl.* Tiempo anterior a un suceso.

**vista** *f.* Sentido con que se perciben la luz y, con ella, la forma y el color de los objetos. — Conjunto de los dos ojos. — Acción y efecto de ver. — Apariencia o aspecto de una cosa. — Conjunto de cosas que se ven desde un lugar. — Habilidad o sagacidad. — Acto de un juicio en el que se escucha a la defensa y a la acusación. — **A la vista**, en un lugar visible. — **Con vistas a**, con la finalidad de. — **Hacer la vista gorda**, hacer ver que no se repara en un error o falta.

**vistazo** *m.* Ojeada, mirada rápida y superficial.

**visto, ta** *adj.* Llevado por mucha gente. — Considerado: *una acción mal ~.* — **Por lo visto**, por lo que se dijo anteriormente. — Visto bueno, fórmula con que se autoriza un documento. — Visto y no visto (FAM.), con gran rapidez.

**vistoso, sa** *adj.* Que atrae la atención.

**visual** *adj.* Relativo a la visión. ▸ *f.* Línea recta imaginaria que va desde el ojo del espectador al objeto observado.

**visualizar** *tr.* Hacer visible lo que no se puede ver a simple vista. — Formar en la mente la imagen de un concepto abstracto.

**vital** *adj.* Relativo a la vida. — Muy importante. — Optimista.

**vitalicio, cia** *adj.* Que dura desde que se obtiene hasta el fin de la vida: *cargo ~.*

**vitalidad** *f.* Circunstancia de ser vital o trascendente una cosa. — Actividad, eficacia.

**vitamina** *f.* Sustancia orgánica indispensable para el crecimiento y buen funcionamiento del organismo.

**vitelo** *m.* BIOL. Citoplasma del huevo de los animales.

**viticultura** *f.* Cultivo de la vid.

**vitola** *f.* Marca con que se distinguen, según su tamaño, los cigarros puros. — Faja o banda que llevan como distintivo de fábrica los cigarros puros.

**vitorear** *tr.* Aplaudir o aclamar.

**vítreo, a** *adj.* De vidrio, parecido a él o con sus propiedades.

**vitrina** *f.* Escaparate o mueble con puertas y paredes de cristal para exponer objetos o artículos de comercio.

**vitrocerámica** *f.* Cerámica dura y muy resistente al calor.

**vitualla** *f.* Conjunto de víveres.

**vituperar** *tr.* Criticar, censurar o reprender duramente a alguien.

**viudita** *f.* Argent. y Chile. Ave de plumaje blanco que tiene el extremo de la cola y los bordes de las alas de color negro.

**viudo, da** *adj./m. y f.* Se dice de la persona a quien se le ha muerto su cónyuge y no ha vuelto a casarse.

**¡viva!** *interj.* Expresa alegría y aplauso.

**vivac** o **vivaque** *m.* Campamento provisional que instalan los montañeros para pasar la noche.

**vivar** *tr.* Amér. Central y Amér. Merid. Vitorear, aclamar con vivas.

**vivaracho, cha** *adj.* Fam. Que es despierto y de carácter alegre.

**vivaz** *adj.* Que muestra entusiasmo y animación. — Perspicaz. — Se dice de las plantas que viven varios años, pero cuyos órganos aéreos mueren cada dos.

**vivencia** *f.* Hecho o experiencia vividos por una persona.

**víveres** *m. pl.* Conjunto de alimentos o provisiones.

**vivero** *m.* Terreno donde se crían plantas. — Lugar donde se crían peces, moluscos, etc.

**viveza** *f.* Rapidez, agilidad. — Brillantez. — Agudeza de ingenio.

**vividor, ra** *adj./m. y f.* Que sabe disfrutar de la vida. ▸ *m. y f.* Persona que vive a expensas de los demás.

**vivienda** *f.* Refugio natural o construcción en el que habitan personas de modo temporal o permanente.

**vivificar** *tr.* Dar vida. — Dar fuerza y vigor.

**vivíparo, ra** *adj./m. y f.* ZOOL. Se dice del animal cuyas crías se desarrollan en el período fetal en el interior de la hembra.

**vivir** *intr.* Tener vida. — Mantenerse, obtener de algo los medios de subsistencia: *vive de su* propio trabajo. — Habitar. ▸ *tr.* Pasar por una situación determinada.

**vivisección** *f.* Disección practicada en un animal vivo.

**vivo, va** *adj.* Que tiene vida. — Intenso: *color ~.* — Vivaz, espabilado, eficaz. — Que se manifiesta con fuerza: *dolor ~.* — Que tiene un ritmo rápido. ▸ *adj./m. y f.* Astuto, listo: *ser más ~ que el hambre.* ▸ *m.* Borde, canto u orilla de algo. — En vivo, en persona, directamente.

**vizcacha** *f.* Roedor originario de América del Sur, de pelaje grisáceo con el vientre blanco y la cara blanca y negra.

**vizcachera** *f.* Madriguera de la vizcacha.

**vizcaíno, na** *adj./m. y f.* De Vizcaya (España).

**vizconde, desa** *m. y f.* Título nobiliario inmediatamente inferior al de conde.

**vocablo** *m.* Palabra.

**vocabulario** *m.* Conjunto de palabras ordenadas alfabética o sintácticamente que hace referencia a una lengua, ciencia, etc.: *~ técnico.* — Diccionario. — Conjunto de palabras que una persona conoce o emplea.

**vocación** *f.* Inclinación de una persona hacia un arte o profesión. — Llamada al sacerdocio o a la vida religiosa.

**vocal** *adj.* Relativo a la voz. ▸ *m. y f.* Persona que tiene voz en una junta. ▸ *f.* Sonido del lenguaje producido por las vibraciones de las cuerdas vocales. — Letra que representa este sonido, como *a, e, i, o* y *u,* en español.

**vocalista** *m. y f.* Cantante de un conjunto musical.

**vocativo** *m.* LING. Caso de la declinación usado para invocar, mandar, llamar o suplicar.

**voceador, ra** *m. y f.* Méx. Vendedor de periódicos callejero.

**vocear** *tr.* Anunciar algo en voz alta. ▸ *intr.* Dar voces o gritos.

**vocero, ra** *m. y f.* Portavoz.

**vociferar** *intr.* Hablar a grandes voces o dando gritos.

**vocinglero, ra** *adj./m. y f.* Que grita o habla muy alto.

**vodevil** *m.* Comedia teatral ligera de diálogos equívocos.

**vodka** *m. o f.* Aguardiente de centeno, maíz o cebada.

**voladizo** *adj./m.* Se dice de la parte que sobresale del muro de un edificio.

**volandas** Palabra que se usa en la expresión **en volandas,** que significa 'por el aire o levantado del suelo'.

**volante** *adj.* Que vuela o puede volar. ▸ *m.* Pieza generalmente redonda que sirve para accionar y guiar el mecanismo de dirección de un automóvil. — Hoja de papel en que se manda un aviso. — Adorno de tela, de una prenda de vestir.

**volantín** *m.* Cordel con varios anzuelos, que se usa para pescar.

**volar** *intr.* Ir, moverse o mantenerse en el aire. — Transcurrir rápidamente el tiempo. ▸ Fam. Desaparecer. ▸ *tr.* Destruir con explosivos. — Méx. Sustraer, robar.

**volatería** *f.* Conjunto de aves de diversas especies. — Caza de aves que se hace con otras aves enseñadas para ello.

**volátil** *adj.* Voluble, versátil: *persona* ~. — QUÍM. Se dice de la sustancia que tiene la propiedad de volatilizarse. ▸ *adj./m. y f.* Que vuela o puede volar.

**volatilizar** *tr. y prnl.* Transformar un cuerpo sólido o líquido en gaseoso. ▸ *prnl.* Fam. Desaparecer rápidamente una cosa.

**volcán** *m.* Abertura en la corteza terrestre, por la que salen a la superficie materias a alta temperatura. — Colomb. Precipicio. — P. Rico. Conjunto de cosas amontonadas.

**volcar** *tr. y prnl.* Inclinar o invertir un recipiente de manera que se caiga o vierta su contenido. ▸ *intr.* Caer de costado un vehículo. ▸ *prnl.* Fam. Poner el máximo interés en alguien o algo.

**volea** *f.* En algunos deportes, acción de golpear la pelota antes de que bote.

**voleibol** *m.* Deporte que se disputa entre dos equipos que lanzan un balón golpeado con las manos, por encima de una red alta.

**voleo** *m.* Golpe dado en el aire a algo antes de que caiga.

**volframio** *m.* QUÍM. Tungsteno.

**volitivo, va** *adj.* Relativo a la voluntad: *acto* ~.

**volt** *m.* Voltio.

**voltaico, ca** *adj.* Se dice de la electricidad de las pilas.

**voltaje** *m.* Tensión eléctrica.

**voltear** *tr.* Dar vueltas a una persona o cosa. — Amér. Merid. y Méx. Derribar con violencia, derramar.

**voltereta** *f.* Vuelta dada en el aire.

**voltímetro** *m.* Aparato que sirve para medir una diferencia de potencial en voltios.

**voltio** *m.* Unidad de potencial eléctrico en el Sistema internacional.

**voluble** *adj.* Que cambia con frecuencia de actitud u opinión. — BOT. Se dice del tallo y la planta que crecen en espiral.

**volumen** *m.* — Espacio y medida del espacio ocupado por un cuerpo. — Libro encuadernado. — Intensidad de un sonido.

**voluntad** *f.* Capacidad de determinarse a hacer o no hacer algo. — Energía con la que se ejerce esta facultad: *tener* ~. — Deseo, aquello que se quiere: *respetar la* ~ *de alguien.*

**voluntario, ria** *adj.* Que nace de la propia voluntad. ▶ *m. y f.* Persona que se presta voluntariamente a hacer algo.

**voluptuoso, sa** *adj.* Que inspira, produce o expresa placer.

**voluta** *f.* ARQ. Adorno en figura de espiral que forma los ángu-

los de los capiteles jónicos y compuestos.

**volver** *tr. y prnl.* Dar la vuelta, cambiar de sentido o dirección. — Cambiar o hacer que alguien o algo cambie de estado. — Retomar un asunto. ▶ *intr. y prnl.* Regresar al lugar del que se salió. ▶ *intr.* Repetirse un suceso, situación, etc.

**vomitar** *tr.* Arrojar por la boca lo contenido en el estómago.

**vorágine** *f.* Remolino fuerte de las aguas. — Pasión desenfrenada.

**voraz** *adj.* Que come mucho y con avidez. — Que consume con rapidez: *incendio* ~.

**vos** *pron. pers. masc. y fem. de 2.ª persona pl.* Antigua forma de tratamiento. — Amér. Tú.

**voseo** *m.* Empleo de *vos* por *tú*, habitual en algunos países de América.

**vosotros, tras** *pron. pers. de 2.ª persona pl.* Funciona como sujeto o como complemento con preposición.

**votar** *tr. e intr.* Dar uno su voto o decir su dictamen.

**voto** *m.* Opinión de cada persona en una elección. — Derecho a votar: *no tener ni voz ni* ~. — Promesa religiosa.

**voyeur** *m. y f.* Persona aficionada a mirar a escondidas a otras personas.

**voz** *f.* Sonido emitido por el ser humano y algunos animales. — Manera de expresarse una colectividad: *la voz de la conciencia.* — Grito. — Derecho a opinar. — Palabra, vocablo. — Persona que canta. — LING. Forma que toma el verbo según la acción sea realizada o sufrida por el sujeto: *voz activa; voz pasiva.*

**vudú** *m.* Culto muy difundido en las Antillas y de los estados del sur de Estados Unidos.

**vuelco** *m.* Acción y efecto de volcar.

**vuelo** *m.* Acción y efecto de volar. — Desplazamiento en el aire de diversos animales, por medio de alas. — Espacio que de una vez se recorre volando. — Amplitud de un vestido.

**vuelta** *f.* Movimiento circular completo de un cuerpo alrededor de un punto o sobre sí mismo. — Paseo: *dar una ~.* — Regreso, retorno. — Repetición. — Esp. Dinero sobrante que se devuelve al pagar algo.

**vuelto** *m.* Amér. Cambio, dinero sobrante de un pago.

**vuestro, tra** *adj. pos./pron. pos.* Indica posesión de o pertenencia a la 2.ª persona del pl.

**vulcanizadora** *f.* Méx. Negocio en el que se arreglan llantas de coche.

**vulgar** *adj.* Relativo al vulgo. — Común o general, por oposición a científico o técnico. — Impropio de personas cultas y educadas: *modales vulgares.*

**vulgarismo** *m.* Palabra o frase propia de la lengua popular.

**vulgo** *m.* Estrato inferior de la población.

**vulnerable** *adj.* Que puede dañarse con facilidad.

**vulnerar** *tr.* Causar daño a alguien. — Quebrantar una ley.

**vulva** *f.* Parte externa del aparato genital de las hembras de los mamíferos, que constituye la abertura de la vagina.

**w** *f.* Vigésima sexta letra del abecedario, llamada *uve doble.*

**wáter** *m.* Retrete.

**waterpolo** *m.* Deporte acuático que juegan dos equipos y que consiste en introducir un balón en la portería contraria.

**watt** *m.* Nombre del vatio en el Sistema Internacional.

**web** *f.* Página de Internet.

**weber** o **wéber** *m.* Unidad de medida de flujo magnético en el Sistema Internacional.

**whisky** *m.* Licor obtenido por la fermentación de cebada y otros cereales.

**windsurf** m. Deporte náutico que consiste en deslizarse por el agua con una tabla en la que va ajustada una vela.

**wolframio** o **wolfram** *m.* Volframio.

**x** *f.* Vigésima séptima letra del abecedario. — MAT. Signo de la incógnita.

**xenofobia** *f.* Odio hacia los extranjeros.

**xenón** *m.* Gas inerte, incoloro e inodoro.

**xerocopia** *f.* Copia obtenida por xerografía.

**xerófilo, la** *adj.* BOT. Se dice de los organismos adaptados para vivir en medios secos.

**xerófito, ta** *adj.* Xerófilo.

**xerografía** *f.* Procedimiento electrostático para imprimir en seco.

**xilófono** *m.* Instrumento musical de percusión, compuesto de láminas de madera o metal.

**xilografía** *f.* Arte de grabar en madera e impresión así obtenida.

**xocoyote** *m.* Méx. Benjamín, último de los hijos de una familia.

**xoxalero, ra** *m. y f.* Méx. Hechicero, brujo.

**y** *f.* Vigésima octava letra del abecedario. ▸ *conj.* Une palabras, sintagmas u oraciones con la misma función.

**ya** *adv.* Expresa el tiempo pasado: *ya se habló de esto.* — Indica el tiempo presente pero con relación al pasado: *era rico, pero ya es pobre.* — En tiempo u ocasión futura: *ya nos veremos.* ▸ *conj.* Indica que cada una de varias alternativas conduce a la misma consecuencia: *ya con gozo, ya con dolor.*

**yac** *m.* Yak.

**yacaré** *m.* Reptil americano parecido al cocodrilo pero de menor tamaño.

**yacer** *intr.* Estar echado o tendido. — Estar una persona enterrada.

**yacimiento** *m.* Acumulación natural de minerales, rocas o fósiles.

**yagua** *f.* Colomb. y Venez. Planta palmácea. — Cuba y P. Rico. Tejido fibroso que envuelve la parte más tierna de ciertas palmas.

**yagual** *m.* Amér. Central y Méx. Objeto con forma de rosca o rueda que se pone sobre la cabeza para llevar pesos.

**yaguané** *adj./m.* Argent., Par. y Urug. Vacuno o caballar con el pescuezo y los costillares de distinto color al del resto del cuerpo. ▸ *m.* Amér. Mofeta, zorrillo.

**yaguar** *m.* Jaguar.

**yaguareté** *m.* Argent., Par. y Urug. Jaguar.

**yaguasa** *f.* Cuba y Hond. Ave acuática similar al pato salvaje.

**yak** *m.* Bóvido asiático de gran tamaño y pelo lanoso.

**yanqui** *adj./m. y f.* Estadounidense.

**yantar** *tr.* Antiguamente, comer.

**yapa** *f.* Amér. Central y Amér. Merid. Propina, añadidura.

**yarará** *f.* Amér. Merid. Serpiente venenosa, de unos 150 cm de longitud, de color pardo claro con dibujos más oscuros, cuya mordedura puede ser mortal.

**yaraví** *m.* Bol. y Perú. Canto melancólico de origen inca.

**yarda** *f.* Medida de longitud del

sistema inglés equivalente a 91,4 cm.

**yareta** *f.* Amér. Merid. Planta que crece en los páramos andinos.

**yataí** o **yatay** *m.* Argent., Par. y Urug. Planta de cuyos frutos se obtiene aguardiente y cuyas yemas terminales se utilizan como alimento para el ganado.

**yate** *m.* Embarcación de recreo, de vela o a motor.

**yayo, ya** *m. y f.* Esp. Fam. Abuelo.

**ye** *f.* Nombre de la letra y.

**yedra** *f.* Hiedra.

**yegua** *f.* Hembra del caballo. — Amér. Central. Colilla de cigarro. ▶ *adj.* Amér. Central. y P. Rico. Estúpido, tonto.

**yeguarizo, za** *adj./m. y f.* Argent. Relativo al caballo.

**yeísmo** *m.* Pronunciación de la *ll* como *y*.

**yelmo** *m.* Parte de la armadura que cubreía la cabeza y la cara.

**yema** *f.* Parte central, de color amarillo, del huevo de los animales. — Dulce de azúcar y yema de huevo. — Parte del extremo de un dedo opuesta a la uña. — BOT. Brote que aparece en el tallo de las plantas.

**yen** *m.* Unidad monetaria de Japón.

**yerba** *f.* Hierba. — R. de la Plata. Producto industrializado, elaborado a partir de la planta yerba mate, que se consume en infusión. — Yerba mate (Argent., Par. y Urug.), planta de hojas lampiñas y aserradas, fruto en drupa roja y flores blancas.

**yerbatero, ra** *adj.* R. de la Plata. Relativo a la yerba mate o a su industria. ▶ *adj./m. y f.* Chile, Colomb., Ecuad., Méx., P. Rico. y Venez. Se dice del médico o curandero que cura con hierbas. ▶ *m. y f.* Chile, Colomb., Ecuad., Méx., P. Rico. y Venez. Vendedor de hierbas de forraje. — R. de la Plata. Persona que se dedica al cultivo, industrialización o venta de la yerba mate.

**yerbera** *f.* Argent. y Par. Conjunto de dos recipientes para la yerba y el azúcar con que se prepara el mate.

**yerbero, ra** *m. y f.* Méx. Curandero.

**yermo, ma** *adj.* Despoblado. ▶ *adj./m.* Se dice del campo erial.

**yerno** *m.* Respecto de una persona, marido de su hija.

**yerra** *f.* R. de la Plata. Acción de marcar con el hierro el ganado.

**yerro** *m.* Falta o equivocación.

**yerto, ta** *adj.* Tieso, rígido.

**yesca** *f.* Materia muy seca en la que prende cualquier chispa.

**yeso** *m.* Sulfato de calcio que se emplea en escultura, construcción, etc.

**yeta** *f.* Argent. y Urug. Desgracia, mala suerte.

**yeyuno** *m.* Parte del intestino delgado entre el duodeno y el íleon.

**yihad** *m.* o *f.* Esfuerzo que todo musulmán debe realizar para que la ley divina reine en la Tierra.

**yo** *pron. pers. masc. y fem. de 1.ª persona sing.* Funciona como sujeto. ► *m.* FILOS. Sujeto pensante.

**yodo** *m.* Cuerpo simple no metálico de color gris negruzco.

**yoga** *m.* Disciplina espiritual y corporal hindú destinada a alcanzar la perfección del espíritu a través de técnicas de concentración mental.

**yogur** *m.* Producto lácteo preparado con leche fermentada.

**yola** *f.* Embarcación estrecha y ligera, movida a remo y vela.

**yonqui** *m. y f.* Esp. Vulg. Drogadicto.

**yóquey** o **yoqui** *m.* Jockey.

**yoyó** o **yo-yo** *m.* Juguete consistente en un disco acanalado al que se hace subir y bajar a lo largo de un hilo atado a su eje.

**yuca** *f.* Planta de raíz comestible con la que se elabora una harina alimenticia.

**yudo** *m.* Judo.

**yugo** *m.* Instrumento de madera al cual se enganchan dos animales de tiro. — Atadura, opresión.

**yugoslavo, va** *adj./m. y f.* Del antiguo estado de Yugoslavia.

**yugular** *tr.* Degollar.

**yugular** *adj.* ANAT. Relativo al cuello. ► *adj./f.* Se dice de cada una de las dos grandes venas del cuello.

**yunque** *m.* Bloque de hierro acerado sobre el que se forjan los metales. — ANAT. Segundo huesecillo del oído medio de los mamíferos.

**yunta** *f.* Par de bueyes o mulas que sirven en la labor para labrar el campo o tirar de un carro.

**yuppie** *m. y f.* Persona joven con un trabajo y una situación económica de muy alto nivel.

**yurumí** *m.* Amér. Merid. Tipo de oso hormiguero.

**yuxtaponer** *tr. y prnl.* Poner una cosa junto a otra.

**yuxtaposición** *f.* Acción de yuxtaponer. — Unión de oraciones sin utilizar un nexo.

**yuyero, ra** *adj.* Argent. Aficionado a las hierbas medicinales. — Argent. Se dice del curandero que aplica hierbas medicinales.

**yuyo** *m.* Amér. Merid. Hierba. ► *pl.* Colomb. y Ecuad. Conjunto de hierbas que sirven de condimento. — Perú. Conjunto de hierbas tiernas comestibles.

**z** *f.* Vigésima novena letra del abecedario.

**zabordar** *intr.* MAR. Varar un barco en tierra.

**zacate** *m.* Amér. Central y Méx. Hierba, pasto, forraje. — Méx. Estropajo.

**zafado, da** *adj./m. y f.* Argent. Atrevido, descarado. — Méx. Loco, chiflado.

**zafarrancho** *m.* Disposición de una parte de la embarcación, para determinada faena. — Fam. Riña o pelea.

**zafarse** *prnl.* Escaparse, esconderse. — Librarse de hacer algo. — Amér. Dislocarse un hueso.

**zafio, fia** *adj.* Tosco, inculto o grosero en los modales.

**zafiro** *m.* Piedra preciosa de color azul.

**zafra** *f.* Recipiente grande de metal, con tapadera, para almacenar aceite. — Cosecha y fabricación de la caña de azúcar.

**zaga** *f.* Parte de atrás de una cosa. — DEP. Defensa de un equipo.

**zagal, la** *m. y f.* Joven que ha llegado a la adolescencia.

**zaguán** *m.* Pieza cubierta, junto a la entrada de un edificio principal.

**zaherir** *tr.* Reprender con humillación o malos tratos.

**zahón** *m.* Prenda que llevan los cazadores y gente de campo para resguardar el traje.

**zahúrda** *f.* Pocilga para cerdos. — Vivienda sucia y miserable.

**zaino, na** *adj.* Traidor, falso. — Se dice de la caballería de pelaje castaño oscuro. — Se dice de la res vacuna de color negro.

**zalamería** *f.* Halago, demostración de cariño exagerada.

**zamarra** *f.* Chaleco hecho de piel con su lana o pelo.

**zamarro** *m.* Zamarra. ▶ *pl.* Colomb., Ecuad. y Venez. Zahón para montar a caballo.

**zamba** *f.* Amér. Merid. Danza popular que se baila en pareja suelta y con revuelo de pañuelos.

**zambo, ba** *adj./m. y f.* Que tiene torcidas las piernas hacia afuera y junta las rodillas. — Amér. Se dice del hijo de negro e india o viceversa.

**zambomba** *f.* Instrumento musical popular que produce un sonido fuerte y áspero.

**zambullir** *tr. y prnl.* Meter de golpe algo debajo del agua.

**zambutir** *tr.* Méx. Introducir, meter, hundir.

**zampabollos** *m. y f.* Fam. Persona glotona.

**zampar** *tr.* Meter bruscamente una cosa en un líquido o en un sitio. ▸ *tr., intr. y prnl.* Comer de prisa y con exageración.

**zampoña** *f.* Instrumento musical parecido a una flauta o con diversas salidas, como una gaita.

**zamuro** *m.* Colomb. y Venez. Zopilote.

**zanahoria** *f.* Planta herbácea cultivada por su raíz comestible. — Raíz de esta planta.

**zanate** *m.* C. Rica, Guat., Hond., Méx. y Nicar. Pájaro de plumaje negro que se alimenta de semillas.

**zancada** *f.* Paso largo.

**zancadilla** *f.* Acción de cruzar uno su pierna por entre las de otro para hacerle perder el equilibrio y caer.

**zanco** *m.* Palo alto, con soportes para los pies que, junto con otro, sirve para andar a cierta altura del suelo.

**zancón, na** *adj.* Colomb., Guat., Méx. y Venez. Se dice del traje demasiado corto.

**zancudo, da** *adj./f.* Se dice del ave de largas patas. ▸ *m.* Amér. Mosquito.

**zángano, na** *m.* Abeja macho. ▸ *m. y f.* Fam. Persona holgazana que vive del trabajo de otras.

**zanguango, ga** *m. y f.* Amér. Merid. Persona que se comporta de manera estúpida y torpe.

**zanja** *f.* Excavación larga y estrecha que se hace en la tierra. — Amér. Central y Amér. Merid. Surco que abre en la tierra la corriente de un arroyo.

**zanjar** *tr.* Abrir zanjas. — Resolver un asunto o problema.

**zanjón** *m.* Chile. Precipicio, despeñadero.

**zapa** *f.* Pala que usan los zapadores. — Excavación de una galería subterránea o de una zanja al descubierto.

**zapador** *m.* Soldado que se ocupa de abrir trincheras.

**zapallo** *m.* Amér. Merid. Calabacera. — Amér. Merid. Calabaza, fruto de esta planta.

**zapata** *f.* Calzado que llega a media pierna. — Pieza del sistema de freno de algunos vehículos.

**zapatear** *tr.* Dar golpes en el suelo con los pies calzados.

**zapatero, ra** *m. y f.* Persona que hace, arregla o vende zapatos. ▸ *m.* Mueble para guardar zapatos. — Insecto que se desliza a gran velocidad sobre el agua.

**zapatilla** *f.* Zapato cómodo para estar en casa. — Calzado deportivo.

**zapatista** *adj.* Relativo al movimiento revolucionario liderado por Emiliano Zapata. ▸ *adj./m. y f.* Seguidor de Emiliano Zapata o del Ejército Zapatista de Liberación Nacional mexicano.

**zapato** *m.* Calzado que no pasa del tobillo.

**zapear** *intr.* Hacer zapping.

**zapote** *m.* Árbol americano cuyo fruto, esférico y blando, es comestible y de sabor muy dulce.

**zapping** *m.* Cambio rápido y continuo del canal del televisor por medio del mando a distancia.

**zar, rina** *m. y f.* Título que se daba al emperador de Rusia y a los soberanos de Bulgaria y Serbia.

**zarandear** *tr. y prnl.* Mover a alguien o algo de un lado a otro con rapidez y energía. — Chile, Perú, P. Rico y Venez. Contonearse.

**zarcillo** *m.* Pendiente en forma de aro. — BOT. Hoja o brote en forma de filamento voluble.

**zarigüeya** *f.* Mamífero marsupial parecido a la rata.

**zarina** *f.* Emperatriz de Rusia.

**zarpa** *f.* Mano con dedos y uñas afiladas de ciertos animales.

**zarpar** *tr.* Levar anclas. ▸ *intr.* Partir un barco de un lugar.

**zarrapastroso, sa** *adj./m. y f.* Fam. De aspecto andrajoso.

**zarza** *f.* Planta espinosa de frutos en drupas.

**zarzamora** *f.* Fruto de la zarza. — Zarza.

**zarzaparrilla** *f.* Planta arbustiva de tallo voluble y espinoso. — Bebida refrescante elaborada con la raíz de esta planta.

**zarzuela** *f.* Obra dramática española, en la que alternan los fragmentos hablados y los cantados. — Esp. Plato con varias clases de pescado condimentado con una salsa especial.

**zascandil** *m.* Fam. Hombre informal y entrometido.

**zedilla** *f.* Cedilla.

**zéjel** *m.* Estrofa derivada de la moaxaja.

**zenit** o **zénit** *m.* Cenit.

**zepelín** *m.* Globo dirigible.

**zeta** *f.* Nombre de la letra *z*.

**zeugma** *m.* LING. Figura que consiste en no repetir en dos o más enunciados un término expresado en uno de ellos.

**zigoto** *m.* Cigoto.

**zigzag** *m.* Línea formada por segmentos que forman alternativamente ángulos entrantes y salientes.

**zinc** *m.* Cinc.

**zíngaro, ra** *adj./m. y f.* Gitano, especialmente el originario del este de Europa.

**zíper** *m.* Méx. Cremallera.

**zipizape** *m.* Fam. Riña, discusión.

**zócalo** *m.* Cuerpo inferior de un edificio, que sirve para elevar los basamentos a un mismo nivel. — Banda que se coloca en la pared a ras de suelo como protección o decoración.

**zoco** *m.* Mercado propio de algunos países árabes.

**zodiaco** o **zodíaco** *m.* ASTRON. Zona de la esfera celeste en la que se desplazan los principales planetas del sistema solar, y que está dividida en doce partes iguales.

**zombi** *m.* Según el vudú, cadáver desenterrado y revivido.

**zompopo** *m.* Amér. Central. Hormiga de cabeza grande, que se alimenta de hojas.

**zona** *f.* Extensión o superficie cuyos límites están determinados. — Parte de una cosa. — Cada una de las divisiones de la Tierra determinadas por los trópicos y los círculos polares.

**zoncera** *f.* Amér. Comportamiento tonto. — Argent. Dicho, hecho u objeto de poco o ningún valor.

**zonda** *m.* Argent. Viento cálido y seco proveniente del oeste, que sopla en el área de la cordillera y alcanza particular intensidad en la región de Cuyo.

**zoo** *m.* Abreviatura de parque zoológico.

**zoófago, ga** *adj./m. y f.* Que se alimenta de materias animales.

**zoología** *f.* Rama de las ciencias naturales que estudia los animales.

**zoológico, ca** *adj.* Relativo a la zoología. — Parque zoológico, instalación acondicionadao para que vivan en él animales salvajes, a fin de exponerlos al público.

**zoom** *m.* Objetivo fotográfico o cinematográfico que mantiene enfocada la imagen al variar la distancia focal.

**zootecnia** *f.* Técnica de cría y mejora de los animales domésticos.

**zopenco, ca** *adj./m. y f.* Fam. Muy torpe, tonto, bruto.

**zopilote** *m.* C. Rica, Guat., Hond., Méx. y Nicar. Ave de color negro parecida al buitre.

**zoquete** *adj./m. y f.* Fam. Torpe, lento para entender. ▶ *m.* Trozo de madera que sobra al labrar un madero.

**zorra** *f.* Hembra del zorro. — Fam. Prostituta.

**zorrillo** o **zorrino** *m.* Amér. Mofeta.

**zorro, rra** *m. y f.* Mamífero carnívoro de cola tupida y hocico puntiagudo.

**zorzal** *m.* Ave de plumaje marrón y canto melodioso.

**zote** *adj./m. y f.* Torpe e ignorante.

**zozobrar** *intr.* Naufragar una embarcación. — Peligrar una nave debido al oleaje o al viento. — Fracasar o peligrar un proyecto.

**zueco** *m.* Zapato de madera de una sola pieza. — Zapato de cuero con suela de madera o de corcho.

**zulo** *m.* Esp. Habitáculo pequeño, generalmente subterráneo, usado como escondite.

**zulú** *adj./m. y f.* De cierto pueblo de raza negra que habita en África austral.

**zumbar** *intr.* Producir un sonido continuado y bronco. ▸ *tr.* Fam. Golpear, pegar.

**zumbido** *m.* Acción y efecto de zumbar.

**zumo** *m.* Líquido que se extrae exprimiendo frutas.

**zurcir** *tr.* Coser la rotura o desgaste de una tela.

**zurdo, da** *adj./m. y f.* Que tiene mayor habilidad con la mano o la pierna izquierda que con la mano derecha o el pie derecho.

**zurra** *f.* Acción de zurrar las pieles. — Fam. Paliza, tunda.

**zurrar** *tr.* Golpear a una persona o animal. — Curtir las pieles.

**zurriago** *m.* Látigo que se emplea para golpear.

**zurrón** *m.* Bolsa para llevar la caza o provisiones.

**zutano, na** *m. y f.* Se usa para referirse a una persona cualquiera, generalmente en correlación con fulano o mengano.